Der veruntreute Sündenfall

Gertrud Höhler
Michael Koch

Der veruntreute Sündenfall

EntZweiung oder neues Bündnis?

Deutsche Verlags-Anstalt
Stuttgart

Die Deutsche Bibliothek – CIP-Einheitsaufnahme

Höhler, Gertrud:
Der veruntreute Sündenfall : EntZweiung oder neues Bündnis? /
Gertrud Höhler ; Michael Koch. – Stuttgart :
Deutsche Verlags-Anstalt, 1998
ISBN 3-421-05096-1

Satz: Typomedia GmbH, Ostfildern
Druck und Bindearbeit: Friedrich Pustet, Regensburg
Printed in Germany
ISBN 3-421-05096-1

Titelbild:
Paul Wunderlich, Sphinx und Tod mit Hund, 1979. Acryl auf Leinwand. Aus: Jens Christian Jensen, *Paul Wunderlich – Eine Werkmonographie*, erschienen bei der Edition Volker Huber, Offenbach am Main, die das künstlerische Werk des Künstlers betreut.

Für unsere Kinder und Enkel: Abel, Luna, Ivar, Lydia, Wieland, Sophie, Jessica, Viveca und Angelica, deren Leben – wie das unsere – von den Zusammenhängen geprägt wird, denen dieses Buch gilt. Was wir heute darüber wissen, hat eine Spannweite erreicht, die den Rahmen des gewohnten Gedankenaustausches sprengt.

Inhalt

Bildquellen

Alderton, David: Tierkinder. Augsburg, 1992: 605.
Barry, D.: Dave Barry's complete guide to guides. New York 1995: 515.
Bloom, F. E., A. Lazerson und L. Hofstadter: Brain, Mind, and Behavior. New York 1985: 111, 129.
Carwardine, Mark: Guinness Djurrekordbok. Stockholm 1996: 35.
Cossey, C.: Mitt liv. Forum 1992: 251.
Crapo, L.: Hormone. Die chemischen Boten des Körpers. Heidelberg 1987: 467, 468.
Eimerl, S., I. DeVore u. a.: Die Primaten. Wunder der Natur. Time-Life: 203.
Goodwin, S. und G. Ellis: Gorillas. Erlangen 1994: 295.
Herrmann Hahn (Foto): 359.
Hooper, J. und D. Teresi: Das Drei-Pfund-Universum. Düsseldorf 1988: 107.
Illustrerad Vetenskap: Jordens fantastiska liv. Beilage 14 / 1996: 32.
John Bauers Sagovärld. 1993: 417, 429.
Lenica, Jan. 1997: 504.
Michel, P.-F.: Ein Baum besiegt die Zeit. Ettlingen 1989: 47.
National Geographic Society. Washington, Foto: M. Klum: 575.
Posner, M. I. und M. E. Raichle: Bilder des Geistes. Hirnforscher auf den Spuren des Denkens. Heidelberg 1996: 38, 343.
Pratesi F. und M. Ferrari: Lebende Monster. Würzburg 1992: 109, 399, 607.
Reader, John: Aufstieg des Lebens. Die ersten 3,5 Milliarden Jahre. Hamburg 1987: 577, 601.
Robert, R. und K. Uvnäs-Moberg: Hon & Han. Halmstad 1995: 413.
Staněk, V. J. und N. Dahlbeck: I vår underbara värld. Hälsingborg 1965: 219.
Symmes, M. (Hg.): Fountains, Splash and Spectacle. London 1998: 197.
Zeitmagazin Nr. 935 / 1998: 317.

Conundrum – das Rätsel der Geschlechtsumwandlung

In Dissonanz mit sich selbst

Isolierte Innenwelten

Wie man sich selbst fühlt, kann man zwar beschreiben, aber wie man sich im Vergleich zu einem fühlt, der dem anderen Geschlecht angehört, kann man nur erraten. Wie ist das männliche Selbsterlebnis im Vergleich zu dem der Frau? Wie erlebt die Frau ihre Eigenschaften, Schwächen wie Stärken, im Vergleich zum Mann? Wie sieht die Innenwelt des anderen aus? Wir haben davon nur sehr vage Vorstellungen. Oft sind es willkürliche Annahmen oder gar argwöhnische Unterstellungen. Im Grunde muß die Innenwelt des einen Geschlechts dem anderen rätselhaft bleiben. Und um ein Haar wäre sie das geblieben.

Läßt man zwei Personen über ihre inneren Erlebnisse berichten, werden zwar Unterschiede deutlich, ein objektives Bild aber bietet sich kaum. Was sind starke Schmerzen? Was ist unheimlich oder furchterregend? Wie sehr schmerzt, erregt oder ängstigt es? Die Beurteilung scheitert im Grunde an den uralten, ungelösten Fragen der Bewußtseinsforschung: »Ist mein Hunger wie dein Hunger, mein Zorn wie dein Zorn? Erscheint dir, was ich als rot sehe, vielleicht als grün?« Daß man jahrzehntelang farbenblind sein kann, ohne es zu bemerken, spricht für die Schwierigkeiten des zuverlässigen Vergleichs.

Der eine mag Schmerzen als »unerträglich« beschreiben, die der andere leicht aushält, der eine mag sich von Ereignissen oder Geräuschen gestreßt fühlen, die der andere kaum wahrnimmt. Wirkliche Objektivität bleibt daher eine Illusion. Da sich keine Verschmelzung zweier individueller Erlebniswelten erreichen läßt, sind wir auf unsere Phantasie angewiesen. Wir müssen uns auf Analogien zu unseren eigenen inneren Erlebnissen verlassen. Diese Analogien können letztlich nicht bestätigt werden, denn die geeichte Messung von Reaktionsstärken und Stimmungsintensitäten ist nicht möglich. Ohne sie aber bleibt der zuverlässige Vergleich zweier geistig-seelischer Innenwelten ein Wunschtraum.

Hier nun kommt uns ein seltsames Phänomen zu Hilfe: Einige Menschen können als Grenzgänger zwischen den Welten der Geschlechter ihr eigenes Bewußtsein als mitfließende Quelle der Beobachtung nutzen: die sogenannten »Transsexuellen«. Sie sind Menschen, die ihr Geschlecht konsequent – hormonell und operativ – ändern. Sie lassen sich in der Regel mit den Hormonen des anderen Geschlechts behandeln, Hoden oder Eierstöcke entfernen und können uns davon berichten, welche langfristigen geistig-seelischen Veränderungen im Laufe der Jahre und Jahrzehnte jenen äußeren Eingriffen folgen. Sie bezeugen auch, welche verborgenen Vorgänge die körperlichen Umstellungen in der psychischen Innenwelt begleiten.

Der Kronzeuge James Morris alias Jan Morris

Wer nun ist dieser reisende Beobachter diesseits und jenseits der Geschlechtergrenze? Es ist der bekannte britische Korrespondent und Autor (jetzt: Autorin) James alias Jan Morris. Als Offizier der britischen Armee, als Kriegsberichterstatter, als Begleiter der Mount-Everest-Expedition Sir Edmund Hillarys für die *Times* hat er schon in den fünfziger und sechziger Jahren Berichte und Problemanalysen aus aller Welt geliefert, als Autor von mehr als zwanzig Büchern sein Erzählertalent bewiesen.[1] Seine Bücher sind nachdenklich und feinfühlig, genau in den Details und reich an Assoziationen. Auffällig ist seine Empfänglichkeit für Stimmungen und Charaktere, für Dignität und Charme von Städten und Landschaften. Er war bekannt und geschätzt. Mit Ehefrau, fünf Kindern und beruflichen Erfolgen bot er das Bild einer durchaus typischen männlichen Existenz, ohne Ausschweifungen, ohne besondere Risikofreude oder Lebensgier.

Nach seiner Geschlechtsumwandlung, die er planvoll und konsequent über viele Jahre hinweg betrieb, gegen hinhaltende Widerstände einer Umwelt, die damals noch wenig Verständnis für derartige Wünsche zeigte, publizierte er 1974 seinen ausführlichen Erfahrungsbericht »Conundrum« (das Enigma, das Rätsel).[2] Das Buch wurde enthusiastisch gelobt, in viele Sprachen übersetzt – und merkwürdigerweise außerhalb der Sexualwissenschaften rasch wieder vergessen. War das Thema zu kompliziert? Waren die für die Geschlechterdebatte fälligen Schlußfolgerungen nicht zeitgemäß? Morris selbst überläßt sie in seiner unaufdringlichen Art dem Leser. Er deutet nicht, er folgert nicht – er tut, was er am besten kann: Er schildert, ungewöhnlich einfühlsam und genau.

Es gab Vorgänger. Der dänische Maler Einar Wegener ließ sich 1930 in Dresden operieren. Man wußte noch wenig über die Geschlechtshormone und transplantierte ihm Eierstöcke. Was schiefgehen konnte, ging schief, und er wurde ein Jahr später als Lili Elbe in Dresden beerdigt. Der Bericht über seinen Leidensweg[3] aber schreckte Morris nicht ab. Im Gegenteil, er war erleichtert zu entdecken, daß er mit seinem Wunsch nicht allein war.

Morris' Buch ragt aus allen Zeugnissen dieses Genres heraus. Es ist nicht weniger als der entscheidende Versuch, das *experimentum crucis* zu der vielschichtigen und schwierigen Geschlechterdebatte unserer Zeit. Was man schon lange ahnte, was die Verhaltensforschung der sechziger und siebziger Jahre nahelegte, was soziologische Studien und molekularbiologische Hormonforschung der achtziger Jahre bestätigten, was nun in den neunziger Jahren durch moderne Verfahren der Hirnforschung erhärtet wird – Morris hat es in minutiöser Selbstbeobachtung schon vor Jahrzehnten dokumentiert. Daß man die fälligen Schlußfolgerungen daraus nicht zog, muß daran gelegen haben, daß seine Zeit sie nicht wünschte. Heute endlich scheint die Zeit dafür reif. Da verwundert es, fast niemanden zu finden, der dieses aufschlußreiche Buch kennt.

James Humphry Morris wurde 1927 in Wales als jüngster von drei Brüdern in einer offenkundig gebildeten und kunstsinnigen Familie geboren. Er verlor früh seinen Vater, der in seinen Gedanken und Erinnerungen bezeichnenderweise überhaupt nicht vorkommt. Er erwähnt keine medizinische (hormonelle) Behandlung seiner Mutter oder andere besondere Vorkommnisse während der Schwangerschaft. Er sagt, daß die sich eher eine Tochter gewünscht hätte – ein recht normaler Wunsch nach zwei Söhnen –, aber sie hat ihn in keiner Weise unknabenhaft aufgezogen. Er spielte mit Jungen Jungenspiele, ging wie ein Junge gekleidet, wurde nie gehänselt und durchlief Kindergarten und Schule unauffällig. Dennoch ist er überzeugt, sich seit seinem dritten oder vierten Lebensjahr »in einem falschen Körper« gefühlt zu haben, ganz einfach und undramatisch. Für etwa zwanzig Jahre blieb das sein Geheimnis.

Keinen markanten Anlaß dazu, keine traumatischen Ereignisse, keine Erinnerungen von Erklärungswert bietet er an. Man ist geneigt, alles allein aus seiner Wesensart abzuleiten. Eventuell prägende Ereignisse werden nicht erwähnt. Gab es sie, so sind sie übersehen oder vergessen worden. Das untrügliche Gefühl, eigentlich dem anderen Geschlecht zuzugehören, war urplötzlich da, wuchs mit ihm auf und nahm allmählich die Gestalt einer Absicht zum Geschlechterwechsel an. Diese Absicht wurde dann zu einem immer drängenderen Wunsch – zu einer fixen Idee? Das alles aber hinderte ihn nicht an einer unauffälligen Männerlaufbahn: Studium, Militär, Beruf, Heirat, Familie. Leicht homoerotische Episoden in seiner Studenten- und Soldatenzeit werden angedeutet, übersteigen aber kaum das Ausmaß üblicher Flackerbewegungen der sexuellen Orientierung, wie sie sensible junge Menschen während ihrer Pubertät an sich selbst beobachten können.

Spätere Männerkontakte im Erwachsenenleben allerdings tragen die Züge einer ungewöhnlich starken emotionalen – und erotischen? – Bindung. Ein ihm befreundeter Offizier etwa stieß an einem stillen, warmen Abend gemeinsamer Erlebnisse in der nahöstlichen Wüste die Worte aus: »Mein Gott, ich wünschte, du wärst eine Frau!« Dieser zugewandte Freund hatte offenbar wahrgenommen, was Morris bis dahin als sein persönliches Geheimnis behandelt hatte: daß er in vielem, wenn auch nicht in allem, der anderen Seite zugehörte. Sein Stoßseufzer enthält in Kurzfassung denselben Impuls, der James Morris dazu bewegte, sich in Jan bzw. Jane zu verwandeln. Ein langer und qualvoller Weg.

Wanderer in fremder Welt

Der autobiographische Bericht läßt einen klugen, künstlerisch interessierten und empfindsamen jungen Mann ahnen, der dem militärischen Milieu allenfalls einen gewissen ästhetischen Reiz, daneben aber eine tiefe Bewunderung für die virilen Elemente von Mut und Tauglichkeit, von Disziplin, Loyalität und Tapferkeit abgewinnen konnte. Zugleich aber wurde ihm dort endgültig sein eigenes Wesen klar. Er fand nach seinen Erfahrungen mit den professionell martialischen, maskulinen Verhaltensmustern, daß er sich wenig zum Mann eignete, und zwar nicht nur im Sinne des Kämpferisch-Kriegerischen. Er notiert etwa seine Gleichgültigkeit gegenüber vielen typisch männlichen Zielen und Phantasien, etwa dem Wunsch nach Dominanz oder nach sexuellen Kontakten mit Frauen. Er selbst suchte statt dessen eher Zuneigung, Wärme und Nähe.[4] Man behandelte ihn damals schon wie einen »Gast aus einer fremden Welt«, wenn er als Offizier im Nachrichtendienst zur kämpfenden Truppe stieß. Im Ergebnis fand er sich gerade von der Armee darin bestätigt, daß er »fundamental anders« war als die Menschen dieser so entschieden maskulinen Welt.

So hat auch die Armee aus ihm nicht etwa einen Mann gemacht, sondern ihn nur dazu gebracht, sich in seinem Herzen immer mehr als Frau zu fühlen. Er empfand sich dabei keineswegs als Homosexuellen, allenfalls als etwas bisexuell orientiert. Stets fand er Hilfe bei anderen: Man stand ihm bei in Streitigkeiten und schien ihn mit den sonst üblichen Anforderungen an männliche Selbstbestätigung und Selbstbehauptung im Wettkampf zu verschonen. Offenbar war er ein sympathischer, stiller und intelligenter junger Mann, der bei anderen eher Beschützer- als Konkurrenzinstinkte weckte.

Die Schilderung seiner Lebensgeschichte ist gefühlsbetont. Morris greift zu mit feinsinnigen Antennen – er nimmt die Welt nicht auf die Hörner, sondern auf die Fühler. Er spürt Stimmungen und begleitende seelische Prozesse. Das Männliche respektiert er. Das Weibliche aber, das er als fragil und verfeinert erlebt, rührt ihn mehr an. Es erhöht sein Empfinden, sein Selbstgefühl und sein Selbstwertgefühl. Die »besten Menschen« überhaupt findet er unter den Frauengestalten dieser Welt. Wiederholt kommt er auf das Schlußwort aus Goethes »Faust« zurück: »Das Ewig-Weibliche zieht uns hinan.« Ihn zieht es magisch an.

Die nachviktorianische Ära der dreißiger Jahre in England konfrontiert Morris mit sehr rigiden Vorstellungen von den Geschlechterrollen. Männer sind für die harten Dinge da: Geld verdienen, Kriege führen und Haltung bewahren. Frauen für Sanfteres, Weicheres, Heilen, Beruhigen, Malen und Geschenke austeilen. Morris stellt dem seine – grundsätzlich gar nicht andersartigen – eigenen Eindrücke gegenüber. Auch für ihn repräsentiert das Weibliche: Sanftmut statt Gewalt, Vergebung statt Strafe, Geben statt Nehmen, Helfen statt Leiten. Oxford erschien ihm in dieser Hinsicht als eher weibliche, London hingegen als eher männliche Stadt. Fast sakral berührte ihn seine eigene Stimmung, als in ihm – vor dem lichtdurchfluteten Chor in Oxfords Christ Church – der schwere Entschluß heranreifte, den rätselhaften Drang, der ihn so beunruhigte, zu einer Absicht zu verdichten.[5]

Morris zitiert C. S. Lewis' Worte, die schwer übersetzbar sind, da wir mit dem umfassenderen Begriff Geschlecht den Unterschied zwischen *gender* und *sex* übergehen:[6] »*Gender is a reality, and a more fundamental reality than sex. Sex is, in fact, merely the adaption to organic life of a fundamental polarity which divides all created beings. Female sex is simply one of the things that have feminine gender . . .*« (»Das Genus ist eine Realität, fundamentaler als das Geschlecht. Das Geschlecht ist tatsächlich nur die in organisches Leben gegossene grundsätzliche Polarität, die alle Lebewesen in zwei Gruppen teilt. Weibliches Geschlecht ist ganz einfach eines von den Dingen, die feminines Genus tragen . . .«)

Lewis bezeichnet die Sexualität als fundamentale Polarität, die alle Geschöpfe in zwei biologische Geschlechter teilt. Die Zugehörigkeit zu einem Geschlecht jedoch schafft für ihn eine ganz fundamentale Wirklichkeit. Vermutlich, weil sie die Tiefenschärfe des Bewußtseins bestimmt. Den Unterschied zwischen dem maskulinen und dem femininen Prinzip vergleicht er mit dem Unterschied zwischen Rhythmus und Melodie, zwischen geballter Faust und offener Hand. Genauso empfindet Morris, der auf die anfangs noch leisen Töne der inneren Melodien mehr hörte als auf die lauten Trommelschläge in seiner Umgebung.

Transsexuelle Impulse

Es gab bei Morris keinerlei Indiz dafür, daß etwa seine hormonelle Situation gestört oder seine nach außen hin gezeigten Verhaltensweisen auffällig unmännlich gewesen wären. Seine Interessen, etwa an den politischen Ereignissen, am Kriegsverlauf, an Städten, Landschaft, Kunst und Kultur, entsprachen auf den ersten Blick denen seiner männlichen Kollegen, und er fand sich in dem weniger martialisch geprägten Teil der Männerwelt – der Berufs- und Alltagswelt – ohne Zweifel gut zurecht. Sein Auftrag, als *Times*-Korrespondent die britische Mount-Everest-Expedition zu begleiten, ist ein Beweis dafür. Auch die geistige Signatur seiner Bücher weicht von der anderer männlicher Autoren nur diskret ab.

Der Endokrinologe Harry Benjamin formulierte in den fünfziger Jahren als einer der ersten die hormonellen Einflüsse auf die Psyche des Menschen für den Bereich der *gender confusion*, der Verwirrung der sexuellen Orientierung. Von ihm stammt der Begriff der Transsexualität. Er hatte jeden Aspekt dieses Zustandes erforscht, und sein Fazit war, daß man schlichtweg nicht wußte, wo seine Ursache liegt. Was er hingegen mit Bestimmtheit sagen konnte, war, daß noch kein echter Transsexueller jemals durch Überredung, Schikane, Medikamente, Beschämung, Bedrohung, Bloßstellung oder Elektroschocks dazu gebracht worden war, seine physische Beschaffenheit, seine gegebene Geschlechtsrolle zu akzeptieren. Es war offenbar ein unabänderlicher, unbeeinflußbarer Zustand des tiefen Widerwillens gegen sich selbst in der vorliegenden Gestalt. Seine Entstehungsbedingungen dürften jenen ähneln, die wir am Beispiel der

Inzestbarriere erörtern werden. Aber in bezug auf die hier wirksamen Auslösereize tappen wir heute noch im dunklen.

Morris empfand seine Orientierung als ebenso unüberwindbar, obwohl sie seiner faktischen Geschlechtszugehörigkeit widersprach. Diese Überzeugung begleitete ihn jahrzehntelang, trotz einer Reihe rasch wechselnder Verliebtheiten. Dann plötzlich wurden durch die akut entfachte Liebe zu jener Frau, die er dann auch heiratete, alle seine Ambivalenzen, Grübeleien, Selbstzweifel und Phantasien machtvoll überrollt. Für viele Jahre glitt er in einen unauffälligen Lebenslauf. Seine Ehe hätte im Grunde nicht funktionieren dürfen, aber sie tat es – wie er meinte, »dank der Macht der Psyche über die Materie«.[7] Hier würde man ihm im Lichte heutiger Erkenntnisse vielleicht widersprechen und eher sagen: »Dank der Macht der Stoffe über die Psyche.« Endorphine, Phenylethylalanine (PEA), Oxytocin, Testosterone und ähnliche Wirkstoffe dürften seine gedanklich-seelischen Unsicherheiten für eine Weile schlicht überrannt haben. Als dann – nach Jahren – Produktion und Auswirkungen dieser psychotropen Substanzen abklangen, meldeten sich auch seine verdrängten transsexuellen Impulse zurück. Ob allein aus psychologischen Gründen, wird wohl für immer offen bleiben.

Das spielt auch keine Rolle für den Wert von Morris' Bericht. Dieser bezieht seine Aussagekraft allein aus der unbestechlich genauen Registrierung kleiner und kleinster Veränderungen in Physis wie Psyche des Geschlechtsgewandelten. Da es viele Männer gibt, die trotz starker hormoneller Feminisierung – wie auch Frauen unter der Zufuhr männlicher Hormone – keinerlei transsexuelle Phantasien und schon gar nicht den Wunsch nach einer Geschlechtsumwandlung entwickeln, muß die Erklärung für den Wunsch nach einem Geschlechtswechsel fast ausschließlich in der Psyche, in einer im Grunde wohl neurotischen Fixierung zu suchen sein. Die hormonelle Situation (etwa ein extrem hoher Testosteronspiegel) darf dem nur nicht zu sehr im Wege stehen, und es ist uns auch kein einziger Fall bekannt, in dem etwa der extrem männliche XYY-Mann – der »Super-He« – transsexuelle Wünsche geäußert hätte. Weder bei Klinefelter-Männern (XXY), die ja chromosomal und hormonell-organisch etwas weiblicher sind, noch bei den seltenen konstitutionell weiblichen XX-Männern hat man dergleichen gehäuft beobachtet – ein klares Indiz für den rein psychologischen Ursprung transsexueller Gedanken.

Mit der Zeit empfand Morris sein Geschlecht als eine schreckliche, ja unerträgliche Belastung. Er fand sich bei zunehmend weiblichen Regungen regelrecht »eingemauert«, gefangen, begraben in seinem männlichen Körper. Die Homosexualität betrachtete er als eine Sackgasse, als ein Konzept, in das sich mit tödlicher Sicherheit am Ende Einsamkeit und Öde einschlichen. Seine Erinnerung an ein liebevolles, gebildetes und harmonisches homosexuelles Paar (Pianist und Unternehmer, das nach dem Tode des einen mit dem Selbstmord des anderen sein unkreatives Ende fand und nichts, absolut nichts als gähnende Leere hinterließ, stand ihm vor Augen – eine Ikone für das sinnlose Pathos einer kinderlosen Existenz. Er selbst hing sehr an seinen Kindern und beschreibt den Tod einer eigenen kleinen Tochter so suggestiv, daß man in die Trauer der Eltern mit hineingezogen wird.

> »Wir waren aus dem Ausland zurückgekehrt und hatten ein Landhaus in der Nähe von Newbury gemietet. Unser Baby, das im Alter von zwei Monaten von einem unbekannten Virus befallen worden war, hatte man in das Newbury-Hospital aufgenommen, und wir wußten, daß es dem Tode nahe war. Elizabeth und ich lagen schlaflos in unserem Zimmer mit dem Blick in den Garten, zu erhitzt und zu unglücklich, um die Augen zu schließen. Ein großer Mond schien durch die Fenster, und gegen Mitternacht begann in einem nahen Baum die Nachtigall zu singen. Ich hatte noch nie zuvor eine englische Nachtigall gehört, und es war, als hörte ich zum ersten Mal eine Stimme aus dem Empyreum. Die ganze Nacht hindurch schwebte ihr Trillern durch das Mondlicht, unendlich traurig, unendlich schön, und füllte jede Ecke des Raumes mit Widerhall. Wir lagen die ganze Zeit da, wohl wissend, was der andere dachte, die Tränen liefen lautlos über unsere Wangen, und der Vogel sang weiter, teils Klage, teils Trost, teils Abschied, bis das Mondlicht uns verließ und wir Hand in Hand in den Schlaf fielen.
> Am Morgen hatte das Kind uns verlassen.«
> (J. Morris, S. 66; übersetzt von den Autoren.)

Es ist deutlich, daß die eigene Familie ihm viel von dem Lebenssinn gab, nach dem er suchte. Seine Frau ist für ihn auch nach der Geschlechtsumwandlung seine beste Freundin geblieben.

Morris schildert die faszinierende Verschiebung seiner intellektuellen Interessen, die sich über Jahre hinweg abspielte. Elend und Übergriffe, Revolutionen, Erdbeben, politische Prozesse, Bomben, Folter – die große Politik, Katastrophen, Trends, Kriege, das waren seine Themen gewesen. Er hatte Che Guevara, Kim Philby, Burgess und Eichmann getroffen, war am Suezkanal und in Südamerika, Polen, Afrika, Indien und Rußland gewesen. Bald war die Nachfrage nach seinen Berichten kaum mehr zu stillen. Jede Berufslaufbahn im Mediengeschäft der westlichen Hemisphäre stand ihm offen. Aber er verlor immer mehr das Interesse daran. Er sah im öffentlichen Erfolg als solchem bereits einen Teil des männlichen Strebens und wandte sich von diesem ab. So zog er sich in die beschaulichere Existenz eines unabhängigen Reiseschriftstellers zurück, dem die Welt diesen einmaligen Bericht über eine konsequent und aufmerksam vollzogene Geschlechtsumwandlung verdankt. Er wurde zu einem eigenen Kosmos von Gefühlen und Erlebnissen, Gedanken und Assoziationen, wie sie faszinierender kaum irgendwo zu finden sind. Und dennoch bleiben sie über lange Zeit dem Diktat einer »Realität« unterworfen, die längst nicht mehr die seine ist.

Mit seinem Lebensbericht bestätigt Morris das Bild, das der amerikanische Psychiater Robert Stoller von transsexuellen Kindern zeichnet: Sie sind intelligent, aktiv, neugierig und originell, ihre Interessen gelten in unserer Kultur eher als feminin denn als maskulin, und ihre Kreativität ist sensuell, nicht intellektuell. Das heißt, sie erleben und schaffen vor allem, um ihre Sinne zu erfreuen. Das bestätigt einen fundamentalen Unterschied zwischen der Kreativität von Frauen, die vor allem auf großer Wahrnehmungsbreite, und der von Männern, die mehr auf Wahrnehmungsschärfe und Gestaltungskraft baut. Das erkennt auch Morris für sich selbst: Kreativ zu sein, um die Sinne zu erfreuen, bezeichnet er als seine eigene literarische Methode.

Mit seiner Bilanz, daß seine Männlichkeit »sinnlos« sei, fiel der endgültige Entschluß – übrigens mit Zustimmung seiner verständnisvollen Frau – sein physisches Geschlecht zu ändern.

Die Verwandlung

Morris hatte zu unterscheiden gelernt: anatomisches Geschlecht (Organe, Körperbau), chromosomales Geschlecht (X- und Y-Chromosomen), hormonelles Geschlecht (Östrogene, Gestagene, Androgene) und psychologisches Geschlecht (Selbstbild und sexuelle Orientierung), die keineswegs immer in Übereinstimmung miteinander stehen müssen. Unter den Spannungen, die sich dabei aufbauen können, wäre er selbst fast zerbrochen. Nun aber war er entschlossen, die Diskrepanz in sich selbst mit einem Befreiungsschlag zu korrigieren: Acht Jahre lang (von 1964 bis 1972) nahm er regelmäßig weibliche Hormone ein, verschrieben von Dr. Benjamin. Es waren insgesamt etwa 12 000 Tabletten oder 50 000 mg Weiblichkeit. Die direkten Effekte stimmen überein mit den Ergebnissen einer Forschung, die damals zum großen Teil noch in der Zukunft lag.

Die Veränderungen gingen in Zeitlupe vor sich, sie erstreckten sich über Jahre. Als erstes bemerkte er ein Verschwinden der rauhen männlichen Außenhaut, jenes »Schutzschildes für den männlichen Part der Art«: Haare, lederartige Oberfläche, Unempfindlichkeit, scharfe Konturen, Muskeln und »jenes unsichtbare Lager akkumulierter Spannkraft«, das den Mann kennzeichnet. Es schützt vor den Unbilden der Außenwelt und tötet zugleich alle Sinneswahrnehmungen, die nicht wichtig genug für Kampf oder Vermehrung, für Flucht und andere Überlebensentscheidungen sind. Morris hat hier völlig richtig beobachtet: Kaum ein anderes Merkmal ist so sehr mit hormoneller Männlichkeit verknüpft wie die Unempfindlichkeit der Außenhaut. Selbst die unempfindlichste Frau hat sich in physiologischen Versuchen immer noch als deutlich empfindlicher erwiesen als der hautempfindlichste Mann!

Von diesem unsichtbaren Film entkleidet wie von einer durchsichtigen Beschichtung mit einem Spray, einem »göttlichen Aerosol« des Maskulinen, fühlte sich Morris physisch befreit, aber zugleich verwundbar. Er hatte sozusagen plötzlich keine Rüstung mehr. Wärme und Kühle, Sonne und Luft schienen ihn unmittelbarer zu umhüllen als vorher. Er litt unter dem »scharfen« Wind, unter »eisiger« Kälte, aber er genoß zugleich die zunehmende Empfindsamkeit. Ohne Zweifel gab es also auch hier eine erhebliche zentrale, psychologische Disposition für Weiblichkeit.

Die Welt strömte intensiver in seine Sinne ein, der Boden begann zu federn unter seinem Schritt. Er sah weicher und glatter aus, fühlte sich verjüngt und benahm sich auch so. Er wurde, aktiv und intensiv, zu einem Bestandteil seiner Welt. Bald wirkte er nicht nur jünger und gesünder, sondern auch zarter und femininer: Nicht nur die Oberfläche, auch die Körperform änderte sich in typischer Weise: breitere Hüften, kleine Brüste, das Haar länger und weicher, die Bewegungen weiblicher, die Stimme höher – lauter wohlbekannte Östrogeneffekte. In dieser Übergangssituation – physisch wie psychisch – sah Morris sich selbst, seine nackte Hermaphroditenstatur etwa beim Baden im Freien schamhaft versteckend, wie eine androgyne Gestalt aus der griechischen Mythologie.

Mit großem Humor beschreibt er sehr unterschiedliche Reaktionen auf seine neue, verwirrende Identität: Die Engländer der gebildeten Schichten behandelten ihn mit Takt und verborgenem Unverständnis, die Amerikaner burschikos, als sei er eine Frau; sie belohnten ihn mit Aufmerksamkeit und Höflichkeiten. Die Franzosen waren neugierig, die Italiener ratlos. Die Griechen fanden es hochinteressant, die Araber machten ihm den Hof. Die Schotten betrachteten ihn schockiert, die Deutschen besorgt, und die Japaner bemerkten nichts. Zur ultimativen Verwirrung der Grenzbeamten trug bei, daß man ihm einen Paß gegeben hatte, in dem das Geschlecht offengelassen war.

Als wichtiger aber erwiesen sich letztlich seine psychischen Veränderungen. Auch diese schlichen sich sehr diskret ein, setzten dann aber beschleunigt fort, was er schon vor der Geschlechtsumwandlung empfunden hatte. Morris nahm zu seiner ganzen Metamorphose keine selbstmitleidige, sondern eher eine selbstironische Haltung ein. Die Welt konnte ihn so akzeptieren, wie er war, oder es seinlassen – es kümmerte ihn wenig. Er würde, dessen war er gewiß, »eines Tages dieses bizarre Verpuppungsstadium verlassen, wenn schon nicht als prachtvoller Schmetterling, so doch wenigstens als präsentable Motte«. Er hatte beschlossen, hier dem amerikanischen Ratschlag zu folgen: »Gibt dir das Leben eine Zitrone, mach dir eine Limonade draus.«

Nach Tausenden von Pillen war er zwar noch nicht zur Frau geworden, aber – in seinen eigenen Augen – »zu einer seltsamen Sorte von Mann«. Seine Interessen verschoben sich: von großen, zusammenhängenden Ereignisfolgen und Entwicklungen, von Politik und Strategie zu Orten und einzelnen Ereignissen, immer mehr hin zu dem, was ihn schon immer gefesselt hatte: zu Stimmungen und Details, zu Menschen und Schicksalen. Dennoch war dies erst eine Zwischenstufe. Noch hatte er seine männlichen Keimdrüsen, die Hoden, die ihn mit großen Mengen Testosteronen, den maskulinisierenden Hormonen, traktierten. Wenn auch im Körper wie im Geist mit offenbar nachlassendem Erfolg.

Morris merkte, daß schon kleinste Zeichen der Weiblichkeit, etwa ein diskretes Make-up, ein einziges Armband genügten, um ihn in unserer zunehmend unisexuellen Welt über die haarscharfe soziale Trennungslinie auf die weibliche Seite hinüberzustoßen. Einmal dort, gewöhnte sich Morris schnell daran, fühlte sich wohler in Röcken als in Hosen, interessierte sich mehr für Kleider, Interieur und Farbkombinationen als je zuvor. Dennoch fühlte er sich erst »im Vorstadium der Erfüllung«.

Die Jahre gingen dahin, die Kinder wuchsen auf. Immer häufiger ließen sich derweil Transsexuelle umoperieren, was von vielen Chirurgen als »besonders teures Placebo« für die Seele der Verwirrten betrachtet wurde. Morris hatte sich entschlossen, auch das noch durchzustehen. Er empfand die männlichen Hormone in sich als einen fremden Einfluß, der ihn beengte. Da man in England von ihm verlangte, sich vor einem solchen Eingriff – aus formellen Gründen – erst einmal scheiden zu lassen, verlegte er in einer bewußten Trotzreaktion den wichtigen Eingriff in eine düstere Klinik in Casablanca. Das traumatisierende Erlebnis dieser in fast surrealistischer Kälte und Einsamkeit durchgeführten Operation ist beklemmend hautnah geschildert. Am letzten Abend trat er vor den Spiegel und sagte seinem Spiegelbild Adieu. »Wir würden einander nie wieder begegnen, und ich wollte dem anderen Ich einen langen letzten Augenblick in die Augen sehen, ihm zublinkern, Glück wünschen.«

Die Operation verlief gut, aber es wurden mehrere Nachoperationen in England erforderlich. Dann war James Morris offiziell zu einer Frau geworden. Nun erst fühlte sie sich erstmalig rein, gesäubert von allen Attributen und Einflüssen ihrer früheren Männlichkeit. Man hatte sie nun von allen »Auswüchsen«, die sie immer mehr zu verabscheuen gelernt hatte, endgültig befreit. Endlich, im Alter von 45 Jahren, fühlte sie sich normal.

Sie hatte 35 Lebensjahre als Mann verbracht, 10 Jahre im Zwischenreich – von nun ab lag der Rest eines Lebens als Frau vielversprechend vor ihr. Konnte sie einen neuen Frühling der Gefühle, würde sie Abenteuer erleben?

Die gesellschaftliche Lage der siebziger Jahre, sicher nicht sehr verschieden von der heutigen, beschreibt sie folgendermaßen: »Man erzählt uns, daß die soziale Kluft zwischen den Geschlechtern schrumpfe, aber ich kann berichten, daß – nach einem Leben in beiden Rollen in der zweiten Hälfte des 20. Jahrhunderts – kein Aspekt des Daseins, kein Moment am Tage, kein zwischenmenschlicher Kontakt, keine Reaktion, keine Antwort existiert, die nicht für Männer und Frauen verschieden wären.« (S. 148). Das ist sicher immer noch eine wichtige Wahrheit, die sehr zu denken geben sollte.

Sie berichtet, wie sich der Klang der Sprache anderer Menschen ihr gegenüber veränderte, die Haltung des Nächsten in der Warteschlange, die Atmosphäre im Raum, den sie betrat. Man half ihr oder man bevormundete sie, je nachdem, was man von ihr erwartete. Und sie erlebte in aller Deutlichkeit, daß die Männer es vorzogen, sie weniger informiert, weniger befähigt, weniger gesprächig und vor allem weniger egozentrisch zu finden als sich selbst. Jan Morris tat ihnen diesen Gefallen, so gut es eben ging. Dafür genoß sie die neue Höflichkeit, die Nachsicht, die ihr zuteil wurde. Sie merkte, wie die weibliche Fragilität und Empfindlichkeit zu einer Stärke wurde, wie die Männerwelt sich ihr helfend und wohlwollend zuwandte.

Auf der anderen Seite

Allmählich stellten sich weitere subtile, aber wichtige Veränderungen in ihrer Psyche ein. Parallel zu einer immer deutlicheren äußeren Verweiblichung der Formen fand eine gleitende Verschiebung ihrer Aufmerksamkeit statt. Sie erlebte eine immer schneller wachsende Empathie, die Fähigkeit zu raschem Aufbau freundschaftlicher Beziehungen und zu einer ansteckenden Heiterkeit. Sie verspürte ein deutliches Nachlassen aller aggressiven Impulse, eine zunehmende Bereitschaft, sich leiten zu lassen: innere Friedfertigkeit, Konzilianz, nachlassende Unruhe und Umtriebigkeit.

Ihr Körper, früher dazu gemacht, etwas zu bewegen, anzuschieben und anzuheben, war jetzt geneigt, zu gewähren und nachzugeben. Ebenso der Geist: Sie fühlte sich privater, im Grunde weniger angewiesen auf Geselligkeit, genügsamer und bereit, mit den eigenen Ressourcen auszukommen. Dennoch war sie interessierter am Schicksal anderer. Nicht mehr die großen Ereignisse, Megatrends und Weltprobleme interessierten sie, sondern die kleinen, vielsagenden Einzelheiten. Zugleich wurde sie gefühlsbetonter, empfänglicher für Trauer, Glück und Schmeichelei. Hatte sich der selige Autor James Morris noch außerhalb des von ihm Beschriebenen gefühlt (*uninvolved*), so fühlte sich die Autorin Jan Morris tief verwickelt in das, was sie schilderte. Sie bezeichnete ihre literarische Tätigkeit nun als *liberated self-expression*, also als einen befreiten Ausdruck ihrer selbst.

»Ich fühle mich nicht länger isoliert«, sagt Morris und hat damit den Übergang von der Insel Mann, dem einsam durch die unwirtliche, rauhe Landschaft streifenden, mißtrauischen, aufmerksamen Jäger und Krieger, zu dem Verbundenheit suchenden, einbeziehenden und detailfreudigen Wesen der Frau vollzogen.

Ihr Einfühlungsvermögen nahm gegenüber den Menschen derselben Welt weiter zu. Dies verschiebt alle ihre Wertungen, und zwar in Richtung auf schnellere, subjektivere Urteile. Und sie sieht sich oft durch die Augen der anderen: »Wenn ich auf die Straße hinaustrete, fühle ich mich bewußt darauf vorbereitet, von der Welt abgeschätzt zu werden – in einer Weise, wie ich es niemals als Mann erlebt hatte.«

Sie freut sich nun über kleine Zeichen der Aufmerksamkeit, genießt Zuneigung und Respekt, als wären sie große Erlebnisse, fühlt mehr und merkt, daß ihre Stimmungen stärker schwanken. Sie ist mit dieser intimeren Weltperspektive glücklich. Sie hat die unruhige Weitläufigkeit und Expansivität der mobilen männlichen Existenz ersetzt durch eine sensiblere, hellhörigere Haltung gegenüber dem Geringen: dem Interieur von Häusern, Einblicken durch Gardinen, polierten Türklopfern, den Details von Schmuck und Namensschildern – das alles weckt nun ihr Interesse. Die Stadt wird intimer betrachtet, und sie erlebt sich dabei selbst als deren Bestandteil. Sie empfindet weniger Vorbehalte und Feindseligkeit, mehr Offenheit und Erlebnisstärke. Möbel und Tapeten, Küchen und Gärten, Kinder und Haustiere werden interessant. Ja, auf dem Weg zum Einkaufen genießt sie tatsächlich das Zusammentreffen mit Mrs. Weatherby und den Austausch von Neuigkeiten.

Sie erlebt auch die Männer jetzt aus einer anderen Perspektive – nicht mehr als Konkurrenten. Da sie die Welt von beiden Seiten her gesehen hat, kennt sie die männlichen Vorurteile – und erkennt sie nun wieder. Die können sie in Wut versetzen – oder auch zum Lachen bringen. Intelligente Männer geben sich seltener die Blößen solcher Voreingenommenheit, zumindest der Ungeschicklichkeit, sie durchscheinen zu lassen. Und als einer ihrer Gäste tolpatschig das kleine Keramikpferdchen vom Kaminsims stößt und sie ihn schafsköpfig *(sheepishly)* in der Zuckerdose angeln sieht, denkt sie den ganz und gar weiblichen Gedanken: »Männer!« Und: »Ist es nicht so?«

Jan Morris fühlt sich nunmehr geschätzt und beschützt. Sie beginnt zu vergessen, wie sie früher dachte und fühlte. Die Erinnerungen an ihre Männlichkeit – Stärke und Strenge, Unabhängigkeit und Wille zur Dominanz – verblassen in demselben Maße, wie sie sich an ihre Weiblichkeit gewöhnt. Sie beginnt, sich zu entspannen.

Es will ihr, sagt Jan Morris in einem Anflug von Selbstironie, erscheinen, als sei es lediglich »eine Frage der gesunden Vernunft, lieber Frau als Mann sein zu sollen, – oder, wenn nicht der Vernunft, so des guten Geschmacks.« Aber sie räumt ein, daß die meisten ihr bekannten Transsexuellen ein bedeutend schwereres Schicksal durchleiden mußten, oft ohne hormonelle Vorbehandlung, entsetzt über die Folgen der Operation, zutiefst unglücklich in ihrer neuen Rolle. Zerrissenes Selbstgefühl, zerschmetterte Hoffnungen und zerstörte Leben, zerfallene Familien und zertrümmerte Karrieren, quälende Einsamkeit und bittere Enttäuschungen säumten ihren Weg. Alles in allem seien sie unter den unglücklichsten Menschen der Welt zu finden. »Ich spreche dabei nicht von den gestrandeten Intersexuellen, den irregeführten Homosexuellen, den Transvestiten, den psychotischen Exhibitionisten, die durch diese Halbwelt taumeln wie bemalte Clowns, mitleiderregend für andere, entsetzlich für sich selbst.« Obwohl Jan Morris zu ihrer Entscheidung steht, selbst im Rückblick noch entschlossen zum Äußersten, wirbt sie nicht etwa für ihren Weg, sondern gibt auch ihren tiefen Zweifeln Ausdruck.

Auf der Suche nach dem Sinn

Die letzten Sätze des Epilogs von Jan Morris lauten: »Meine Wanderung geht weiter. Meine Liebe gilt unverändert: meiner Familie, meiner Arbeit, einigen Freunden, meinen Katzen und meinen Büchern, meinem Haus in den Bergen, dem Meer und dem mich umgebenden Wales. Habe ich denn nun, mag man fragen, den wahren Sinn meiner Wanderung, die letzte Antwort gefunden auf mein Conundrum, mein großes Rätsel? Manchmal, unten am Fluß, denke ich fast, ich hab's. Aber dann wechselt das Licht, der Wind dreht, eine Wolke schiebt sich vor die Sonne, und der Sinn von allem entgleitet mir wieder von neuem.«

Jan Morris ist eine gute, eine ehrliche Zeugin, die feinfühligste Berichterstatterin, die wir uns wünschen können für diese atemberaubende Wanderung durch befremdliche Gefilde, bizarre Winkel der Seele. Was sie uns schildert, ist im Grunde dasselbe, was neueste Hormonforschung, Molekularbiologie und Hirnkameras bestätigen.

Die psychische Identität von Männern und Frauen bildet sich schon während der Entwicklung des Gehirns aus, kann aber offenbar auf dramatische Weise mit psychischen Vorgängen interferieren. Vielleicht können neurotische Fixierungen, Störungen der normalen Geschlechterprägung allein diese Abläufe in Gang setzen. Es ist bekannt, daß psychische Prozesse den Spiegel gewisser Geschlechtshormone anheben und absenken können. Bisher aber hat man keine Indizien dafür gefunden, daß Gedanken allein zu so erheblichen Veränderungen in der hormonellen Steuerung führen können, daß etwa am Ende wie bei einer selbsterfüllenden Prophezeiung genau das eintritt, was mal als Ursache, mal als Folge figuriert. Die Kausalitäten in jedem Einzelfall bis zu ihrer Wurzel zu verfolgen, mag unmöglich sein, die Verknüpfungen aber zwischen einem hormonellen Einfluß und einer darauffolgenden Hirnzellreaktion werden im Lichte der modernen Hirnforschung durchaus erkennbar.

Auch die Frage, was ganz am Anfang stand, ist leicht zu beantworten, da die Einwirkungen der Hormone auf das Gehirn schon lange vor der Geburt beginnen, schwerlich jedoch die Gedankentätigkeit oder rein psychologische Prozesse. Die Introspektion von James/Jan Morris gibt uns eine Ahnung von der machtvollen Natur dieser Wirkungen, von ihrer Art und ihrem Ausmaß. Kann dies alles durch die Einnahme von weiblichen Hormonen und eine Kastration (Wegfall der männlichen Hormone) hervorgerufen werden, so ist der Einfluß der lebenslangen Wirkungen der Geschlechtshormone auf den Normalfall Mensch – und das ist die unumstößliche Bilanz dieser Geschichte – gar nicht zu überschätzen.

Im folgenden werden wir nun versuchen, den hier beschriebenen Vorgängen, ihrem biologischen Sinn und ihren physiologischen Grundlagen nachzugehen.

Die Macht der Fakten

Das Konzept der Sexualität

Asexuell, parasexuell oder sexuell?

Was uns als unterscheidbare Geschlechter mit sexuellen Charakteristika vertraut ist, das stellt im Spektrum der Lebewesen eher eine Ausnahme dar. Die höchst komplizierte sexuelle Vermehrung ist ein Konzept, das viele andere Lebensformen, vor allem die primitiveren, gar nicht brauchen. Was uns selbstverständlich erscheint, das ist bei genauerem Hinsehen nur eine von zahlreichen Lösungen, die im Laufe der Evolution entwickelt worden sind, um die Kontinuität des Lebens zu gewährleisten. Damit das gelingt, kommt es vor allem darauf an, Erbgut
- zu variieren, um durch Versuch und Irrtum umwelttaugliche Konstellationen zu bilden,
- zu bewahren, um gemachte Erfahrungen und Erfindungen nicht wieder zu verlieren,
- zu vermehren, um möglichst viel geeigneten Lebensraum einzunehmen,
- und möglichst weiterzuentwickeln, um neuen Lebensraum zu erobern.

Das alles sind unerläßliche Voraussetzungen für die Entwicklung des Lebens auf der Erde. Die Startvariation kommt durch spontane Instabilität und zufällige Mutationen zustande. Was tauglich ist, erweist sich: durch Überleben. Daß es dazu von großem Vorteil ist, das gesamte Erbgut immer wieder neu zu durchmischen, um eine niemals endende Vielzahl neuer Kombinationen von Eigenschaften zu erproben, hat sich erst später ergeben.

Diese neue Methode erwies sich dann als ein großer Beschleuniger der Entwicklung. Die Erbgutmischung ist die notwendige Voraussetzung für eine rasche Anpassung der Lebewesen an variantenreiche und veränderliche äußere Bedingungen – die Umwelt. Damit ist sie auch der Anlaß für die schnell wachsende, unabsehbare Vielfalt der irdischen Lebensformen: heute etwa 10 bis 30 Millionen Arten, die im Dschungel und in der

Wüste, im Schlick der Tiefsee und in dünner Luft, auf Gletschern und im Wasser kochender Geysire leben.

Wo die Umwelt beständig ist, im temperierten Wasser also, in subtropischen Lagunen und Korallengärten, in Grotten und Unterwasserhöhlen, an den warmen Schloten des Meeresgrundes, gibt es biologische Nischen, deren Lebensbedingungen sich auch im Laufe von Jahrmillionen nur langsam ändern. Hier sind die geeigneten Milieus für primitive Lebensformen, die sich – auch heute noch – oft asexuell vermehren: durch reine Teilung oder Knospung. Für die ersten 2000 Millionen Jahre der Lebensentstehung und Verbreitung hat das völlig ausgereicht: Die Lebewesen stellten – eines der elementaren Lebenszeichen – ständig Kopien her von sich selbst. Besser als nichts.

Im Grunde ist diese Art der Vermehrung eine einfache Fortsetzung des Wachstums, nur daß eben ständig neue Unterteilungen zwischen den neu entstehenden Einzelindividuen vorgenommen werden: durch Abschnürung. Bei Bakterien, Algen, Pilzen und vielen Einzellern (Protozoen) ist das die normale Vermehrungsart, und selbst bei manchen primitiven Vielzellern wie Würmern und Schnecken noch heute die Regel. Jungfernzeugung kommt sogar bei einzelnen höherentwickelten Tieren vor.

Aus guten Gründen verhält es sich ganz anders mit der Vermehrung der Menschen. Auf dem langen Wege zu den Wirbeltieren, dann zu den Säugetieren und schließlich zu den Primaten oder Herrentieren,[1] deren höchstentwickelter Vertreter der Mensch ist, entwickelte sich ein überlegenes Prinzip: Eine gründliche Durchmischung der bereits erfundenen Erbanlagen katapultierte die Vielfalt und die Anzahl der neu entstehenden Lebewesen plötzlich in die Höhe. Nicht umsonst spricht man von Artenexplosion, wenn schnell Tausende neuer Lebewesen entstehen.

Solche ruckartigen Schübe der Artenvermehrung hat es im Laufe der Entwicklungsgeschichte mehrmals gegeben, grundsätzlich jedesmal nach der Erfindung eines neuen biologischen Erfolgsprinzips: so auch nach dem Auftreten dieses neuen Beschleunigers der Evolution – der sexuellen Vermehrung. Sie erwies sich gar als der wohl mächtigste Anschub von allen bis dahin erprobten Neuentwürfen.

Oft auch wurden diese Perioden der Entfaltung des Lebens plötzlich unterbrochen. Große Katastrophen, kosmische – wie Treffer durch Riesenmeteore oder Neutronenschauer infolge von Sternexplosionen – oder irdische – wie Kontinentalplattenkollisionen mit Vulkanausbrüchen und Klimastürzen – haben wiederholt zu solchen Kataklysmen, zum Aussterben von bis zu 90 Prozent aller auf der Erde lebenden Arten geführt. Danach aber gab es jedesmal einen fruchtbaren Neubeginn unter den Bedingungen des leeren Lebensraumes, der erneut erobert und gefüllt werden konnte. Auch das war jedesmal ein kräftiger Anschub der Artendifferenzierung, wobei stets die besten Überlebenseigenschaften weitergegeben wurden: Sauerstoffnutzung, Kiemen, Sinnesorgane, Kreislauf, Extremitäten, Samen- und Eibildung.

Es ist gar nicht abwegig, gerade in diesen Kataklysmen – wie in Waldbränden – einen Hilfsmotor der Entwicklungsgeschichte zu sehen. Stanislaw Lem hat das in seinem Katastrophenprinzip näher ausgeführt. Jedesmal fächerten sich nach solchen Katastrophen nämlich die Formen des Lebens mit neuem Schwung – und immer soliderem und ausgefeilterem biologischen Know-how! – erneut in lange Versuchsreihen mit möglichen Konzepten auf. Es kam dabei zu Konkurrenzentwürfen, zu neuen Wahrnehmungs-, Bewegungs- und Ernährungsweisen, zu Wechselwirkungen zwischen Jägern und Gejagten, zur Entwicklung von Waffen und Gegenwaffen, von Verbergen und Suchen. So wuchsen die großen Nahrungspyramiden heran, die beim Plankton, bei Bakterien und Milben beginnen und bei den großen Raubtieren wie dem Tyrannosaurus und dem Säbelzahntiger, dem weißen Hai und dem Grizzlybären enden.

Dies alles sind logisch durchgreifende Prinzipien der Evolution: Das eine ist stets die notwendige und oft die hinreichende Bedingung für die Entwicklung des anderen. So kumulieren sie sich Schritt nach Schritt der Evolution, legen sich Schicht nach Schicht von Bauplänen des Lebens zwiebelschalenartig übereinander. Sie bilden in einer Milliarden Jahre lang wachsenden, endlosen Reihe ständig neuer Einfälle eine Komplexität, die auf den ersten Blick verwirrend ist. Daß sie dennoch verborgene Ordnungen spiegelt, wollen wir im folgenden an einzelnen wichtigen Entwicklungsschritten und ihrer zielstrebigen Schlüssigkeit zeigen.

Sexueller Gen-Austausch

Schon lange bevor die ersten Amphibien an Land krochen, bevor die Riesenechsen durch die Sümpfe der Kreidezeit stapften, hatte sich ergeben, daß das kunterbunte Durcheinanderwerfen im Sinne einer niemals endenden, kaleidoskopartigen Folge von Permutationen, also aller denkbaren Kombinationen aller Eigenschaften und Merkmalskombinationen einer Spezies dem simplen Prinzip der Teilung und Knospung weit überlegen war. Die sexuelle Vermehrung wurde zu dem großen Karten-

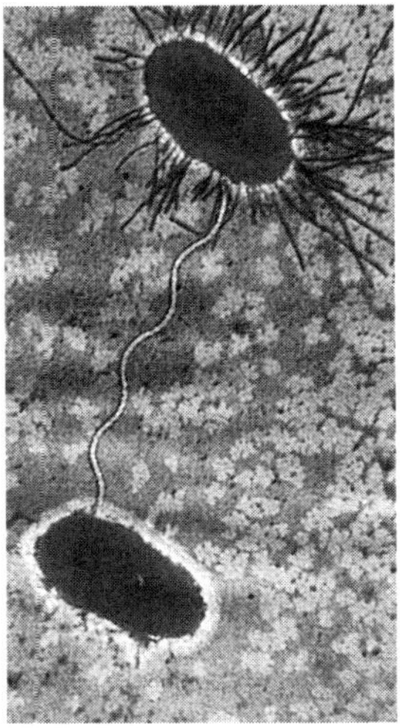

Als primitivste Vorstufe eines sexuellen Kontaktes betrachtet man die Verbindung zweier Bakterien durch einen kleinen Schlauch. Sie erschloß vor etwa 1500 bis 2500 Millionen Jahren einen neuen Weg für den Gen-Austausch.

mischer für das Erbgut und damit zum Motor der weiteren Entwicklung.

Sie ließ in kurzer Zeit eine so immense und flexible Vielfalt von Lebewesen entstehen, daß einige davon wahrscheinlich jede Umweltveränderung meistern würden. Diese »Anpassung durch Auswahl« (Selektion) ist das von Charles Darwin und Alfred Russel Wallace entdeckte Prinzip der Entwicklung aller Lebewesen in der uns bekannten Welt: durch die Überflutung mit ungenauen Kopien primitiverer Vorgänger. (Darwin und Wallace 1858, Darwin 1859, 1871). Spätere Naturforscher nannten diese Idee zu Recht das »größte und folgenreichste zusammenhängende Gedankengebäude der Menschheitsgeschichte«. Für unser Selbstverständnis ist es unentbehrlich.

Diese neue Strategie begann vor Milliarden Jahren ganz bescheiden – mit Bakterien, die sich über einen kleinen Schlauch mit anderen Bakterien verbanden und durch diesen temporären Verbindungsgang einige der frei in ihrem Zellplasma umherschwimmenden Genfäden austauschten. Irgendwann vor 1500 bis 2500 Millionen Jahren dürfte dieses Phänomen erstmalig aufgetreten sein; es erwies sich als ein echter Quantensprung in der Evolution: Er zündete eine der heftigsten und folgenreichsten Artenexplosionen in der Erdzeitgeschichte.

Das so gestartete Geschehen lief nach dem Prinzip einer Mehrstufenrakete ab, wie das gestaffelt war, zeigen wir später im Überblick (S. 580–583).

Der Mensch – und seine geschlechtliche Vermehrung

Die gründliche Durchmischung des Erbgutes wird erreicht bei der Entwicklung der Keimzellen. In der Frau werden Eizellen gebildet, im Mann Spermien. Die in ihnen enthaltenen Anlagen werden miteinander vermengt wie die Karten eines Kartenspiels. Genauer: wie die Karten zweier Kartenspiele, die dann wieder zu zwei vollständigen Kartensätzen auseinandersortiert werden müssen.

Das komplette Erbgut einer Art ist im Zellkern jeder einzelnen Körperzelle enthalten, gebündelt in Form einer für jede Art charakteristischen Anzahl von Erbgutträgern, den Chromosomen. Diese sind in doppelter Ausfertigung vorhanden, als Chromosomenpaare; die eine Hälfte stammt vom Vater, die andere von der Mutter. Beide Chromosomensätze werden – nach der Verschmelzung des väterlichen Spermiums mit der mütterlichen Eizelle – zusammengefügt; der embryonale Organismus entsteht. So bildet sich das unverwechselbare, wahrhaft einzigartige Individuum. Unter 10 000 menschlichen Geschwistern desselben Elternpaares wären (eineiige Zwillinge ausgenommen) keine zwei völlig gleich, während die 10 000 Nachkommen eines Pantoffeltierchens (seltene Mutationen ausgenommen) alle genetisch identisch wären.

Erst vor der erneuten Bildung von Keimzellen vermengen sich die einzelnen Chromosomen paarweise miteinander, um dann wieder – nach ausgiebigem Seitenwechsel (Crossing-over) – zu zwei neuen Chromosomensätzen auseinandergezogen zu werden. Dies entspricht dem Neuausteilen nach dem Kartenmischen: die sogenannte Reduktionsteilung oder Meiose, bei der aus dem zeitweise verdoppelten (diploiden) Chromosomensatz wieder ein einfacher (haploider) wird. Dieser enthält nun in der Regel Elemente von beiden Eltern. Hierbei landen nach einem reinen Zufallsprinzip die einzelnen elterlichen Anlagen mal beim einen, mal beim anderen Nachkommen, der also mal mehr dem Vater, mal mehr der Mutter ähnelt. Der normale, im Körperwachstum ablaufende Zellteilungsprozeß hingegen, die Mitose, läßt die Anzahl der Chromosen und ihre Zusammensetzung stets unverändert; sonst würde der Mensch beim Heranwachsen fortlaufend seine Anlagen ändern können.

Die ständig wiederholte Erbgutdurchmischung ist ein genialer Einfall der Evolution, der die Reproduktion der hochentwickelten Lebewesen auszeichnet. Diese Durchmischung wird garantiert durch die immer wiederkehrende Kombination von zwei Individuen unterschiedlichen Paarungstyps. Und eben das ist der Kern der Zweigeschlechtlichkeit.

Dieses Konzept setzt allerdings voraus, daß sich das Erbgut der beiden Paarungspartner, das sogenannte Genom, tatsächlich ohne Störungen mischt und wieder entmischt. Läuft bei diesem komplizierten Prozeß der Verschmelzung und erneuten Trennung von Riesenmolekülen etwas schief, so entstehen die gefürchteten Chromosomen-Anomalien, die uns noch näher beschäftigen werden. Gerade sie nämlich entschleiern, wie das Erbgut des Menschen sowohl seine Verkörperung als auch seine Vergeistigung steuert.

Primitivere Lebewesen haben es generell leichter, zwischen verschiedenen Arten der Vermehrung hin und her zu wechseln – wenn es erforderlich ist. Gewisse Lurche (Salamander, Molche und Olme) können, wenn die Reifung zum erwachsenen Tier durch äußere Umstände wie Nahrungsmangel oder suboptimale Temperaturen erschwert ist, kurzerhand die komplizierte und energieverzehrende Metamorphose unterlassen. Statt dessen wird so ein Lurch schon als Neugeborenes geschlechtsreif und kann sich – man nennt das Neotenie – als solcher fortpflanzen und auf günstigere Umstände warten, um vielleicht einige Generationen später einmal erwachsen zu werden. Der mexikanische Schwanzlurch Axolotl (aztek.: Wasserspiel) ist ein sinnfälliges Beispiel für den grenzenlosen Erfindungsreichtum der Natur. Erst wenn sein See zum Tümpel wird und am Ende trockenfällt, vollzieht er kurz zuvor einen Notausstieg und entwickelt sich zu seiner erwachsenen Landform. Diese sucht sich dann – über trockenes Wüstenland – einen neuen See.

Diese Strategie auf den Menschen zu übertragen hieße: Wenn die Bewohner Europas ihre Länder in Schutt und Asche gelegt haben, schalten sie auf Metamorphose um; sie verpuppen sich, und ihnen wachsen Flügel. Phoenixgleich entfalten sie ihre Schwingen und fliegen nach Amerika, wo sie landen und wieder zur bodenständigen menschlichen Existenz übergehen. Und dasselbe tun wie vorher. – Wirkt das nicht bekannt? Es ist der Neubeginn, das »Neustadt«-Prinzip: Nowgorod, Karthago, Cartagena,[2] Neapel/Napoli, Nablus, New Amsterdam, New York, Neukaledonien. In übertragener Form, wenn auch auf ganz andere Weise, hat der Mensch durch seinen Erfindungsreichtum den Axolotl tatsächlich nachgeahmt, ihn eingeholt. Und überholt.

Auf solche Weise entsteht eine eigentlich artfremde Beweglichkeit, die – über Biotopgrenzen hinweg – immer größere Umweltbereiche erschließt. Neuanfang und Beweglichkeit gehören zusammen. Das instinktarme Primatengehirn mit den vielen weißen Feldern ist eben lernfähig: Das eröffnet ungeahnte Möglichkeiten der Anpassung – an

Der mexikanische Axolotl *(Ambystoma mexicanum)*, sozusagen eine fortpflanzungsfähige Riesenkaulquappe, verkörpert das Prinzip der Neotenie oder Fötalisierung (vorgezogener Geschlechtsreife).

Schnee und Eis, an Wüste und Dschungel. Der Tod durch die erbarmungslose Selektion wird ersetzt durch veränderliche, durch Versuch und Irrtum reversible Programme. So kompensiert die neue Lernfähigkeit die unvermeidlichen Verluste an Flexibilität, die der Differenzierung folgen wie die Umständlichkeit dem Altern.

Homo sapiens: ein erwachsener Affenfötus?

Diese grandiose Idee, einmal innezuhalten und die Entwicklung auf einem ontogenetisch (in der Entwicklung der Lebewesen individualgeschichtlich, im Gegensatz zu – auf die ganze Spezies bezogen – stammesgeschichtlich, nämlich phylogenetisch), frühen, unreifen Stadium weiter voranzutreiben, taucht in der Evolution viel später, in der letzten Entwicklungsstufe der Primaten, noch einmal auf. Da sollte sie besonders große Konsequenzen haben.

Als bei den frühen Hominiden – gefördert durch die ergiebige Zusammenarbeit von immer besseren Sinnesorganen und Greiforganen: den Händen! – ein immer rascherer Zuwachs des Gehirns stattfand, hielten andere anatomische Anpassungen damit nicht Schritt. Das Becken etwa wurde zu eng, immer häufiger paßte der große Säuglingskopf nicht mehr hindurch: Mutter und Kind kamen dabei ums Leben. Eine krassere und effektivere ›Auslese der Geeignetsten‹ im Darwinschen Sinne ist kaum denkbar: Nur noch die zu Frühgeburten neigenden Individuen konnten sich die großköpfigen Kinder leisten. So wurden die neugeborenen Hominiden zu immer hilfloseren Frühgeburten, die immer mehr mütterliche – und familiäre! – Pflege, Sorge und Schutz brauchten. Dadurch wiederum entwickelte sich vor allem die mütterliche Zuneigung.

Die frühgeburtlichen Eigenschaften wurden allmählich festgehalten, und die Geschlechtsreife wurde immer weiter aufgeschoben, um dem Kind eine lange Entwicklungs- und Anlaufzeit zu geben. Dennoch blieben die äußeren Formen die des unreifen Vor- und Frühmenschen. So hat sich die Auffassung vom modernen Menschen, der von Adolf Portmann überspitzt als »geschlechtsreif gewordener Affenfötus« bezeichnet wurde, entlang dieser Linie entwickelt: Tatsächlich ähnelt ein erwachsener Mensch einem Schimpansenkind oder Gorillafötus weitaus mehr als einem erwachsenen Menschenaffen – in seinen Gesichtskonturen, dem Gesichtswinkel, den großen Augen, den Stirn-zu-Gesicht und Kopf-zu-Körper-Proportionen, der nackten Haut und anderen Details.

Heute ist dieses Bild komplizierter geworden. Man nennt die Züge der Neotenie »Fötalisierung« und weiß, daß beim Menschen ein gemischter Zustand vorliegt: In manchen Zügen ist er tatsächlich fötalisiert (retardiert), in anderen akzeleriert. Insgesamt aber ist die Beobachtung Portmanns richtig: Im Menschen sind viele hochspezialisierte Schritte, die zu den verschiedenen Affen führen, zurückgenommen – der Mensch ist weniger spezialisiert als alle Affen; das gibt ihm viele neue Chancen.

Spezialisierung: neue Fähigkeiten, verlorene Möglichkeiten

Oft wird die asexuelle Vermehrung – als eine Notlösung – weiterhin bereitgehalten. Auch die simple Teilung und das Knospen bleiben bei niederen Tieren noch lange als Reservelösung neben der moderneren Kopulation, Erbgutvermischung und all jenen komplizierten Tricks mit Beuteln und Bruttaschen, Drüsen und Sekreten erhalten. Zum Vergleich: Das ist, als könnte ein Mensch, der als Single lebt, kurzerhand auf die Jungfernzeugung (Parthenogenese) umschalten. Daß das nicht mehr geht, ist ein Preis für die Höherentwicklung: Wo das Leben und damit auch die Reproduktion immer komplizierter wird, gehen die einfachen Lösungen unwiderruflich verloren.

Dies begründet ganz generell den Preis für die Spezialisierung: Je besser sich etwa eine Extremität zum Graben eignet – man denke an den Maulwurf – oder zum Packen einer Beute wie die Klaue des Adlers, desto weniger eignet sie sich offenkundig zu allem anderen. Immer gilt also: Der Gewinn an neuen, avancierten Fähigkeiten bedeutet zugleich den Verlust an latenten Möglichkeiten. So war gerade auch der Schritt zur menschlichen Hand ein Zurück: zurück zum rohen, unspezialisierten Vorentwurf einer Extremität, ohne Krallen oder Hufe, Saugnäpfe oder Schwimmhäute – eben ganz schlicht die fünf Finger. Diese konnten nun immer weiter verfeinert und weiterentwickelt werden (einer zum Daumen, entscheidend für Greifen und Festhalten!), vor allem aber ihre Handhabung durch die Hirnrinde.

Die Regionen des Großhirns, die für die Hände – ihr Fühlen wie ihre Bewegung – und für Lippen, Zunge und Kehlkopfmuskulatur – also die Sprache – zuständig sind, findet man auffallend raumgreifend angelegt: Der Daumen allein kann mehr Zellen beschäftigen als Bauch und Rücken zusammen. Dies ist ein Zeichen für die entwicklungsgeschichtliche Bedeutung der manuellen Geschicklichkeit und der Kommunikation. Wie bei vielen anderen menschlichen Eigenschaften liegt also die Weiterentwicklung auch hier nicht in den sichtbaren Veränderungen, sondern in den unsichtbaren, immer größeren Projektions- und Steuerfeldern im Gehirn.

Alle diese evolutionären Neuentwürfe verfeinern zentrale Steuerfunktionen. Wir werden sehen, daß deren Gewicht auch in der Entwicklung der menschlichen Sexualität, der Geschlechtsdifferenzen, der sozialen Instinkte und aller intellektuellen Beigaben zu den Geschlechterrollen unaufhaltsam weiter zunimmt.

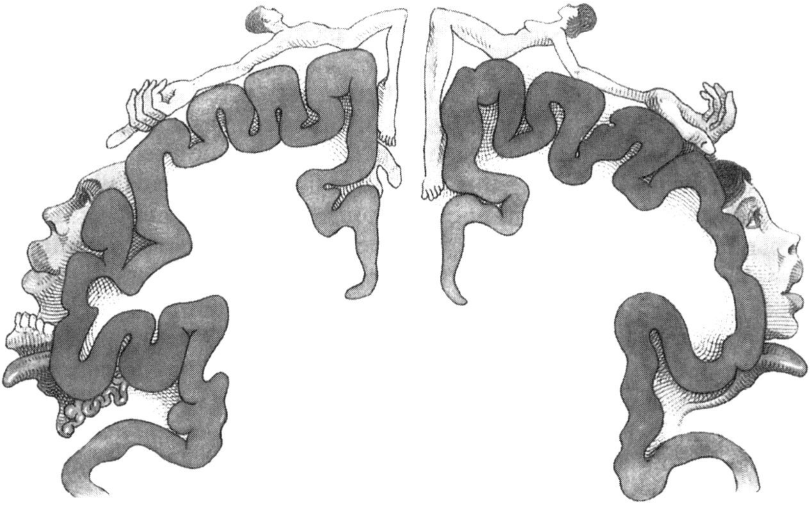

Die Projektionsregionen für die Hände (sowohl sensibel, links, als auch motorisch, rechts) sowie für Lippen, Zunge und Kehlkopfmuskulatur (wegen der Sprache) sind in der Hirnrinde auffallend raumgreifend angelegt. Der Daumen allein beschäftigt mehr Zellen als Bauch und Rücken zusammen.

Erfolg in der Evolutionsarena: die Zweigeschlechtlichkeit

Ganz generell haben solche aufwendigen Paarungssysteme erhebliche Nachteile. Es bleiben zum Beispiel immer etliche ungepaarte Individuen übrig. Daher kommen diese Systeme bei höher entwickelten Lebewesen nicht mehr vor. Die einfachste Form der Paarbildung aber ist die Zweigeschlechtlichkeit. Sie hat einen evolutionären Vorteil: Mit dem geringsten Aufwand erreicht sie den wichtigsten Zweck am schnellsten – die völlig pragmatische, vorurteilsfreie und rücksichtslose Auslese der für eine bestimmte Umwelt überlebensfähigen Erbgutkombinationen. Je schneller diese durchgespielt werden, desto mehr leistet das System.

So wird eine Vielfalt von Spielarten ewig wechselnden Erbgutes bewahrt, die sich – auch unter veränderlichen Bedingungen – als »fit for survival« erweisen; alles andere, sicher die tausendfache Biomasse, wird ständig als mangelhaft wieder eingestampft und – aus der ökologischen Warte für den sapienten Primaten sicher ein Trost – in neuer Gestalt recycelt. Das ist, in Kurzform, die Logik der Evolution.

Das System der zweigeschlechtlichen Sexualität, das sich im Laufe von Jahrmillionen überall etabliert hat, muß bedeutende Vorteile bergen, um so vollständig durchzuschlagen. Vor allem höhere Organismen wie die Säugetiere inklusive der Primaten haben dieses Prinzip fast ausnahmslos zu großer Perfektion und Differenzierung entwickelt. Was Feministinnen als schlechteste aller Lösungen, als Ausgangspunkt von Konflikten und Unvollkommenheiten der menschlichen Disposition sehen, ist also immerhin das Ergebnis jahrmillionenlanger Versuchsreihen der Natur und mußte sich im Vergleich zu vielen anderen Varianten der Fortpflanzung und des Überlebens bewähren. Das Prinzip der Zweigeschlechtlichkeit siegte in einer Arena voller Mitbewerber, die wir einleitend vorstellen mußten, um der naiven Auffassung zuvorzukommen, »es ginge ja nicht anders«. Es geht sehr wohl anders, sogar auf vielerlei Weise. Nur eben schlechter. Wer also die Geschlechterkontraste kritisch als Quelle vieler Übel beschreibt, deren größtes die männliche Hegemonie sei, der sollte wissen, daß er von der besten aller jemals ausprobierten Lösungen, von dem großen Sieger der Evolution redet. Was genau ihre Eigenschaften sind, die ihr diese Durchschlagskraft sichern, ja, sie in höheren und komplexeren Lebewesen sogar immer einflußreicher werden lassen, soll uns im folgenden beschäftigen.

Zusammenspiel: sublime Nutzung von Vorteilen

Die Brisanz, die in unserer fortgeschrittenen Zivilisation die Geschlechterdifferenz erfaßt, hat ihren Urspung in der sittlichen Dimension des Menschen. Größere Muskelkraft eben nicht rücksichtslos zur Unterwerfung des anderen Geschlechtes einzusetzen, nicht immer den eigenen Vorteil auf Kosten des anderen zu maximieren, also aus dem komplementären Zusammenspiel nicht ein Spiel gegeneinander zu machen – genau das ist die produktive Kultur der Geschlechtlichkeit, die wir als Gegenentwurf zu landläufigen Zerrbildern darstellen wollen. Soll die sublimere Nutzung von Vorteilen, die Bändigung des »Ich-zuerst« habituell werden, also zum Regelfall, muß etwas erkannt werden, das erst durch das wissenschaftliche Triumvirat Mathematik + Konfliktforschung + Spieltheorie[3] bewiesen wurde: Die Kooperation ist eine allen anderen Formen von Neben- und Gegeneinander weit überlegene Lösung für Konfliktsituationen.

Die reine Addition von Egoismen, mehr noch der Konflikt, ist im Vergleich zu ihr ein plumper, energieverzehrender Fehlschlag.[4] Man hat experimentell nachweisen können[5], daß eine Handlungsstrategie dieser Art, nämlich das Konzept *tit for tat*, nach dem man sich dem anderen gegenüber ebenso verhält, wie dieser es vormacht, sich in Versuchsserien mit zwei oder mehr Gegenspielern empirisch als der beste aller denkbaren Wege zur Kooperation erweist. War es das, was Bert Brecht meinte mit den Worten: »Weil ich ihm nicht traue, sind wir Freunde«?

Der erhebliche generelle Nutzen der Kooperation muß natürlich nicht nur begriffen, sondern auch verinnerlicht werden. Es ist schon verblüffend: Was man seit Jahrtausenden mit umständlichen, dogmatischen Vorschriften und ritualisierten Glaubenssätzen zu übermitteln trachtete, weisen simple Sachverhalte, wenn man sie nur genau genug beobachtet, überzeugend nach. Die Wissenschaft wird so zum Kronzeugen gesellschaftspolitischer Erfahrung.

Ein kooperatives Zusammenspiel aber kann nur dann gelingen, wenn man die Unentrinnbarkeit der männlich-weiblichen Dispositionen verstanden hat. Sie zu leugnen oder wegsozialisieren zu wollen, fügt beiden, Männern wie Frauen, nicht nur Schmerzen, sondern Unrecht zu, denn es weckt Erwartungen, denen niemand dauerhaft gerecht werden kann.

Freilich: Was die Natur als optimale Lösung bewertet, das folgt einem Leitprinzip, das eine vermehrungsmüde Menschheit ablehnen kann: den Bemühungen um das Überleben der eigenen Art. Die gesamte Logik, Problematik und Ethik der »selbstsüchtigen Gene« und des »blinden Uhrmachers« von Dawkins (Dawkins 1986; 1994) schließen sich hier an. Denn natürlich gehört auch das zur sittlich-geistigen Dimension des Menschen: die Freiheit, sich aus den natürlichen Zusammenhängen zu verabschieden. Aber es ist – Folge der biologischen Dimension des Menschen – ein Abschied mit Konsequenzen, die sich natürlich einstellen, wenn auch oft erst mit großer Verspätung.

In vielen Debatten der letzten Jahrzehnte hat man nicht nur – aus Verdruß an der Verschiedenheit und den von ihr bedingten Komplikationen? – nachdenkliche Zweifel angemeldet, die sich gern ethisch überlegen geben, sondern die Fortsetzung der eigenen Artexistenz als leichtfertig oder verantwortungslos verworfen. Wer so die Arterhaltung nicht mehr als legitimes und selbstverständliches Ziel des Lebensprozesses betrachtet und bejaht, der kann mit einer ihm selbst verborgenen Logik durchaus auch zum Konzept der Gleichschaltung der Geschlechter kommen. Der kleine Unterschied ist im gleichen Augenblick kein Glücksfall mehr, sondern folgerichtig der Störfall schlechthin. In der letzten Konsequenz wünschen VerfechterInnen dieser Position die Vernichtung der arterhaltenden Verschiedenheiten.

Konrad Lorenz hat diese Haltung mit Recht den »Acht Todsünden der

Menschheit«(Lorenz 1973) zugerechnet. Nicht nur die physische und physiologische, sondern auch die psychische Identität von Frau und Mann sind an ihre Geschlechts-Charakteristika gebunden. Denn angekoppelt an den Bios finden wir, als Antwort auf die extreme Hilflosigkeit der physiologischen Frühgeburt Mensch mit ihrem störungsempfindlichen »extrauterinen Frühjahr« (Portmann 1962), zahlreiche kompensatorische Schutz-, Versorgungs- und Brutpflege-Impulse, ohne die das ganze Konzept »Homo sapiens« unmöglich wäre.

Evolution und die Logik der Ökologie

Wir werden sehen, daß diese verschiedenen Aufgaben in komplizierter Weise, aber sinnvoll und effektiv auf die beiden Geschlechter verteilt sind. Die Lebens- und Arbeitsteilung, die sich im Laufe der Höherentwicklung der Psyche immer weiter differenziert, ist so komplementär, daß die Individuen zunehmend aufeinander angewiesen sind: Die vollständige Gruppe erst – Kinder, Mutter und Vater zusammen – entwickelt in ihrer gegenseitigen Abhängigkeit das größtmögliche Potential an Anpassungs-, Überlebens- und Entwicklungsenergien.[6]

Auf das Zweiersystem – binomial wie auch die erfolgreichste, die digitale Computerprogrammiersprache – verwiesen, hat die Natur den Weg zur Differenzierung in Geschlechter beschritten, weil die Unterschiedlichkeit der beiden Partner das Paar als Überlebens-Einheit stärker macht. Logischerweise werden für die Aufteilung von Eigenschaften auf zwei unterschiedlich profilierte Typen-Entwürfe vor allem jene Eigenschaften gewählt, die wirklich paarweise »komplementär« (»auffüllend« notwendig ergänzend), also nicht nur supplementär sind (additiv fakultativ ergänzend).

Solche Eigenschaftspaare sind etwa: schnell – langsam, generös – pedantisch, hart – weich, starr – flexibel, zupackend – abwartend, ungestüm – geduldig, nachtragend – vergebend, aktiv – passiv, eifrig – gelassen, scharf – diffus usw.; man ist entweder das eine oder das andere. Die Eigenschaften lassen sich in einem einzigen Individuum naturgemäß nicht zugleich unterbringen. Selbst die Natur muß sich da entscheiden, es sei denn, sie nutzt zwei Varianten gleichzeitig.

Schon hier werden also wesentliche Eigenschaften der Geschlechterdifferenzierung erkennbar. Vermutlich macht die Summe dieser Vorteile den evolutionären Motor der Entwicklung zur Zweigeschlechtlichkeit aus. Daher wollen wir dieses Phänomen auch aus psychologischer und psychosozialer Sicht beleuchten.

Da nun schon zwei Entwürfe *(mating-types)* existieren, liegt es nahe, sie mit unterschiedlichen Eigenschaften zu befrachten. So konnten die Lebensentwürfe »Tier« und »Baum«[7] bald mit einer immer größeren Reaktionsauswahl auf die Anforderungen ihrer Umwelt antworten. Diese Verankerung von Erfolgsprinzipien in der Logik der Naturgesetze ist Voraussetzung für unser gesamtes Ökologieverständnis.

Wenn männliche und weibliche Gameten (Sporen, Samen, Pollen, Eier, Spermien, Blütenstaub oder wie immer man sie nennen mag) einander treffen sollen, so sagt das noch nichts über die optimale Verteilung ihrer Eigenschaften aus. Welche sind die weiblichen, welche die männlichen Erbträger? Kann man ihnen das ansehen? Ist es nur das Organ, welches sie produziert, das einen Rückschluß darauf zuläßt? Weit gefehlt. Hier bereits beginnt die Arbeitsteilung. Und sie ist von allem Anfang an komplementär. Wer das hier richtig begreift, braucht den Gedanken nur noch festzuhalten – er wird ihn bis in die höheren Gefilde psychischer Funktionen immer wieder bestätigt finden.

Es handelt sich hier um ein Problem, das von einem Satz sehr komplizierter Gleichungen beschrieben wird, vermutlich 30 Gleichungen mit 30 Unbekannten. Man muß noch das Lebensmedium (Wasser, Luft, Boden, Wald, Sumpf), das Klima (Wind, Eis, Sturzregen, Gluthitze, Trockenheit), den Aufbau der Gameten, ihren Stoffwechsel, ihren Bewegungsmodus (aktiv, passiv, schnell, langsam – mit dem Sturm oder mit der Meeresströmung) mit einbeziehen, um zu errechnen, was die günstigste Kombination von komplementären Eigenschaftspaaren ist. Die Natur aber rechnet nicht – sie probiert. Sie hat dazu wieder einmal alle Zeit der Welt gehabt. Zwischenerfolge wurden festgehalten in Form einer immer effizienteren Vermehrung. Und so kommt es allmählich zu einem generell durchschlagenden Ergebnis: Es ist optimal, wenn der eine Gamet schnell ist, der andere langsam, der eine stationär, der andere hochmobil, der eine groß, nahrungsreich und langlebig, der andere klein und leicht, aber dafür notgedrungen kurzlebig.

Verschwenderisch und unvorsichtig – auf ewig der Angeber

So schälen sich bald die unterschiedlichen Strategien heraus: Die Spermien sind zahlreich und aktiv beweglich. Ihr schlagender Schwanz, der an der Eizelle fehlt, läßt sie zu Millionen durch Scheide, Gebärmutterhals, Uterus und Eileiter ihrem Ziel zueilen, in gnadenloser Konkurrenz zueinander. Nur einer kommt an, dann schließt sich die Tür zur Eizelle schlagartig und unwiderruflich. Daher leisten sie es sich, in energetischer Hinsicht verschwenderisch und unvorsichtig zu sein – alles setzen sie auf eine Karte, denn sie haben nur diese eine Chance. Sie verbrennen viel Energie, ihre Reserven sind sehr begrenzt, ebenso ihre Lebenszeit. Die Eizelle hingegen ist die reiche Blüte, groß, wartend, lockend, nahrungsreich. Sie lagert Nahrung ein – sie kann warten.

Die Extreme werden zu Exzessen und entwickeln sich spiegelbildlich, sozusagen »aneinander auseinander«. Was der eine aufgibt, erhält der andere: Umfang, Sicherheit, Wartezeit und Lebensdauer, eintauschbar gegen Beweglichkeit, Reichweite und Trefferchancen. Beide Prinzipien, und zwar nur zusammen, bieten bessere Überlebenschancen.

Was der Freier dem kokett abwartenden Weibchen damit zuruft, ist: »Schau, so ein tolles Erbgut! So ein tüchtiger Kerl, so ein erstklassiger Samenspender. Das ist Spitzenqualität! – Willst du die nicht für deine Kinder haben?« Das funktioniert. Das Weibchen wählt im Interesse ihrer Nachkommen, so gut es das eben versteht. – Und genau dadurch wird der Mann unwiderruflich zum ewigen Angeber gemacht.

Das Wesentliche daran – und damit hat man zugleich die Pointe der Geschlechterdifferenzierung erfaßt – ist der Befund, daß die hier aufgezählten Variablen gruppenweise zusammengehören. Wie ein Neugeborenes nicht größer sein kann als seine Mutter, so ergeben sich hier Merkmalskombinationen, die nicht auflösbar sind.[8] Mit anderen Worten: Große Menschen sind meist auch schwerer, oft auch älter als ganz kleine. Wenn aber ein ganz kleiner Mensch alt ist, etwa ein Zirkuszwerg, so ist er schwerlich so stark wie ein Zweimetermann. Ein Zweizentnermann hingegen ist selten Zirkuszwerg. Schwere Menschen aber sind oft auch starke Menschen. Dasselbe gilt im Bereich der Fortpflanzung: Das hochbewegliche Pollenkorn kann nicht so groß sein wie ein Kürbis, das langlebige Elefantenei kann nicht so klein sein wie ein Pollenkorn, denn es kommt mit so wenig Nahrung nicht aus. Alles hat Mindestmaß und Höchstmaß und eine optimierte Funktion.

So entsteht sie genau an dieser Stelle: die erste Arbeitsteilung zwischen

A und B, zwischen dem großen, kostbaren, schweren, nährstoffreichen, langlebigen Ei und den vielen, kleinen, umherwedelnden, herumgewirbelten, fortgewehten, vergänglicheren Samen oder Pollen. Damit ist die Weiche gestellt für tausend weitere Eigenschaften, die zwischen den Polen vom A-Prinzip (Frau) und dem B-Prinzip (Mann) sich immer weiter voneinander entfernen. Ab hier gilt: *suum cuique* (jedem das Seine). Die Natur macht nicht die schmächtigste Gestalt zum Schmied und nicht die plumpeste zum Akrobaten.

Beim Menschen sieht das Resultat dieser Differenzierung so aus: Die Frau bildet nur etwa 500 bis 600 ihrer ca. 200 000 Eier zu voller Reife aus (in frühen Jahrhunderten noch weniger), der Mann hingegen produziert für jede Ejakulation etwa 300 bis 600 Millionen Spermien, im Leben vielleicht 2000 Milliarden. Das Verhältnis zu den Eiern ist etwa 10 Millionen zu eins, zu den ausgereiften Eiern sogar 4 Milliarden zu eins. Bei den Birkenpollen etwa, die im Frühjahr in der Luft schweben, kann die Quote zu den weiblichen Blüten, die erreicht werden sollen, noch höher sein. Wenn sie sich allerdings einer gezielten Übertragung durch Insekten bedienen, kommen Pflanzen auch mit deutlich weniger Pollen aus.

So sind Pollen- oder Samenkörner von Anbeginn an kleine, bewegliche Partikel, verschwenderisch ausgeschüttete Massenprodukte, die meisten entbehrlich. Das Ei hingegen ist kostbar, eine Investition, die man sich nur viel seltener leisten kann. Daher wird es kombiniert mit Funktionen wie dem Behüten, Schützen, Bewahren, mit der Vorsicht und Umsicht, nicht etwa mit hoher Mobilität, Aggressivität und Abenteuersuche.

Die Urkonstellation der Gameten wiederholt sich also, unaufhörlich, auch in den sozialen Modellen: umherstreifend / jagend versus hütend / hegend, suchend versus wartend, ausschwärmend versus nestwärmend, ausrichtend versus einrichtend. Die alte Grundmelodie wandert heute zwar in den Hintergrund, wird zu einem gedämpften Ostinato, aber sie verklingt nicht ganz. Sie kann von starken Motiven durchaus auch einmal völlig übertönt werden, wird sich aber beim nächsten Pianissimo unweigerlich wieder melden. Das ist auch logisch: Der einmal eingeschlagene Weg zieht ähnliche und verwandte Lösungen an. Die Dichotomie in aggressiv und ausweichend, aktiv und passiv, spähend und lauschend, still und beweglich, biegend und brechend bleibt erhalten. Da es sich um komplementäre Eigenschaften handelt, ist ihre Kombination begleitet von sehr positiven Effekten.

Daher merken wir heute ganz folgerichtig: Das Paar, die Familie zerfällt notgedrungen, wenn beide, statt komplementär zu handeln, plötzlich dasselbe tun: beide ausschwärmen zum Beispiel. Da werden nicht einmal mehr die Blumen gegossen, geschweige denn den Kindern die notwendige allabendliche Sorgenabladung gewährt. Wohlgemerkt: Es ist dabei gar nicht so wichtig, wer was tut – die Partner können oft gut füreinander einspringen. Entscheidend ist allein, daß das Wichtige getan wird. Und jeder hat da seine besonderen Talente.

Umkreist und besungen – stolz und verschlossen

Dieser Gedanke ist bis hin zu den Schilderungen etwa der mexikanischen Frau durch den Nobelpreisautor Octavio Paz durchzuhalten: Er beschreibt sie als ein »dunkles, geheimnisvolles und passives Wesen«, das den Männern eine »gravitätische Erhabenheit« zeigt, eine Ruhe, die sich zusammensetzt aus »gleichen Teilen Geduld und Verachtung. Der Mann umkreist sie, preist sie, besingt sie, sein Pferd und seine Phantasie beugen sich vor ihr. Sie aber hüllt sich in ihre Unnahbarkeit und Unbeweglichkeit ... Sie ist die Göttin, besitzt magnetische Anziehungskräfte, die mit ihrer geheimnisvollen Passivität nur wachsen ... Die Frau sucht nicht, sie zieht an ... Und die Quelle ihrer Anziehungskraft ist ihr Geschlecht, verborgen, passiv. Wie eine unbewegliche, heimliche Sonne.« (zit. nach Robert, S. 21 f.) Hier ist natürlich hinzuzufügen, daß diese geheimnisvolle Anziehungskraft nicht etwa objektiv meßbar ist, sondern allein in die Psyche des dazu entwickelten Mannes eingebaut worden ist. Aus guten Gründen. Jeder See-Elefant wird die Mexikanerin dagegen mit Gleichmut betrachten.

Wer diese bildhafte Schilderung der Mexikanerin als übertrieben empfindet (in der Tat weicht sie in vielem von einer agilen, alerten Nordwesteuropäerin markant ab), muß sich einmal selbst in Mexiko umsehen. Er findet dort auch Octavio Paz' Charakterisierung des mexikanischen Mannes bestätigt, den er als einen in seinem Stolz »hermetisch verschlossenen« Macho beschreibt, der sich zwar demütigen läßt, der bei Bedarf auch einmal nachgibt und sich anderen beugt, aber niemals öffnet: »Wer sich öffnet, ist ein Waschlappen ...« (zit. nach Robert, S. 55).

Da haben wir sie wieder in klassischer Form: die passive Würde der Bienenkönigin und den kargen Stolz der Drohne. Man kann auch sagen: das passive Phlegma der Frau und die stolze Würde des Eroberers. Was man vorzieht, ist eine Frage des Standpunktes und seines Winkelfehlers, jener Verzerrungen, die jede gegebene Situation subjektiv färben können. Die Situation selbst aber ist ganz 'neutral', aber höchst zweckmäßig: auf der einen Seite die Energie für das Wachsen, das Ei und die Frucht, dazu Locksignale und Geduld, also Vorsicht und Schutzfunktionen, auf der anderen die Energie für die hohe Beweglichkeit, für Kraft und Kampf, für möglichst viele Pollen und Samen, für aktive Suchfunktionen, für Finden und Begatten, – also Stärke und Tatkraft, Wettkampf und Erfolg.

Die frühen Entscheidungen zur Spezialisierung der Geschlechter sind unermeßlich weitreichende Weichenstellungen. Sie legen das folgende, genial einfache Schema fest: Die männlichen Individuen und Gameten müssen – irgendwie – die weiblichen aufsuchen. Dann wird gemeinsam der Keim gelegt zu neuem Leben. Danach ist es an den weiblichen Individuen und ihren Reproduktionsorganen, dieses Leben – irgendwie – zu nähren, zu bewahren und weiterzutragen. Der männliche Part kann jetzt nur noch an den äußeren Bedingungen dafür mitwirken. Die Eigenschaften beider Geschlechter sind so konzipiert, daß sie diese unterschiedlichen Aufgaben optimal erfüllen können. Nur Merkmalskombinationen, die das erreichen, werden weitergegeben.

Das einmal eingeschlagene Prinzip findet man in der ganzen Natur verblüffend konsequent durchgehalten. Wenn man nachdenkt, was das mit sich bringt, so ist es auch genau jene Morphologie, die uns so vertraut ist: Penis, Rute oder Pistill auf der einen Seite, offen, herausragend, kleine Dinge ausschüttend oder verstreuend, auf der andere Seite eine Vertiefung, Falte oder Höhle, um der heranwachsenden Frucht Schutz zu bieten. Wie gut wir das wiedererkennen und zuordnen können, sei hier anhand von Skizzen der Geschlechtsorgane des seltenen zweihäusig-zweigeschlechtlichen Ginkgobaums demonstriert, dessen verschiedene Geschlechter im Grunde kaum bezeichnet werden müßten (siehe Abb. gegenüber).

Auch wenn wir auf dem Mars ein unbekanntes grünes Y-Wesen in Kürbisform beobachteten, das zwecks Vermehrung aus einem kleinen Rüssel winzige Körner in die runde Rückenöffnung eines gelben X-Wesens bliese, würden wir wieder die männlich-weibliche Eigenschaftsverteilung erkennen und das Y-Wesen als den Marsmann betrachten. Aber erst dann, wenn aus dem X-Wesen später auch kleine Marsianer freigesetzt würden, sähen wir uns wirklich bestätigt: Das war tatsächlich die Marsfrau. Männlich und weiblich sind nämlich keine willkürlich wählbaren Eigenschaftskombinationen, sondern sie sind logisch mitein-

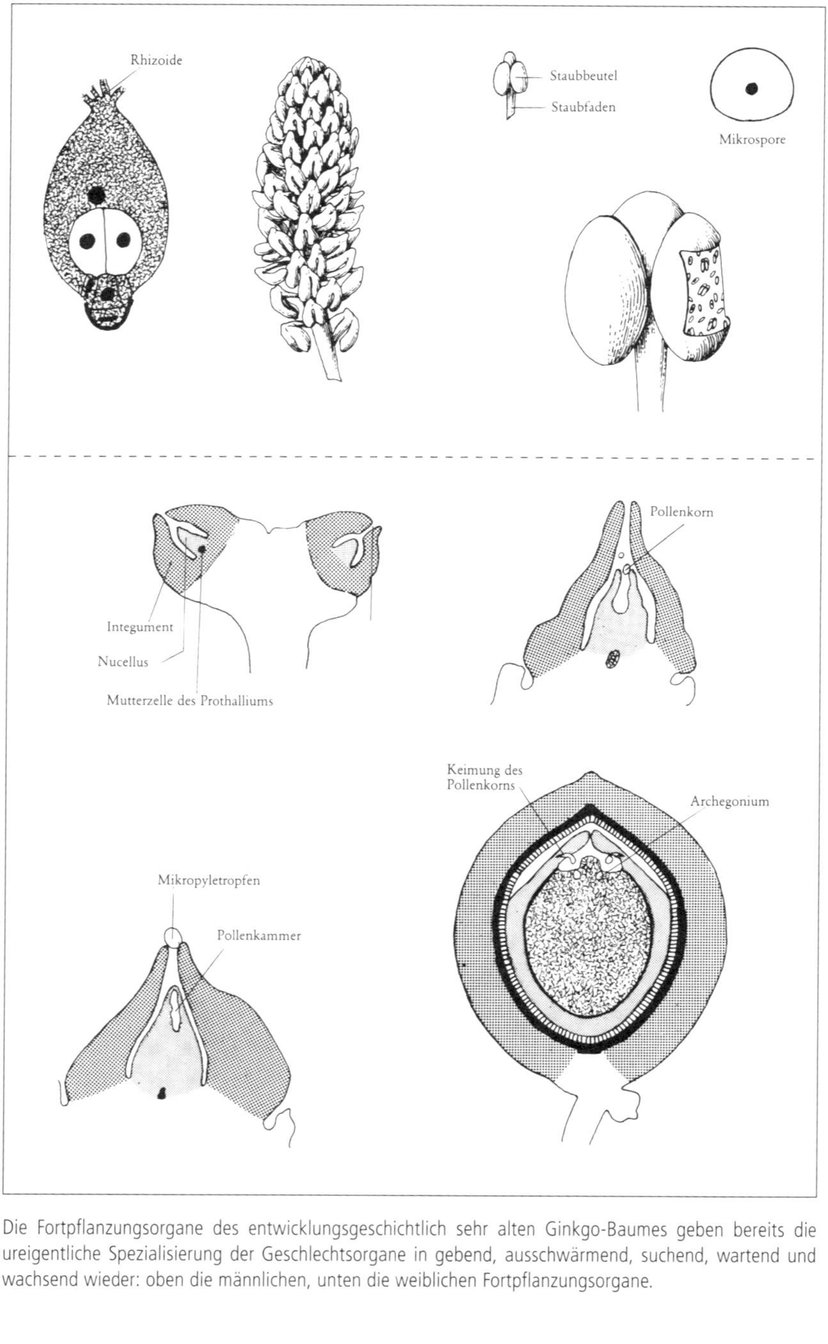

Die Fortpflanzungsorgane des entwicklungsgeschichtlich sehr alten Ginkgo-Baumes geben bereits die ureigentliche Spezialisierung der Geschlechtsorgane in gebend, ausschwärmend, suchend, wartend und wachsend wieder: oben die männlichen, unten die weiblichen Fortpflanzungsorgane.

ander verflochten und spiegeln elementare Lebensfunktionen wider. Zwar sind sie auch einmal austauschbar, wenn eine ungewöhnliche Umwelt das erfordert, aber mit wenigen Ausnahmen bleibt es bei der konsequenten Weiterführung eines als gewinnbringend entdeckten Prinzips: der Differenzierung in die Gegensatzpaare wartend und suchend, weich und hart, bewahrend und riskierend, kostbar und entbehrlich. Das ist der aus dem Präkambrium zu uns emporgewachsene Grundentwurf zu Frau und Mann.

Dabei kann man über kurz oder lang auf keine dieser Eigenschaften verzichten, denn sie ergänzen einander. Ein Mann, der das begriffen hat, wird sich selbst gegenüber womöglich gelassener, und es wird ihm leichter fallen, die Frau zu schätzen und zu schützen.

Sexualität, Hilfe und Fürsorge: siegreiche Lebenskonzepte

Wer über das Geschlechterprinzip spricht, spricht also über den Sieger im langen Kampf der Lebenskonzepte. Daß dieses Konzept gewonnen hat, wissen wir zuverlässig – es ist nicht zu übersehen. Nun geht es darum, auch noch zu verstehen warum.

Wenn das biologisch siegreiche Prinzip verstanden ist, sollte der nächste Schritt sein: zu begreifen, wie dieser Sieg wieder verspielt werden kann. Diese Frage stellt sich besonders den Lebewesen, die den höchsten Anspruch an sein Gelingen und seinen Ertrag stellen, weil sie fähig sind, die Spontanabläufe in der Natur durch Denken, Fühlen und Wollen zu überholen. Zu Beginn eines schwedischen Winters etwa gibt es ca. 300 Millionen Singvögel; am Winterende noch 100 Millionen. Das ist die schonungslose, aber höchst zweckmäßige Auslese der Überlebenstauglichsten. Es ist spezifisch für den Menschen, also im wahrsten Sinne des Wortes human, sich mit der so rauhen Behandlung durch die Natur nicht abfinden zu wollen, sondern mittels seines Genius gegen diese harten Auswahlstrategien zu revoltieren. Menschlich ist es eben, Stärke auch zum Schutz der Schwachen, der Mißgebildeten, der Kranken und Hilflosen einzusetzen und ihnen so Kräfte und Mittel der Antriebsstarken und Gesunden zukommen zu lassen, die sie selbst nicht erkämpfen können. Das entspricht den Maximen unserer emotionalen Anteilnahme (Empathie), von der noch zu sprechen sein wird. Die Zivilisation setzt diese Maximen ins System.

Nur scheinbar sind diese Anstrengungen gegen die eigenen Interessen gerichtet und schon gar nicht sind sie »naturwidrig«, wie eine kurzatmige Logik annehmen könnte. Denn die Züge des Altruismus sind wichtige, wenn auch oft indirekt wirksame Faktoren des evolutionären Erfolges: Selbst wer sich opfert und stirbt und also mit allen Keimzellen und seinem potentiellen Nachwuchs untergeht, kann durch die Verwandtenauslese das Überleben des eigenen Erbgutes vor konkurrierendem sicherstellen. Das Bewußtsein, daß die anderen einen nicht in der Not sitzenlassen werden, macht den Menschen (ja, dies beginnt mit den Wölfen und anderen Raubtieren und Primaten, die zusammenarbeiten und einander zu Hilfe kommen!) mutiger und opferbereiter – er fühlt sich sicher in seiner Gruppe und wird mehr für sie tun. Je mehr Gedanken, je mehr Erwartungen, desto mehr greift diese Logik auch in der Realität.

Aber damit eine Art sich das alles leisten kann, hochdifferenzierte Langzeitstrategien, die indirekte Förderung von Schutzfunktionen und weitsichtiger Fürsorge, Hilfeleistungen und Opfermut, die sich wiederum in Geborgenheitsgefühlen und Vertrauen niederschlagen, muß sie erst einmal tatsächlich physisch überleben, also alle wesentlichen Daseinsprobleme bewältigt haben. Daher ist der fürsorgliche wie der prometheisch strebende Mensch – mehr als der passiv-kontemplative – darauf angewiesen, die biologischen Bedingungen des Erfolgs zu verstehen und zu respektieren.

Ratio rettet vor Sinnverlusten. Tiere müssen ohne Ratio auskommen. Sie sind lebenslang Gesetzmäßigkeiten ausgeliefert, die sie nicht durchschauen. Auch der Mensch wird leicht zum Opfer unverstandener Folgen des eigenen Handelns, wenn er sich der Ratio verweigert. Sie mag ernüchternd und beunruhigend sein und jeden Überzeugungsfrieden mit ewigen Zweifeln gefährden, aber sie befähigt auch zur Problemanalyse.

Nur wer die Regeln erkennt, nach denen er angetreten ist, kann sich die Kräfte dieser Welt nutzbar machen, kann im Einklang mit seinen Talenten und Möglichkeiten vor dem Wind bewährter Prinzipien der Natur segeln. Er wird seine Triebe und Emotionen für Ziele einsetzen, welche gerade die Triebe und Emotionen wertvoll, weil erfolgreich und sozialverträglich machen, er wird sie – ohne sich Gewalt antun zu müssen – so kanalisieren, daß er mit ihrer Hilfe auch neue Herausforderungen bewältigen kann. Er wird sich unter diesen Umständen nicht nutzlos mit den Naturgesetzen anlegen, die ihn geformt haben. Er wird dies auch dort nicht tun, wo dieselben Gesetzmäßigkeiten sich in immer komplexeren Epiphänomenen und Synthesen weiter entfalten: in psychologischen und kulturellen, wissenschaftlichen und geschichtlichen Prozessen, wie sie sich aus den Eigenschaften ihrer Akteure nach immer komplexeren Regeln ergeben. Hierzu gehören auch die ausgedehnten Systeme der Kooperation von Menschen, ihre Familien- und Gruppenbildung sowie die Entwicklung ihrer umfangreichen, als soziales Erbe weitergegebenen Komplexe an Erinnerungsstoff (ihrer tradierbaren »Meme«).[9]

Wer diesen Überlegungen folgt, wird leicht erkennen, daß die fortschrittlichsten Abrechnungen mit den Geschlechterdifferenzen, die das 20. Jahrhundert präsentiert hat, ohne die Natur gemacht worden sind. Die Hypothese, die wir dagegenhalten wollen, lautet: Eine komplementäre Lebenserfüllung gelingt Männern und Frauen nicht trotz, sondern wegen ihrer natürlichen Verschiedenheit. Daher ist es ein folgenschwerer Irrweg, die Unterschiede ausblenden oder unterdrücken zu wollen. Das mißlungene Experiment der modernen Befreiungs-Feldzüge zeigt es überdeutlich: Die Verwirklichung humaner Lebenskonzepte gelingt letztlich nur im Einklang mit der Natur, selbst dort, wo wir uns gegen sie auflehnen.

Wer humane Impulse im weitesten Sinne als einen Bestandteil der Natur von Hominiden, damit also wohlverstandener »Natürlichkeit« erkannt hat, sieht gar keinen Anlaß mehr, seine Kräfte im Widerstand gegen die Natur zu erschöpfen. Wir sind und bleiben, selbst während wir hochabstrakten Gedanken, sublimen ästhetischen Genüssen oder ethischen Erwägungen nachhängen, ein Teil von ihr.

Die Entfaltung der Geschlechter

Die Geschlechts-Chromosomen

Die gesamte Erbgutmasse des Menschen ergäbe in gestreckter Form einen viele Kilometer langen Faden. Es handelt sich um so viel »Text« (die Blaupausen für Aufbau und Funktion des ganzen Organismus), daß selbst in stark verkürzter Form, mit einem einzigen Buchstaben pro Genom-Einheit (Zucker, Phospor und Purinbasen: etwa A für Adenosin, T für Thymidin, U für Uracil usw.), die Erbgutinformation eines einzigen Individuums eine Bibliothek von 1000 Bänden mit je 1000 engbeschriebenen Seiten füllen würde. Diese gewaltige Informationsmenge wird, eng aufgerollt, in wenigen Chromosomen verpackt, sozusagen in 46 großen Transportkisten. Diese in einer kompakten Doppelhelixstruktur aufgerollten Riesenmoleküle enthalten alle Informationen, welche die Ausdifferenzierung der einzelnen embryonalen Zellen des Lebewesens steuern: Welche Zelle wird zum Auge, welche zum Zungenbein, welche zur Leber und welche zum Fuß? In jeder einzelnen Zelle wird nur ein bestimmter Teil der Anlagen verwirklicht, ein gewisser Band der großen genetischen Bibliothek aufgeschlagen, so daß vor allem die Textstellen, welche die spezielle Zellfunktion beschreiben, wirksam werden: Hier wird etwa die familientypisch dicke Unterlippe oder ein Leberfleck entwickelt. Andere Anlagen bestimmen über die Augenfarbe, die Körpergröße oder das Geschlecht. Alles beginnt ganz winzig mit den Keimzellen und der Gestalt der ersten Merula, jenem kleinen kugelförmigen Zellhäufchen, dann rasch wachsenden Bläschen, aus dem sich der ganze Mensch entwickelt. Das erklärt, warum kleinste (molekulare) Defekte in der Erbsubstanz ganze Organe oder Extremitäten degenerieren können oder Krankheiten verursachen.

Der Mensch hat 23 Chromosomenpaare, also insgesamt 46 Chromosomen, die zur Hälfte vom Vater, zur Hälfte von der Mutter stammen (welche, ist völlig dem Zufall überlassen). Sie sind paarweise gleichartig in ihrer Struktur und Funktion, das heißt, sie steuern genau die gleichen

Variablen im Organismus. Nur zwei von ihnen sind schon äußerlich sehr unterschiedlich: die Geschlechts-Chromosomen X und Y.[10]

Diese beiden allein entscheiden über das Geschlecht der Nachkommen: Die Frau liefert mit dem Ei, das aus ihrem eigenen, weiblichen Chromosomensatz XX ausgerüstet wird, nur Eizellen mit X-Chromosomen. Alle Eizellen sind gleich, alle würden zu Mädchen werden, wenn sie sich nur mit weiteren X-Chromosomen paaren würden. Der Mann hingegen liefert, da er selbst den Chromosomentyp XY repräsentiert, sowohl X- als auch Y-Spermien, und zwar in gleicher Anzahl. Sein X-Spermium führt zusammen mit der X-Eizelle stets zu einem weiblichen Nachkommen (= XX) und kann daher weiblich genannt werden, das Y-Spermium hingegen bildet zusammen mit der X-Eizelle ein XY-Embryo, also einen männlichen Nachkommen. So ist es das Spermium allein, das den Ausschlag gibt für das Geschlecht des Kindes. Der Mann allein bestimmt über seinen Spermientyp das Geschlecht des Kindes.[11]

Vorsehung oder Enzymwirkung?

Wie feinjustiert und empfindlich die Prozesse sind, um die es sich hierbei handelt, mag das folgende Beispiel verdeutlichen, ein Mysterium, das immer noch mit vielen unrichtigen Erklärungsvarianten durch die Köpfe der Naturinteressierten geistert.

Es gibt die überlieferte Auffassung, nach der die Natur (oder die Vorsehung) das Kunststück vollbringt, nach den Männerverlusten im Krieg zeitweise das Verhältnis von neugeborenen Knaben und Mädchen so zu verändern, daß nach einigen Jahrzehnten das Männerdefizit kompensiert und das Geschlechterverhältnis von etwa 1 : 1 wieder ausgeglichen sei. Normalerweise ist das Geschlechterverhältnis bei der Geburt schon etwa 106 : 100 zugunsten der Knaben, vor der Geburt sogar noch höher, denn schon bei den Aborten sind die männlichen Föten leicht überrepräsentiert.

Aufwind erhielten allerdings Spekulationen, als man feststellte, daß sich nach einem Krieg mit erheblichen Männerverlusten die Neugeborenenquote tatsächlich bis zu Werten von 125 : 100 zugunsten der Knaben verändern konnte. Was war hier los? Würde die Natur womöglich auch berücksichtigen, daß moderne Kriege wieder mehr Zivilbevölkerung und damit mehr Frauen das Leben kosten? Nein, die Antwort ist ernüchternd trivial.

Die männlichen Y-Spermien sind leichter als die weiblichen X-Spermien, so daß hier bei einem Wettlauf von immerhin 300 bis 500 Millionen Teilnehmern aus dem kleinen Gewichtsunterschied ein leichter, in Zahlen meßbarer Vorteil wird. Wie weit dies mit der etwas höheren Überlebensfähigkeit der weiblichen Individuen gekoppelt sein mag, muß offen bleiben; ihre Bedeutung für das Überleben des Nachwuchses reicht als Erklärung dafür jedoch bereits aus. Warum aber sollte nun dieser Vorteil nach einem verlustreichen Krieg zeitweise anwachsen? Um das beantworten zu können, muß man noch andere Bedingungen dieses Wettlaufs beachten.

Neben dem Gewicht, das darüber mitbestimmt, welches Spermium zuerst an der befruchtungsbereiten Eizelle ankommt, gibt es einen weiteren Faktor von Bedeutung: Das Spermium muß mit seinem Kopf noch die schützende Hyaluronsäureschicht der Eizelle durchbohren, wozu es mit einem Enzym, der Hyaluronidase, ausgerüstet ist. Dann erst registriert die Eizelle die erfolgte Befruchtung und wehrt durch eine plötzliche Oberflächenverhärtung blitzschnell alle anderen Befruchtungsanwärter ab. Die Geschwindigkeit, mit der ein Spermium die Eihülle durchbohrt, hängt nun von der jeweiligen Menge der Hyaluronidase ab, die es mit sich führt, und diese ist individuell verschieden. Da diese Menge aber nicht von dem Geschlecht des Spermiums abhängt, handelt es sich um einen unabhängigen Faktor für den Befruchtungserfolg. Man mag dies mit dem unterschiedlichen Trainingszustand der Langstreckenläufer vergleichen, der ja dafür sorgt, daß sich auch guttrainierte Kurzbeinige unter die langbeinigen Sieger mischen.

Ein großer, langdauernder Krieg mit erheblichen Männerverlusten ist normalerweise nicht nur eine militärische, sondern in der Regel auch eine Alltagskatastrophe: Die Versorgung und die Ernährung werden mitbetroffen. Nach längeren Zeiten des Hungerns mit Eiweißmangel haben die Spermien zu wenig Hyaluronidase. Das wiederum betrifft männliche wie weibliche Spermien in gleichem Maße – sie sind gleich arm an Hyaluronidase, so daß ein sonst unabhängig variierender Erfolgsfaktor nunmehr von außen gleichgeschaltet ist. Dies wiederum führt dazu, daß der Vorteil des geringeren Gewichts der Y-Spermien mehr zum Tragen kommt als sonst, so daß nach Hungerperioden ein Männerüberschuß zu verzeichnen ist.

Dies gilt auch dort, wo ein kompensatorischer Männerüberschuß unnötig ist, da gar keine Männer verloren wurden, etwa bei Hungersnöten durch Mißernten. So fand man nach den Weltkriegen einen vorübergehenden Männerüberschuß unter den Neugeborenen auch in

Ländern, die keine Soldatenverluste erlitten, aber auch gehungert hatten (etwa im besetzten Dänemark); hingegen blieb dieser Effekt in den USA aus, die zwar viele Männer (rund 100 000 im Zweiten Weltkrieg und in Vietnam noch einmal 55 000) verloren, aber nicht gehungert hatten. So ist es nicht die Vorsehung, sondern die Hyaluronidase, die hier steuert.

Ähnlich wirken auf die Befruchtungsvorgänge andere Faktoren ein, darunter vermutlich Ernährungsgewohnheiten sowie das durchschnittliche Alter der Spermien (wann war die letzte Samenentleerung?), wie es ja von Fertilitäts- und Vitalitätsproben bekannt ist. Es wird also immer deutlicher, daß wir es bei der Geschlechtsfestlegung mit einem wichtigen, äußerst komplexen und sehr störanfälligen Vorgang zu tun haben.

Bei der Teilung der befruchteten Eizelle kann mit den Geschlechts-Chromosomen allerhand schiefgehen. Gerade an den Entgleisungen der Chromosomenausstattung von männlichen und weiblichen Embryonen zeigt sich, welche durchgreifenden – und überraschend breit ausfächernden – Einflüsse auf Konstitution, Charakter und Verhalten der Geschlechter von diesen winzigen, unscheinbaren DNA-Fäden unseres Erbgutes ausgehen. Das wird erkennbar an:

- Frauen, die zu wenig Frau sind (Turner-Syndrom, XO),
- Frauen, die zuviel Frau sind (Tripel-X-Frauen),
- Frauen, die zuviel Mann sind (adrenogenitales Syndrom),
- Mädchen, die anfangs männlich sind (Tomboys),
- Zwischenformen: Zwitter, Pseudo-Hermaphroditen und Intersexe,
- Knaben, die anfangs Mädchen sind (Guevedoces),
- Männer, die zu wenig Mann sind (Klinefelter-Syndrom, XXY-Männer),
- Männer, die zuviel Frau sind (testikuläre Feminisierung),
- Männer, die im Grunde Frauen sind (XX-Männer),
- Männer, die zuviel Mann sind (das XYY-Syndrom): der sogenannte »Super-He«.

Letzterer etwa zeigt mit seiner überdurchschnittlichen Körpergröße und Kraft, aber auch Gewaltneigung und sexuellen Triebhaftigkeit und Unbeherrschtheit, was für Risiken in einer falschen Dosierung einer sonst vorteilhaften Eigenschaft stecken können. Alle diese Störungen machen, zum Teil in grotesker Vergrößerung, deutlich, was uns im Prinzip von den X- und Y-Chromosomen an unentrinnbaren geschlechtsspezifischen Eigenschaften in unseren jeweiligen Lebensrollen aufgezwungen wird.

Vermittler der Chromosomenwirkungen: die Geschlechtshormone

Aber auch die Chromosomen entscheiden nicht ganz allein darüber, was aus dem Organismus wird, der unter ihrer Leitung heranreift. Sie sorgen für die Produktion von Steuersubstanzen, den sogenannten Geschlechtshormonen, in bestimmten Drüsen (endokrinen Organen). Diese Hormone interferieren mit äußeren Einflüssen, etwa aus Mutterleib, Nahrung, Licht, Temperatur und anderen Umweltfaktoren. Hormone lassen die beim Embryo noch undifferenzierten Keimdrüsen (Gonaden) zu Eierstöcken oder Testikeln werden, lassen sie im Becken bleiben oder in den Hodensack (Scrotum) hinunterwandern, lassen aus einer kleinen Muskelanlage eine Gebärmutter entstehen oder eine Prostata und sorgen so für die volle Ausbildung der normalen primären und sekundären Geschlechtsmerkmale. Immer vorausgesetzt, daß nichts dazwischenkommt.

Geschlechtshormone entstehen, unter anderem von Hypophyse und Zwischenhirn als übergeordneten Organen gesteuert, vor allem in den Eierstöcken, der Plazenta, den Testikeln und der Nebennierenrinde. Ob Östrogene, Gestagene (Progesteron) oder Androsterone (Testosteron), alle gehören sie zu den Steroiden, die eine gemeinsame Grundstruktur haben, ursprünglich abgeleitet vom Cholesterin. Diese Struktur haben sie mit anderen Steroiden gemeinsam, die in denselben Organen gebildet werden, aber andere Funktionen haben: Sie steuern etwa den Zuckerstoffwechsel (Glukokortikoide) und den Umsatz von Metallionen (Mineralokortikoide), sogenannten Elektrolyten, da sie mit den osmotischen und elektrizitätsleitenden Funktionen von Membranen zu tun haben. Diese drei Gruppen von Steroiden, welche die Geschlechtsausprägung, Vermehrungsfunktionen und nahezu alle anderen wesentlichen Stoffwechselprozesse steuern, sind in der Wirkung keineswegs scharf voneinander getrennt. Sie bilden vielmehr einen breiten Fächer von über 100 verwandten Steroiden mit ihren Um- und Abbauprodukten, die alle mehr oder weniger die genannten Effekte hervorrufen und in denen alle beschriebenen Funktionen miteinander verwoben sind.

Ein sogenanntes »Geschlechts«-Hormon beeinflußt also neben seiner Hauptfunktion grundsätzlich auch Zuckerverbrennung und Blutdruck; manches Blutdrucksmedikament beeinflußt auch Wasserhaushalt und Geschlechtsmerkmale, und es ist zu vermuten, daß gerade an dieser Stelle sexuelle Funktionen unentwirrbar in die übrigen Organfunktionen des Menschen (Behaarung, Stimmlage, Muskelausprägung, Drüsenfunktio-

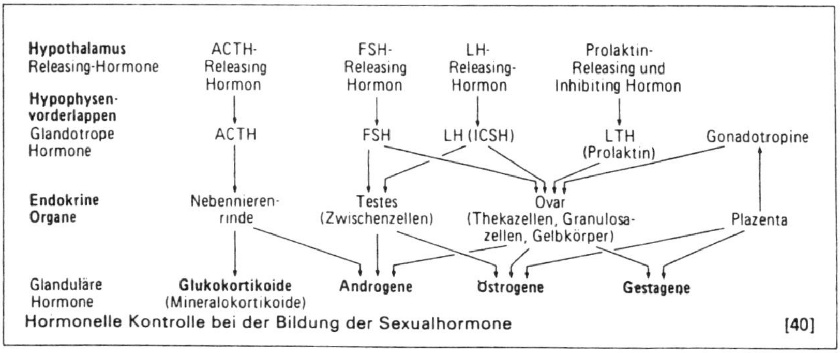

Übersicht über weibliche und männliche Geschlechtshormone und ihre Steuerung.

nen, Psyche und spontane Reaktionen) eingewoben sind. Das oben gezeigte Übersichtsschema mag das verdeutlichen.

Weichenstellung für psychische Entwicklungen

Daß die Hormone direkten Einfluß auf die Psyche der Menschen nehmen, ist durch die Wissenschaft tausendfach belegt. Wer das nicht zur Kenntnis nimmt, kann menschliches Verhalten nicht mehr schlüssig deuten.

Man weiß heute, daß das Streßhormon Cortison euphorisierend wirkt – daher die große Freude und das kindisch-verspielte Verhalten von Erwachsenen, die an einem sonnigen Tag im kühlen, windigen Reizklima der Nordseeküste aus dem warmen Auto steigen und durch den Dünensand zum Meer rennen. Die plötzliche Hautabkühlung macht sie, wie auch ein Saunabad in Schnee und Eis, froh, entspannt und munter. Aber sie werden auch nach einer Steroid-Injektion unbegreiflich positiv gestimmt, manchmal fast euphorisch. Das alles ist ohne Kenntnisse der Biochemie nicht zu erklären.

Ebenso ist gesichert, daß ein Patient, der nach einer Operation Morphium gegen starke Schmerzen bekam, an den Tagen danach unbegreiflich traurig und anlehnungsbedürftig wird. Es sind Entzugserscheinungen, die mit der kräftigen Stimulierung des Belohnungssystems (der dopaminergen VTA-Region) im Zwischenhirn zusammenhängen. Dieses Zentrum für Glücksempfindungen ist nach der heftigen Dusche mit Morphinen anschließend eine Weile wie betäubt, wie ein geblendetes Auge oder ein klingendes Ohr, unempfindlich (refraktär) gegenüber normalen Reizen. Hier zeichnet sich bereits der verhängnisvolle Mechanismus der Medikamenten-Abhängigkeit und der Suchtbildung ab.

Wir wissen, daß Menschen durch einen Adrenalin-Kick stimuliert werden. Durch eine hohe Dosis von Adrenalinen geraten sie in einen aggressiven Zustand. Auch der Botenstoff Vasopressin (ein Oktapeptid, auch Adiuretin oder ADH genannt), der im Hypothalamus (in den *Nuclei supraoptici)* gebildet wird und in den hinteren Teil der Hypophyse einwandert, verstärkt diese Wirkung. Die aggressive Stimmung läßt nach, wenn die Streßhormone mit den Tränen ausgeschieden werden. Ebenso wissen wir, daß der Botenstoff Oxytocin, der etwa bei sexuellen Kontakten und bei Liebkosungen freigesetzt wird, Zuneigung und eine friedliche Stimmung vermittelt. Das alles ist nicht mehr wegzudenken aus dem Weltbild eines aufgeklärten Menschen des 20. Jahrhunderts. Nun geht es darum, auch die Schlußfolgerungen zu ziehen und zum weiteren Begreifen einzusetzen.

Es ist seit über 30 Jahren bekannt, daß bei weiblichen Tieren die Geschlechtshormone die Brunst beziehungsweise die Periode der Läufigkeit (Hitze) und Empfänglichkeit steuern. Schnell fand man heraus, daß dabei die Ausscheidung von Drüsensekreten die männlichen Partner stimulierte, und seit etwa 10 Jahren wissen wir, daß diese Stimulation in einer starken Testosteron-Freisetzung beim männlichen Partner besteht. Wir wissen ferner, daß diese männlichen Hormone die Aggression, die Neigung zur Wut, weiter steigern und hier oft den Brunstkampf auslösen. Aber lange dachte man, diese Mechanismen seien beim Menschen, der ja das ganze Jahr über zu sexuellen Kontakten fähig ist, evolutionär abgeklungen, sie seien verblaßt und durch höhere, reflektierende Hirnrindenimpulse verdrängt. Das ist nicht der Fall; die Reaktionen sind beim Menschen nur diskreter, feiner reguliert und von anderen psychischen Eindrücken und Impulsen überlagert.

Erst kürzlich, mit der Entwicklung sensiblerer Meßmethoden für die Geschlechtshormone[12], wurde entdeckt, daß auch bei der Frau im Östrus, also zur Zeit des Eisprunges und der größten Empfänglichkeit, eine hormongesteuerte Duftveränderung stattfindet. Der Mann merkt das, wenn auch völlig unbewußt, denn als Reaktion darauf kann man bei ihm eine Erhöhung des Testosteronspiegels messen, die sein Interesse an der Frau zeitweise markant steigert. Ja, die Hormondrüsen von zwei Personen verschiedenen Geschlechts stimulieren einander, treten in Duftkontakt miteinander. Interessanterweise – und sinnvollerweise – übrigens nur dann, wenn die Umstände günstig sind: Psychische Belastungen (*distress*) und Streß unterbrechen diese Kontakte sofort und lassen das sexuelle Interesse abrupt absinken.

Wir sind also auch in psychischer Hinsicht noch gebunden an unsere Stammesgeschichte und laufen an biochemischen Zügeln. Die Geschlechtshormone in Gestalt der beiden Gegenspieler und Geschlechtsrollen-Ausgestalter Östrogen und Testosteron (mit ihren vielen Varianten) sind Ursubstanzen der Fortpflanzung, die es schon bei sehr primitiven Säugetieren gegeben haben dürfte. Sie sind vermutlich 50 bis 100 Millionen Jahre alte Produkte der Evolution, wenn auch wohl nicht ganz so alt wie die Idee der Zweigeschlechtlichkeit selbst.

Das grobe Muster der von ihnen bewirkten Verhaltenssteuerung teilen wir jedenfalls mit allen höherentwickelten Säugetieren: Auch ihre Welt ist gefüllt von sozialen Beziehungen, die strukturiert werden durch psychische Affinitäten. Sie wenden sich einander zu, schützen einander, suchen einander, kopulieren, kooperieren, signalisieren, jagen gemeinsam, heulen den Mond an, singen wie die Wale ihre langen unverständlichen Gesänge, bellen und grunzen, wiehern und warnen. Das alles kündigt im Grunde schon an, was dann später einmal daraus werden sollte: die Sprache. Und es unterscheidet die Säugetiere deutlich von Weichtieren und Insekten, Fischen und Reptilien. Die Tatsache, daß wir Menschen als denkende, uns erinnernde und von vielen Nebenimpulsen mitgesteuerte Individuen wiederum eine Sonderstellung als ›intelligent‹ einnehmen, ändert daran im Prinzip nichts. Aber es macht aus den Ketten der Triebverankerung, wie sie die Tiere gängeln, nurmehr Seile, Stricke, elastische Schnüre oder gar nur dünne Fäden, die uns immer mehr Spielraum zu freien Entscheidungen lassen.

Wird General, wer wie ein General aussieht?

Wie sehr dennoch diese Faktoren, fast immer im Aufmerksamkeitsschatten, unser Dasein beeinflussen, ist meist nur fragmentarisch zu erkennen. Eine Ahnung von ihrem Gewicht vermittelt aber die Beobachtung, daß etwa im militärischen Bereich eine klare Korrelation zwischen dem Spiegel der männlichen Sexualhormone im Blut und dem beruflichen Erfolg besteht: Kadetten mit einem höheren Testosteronspiegel machen eine deutlich schnellere Karriere als solche mit einem niedrigeren. Dies deutet schon an, was wir später im Zusammenhang mit dem Steroid-Doping noch genauer beschreiben werden: Testosteron und ähnlich »androgen« (vermännlichend) wirkende Hormone sind tatsächlich für das virile Verhalten verantwortlich, wie es im militärischen Bereich erwünscht ist.

Dabei mag es schon sein, daß es im Grunde reicht, männlich und energisch auszusehen und entschieden aufzutreten: Buschige Augenbrauen, ein markanter Unterkiefer (Ergebnis starker Kaumuskeln), ein gut entwickeltes Skelett mit kräftigen Muskeln, ein entschlossener Mund, starker Bartwuchs und selbstsichere, konzentrierte Gesichtszüge können den Eindruck vermitteln, hier sei ein Feldherr im Werden. Mancher übt sich folglich darin, gelassen und entschlossen zu wirken – das gibt eine natürliche Autorität. Sicher folgt man einem solchen Mann im Zweifelsfall eher in die Gefahr als einem stotternden, nervös zuckenden, kurzsichtigen Angsthasen, wie man ihn schon in der Schule als Tafelordner und Aquariumszuständigen erlebt hat. Böse Zungen sagen gar, es würde General, wer wie ein General aussehe. Zwangsläufig pflegt das Militär seit Jahrhunderten auch die äußeren Anzeichen der Männlichkeit im Sinne eines hohen Testosteronspiegels wie Orden und Ehrenzeichen. Wir finden solche Menschen stattlich und repräsentativ und hoffen – durchaus nicht ganz grundlos, denn es entspricht zumindest unseren Erfahrungen aus der Welt des Sports und seiner Sieger und Rekordhalter –, daß dem auch innere Vorgänge und Qualitäten entsprechen. Sollte diese Vermutung zutreffen, dürfte das zum Teil vermittelt sein durch die virilisierenden Hormone.

Diese Behauptung wollen wir noch belegen und durch wissenschaftliche Beobachtungen stützen. Wer daran zweifelt, daß es die männlichen Hormone sind, die das Verhalten eines Mannes männlich machen, bedenke die folgenden Fakten.

Die folgenreiche Testosteron-Dusche

Man hat schon vor Jahrzehnten festgestellt, daß es im letzten Schwangerschaftsdrittel (*Trimenon*) zu einem plötzlichen, vorübergehenden Anstieg des Testosteronspiegels im ungeborenen männlichen Fötus kommt, so hoch wie später erst wieder in der Pubertät. Dieser Anstieg ist so markant, daß man ihn »Testosteron-Dusche« nennt, und er fällt genau in eine sehr empfindliche Phase der Gehirnentwicklung.

Der Gedanke lag nahe, das sei der entscheidende Zeitpunkt für die neurophysiologische Umschaltung auf eine männliche psychische Konstitution, und der beobachtete Testosteronanstieg sei der dafür verantwortliche weichenstellende Vorgang. Das Testosteron nämlich wird nur von Knaben produziert. Ihnen sind ja dank eines speziellen Männlichkeits-Gens schon in den ersten drei Schwangerschaftsmonaten männliche Keimdrüsen gewachsen, Testikel also, die selbst wieder androgen wirken. Diese Idee erhielt bald weitere Nahrung durch zwei aussagekräftige Beobachtungen, eigentlich regelrechte Gegenversuche, also *experimenta crucis*.

Zum Ersten: Bei Ratten etwa fällt diese Testosteron-Dusche in die Zeit nach der Geburt. Das gibt die Möglichkeit zu einem experimentellen Eingriff: Durch eine sofortige Kastration verhinderte man die normale Testosteron-Dusche. Diese Rattenknaben verloren sozusagen ihr Geschlecht. Sie wuchsen zu männlichen Individuen mit normalen männlichen Geschlechtsteilen heran, aber mit einem völlig »weiblichen« Verhalten. Es ist deutlich, daß diese extrem frühe Kastration viel tiefer in das Verhalten eingreift als eine Kastration später im Leben: Wenn die prinzipielle Polung des Gehirns auf eine männliche Psyche stattgefunden hat, sind die für Eunuchen typischen Veränderungen im Verhalten begrenzter. Es entstehen dabei Modifikationen des Mannes, Männer mit gewissen weiblichen Zügen. Wird dagegen die weichenstellende Testosteron-Prägung von Anfang an vermieden, entstehen sozusagen Frauen mit männlichen Geschlechtsorganen.

Zum Zweiten: Das entscheidende Experiment jedoch kam ungewollt zustande. Es war die unvorhergesehene Nebenwirkung einer Hormontherapie bei Frauen mit wiederholten Frühgeburten oder Aborten: Ihre Gestagenschwäche (Gestagene sind weibliche Hormone, welche die Schwangerschaft begleiten und stützen) behandelte man zu jener Zeit in den USA mit einer speziellen Gestagen-Therapie. Dies geschah im dritten Trimenon, in dem auch die Hirnreifung des Fötus stattfindet. Über einen Substanzumbau in der Mutter entstanden hier aus den Gestagenen androgen wirkende Abbauprodukte, und damit kam es zu vermännlichenden Einwirkungen auf das Kind. War es ein Knabe, spielte das keine größere Rolle, war es aber ein Mädchen, kam es zu verblüffenden Verhaltensänderungen.

Diese sozusagen ungewollt Testosteron-geduschten Töchter wollten schon während ihrer Kindheit nicht mit Mädchen spielen, sondern lieber mit Jungen. Sie suchten Wettkampfsituationen und Gefahren, wollten auf Bäume klettern, Eishockey spielen und fühlten sich ganz generell mehr hingezogen zu den Jungen und ihren spannenderen Abenteuern als zu den typischen Spielplätzen der Mädchen. Vor allem konnten sie mit den ereignis- und risikoarmen Kooperationsspielen der Mädchen wenig anfangen. Ihre Verhaltensauffälligkeiten waren so bemerkenswert, daß man sie als regelrechten Therapieschaden verbuchte. Man bezeichnete diese Mädchen mit dem auffällig knabenhaften Verhalten als »Tomboys«. Diese Nebenwirkungen der Therapie führten, lange bevor diese Erkenntnisse Allgemeingut der Verhaltensforschung und der Psychologie wurden, den betroffenen Familien deutlich vor Augen, wie sehr unser Gehirn von den Geschlechtshormonen gegängelt wird.

Was wird nun aus solchen Tomboys? Die Frauen der hier erwähnten Gruppe hat man über Jahrzehnte hinweg weiter beobachtet. In der Fachliteratur hat man ihre Lebensverläufe beschrieben und in den Jahren 1967, 1972 und 1982 Zwischenbilanzen gezogen (zusammengefaßt von Money und Mathews 1982). Es gibt eine umfangreiche Literatur, die sich mit den Wesenszügen solcher jungenhaften Mädchen befaßt (Dalsimer 1979, Ehrhardt 1981, Green 1982, Chiland 1988, Casey 1990, Whitham 1991, Phillips 1995), die lieber mit Jungen Fußball spielen und kämpfen wollen, als sich mit anderen Mädchen friedlich den Ball zuzuwerfen. Selbst die ausgeprägten Tomboys, so zeigt sich dabei, werden allmählich doch unauffällig und finden zu den für Frauen üblichen Verhaltensweisen und Lebensformen. Dabei behalten sie dennoch gewisse männliche Züge, etwa in ihren Präferenzen bezüglich Sport und Freizeit, aber sie haben keine Probleme mit ihren Partnerschaften. Dies alles ist nicht überraschend, stärkt es doch unsere These, die wir noch präzisieren werden: Der Mensch ist im Grunde eine Frau; der Mann entsteht durch eine Modifikation dieses Normalentwurfes.

Das bedeutet, daß mit der Testosteron-Dusche zwar wichtige Hebel umgelegt werden, die Wirkung aber nur dort dauerhaft ist, wo die übrige hormonelle Ausrüstung das begonnene Konzept weiterführt: also bei Knaben, denen das SRY-Gen Keimdrüsen zur weiteren hormonellen Dauerbehandlung angelegt hat. Wo das nicht der Fall ist, heben offenbar die vielen Jahre intensiver verweiblichender Wirkungen der Hormone des ständig wiederkehrenden Zyklus der Frau die vorgeburtliche Einwirkung eines einmaligen Androgen-Schauers auf. Das überrascht nicht; die Frau wird von allein Frau. Es ist nicht anzunehmen, daß es in ihrer Entwicklung eine ähnliche hormonelle Weichenstellung, etwa in Form einer Dusche mit weiblichen Hormonen gibt. Diese werden erst viel später für Reifung und Schwangerschaft, Geburt und Laktation gebraucht. So lange geht sie einen geraden Entwicklungsweg. Es ist der Mann, der ausschert, und zwar an einer durch die Testosteron-Dusche markierten Wegscheide.

Man hat übrigens auch untersucht, ob etwa Störungen in der geschlechtlichen Orientierung ebenso erklärbar wären und hat tatsächlich zumindest Indikationen dafür gefunden, daß es in manchen Fällen so sein könnte. Man fand eine leicht erhöhte Neigung zur Homosexualität bei den Jungen, die einer vorgeburtlichen Hormonbehandlung ausgesetzt worden waren. Diese These blieb wegen nur knapp signifikanter Ergebnisse jedoch schwach und hat bislang nicht wirklich überzeugt. Denkbar aber sind solche Effekte allemal.

Die aus diesen Beobachtungen der vergangenen 30 Jahre gezogenen Schlußfolgerungen haben sich als richtig erwiesen. Sie sind durch unzählige weiterführende Untersuchungen nicht nur an Vögeln, Ratten, Mäusen, Hamstern, Schafen, Schweinen, Kaninchen, Kühen und Pferden, sondern auch an Halbaffen und Affen vielfach bestätigt worden. Sie bilden derweil ein zusammenhängendes, widerspruchsfreies Gebäude von Erkenntnissen über die Entstehung unserer psychischen Geschlechterdisposition, das längst allgemein bekannt wäre, wenn es nicht so kompliziert wäre und gleichzeitig dem Zeitgeist so wenig zusagte. Was aber in den letzten Jahren durch neue, aussagekräftige Untersuchungsverfahren zutage gefördert wurde, weist dasselbe für die Geschlechtsdifferenzierung des Menschen nach. Es bestätigt die im Ansatz noch vorsichtigen und tastenden Theorien der sechziger und siebziger Jahre so nachhaltig, daß sie jetzt eigentlich zu Selbstläufern werden sollten.

Chemie der Geschlechtsprägung

Auch die Art der Weichenstellung im Gehirn, die zu männlicher oder weiblicher Psyche führt, ist heute im Prinzip erkennbar. Aus den Forschungsergebnissen zu den grundlegenden Prozessen der Differenzierung im Bereich der Gehirnreifung, der Ausgestaltung, Ausrüstung und Verknüpfung von Hirnzellen sei eine neue Arbeit von Hutchinson und Mitarbeitern (1995) von der Forschungsinstitution mit der größten Nobelpreisträgerdichte der Welt gewählt, dem Medical Research Council (MCR) in Cambridge. Dort fanden James Watson und Francis Crick die Helixstruktur der DNA, dort wurden auch Max Perutz, César Milstein, Aaron Klug und andere für ihre epochalen Entdeckungen im Bereich der Biochemie, Medizin und Immunologie ausgezeichnet. Heute gibt es dort eine Forschergruppe, die sich speziell mit den Interaktionen von Nervenzellen-Botenstoffen, Hirnreifung und menschlichem Verhalten beschäftigt: die MRC Neuroendocrine Development and Behaviour Group. Die hier herausgegriffene Arbeit befaßt sich damit, wie der sexuelle Dimorphismus im Gehirn angelegt wird, und wirft damit Licht auf die Kernfrage, wie eigentlich die funktionelle Umschaltung von Hirnzellen durch Geschlechtshormone im Detail aussehen könnte.

Wie nicht anders zu erwarten, bestätigte sich die zentrale Rolle der Zell-Rezeptoren, die – vergleichbar etwa den Augen und Ohren der Menschen – die Verständigung der Zellen untereinander ermöglichen. Hunderte von Botenstoffen (Neurotransmittern) haben hier die Funktion von Wörtern, mit denen sich die Zellen etwas zurufen können: »Weitersagen!«, »Ruhig bleiben!«, »Aufpassen – gleich kommt's!«, »Einprägen!«, »Zur Ablage schicken!« »Festhalten und wiederholen – das brauchen wir noch!« und ähnliches mehr. Die Produktion dieser Botenstoffe und die Anlage von spezifischen Rezeptoren, die ihrem Empfang dienen, werden von den Geschlechtshormonen regelrecht organisiert. Dabei zeigt sich, daß das Hirnenzym Aromatase (Cytochrom P450R), das Testosteron zu Östradiol-17ß (E2) umbaut, offenbar die Schlüsselrolle spielt.[13]

Was bedeutet dies nun für die Frage nach der Grundlage der Geschlechtsunterschiede? Es geht um die Ursachen und Bedingungen für die im Gehirn verankerte Geschlechtsdifferenzierung bei Mann und Frau. Das ist am besten mit einer Analogie zu fassen: Es ist wie beim Immunsystem und anderen komplizierten Entwicklungsprozessen, bei denen sich das umfangreiche Erbgut des Menschen für spezielle Zwecke entscheiden muß, welche Alternative der Differenzierung zu wählen sei. Aus einem großen Vorrat von Möglichkeiten – im Immunsystem etwa der Antikörperproduktion – wird eine herausgegriffen, und damit werden andere verworfen. Das ist ein weiterer, irreversibler Schritt der Spezialisierung im Leben der Zellen für gewisse Aufgaben (im Immunsystem: der Infektionsbekämpfung – schließlich weiß der Säugling noch nicht, was auf ihn zukommt, so daß das anfangs offengehalten werden muß!). Dieser Schritt ist also ein Neuerwerb von speziellen Fähigkeiten – bei Preisgabe anderer. Damit erklärt sich auch die echte Komplementarität der Geschlechtereigenschaften.

Die Rolle eines Geschlechtshormons ist also die eines Schlüssels: Dieser Schlüssel, verfügbar in den Geschlechtschromosomen, schließt zu festgelegten Öffnungszeiten eine bestimmte Region des Gehirns auf für Funktionen (etwa die E2-Produktion), die dann dem Leben als Geschlechtscharakteristikum folgen. Aus dem Spektrum der Möglichkeiten werden einige wenige realisiert – und andere geopfert. Dieser unumgängliche Verlust an Gestaltungsmöglichkeiten für das eigene Leben wird manchem Erwachsenen – mit großer Verspätung – schmerzhaft bewußt. Er ist die Folge der Unvereinbarkeit von Gegensätzen.

Daß hier eine Entweder-Oder-Entscheidung überhaupt fallen muß, ist dem Druck der Umwelt zu verdanken, die darauf drängt, rasch den Höchststand spezieller Leistungen (Jagd, Kampf, Ernährung, Vermehrung) zu erreichen. Das Prinzip der Differenzierung lebt letztlich von seiner Effektivität.

Die anfangs geringfügigen Unterschiede (einige E_2-produzierende hypothalamische Zellen mehr oder weniger) schaukeln sich später selbst weiter auf: Sie führen zu verschiedener Zellausgestaltung in ihrer Umgebung. Diese Zellen bilden nun unterschiedliche, die Hypophyse stimulierende *releasing factors*, die über die Keimdrüsenreifung verschiedene Mengen etwa von Laktationshormonen, Östrogenen oder Testosteronen freisetzen. Das Testosteron wiederum stimuliert die Aromataseproduktion, und diese vermehrt erneut die E_2-bildenden Hypothalamuszellen. So werden kleine Unterschiede zu großen, kleine Weichenstellungen zu tiefgreifenden Unterschieden: Die divergente Entwicklung zu den verschiedenen Geschlechtern beschleunigt sich selbst. Denn dieser über Jahre bis Jahrzehnte ausgedehnte Prozeß steuert die Reifung der Hirnzellen, ihre Ausrüstung mit Botenstoffen und Rezeptoren, mit der Zeit sogar ihre anatomischen Verknüpfungen.

Fiktiver Dualismus: Kopf versus Bauch

Hier wird wieder einmal klar, welche vorwissenschaftliche Verwirrung sich in jenen zahlreichen Konzepten eines fiktiven Dualismus widerspiegelt, die etwa den Mann als Kopfwesen gegen die Frau als Bauchwesen auszuspielen suchen: Beide sind gleichermaßen von ihren Hormonen und ihrer Entwicklungsgeschichte abhängig und mitbestimmt, beide sind auch durch den Überbau an individuellen Erfahrungen, Gedanken und Erkenntnissen in der Lage, sich selbst mehr oder weniger stark in die Hand zu bekommen, sich zu zügeln, zu beherrschen und umzusteuern, wo Motive dafür auftauchen.

Es ist ein fiktives Feindschema, das durch die Erfindung so unvereinbarer Sphären wie Geist und Körper, Seele und Verstand, Bauch und Kopf, Herz und Hirn, Ratio und Emotio vorbereitet wird. Die hier jeweils – oft implizit – aufgestellte Behauptung der vollständigen Unvereinbarkeit und unüberbrückbaren, grundsätzlichen Verschiedenheit des gefühlsmäßigen, triebhaften, tierischen von dem intellektuellen, kognitiven, menschlichen Bereich der Psyche sind holzschnittartige Vereinfachungen. Bei zunehmender gedanklicher Schärfe lösen sich die scheinbar klaren Grenzen auf: Pflanze und Tier, Tod und Leben, Chemie und Biologie: Sie alle gehen bei genauem Hinsehen ineinander über. Schon die hier aufgezählten Wirkungen von Hormonen und Botenstoffen auf die tierische und menschliche Psyche zeigen, daß auch die Vorstellung, chemische Substanzen gingen spurlos an unseren Empfindungen und Denkvorgängen vorüber, falsch ist.

Man muß nicht gleich halluzinogene Substanzen schlucken, um das zu erkennen. Allein die Vorstellung, psychische Prozesse fänden abgehoben von ihren organischen Grundlagen, sozusagen in einem physik- und chemiefreien Raum statt, ist heute nur noch als naiv zu bezeichnen. Man versuche nur einmal, über das Dasein nachzudenken, ohne zu trinken: Nach ein paar Tagen bleiben auch die grandiosesten Gedanken in einem Kollaps der zentralnervösen Leitungen (genauer: des erforderlichen Membranpotentials aus Elektrolyten innerhalb und außerhalb der Hirnzellen) stecken. Unser Einblick in die Netzwerke des Lebens ist unterdessen so weit gediehen, daß wir ein hochkomplexes Bild von Geist und Seele gewonnen haben. Mit dem Einblick in die Feinstrukturen des Lebens wächst eher die Bescheidenheit als die Hybris.

Das bipolare Konzept, das prinzipielle Schranken zwischen angeblich Unvereinbarem setzt, hat ausgedient. Es wurde viel mißbraucht, um Unmöglichkeiten zu behaupten, die das praktische Leben längst realisiert hatte. Es errichtete fiktive Barrieren: zwischen Glaube und Vernunft, Kirche und Staat, Ethik und Politik, Trieb und Gedanke, Seele und Geist. Es wurde aber auch ideologisierend mißbraucht für alltägliche Zwecke, für die Errichtung von Barrieren zwischen Klerus und Laien, Gottkönig und Bürger, Mann und Frau, Gefühl und Gedanke, Poesie und Ökologie, für eben jenes Spaltungsprogramm, das die *split person* als Normalfall ausgibt.

Es ist ein gefährliches Programm, das bipolare Konzepte der Unvereinbarkeit (Aus eins mach zwei!) als Postulate auf das Individuum und die Gesellschaft überträgt und auch als Erklärungsmuster für die Zuordnung der Geschlechter zueinander nutzt: Die EntZweiung wird in den Menschen selbst hineingetragen. Nach diesem Modell wird auch das männliche Handeln im Netzwerk als Kopfhandeln beschrieben, während es zu einem verblüffend hohen Teil seine Energien aus der männlichen Hormonsituation bezieht.

Kybernetische Systeme: selbststabilisierend

Ein erfolgreicher, expansiver Mann schaukelt seine eigene Testosteronproduktion hoch, und dies kann ihn weiter und weiter treiben, bis hin zu einer hyperthymen, hypomanischen Reaktion: Mit etwa 50 Jahren entwirft er plötzlich ein völlig neues, kämpferisch expansives Leben. Dies ist in dem vulgären Machospruch eingefangen: »Mit 50 wechselt ein richtiger Mann Auto, Haus, Beruf und Frau.« Das pflegt zwar meist schiefzugehen, wenn es nicht mit einem ungewöhnlichen Realitätssinn verbunden ist, denn nach einigen Jahren wird der aus seinem bisherigen Leben Ausbrechende in der Regel von sich selbst wieder eingeholt. Aber in seltenen Fällen kann es sich als eine späte Möglichkeit zur Kurskorrektur erweisen.

Bei sinkendem Testosteronspiegel hingegen – und nichts senkt die Androgenproduktion so sehr wie Mißerfolge, Frustration und Resignation – entsteht der milde, »weise« Alte: schreckhaft, abgeklärt und leicht zufriedengestellt läßt er die Welt Welt sein und zieht sich von der Bühne des Lebens in die Loge des Beobachters zurück. Auch Altersweisheit und Gelassenheit können also – wie zuvor jugendliche Sturm- und Drangperioden – eine Funktion der Hormone sein.

Wenn man bei allen Lebensentscheidungen immer auch den Hormonspiegel sähen würde, bekäme man ohne Zweifel ein diffenzierteres Bild der Wirklichkeit als das des »Kopfwesens Mann«. Was dieses Bild so schwer vermittelbar macht, sind die regelkreisförmigen Abhängigkeiten: Hormonausschüttungen programmieren zwar den Kopf, werden aber ihrerseits auch im Kopf programmiert. Vorbereitende Grundeinstellungen verdanken wir den Geschlechtshormonen, aber sie fördern auch die Produktion gerade dieser Hormone, so daß das ganze System sich selbst stabilisiert. Dabei aber sitzt die Geschlechtsidentität – bei beiden Geschlechtern – eindeutig im Kopf, wo die Hormone die Psyche an ihrer Wurzel beeinflussen.

Dies alles aber wird im bipolaren Beschreibungsmodell abgedrängt in die Emotionswelt, die im Kopf nichts zu suchen habe. Dabei hat man diese Welt der Emotionen gerade im Kopf, im limbischen System, zu suchen, wie die kommenden Abschnitte zeigen werden. Man irrt auch, wenn man der Frau die Gefühlswelt zuteilt, die vorgeblich im Bauch sitze. Da sind die meisten Menschen überrascht zu hören, daß die Frau oft neuere (rezentere) Hirnregionen benutzt und unvollständige Information viel besser bearbeiten kann als der Mann. Auch dies alles geschieht natürlich im Kopf, wenn auch zum Teil in anderen Arealen und Schichten des Gehirns.

Und damit deutet sich an, was bleiben wird von dem vermeintlichen, unüberbrückbaren Dualismus von Mann und Frau: eine Verschiedenheit der Akzentsetzungen, der spontanen Voreinstellungen, der Prioritätenwahl, der inneren Programm-Hierarchien, vielleicht der Rechts- und Linkshirnigkeit. Denn natürlich war mit dem Unterschied zwischen Geist und Seele, Ratio und Emotio, Hirn und Herz, Kopf und Bauch immer – auch in vorwissenschaftlicher Zeit – etwas durchaus Wesentliches gemeint. Nur wissen wir inzwischen: Beides ist in sehr vertrackter Weise ineinander verwoben und abhängig von labilen, kybernetischen Steuerprozessen. Und alle diese Pole unserer Leitsysteme – auch Herz und Bauch – sitzen im Kopf.

Katecholamine, Peptide und Steroide: Aggression und Euphorie durch Streßhormone

Der Umsatz von Geschlechtshormonen im menschlichen Organismus kann aus verschiedenen Anlässen von den Sollwerten abweichen: infolge einer inneren Störung, also einer Krankheit, oder durch eine Hormonzufuhr von außen, also eine Vergiftung. Letzteres ist etwa beim Steroid-Doping der Fall oder bei einer Hormonbeimengung im Fleisch, aber auch bei einer krebshemmenden oder einer aggressionssenkenden Hormontherapie. Es kommt hierbei zu aufschlußreichen psychischen Veränderungen. Diese sind um so ausgeprägter, je stärker die Eingriffe in die normalen hormonellen Regulationen sind und je früher im Leben sie stattfinden.

Wir wollen an dieser Stelle nicht die Streßreaktionen im einzelnen beschreiben, sondern nur ihre Wirkungen auf die menschliche Psyche schildern. Dabei müssen wir die schnelleren, akuten von den langsameren, chronischen Effekten unterscheiden.

Die Katecholamine Adrenalin und Noradrenalin sind, zusammen mit dem Peptid Vasopressin, die Hauptvermittler der sogenannten »sympathikotonen« Reaktion des Kampf-Flucht-Mannes *(fight or flight)*, also der gesteigerten Aktionsbereitschaft mit Puls- und Blutdrucksteigerung und einer aggressiven, gespannten Grundhaltung. Dies ist ein so wichtiger, so oft benutzter Reaktionsweg, daß er eine eigene, schnelle, direkte Nervenbahn erhalten hat: Ein langer Nerv, der Sympathikus, läuft direkt vom Gehirn zu den rund 70 Zentimeter entfernten Nebennieren, wo er im Streßmoment ohne jede Verzögerung die Ausschüttung der genannten Katecholamine aus dem Nebennierenmark auslöst. Diese strömen innerhalb von 50 bis 60 Sekunden – die Umlaufszeit des Blutes, das die Streßhormone im Körper verteilt – durch den ganzen Organismus und bereiten ihn auf eine Notfallreaktion vor, physisch wie psychisch.

Das bedeutet nun nicht nur gesteigerte Aufmerksamkeit, Gespanntheit (Alertheit) und Aggressivität, sondern auch eine Verstärkung der emotionalen Erinnerung (nicht der sachbezogenen – die wird eher geschwächt). Blockiert man die Streßreaktion, ist der Organismus weniger lernfähig in grundlegenden, eventuell lebenswichtigen Fragen.

Wiederholt sich der Streß oder hält er eine Weile an, treten weitere hormonelle Mechanismen in Aktion. Die Schilddrüse steigert die Verbrennung, die Nieren halten Puffersubstanzen zurück und können das Knochenmark stimulieren durch das aus den juxtaglomerulären Zellen stammende, die Blutbildung steigernde Hormon Erythropoetin, das neuerdings auch zu Dopingzwecken eingesetzt wird.[14] Die Leber erhöht die Rate ihrer Glykogenfreisetzung, und die Nebennierenrinde steuert die wichtigen Kortikosteroide bei, die eine breite Wirkung zeigen, darunter als Entzündungshemmung und Zuckerneubildung. Die hieran beteiligten Hormone umfassen Schilddrüsen- und Hypophysenhormone, das Erythropoetin, das Glukagon, Kortison und Kortisol. Während die Schilddrüsenhormone uns nervös und zittrig machen, üben die Kortikosteroide eine milde euphorisierende Wirkung auf uns aus, die jeder leicht an sich selbst und an anderen beobachten kann.

Wenn etwa eine müde und leicht mürrische Touristenschar auf einer Nordseeinsel den warmen Zug verläßt, erwartet sie an einem typischen, windigen Nordseetag nicht der ersehnte warme Sommer, sondern ein scharfer Wind. Das Gehen im weichen, ständig wegrutschenden Dünensand ist ungewohnt anstrengend, sie atmen schon heftig; dennoch laufen sie (!) keuchend die sandigen Flanken der Dünen hoch. Sie werden aber nicht verstimmt, sondern plötzlich kindlich heiter: Sie kreischen, lachen grundlos, schubsen einander um oder bewerfen sich albern mit Sand. Das ist die Euphorisierung durch eine plötzliche Erhöhung des Steroidniveaus im Blut. Es setzt unserer Psyche eine rosa Brille auf, die alles leichter und angenehmer macht.

Diese Effekte sind für viele verschiedene Steroide (vgl. Abb. Seite 56) anzunehmen, auch wenn sie nur für einige von ihnen experimentell erwiesen sind. Es ist kein strenges Entweder-Oder, sondern ein modifiziertes Sowohl-als-Auch. So nähern sich diese stimmungssteigernden

Wirkungen ganz kontinuierlich den Selbstvertrauen einflößenden Effekten des Testosterons und des aggressiv wirkenden androgenen Dopings, auf das wir noch eingehen werden.

Die euphorisierenden und »roburierenden« (robustmachenden) Wirkungen des Nordseeklimas halten tagelang an. Im Schatten herrscht an der Haut des Badegastes im Seewind ein subarktisches Mikroklima. Darunter versteht man die Temperatur- und Feuchtigkeitsverhältnisse in einer der Haut direkt anliegenden, millimeterdicken Schicht Luft. Im Vergleich dazu ist das viel weiter entfernte Makroklima, das wir vor allem mit den Augen und dem Verstand wahrnehmen, ziemlich unwichtig; es geht eigentlich immer nur um das Mikroklima, das die Haut wahrnimmt. Wenn man sich hingegen im Windschatten in einer Dünenmulde in die pralle Sonne legt, ist das Mikroklima statt dessen subtropisch – die Haut wird brennend heiß, und man schwitzt. Über die Zügel Melanotropin-Melatonin werden Zwischenhirn, Hypophyse und Epiphyse und damit weitere stimmungsrelevante Stoffwechselprozesse sowie die Pigmentierung der Haut angestoßen. Letztere wiederum beeinflußt die Einstrahlung des UV-Lichtes und die Bildung von Vitamin D in der Haut.

Beim Wechsel der Körperstellungen an der windigen Nordseeküste ist man demnach innerhalb von Sekunden dem Unterschied zwischen so unterschiedlichen Klimazonen ausgesetzt wie sonst nur durch lange Flugreisen. Der Grund sind die körperlichen Klimareize, die Streßhormone in genau jener Dosierung freisetzen, die dann zur nachfolgenden parasympathischen Rekreationsphase führt. So wird der Organismus dazu gebracht, das physiologisch Richtige zu tun: sich periodisch anzustrengen und ebenso periodisch zu erholen. Das gibt auch der Psyche genau die Belastungspausen, die sie braucht.

Östrogene und Gestagene

Wenn man sich die Wirkungen der Östrogene vor Augen halten möchte, sollte man an die bekannte »Venus von Willendorf« denken (siehe Abb. S. 70). Das Bild dieser plumpen weiblichen Gestalt entspricht zwar nicht unserem Schönheitsideal, hat aber in alten Fruchtbarkeitskulten den Menschen vorgeschwebt als ein Symbol der Frau und Mutter. Östrogene sind es, die bei der reifenden Frau die Konturen runder, die Hüften breiter, die Brüste voller werden lassen, was keineswegs immer zu dem »Vollbild der Matrone« führen muß. Ob man das allein durch Selbst-

Die österreichische Kalksteinskulptur aus der Gravettien-Kultur (27 000 bis 19 000 Jahre v. Chr.), die »Venus von Willendorf«, zeigt eine östrogengeprägte Frauengestalt.

disziplin und Diät steuern kann, wie sich das schlanke und sportliche Frauen gern vorstellen, ist fraglich. Bei einem genauen Blick auf europäische Familien, auf Geschwister und Zwillinge sowie auf die Veränderungen etwa der mediterranen Frau (vom Balkan, aus Italien, Israel, der Türkei oder arabischen Ländern) im Laufe ihres Alterungsprozesses, kann man die genetische Komponente kaum übersehen.

Wir wollen sie hier nicht zu quantifizieren versuchen. Das ist schwierig, da auch Verhaltensparameter wie Willensschwäche und Gier, Willensstärke und Selbstbeherrschung sowohl genetisch wie sozial weitervererbt werden – in einem unentwirrbaren Geflecht von Bedingungen und Interaktionen. Es gibt – soviel ist sicher – Frauen mit höherem und solche mit niedrigerem Östrogenspiegel, was wiederum mit ihrem Körperbau stark korreliert. »Östrogenfrauen« sind generell runder in ihren Formen und entsprechen oft nur in jungen Jahren dem verbreiteten Schönheitsideal. Die anfangs etwas weniger weiblichen Figuren aber werden oft mit höherem Alter rundlicher. Es ist noch offen, ob sich diese hormonellen Unterschiede auch in mehr oder weniger femininen psychischen Konstitutionen widerspiegeln. Manche empirische Beobachtung spricht dafür.

In bezug auf die reproduktiven Funktionen der Frau jedoch sind die Östrogene nur Mitspieler in einem Kammerkonzert, an dem auch Gestagene (Progesteron, Pregnanolon), Oxytocin und Prolaktin beteiligt sind. Im Verlauf der Schwangerschaft steigen die Konzentrationen der Östrogene und Gestagene etwa um den Faktor 100 an; das unterstreicht ihre physiologische Bedeutung. Jeder Gynäkologe weiß, daß das elegante schmale, fast männliche Becken bei manchen Frauen für die Geburt keine ganz idealen Voraussetzungen schafft und daß auch die unelegant milchreiche Brust keineswegs ein Nachteil ist. Neuere Forschung hat den Eindruck der Kinderärzte bestätigt, daß eine lange Stillzeit den Kindern Vorteile bringt: Sie sind offenbar gesünder (durch die Übertragung mütterlicher Antikörper gegen häufige Infektionen), gedeihen besser und zeigen bessere intellektuelle Leistungen als andere.

Auch die Gestagene gehören zu den dem Kortison, Testosteron, Aldosteron und den Östrogenen verwandten Steroidhormonen. Sie werden von den weiblichen Eierstöcken (Ovarien) gebildet, aber nach dem Beginn der Schwangerschaft wird ihre rasch steigende Produktion allmählich von dem Mutterkuchen (der Plazenta) übernommen. Zusammen mit den Östrogenen betreiben sie die Vorbereitung der Brust auf die Milchproduktion, des Beckens und der Geburtsgänge auf Aufweichung und Ausdehnung sowie der Uterusmuskulatur (der Gebärmutter) auf die unfaßbare Ausdehnung auf das Mehrhundertfache vor. Die komplizierteren psychischen Wirkungen, die sich stets im Duett mit den Östrogenen ergeben, sind im Kapitel »Weiblichkeit«, Seite 466–499, genauer geschildert. Es sind Effekte, die mit Extro- versus Introversion, mit Stimmung, Aktivität und Kontaktsuche zusammenhängen.

Von besonderem Interesse ist ein aufschlußreiches *pars pro toto* für die Art dieser Hormonwirkungen, das prämenstruelle Syndrom (PMS), die depressive Verstimmung kurz vor der Monatsblutung der Frau. Brandaktuelle Studien[15] haben gezeigt, daß es sich um ganz konkrete und nachweisbare Veränderungen im Stoffwechsel mehrerer Neurotransmitter, vor allem des GABAergen Systems, das den Neurotransmitter

Gamma-Amino-Buttersäure benutzt, handelt. Die PMS-Patientin hat sozusagen eine beschädigte endokrine »Selbstberuhigungsfunktion«, die im Zusammenhang mit den zyklischen Stimmungsschwankungen offenbar benötigt wird.

Oxytocin – Weichmacher und Zuneiger

Oxytocin ist ein Hormon der Zuneigung. Es ist so stark in Prägungsvorgänge verwickelt, daß viel darüber zu berichten haben. Das Oxytocin wird im Hypothalamus gebildet, einer direkt oberhalb der Hypophyse gelegenen, wichtigen Hirnregion. Es wirkt nicht so sehr im Körper (Ausnahme: Brust und Gebärmutter), sondern vor allem im Gehirn selbst. Die klassische Auslösung der Oxytocinfreisetzung sind Hautkontakte, etwa mit der weichen, warmen Haut des Säuglings, welche die Mutter so gern mit der Hand berührt. Besonders wirksam ist die Stimulation der weiblichen Brustwarze durch die weichen, saugenden Bewegungen des Säuglingmundes: Dabei kommt es zu einem Milchaustreibungsreflex sowie zu einem Zuneigungsschauer im Kopf der stillenden Mutter, der an ihrer Prägung auf das Kind mitwirken dürfte.

Schon beim Geburtsvorgang führt der Druck des kindlichen Kopfes auf den Gebärmutterhals (dies hat weitreichende Folgen) zu einer kräftigen reflektorischen Oxytocinproduktion, die unter anderem die Austreibungsphase einleitet. Das ist der Beginn der Prägungssituation, die man tunlichst dadurch verlängert und verstärkt, daß man der Mutter das Neugeborene sofort auf den Bauch oder in die Arme legt.

Bislang ist die starke Mutter-Kind-Prägung unter Oxytocineinwirkung für mehrere Säugetierarten experimentell erwiesen. Sie nehmen sich nach der Geburt intensiv des Neugeborenen an, lecken es sauber, bergen und wärmen es. Für diese instinktive Pflege, Hege und – bei Bedrohungen – kämpferische Verteidigungsbereitschaft hat man den Begriff des »Bemutterungsverhaltens« geprägt, also den *Terminus technicus* für die Mütterlichkeit. Je unreifer das Kind, desto lebenswichtiger diese Bemutterungsphase. Die physiologische Frühgeburt des höchstentwickelten Primaten *Homo sapiens* mit ihrer besonders ausgeprägten Hilflosigkeit gibt ihr die allergrößte Bedeutung im gesamten Reich des Lebendigen.

Oxytocin taucht überall im Leben auf, wo es angenehm wird. Über die sexuelle Prägung werden wir noch sprechen. Aber schon wenn ein Kind einen Hund streichelt, hat man beim Kind wie beim Hund die Freisetzung von Oxytocin beobachtet. Das erklärt nicht nur, daß beide sich dabei sehr wohlfühlen, diese Handlung fortsetzen und bei nächster Gelegenheit wiederholen wollen, sondern auch, daß hier ein Band gegenseitiger Zuneigung zwischen ihnen geknüpft wird. Sie fühlen ähnlich und befinden sich wohl.

Bei weiblichen Ratten und Mäusen hat man den Ort, der dieses Verhalten steuert, genau dort lokalisiert, wo beim männlichen Tier der Neuronenkern liegt, der das sexuelle Begattungsverhalten auslöst: den SDN-POA (Präopticuskern). Das ist schwerlich ein Zufall, denn diese beiden Funktionen entsprechen einander, sie sind komplementär, wie unser Lösungswort für so viele unverstandene männlich-weibliche Synergien lautet. Man hat entweder das eine oder das andere; man kann nicht beide haben. Nach abgeschlossener Differenzierung kann man auch das eine nicht mehr durch das andere ersetzen: Die kastrierte Ratte verliert nicht nur ihr Begattungsverhalten, sie entwickelt auch nur einen verkümmerten Präopticuskern. Sie wird dabei aber nicht etwa zum Weibchen, sondern nur zum Kastraten. Injiziert man dem Rattenmännchen hingegen Testosteron, so wird sein Präopticuskern größer als normal und sein männliches Verhalten überaktiv. Bei den Weibchen ist es – neben dem Oxytocin – das Östrogen, das wohl als biochemischer Urahn auch des Testosterons angesehen werden muß, welches den Präopticuskern und damit die Mütterlichkeit aufbaut. Zerstört man ihn, entsteht nicht etwa ein Rattenmännchen, sondern eine schlechte Rattenmutter.

Die Geschlechtsdispositionen bauen sich jeweils gesondert und ganz allmählich auf. Offenbar gilt auch hier die bekannte gegenseitige Abhängigkeit: Die verschiedenen Geschlechtsausprägungen, ihre Nervenzellkerne, Organe und Drüsen, schaukeln einander selbstverstärkend auf.

Es ist eine faszinierende Beobachtung, daß beim Vogel an derselben Stelle ein Nervenzellzentrum mit verwandter Funktion gefunden wurde: Bei männlichen Singvögeln liegt hier das Gesangimpulszentrum. Ist es beschädigt, singt der Vogel nicht und lockt kein Weibchen zu sich. Und der Zaubertrank? Testosteron! Fehlt es, gibt es keinen Präopticuskern und keinen Gesang. Gibt man dem weiblichen Vögelchen hingegen Testosteron, so vergrößert sich das entsprechende Zentrum – und das Weibchen beginnt sogar (behelfsmäßig!) zu singen! Das wäre sozusagen der androgen gedopte Gesangsstar! Auch hier also handelt es sich um ein unvorstellbar altes Prinzip und eine neurochemische Weichenstellung, die man sogar bis in die graue Saurierzeit zurückdatieren muß. Der

Präopticuskern könnte sich eines Tages durchaus als ein Satellit des Reptilhirns erweisen.

Was wir hier an sich selbst aufschaukelnden Interaktionen von Präopticuskern und Geschlechtshormonen geschildert haben, entspricht im Prinzip nicht nur den vorgeburtlichen Verhältnissen beim Embryo und seiner Geschlechtsprägung durch Geschlechtshormone und Gonadotropine, sondern auch den Stimulationsprozessen im Immunsystem, wo diese Hormon- oder Botenstoff-Funktionen von den Interleukinen und anderen Zelltransmittern wahrgenommen werden. Es ist also ein durchgängiges Prinzip der Selbstorganisation und Differenzierung lebender Systeme, das hier anhand der Wirkungen von Geschlechtshormonen sichtbar wird.

Das Prägungssignal

Aber das Oxytocin tut noch viel mehr als diese elementaren Steroidhormone: Es ist offenbar ein Präger *par excellence*. Wir zeigen das an einigen vielsagenden Beispielen.

Es ist von eminenter Bedeutung, daß eine Mutter in Rudeln, Horden oder Herden ihr eigenes Kind sicher wiedererkennt, um nicht versehentlich fremdes Erbgut vor eigenem zu schützen und zu ernähren. Das würde einem Grundprinzip des evolutionären Lebenserfolges widersprechen. Im Tierreich gibt es davon eigentlich nur dann Ausnahmen, wenn ein Weibchen keine eigenen Nachkommen zu versorgen hat: Unter diesen Umständen kann es als Helferin und Ersatzmutter einspringen. Sie kann sich auch einmal einzelner Waisen annehmen, und bei vielen Tieren gibt es regelrecht gemeinsame Kinderstuben und Kinderbewachung (so etwa bei vielen Affenarten und sogar bei den Schwertwalen, wenn dort die erwachsenen Tiere einer Gruppe in die Tiefe abtauchen, um dort zu jagen).

Diese erste Kontaktaufnahme einer Mutter mit ihrem Kind hat grundsätzlich den Charakter einer Prägung, das heißt, das zu erkennende Kindmuster (Stimme, Aussehen, Geruch) wird der Mutter ganz automatisch unauslöschlich eingeprägt. Ebenso wird bald auch das Kind auf seine Mutter geprägt, und zwar durch eine Kombination des Saugens mit dem Gefühl des milchgefüllten Magens, aber infolge seiner neuralen Unreife mit einem größeren Irrtumsrisiko. Besonders bei Mutterschafen und ihren Lämmern hat man diese Prägungsvorgänge genau untersucht.

Es zeigt sich dabei, daß die ersten Stunden nach der Geburt entscheidend sind. Ist das Lamm da nicht in der Nähe der Mutter, wird sie es später nicht säugen und sogar wegstoßen. Hier scheint das Oxytocin, noch für einige Stunden nach der Geburt kräftig erhöht, als Verknüpfer zu fungieren. Das hat man mit einem einfachen Experiment beweisen können: Die rein mechanische Reizung des Gebärmuttermundes nämlich kann – scheinbares Nachbild der Geburtsausdehnung – das Oxytocin-Niveau des Mutterschafs meßbar erhöhen. Auch nach Abklingen der geburtsnahen Prägesituation kann man durch einen solchen mechanischen Reiz für einen weiteren Tag die Prägebereitschaft erhöhen und das Schaf dazu bringen, sein eigenes – oder auch ein fremdes! – Lamm zu akzeptieren und zu stillen.

Daß diese Zusammenhänge richtig gedeutet sind, ergibt sich aus weiteren Experimenten: Bei einer Rückenmarksanästhesie während der Geburt der Lämmer werden die mechanischen Stimuli an der Gebärmutter nicht mehr an das Gehirn weitergeleitet. Für die Oxytocinfreisetzung wird der Auslösereiz gleichsam ausgeschaltet. Folgerichtig findet tatsächlich keine Mutter-Kind-Prägung statt: Das Mutterschaf nimmt sein eigenes Lämmchen nicht an.

Von Mäusen und Menschen

Oft wird eingewendet, daß man von den Verhältnissen beim Tier nicht auf den Menschen schließen könne. Da regelrechte Versuche am Menschen sich häufig aus ethischen Erwägungen verbieten, ist man teilweise auf Analogieschlüsse angewiesen, die naturgemäß mit Unsicherheiten belastet sind. Diese Schwäche von analogen Konzepten für den Menschen wird von prinzipiellen Gegnern jeder biologischen Betrachtungsweise oft mißbraucht. Daher wollen wir dem Punkt hier besondere Aufmerksamkeit widmen. Was also spricht dafür, trotz des noch ausstehenden, endgültigen experimentellen Beweises darauf zu schließen, daß ähnliche Gesetzmäßigkeiten wie bei Mäusen, Kaninchen, Hamstern, Hunden und Schafen auch bei Mutter und Kind des *Homo sapiens* wirken?

Zunächst gibt es grundsätzliche Erwägungen.

Erstens: Da Triebkräfte, Emotionen und Affekte entwicklungsgeschichtlich uralte Phänomene sind und auch bei den heute lebenden Säugetieren inklusive des Menschen noch mit denselben, den ältesten Hirnregionen in uns verknüpft sind, ist es durchaus wahrscheinlich, daß auch die alten Mechanismen – möglicherweise modifiziert und weiter kompliziert –

noch wirksam sind. Es ist angesichts der Kontinuität einer jahrmillionenlangen Evolution kaum anzunehmen, daß solche ineinandergreifenden Mechanismen plötzlich umgeworfen werden könnten und daß alle Substanzen auf einmal andere Signalaufgaben und Wirkungen zugeteilt bekämen, ohne daß das ganze billionenfach bewährte Gefüge zerrissen würde. Ein Detail zu ändern hingegen, während der Rest festgehalten wird, ist aber möglich und kommt durchaus auch vor.

Zweitens: Es ist für die hier involvierten Substanzen, Hormone wie Transmitter, vielfach erwiesen, daß sie seit Millionen oder gar Hunderten von Millionen Jahren unverändert existieren. Oft ist die Funktion identisch geblieben (Adrenalin), oft durch Differenzierungen leicht variiert (Steroidhormone). Manchmal ist ein Organ (Parietalauge / Epiphyse), ein Wahrnehmungsprinzip (Strömungsorgan / Innenohr) oder eine Nervenzellanhäufung im Laufe der Zeit mit anderen, manchmal verwandten Aufgaben belegt worden. So etwa wurde der präoptische Kern zum Begattungs-, Bemutterungs- und auch Lockruf / Gesangs-Zentrum. Daß hier sogar eine Brücke zwischen Säugern und Vögeln geschlagen werden kann, spricht für das Gesetz von der weitgehenden Erhaltung der Koppelung Stoff-Funktion über weite Strecken in der Evolution.

Drittens: Das Oxytocin gehört zu den übrigen Instrumenten im Konzert der weiblichen Zyklus- und Geburtsregulation, dem Prolaktin und den genannten Steroidhormonen. Für diese Stoffe ist die bei Tier und Mensch weitgehend identische Funktion längst erwiesen. Die konservative Behandlung der Botenstoffe geht so weit, daß man tierische Hormone (weibliche der Stute, männliche vom Stier, Melatonin vom Rind, Insulin vom Schwein) zur Behandlung von Menschen genutzt hat. Sie zeigen – auch bei unterschiedlichen Tierarten – identische Wirkungen und gleichartige Interaktionen. Warum sollte das ausgerechnet für das Oxytocin nicht zutreffen? Warum sollte dieses Hormon, das ja im Menschen produziert und in ihm unter ganz ähnlichen Bedingungen freigesetzt wird, plötzlich alle seine psychischen, aber keine einzige seiner nach wie vor nachweisbaren physischen Wirkungen verloren haben? Das ist extrem unwahrscheinlich, zumal hier auch noch die Verhältnisse bei den Menschenaffen sozusagen als *missing link* für plausible Analogien herangezogen werden können.

Neben diesen drei grundsätzlichen Überlegungen aber gibt es noch viel aussagekräftigere Beobachtungen am Menschen selbst. Ausgerechnet dasselbe Oxytocin, das bei Ratte und Schaf die Mütterlichkeit des

Verhaltens auslöst und unterhält, ist auch beim Menschen am stärksten mit den Persönlichkeitsvariablen der frisch entbundenen Mutter verknüpfbar. Einige vielsagende Beispiele: Eine Schwangere mit überdurchschnittlich hohem Oxytocinspiegel stillt nach der Geburt in der Regel länger als eine Schwangere mit einem niedrigeren. Frauen mit hoher Oxytocinaktivität beim Stillen beschreiben sich als erheblich ruhiger und harmonischer, aggressions- und angstfreier als Frauen mit niedrigerer Oxytocinaktivität.

Was den beruhigenden Effekt des Oxytocins betrifft, so kann man bei Ratten beiderlei Geschlechts mit Oxytocin eine Beruhigung bis an die Grenze der Einschläferung erreichen. Außerdem senkt es die Schmerzempfindlichkeit und dämpft den Sympathikotonus (unter anderem Puls und Blutdruck), was ja im Zusammenhang mit der Geburt sehr sinnvoll ist. Darüber hinaus trägt das Ruhen eines Organismus zur Kalorieneinsparung bei, was für manch eine Schwangerschaft unter den harten Bedingungen der Vorzeit die Rettung gewesen sein dürfte.

Unzweifelhaft (hochsignifikant) ist auch die Korrelation des Oxytocinspiegels im Blut mit den Persönlichkeitszügen der »Wärme und Nähe«. Frauen, die mit Kaiserschnitt entbunden wurden, zeigen ein vergleichsweise unbewegliches Oxytocinniveau beim Stillen und deutlich weniger ausgeprägte mütterliche Persönlichkeitsveränderungen. Tierexperimentelle Studien sprechen dafür, daß es die (hier also ausgebliebene) Oxytocinaktivierung bei der Geburt ist, die das ganze System zum Schwingen bringt. Tierexperimentelle Studien haben weiter ergeben, daß Oxytocin das Lernen verlangsamt. Dasselbe haben Generationen von Schwangeren und Stillenden berichtet: Sie haben es schwer, sich etwas einzuprägen. Das ist heute endlich auch durch wissenschaftliche Untersuchungen bestätigt worden und kann durchaus mit dem hohen Oxytocinspiegel der jungen Mütter zusammenhängen.

Zahlreiche Untersuchungen sprechen dafür, daß eine Mutter, der man das Neugeborene sofort nach der Entbindung auf den Bauch legt, länger zu stillen und sich des Kindes intensiver anzunehmen pflegt. Studien am Karolinska Institut in Stockholm zeigen weiter, daß frühes Stillen zusätzliche Intensität in das Mutter-Kind-Verhältnis bringt: Die Mutter will mehr Zeit mit dem Kind verbringen und redet mehr mit ihm.

Wenn eine Mutter – aus welchem Grunde auch immer – ihr Kind nicht mit der üblichen Zuneigung pflegt, scheint sich ihr defizitäres Verhalten auf die nächste Generation auszuwirken. Die eigene Tochter etwa zeigt dann ihrerseits – auch bei ganz normalem Geburtsverlauf – ein Defizit im mütterlichen Verhalten zu den eigenen Kindern, so als wäre ihre innere Disposition durch ausgebliebene psychische Stimuli dauerhaft verändert. Dies spricht für eine Verankerung psychischer in biochemisch-hormonellen Reaktionsmustern, da sonst die Effekte der eigenen Kindheitserlebnisse – man denke nur an die spontane psychische Normalisierung der hormonell falsch geprägten Tomboys! – in rund zwanzig Jahren wohl eher abgeklungen wären und von der neu entstandenen Situation überrollt würden.

Das alles ist nicht neu. Kinderärzte wissen, daß Kinder aus gestörten Geburten von der Mutter oft nicht spontan akzeptiert werden und daß ein solcher psychischer Abstand erst nach einer Weile überwunden wird. Mutter und Kind nach der Geburt zu trennen, ist definitiv nicht ratsam. Was wir vom Mutterschaf längst wissen, jüngst konnte es nun auch für die Menschenmutter bewiesen werden: Auch sie hat in der ersten Stunde nach der Geburt dasselbe hohe Oxytocinniveau, in jener Prägungsperiode also, die für das Mutter-Kind-Verhältnis – zumindest bei den uns verwandten Säugern – so wichtig ist.

Die Analogien sind schon bestechend, der Zusammenhang ist hochplausibel und konnte jüngst in zwei ungewöhnlich gründlichen Studien am Karolinska Institut in Stockholm auch bestätigt werden. Es handelt sich um die Untersuchung der Endokrinologin, Professorin am Institut für Physiologie und Pharmakologie, Kerstin Uvnäs-Moberg über die »Neuroendokrinologie der Mutter-Kind-Beziehung«[16] sowie eine Dissertation zum Thema der Bedeutung klinischer Routinen für die Mutter-Kind-Relationen.[17] Die beiden Arbeiten, die eine Unzahl von Messungen der Hormonspiegel stillender und nicht stillender Mütter einschließen, enthalten mit mehr als 270 Referenzen zugleich die wohl aktuellste und vollständigste Quellensammlung zu diesem Thema.

Wir haben das so ausführlich diskutiert, weil der letzte, bindende Beweis für einen kausalen Zusammenhang zwischen der Oxytocinfunktion, der Psyche der Mutter und dem Mutter-Kind-Verhältnis trotz allem noch aussteht. Gleichzeitig aber ist das bislang zutage geförderte, umfangreiche Material kaum mehr anders zu deuten. Daher gibt es allen Grund, prinzipiell über die Plausibilität der Deutungen nachzudenken: Diese Überlegungen gelten allen Säugetieren (Mammalia), die infolge ihrer neuen Strategie, der Milchproduktion, besondere Chancen, Stärken und Schwächen teilen. Ihr hormonelles Regulationssystem hat es vermocht – wie wir an der Verbreitung der Säugetiere über alle Regionen und Biotope der Welt unschwer erkennen –, die Schwächen der hilflosen

Neugeborenen mit Hilfe zahlreicher evolutionär neuer zerebraler Mechanismen aufzufangen. Beim Menschen hat das alles natürlich auch eine bewußte, geistig-seelische Dimension bekommen, ohne daß damit jedoch die hier beschriebenen ererbten und bewährten Mechanismen außer Funktion gesetzt wären.

Von Interesse für die Uninteressierten?

Es lohnt sich, einmal innezuhalten und die Bedeutung der hier vorgestellten Befunde Revue passieren zu lassen. Wieviel davon weiß die Frau von heute, die normale junge Mutter? Was haben wir in längerer Perspektive angerichtet, wenn wir eine ganze Generation Mütter von den normalen Hormonwirkungen bei der Geburt befreit haben? Ist es auch das, was sich heute in den Statistiken über psychische Störungen, Drogenprobleme oder Bindungsschwäche, über soziale Verwahrlosung und Vereinsamung abzuzeichnen beginnt?

Wenn eine junge Mutter dies heute liest, können wir sie halbherzig beruhigen: Diese Prägephasen sind zeitlich begrenzt – aber ihre Wirkungen nicht. Hingegen ergeben die wiederholten Stillzeiten noch einmal unzählige kurze Prägesituationen, in denen Mutter und Kind einander in die vorgegebene Richtung bringen. Unzureichende Wirkungen lassen sich bis zu einem gewissen Grade später noch auf andere Weise kompensieren. Aber dazu muß man fast wissen, worum es geht. Der Mensch kann viel Instinktives durch eingelernte, als richtig verstandene Verhaltensweisen ersetzen, die von Einsichten und Willensakten gesteuert werden. Aber das kostet Energie, ist weniger mühelos als das spontane Verhalten, bei dem Wollen und Sollen ganz von allein zusammenfallen. Vor allem droht jedesmal, wenn die junge Mutter nicht aufpaßt, das fatale Fehlverhalten. Genau das nämlich ist der Sinn der Instinktverankerung: daß es auch dann richtig wird, wenn man nicht aufpaßt. Kein Mensch kann immer auf der Hut sein.

Die geschilderten Oxytocinwirkungen aber haben auch weiterreichenden Erklärungswert. Da die Stimulierung des Gebärmuttermundes, analog den Stimulationsversuchen beim Schaf, auch beim Koitus von Oxytocinfreisetzung begleitet wird, erklärt sich daraus die gegenseitige gefühlsmäßige Bindung, vermutlich auch, daß sie bei der Frau in der Regel stärker ausfällt. Im Zusammenhang mit einer Schwangerschaft dürfte diese Asymmetrie noch zunehmen, was erklären mag, daß mehr verzweifelte junge Frauen ihrem Partner nachschluchzen, der sie kaltherzig verläßt, als umgekehrt. Die Frau wendet sich in ganz anderen Situationen von ihrem Partner ab.

Ist es womöglich so, daß Östrogenfrauen hierbei sensibler oder heftiger reagieren und daher monogamer werden als ihre weniger östrogengeprägten Geschlechtsgenossinnen? Hierzu müßte man mehr Gesichertes über die Korrelationen zwischen den weiblichen Hormonen wissen und dies um konkrete Fallstudien mit Langzeitmessungen erweitern. Dem stehen hundert methodologische Probleme entgegen, nicht nur praktische, sondern vor allem psychische und ethische. Daß die Zuneigung schaffenden Oxytocinreaktionen sich im Prinzip aber auch beim Mann abspielen, weiß jede Prostituierte, die oft entnervt wirklich gutgemeinte Annäherungen eines Kunden abwehren muß, der sie »hier herausholen möchte«.

In gewissen gesellschaftspolitisch engagierten Kreisen hat man sich sicher gedacht, daß man die östrogen-, oxytocin- und wohl auch prolaktingesteuerten Frauen in einem befreienden Umerziehungsprogramm wie mit einem Schlage in kühle, sachliche, kompetente Karrierefrauen verwandeln könne. Da aber hapert es vermutlich an vielen uralten Molekülen, die hier mitspielen. Ohne es zu ahnen, haben unsere Lebens- und Glücksplaner, meint die schwedische Psychoanalytikerin Rigmor Robert, mit der Rolle der ruhigen, selbstgenügsamen und geduldig abwartenden Mutter und ihrem hingebungsvollen Einsatz für das Ganze vielleicht gar den sozialen Kitt aus unserer Gesellschaft herausgelöst?

Prolaktin – das Stillen und die Stille

Das Hormon Prolaktin wird im vorderen Teil der Hypophyse gebildet (dem »drüsigen«, im Gegensatz zum »neuronalen« hinteren, der direkt mit Nervenzellen im angrenzenden Zwischenhirn in Verbindung steht und etwa das Streßhormon Vasopressin produziert) und stimuliert die Milchbildung. Daneben aber ist es auch zuständig für viele Prozesse, die der Milchproduktion zuarbeiten: die Flüssigkeits- und Nahrungsaufnahme, die Kalkresorption im Darm, und daneben stoppt es die Produktion anderer Signalstoffe (Gonadotropine), dies sind übergeordnete Hormon-*releasing factors*, welche vom Gehirn aus die Produktion von Geschlechtshormonen durch die Gonaden (Eierstöcke und Testikel) steuern. Die Gonadotropine stimulieren über das Hirn die Eierstöcke und steuern somit den Menstruationszyklus. Solange der Prolaktinspiegel hoch ist, bleiben Eisprung und Menstruation sinnvollerweise aus.

Dies imitiert im ersten Teil der Stillperiode den Zustand im Klimakterium: Die Schleimhäute werden trockener, und die sexuelle Lust nimmt markant ab. Bei prolaktinproduzierenden Hypophysentumoren steigt der Prolaktinspiegel noch weiter an, die Frauen kommen mit folgenden Beschwerden zum Arzt: Libido, Neugier und die spontane Lebensfreude und Unternehmungslust lassen nach, die Stimmung (der Biotonus) und die Vitalität sinken, das Körpergewicht steigt. Alle diese Veränderungen erweisen sich nach einer Operation des Tumors (Entfernung des prolaktinproduzierenden Hypophysengewebes, was durch die Nase geschieht, um den Eingriff zu minimieren) als vollständig reversibel und sind also tatsächlich direkt dem Prolaktinniveau im Blut zuzuordnen.

In normaler, physiologischer Dosierung sind die psychischen Wirkungen des Prolaktins diskreter, aber von gleicher Art: Die stillende Mutter wird sozusagen ruhiggestellt, damit sie nicht unnötige Kalorien verbraucht, der Milch kein wertvolles Eiweiß entzieht, sich nicht in Gefahr begibt und sich nicht auf neue sexuelle Beziehungen einläßt, die ihre Hinwendung zum Nachwuchs bedrohen könnten.

Prolaktin wird, wenngleich in geringeren Mengen, auch in Männern produziert. Dort wirkt es – wie könnte es anders sein? – als direktes Antidot (Gegengift) zum Streßhormon Vasopressin und zum »Rabaukenhormon« Testosteron: Es macht den Mann friedlich. Bei Säugetieren hat man festgestellt, daß der dominante Alpha-Mann einen hohen Testosteron-, aber einen niedrigen Prolaktinspiegel aufweist. Das umgekehrte Verhältnis sieht man bei rangniedrigen Individuen. Wenn ein dominantes Alpha-Männchen mit einem Konkurrenten kämpft, so steigt nach einem Sieg sein Testosteronniveau markant an, während sein Prolaktinniveau weiter absinkt. Beim unterlegenen, subdominanten Tier sinkt hingegen die Testosteronproduktion ab, während sein Gehirn mehr Prolaktin freisetzt: So wird es friedlich gestimmt. Das schont alle, vermindert den Streß der Unterlegenheit und erspart weitere, unnötige Kämpfe.

Der subdominante Mann investiert die Anstrengung der Selbstdisziplin in seine zukünftigen Chancen, einmal dem Alpha-Mann in der Generationenfolge kampflos nachzufolgen – ein durchaus weitsichtiges Verhalten, das in vielen menschlichen Hierarchien Tradition hat und konsequent beachtet wird.

Diese Selbstbescheidung, sich mit einer untergeordneten Rolle abzufinden, stabilisiert kleine wie große Gruppen. Richtig eingeschätzt, ist sie von großem Nutzen für alle, denn die Unterordnung ist grundsätzlich gar nicht zu vermeiden; die einzige Alternative wären unaufhörliche, blutige Revisionskämpfe. Die soziale Stabilität mit berechenbaren Reaktionen und konstanten Bezugspersonen ist ein Wert an sich. Ein radikaler Wachwechsel ist im Grunde erst dann angezeigt, wenn Alter oder Krankheit eines Alpha-Tieres eine solche Schwäche mit sich bringt, daß die Sicherheit oder andere vitale Interessen der Gruppe gefährdet sind. Bis dahin werden auch im Tierreich oft alte Alpha-Tiere akzeptiert.

Was zum Erfolg gebraucht wird, ist grundsätzlich sowohl Egoismus, Aggressivität, Selbstbewußtsein und Explorationsgeist als auch die dazugehörigen, unentbehrlichen biochemischen Verhaltenszügel: die Kontrolle der Vitalität. Es handelt sich dabei um jene übergreifende Steuerfunktion, die freigesetzte Energien im Interesse des ganzen Gemeinwesens zu kanalisieren vermag.

Einen solchen Zügel der expansiven Vitalität bildet, neben dem bereits beschriebenen Oxytocin, eben das Prolaktin, das Hormon der Stille und Friedlichkeit, der Unterordnung und Geduld.

Testosteron – das Rabaukenhormon

Schon vor der Geburt wirkt Testosteron als Weichensteller für die Geschlechtsdifferenzierung des Kindes. Mit ihm werden entscheidende Signale an das Gehirn geschickt. Dessen Reifungsvorgänge werden durch die »pränatale Testosteron-Dusche« in Richtung auf eine männliche Disposition hin gesteuert. Was für ein Hormon ist das, welche Wirkungen hat es im heranwachsenden und erwachsenen Menschen?

Testosteron wird vor allem in den Testikeln gebildet, andere androgene (vermännlichende) Hormone von der Nebennierenrinde. Auch in den Eierstöcken (Ovarien) der Frau werden neben Östrogenen und Progesteronen auch Androgene, unter ihnen das Testosteron, gebildet, freilich in geringeren Mengen als beim Mann. Seine primären Effekte in der hohen Konzentration beim Mann betreffen die Ausbildung der Geschlechtsorgane, die typisch männliche Behaarung, die Muskel- und Skelettentwicklung sowie die Kehlkopfgröße und damit Stimmbandspannung und Stimmlage. Das alles ist bei Hormonbehandlungen, Hormonstörungen, bei stark gedopten Sportlerinnen, bei der Virilisierung älterer Frauen und bei der Steroideinnahme durch Bodybuilder und Athleten zu beobachten.

Das Testosteron scheint in der biochemischen Evolution als Signalstoff (nicht als chemische Substanz, sondern in seinen Wirkungen auf bestimmte Rezeptoren oder in seinem Umbau zu dem potenteren Androgen Dihydrotestosteron, DHT) jünger zu sein als die weiblichen Hormone. Vermutlich ist es eine funktionelle Variante der sonst zu Östrogenen umgebauten Grundsubstanz, wobei das entwicklungsgeschichtlich Neue dabei die entsprechenden Rezeptoren sein können, die neue Wirkungen vermitteln. Östrogene sind mit Sicherheit uralt, sie sind sogar im Pflanzenreich zu finden. Das kann bei Kühen zu überraschenden Nebeneffekten führen, wenn sie diese Pflanzen beim Weiden in größeren Mengen fressen.[18]

Nach der vorgeburtlichen Testosteron-Dusche kommt es bei Knaben in der Pubertät erneut zu einem starken Anstieg des Testosteronspiegels, diesmal von Dauer. Dabei kommt der Junge, nach Stimmbruch, erstem Bartwuchs und eventuell vorübergehender Akne, in die Phase der forcierten Muskelentwicklung und zeigt in der Schule seine verglichen mit den Mädchen bessere Begabung in mathematischen, räumlich-technischen und anderen naturwissenschaftlichen Fächern. In diesen Leistungsvariablen wächst dann die Kluft zwischen Mädchen und Jungen. Auch die Fähigkeit der Jungen zu zielgerichtetem, konzentriertem Handeln nimmt zu.

Es ist heute wissenschaftlich akzeptiert, daß der entscheidende Faktor hierfür das Testosteron ist. Weitere psychische Wirkungen sind: Aggressivität, Dominanzstreben, Revierinstinkt, Risikofreude/Wagemut, Intellektualität oder *Cleverness*, Selbstvertrauen und strategisches Denken. Wenn also etwa in dem neuen Kampfbuch »Macchiavelli für Frauen. Strategien und Taktik im Kampf der Geschlechter« (Krüger 1998) den Frauen viele typisch männliche Strategien und Verhaltensweisen nahegelegt werden, so müßten diese Ratschläge, wenn sie irgendeinen Sinn haben sollen, unbedingt auch von regelmäßigen Testosteroninjektionen flankiert werden.

Es kommt zu scheinbaren Diskrepanzen: Ein hohes Testosteronniveau korreliert bei den Frauen mit intellektuellen Leistungen im mathematisch-räumlichen Denken – je mehr Testosteron, desto bessere Leistungen vollbringen sie. Dieses Leistungsniveau schwankt sogar parallel mit dem weiblichen Zyklus – je weniger Testosteron, desto klarer treten die weiblichen Leistungsprofile hervor. Bei Männern aber gilt das Gegenteil: Zwar sind sie als Gruppe testosterongeprägter und daher räumlich-technisch-mathematisch begabter, aber diese Fähigkeiten nehmen im gleichen Maß ab, wie das Testosteronniveau ansteigt. Die Männer mit dem niedrigeren Testosteronspiegel sind die smarteren, die mit dem höheren sind aggressiver. Testosteron ist also hilfreich nur bis zu einer gewissen Konzentration, dann hemmt es die intellektuellen Leistungen zugunsten roher Kraft und einer zunehmend aggressiv-primitiven Virilität. Zu dieser gehört auch eine cowboy-artige, rauhe, stolze Sauffreude und Lesefeindlichkeit, eine tiefgreifende Kulturlosigkeit, die von den »allzu-sehr«-Männern oft regelrecht zelebriert wird.

Man hat diese verschiedenen Typen der Männlichkeit sogar bei Ratten identifizieren können: Bestimmte männliche Ratten zeigen sich heftig und schnell attackierend, aggressiv revierverteidigend, während andere vorsichtiger und smarter auftreten: Sie halten sich strategisch zurück, warten im Hintergrund ab was passiert und bewältigen veränderliche Situationen meist besser als ihre risikofreudigen Konkurrenten. Die Analogien zum menschlichen Verhalten liegen auf der Hand. Vor allem wird wieder einmal deutlich, daß das hier beobachtete Prinzip als solches (zuviel Testosteron = weniger Intellekt) viel älter ist als vermutet: Es ist uns aus der Entwicklungsgeschichte zugefallen und muß auf sehr elementare Testosteronwirkungen zurückgehen.

Das Testosteron der Jäger, Späher und Himmelssurfer

Das Testosteron scheint auch hinter der Eignung des Mannes für die Jagd zu stehen. Er sieht scharf, auch in der Ferne, kann gut spähen und fokussieren, hat in der zentralen Fovea seiner Netzhaut, der Stelle des schärfsten Sehens (»Gelber Fleck« genannt) auch mehr Zellelemente als die Frau und damit ein besseres Auflösungsvermögen – eine wichtige Bedingung der Sehschärfe. Er fokussiert stark und sieht wenig drumherum. Die Frau hingegen ist für die Wahrnehmung in der Peripherie besser ausgerüstet, indem sie in den Außenbezirken ihres Gesichtsfeldes über mehr Zellelemente verfügt, um ablenkende, von der Seite kommende Reize optimal zu bemerken. Dieses Muster wiederholt sich übrigens – *mutatis mutandis* – im geistig-emotionalen Stil der Geschlechter: Sie nimmt umfassender wahr, bemerkt auch die Regelabweichungen, Ober- und Nebentöne. Er blickt fest auf das Handlungsziel und vernachlässigt die begleitenden Details am Wege. Er, der Feldherr, erforscht mit zusammengekniffenen Augen den Horizont, sucht das Ziel oder feindliche Armeen. Sie dagegen sieht mit offenen Augen in die Gesichter der Soldaten, sieht die Menschen, ihre Angst. So denkt sie an deren Schicksal mehr als an den Zweck des Ganzen.

Ebenso ist der Mann durch sein gleichzeitig besser ausgebildetes räumliches Orientierungsvermögen bei guter sensomotorischer Koordination der Frau in der Regel in allen Werf- und Zielübungen, vom Boule und Kegeln bis zum Dartspiel, deutlich überlegen. Auch seine relative Hautunempfindlichkeit scheint er den Testosteronwirkungen zu verdanken, und hier ist ein wirklich grundsätzlicher Unterschied zwischen Mann und Frau gegeben: Fast ausnahmslos ist die Frauenhaut erheblich sensibler als die Männerhaut, und selbst der empfindlichste Mann ist noch viel weniger sensibel als die unempfindlichste Frau; die Verteilungskurven berühren sich nicht einmal.

Die leicht geweckte Kampfbereitschaft und Jagdlust, das unabgelenkte, kalte, strategische Denken des Mannes, seine Neugierde, Abenteuerlust und Rastlosigkeit, das alles sind testosteronabhängige Züge, die eine harte Psyche (engl.: *tough*) ausmachen, die als maskulin und wagemutig gilt. Die Eroberungszüge der Wikinger, die Weltumseglung Magellans, die Reisen des Columbus oder Marco Polo, sie alle wären ohne Testosteron kaum geschehen. »*He has no balls!*« sagen die Amerikaner mit ihrem rücksichtslosen Realismus zu einem weichen oder ängstlichen, timiden oder zaudernden Mann. Die exakte Wiedergabe des Gesehenen in klaren Worten war für die Stammesmitglieder wichtig, erst bei der Jagd, später bei der Seefahrt. So wurden die Eigenschaften auch des Intellekts und seine Eignung für bestimmte Aufgaben der Kommunikation bald mit den Überlebenschancen verkoppelt. Das stellt stets einen starken Anschub dar für die weiterdrängende Evolution.

Der Mißbrauch von anabolen und androgenen Steroiden beim Doping von Hochleistungssportlern hat diese Hormonwirkungen bestätigt, auch wenn sie dabei oft in negative Extremeffekte umschlagen. Wir haben einige Fälle dieser Art an anderer Stelle ausführlicher behandelt (s. S. 242–274). Rigmor Robert weist in einer ausführlichen Analyse der Testosteronwirkungen auf die Phantasie des Menschen darauf hin, wie sehr etwa die alten Sagen, Heldenepos wie Schlachtendichtung, mit ihren Leichen, abgetrennten Köpfen, Strömen von Blut, durchbohrenden Lanzen und zerteilenden Schwerthieben die Testosteronprägung widerspiegeln. Auch moderne Rockgruppen mit ihren martialischen Namen *(Metallica, Overkill, Napalm Death, Death Wish, The Warriors* oder *Monster of Rock)* zeigen dasselbe androgene Faible, das sich offenbar von Egil Skallagrimsson und den altnordischen Sagen bis ins moderne Musikgeschäft unverändert fortsetzt. (Robert, S. 88). Die Hingabe der eiskletternden und himmelssurfenden *sensation seakers* an die Gefahr, diese fast selbstmörderische Risikofreude junger Männer, die ohne ihren Adrenalin-Kick gar nicht mehr leben können, macht deutlich, wie sehr der Mann sein Testosteron nicht etwa als aggressionsfördernde Geißel, sondern wirklich als Ansporn und Belohnung zugleich erlebt. In jedem Knaben schlummert irgendwo der Traum vom Seiltanz über dem Niagarafall, vom Kopfsprung in Acapulco.

Wir sehen hier das Testosteron am Werke mit fast exakt gegensätzlicher Wirkung, verglichen mit Oxytocin und Prolaktin. Damit wird der Mann immer tauglicher für die Gefahr, aber immer untauglicher für die typischen Zielfelder weiblicher Hormonwirkungen. Sein dickes Fell, seine Unempfindlichkeit und Unablenkbarkeit verdrängen seine Angst bis hin zur Tollkühnheit. Er muß zurückfinden (ohne Wegschilder und Karten!) zum Lager, er muß schleppen und tragen können, sich genau erinnern, sich exakt ausdrücken, erneut ausrücken, sich immer wieder überwinden, immer wieder wagen. Und auch wo er dies alles längst nicht mehr muß, ja nicht einmal mehr darf, in der modernen Zivilisation, sucht er vergleichbare Herausforderungen. Er erfindet sie, um sein Klima von Wagnis und Gefahr wiederherzustellen. Die modernen, sublimierten Varianten dieser Veranlagung zu Exaktheit und Zielstrebigkeit können Enzyklopädien sein wie der Große Brockhaus oder Meyers Konversationslexikon. Gerade diese Art von Werken entspringt so gut wie immer männlichen Ambitionen.

Trüge der jagende und umherstreifende Mann bei seinen Wanderungen ein Kind, seine genetische Zukunft, im Bauch oder auf dem Rücken, wäre das aus der Sicht der Art der helle Wahnsinn. Der schwangere Mann wäre schwerstens gehandicapt. Sein Jagd- und Lebensradius würde unter diesen Umständen auf einen Bruchteil schrumpfen, sein Überleben in kargen Gegenden oder harten Jahreszeiten äußerst unsicher. Das dürfte ein wesentlicher Teil des evolutionären Drucks gewesen sein, der hinter der primären Aufspaltung in Mann und Frau, dann der Weiterentwicklung in immer mehr Mann und Frau gestanden hat.

Aber auch hier handelt es sich nicht um eine Einbahnstraße der Wirkungen. Testosteron mag zu Kampfgeist, zu Mut und zum Sieg führen, auch zum Wimbledon-Sieg. Aber gerade vom Wimbledon-Sieg weiß man, daß er seinerseits den Testosteronspiegel des Siegers erhöht – wie beim dominanten »Silberrücken« der Gorillafamilie. Beim Verlierer hingegen sinkt er zeitweise ab. Auch der erfolgreich überstandene physische Streß, die kalte Dusche, das Winterbad im Eiswasser, die körperliche Anstrengung, vor allem aber siegreich beendete Schlägereien führen hinterher zur Belohnung mit einem steigenden Testosteronspiegel. Hier haben wir die Erklärung für viele moderne Phänomene der Halbstarkenwelt: Rabaukentum belohnt sich sozusagen selbst, braucht keine Zustimmung von außen oder von oben. Dies ist eine wichtige Botschaft für alle, die den sanften Mann (den *softie*) entwerfen. Die Verniedlichung der Männlichkeit ist ebenso unrealistisch und irreführend wie ihre Dämonisierung durch den militanten Feminismus.

Aber nicht nur Siege und andere Erfolgserlebnisse, auch Erwartungen allein können den Testosteronspiegel eines Mannes schon anheben. Ein amerikanischer Soldat, der fern von der Heimat Dienst tat, registrierte durch das genaue Wiegen seiner allmorgendlich abrasierten Barthaare das Bartwachstum als Maß für den Testosteronspiegel. Er stellte fest, daß in Erwartung seiner Frau und des sexuellen Kontaktes mit ihr vor jedem Heimaturlaub das Bartwachstum merkbar und meßbar zunahm. (R7 20) Wir wissen heute, daß das tatsächlich durch eine Testosteronerhöhung bedingt war. Was einen Menschen erwartet, kann ihn also – bei hinreichender Zuversicht – in den Stand versetzen, genau das zu schaffen, was er sich vorgenommen hat. Wer erkennt das wohl nicht wieder? Du mußt es wollen! sagt der Lehrer und ahnt nicht, wie recht er damit hat. Wir wollen und werden diese Ziele erreichen! beschwört der Chef seine Mitarbeiter. Diese Hoffnung, sich sozusagen doch an den eigenen Haaren aus dem Sumpf zu ziehen, kann sich tatsächlich bestätigen. Das ist ohne Zweifel eine Taktik der Metamotivation, die nur dem Menschen offensteht.

So können wir uns leicht vorstellen, wie auch innerhalb kleiner Gruppen oder selbst in einer Zweierbeziehung die verhaltensrelevanten Hormonspiegel einander hochschaukeln und auch schnell wieder absenken können. Mißerfolg, Demütigungen und mangelndes Selbstbewußtsein können zu einem rasanten Absinken des Testosteronspiegels beim Mann führen und sein Verhalten wehleidig, weinerlich, unentschlossen und ganz allgemein unmännlich machen. Ganz schnell ist hier ein selbstverstärkender Teufelskreis eingeleitet, wenn der Mann dafür dann auch noch geschmäht wird.

Bei der Frau stimuliert ihr (niedrigerer) Testosteronspiegel auch ihr sexuelles Appetenzverhalten, die Libido. Daher ist das Testosteron auch hier ein echter Prolaktin-Antagonist. Es ist deshalb nicht verwunderlich, daß bei Mann und Frau eine Vielzahl typischer Phänomene im Arbeitsleben, im sozialen Umfeld und in der Ehe ungeahnt starke hormonelle Komponenten haben können. So wird sich regelmäßig bei dem, der eine gute Kontrolle über seine soziale Situation zu haben glaubt, mit der Zufriedenheit auch das testosterondominierte und prolaktinarme endokrine Erfolgsmuster des siegreichen »Silberrückens« einstellen, während derjenige, der sich kontrolliert, eingeengt und schikaniert fühlt, eher das niedrige Testosteron- und hohe Prolaktinniveau des Unterlegenen, Rangniedrigen zeigt. So hat man ganz folgerichtig feststellen können, daß langdauernder psychischer Streß, quälende Arbeits- oder Familiensituationen bei Mann und Frau zu sinkenden Testosteronspiegeln und damit zu stark abnehmender sexueller Aktivität führen können.

Der Testosteronspiegel als Ehebrecher

Das mag noch leicht zu verstehen sein. Manche stark wirksame hormonelle Situation aber verbirgt sich mit großer Regelmäßigkeit hinter anderen sozialen Ereignissen, die gewissen altersabhängigen Lebenslagen folgen. Wir wollen hier nur eine einzige herausgreifen, die sich immer wieder und überall in ähnlicher Form abspielt und oft unterschiedlich gedeutet, selten aber auf das zurückgeführt wird, was ihr im hormonellen Regelsystem (Endokrinium) des Menschen zugrunde liegt.

Nach der Mitte ihres Lebens, so um die 50 Jahre herum, haben Männer oft den Gipfel ihrer beruflichen Laufbahn erreicht: Sie werden Minister, Professor, Doktor h.c., Programmleiter, Chefarzt, Regierungsratgeber in Weitweghistan, Leiter einer wichtigen Institution, preisgekrönt, bekannt für Filme, Bücher, eine Funktion – oder ganz einfach reich durch Auslandsaufträge, etwa das neue Sportstadion in X oder Y zu bauen. Nun fahren sie hierhin und dorthin. Offizieller Empfang, VIP-Behandlung, Orden, Schecks mit hohen Summen, Luxushotels, Suiten, dienernde Menschen, bewundernde Blicke. Große Reden werden geschwungen, Dankbarkeit, Zuversicht, großer Applaus. Endlich hört man ihm zu, fragt man ihn nach diesem und jenem. Alle drängen sich um ihn. Am Ende hat man ihn doch noch verstanden, erkannt, was für ein toller Kerl er ist. Keine Dutzendware, der hier, oh nein: ein As! Was für ein Triumph! Seine Lehrer, seine Nachbarn, die Eltern, der Konkurrent Toni, die Claudia: Wer hätte das gedacht! – Das Testosteron fließt in Strömen.

Wohin damit? Die Familie kennt ihn lange. Seine Unbestimmtheitssuche, der Bedarf an Neuem, wird vom Testosteron angefacht wie von einem Sturmwind. Der Kopf feiert Selbstbestätigung und neue Freiheiten. Die eigene Frau, liebend und tüchtig. Sie unterschätzt ihn, kann ihm eines nicht sein, wie sehr sie sich auch anstrengt: neu und aufregend. – Das aber ist es, was er jetzt sucht.

Außerdem kennt sie ihn allzugut, kennt seine Schwächen, lächelt an den falschen Stellen, herablassend etwa? Das kann er jetzt gar nicht gebrauchen. Was er jetzt verdient, ist Bewunderung, einfach grenzenlose, neuartige, andersartige, einschränkungslose. Wie ein frischer Wind, ein neues, unbeschriebenes Blatt des Lebens. Die eigene Frau weiß womöglich, mit welchen faulen Tricks er seine Karriere gemacht hat, wie er diesen und jenen geblufft hat. Das paßt jetzt schlecht. Eine neue Frau weiß gar nichts, ist nur der Bewunderung voll, hat Zeit und Augen nur für ihn. – Das, genau das ist es, was er braucht. Jetzt.

Aber nun fehlt noch der Zaubertrank, der die vorbereitete Situation ihrer Bestimmung zuführt, der die Sinne einfängt und Seelen neu verknüpft, der ihm die alten Endorphinquellen wieder erschließt und ihn *high* macht. Das gibt ihm das Pirren im Bauch wieder und führt dazu die Prägung durch, die jetzt fällig ist. Alles ist dafür vorbereitet, alles ist da: Es fehlt nur noch das Objekt der Zuneigung.

Nun, und wer liegt da nahe? Wer bietet sich dazu an wie das Schloß zum Schlüssel? Wer ist sowieso in der Nähe? Die Chefsekretärin vielleicht, die mitgereiste Mitarbeiterin, die schon vertraute Person, zu der durch die Jahre gemeinsamer Erlebnisse bereits eine latente Zuneigung, ein Vertrauensverhältnis aufgebaut ist. Diese Frau ist einem ganz fremden Menschen vorzuziehen, bei dem die ganze Dompteurarbeit und Gewöhnungsmühsal ganz von vorn begonnen werden müßte. Nein, die da ins Fadenkreuz seiner Hormone läuft, ist ihm längst bekannt; nun bekommt sie neue, höchst attraktive Qualitäten. Das hormonelle Prägungssystem, eine uralte, zuverlässige, bewährte neurochemische Fangschaltung, schnappt zu: »Du, nur du verstehst mich!« Und sie? Sie ist der Bewunderung voll. Die halbe Welt umtanzt ihn ja gerade, sicher nicht ohne Grund! Und die Frau zu Hause, die weiß das gar nicht zu würdigen. Beide sind sich darin rührend einig.

Der mit Testosteron vollgepumpte, Spannung suchende, aber dennoch etwas bequeme Mann ist ein leichtes Opfer, die womöglich noch etwas jüngere Sekretärin ist ein idealer Kompromiß. Sie ist klug, tüchtig, schick, mit unbeschädigter Figur. Sie paßt zu ihm, dem nun Erfolgreichen, eigentlich viel besser. So viele Gedanken und Argumente, dennoch nur eine rationalisierende Verbrämung eines ganz simplen, aber mächtigen neurochemischen Mechanismus zur sexuellen Prägung. Auf sie ist hier wieder genau soviel Verlaß wie bei der ersten Verliebtheit: Die Mittel der Evolution streben wieder einmal ihrem urspünglichen Zweck zu: Aufbau einer der Vermehrung dienlichen Situation. Das Ziel ist greifbar.

Dagegen ist mit den Mitteln der Vernunft nichts zu machen. Es ist ein triumphales Trio uralter, starker psychotroper Hormone, verhaltenssteuernder Substanzen, die über Jahrmillionen erprobt sind. Sie haben den Mann im Griff. Deshalb werden wir dieses Geschehen – in tausend Varianten – immer wieder sehen.

Mit welcher Urgewalt diese meist für rein psychisch oder psychologisch gehaltenen Automatismen wirken, mag das wahrlich erfolgsverwöhnte Trio Pavarotti-Domingo-Carreras dokumentieren, das fast unisono seine Ehefrauen auswechselte. Politiker im Zenit ihrer Karriere liefern andere Beispiele: Gerhard Schröder und Oscar Lafontaine geschieden im Zusammenhang mit ihrer Kandidatur, Joschka Fischer mit den Ämtern, Willy Brandt nach seinem Friedensnobelpreis und Carl Bildt nach seiner Rückkehr von dem Mittlerauftrag in Bosnien. Fußballhelden wechseln mit dem Aufstieg in die nächsthöhere Liga, Schauspieler mit steigendem Ruhm ihre Frauen. Auch Wissenschaftler (Albert Einstein!) erwischt es, Künstler und Manager, so daß die Regenbogenpresse niemals an Stoffmangel für ihre Klatschspalte leiden wird. Sie lebt von den Hormonwirkungen im Kopf ihrer Opfer wie ihrer Leser.

Ob gegen die Hormonverfallenheit des ahnungslosen Menschen etwas zu machen ist? Das ist zweifelhaft. Erst einmal: weniger ahnungslos werden. Mit dem Blick auf Menschen, denen es nicht so ergeht, könnte man weiter vermuten: Was hier einzig hülfe, wäre wohl die Ehefrau, die sich in dieser Schlüsselsituation selbst im Blickfeld des Mannes befände und ihn mit wesentlichen Gemeinsamkeiten des Lebens und Denkens weiter an sich bände. Potentiell ist sie die Überlegene, während er unter Zwang handelt. Sie hält den Ariadne-Faden der gemeinsamen Erinnerungen in der Hand; er läuft an der kurzen Leine hormoneller Augenblicks-Impulse. Das Nicht-neu-sein-Können kann sie mit dem Glück des Vertrautseins und der Entspannung ausgleichen, und die Spannung muß sie halt aus dem Kopf holen statt aus dem Sakralmark (Rückenmark in Kreuzbeinhöhe, von dem aus die Genitalregion innerviert wird.) Den Testosteronkoller des Erfolgreichen sollte sie distanziert und humorvoll ertragen. Das ist nun einmal ein Einfall der Natur, lebenslange Anstrengungen selbst einem alten Silberrücken (hier: Silberkopf) noch einmal hormonell zu lohnen. Das muß man wissen, um den Aufbruch nicht zu überschätzen. Eventuellem Neid ins Tagebuch geschrieben: Nur

Ruhe, der Kater dieser zweiten Pubertät kündigt sich schon an: Die buschigen Augenbrauen werden bald verwundert gerunzelt, denn das hohe Testosteronniveau stimuliert auch das Prostatawachstum und führt manchen Eroberer rasch auf den Operationstisch des Urologen.

Synergien im Orchester der Hormone

Es kann hier nicht darum gehen, die Wirkungen der Hormone erschöpfend darzustellen. Dazu allein gibt es weit mehr als 10 000 Publikationen. Aber es ging uns darum, wenigstens soviel von dem zu berichten, was man heute weiß und worüber man heute nachdenkt, daß deutlich wird: Es ist sehr viel, es ist hochinteressant, es ist äußerst kompliziert, aber schlüssig und sehr aufschlußreich. Daß manches davon noch nicht endgültig gesichert ist, daß wir noch nicht über ein abgeschlossenes Fazit der Geschlechterforschung verfügen, ändert nichts daran, daß sie dringend nötig ist, damit wir uns selbst und andere besser verstehen.

Was wir hier dargestellt haben, waren nur einzelne Stimmen des großen Hormonorchesters. Sie spielen so gut wie niemals solo, sondern meistens im Duett, Terzett oder Quartett. Das beste Beispiel dafür ist die Regulation des weiblichen Zyklus: Östrogene und Gestagene wechseln einander ab, indem die einen zunehmen, wenn die anderen abnehmen. Nachdem eine schwangerschaftsbereite Schleimhaut in der Gebärmutter aufgebaut ist, die ein befruchtetes Ei entgegennehmen könnte (Nidation), wechselt das Regime. Kommt kein Ei, sinkt der Progesteronspiegel, und der Schleimhautaufbau bricht ab – es kommt zur Abbruchblutung. Die Östrogene übernehmen die Zügel und bereiten den Körper auf die nächste Eisprungphase (Ovulation) vor. Dieses Wechselspiel erlaubt Schwankungen und Ausgleich, hat eine gewisse Spielbreite und Stellwerte. Sie alle verbindet ein kompliziertes Rückkoppelungssystem. Wenn aber eine Nidation stattfindet, bildet sich die Eisprungnarbe *(Corpus luteum)* nicht zurück. Luteinisierungshormone lassen sie statt dessen wachsen und immer größere Mengen Progesteron bilden. Das wiederum unterdrückt die Östrogenwirkungen und dirigiert den Schwangerschaftsverlauf. Derweil stoppen die laktationsvorbereitenden Hormone den nunmehr sinnlosen Menstruationszyklus, um alle Energie auf das Wachstum des Kindes zu konzentrieren.

So ergibt sich ein sinnreiches Zusammenspiel, das die Optionen des Organismus an die Innenwelt- und Umwelterfordernisse anpaßt. Ganz ähnlich ist das von uns geschilderte Zusammenspiel zwischen Testosteron und Prolaktin in Konfliktsituationen und Dominanzkämpfen, ebenso das Wechselspiel von Streßhormonen und dem entspannenden Oxytocin. Grundsätzlich können wir davon ausgehen, daß im Menschen immer alle hormonellen Stimmen mitspielen, wenn auch manche nur als ein leises Ostinato im Hintergrund der Hauptmotive. Wie komplex die tatsächlichen Interaktionen sind, mag daraus hervorgehen, daß das im Blut zirkulierende Testosteron im Gehirn – vor der Reaktion mit gewissen Zellrezeptoren – zu Östrogenen umgebaut werden kann. Gestagene können zu Androgenen werden, und weibliche Hormone werden in der Leber des Mannes inaktiviert oder – bei Leberzirrhose – auch nicht.

Das alles erklärt manchen auf den ersten Blick paradoxen Hormoneffekt – ein schwieriges und faszinierendes Fachgebiet ohne Grenzen. Hier konnte es nur darum gehen, einige typische, wichtige Interaktionen zu beschreiben und damit die Art der Zusammenhänge zwischen den Stoffen und den mit ihnen verknüpften psychischen Phänomenen sichtbar zu machen.

Biochemie der Gefühle

Wer meint, alle Geschlechterunterschiede kämen letztlich doch durch ein Zusammenwirken nicht innerer, sondern äußerer Faktoren zustande, etwa von Gruppendruck, Rollenzwang, Traditionen und kulturellen Erwartungen der Umwelt, stelle folgende Überlegung an: Alles, was wir beschrieben haben, gilt nicht nur für Primaten (Menschen, Menschenaffen und Affen), sondern auch für Halbaffen, Lemuren und alle höheren Säugetiere. Selbst die Hormone sind zum Teil strukturell identisch.

Wie beim Menschen führen sie auch bei Kuh und Bullen, Hirsch und Hindin, Eber und Sau zu ganz verschiedenen Muskelqualitäten. Auch die Botenstoffe (Neurotransmitter), die im Gehirn wirken, sind bei vielen Tierarten Substanzen derselben Stoffklassen mit ähnlicher oder gar identischer Struktur: Schmerzen werden durch Endorphine blockiert, Wutreaktionen lösen durch Adrenalin / Vasopressin-Freisetzung Aggressionen aus, Zuneigung und Wohlbefinden werden durch Oxytocin vermittelt. Dies sind zum Teil selbststimulierende Prozesse, wie wir es beim streichelnden Kind sehen. Die Substanzen sind bei Kind wie Hund dieselben – und altbewährt. Vermutlich liegt man nicht falsch in der Annahme, daß auch die inneren (introspektiven) Erlebnisqualitäten dieser Zuneigungs- und Zärtlichkeitserlebnisse bei Hund und Kind nicht ganz unähnlich sind.

Frisch Verliebte stehen etwa eineinhalb Jahre lang unter dem immer wiederkehrenden Einfluß meßbarer Mengen von Endorphinen, den hirneigenen Opiaten. Das erklärt viel. Sie rufen im Belohnungs- und Lustzentrum des Gehirns (der hypophysennahen und damit sehr stoffwechselnahen dienzephalen VTA-Region *(ventricular tegmental area)*) und dem *Nucleus accumbens* jenes Hochgefühl perlender Freude, überschäumender Zuversicht und eines wohlbekannten Pirrens im Bauch hervor. Genau diese euphorische Stimmung mit ihren Wonneschauern nennt man Verliebtheit.

Auch die Endorphine sind entwicklungsgeschichtlich uralte Mitspieler in unserem biochemischen Stimmungskonzert; wie auch die Geschlechtshormone und andere Steroide, wie das Serotonin und die Aufmerksamkeits-Vermittler Dopamin, Adrenalin und Noradrenalin, die in ihrer chemischen Struktur – ganz sicher nicht zufällig! – den Aufputschmitteln Amphetamin, Methamphetamin, Ecstasy und Qat[19] ähneln. Sie alle baden bei Anfällen von Wut oder Panik, bei Liebe und Lust bestimmte Regionen des limbischen Systems in den von innen als Emotionen und Affekte erlebten Stimmungen, die uns zu Handlungen veranlassen können, die sonst undenkbar wären. Das dürfte auch der entwicklungsgeschichtliche Sinn dieser Signalsubstanzen sein: Prioritäten ändern, die Handlungsauswahl kippen zu weniger routinegesteuertem Verhalten, die letzte, vorbehaltlose Anstrengung oder Konzentration aufbringen, die eben nur extreme und seltene Situationen erfordern. Es ist also in keiner Weise überraschend, daß diese uralten Botenstoffe des Gehirns vor allem mit Funktionen der Fortpflanzung und des Überlebenskampfes verknüpft sind.

Endorphine sind die großen Betäuber und Bezirzer der Psyche: Sie lindern den Schmerz, bei größeren Körperschäden zeitweise bis zur völligen Unempfindlichkeit, sie machen Unangenehmes weniger unangenehm, aber Angenehmes lustvoller. Sie lenken ab von Not und Pein und hin zum Behaglichen. In höheren Dosen erzeugen sie eine träumerische Seligkeit. Auf immunologische Vorgänge und auf Streßzustände wirken sie dämpfend und toleranzsteigernd. Sie begleiten alle Stadien der Reproduktion: sexuelle Attraktion, Libido und Potenz, Empfängnis- und Geburtsakt. Wenn das Leben verlischt, vermitteln sie eine milde Euphorie. In Form von psychotropen Drogen aber (vor allem Heroin, Morphium und anderen Opiaten) vermitteln sie die langsam enthirnende Sucht.

Die Endorphine sind aber kurzlebig, ihre Halbwertzeit liegt bei etwa fünf Minuten. Dann ist die Hälfte abgebaut, und die Lustzentren brauchen neue Stimulation, die Schmerzrezeptoren neue Blockaden. Das dürfte der Grund dafür sein, daß der Frischoperierte das den Endorphinen ähnliche Morphium immer wieder verlangt, der Frischverliebte seine Freisetzung immer wieder durch kleine Mund-zu-Mund-Kontakte und andere Liebkosungen wiederbelebt.

Der Verliebte ist in dieser Phase tatsächlich, biochemisch gesehen, regelrecht *high*. Der schwedische Psychiater Nils Bejerot (Sozialmediziner und Drogenexperte, Professor am Karolinska Institut in Stockholm, 1921 bis 1988) hat daher die Situation eines akut Verliebten mit der eines Süchtigen verglichen: Mit keinem der beiden kann man vernünftig reden. Es hat einfach keinen Sinn: Sie sehen unter der lustbetonten Endorphinwirkung alles unbeeinflußbar euphorisch, tun nur das, was ihnen die Aufrechterhaltung dieses höchst angenehmen Zustandes ermöglicht, und weisen ohne nähere Prüfung jeden Einwand, jede Warnung als pure Glücksgefährdung zurück. Erst wenn diese zeitlich begrenzte Endorphinphase abklingt, nehmen die Dinge wieder ihre reale Gestalt an. Man kann dann mit den Endorphinbefreiten sogar über eventuelle Charaktermängel seines Partners reden; so, wie man sich auch mit dem Süchtigen nach dem Abklingen der Drogenwirkung leicht über die nachteiligen Folgen des Drogenmißbrauchs einig werden kann.

Gemüt als Gegenspieler der Aggression

Ein Gegenspieler der Aggressionsauslöser ist – neben dem Prolaktin – der schon erwähnte Weichmacher und Zuneigungsvermittler, das Oxytocin. Es kann daher nicht überraschen, daß es gerade die folgenden zwei Situationen sind, bei denen der Mensch besonders viel Oxytocin freisetzt, so viel, daß es ihn fast unauslöschlich auf ein anderes Wesen prägt: beim Geschlechtsakt und bei der Geburt. Oxytocin scheint vor allem ein Vermittler von Behagen, Nähe, Wärme und Zuneigung, also von Empathie und Gemüt zu sein.

Aus all dem wird deutlich: Auch – und vielleicht gerade – unsere stärksten Gefühle unterliegen im Kopf wie im Körper unserer Biochemie, sind gesteuert von Zellen, die Botenstoffe aussenden, welche spezifische Wirkungen auf unsere Wahrnehmung, unsere Aufmerksamkeitsrichtung und unsere Emotionen ausüben. Hier liegen die Wurzeln der Verschiedenheiten zwischen Individuen, auch in bezug auf sehr komplexe menschliche Eigenschaften: Selbstbeherrschung, Reizbarkeit, Nachgiebigkeit, Phlegma, Gutmütigkeit, Anhänglichkeit, Sensibilität, Triebhaftigkeit usw. Viele dieser Eigenschaften sind direkt in die Geschlechterdifferenzierung verstrickt, was niemanden verwundert, der bedenkt, wie gerade die Geschlechtshormone hier die Freisetzung und den Umsatz zahlreicher derartiger Botensubstanzen steuern.

Empathie als Auslesefaktor

Die Bedeutung von Gemüt, eben jener Summe von Zuneigungsimpulsen, die vor allem mit Liebe (auch Mutterliebe!) und Fürsorge verbunden sind, ist an eine bestimmte Stufe der Hirnentwicklung gebunden. Wenn keine Handlungsfreiheit erreicht ist, etwa bei völlig instinktgesteuerten Spinnen oder Krebsen, bleibt kein Spielraum für die Auswirkungen von Gemüt. Da ist es natürlich auch kein evolutionärer Nachteil, wenn im Kopf kein Raum dafür ist. Die Entwicklung der genannten Gemütsqualitäten ist gebunden an die Möglichkeit, so zu handeln, daß daraus Vorteile für die Arterhaltung erwachsen: bei der Jungenaufzucht.

Drogen, die das limbische System schädigen – nachgewiesen etwa für die angeblich harmlose Droge Haschisch (Cannabis, Marihuana, *pot, gras*, die alle das psychotrope, die Psyche beeinflussende Tetrahydrocannabinol, THC, enthalten) –, Kokain und vor allem die rauchbare Kokaindroge »Crack« (besonders deletär, da es, eingeatmet, direkt von der Lunge ins Gehirn gelangt, statt erst nach einer abschwächenden Passage durch die entgiftende Leber), setzen so schwere Schädigungen im Gehirn, daß bei Versuchstieren wie Hamstern alle Pflege-Impulse verschwinden und die vernachlässigten, unterernährten und verwahrlosten Jungen schnell sterben. Bei Menschen ist es oft nicht anders. In den USA sind etwa drei Millionen vorwiegend schwarze Frauen abhängig von »Crack«, die auch während der Schwangerschaft rauchen. Sie tauchen in den Kliniken auf, gebären ihr schwer geschädigtes, mageres und zitterndes Kind – und verschwinden sofort wieder, auf der Jagd nach mehr Drogen. Oft fragen sie nicht einmal nach, ob ihr neugeborenes Crack-Baby überlebt habe. Sie lassen auch nicht mehr von sich hören, ehe sie eventuell nach etwa einem Jahr zur nächsten Entbindung wieder auftauchen. Diese Erfahrungen aus den Großstädten der USA sprechen gegen die Legalisierung von Drogen. Es stimmt eben nicht, daß die Beschaffungskriminalität nachließe, wenn sie billiger würden. Crack ist billig, ein »Trip« kostet etwa 5 US$, und es ist überall erhältlich; gerade deshalb hat es sich so katastrophal verbreitet. Statt mit der Beschaffungskriminalität kämpft man nun mit der ausufernden Folgekriminalität, bedingt durch den Verlust an Gewissen und allen normalen sozialen Instinkten.

Die Logik ist einfach: Wenn eine Elefantenkuh oder eine Löwin, eine Ziege oder eine Murmeltiermutter ihr Kleines bei Gefahr und in Unwetter niemals im Stich lassen, säugen, putzen, schützen und bewachen soll, ist es sinnvoll, ihr eine große Lust dazu einzugeben, eine Lust, wie sie am besten durch Mutterliebe vermittelt wird. Diese Neigung muß stark, unermüdbar und selbstlos sein, und das wird sie durch eine biochemisch garantierte Zuneigung zu den Jungen. Das Erfordernis wird zum Wunsch, die Stärke des Wunsches steuert das Verhalten, das Verhalten fördert das Überleben – so wird Gemüt zum wichtigen Überlebensfaktor.

Die Entwicklung des limbischen Systems bei den Säugetieren fällt folgerichtig zusammen mit seinem wachsenden Gewicht als Überlebenshilfe und damit auch als Auslesefaktor. Je mehr Säuglingspflege nötig ist, je hilfloser das Neugeborene, desto hingebungsvoller werden die Mütter. Sieht man eine Gepardin ihr schnurrendes Junges umarmen, streicheln und lecken, kann man sich im Grunde eine Blutuntersuchung sparen: Sicher holt auch sie sich gerade über das Oxytocinsystem neue Nahrung für ihre Zuneigung. So arbeiten die erneuerbaren Energiequellen der Natur.

Sensualität und Dankbarkeit

Von jeher spielen diese seelischen Phänomene vor allem dort eine Rolle, wo es um das Überleben bzw. die Reproduktion geht: Aggression und Angst bei Kampf und Flucht, Liebe und Empathie bei der Fortpflanzung. Daher sind die Spuren der entwicklungsgeschichtlich alten emotionalen Verhaltenssteuerung beim Menschen vor allem im Bereich von Kampf und Sexualität zu finden: starke, triebhafte Impulse und reflexartig auftretende heftige Emotionen. Im Bereich der Reproduktion hat sich aus naheliegenden Gründen auch die Geschlechterdifferenzierung am stärksten ausgewirkt.

Schon bei den Zwergschimpansen, den Bonobos, die mit etwa 99 Prozent Erbgutgleichheit von allen Menschenaffen dem Menschen am nächsten stehen, ist die Liebe mehr als reine Sexualität. Sie haben Sex miteinander, um Spannungen abzubauen und Streit zu beenden. Sie sind danach so nett zueinander, daß man die Oxytocinwirkungen ahnen kann. Sie küssen einander, auf den Mund, auf Hand und Fuß, sie tätscheln einander, pusten einander neckend ins Gesicht, kraulen einander mit Händen und Füßen, und vor allem: Wie auch immer sie sich gerade sexuell miteinander vereinen – sie schauen sich dabei fast immer an. Ihr Blick wird dabei als »sensuell« und »sexualisiert« beschrieben. Offenbar ist auch unsere Mimik zum Teil ein entwicklungsgeschichtliches Erbe.

Die Bonobo-Frauen sind ziemlich promiskuös, haben aber ihre Favoriten. Es ist auch keineswegs so wie sonst bei vielen Tierarten, daß sie etwa nur den dominanten Alpha-Männchen zufliegen, sondern schon hier sieht man eine Vorliebe für die nettesten Affen: die sie kraulen, die sich ihnen mit Aufmerksamkeit zuwenden und ihnen von ihrem Zuckerrohr abgeben. Hier also entstehen Verhaltensweisen, die von Dankbarkeit zeugen, von Erinnerung und dem zögernden Beginn der Taktik *tit for tat*. Vergleicht man etwa die höfliche, durchweg auf Rückmeldung bauende Art der Bonobos, miteinander umzugehen, so sticht schon dies markant ab von der grausamen Behandlung eines Pavianweibchens durch ihren Macho, der sie für unzulässige Kontakte mit anderen Männchen aufs gröbste bestraft, sie in anhaltender Wut schlägt, beißt, kneift, stößt und an den Haaren hinter sich herschleift. Noch lange zwingt er sie zu unablässigen Unterwerfungsgesten, und wenn Junge zur Welt kommen, deren Vater er nicht zu sein glaubt, tötet er sie. Es ist interessant zu sehen, daß gewisse Affenweibchen es verstehen, dem zuvorzukommen, indem sie sich so auffällig lieb und fast hörig zuneigungsvoll zeigen, daß der gehörnte Macho-Vater hin und wieder auch diese Jungen akzeptiert.

Zuneigung, Wut, Eifersucht, Besänftigung und Dankbarkeit sind nicht so einzigartig, daß sie nur bei hochentwickelten Hominiden anzutreffen wären. Sie sind, wie alles andere auch, mit der Entwicklung des Bewußtseins und seiner emotionalen Schaltzentralen bei den höheren Säugetieren und vor allem den Primaten sehr kontinuierlich gewachsen.

Die Prägung der Geschlechter in der typisch weiblichen (weicher, kleiner, hellere Stimme) und männlichen Weise (härter, größer, triebstärker, wilder, kräftiger) geschieht durch die beschriebenen Geschlechtshormone ab dem 35. Schwangerschaftstag. Was hier ganz klein anfängt, führt später zu unterschiedlicher Körpergröße, Muskelmasse, Muskelart und Behaarung, zu Stimmbruch, Menstruation und sehr unterschiedlichen Geschlechtsorganen. Daß wir eine Gans essen, einen Ganter lieber nicht, ein Huhn essen, einen Hahn aber nur als kastrierten Kapaun, das alles macht uns unmißverständlich deutlich, daß hier von Beginn an zwei ganz verschiedene Programme ablaufen, welche die Geschlechter immer weiter auseinanderführen. Aber keineswegs nur als Laune der Natur, sondern hin zur vollendeten Anpassung an die immer speziellere Aufgabe, genau das zu tun, was der Partner nicht so gut kann. Das ist der logische Kern der Komplementarität.

Dies trifft zu für die Gestalt wie für die Psyche. Je mehr Testosteron im Blut kreist, desto viriler sieht das Männchen aus und tritt es auf, kämpft und verhält es sich vor allem in bezug auf Sexualpartner und die Paarung. Das gilt für das Murmeltier wie für den Menschen. Die Natur stellt ein uraltes Erfolgsprogramm nicht einfach zur Disposition, nur weil der Mensch es durchschaut. Er bleibt im Bannkreis der Gesetze, nach denen er angetreten, auch wenn er einmal aus den Augen verlieren sollte, daß der biologische Sinn und Zweck der Sexualität primär die Erzeugung von Nachkommen ist. Vergißt er das, wird ihm das »Spiel der Spiele«, das er wie eh und je genießt, auf einmal unverständlich.

Das ändert naturgemäß nichts an der Beliebtheit der Sexualität, denn sie ist – Belohnung per se – direkt ans Lustzentrum gekoppelt. Daraus kann man übrigens entnehmen, wie hoch der Stellenwert ist, den die Natur der Reproduktion einräumt: Sie soll gelingen, unter allen Umständen. Die Motive dazu müssen unglaublich vital sein und immer wieder von allein entstehen: Darum hat die Sexualität einen so privilegierten Zugriff auf unser wichtigstes Entscheidungszentrum, um so die Handlungsauswahl vermehrungsfreundlich zu steuern.

Bei einem Lebewesen aber, das dank hemmungsloser Vermehrung bei zivilisationsbedingter Reduktion der Sterberaten dabei ist, seinen Lebensraum mangels Weitsicht kahlzufressen, ist durchaus eine Programmveränderung angezeigt: Es muß das Ziel der Vermehrung selbst zurückstellen und tut ohne Zweifel gut daran, die Wirkungen der Sexualität umzusteuern. Warum dann nicht auf soziale Ziele, auf Zusammenarbeit, auf Gruppenzusammenhalt, auf Lebensfreude, auf Selbstbestätigung? Das ist eine naheliegende und gewiß nicht unvernünftige Sublimierung von jenen starken Kräften, mit denen uns die Natur ausgerüstet hat.

Unser Unvermögen, die eigene Lage im Gesamtsystem des Lebens auf der Erde korrekt zu sehen (wahrlich keine einfache Aufgabe!), führt der Evolutionsbiologe Rupert Riedel darauf zurück, daß individuelle intellektuelle Weitsicht evolutionär noch nie zum Zuge kam: Der Mensch ist deshalb in gar keiner Weise dazu ausgerüstet, so etwas zu begreifen, weil es für sein bisheriges Überleben nie eine Rolle spielte. Metaphysische

Evolutionseinsichten und philosophische Erkenntnisse hatten per se nie einen Wert, sondern entstehen – etwa bei den Autoren und Lesern dieses Buches – allenfalls als Epiphänomen aus ansonsten hilfreicher Klugheit.

Das kann sich allerdings jetzt bald ändern: Einsichten dieser Art werden in naher Zukunft ein Überlebenswert. Die Schlüsselfrage: Wie kann man die aus menschenspezifischen, nämlich humanitären Gründen unterbrochene Verknüpfung zwischen dieser Art von Weisheit und den Überlebenschancen wiederherstellen? Vermutlich wird sich ohne tödlichen Druck kaum jemand freiwillig mit dieser schwierigen – und aus naheliegenden Gründen extrem unpopulären – Frage beschäftigen.

Treue, Streunen, Einsamkeit – verschiedene Erfolgsprogramme

Die geschlechtsspezifischen Rollen der beiden Partner werden im Laufe der Entwicklungsgeschichte ganz langsam komplizierter. Der Fortpflanzungsaufwand wird für den weiblichen Organismus immer größer. Mit der immer längeren Aufzuchtzeit werden Schutz, Hilfe beim Nestbau und bei der Nahrungsbeschaffung immer wichtiger. Für das Säugetierkonzept ist diese zunehmende Arbeitsteilung, die Kooperation mit dem nicht einfach abrückenden Begatter am Ende unerläßlich geworden. Der Lachs mag sich das noch leisten – er produziert Millionen Junge. Hat man aber nur ein oder zwei, ist Umsicht unverzichtbar.

Vieles andere hingegen ist nicht unverzichtbar. Treue etwa, die zur Monogamie führt, ist im Tierreich eine Ausnahme. Sie entsteht (in den Worten des amerikanischen Soziobiologen Edward Wilson) erst dann, »wenn es für beide Partner vorteilhafter ist, ihre Jungen gemeinsam aufzuziehen, als sich neue Partner zu suchen«. Daher sind Monogamie und die zusammenhaltende Familie bei starken, unbedrohten Tieren mit ernährungskompetentem Weibchen, wie etwa Elefant, Elch, Eisbär und Tiger kaum zu finden. Erst wenn die Kooperation wichtiger wird, etwa das Jagen in Rudeln (Wölfe, Löwen, Schwertwale), entstehen auch neue, eher überindividuelle Motive für beide Partner.

Hier schließt sich ein Problem an, das den Kern der Gruppenbildung betrifft. Die höheren Primaten waren wie kaum ein anderes Tier auf Zusammenarbeit angewiesen: Sie waren fast nackt, unbewehrt und brauchten relativ viel Nahrung. Ohne Krallen oder Reißzähne, Hörner oder Stoßzähne waren sie eigentlich gegenüber Raubtieren waffenlos. Aber sie konnten in Zusammenarbeit Fallen bauen, Waffen herstellen, Tiere mit Feuer erschrecken und in eine Schlucht treiben. Sie konnten einander etwas zurufen und immer raffiniertere Jagdmethoden entwickeln, sie konnten Kenntnisse über Wetter und Wind, Tiere und Früchte weitergeben – immer vorausgesetzt, sie kommunizierten und kooperierten miteinander.

Sie waren empfindlich, aber schlau, was stark zur Gruppenbildung motivierte. Daher sind die Familien und Großfamilien bei vielen Affen und Menschenaffen die Vorform der Gruppen- und Hordenbildung bei den Hominiden. Man sieht Ähnliches übrigens auch bei Delphinen und Schwertwalen. Letztere haben eine hochentwickelte Jagdtechnik inklusive listiger Täuschungsmanöver entwickelt: Einer schwimmt weit draußen mit sichtbarer Rückenflosse vor der Küste, um die Robben am Strand in Sicherheit zu wiegen, der andere schwimmt in Schräglage, damit die Rückenflosse nicht zu sehen ist, dicht ans Ufer heran und greift sich, plötzlich auf den Strand schießend, eine Robbe aus ihrer scheinbar sicheren Ruhelage.

Wenn es in der Natur durchgehend so ist, daß Kleinheit, Schwäche und Gefahr zusammendrängen, aber Stärke und Mangel an Bedrohung den Einzelgänger, den einsamen Polarbären, den umherstreifenden Elefantenbullen, das mürrische Nashorn, den isoliert durch die Weltmeere schweifenden Wal hervorbringen, dann drängt sich die Frage auf: Fühlt sich der einst – schon vor 3,5 Millionen Jahren! – zur Kernfamilie neigende Mensch heute so stark, so ungefährdet, daß er seine kleinen Kooperationsverbände auflöst?

Mag sein. Dank der technischen Errungenschaften, der elektrischen Wärme- und Krafterzeugung, dank der Gesetze und Sozialordnungen vielleicht gar zu Recht. Kooperationserfolg zu erleben, wird immer schwieriger, da unsere Kooperationspartner zu Systemen (Behörden) erstarrt sind. Ihre Anonymität setzt wahrlich keinerlei Oxytocin in Umlauf; eher Adrenalin. So fühlt man sich gern unabhängig von solchen Partnern.

Aber der übermütige Mensch vergißt leicht, daß auch das andere Element, das sich nicht von der Gefahrenbewältigung, sondern von der optimalen sozialen Harmonie, darunter der bestmöglichen Nachwuchsaufzucht ableitet, die Gruppen- und Familienbildung förderte: die gegenseitige limbische Stimulation, die emotionalen Schutz- und Hilfsfunktionen, die konsequente Arbeitsteilung, die nur dann möglich ist, wenn Partner einander sehr gut kennen und zusammenbleiben. Dann erst kommt zum Zuge, was den höheren Primaten auszeichnet: sein immer längeres, immer besser geordnetes Gedächtnis, das für Dankbarkeit wie für Beständigkeit, für schlechtes Gewissen wie für Weisheit unabdingbar ist. Und erst wenn sie zum Zuge kommt, also zu direkt wirksamen Vorteilen führt, entwickelt sich eine Eigenschaft rasch und systematisch weiter. Demut vor unverstandenen Phänomenen ist besser als Übermut. Wir sollten nicht vergessen, daß auch heute diese Logik gilt: Was er kultiviert und fördert, wird den Menschen begleiten, was er verachtet und vernachlässigt, das wird ihn allmählich verlassen. Nicht selten beginnt so ein Verlust erst zu schmerzen, wenn man entdeckt, daß der Rückweg verschüttet ist.

Ignoranz, die sich selbst ausschaltet

Diese Gedanken drängen sich bereits bei Darwins und Wilsons Vorstellungen von »selbstversorgenden« Entwicklungstrends auf, die sozusagen vorteilsautark sind. Wir werden auf die überraschenden Überschneidungen von evolutionärer Logik und menschlicher Ethik zurückkommen. Die Idee einer pragmatischen Ethik, die sich auf die Zusammenhänge zwischen Verhalten und Konsequenzen stützt, stimmt mit einem simplen Grundsatz alles Gewordenen überein: Realisiert wird in der Natur auf Dauer nur das, was auch auf Dauer funktioniert. Von so trivialen Erfolgsgrundsätzen abzuweichen, führt langfristig stets in die Sackgasse.

Dennoch liegt die Versuchung zu solchen Experimenten für den Menschen nahe, besonders dort, wo er die Zusammenhänge, in die er eingebettet ist, nicht mehr versteht. Was als Sprung in die höhere sittliche Dimension, als eine Höherentwicklung der menschlichen Moral und Ethik geplant wird, bewirkt langfristig oft das Gegenteil. Derartige Verhaltensweisen schaffen sich grundsätzlich selbst wieder ab, auch wenn das lange dauern kann. Als die Kirche einmal der Leitidee folgte, die besten, weisesten Menschen sollten als Mönche und Nonnen, als Missionare und Prediger der Gemeinschaft dienen, sollten ihre großen Fähigkeiten, eventuell auch charakterlicher Art, in den Dienst der Allgemeinheit stellen, war der kurzfristige Erfolg vorgezeichnet. Aber auch der langfristige Untergang des Systems. Je mehr Nonnen, Mönche und Priester nämlich diesen Weg beschritten, desto mehr wurde das Erbgut dieser handverlesenen Menschen durch das Zölibatsgebot aus dem Spiel genommen. Das ist anfangs unerheblich, aber nach Jahrhunderten kommt der selektive Effekt dieses Vermehrungsverbotes unweigerlich zum Zuge.

Offenkundig hat die katholische Kirche – solchen Einsichten oder einem gesellschaftlichen Druck folgend – neuerdings begonnen, in dieser Frage vorsichtig umzudenken. Die Menschen haben sich, wie wir wissen, an dieses widersinnige Vermehrungsverbot für die nach damaligen Vorstellungen Besten sowieso nicht konsequent gehalten. Da sie im Vergleich zum Bevölkerungsdurchschnitt ohne Zweifel ein erhebliches Begabungspotential darstellten, sollte man heute wohl sagen: Glücklicherweise brach das Menschlich-Allzumenschliche sich Bahn.[20]

Die Unkenntnis von Naturgesetzlichkeiten aber oder auch nur die einfache Arroganz, sie nicht zu beachten, war oft der Anlaß zu den größten Katastrophen der Menschheitsgeschichte. Das gilt auch für die Entwicklung der Kultur und der menschlichen Gesellschaft. Der britische Genetiker Darlington weist anhand historischer Beispiele darauf hin, daß für den Wettstreit der Ideen und Meinungen ähnliche Gesetze gelten wie für die freie Konkurrenz zwischen anderen Konzepten der Natur: Gedanken können regelrecht anstecken und zu Epidemien führen. Sie können mehr oder weniger hilfreich sein, was ihre Verbreitungschancen naturgemäß sehr beeinflußt. Mehr noch als bei Denkstilen und Meinungen, die durchaus auch Moden unterliegen, sieht man das bei produktgewordenen Ideen: Sie sind für jedermann sichtbar, nicht nur für die, die sie verstehen. Man kann sie nutzen, ohne sie zu durchschauen.

Von der Polygamie zur Monogamie

Wie schon im Tierreich, so ist auch in streng monogamen Kulturen der Ehebruch nie ganz verschwunden. Völkerkundler behaupten, daß sie rund 1000 von 1145 analysierten Kulturen polygam fanden. Bei den in den Tropen lebenden Naturvölkern war das vor dem Eintreffen der christlichen Missionare die Regel. Vielleicht wäre die konsequente Einehe in einer tropischen, krankheits- und parasitenreichen Umgebung das weniger geeignete Konzept gewesen, da sie den Gen-Austausch verlangsamt hätte.

Aber auch in hochentwickelten Kulturen kann man den unbedingten Nutzen der Einehe diskutieren. Sicher ist, daß die Dogmen der christlichen Kirche zu Monogamie und Ehebruch geführt haben, einer den genetischen Realitäten adäquaten Mischlösung. Im Rahmen des christlichen Sittenkodex wurde daher eine Doppelmoral praktiziert, die sowohl sozialverträglich wie genomverträglich war. Vielleicht hätte die Gesellschaft des Mittelalters sonst gar nicht so lange überlebt.

Die alttestamentlichen Helden, etwa Stammvater Abraham, Patriarch Jakob, König David und der weise Salomon, waren noch allesamt rührig polygam. Dann kam es zu stetigen, sich im Laufe der Jahrhunderte akkumulierenden Verhaltensregeln, die 4000 Jahre später zu dem folgenden Text führten, den der Katholik heute im »Handwörterbuch für Theologie und Religionswissenschaft« nachlesen kann: »Der Ehebruch wird an der Frau und nur von ihr aus festgestellt. Nicht Minderbewertung der Frau spricht sich darin aus, sondern ihre Würde, den Frieden von Haus und Familie zu garantieren. Der Mann kann höchstens in eine fremde Ehe einbrechen, die Frau aber bricht die eigene Ehe.«

Diese Parodie auf alle Symmetrie- und Gleichheitsgedanken wird heute wohl von den meisten Menschen zu Recht als anachronistisch empfunden, eine diplomatisch geglättete Fassung des alttestamentlichen Spruches (Sprüche 11, 22): »Ein schönes Weib ohne Zucht ist wie eine Sau mit einem goldenen Ring durch die Nase.« Zwei Kommentare drängen sich auf. Der Text lebt nämlich in seiner scheinbaren Logik und Harmlosigkeit von der völlig unsinnigen Verwendung des Begriffes Würde: Hier ist dieser – schöne und wichtige – Begriff nur ein Feigenblatt, eine *captatio benevolentiae* gegenüber eventuellen Kritikern. Es müßte dort logischerweise stehen: Aufgabe, Recht, Privileg, Vorrecht oder Pflicht – aber in allen diesen Fällen wäre der Sinn der Aussage sofort verständlich und dem Widerspruch zugänglich. So aber bleibt er verschwommen und, da schwer greifbar, auch schwer angreifbar.

Zum anderen ist er eine sinnfällige Bestätigung unserer Behauptung, daß Evolutionsregeln gern versittlicht werden: Hier nämlich wird das sexuelle Vagabundieren des Mannes gerechtfertigt, die Frau dagegen – in ihrer Rolle als Bewahrerin – an die Leine des Familienvaters gelegt. Es ist die gegebene Hymne des Paschas.

Schwieriger wird es erst, wenn man in den Text einsetzt, was vermutlich den Schreibern nebulös vorschwebte, nämlich: die mit ihrer Würde vereinbare, mit der Hochachtung vor den sozialen Talenten der Frau verknüpfte größere Chance, das Unheil von der Familie abzuwenden. Damit nämlich nähern wir uns dem neuralgischen Punkt des Problems, der deutlichen Asymmetrie, die durch die unterschiedliche physische wie psychische Ausrüstung von Mann und Frau entsteht: Weibliche Eigenschaften wie Kooperation, Sensibilität und Konzilianz können eher heilen, männliche Eigenschaften wie Aggressivität, Dominanzwille und wütende Konsequenz können eher zerstören. Das zeigt die Erfahrung.

Wie weit Mann und Frau nun nicht nur geneigt, sondern auch

verpflichtet sein mögen, ihre jeweils besonderen Gaben zum gemeinsamen Besten einzusetzen, ferner, was hier eigentlich das gemeinsame Beste wäre, das ist eine ideologieanfällige Frage. Sie führt in Diskussionen, die Detailkenntnisse des Einzelfalls voraussetzen und mit individuellen Wertvorstellungen verbunden sind. Es bleibt aber festzuhalten, daß hier tatsächlich Asymmetrien bestehen, die auch in einer Ehebruchssituation von Bedeutung sein können.

Verschiedene Strategien – Kollision oder Kooperation?

Zwei mächtige Willensströme gefährden den Frieden zwischen den Geschlechtern schon in der Tierwelt: der Hang der Männchen zur Quantität und Mobilität – also auch zur Polygamie – einerseits und der Hang der Weibchen zur Qualität und Stabilität – also auch zur Monogamie – andererseits. Beide können ihre prinzipielle Präferenz verletzen, aber mit sehr unterschiedlichen Folgen.

Die Männchen nämlich fürchten vor allem den Nebenbuhler, der ihnen fremdes Erbgut unterschiebt, während sie sich um Nahrung für den Nachwuchs und um die Verteidigung des Lebensreviers bemühen. Daher ist ihre Eifersucht stark und geprägt von Wut und Aggression. Die Weibchen hingegen fürchten mehr, mit ihrer Brut alleingelassen zu werden, was eventuell für den Nachwuchs tödlich wäre. Daher orientieren sie sich schon bei der Partnersuche an Kraft, Willensstärke, Überlegenheit und anderen Eigenschaften, die Stabilität und gute Überlebenschancen verheißen. Haben sie einen Partner, versuchen sie, ihn zu halten. Dafür sind sie zu Opfern bereit, die zu Zeiten der Nachwuchsaufzucht weniger groß sind, als sie auf den ersten Blick erscheinen: Lustverzicht für Sicherheitsgewinn.

Diese beiden unterschiedlichen Strategien müssen hin und wieder kollidieren. Weibliche Individuen tolerieren dabei eventuelle polygame Anwandlungen ihres männlichen Partners um so eher, je stärker er seine typisch männlichen Eigenschaften zeigt: der Rambo der Buhlerin. Parallelitäten zum menschlichen Verhalten drängen sich hier auf. »Die biologischen Wurzeln der Toleranz gegenüber Seitensprüngen bei Männern, nicht aber bei Frauen«, so der auf das Fortpflanzungsverhalten spezialisierte Biologe Günter Tembrock, »sind unübersehbar.« Heißt dies, daß die Doppelmoral auf einem uns nicht mehr ohne weiteres erkennbaren biologischen Fundament ruht?

Wir wollen uns nicht anmaßen, alle diese schwierigen, zum Teil spekulativen Fragen zu beantworten. Es genügt zu zeigen, daß man sie mit guten Gründen stellen kann. Der Mensch ist sowieso nicht an das gebunden, was im Laufe seiner Entwicklung unter anderen Umständen einmal vortrefflich war; aber er hat allen Grund, sich zu fragen, ob das, was einmal vortrefflich war, jetzt gar nicht mehr greift und gilt. Solche konkreten Fragen haben auch Antworten.

Vor allem aber sind wir erneut an dem Punkt angelangt, der erkennen läßt, daß die unbedingte und maximale Harmonie nicht das Optimum darstellt. Die hier geschilderten verschiedenen Strategien kollidieren nämlich aus einer höheren Warte gar nicht: Sie kooperieren vielmehr. Sie ergänzen sich in so perfekter Weise, daß dieses Lebewesen Homo sapiens Kontinent nach Kontinent, Klimazone nach Klimazone, Biotop nach Biotop erobert und alles in den Schatten stellt, was die Welt bislang gesehen hat. Was man aus der Bauchnabelschau des einzelnen Individuums als Kollision vermerken kann, ist nichts anderes als die unausweichliche Spannung, die der Komplementarität von Aufgaben wie Anlagen folgt: verschiedene Ausrüstungen, verschiedene Nahziele, verschiedene Talente und Eignungen, aber alles vereint zu optimaler Funktion unter einem übergeordneten Fernziel, dem Überleben des gemeinsamen Erbgutes. Ob das gelingt, ist zugleich Urteil und Vollstreckung durch die Welt des Faktischen: die Selektion des geeignetsten Verhaltensmusters als Ergebnis der natürlichen Auslese. Wieder moralisieren die Menschen, wo sie in Wirklichkeit brav im Geschirr der Arterhaltung gehen – die Männer oszillierend, die Frauen stabilisierend.

Man könnte meinen, das sei nicht mehr des modernen Menschen höchstes Ziel. Gerade seine bestausgebildeten Exemplare sind dafür gute Beispiele. Selbst gute Gründe können sie anführen, aber analysiert man ihr Verhalten im Detail und in einzelnen Situationen, so folgt es trotz allem unbeirrbar den artspezifischen Vorgaben – vielleicht nur noch in 90 Prozent statt in 100 Prozent der Fälle. Das kann reichen, sie aus der Vermehrung herauszunehmen, denn die Logik der Zusammenhänge gilt ihnen wie allen anderen. Psychische Differenziertheit verfeinert zwar die Muster, steigert die Flexibilität, läßt die Menschen mehr planen, abwarten und vielleicht umsichtiger oder weitsichtiger handeln, aber auf einem höheren Niveau der Talente bleibt das Grundmuster unverändert. Die relative Eigenschaftsverteilung ähnelt der in einer einfacheren psychischen Einbettung. Zwar nimmt die Austauschbarkeit vieler Funktionen (außer den biologischen) zwischen Mann und Frau zu, zugleich aber auch die Störbarkeit, so daß ein Fazit schwer zu ziehen ist. Der Typ der

Kooperation zwischen Mann und Frau scheint auch bei hoher Begabung, bei bester Ausbildung und kompliziertester Beschäftigung den Vorgaben zu folgen, die wir hier anhand der hirnphysiologischen Untersuchungen der letzten Jahrzehnte beschreiben werden.

Das bedeutet aber zugleich: Die Konflikte zwischen den Geschlechtern sind grundsätzlich zu bewältigen. Sie sind normal. Sie sind Ausdruck einer Vielfalt der Strategien, die zugleich effektiv und kreativ ist. Man muß nicht immer gleich in jeder normalen Spannung zwischen Unterschieden die Kollision von Prinzipien sehen. Kein Getriebe, kein Reifen, kein Propeller würde wirken ohne Friktion: Friktion ist Reibung. Diese ist der Überträger von Energien, Voraussetzung für das Ausüben von Kraft. Ohne Reibung würden viele Vorgänge völlig zusammenhanglos ablaufen. Vermutlich liegt in den Friktionen, die aus der Komplementarität folgen, der Preis für deren Wirksamkeit.

Der evolutionäre Fahrplan der Gehirnentwicklung: Vermählung der Urhirne

Bei den primitivsten Lebewesen wurde die Information in einem Netzwerk von Fasern befördert. Beim Wurm kam es bereits zu einem sogenannten »Strickleiter-Nervensystem« mit kleinen Knoten. Diese Knoten schwollen mit der Entwicklung von Sinnesorganen an zu Verarbeitungszentralen für die jeweiligen Sinneseindrücke – ein Knoten für die Augen (Sehhirn), einer für den Geruchssinn (Riechhirn), einer für Gehör und Balance, einer für Kreislauf, Atmung und Schlaf-Wach-Rhythmus (Stammhirn, mit dem für die weckende Alarmfunktion zuständigen *Locus coeruleus* und der schlafsteuernden *Formatio reticularis*), einer für die Bewegung (Rückenmark) usw. Das war ein Prozeß der Verdichtung. Ein Gehirn entstand ursprünglich aus der Vermählung dieser Knoten miteinander: Wegen der kopfnahen Lage der meisten Sinnesorgane geschah diese Vereinigung der einzelnen Hirnknoten zu einem einzigen Gehirn ganz vorn im Kopf, geschützt von einer knöchernen Kapsel, dem Schädel, wobei einzig das Rückenmark aus Gründen der Nähe zu seinen Erfolgsorganen (Muskeln, Haut, Eingeweiden) wie ein langer Strang mit weit verzweigten Nerven heraushing, seinerseits geschützt im knöchernen Rückenmarkskanal.

Der sich allmählich aus den Einzelhirnen bildende große Gehirnknoten ist vermutlich die notwendige Voraussetzung für eine integrierende Bewußtseinsfunktion. Nun konnten, nahe an den wichtigsten Sinnesorganen, rasche Interaktionen eingeübt und die entsprechenden

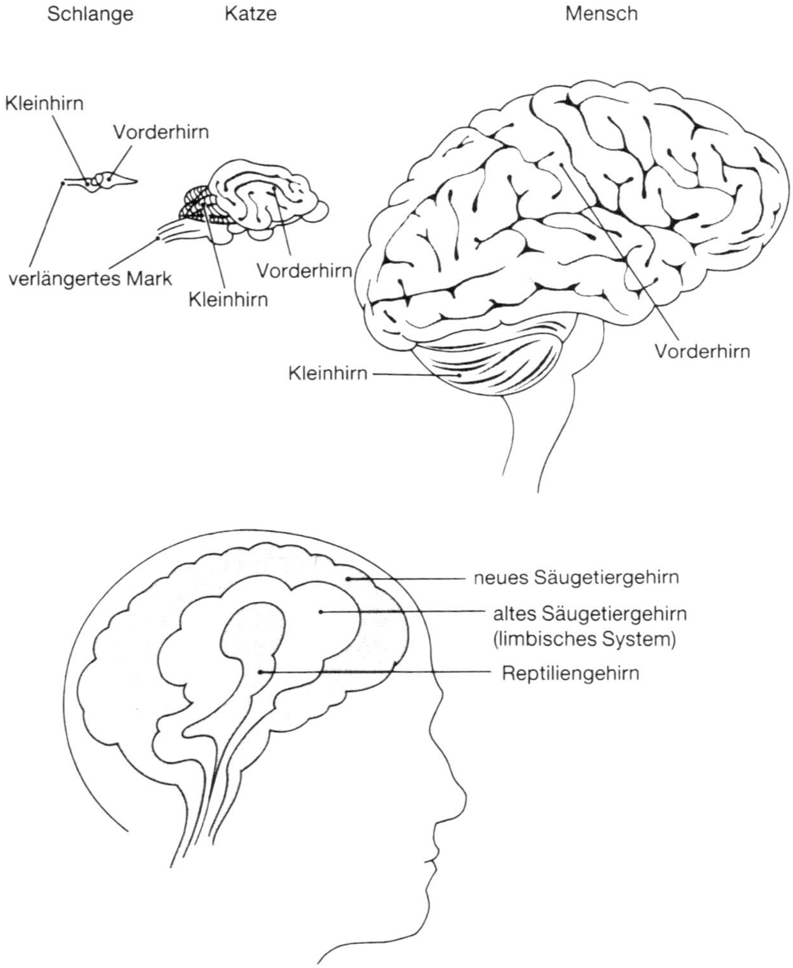

Die dramatische Evolution des Vorderhirns *(Cerebrum)* von Reptilien oder niederen Säugetieren bis zum Menschen ist in den oberen Zeichnungen dargestellt. Die Zeichnung darunter zeigt das von Paul MacLean beschriebene »dreieinige Gehirn«, in der schematisch gezeigt wird, wie alle drei Gehirne heute im Menschen koexistieren.

Steuerzentren entwickelt werden. Als die Tiere vor etwa 360 Millionen Jahren an Land gingen, war diese erste Verschmelzung der auf einzelne Sinnesorgane und motorische Funktionen beschränkten Urhirne bereits vollzogen.

Das Reptilhirn: an der Basis des dreieinigen Gehirns

Der Weg von dort bis zu einem hochentwickelten Säugetiergehirn war noch lang. Mit dem Betreten der Landmassen entstanden die komplizierten Interaktionen zwischen Pflanzenfressern (Herbivoren) und Fleischfressern (Carnivoren) oder Raubtieren (Prädatoren), also zwischen Beutetieren und ihren Jägern. Flucht, Jagd und Kampf wurden zu alltäglichen Überlebensmechanismen.

Es lag nahe, die wichtige Steuerung dieser Reflexe von Anfang an mit den Paarungskämpfen zu assoziieren, denn es handelte sich im Prinzip um ganz ähnliche motorische Programme: Siegen, Fliehen oder Untergehen. Diese Hirnregionen, rudimentär sicher bereits bei Fischen angelegt, wurden bei den Reptilien in einem heftigen Überlebenskampf schnell weiterentwickelt und lassen sich bei Schlange und Eidechse bereits lokalisieren. Dort greifen die Triebkräfte des Stammhirns ohne alle gedankliche Bearbeitung, ohne Filter und Modifikation in das Verhalten ein.

Es hat viele Versuche gegeben, die Hirnentwicklung aus ursprünglichen Hirnteilen zu systematisieren. Viele Forscher sprechen von dem »dreieinigen Gehirn« (Paul MacLean). Danach seien im modernen Primatenhirn die drei Teile Hinterhirn (unterer Hirnstamm und Kleinhirn), Mittelhirn (oberer Hirnstamm und einige sensorische Relaisstationen) und Vorderhirn (gesamter Cortex, beide Hemisphären mit Marklager, limbischem System und Zwischenhirn, d.h. Thalamus und Hypothalamus) miteinander zu einer funktionellen Einheit verschmolzen, wobei jeweils die neuere Struktur der älteren funktionell übergeordnet sei. Ebensogut kann man das Zwischenhirn oder das limbische System einzeln rechnen, wodurch sich die Zahl der Untereinheiten auf fünf erhöht.

Das alles sind abstrakte Wort- und Gedankenspiele,[21] aber es gibt natürlich praktische Gesichtspunkte zur Ziehung funktioneller Grenzen bei der Beschreibung komplexer Systeme. Da diese hypothetischen Einheiten tatsächlich den evolutionären Zwischenstadien auf dem Wege zum Primatengehirn entsprechen und da ihre Funktionen sich auch in komplizierten Zusammenhängen noch identifizieren lassen, erscheint uns die im folgenden Diagramm schematisch dargestellte Einteilung durchaus sinnvoll.

Wir sollten uns nicht vorstellen, daß ein tatsächlich abgegrenztes Reptilhirn wie ein Minotaurus in einer Höhle unter dem vordergründig

Mit den Reptilien sind bedrohte und bedrohliche Lebewesen entstanden, die im Grunde alle Merkmale hochmobiler Raubtiere aufweisen: Aufmerksamkeit, Aggression, Lust/Gier, Kampf- und Fluchtbereitschaft.

reflektierten Verhalten des Menschen, seinem nur scheinbar triebbefreiten Geiste lauerte. Aber es ist eine richtige Beobachtung, daß der Mensch in gewissen Situationen – mögen es auch extreme sein – tatsächlich etwas von dem reflektorischen, irrationalen Affektverhalten zeigt, das auch ihn noch steuern kann. Sicher nicht zufällig hat auch Sigmund Freud, der sich selbst für einen »Psychoarchäologen« hielt, mit seinem Konzept von Es, Ich und Über-Ich zu einer ganz ähnlichen hierarchischen Stufenstruktur gefunden: Das Es entspräche dem triebstarken Reptilhirn, das Ich dem Träger des Gegenwartsbewußtseins mit Erinnerungen (Thalamus und Cortex) und Stimmungen (limbischem System), das Über-Ich hingegen wäre in der übergeordneten ethischen Instanz zu suchen, den jüngsten Regionen des Primatenhirns: in den vorderen unteren Stirnlappenabschnitten (frontobasale Neocortexteile) und den neuesten Anteilen des limbischen Systems (*Gyrus cinguli* und angrenzende Rindenareale), wo man das mit Schuldgefühlen assoziierte Gewissen des Menschen zu vermuten hat.[22]

Diese alten Hirnstrukturen lassen sich auch noch bei den Primaten identifizieren. Ihre immer weiter fortschreitende Integration in andere Hirnprozesse, die trotz allem denselben Zielen dienen, läßt sich bis in höchstentwickelte Lebewesen weiterverfolgen. Man faßt diese Regionen, in denen noch heute die Wut, die Furcht und die sexuelle Erregung glühen, funktionell als Reptilhirn zusammen, das seine Impulse zu einem wesentlichen Teil aus dem Stammhirn bezieht. Das ist ein durchaus sinnvolles Konzept. Das Reptilhirn steuert die emotionalen Mechanismen des *Arousal*, Aggression und Furcht, sowie die äußeren, motorischen von Kampf und Flucht. Ihr Sinnbild ist das wachsame, wehrhafte, bei Bedarf aggressive, brünstige und blutrünstige Reptil.

Man muß nicht Verhaltensforschung studiert haben, um zu begreifen, daß diese Wurzeln der Aggression keineswegs immer schlecht oder böse sind. Sie befähigen (ausführlich dargelegt von Konrad Lorenz in »Das sogenannte Böse«, 1963) zur Selbstbehauptung, zur gerechten Wut, zur Lebensraumeroberung, Fortpflanzung und Verteidigung der eigenen Brut. Daran ändert auch der Umstand nichts, daß Aggressionen auch zur Wurzel von Konflikten und destruktivem Unheil werden können, wenn die Situationen nicht mehr den Lebenserwartungen entsprechen, für die sie entwickelt worden sind.

Versagen hierarchischer Kontrollen: Durchbruch von Atavismen

Noch ein Wort zur Interaktion der verschiedenen dargestellten Hirnabschnitte (siehe Abb. S. 111). Es ist schon die Regel, daß die gedankliche Kontrolle des Großhirns unser Handeln bestimmt, wenn wir Zeit und Ruhe zum Nachdenken haben. Der uns vermenschlichende Teil des Gehirns ist ohne Zweifel die extrem gut entwickelte Hirnrinde (Neocortex). Das limbische System etwa ist ja schon beim Hund fast ebensogroß und ähnlich strukturiert wie das menschliche, so daß die große Seele des Hundes, die jeder Hundehalter kennt, wohl schon zu recht differenzierten Empfindungen wie Dankbarkeit, Freude, Einsamkeit, Sehnsucht und Zuneigung fähig sein dürfte. Die Hirnrinde aber ist – in den Worten MacLeans, dem Chef des neurobiologischen Forschungszentrums *Laboratory of Brain Evolution and Behavior* in Poolesville, Maryland, »die Mutter der Erfindungen und der Vater des abstrakten Denkens«. Vorsicht, Umsicht, Rücksicht, Nachsicht, Einsicht und Weitsicht sind einige ihrer Produkte. Mit ihr plant und grübelt der Mensch, schreibt Sonette und Quintette, spielt Schach und Streiche, erfindet und rechnet, baut Motoren und Mikroskope. Sie kann einigermaßen objektiv sein. Sie beschäftigt sich mit etwas, das wir – ganz vorsichtig – Wahrheitssuche nennen können.

Wenn aber ein Geschehen uns emotional stark berührt, schießen uns zunehmend Impulse aus dem älteren Säugetiergehirn, dem limbischen

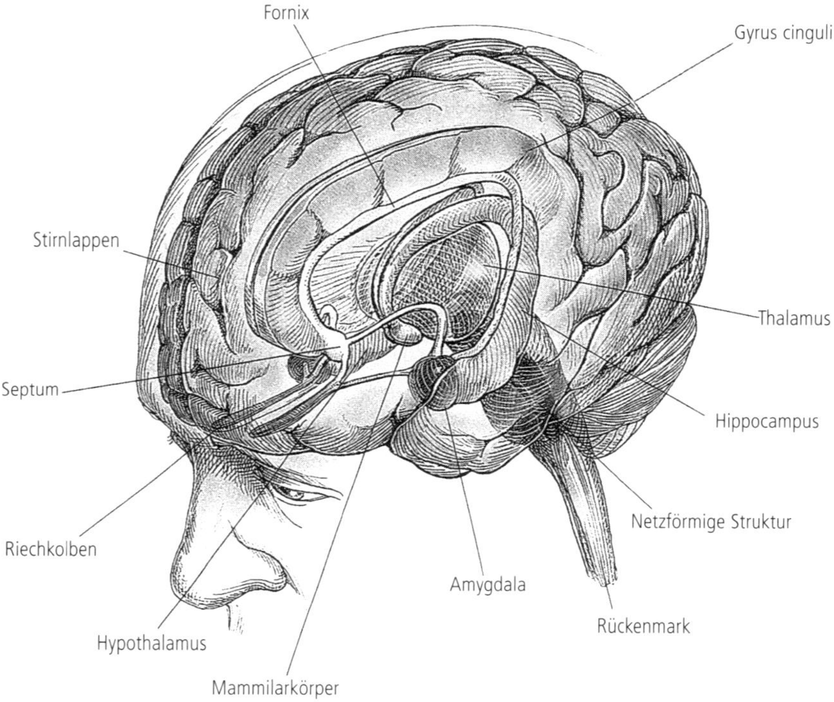

Das limbische System ist die uralte emotionale Bewertungszentrale des Gehirns. Es stellt dem Handelnden die psychischen Energien von Gefühlen und Affekten zur Verfügung.

System, dazwischen: Unser Verhalten wird subjektiv, unsachlich, egozentrisch. Schmerz und Freude, Unlust und Lust sind seine Pole, des limbischen Systems Yin und Yang. Dieses System gehorcht den in ihm entstehenden Emotionen, die niemals neutral oder objektiv sind. Sie sind darauf ausgerichtet, daß es uns gut geht. Es ist sehr parteiisch, denn es beschäftigt sich unablässig mit der Glückssuche.

Sollten auch diese Reaktionen die Situation nicht bereinigen, tritt etwas ein, was das Bild vom »Minotaurus in der Höhle« wiederbelebt: Das atavistische Reptilhirn, auch R-Komplex genannt, im Hirnstamm und den ihn umgebenden Strukturen erwacht wie »ein Troll unter der Brücke« (MacLean). In ihm sind archaische Verhaltensprogramme gespeichert, wie sie schon von Schlangen und Echsen gebraucht werden. Sie beginnen jetzt abzuspulen, zwanghaft, unbeugsam, besessen, ohne Zögern oder Reflexion, nach ererbten Vorgaben, die heute völlig idiotisch sein können. Der Mensch verfällt in Panik, Hysterie, blinde Wut, er läuft Amok, schreit und beißt, kratzt und schlägt, er stürzt sich ins Ungewisse. Das Reptilhirn profitiert nicht von Erfahrung, es lernt nichts mehr, es greift auf archaische Programme zurück – uralt wie es selbst. Das Reptilhirn kennt nur ein Ziel: das Überleben.

Ein neuer Entwicklungsschub: die sensomotorische Koordination

Der evolutionäre Erfolg der Hominiden, darüber sind sich die führenden Evolutionsbiologen heute einig, dürfte eng mit der intensiven Aufzucht des Nachwuchses zusammenhängen. Das bedeutet aber auch, daß die von uns so ausführlich geschilderten hirngesteuerten Verhaltensweisen sich durch ihren praktischen Überlebenswert als Motor der Entwicklung betätigt haben: Wenn Kinder von Frauen mit mehr Gemüt und Altruismus häufiger überleben als andere, reichern sich Gemüt und Altruismus in den kommenden Generationen an; genauer gesagt: die hirnphysiologischen Voraussetzungen dafür werden gestärkt.

Man kann den langen Weg, der dorthin führte, stark vereinfacht folgendermaßen beschreiben: Die natürliche Auslese Darwins setzte bei der Entwicklung der Sinnesorgane und hier bei der parallelen Weiterentwicklung von Riechhirn, Hör- und Sehrinde primitiver Tiere an. Diese elementaren Hirnteile begannen sich damals, nach der kambrischen Artenexplosion, zu vergrößern und zu differenzieren. Das gab Extremitäten immer mehr Sinn und Funktionen und ermöglichte so eine immer schnellere und elegantere Fortbewegung, auch zu Land und sogar in den Bäumen. Letztere erforderten das Klettern und führte damit zur Ausbildung vielseitiger Greiforgane.

Diese Entwicklung der Greiforgane führte wiederum zur raschen Weiterentwicklung von Gesichtssinn und Balance, von Muskelspindeln und motorischer Feinregulation. Jetzt setzte die Auslese vor allem an diesen Hirnregionen an: Es wuchsen die Sehrinde, das Kleinhirn und die motorischen Regionen, die Beine, Arme und Hände steuerten. Das führte rasch zu immer größeren Gehirnen.

Der biologische Kern der Liebe

Das schnell wachsende Gehirn selbst wurde zu einer neuen Startrampe: Zwischen dem Australopithecus africanus vor vier Millionen Jahren mit 500 bis 600 Kubikzentimeter Gehirn und dem Homo erectus vor einer

Million Jahren mit 800 bis 1200 Kubikzentimeter Gehirn nahm das Gehirn um 60 bis 100 Prozent zu. Das war ein bisher noch nie gesehenes Tempo: In nur drei Millionen Jahren hatte sich verdoppelt, was zuvor 3800 Millionen Jahre gebraucht hatte, um auf 500 Kubikzentimeter anzuwachsen! Dies ließ nun ein immer komplizierteres, intelligenteres Verhalten zu. Hier entstanden die Möglichkeiten zur Entwicklung des fürsorglichen, limbisch gesteuerten mütterlichen Verhaltens für eine optimale Aufzucht der Jungen. Etwa von diesem Zeitpunkt an gerät die limbische Ausrüstung des Mannes ins Hintertreffen: Er wurde auf andere Probleme angesetzt – die Außenwelt. Sein limbisches System blieb so viel stärker unter dem Einfluß des älteren, primitiveren, kämpferischen und sexfixierten Reptilhirns. Er kultivierte sozusagen seine heilige und unheilige Wut. Dies ist eine Spezialität der männlichen Grundausstattung, die noch heute für unzählige Frontalkollisionen und Verständnisdefizite zwischen Frauen und Männern verantwortlich ist.

Fortan setzt die Auslese am Gehirn an, und zwar im Gemüt: Emotionen und limbisches System wachsen immer schneller. Innerhalb von nur 0,9 Millionen Jahren wächst das Gehirn noch einmal um rund 50 Prozent: Der Neandertaler erreichte vor etwa 100 000 Jahren ein Gehirnvolumen von 1200 bis 1750 Kubikzentimetern. Der *Cro-Magnon* wies vor etwa 30 000 Jahren etwa dasselbe Hirnvolumen auf wie der moderne Mensch. Aber die fossilen Funde bieten natürlich ein sehr spärliches und völlig zufälliges Vergleichsmaterial.

Die faszinierend gestaffelte Entwicklung des Gehirns und seiner Funktionen für die Paar- und Familienbildung förderte die geeignetste Konstellation der Gefühle füreinander und schuf damit den biologischen Kern der Liebe. Sie sollte fortan zwei Menschen mit unterschiedlichen Geschlechtsausprägungen zum gegenseitigen Nutzen, vor allem aber zum Nutzen ihrer Nachkommenschaft miteinander verbinden. Dem dient die Ausstattung des Organismus mit feinregulierten und -regulierenden Geschlechtshormonen.

Diesen Steuersubstanzen folgen nun alle Herrentiere in ihrem Verhalten rund um die Uhr – und mit ihnen auch der Mensch. Seine Weibchen malen sich mittels kosmetischer Tricks rote Wangen und Lippen als Zeichen von Gesundheit, die Männchen kauen Kaugummi, um mit stärkeren Kaumuskeln und Kieferknochen Kraft zu signalisieren. Die Männchen verbreitern künstlich ihre Schultern und die Weibchen vergrößern künstlich ihre Milchdrüsen. Die Männer stimuliert bereits der Anblick einer Partnerin, die Frauen meist erst die Berührung. Auch das ist eine uralte, durchaus sinnvolle Verhaltensdifferenzierung: »Eine reflexartige sexuelle Erregung durch visuelle Reize würde die Entscheidungsfreiheit der Frauen bei der Partnerwahl unterlaufen«, betont der amerikanische Verhaltensforscher Donald Symons. Deshalb begünstige die Selektion jene Frauen, die wählerischer sind und nicht so schnell erregbar.

So spielen sie das Spiel: Sie prüft und verwirft, prüft und verwirft, wählt und hält fest. Er protzt und motzt, wetzt sich seine Hörner ab, blitzt ab und versucht es doch immer wieder. Sprachforscher und Soziologen wissen: Männergespräche – vor allem in Gegenwart von Frauen – sind Angebergespräche – größer, schwerer, dicker, höher, schneller, weiter, stärker, klüger, einer immer toller als der andere (s. dazu S. 501–510). Das Männerwort ist die Antwort, notfalls eben falsch, aber um jeden Preis eine Antwort – während die Frau lieber fragt. Auch überlegenes Wissen bedeutet Lebenstüchtigkeit – verbale Balztänze. Denn das Schlimmste ist für ihn, ganz aus dem Wettkampf der Vererbung herauszufallen. Daher wird mancher große, kräftige Protz von diesem gnadenlosen Spiel allmählich weichgeklopft, und aus dem freifliegenden Aar wird zum Ergötzen des Weibchens, das ihn eingefangen hat, indem es sich zu seiner Augenweide machte, der stille, treue Versorger.

Was der Mann dabei nicht weiß: Daß er mit seiner Protzerei und Kraftmeierei zwar scheinbar dominant auftrumpfen mag, aber der hier den Herren spielt, ist in Wirklichkeit gerade damit ein Knecht uralter Programme. Auch wenn er dann von seinen Hormonen noch weiter eingefangen und gegängelt wird, tut er nur, was man von ihm erwartet – wie der Pawlowsche Hund. Und diese Rollen gefallen ihm wie ihr. So sind sie gepolt, während sie glauben, etwas ganz Neues, Einmaliges zu tun. Das ist im übrigen kein Grund zum Lamentieren, denn wir sind nun einmal Lebewesen mit einer langen Vorgeschichte; wer sie kennt, hat nicht mehr Freiheit, aber mehr Aha-Erlebnisse.

Probleme tauchen dann auf, wenn die Frau nun die Bemühungen um seine Aufmerksamkeit allzu rasch einstellt und alle Anstrengungsbereitschaft mit einem Mal erlischt. Wenn sie aus der Augenweide zur Schlampe wird. Wenn sein Gehirn, gerade noch durch Liebkosungen und Signalsubstanzen auf romantisches Hoch geschaltet, außer Haus allzurasch wieder auf Reptilhirn umspringt und nach neuen Paarungsabenteuern sucht. Wenn sie nur noch mit dem Nachwuchs schmust und sich so ihr Oxytocinbehagen holt, während er den wiederholten Endorphinstimulus bräuchte, um seine *default*-Einstellung auf Partnersuche zu unterdrücken. Die Chemie der Gefühle ist verwickelt genug, um vieles danebengehen zu lassen. Es sind vor allem neue, unvorhergesehene Situationen, die dazu führen, daß alte, erprobte Erfahrungen an Wert verlieren.

Im Regelfall aber neigt der Mann zur fortgesetzten Vaterrolle: Er bringt so in der Regel einen größeren Anteil seiner Nachkommen durch, und sein Leben wird berechenbarer. Der moderne, schnellebige Mann, dem viele schon ironisch nachsagen, er suche nur noch die »Lebensabschnittspartnerin«, scheint der sogenannten seriellen Monogamie zuzuneigen, das heißt, er ist seiner Partnerin treu, solange es nun währt. Der völlig bindungsfreie, promiskuitive Single hingegen, im Biologenjargon als »Streuner« bezeichnet, hüpft von Blüte zu Blüte, streut seinen Samen maximal und hofft auf das Beste.

Diese Verhaltensweise gibt es natürlich auch bei der Frau – nur viel seltener. Für Millionen Seeleute, für Wanderarbeiter, Fremdenlegionäre, Globetrotter fehlen die weiblichen Entsprechungen. Belastet durch den Nachwuchs, ist die Frau generell mehr auf Kooperation angewiesen, sie kann weniger improvisieren. Wo der Mann, wenn erschöpft, sich zum Übernachten kurzentschlossen bei einem Kumpel auf die Couch wirft, müßte die Frau rasch noch für ein oder mehrere Kinder die Unterbringungs- und Versorgungsfrage lösen. Also sind die streunenden Frauen entweder kinderlos oder so verantwortunglos, daß sie sich um ihre Kinder nicht kümmern. Man mag sie als instinktarm, gefühllos, seelisch kalt oder dürftig empfinden, aber man hat auf jeden Fall den Eindruck einer emotionalen Störung. Das dürfte der Grund dafür sein, daß man ihnen gegenüber weniger wohlwollend ist als bei streunenden Männern.

Es sieht aus, als könnten alle diese Strategien überleben, wenn auch mit unterschiedlichen Erfolgsraten. Was nicht überlebt, sondern sich selbst umgehend ad absurdum führt, sind andere Spielarten des Sexualverhaltens, auf die wir nur am Rande eingehen werden.

Seelische Konflikte – unerläßlich und lösbar

Da die Frau in ihrer Reproduktionsfähigkeit auf etwa ein Drittel ihrer Lebenszeit eingeengt ist, erscheint es nicht unlogisch, daß geschlechtsspezifische Grundstrategien, die in Jahrmillionen entstanden sind und gerade durch solche Umstände mitgeformt wurden, auch beim modernen Menschen noch wirksam sind. So neigen männliche Individuen, in den

Worten Tembrocks, eher »zum opportunistischen Sex«, weibliche eher zum »wählerischen«. DER SPIEGEL (16/1995) zitiert dazu den griffigen, wenn auch etwas böse formulierten Slogan: »Männer tauschen Liebe für Sexualität, Frauen Sexualität für Liebe.«[23] Versteht man darunter den Unterschied zwischen der grundsätzlicheren Bindung der Frau an den biologischen Auftrag ihrer Libido und der größeren Neigung zum Streunen beim Mann, trifft das eine weitere, biologisch begründete Asymmetrie der Paarbeziehung: ihren unterschiedlichen Zeitrahmen.

So bleibt der Mensch in der Primatenspur. Zwar ist in ihm ein mächtiger geistiger Überbau entstanden, der durch Gott und die Welt mitbestimmt sein mag. Aber sein Geist wie sein Gott sind Teil dieser Welt und daher denselben Naturgesetzen unterworfen wie er selbst. Daher stehen die unterschiedlichen Aspekte der Normen, die unser Verhalten steuern, meistens durchaus in Harmonie miteinander – auch da, wo wir scheinbar unlösbare Widersprüche sehen. Diese nämlich sind von Grund auf mit eingebaut; für den, der an die Vorsehung glaubt, sind sie vorgesehen. Ob wir diese Normen nun von außen beobachtend erschließen oder in uns selbst introspektiv erleben, es sind ein und dieselben zerebralen Vorgaben. Und wer sie genau analysiert, wird erkennen: Die großen Konflikte zwischen Natur und Kultur sind das Ergebnis von Verständnislücken.

Ist das »Unbehagen in der Kultur« (Sigmund Freud) wirklich nur Folge eines Mißverständnisses? Oder ist es eine hysterische Überschätzung der eigenen inneren Unruhe, die so viele positive Auswirkungen hat? Ist es reine Konfliktlibido der intellektuellen Gurus oder ein Geschäft mit der Aufregung? Stehen Absichten dahinter oder nur Unwissen? Die Antworten sind nicht leicht. Vermutlich ist es von allem etwas. Die zwei Seelen aber, die, »ach, in unserer Brust wohnen«, sind jedenfalls nicht Natur und Kultur, sondern eher die widerstreitenden Interessen, die sich aus unserer Polung zwischen Ego und Alter ergeben: mal zwischen dem Ich und dem Du, mal zwischen dem einen und vielen, mal zwischen Neugierde und Sicherheit, zwischen Spannung und Vorsicht, zwischen dem Heute und einer fernen Zukunft, die vor unserem inneren Lustmaximierer meist keine besonders starke Lobby hat.

Am schwierigsten wird es, wenn wir uns in der Zwickmühle von Emotionen und Gedanken, zwischen inneren Trieben, äußerem Druck und den Ratschlägen unseres beobachtenden Verstandes hin- und hergerissen finden: Das ist die klassische Situation der Befreiung von Einflüssen, wo jeder unversehens unschuldig schuldig werden kann. Ob man sich nämlich zuerst von äußeren oder von inneren Fesseln zu befreien habe, das ist hier die wirklich heikle Frage. Die Antwort ist für den Menschen nicht mehr instinktiv, sondern durch Reflexion zu finden und daher in hohem Grade situationsabhängig.

Glücklicherweise kennen wir das Fazit: Diese Probleme folgen dem Menschen seit mindestens 100 000 Jahren, und er hat sie bisher gut bewältigt. In der Bilanz ist der Homo sapiens eine der erfolgreichsten Arten der Welt und – zum Leidwesen aller Sexisten – immer noch eine der monogamsten. Hormonelle Einflüsse können ihn mal fesseln, mal befreien. Sein Wesen ist variabel, seine Optionen sind zahlreich und gruppieren sich um gewisse pragmatische Richtwerte.

Was sich dabei als Kompromiß zwischen den biologischen Extremen bewährt hat und ebenso in den logischen Erwägungen der Evolutionstheoretiker, ist eine Mischung gegensätzlicher Strategien: Als Prototyp entstand der (gegebenenfalls wiederholt) bindungsfähige Mann mit einer Schwäche für den Seitensprung. Es ist der sich aus seinem ausgreifenden Umherstreifen heraus in plötzlichem Heimweh niederlassende Weißkopfadler – mit verdrängtem Fernweh. Er gibt expansives Potential auf und wird – zumindest für einige Jahre oder Jahrzehnte – ebenfalls kooperativ.

Der Frau stehen wegen ihrer geringeren Mobilität und der dauernden Anforderungen des Nachwuchses von Anfang an weniger Optionen frei, sofern sie nicht ihre reproduktive Funktion ganz aufgeben möchte. Normalerweise wartet sie, wählt und hält ihren Partner fest. Sie fürchtet seine Untreue instinktiv wie ein Unheil für die Sicherheit der ganzen Familie und erlebt den Seitensprung daher wie den Verlust ihres Grundvertrauens: der Gewißheit, daß alles gut sei. Die Frau hat im Gegensatz zum kämpferischen Mann nicht die Unruhe des ewig suchenden, wandernden Raubtiers, des Eroberers. Im Gegenteil: Sie ist mit den Worten Ortega y Gassets »die Beute, die dem Raubtier auflauert«.

Wir haben – hin und wieder respektlos vereinfacht – etwas berichtet, das heute sicher nicht mehr ganz überraschend kommt. Die wissenschaftlich ernüchternde Seite der Sexualität ist in Fachzeitschriften dieser Jahre wiederholt korrekt beschrieben worden. Die behandelten Facetten können verwickelt genug sein. Seine logische Evidenz jedoch bezieht das Bild des langfristigen evolutionären Geschehens vor allem aus der Zusammenfügung vieler einzelner Fakten und Phänomene, Prozesse und Zusammenhänge. Wie bei einem Puzzle wird erst durch das Zusammenfügen vieler Teile ein Gesamtbild erkennbar:

Was wir heute in unsere verhaltenssteuernden Normen und Moralvorstellungen eingebaut finden, ist das als Artwissen empirisch Bewährte. Als Rahmenwerk von unzähligen Entscheidungsprozessen, die uns das Überleben durch Jahrmillionen bis hierher ermöglicht haben, ist es mit uns selbst zu großer Komplexität herangewachsen. Was ihm dabei die Einfachheit geraubt hat, ist der zunehmende Bedarf, unablässig individuelle gegen unterschiedlich umfassende überindividuelle Aspekte abzuwägen, eine Aufgabe der ethischen Orientierung, die uns als sozialem Wesen keine (gerechte) Macht der Welt jemals erlassen kann.

Das verflixte vierte Jahr: gefangen für den Nachwuchs

Es gibt – als Hilfe bei unserer Entscheidungsfindung – im menschlichen Gehirn zahlreiche noch nicht analysierte, neuronal wirksame Signalsubstanzen mit hormonartigen Botenstoff-Funktionen. Dazu gehört etwa die Gamma-Aminobuttersäure (GABA), die als Hemmstoff (wichtiger präsynaptisch inhibitorischer Neurotransmitter) an etwa 30 Prozent der Synapsen des menschlichen Großhirns eine wichtige Rolle bei der Dämpfung und Ausrichtung von Erregungen spielt. Wieder andere Botenstoffe, sogenannte Neuropeptide, greifen in die Regulation unseres Biotonus (der Stimmungslage zwischen den Polen der Depression und der Manie, zwischen melancholischen und hyperthymen Impulsen, im Fazit zugleich der psychophysischen Spannkraft) ein, andere haben spezifische Funktionen wie etwa das vieldiskutierte Phenyläthylamin (PEA). Letzteres hat sich erst jüngst zum heißesten Kandidaten für die Langzeitwirkungen der Verliebtheit entwickelt.

Diese Substanz nämlich erzeugt im Gehirn ein intensives Wohlgefühl, das stark motivierend ist. Das könnte die Beliebtheit der Schokolade erklären, denn in ihr ist PEA in hohen Dosen enthalten. Vermutlich löst es auch über Rezeptoren im Darm in etwas schwächerer Form ein gewisses Wohlbehagen aus. PEA aber kann nicht die Blut-Hirn-Schranke überwinden, so daß man – wie schon alte Schlager behaupten – Liebe nicht essen kann. Das die Verliebtheit begleitende PEA muß offenbar im Gehirn selbst freigesetzt werden.

Der evolutionäre Fahrplan der Liebe

Noch fehlt der endgültige experimentelle Beweis für die PEA-Wirkungen beim Menschen, aber diese Hypothese würde schon viel erklären: den anfänglichen Kick der Liebe, dann den Entzug bei den vielen Liebeskranken, die Sucht nach ständig neuer Liebe bei den sogenannen Sexisten, die einzig ihrer Triebabfuhr leben, sowie die langsame Toleranzentwicklung bei denen, die ihre Reizsituation nie verändern. Die Abstumpfung gegen die PEA-Wirkungen, die etwa nach vier Jahren einzutreten scheint, könnte mit dem Abklingen des romantischen Hochs in der jungen Liebe zusammenfallen. Danach wäre das verflixte siebte Jahr eigentlich das vierte.

Experimente des New Yorker Psychiaters M. Liebowitz, der den süchtig von Verliebtheit zu Verliebtheit fliegenden *love addicts* (den Liebesüchtigen) mit Medikamenten, die den PEA-Abbau verlangsamen, markant geholfen haben will, geben zu weiteren Spekulationen Anlaß. Irgendein neurochemischer Mechanismus muß ja tatsächlich der machtvollen Periodizität der Liebesintensität zugrundeliegen, die man etwa folgendermaßen beschreiben kann:

- erst eine kurzfristige endorphin-gesteuerte, heftige Verliebtheit, die – himmelhoch jauchzend – alle Widerstände vor der Kopulation niederkämpft und – unempfindlich gegen alle Bedenken der Umwelt – mit großer Wahrscheinlichkeit zur Schwangerschaft führt,
- dann eine PEA-vermittelte romantische Fürsorgezeit, die dem Neugeborenen und seiner Mutter in den empfindlichsten Jahren beim Überleben hilft,
- und schließlich das Abklingen der festen Bindung zwecks eventuell erneuter Partnersuche mit Erbgut-Neukombination. Letzterem mögen bei der Monogamie zahlreiche mehr oder weniger schwerwiegende Vorteile des weiteren Zusammenhalts entgegenstehen, die sich aus Lern- und Gewöhnungsprozessen ergeben dürften.

Diese These wird etwa von der amerikanischen Anthropologin H. Fisher vertreten, die das PEA für eine Strategie der Evolution hält, die Paare gerade so lange zusammenzuhalten, bis der Nachwuchs gesichert ist. Tatsächlich findet man, daß in den primitiveren Kulturen archaischer Eingeborenenvölker wie der australischen Ureinwohner, der Eskimos und der Amazonas-Indianer durch ihre lange Stillzeit von etwa drei Jahren ein Geburtenrhythmus von etwa vier Jahren entsteht. Ebenso zeigen Statistiken aus mehr als 60 Kulturen der heutigen Welt einen markanten Anstieg der Scheidungsquoten bis zum vierten Ehejahr, dann wieder einen Abfall. Das stünde in voller Übereinstimmung mit der hypothetischen PEA-Zeit.

Außerdem mahlen psychische Mechanismen langsam, und Verhaltensmuster weisen eine gewisse Trägheit auf. Statusgründe, praktische Probleme, Verantwortungsgefühl und andere moralische Bedenken mögen an der Verzögerung mitwirken. Daher dürfte ein Abklingen der PEA-Wirkungen tatsächlich oft erst nach weiteren Jahren voll durchschlagen (etwa beim Auftauchen neuer Attraktoren oder AttraktorInnen). Dann würde das so entscheidende vierte Jahr vielleicht wirklich erst im verflixten siebten sichtbar.

Opponenten der Triebkräfte: soziales Erbe und Lebenserfahrung

Daß es beim Menschen – trotz aller zentrifugalen Impulse – oft zur lebenslangen Monogamie kommt, dürfte sich aus den Vorteilen lebenslanger Partnerschaften unter planbaren Lebensumständen ergeben. Hier wird der Boden bereitet für die Weitergabe umfangreichen und wertvollen sozialen Erbgutes, das aus Lebenserfahrung in Konkurrenz- und Gefahrensituationen bestand sowie aus Strategien zur Nahrungs- und Positionssicherung. Das alles war wiederum für die Vermehrungschancen wichtig und für die Förderung des Nachwuchses. Außerdem hat sich der mentale Überbau der Zuneigung und Liebe beim Menschen so stark und wurde so vielgestaltig entwickelt, daß die Paarbildung auch anderen als rein biologischen Regeln unterliegt: Das gute Gedächtnis des Menschen baut lebenslange Erinnerungen und ein entsprechend umfassendes Ichgefühl auf. Es entstehen langfristige Absichten und Pläne, Dankbarkeit, Ehrgefühl, Stolz und Loyalitäten – also ein ethisches Wertesystem. Dies gerät oft in Widerstreit mit niederen, aber starken Impulsen – ein typisch menschlicher Konflikt.

Für den Menschen scheint es sich meistens zu lohnen, auf die Großhirnrinde zu lauschen, denn das Neuerlernte kann aktuellen Situationen oft besser gerecht werden als archaische, pauschal ausgelöste Handlungsreflexe. Mit anderen Worten: Die Komplexität unserer Kultur, aber auch die Ausrüstung des Menschen mit einem das ganze Leben überspannenden Gedächtnis gibt der Weitsicht und der Umsicht, der Selbstdisziplin, der Beständigkeit und der Geduld einen eigenen Überlebenswert.

Aber – wie immer – auch der Vorsicht: In der archaischen Mitgift der Evolution liegt auch viel wertvolle Arterfahrung. Das ist jene Erfahrung, die zu selten gemacht wird, als daß jedes einzelne Individuum sie stets neu machen könnte: Sie braucht längere Beobachtungszeiten, als sie die Lebensspanne des einzelnen gäbe; sie folgt zu verwickelter Logik, als daß jeder sie durchschaute. Es ist sicher grundsätzlich unbedacht, die Erfahrung von Millenien dem frischen Eindruck einer munteren Woche Gegenwart zu opfern. Im Prinzip aber ist der Mensch infolge seiner freien kortikalen Felder gerade dazu befähigt, alte und obsolete Programme stillzulegen – eine große Chance und eine gewaltige Gefahr zugleich.

Amors Pfeile sind oft vergiftet

Diese stoffliche Gebundenheit haben die Menschen offenbar schon lange geahnt. Nicht von ungefähr sprechen sie bei plötzlich und gewaltsam die Psyche eines Menschen vereinnahmenden akuten Liebe seit jeher von den »Pfeilen des Amor« (oder Cupido). Schon Gottfried von Straßburg griff im späten Mittelalter – in der Verlegenheit, den Zwang zu erklären, den suchtbildenden Sog, der die Liebenden gegen jedes Gebot gesellschaftlichen Überlebens verstoßen läßt – zum Konzept des Zaubertranks, um seine Helden zu entschuldigen.

Es war leicht zu beobachten, daß durch die Verliebtheit ein Zustand reduzierter Urteilsfähigkeit ausgelöst wurde, der oft groteske Folgen zeitigte. Er hielt eine gewisse Zeitlang an. In dieser Phase scheuen die Verliebten weder Schwierigkeiten noch Gefahren, weder tödlichen Streit, Rufschädigung noch Infektionskrankheiten. Jedesmal, wenn Geschlechtskrankheiten sich seuchenartig verbreiteten und einen hohen Grad von Promiskuität sichtbar machten, fand man zu der Feststellung zurück, Amors Pfeile seien vergiftet. Nicht, daß das jemals die Verliebtheit oder auch nur den käuflichen Liebesdienst nennenswert gebremst hätte, aber manche große Schlacht unterblieb, mancher Krieg wurde abgebrochen (etwa der kaiserlichen Truppen in Neapel 1496), weil die syphilisinfizierten Soldaten krank darniederlagen.

Die merkwürdigen, individuell höchst unterschiedlichen Reaktionen auf die Liebe, die das ganze Spektrum vom ständig neu verliebten Don Juan (dem »Streuner«) bis hin zum liebestollen, liebestrunkenen, bei Abweisung oder Untreue verzweifelten Selbstmörder (dem »Werther-Fall«) umfaßt, zeigen ein äußerst uneinheitliches Bild. Selbst der äußerst präzise und systematisch denkende Experimentalpsychologe Dietrich

Dörner warnt davor, sich etwas allzu Einheitliches unter diesem Begriff vorzustellen. Dennoch bezweifelt er nicht, daß man ein künstliches System dazu bringen kann, sich in ein anderes zu verlieben, wenn man es geschickt daraufhin programmiert.[24]

Heute wissen wir, daß das aufsehenerregende Verhalten etwa des greisen griechischen Staatspräsidenten Papandreou, der durch seine Liebesaffäre mit einer jungen Stewardeß seine Frau der Beschämung und sich selbst der Lächerlichkeit preisgab, tatsächlich nicht von einem ganz freien Willen getragen wurde. Sicher waren bei ihm die biologischen Signalsubstanzen der Liebe in voller Aktion, und man sollte sich selbstsichere Arroganz untersagen und eher mit einem milden Lächeln der biochemischen Wurzeln unserer Gefühle gedenken.

Wenn sich der General Bastian in vorgerücktem Alter plötzlich von Bundeswehr, Frau und Kindern trennt, um mit Petra Kelly zusammenzusein, so mochte er diesem Aufbruch einen ideologischen, individualhistorischen und gesellschaftspolitischen Hintergrund geben (was sicherlich alles mitspielte), aber auch ihn werden die zerebralen Signale der Zuneigung – sanft oder auch sehr heftig – in eine vorgegebene Richtung gestoßen haben. Sie können selbst das abwegigste Handeln rationalisieren und ihm, zum Teil nachträglich, einen weniger trivialen Sinn unterschieben als das simple Verliebtsein. Gerade die fatale Mischung von Überzeugung und Eros kann zu existenziellen Verstrickungen führen, die in Mord und Selbstmord enden können. Inwieweit hier auch noch der Konflikt mit der verinnerlichten Soldatenehre hereinspielte, muß wohl für immer offen bleiben. Vielleicht war sie es, die das Gemisch der Motive, den Druck der psychischen Probleme so explosiv machte, daß sie den Umkehrer, den Konvertiten selbst zerriß und eben das Medium seiner Umkehr, die Frau, mit zerstörte.

Ein psychischer Triumph führt beim Mann zu gesteigerter Testosteronproduktion, diese zu einem dominanten Imponiergehabe. Das beeindruckt. Die Beeindruckte antwortet mit Signalen des Interesses, die ihn weiter stimulieren: Der sich akzelerierende Selbstbestätigungszyklus ist angestoßen. Bei der in ihrer Selbstsicherheit stimulierten Frau läuft das ganz ähnlich. Fachliche und sachliche Gründe mögen hinzukommen, psychologische Mechanismen zuschnappen. Vor allem aber kommen allmählich die berauschenden Endorphine und die betörenden Phenylalanine ins Spiel. Der menschliche Neokortex wird zur Arena der Hormone, zum Spielplatz des limbischen Systems und anderer, noch tiefer gelegener Stammhirnzentren. Dadurch können auch die gedanklichen Prozesse, denen wir die Vernunft, die Ratio zusprechen, äußerst irrational heißlaufen.

Häufig verflechten sich Motive hier in einer Art, die jeder Analyse widersteht und oft auf lange Sicht zu tragischen Entwicklungen führt. Nicht nur die homoerotische, die fetischistische, die nekrophile oder die pädophile Liebe sind hier zu nennen, sondern gerade auch die ganz normale (heterosexuelle) Liebe, die fast toxisch in die normalen Gedankengänge eingreifen kann. Mit etwas Aufmerksamkeit kann man an sich selbst beobachten, wie durch sie alte Neigungen umgemodelt werden, wie Ziele sich verschieben, Absichten entgleisen und die Gedanken ihr Bestes tun, das alles – notfalls pseudologisch – zu einem sinnvollen Ganzen zu kitten.

Das führt nicht selten zu absurden Ergebnissen. Selbst der öligste Casanova, der durchsichtigste Hochstapler, Frauenmörder oder Erbschleicher findet so immer wieder seine Opfer. Und mancher Mann zerstört seine Familie, seinen Lebensfrieden und seine Karriere für einen koketten Blick aus Augen, die bei allen Umstehenden eher Alarmglocken erklingen lassen. In diesem Sinne sind für ein nüchternes und umsichtiges Urteilsvermögen die Signalsubstanzen der Liebe, Amors durchbohrende Pfeile, tatsächlich oft vergiftet.

Interkontinentalraketen als »Penisverlängerung«?

Und diese Gifte können ungeahnte Folgen zeitigen. Betty Friedan hat es so ausgedrückt: »Wenn sich die lebensbejahenden, zupackenden Energien der Frauen nach innen wenden, verkehrt sich die sexuelle Quelle der Liebe in Haß, der von den Männern in ein Potential der Gewalt verwandelt wird, das schließlich dem Töten dient.« Das schrieb diese kluge und hellhörige Frau, Gründerin der modernen Frauenrechtsbewegung in den USA, bereits 1976 (!), als hätte sie damals schon die limbische Wasserscheide zwischen weiblicher und männlicher Wut gekannt, die uns erst die moderne Hirnforschung sichtbar gemacht hat. Und sie fährt fort: »Ich wünschte mir ein weiteres Leben lang Zeit, um die Wurzeln dieses Prozesses in Psychologie, Anthropologie und Geschichte aufzuspüren, in dem dem Leben entzogene Energien sich in ihr Gegenteil verkehren und zu Kräften der Zerstörung werden.«[25]

Damit berührt Friedan die wichtige Frage, ob wirklich Kennedy den Weltkrieg riskierte, um nicht vor Chruschtschow als dummer Junge dazustehen, ob wirklich Clinton einen zweiten Irak-Krieg anzetteln kann, um von seinen Sexskandalen abzulenken, und ob die russischen Interkontinentalraketen tatsächlich im übertragenen Sinne als die »Verlängerung der Penisse der alten Herrn vom Kreml« zu betrachten seien. Gilt Ähnliches vielleicht für die Atomrüstung der Altherrenriege von Indien und Pakistan? So absurd sind diese respektlosen Gedanken leider gar nicht: Irgendwo, weit drunten im Stammhirn der Männer, kommunizieren die Energien sexueller Triebe und Frustrationen in der Tat mit den Quellen anderer, und zwar gerade aggressiv-gewalttätiger Handlungsimpulse. Daß sich eine zentral entstandene Erregung – bei gleitend veränderten Qualitäten – über ganz andere Bereiche des Gehirns verbreiten kann, ist gut bekannt. Es ist – unter Wechsel von Ursprung und Ziel! – die Sublimierung und Umgestaltung psychophysischer Energien, wie wir sie noch an anderen Beispielen genauer kennenlernen werden.

Neue Meßmethoden: Rezeptoren werden sichtbar

Zwei der wichtigsten Botenstoffsysteme im Gehirn, das Dopamin- und das Serotoninsystem, kann man heute mit Hilfe der Positronen-Emissions-Tomographie (PET) untersuchen. Dabei ergibt sich ein Einblick in wirklich zentrale Steuervorgänge. Ihr Gewicht für psychische Prozesse mag schon daraus hervorgehen, daß das dopaminerge (mit Dopamin als Botenstoff arbeitende) System des Gehirns ausgerechnet die Belohnungsregion umfaßt, wo Lust- und Glücksempfindungen und die für unser Verhalten wichtigen Wiederholungsimpulse des Verhaltens entstehen. Dies ist sozusagen der Pluspol, von dem aus das Erlernen von Lebenstechniken gesteuert wird.

Das Gegenstück dazu, den Minuspol, bilden die Unterlassungsimpulse, die in entsprechender Weise von Unlust- und Schmerzerlebnissen generiert werden. Zwischen diesen beiden Polen spannt sich die Bewertungsachse der lernenden, heranwachsenden Psyche, jenes alles entscheidende System der Orientierung zwischen Erfolg und Mißerfolg, Richtig und Falsch, Sicherheit und Gefahr, Genuß und Leiden, Gut und Böse, Tun und Lassen, ja, letztlich Glück und Unglück. Es ist jenes System, ohne das kein Lebewesen existieren kann. Es kann zum Beispiel durch Drogen, die Belohnung ohne Grund verheißen, folgenschwer zerstört werden. Die Folgen der selbstdestruktiven Umprogrammierung ergeben sich dabei zwingend aus dem Paradox, daß der Mißbrauch durch Lusterlebnisse belohnt, die Unterlassung hingegen durch die Qualen des Entzugs bestraft wird.

Seit den achtziger Jahren laufen am Institut für Neurowissenschaften des Karolinska Sjukhus in Stockholm methodologische Entwicklungsarbeiten, die es ermöglichen, bestimmte Rezeptoren im Gehirn zu lokalisieren und zu quantifizieren. Sie gelten etwa dem Dopamin-Rezeptor D2 im Gehirn des Menschen. Hierbei ergaben sich kürzlich erstaunliche Befunde, die eine neue Ära der Hirnforschung und der Psychologie einläuten dürften, die sich in Zukunft rasant weiterentwickeln wird: die Objektivierung von neurophysiologischen (neurochemischen) Persönlichkeitsfaktoren (Farde 1997).[26]

Diese Forschung dient unter anderem dazu, Veränderungen bei psychisch Kranken zu studieren, die Wirkungen von Arzneimitteln und auch die Normalvariationen bei Gesunden genauer kennenzulernen. Immerhin handelt es sich um Prozesse im Gehirn, die zwar ganz entscheidend für unsere geistige und seelische Gesundheit sind, aber immer noch nur unvollkommen verstanden werden.

Rezeptorendichte und Persönlichkeitsstruktur

Was zeichnet sich nun dabei ab? Erst einmal ist es überraschend, wie groß die Variation zwischen verschiedenen Versuchspersonen ist: Die Zahl der D2-Rezeptoren schwankt um bis zu 200 Prozent. Manche Menschen haben also das Dreifache an Rezeptoren, verglichen mit anderen. Man stelle dem einmal die rund 21 000 Gehörzellen gegenüber, die das menschliche Innenohr ziemlich konstant aufweist, unabhängig davon, ob man ein begnadeter Musiker ist oder nicht. Die Grundausrüstung in unseren Sinnesorganen ist zwar nicht völlig gleich, sie zeigt aber zumindest in Augen, Ohren, Haut und Zunge eine überraschende Gleichförmigkeit. Ganz anders bei den Rezeptorsystemen des Gehirns; hier scheint die Variabilität ungleich größer zu sein: Es ist zu vermuten, daß das an den vielen Faktoren liegt, die zur Ausgestaltung des Gehirns beitragen.

Wenn man nun diese Beobachtungen mit Persönlichkeitsvariablen vergleicht, findet man zwei, die stark mit der Anzahl der D2-Rezeptoren korrelieren: die Irritabilität und das sogenannte *detachment* (engl.: Abstand, Distanz). Eine hohe Irritabilität bedeutet im Extremfall eine gesteigerte Störanfälligkeit: Seit langem ist bekannt, daß sehr aufmerksame, hochsensible Menschen auch leichter irritierbar und neurotisierbar sind. Auf der anderen Seite macht eine geringe Irritabilität zwar robust und gleichmütig, aber am Ende auch seelisch dürftig: indolent, unbeteiligt, im Extremfall gefühlsarm. Diese seelische Konstitution ist mit »stumpf-sinnig« treffend beschrieben.

Das leitet direkt über zu der anderen Variablen, der gefühlsmäßigen Ansprechbarkeit, der Fähigkeit, im Kontakt mit anderen Menschen Nähe und Wärme zu empfinden. Ist dieser Persönlichkeitszug schwach entwickelt, spricht man von *detachment*, was etwa dem Begriff Gefühlskälte entspräche. In diesem Fall hat man keine lebhaften Empfindungen für Glück und Leiden anderer. Damit sind also die wichtigen Eigenschaften Phantasie und Empathie betroffen, manchmal von Anfang an unterentwickelt, ein andermal zerstört. Dieser Zustand des *detachment* stellt im Extremfall einen ernsten Persönlichkeitsdefekt dar, den man etwa bei fortgeschrittenem Alkoholismus, schizophrenen Restzuständen und ausgebrannten Drogensüchtigen findet.

In schwächerer Form jedoch kann auch das einen diskreten Persönlichkeitszug ausmachen: Menschen mit niedriger D2-Rezeptordichte scheinen es schwerer zu haben, sich im Bereich sozialer Kontakte, in der Gruppenkommunikation, bei gesellschaftlichen Ereignissen wie Festen und Feiern zurechtzufinden.

Gibt man gesunden, normalen Versuchspersonen ein Arzneimittel (Neuroleptikum), das die D2-Rezeptoren blockiert, stellt sich auch bei ihnen ein markanter Interesseverlust, eine auffällige Gleichgültigkeit gegenüber wichtigen Dingen im eigenen Leben ein – ein medikamentös ausgelöstes *detachment*. Solche Koppelungen zwischen der Biochemie des Gehirns und der Persönlichkeit eröffnen ein ganz neues Forschungsfeld, aber es ist hier vor einfachen und voreiligen Schlüssen zu warnen. Die Verhältnisse sind sehr kompliziert, unter anderem infolge von Rückkoppelungsprozessen und Interaktionen mit anderen Variablen, die wir zum Teil nicht kennen.

Es ist noch nicht einmal klar, ob weniger oder mehr Rezeptoren die Ansprechbarkeit erhöhen: Ist man bei weniger Rezeptoren eher gesättigt oder eher stimuliert? Ist man empfindlicher gegen eine Droge, wenn die Rezeptorzahl gering ist, oder ist man toleranter, weil alternative Mechanismen der Regulation besser entwickelt sind? Ist eine geringe Rezeptorzahl die Folge oder die Ursache einer gefühlsarmen Atmosphäre um einen Menschen herum? Können diese Persönlichkeitsparameter durch eine glückliche oder unglückliche Kindheit wesentlich beeinflußt werden, oder sind sie erblich festgelegt? Welche vorgeburtlichen Hormonduschen werden wir hier noch als formende Bedingungen späterer Persönlichkeitszüge entdecken? Hunderte von Fragen, die noch keine

Antwort haben. Hier tut sich ein neues Forschungsgebiet von unabsehbarer forschungsethischer und gesellschaftspolitischer Brisanz auf.

Die tragische Ohnmacht der Kraft

Tiere entwickeln sich grundsätzlich spontan in ihre Geschlechtsrollen hinein. Rüde und Hündin, Widder und Geiß, Elefantenbulle und Elefantenkuh, ja selbst Eisbär und Eisbärin, denen in den einsamen Weiten arktischen Dämmerlichtes sicher keine Geschlechtsrollenregie und keinerlei kultureller Gruppendruck zuteil werden, unterliegen denselben Prinzipien der Differenzierung in den härteren, expansiven maskulinen und den weicheren, fürsorglichen femininen Typus. Diese Lösung hat zwar für jede Tierart ihre eigenen Bedingungen, folgt aber *mutatis mutandis* durchweg demselben Schema: das männliche Tier, größer, härter, aggressiver, explorativer, unruhiger, weiter umherschweifend, das Terrain sondierend, viele Partnerinnen suchend, allzeit kampf- und vermehrungsbereit, das weibliche Tier hingegen weicher, vorsichtiger, fürsorglicher, der Gefahr ausweichend, den Partner sorgfältiger selektierend, hin und wieder vermehrungsbereit, dazwischen dem Nachwuchs und seinem Überleben zugewandt. Das alles ist, wie wir zeigen werden, notwendigerweise mit spezifisch männlich oder weiblich wirkenden mentalen Zügen verknüpft.

Um die Stärke dieser Wirkungen richtig einzuschätzen, muß man sich daran erinnern, daß alle Elefanten, die wir weltweit in Zirkusarenen sehen, die besonnen, gutartig und folgsam darauf verzichten, mit ihrem Gewicht und ihren unbändigen Körperkräften ihre Dompteure still und einfach plattzusitzen, weiblichen Geschlechts sind. Die Elefantenbullen hingegen pflegen sich mit unberechenbaren und unbeherrschbaren Aggressionsausbrüchen dergleichen Einmischung in ihren Tagesablauf mit tödlichem Nachdruck zu verbitten. Diese lebenden Urweltriesen mit ihren ausgeprägten Familiengefühlen, Leitinstinkten und ihrer stillen Würde neigen, wenn man sie reizt, wie ein verletzter Stier zu blinder Wut und entwickeln dabei ein imposantes Kampfpotential.

Im hohen Alter aber führen die dann 50- bis 60jährigen Elefantenbullen ein völlig isoliertes Leben, ziehen allein umher, und am Ende stellt ihr einsamer Tod in einem entlegenen Sumpfgebiet – während das Leben um die weiblichen und die jüngeren Elefanten herum bunt und gesellig weiterpulst – ein traurig-stolzes Schauspiel von seltener Großartigkeit dar. Am Ende versinken sie, mit abgenutzten Zähnen immer weichere

Pflanzen kauend, langsam und unwiderruflich im Morast.[27] Ihr Elfenbein sammelt sich so vermutlich über Jahrtausende in unerreichbar tiefen Elefantenfriedhöfen unter den Sümpfen: Es ist der tragische Untergang der robusten, unbeugsamen, aber letztlich ohnmächtigen Kraft von Riesen, mit der die Natur das Männliche belastet.

Denn die Ausrüstung mit Stärke und Aggression zur Verteidigung des eigenen Lebensraums und des Nachwuchses erweist sich in gewissen Situationen als Danaergeschenk der Evolution: Die Instinkte des Opfermutes für die Arterhaltung lassen dem Tier kaum eine Chance zum Ausweichen. Gefangen in seinen arttypischen Verhaltensweisen lehnt es sich auch auf gegen übermächtige Feinde aus der fremden, technischen Welt.

Das limbische System: emotionale Bewertungszentrale

Wie tiefgreifend die Einwirkungen der Psyche auf physiologische Vorgänge sein können, zeigt ein erst jüngst von der Neurobiologie entdecktes Phänomen. In zwei unabhängig voneinander durchgeführten Untersuchungen an den amerikanischen Universitäten von Kalifornien und Yale fand man bei Frauen, die als Kinder sexuellem Mißbrauch ausgesetzt gewesen waren, meßbare, offenbar irreversible Veränderungen im Gehirn, und zwar im limbischen System, das für das Gefühlsleben verantwortlich ist.

Da diese Hirnregion eine große Rolle spielt bei der Verarbeitung von Sinneseindrücken zu Emotionen und Affekten, die mit sehr fundamentalen seelischen und organischen Funktionen verknüpft sind, sei sie hier näher beschrieben. Das limbische System umgibt bei allen höheren Säugetieren den Hirnbalken in Gestalt eines geschwungenen Wulstes. Beim hochentwickelten limbischen System des Menschen gehören dazu Teile der Innenseite der Schläfenlappen und einige tiefer gelegene graue Kerne mit zentralen Schaltfunktionen. Es handelt sich um einen wichtigen Teil des phylogenetisch uralten, zum Archipallidum (»erzalten« Hirnmantel) gehörigen funktionellen Systems, das äußere Eindrücke, innere Körpererlebnisse und Gefühle miteinander verknüpft, sie bewertet und in Lust-Unlust-Qualitäten ummünzt. Auf diese Weise wirkt es mit am sogenannten Belohnungssystem der Psyche, das schon lange vor der Menschwerdung in der Entwicklung und Programmierung aller Säugetiergehirne die entscheidende Rolle für die Steuerung erlernbaren Verhaltens spielte.

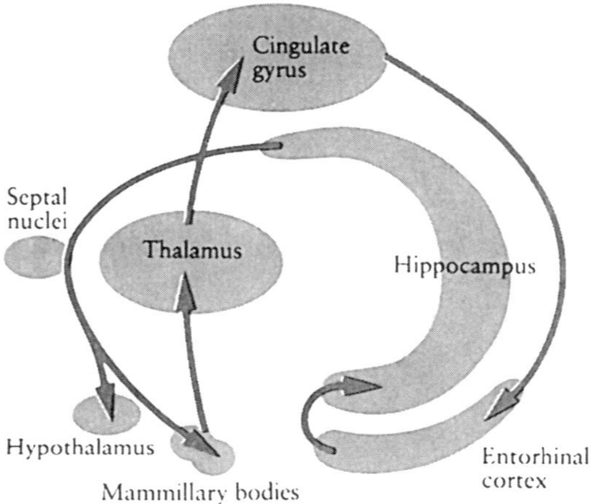

Der sogenannte »Papez-Zyklus« wurde schon früh als das Zentrum der emotionalen Bewertung von Ereignissen und damit als Hauptmotivator des Menschen erkannt. Er entspricht weitgehend dem, was man heute als limbisches System zusammenfaßt.

So umfaßt das limbische System auch beim Menschen die ältesten zentralen Hirnrindenteile[28], die verborgen im inneren, unteren Bereich des Gehirns eingeschlossen liegen. Es verbindet diese alten Hirnteile mit noch älteren Mittelhirnregionen und ist dem stoffwechselnahen Hypothalamus übergeordnet. Es führt den höheren wie den niederen Zentren des Gehirns die einströmenden Erregungen aus dem Thalamus zu, die als sogenannte Pforte zur Wahrnehmung, als Nadelöhr des Bewußtwerdens aufgefaßt werden kann. Vom limbischen Cortex werden auch Trieb- und Instinkthandlungen ausgelöst und beeinflußt.

Damit ist das limbische System ein Vermittler zwischen verschiedenen Informationsqualitäten, eine Schnittstelle zwischen unterschiedlichsten Wahrnehmungen (ein frischer Pfirsich kann begeistern, ein Sonnenuntergang, ein Rembrandt, eine Mozart-Sinfonie, ein interessantes Gespräch, ein guter Schachzug, eine alte Eiche oder ein freundliches Lächeln), es ist der Rangierhof zwischen unterschiedlichsten Bahnen, Richtungen und Ebenen unserer Psyche: Außenwelteindrücken und inneren, vegetativ-organischen Funktionen. Damit werden triviale Reaktionen wie Erröten, Schwitzen und Herzklopfen gesteuert (durch den Hypothalamus mit seinen endokrinen Steuerfunktionen als obersten Chef aller Hormondrüsen), aber auch die differenziertesten Stimmungen und Gefühle sowie die wichtigen Zügel für Hochleistungs- und Regenerationsphasen: die sympathikoton-parasympathikotone Regulation. Daher ist es die Zentrale des vegetativ-nervösen Regulationssystems und wird oft auch *visceral brain* genannt – das »Eingeweidehirn«.

Das limbische System verarbeitet aber auch Eindrücke aus dem entwicklungsgeschichtlich noch älteren triebvermittelnden Stammhirn, etwa aus der *Formatio reticularis*, die bis in das verlängerte Rückenmark, die *Medulla oblongata*, hinabreicht, mit ihren elementaren Aufgaben wie der Steuerung des Schlaf-Wach-Rhythmus, der Atmungs- und Kreislauffunktionen – sowie auch aus dem bewußten Hirnrindengeschehen im sogenannten Neokortex. Es ist daher das entscheidende Einflußsystem von Bewußtseinsprozessen und Erlebnissen für das Aufkommen unserer Emotionen. Vom limbischen Kortex aus werden bei allen Säugetieren vor allem jene Handlungsentscheidungen gesteuert, die der Selbst- und der Arterhaltung dienen. Wo es nach vorn-oben, also in Richtung auf den Neocortex hin orientiert ist, geht es um differenziertere Reaktionen, um die Mitwirkung von Absicht und Plan, Bewertung und Zielwahl; wo es nach hinten-unten orientiert ist, also zum Stammhirn hin, geht es mehr um heftige Instinktreaktionen, die Kampf und Vermehrung betreffen.

Das limbische System war bereits in den fünfziger Jahren von dem Neurologen Paul MacLean als Zentrum der emotionalen Reaktionen und – unter Einbeziehung anderer Hirnregionen – auch der Bearbeitung und Speicherung von relevanter Information identifiziert worden. Neuere Arbeiten vor allem von Joseph LeDoux[29] haben das Bild verfeinert. Die Hippocampus-Region ist als sozusagen sachlicher Bedeutungszuordner (»Kuh auf der Weide o.k., Kuh auf der Straße: Gefahr!«) etwas in den Hintergrund getreten, während Verbindungen der Präfrontalregion mit den sogenannten »Mandelkernen« (den *Corpora amygdaloidea* sich als unvermutet wichtig erwiesen haben.

Die für die emotionale Aufmerksamkeit entscheidende Rolle der Mandelkerne, kurz Amygdala genannt, kann heute als bewiesen gelten. Nur unter ihrer Mitwirkung kommt es zu normalen Wut- oder Angstreaktionen. Werden sie entfernt oder beschädigt, wird der Mensch seelisch stumpf, unfähig zu normalen emotionalen Reaktionen, aber auch zu moralischen Bewertungen und einer nachvollziehbaren, ethisch einwandfreien Handlungsauswahl. Dies ähnelt anderen Schlüsselfunktionen im Gehirn: etwa des Thalamus als dem Tor zum Bewußtsein für das Bewußtwerden, der VTA-Region für Lust und Unlust (Belohnung und Strafe), des *Fasciculus retroflexus* (Meynert-Bündel) und der Zirbelstiele *(Habenulae)* mit ihren beiden dünnen Markbündeln, welche die Zirbeldrüse *(Corpus pineale)* mit den *Striae medullaris thalami* verbinden. Sie dienen der Koppelung zwischen Stammhirnimpulsen, Wahrnehmung und Erkenntnis, des *Locus caeruleus* für die Aufmerksamkeit und eben des Hippocampus für das Einprägen und Lernen.

Das ist sicher kein Zufall. Diese Schlüsselregionen sind entwicklungsgeschichtlich die verbindenden Schaltkerne bzw. Hauptbündel von Nervenfasern, die als Spuren der Verschmelzung von ursprünglich einmal unabhängigen Hirnabschnitten zurückgeblieben sind. Damit sind sie in ihrer integrierenden Rolle etwa dem Balken *(Corpus callosum)* als Verbindungssystem zwischen den beiden Hirnhälften (Hemisphären) vergleichbar. So etwa legen sich die Lust/Unlust-Erlebnisse, die emotionalen Bewertungen wie ein Ein-und-Aus-Schalter zwischen den Wahrnehmungs- und den Handlungsteil des menschlichen Gehirns: Sie sind die Auswerter im Erkenntnis- und Urteilsprozeß eines – in der Sprache der Informationsverarbeitung – großen Input-Output-Zuordners.

Das limbische System insgesamt ist – nach dem hier Beschriebenen wohl verständlich – zuständig für die affektive Tönung des Verhaltens, für emotionale Reaktionen wie Zuneigung und Scham, Furcht und Wut. Damit ist es auch ein notwendiger und integrativer Bestandteil dessen, was die Glücksfähigkeit eines Lebewesens ausmacht. Es hat als Vermittler zwischen verschiedenen Entwicklungsstufen des Gehirns und zugleich als der große, zentrale Motivator diese Funktion vermutlich schon immer ausgeübt. Sie mag sich äußern im ängstlichen Piepsen eines baumkletternden Kleinnagers der Saurierzeit, in den wohligen Grunzlauten eines zufriedenen Riesenfaultiers in der Abendsonne des Eozäns bis hin zu den Triumphgefühlen eines Wissenschaftlers, den bei hingebungsvoller, nächtlicher Laborarbeit die Nachricht erreicht, ihm sei der Nobelpreis zuerkannt worden.

Die Amygdala – Vermittler der sozialen Kompetenz

In den letzten Jahren erschienen mit Daniel Golemans schon fast klassischem Buch eine Reihe von Büchern (Goleman, 1996, S. 423; Höhler 1997, S. 383), die sich mit dem Begriff der emotionalen Intelligenz auseinandersetzen. Er wurde geboren aus der Beobachtung, daß die schlußfolgernde, logische Intelligenz, die reine Ratio, vor gewissen Problemstellungen fehlgeht, daß es hochbegabte Menschen gibt, die bei den einfachsten zwischenmenschlichen Kontakten notorisch versagen, und

Menschen mit niedrigem IQ, die eine hohe Sensibilität in wichtigen Fragen des Miteinander entwickeln, begleitet von einem sicheren Urteil in emotional gespannten Situationen, von Taktgefühl und einer hohen sozialen Kompetenz.

Die wichtige Rolle gerade der Mandelkerne haben wir bereits erwähnt. Wie sie als Einprägungsverstärker an der Erinnerung mitwirken, ist erst kürzlich deutlich geworden. Bei Versuchen mit einer Blockade der Streßhormone zeigte sich, daß diese offenbar als Verstärker benötigt werden, um emotional wichtige Dinge abzuspeichern, sozusagen als Nachdruck beim Einprägen. Die streßbefreiten Versuchspersonen hatten sich die emotional gefärbten Fakten nicht gemerkt, konnten sich aber an andere Details sehr wohl erinneren.[30] Die Amygdala fungierten für die Erinnerungsfunktionen offenbar als ein »Ist-das-nicht-aufregend?-Merk-Dir-das!«-Signal, im Gegensatz zum Hippocampus, der erst einmal vorsortiert in »relevant: speichern!« und »irrelevant: kann weg«, und generell als ein emotionaler Wachposten, der seine Signale vom Thalamus aus auf einer direkten, abkürzenden Nervenbahn noch vor der Großhirnrinde erhält. So wird der langsamere, umständlichere, gedanklich verarbeitende Prozeß der Ratio völlig umgangen: der Ausdruck »Kurzschlußhandlung« ist also auch neurophysiologisch sehr treffend. Damit sind neuronale Bahnen entdeckt, die man schon immer vermutete: der direkte Zugang zu unseren stärksten, primitivsten Gefühlen unter Umgehung (oder wenigstens Übereilung!) des intellektuellen Neocortex. Es handelt sich um einen kleinen Seitenweg im Gehirn, der bei Bedarf eine schnelle und starke Abneigung oder Zuneigung, Angst oder Ekel, ohne alle Kontrolle des Verstandes direkt einschalten kann, uns also regelrecht zu präokkupieren vermag. Das ist eine wichtige Entdeckung. Es ist das von Goethe beschworene »magische Recht« der Bilder. Direkt vors Auge gestellt, machen sie »den Geist zum Knecht«.

Daniel Goleman weist auf einen wichtigen Aspekt hin, der leicht übersehen wird: die Zeit. Die elementare Architektur des menschlichen Geistes hat sich nicht in den letzten 100 Generationen ausgebildet und bewährt, sondern in den letzten 50 000. »Die langsamen, bedächtigen Kräfte der Evolution, die unsere Emotionen formten, haben ihr Werk im Laufe von Millionen Jahren getan; die letzten 10 000 Jahre, in denen... die Bevölkerung von fünf Millionen auf fünf Milliarden anschwoll, haben in den biologischen Grundformen unseres Gefühlslebens kaum eine Spur hinterlassen.« (Goleman, S. 21) Mit anderen Worten: Die Menschheit hat sich vertausendfacht in einer Zeitspanne, die weniger als ein Viertel Prozent ihrer jüngeren Entwicklungsgeschichte umfaßt. Wer glaubt, daß das für eine evolutionäre Anpassung ausreicht, muß grenzenlos optimistisch sein. Daher sind unsere schnellen emotionalen Reaktionen, die Affekte, grundsätzlich ungenau und unzuverlässig. Während sich die Hippocampus-Region die nüchternen Fakten merkt, erinnert sich der Mandelkern der *emotional overtones*, des emotionalen Beigeschmacks, der ihnen anhaftet. Damit hat Goleman einen Funktionswechsel beschrieben: Hier wird zu einem wirklichen neuralen Stolperdraht für den modernen Menschen, was ihn einst vermutlich instinktiv davor rettete, sich etwa durch das Trinken aus einem ekelerregenden, schmutzigen Wassertümpel eine tödliche Infektion zu holen.

Goleman zeigt in Ausführungen über Wut, Zorn und Leidenschaft, über die Sensibilität des Künstlers, über intime Feindschaften und seelische Verletzungen, über emotionale Erziehung, die Entwicklung der Empathie und die Bildung des Herzens, wie ein uraltes Prinzip unserer Psyche in tausend Verästelungen des Wahrnehmens und Reagierens seinen Zweck oft erfüllt und – unter veränderten Umständen – manchmal auch fatal verfehlt.

Eindrücke im Hippocampus: Anatomie eines Seelentraumas

Die Hippocampus-Region, eine nur etwa haselnußgroße, symmetrische Region des sogenannten »Archicortex« (der alten Hirnrinde) im limbischen System, ist eine durch den *Sulcus hippocampi* bedingte laterale Vorwölbung im Unterhirn des Seitenventrikels, die zusammen mit den Mandelkernen für den mnestischen Nachdruck von Erlebnisstoff zuständig ist. Der Name ist abgeleitet vom griechischen »Hippokampos«, einem mythischen Fabeltier, einer Chimäre aus Pferd und Fisch, sozusagen einer Pferdenixe, welche die Funktionen des Kurzzeitgedächtnisses und des Einlernens steuert. Scanninguntersuchungen der Hippocampus-Region, unter Mitwirkung der Mandelkerne, dann besonders unter dem Einfluß emotionaler Faktoren, zeigten signifikante Unterschiede zwischen Frauen mit einer normalen, ungestörten Entwicklung und solchen, die sexuell mißbraucht worden waren. Der erschütternde Befund: Alle Frauen, die sexuelle Übergriffe erlebt hatten, wiesen eine sehr kleine, fast verkümmerte Hippocampus-Region auf. Dies signalisiert eine ernste Beeinträchtigung des Einlernens, des Dazulernens und damit eines Teils der Selbstbestimmung im Sinne der Freiheit von unverstandenen, unbearbeiteten Triebempfindungen und Emotionen. Eine zweite Studie bestätigte, daß es tatsächlich die Übergriffe selbst waren, welche die Entwicklung der Hippocampus-Region hemmten.

Die mißbrauchten Frauen litten an Albträumen, in denen die traumatisierenden Ereignisse wieder auflebten. Sie neigten ferner zu übertriebenen Schreckreaktionen und hatten eine unzulängliche Kontrolle über ihre Gefühle. Man weiß, daß ein unterentwickelter Hippocampus dazu führt, daß man leicht in Gedanken versinkt oder an Wahrnehmungs- und Merkstörungen leidet. Es ist ferner bekannt, daß gerade Streßhormone die Entwicklung der Hippocampus-Region beeinflussen, eines ungewöhnlich plastischen Hirnbereichs. Daher liegt die Annahme nahe, daß Inzest- und andere Mißbrauchserlebnisse mit ihren starken Streßhormonausschüttungen das Wachstum dieser für die Wahrnehmung der Umwelt wichtigen Schlüsselregion hemmen und damit die empfindliche Balance zwischen Innenwelt- und Außenwelterlebnissen dauerhaft stören können. Das dürfte im Prinzip die aufschlußreiche Anatomie jedes tieferen seelischen Traumas sein, hier an einem besonders empfindlichen Hirnbezirk ungewöhnlich ausgeprägt.

Diese Beobachtungen stehen keinesfalls allein. Gerade für die Hippocampus-Region ist bewiesen, daß sie für Einflüsse von außen lange offensteht. Das kann kaum überraschen, ist sie doch für die primäre Sortierung der Eindrücke in wichtig und entbehrlich zuständig. Der Hippocampus hat also eine Art Sekretärsfunktion und scheint auch beeinflußbar, prägbar und trainierbar zu sein wie ein solcher: Der Sekretär wird tüchtig und unentbehrlich, über den alles Wichtige läuft. Zellen können ja tatsächlich trainiert werden von dem, womit sie befaßt sind, wohlbekannt von Muskel- und Drüsenzellen. Auch in Nervenzellen hat man gesehen, daß Art und Grad ihrer Nutzung über ihre Gestalt, etwa über die Dicke ihrer Ausläufer und Synapsen, ihre Ausrüstung mit Transmittern, Rezeptoren und internen Zellorganellen entscheidet: Sie können atrophieren (beim Kokainmißbrauch) oder angereichert werden.

Schock und Blockaden: von der Erinnerung sensibilisiert, vom Streß gelähmt

Aktuelle Forschungen bestätigen das weiter. Stoffwechselbeobachtungen mittels der PET-Methode an der Universität Bielefeld[31] haben die Einflüsse von Schockerlebnissen belegt. Man konnte zeigen, daß die Einflüsse des Erlebten auf die Gehirnfunktion verblüffend weit gehen können und auch ungewöhnliche Krankheitsbilder mit Gedächtnisverlust zu erklären vermögen. Ein interessanter Fall von psychogener

Amnesie wurde in Bielefeld lange und intensiv studiert: Ein 23jähriger, intelligenter Mann erlebte einen Brand im Keller seines Wohnhauses. Er behielt die Fassung, schloß rasch die Tür und holte Hilfe. Das Feuer wurde umgehend gelöscht. Er blieb äußerlich völlig unbeschädigt – so weit also nichts Dramatisches. Aber am nächsten Morgen war der Mann schwer verstört, und es zeigte sich, daß er das Gedächtnis verloren hatte. Er wußte sein eigenes Alter nicht mehr, wußte nicht, was er beruflich tat, erkannte seine engsten Freunde nicht mehr und konnte nicht mehr arbeiten. Er hatte Wortfindungsschwierigkeiten, konnte nicht mehr rechnen, nicht Neues mehr lernen und machte einen hilflosen und deprimierten Eindruck. Sein Persönlichkeitsniveau war extrem stark abgesunken, obwohl alle normalen Untersuchungen an Blut und Liquor, (die Flüssigkeit, in die Gehirn und Rückenmark eingebettet sind), Körper und Hirn ohne krankhafte Befunde blieben. Dann aber zeigte die PET-Untersuchung, daß gerade die an den Gedächtnisleistungen beteiligten Hirnstrukturen eine stark verminderte Aktivität aufwiesen. Erst nach etwa einem Jahr hatten sich diese Funktionen wieder normalisiert, aber der Mann konnte – funktionell immer noch beeinträchtigt – seinen Beruf nicht wieder aufnehmen. Mit Begriffen wie extremer Schreck, traumatisches Erlebnis, Schock oder psychische Blockade versucht man dieses merkwürdige Bild zu beschreiben.

Die Erklärung des Ganzen ist kompliziert, aber einleuchtend. Der aktuelle Brand war für den Patienten zwar ganz ohne Blessuren und ohne größere – objektive! – Dramatik abgelaufen, aber in seiner Jugend hatte er einmal einen eingeschlossenen Autofahrer, der schreiend gegen die Fenster seines in Flammen stehenden Autos hämmerte, im Feuer verbrennen sehen. Das hatte sich ihm tief eingeprägt und Flammen zu einem emotional aufrührenden Signal äußerster Bedrohung werden lassen. Bei dem aktuellen, eigentlich undramatischen Brand hatte diese Erinnerung ihn zu einer extrem heftigen Ausschüttung von Streßhormonen veranlaßt, an der (von Adrenalin und Vasopressin bis hin zu den Steroidhormonen der Nebennierenrinde) alle einschlägig wirksamen Substanzen beteiligt gewesen sein dürften. Das hat naturgemäß gerade auf jene Hirnregionen einen großen Einfluß, die besonders viele Bindungsstellen für die Streßhormone tragen, und das ist bekanntlich der Fall in der Hippocampus-Formation. Streßhormon-Duschen auf die hier aktuellen neurologischen Strukturen reichen vermutlich aus, sie bei starker (wiederholter?) Streßeinwirkung regelrecht verkümmern zu lassen. Das ist für die Hippocampus-Region bereits mehrfach nachgewiesen worden.

Neben den schon erwähnten mißbrauchten Frauen hat man etwa bei Soldaten, die im Krieg oft Mann gegen Mann gekämpft haben, eine auf Streßhormone zurückgeführte Schrumpfung des Hippocampus gefunden, ebenso bei Patienten, die im Kindesalter mißhandelt oder sexuell mißbraucht worden sind. Ähnliche Veränderungen bei Boxern (bis hin zu schweren Hirnschäden, Morbus Parkinson, regelrechten Dienzephalosen wie dem Diabetes insipidus) hat man bisher allein auf die wiederholten Gehirnerschütterungen durch Boxhiebe zurückgeführt, aber man wird wohl jetzt auch den Einfluß des ständigen Kampfstresses hierbei erwägen müssen. – Festzuhalten bleibt: Die vielen als psychische Blockaden bezeichneten Funktionsstörungen der Gedächtnisfunktionen müssen heute als die Spitze eines Eisbergs diskreterer hirnorganischer Veränderungen angesehen werden, welche uns die Verknüpfungen von Erlebnis und Gehirnzustand eindrucksvoll vor Augen führen.

Äußerst ungewöhnlich für neuronale Gewebe, hat man zumindest bei Versuchstieren festgestellt, daß gerade im Hippocampus noch Zellneubildungen während des nachgeburtlichen Lebens stattfindet. So mag sich erklären, daß Mäuse mit einer abwechslungsreicheren Umgebung einen um etwa 15 Prozent größeren *Gyrus dentatus* im Hippocampus-Bereich entwickeln als Mäuse in normalen Käfigen.[32] Bei Ratten konnte man in aufwendigen Untersuchungen nachweisen, daß mütterliche Pflege in den ersten zehn Tagen des Lebens tiefgreifende Veränderungen im Hippocampus verursachte, die über die Zahl gewisser Rezeptoren,[33] eine veränderte Empfindlichkeit für die Rückmeldung der hormonellen Streßachse Hypothalamus-Hypophyse-Nebenniere hatte[34]. Das zog auch Konsequenzen für die spätere Streßreaktion und hirnatrophische Prozesse im hohen Alter (!) nach sich.

Dies sind eindrucksvolle Beispiele für ein Phänomen, das man *experience-dependent neuroplasticity* nennt, also eine erfahrungsbedingte Nervenzellenveränderlichkeit. Sie stellt grundsätzlich das Ursache-Wirkungs-Verhältnis in Frage, von dem man generell annimmt, es führe von der Anatomie zur Funktion: die organischen, neurochemischen Grundlagen also bedingten die psychischen Phänomene, nicht umgekehrt. Hier ergibt sich nach den aufregenden Forschungsergebnissen der letzten Jahre im Bereich der Neurophysiologie ein weitaus komplizierteres Bild von Wechselwirkungen *(reciproce relations)*: Die Veränderungen in Nervenzellhaufen und zerebralen Steuerzentren können durchaus ihrerseits durch Außenwelterfahrungen bedingt sein, so daß einfache Einbahnstraßen kausaler Zusammenhänge hier kaum mehr angenommen werden dürfen.Es mag hier reichen festzustellen, daß sich die Prägung hippocampaler Strukturen durch Erlebnisse, wie wir sie hier geschildert haben, in andere neue Befunde der Wissenschaft leicht und plausibel einfügt.

Streß als Erinnerungskiller

Warum wohl ist der Streß (über die Steroidhormone allein?) ausgerechnet hemmend an die Funktion der Erlebnissortierung gekoppelt? Erst einmal spart das Zeit, obgleich es sich hier um ein Beispiel für ein unintelligentes Zeitsparen handeln dürfte. Zum anderen kann es ein Selbstschutzelement enthalten: Werden die umweltvermittelten Erlebnisse unerträglich, drohen sie Selbstwertgefühl und Glücksstreben irreversibel zu schädigen, so werden die schmerzvermittelnden Zentren gehemmt oder ausgeschaltet. Vor allem die Region, die das aufbewahren könnte, muß zeitweise abgeschaltet werden; geschieht das allzuoft oder zu lange, verkümmert sie.

Streß wäre damit auch ein Lernhemmer und Erinnerungskiller, der die normalen Vorgänge des Einprägens und Erinnerns lahmlegt. Das stimmt mit vielen tatsächlichen Beobachtungen des Lebens gut überein. Wir müssen hier an die grundsätzlich sehr breite und ungezielte Streßreaktion erinnern, durch die über eine Adrenalinfreisetzung schlagartig der ganze Organismus in einen anderen, einen alarmierten Zustand versetzt wird.

Die Hippocampus-Region und die Mandelkerne, die man als eine Art Relevanz- und Gefühlswert-Zuteiler zusammenfassen kann, haben also die aus der Umwelt einlaufenden Signale fortlaufend auf ihre logische und emotionale Relevanz hin zu untersuchen und zu sortieren. Der Hippocampus steuert die Speicherung des Erinnerungswürdigen, die Mandelkerne geben den Erlebnissen eine emotionale Bewertung und einen Rang für die Einprägung. Die Schwächung oder Unterentwicklung dieser Sortierregion muß den Menschen stärker neurotisierbar machen. Man stelle sich nur einmal vor, jemand lähmte die Sortierfunktion eines modernen Briefverteilerzentrums der Post! Menschen mit Störungen in diesem Bewertungssystem sind verwirrbarer, subjektiver, hilfloser gegenüber den eigenen inneren Impulsen. Unwichtiges droht dann immer öfter Wichtiges zu überrennen, bis hin zur völligen Paralyse des normalen Lebens durch manifeste Neurosen (Bakteriophobie = Hygiene-Spleen, Platzangst, Höhenangst, Spinnenschreck und andere Phobien). Dies betrifft nämlich vor allem wichtige Alarmfunktionen, die grundsätzlich mit heftigen Affekten wie Ekel, Entsetzen oder Todesangst verknüpft sind.

Das limbische System würde demzufolge immer weniger mit der nachdenklichen Hirnrinde kommunizieren, es wäre also durch Argumente und Einsichten nicht mehr zu beruhigen – was den Menschen ohne Zweifel ängstlicher und schreckhafter machen müßte. Das alles stimmt mit dem überein, was wir an vielen Neurotikern (Phobikern) beobachten können.

Wo emotionale Impulse so eng mit hormonellen Reaktionen verknüpft sind, ist grundsätzlich eine Wechselwirkung anzunehmen. Einerseits wirken diese Hormone auf die Ausgestaltung der Gefühlswelt, auf spontane emotionale Reaktionen ein, aber auch der umgekehrte Weg der Einflußnahme ist dokumentiert. Entsprechend muß man sich die Einwirkung unseres Stammhirns auf Drüsenfunktionen und die Folgen für unsere Stimmungen und – aus diesen erwachsende – Neigungen vorstellen. Das Fließgleichgewicht biochemischer Prozesse ist in der Regel umkehrbar. Es weist zahlreiche für die Feinregulation unentbehrliche Rückkoppelungskreise auf, das heißt: Der Weg führt stets von den Nervenzellen über die Hormone zu den Drüsenzellen – und auch wieder zurück. Das dürfte im Umriß beschreiben, wie – ererbte und erlebte – Entwicklungsimpulse auf die Geschlechterdifferenzierung Einfluß nehmen können.

Das Genom des Menschen: Datensammlung der Evolution

Die hier ineinandergreifenden Prozesse sind sehr komplex. Ihre Facetten sind ihrerseits von einer Vielzahl von Faktoren gesteuert und beeinflußt, die jeweils auf mehrere chemische Botenträger – Neurotransmitter, Enzyme, Interleukine, Chemokine, Hormone und Hunderte von noch unbekannten und unbenannten Signalpeptiden zurückgehen können.[35] Die Signalpeptide ihrerseits werden produziert und gesteuert von den Erbanlagen, welche die Befehle zu ihrer Herstellung enthalten. Solche Anlagen aber sehen im Erbgut der Lebewesen alle gleich aus. Die gestreckte DNA (Desoxyribonukleinsäure) einer einzigen menschlichen Zelle mißt etwa zwei Meter. Wenn man die gesamte menschliche Erbgut-DNA von Billionen Zellen ausgestreckt zusammenfügte, ergäbe das einen Nukleotidfaden von etwa 10 000 Millionen Kilometern Länge.

Darin steckt die evolutionäre Erfahrung über das, was möglich ist und was nicht, wobei sich diese Information in lediglich vier unterscheidbaren Bausteinen ausdrückt, auf deren Reihenfolge es ankommt. Im Grunde entspricht dies dem Prinzip, nach dem die Wörter der menschlichen Sprache gebildet werden, die auch der Informationsbearbeitung und -weitergabe dienen. Daher betrachten manche Forscher die ganze molekuläre Genetik heute schon als eine Art avancierter Informationsbearbeitung und sehen in dem genetischen Code einen natürlich entstandenen Riesencomputer, der seine eigene Überlebensfähigkeit seit Jahrmillionen austestet und durch innere Strukturveränderungen fortlaufend verbessert. Dies entspräche der von außen zu beobachtenden evolutionären Höherentwicklung, deren Quintessenz noch immer nicht von allen verstanden wird.

Eine originelle Betrachtungsweise ist immer attraktiv, aber oft erweist sie sich in wesentlichen Punkten als inkorrekt. Prompt hat etwa auch der Pseudo-Widerspruch gegen Darwin eine große Schar von Weltbildumstürzlern, die stets in den Kulissen der Wissenschaft lauern, auf den Plan gerufen. Mit lautem Heureka verkünden sie in regelmäßigen Abständen das Ende der Darwinistischen Ära, die große Widerlegung, den totalen Kollaps des Darwinschen Weltbildes.[36] Das mag zwar die jeweiligen Neuerer selbst größer erscheinen lassen, ist aber bei näherem Hinsehen nichts anderes als eine Übersetzung der Einsichten Darwins in die exaktere Sprache einer molekulären Genetik, die Darwin noch völlig unbekannt war. Hier hat vor allem Richard Dawkins mit seinem Konzept des egoistischen Gens gedankliche Pionierarbeit geleistet.

Die Botensubstanzen, die wir heute in der biochemischen Regulierung der Gefühlswelt des Menschen aufspüren, sind entwicklungsgeschichtlich uralte Substanzen. Sie bilden eine Art neurochemischer Patina gerade auf den bewährtesten, ehrwürdigsten Erfindungen der Evolution: Botenstoffe für Furcht und Flucht, Wut und Aggression, für Liebe und Attraktion, Treue und Hingabe, ja, sogar für die Selbstaufopferung und die dafür erforderliche Unterdrückung von Schmerzen und Todesangst. Sie bilden ein Spektrum von notwendigen Voraussetzungen, auf denen am Ende auch die höchsten menschlichen Tugenden aufbauen.

Kaum wären diese denkbar ohne ihre Vorbedingungen, ohne alte Signal- und Steuersubstanzen, die nach wie vor im Menschen wirksam sind. Sie werden uns weiterhin zur Verfügung stehen, wenn wir innere Kraftquellen brauchen, um äußeren Drohungen und Versuchungen zu widerstehen: »Der sittliche Mut ist es, der die höchste Stufe der Menschlichkeit kennzeichnet; der Mut, die Wahrheit zu suchen und zu äußern; der Mut, gerecht zu sein; der Mut, rechtschaffen zu bleiben; der Mut,

Versuchungen zu widerstehen und seine Pflicht zu tun.« (Samuel Smiles, 1812–1904).

Anfang der siebziger Jahre war es gelungen, die Struktur des geburtsauslösenden Hormons Relaxin zu entschlüsseln, das von Schwangeren gebildet wird. Es führt zu jener Kombination von Muskelanspannungen, Entspannungen, Anstrengungsbereitschaft, Anästhesie und Gewebeaufweichung, die den Geburtsakt möglich macht. Er sprengt den Sicherheitswall zwischen dem knapp lebenstüchtigen Säugling und einer neuen, gefährlichen Umgebung: tödlicher Fall und unbekannte Feinde, lähmende Kälte und quälender Hunger drohen auf einmal, wenn die Geborgenheit der dunklen, temperierten Versorgungshöhle mit Vollpension durch die Plazenta der Mutter verlassen wird. Diesen Übergang zu früh zu starten, wäre tödlich; wenn er aber erst einmal in Gang gekommen ist, wäre es tödlich, ihn nicht schnell abzuschließen. Daher steuert das Relaxin einen der wichtigsten Momente der Reproduktion.

Ihn haben die höheren Tiere gemeinsam, daher kann es kaum verwundern, daß diese Substanz auch bei anderen Säugetieren zu finden ist. Aber es war eine Überraschung, sehr ähnliche Substanzen auch bei Tieren zu finden, die mit dem Menschen nur sehr entfernt verwandt sind. Dann aber fand man Eiweißsequenzen, die mit dem menschlichen Relaxin fast identisch waren, sogar beim Dornhai, einem lebenden Fossil, das mindestens 100 Millionen Jahre Erdgeschichte weitgehend unverändert überdauert hat. Das ist verblüffend, bis man bedenkt, daß genau diese Problematik auch die Geburt der kleinen Haie begleitet. Wenn das Relaxin diese Aufgabe so gut meistert, entfällt der evolutionäre Druck, seine Struktur über kleinere Justierungen hinaus zu verändern. Daher taugt, was für den Dornhai taugte, eventuell auch noch nach 100 Millionen Jahren für den Menschen.

Die Natur also ist nicht nur progressiv und hochdynamisch, zu höheren und effektiveren Prozessen, Formen und Signalsubstanzen fortschreitend, sondern sie hat auch ausgesprochen konservative Phasen, wenn es darum geht, etwas Gelungenes festzuhalten. So werden geniale – manchmal schwer zu übertreffende – Funktionsprinzipien auch dort bewahrt, wo ganze Organe in der Anpassung an neue Situationen umgebaut werden. Ob das nicht auch für chemische Signalsubstanzen und sexuelle Organfunktionen bei Männern und Frauen gilt? Wir hatten dies im Zusammenhang von Geruchswahrnehmungen und den damit verbundenen Testosteronausschüttungen bereits angedeutet.

Geht die Liebe durch die Nase?

Tatsächlich ist es so – auch beim Menschen, wie die jüngste Forschung beweist. Inzwischen hat man das dazugehörige Organ gefunden. Damit werden Untersuchungen, die man bislang vor allem an Mäusen durchführte, auch für den Menschen immer interessanter.

Bei Mäusen hatte man festgestellt, daß dominante Männchen einen stärker stimulierenden Duftstoff (man nennt diese flüchtigen Drüsensekrete Pheromone) aussondern als passivere Männchen, so daß sie offenkundig den MäusInnen zu signalisieren vermögen, daß sich hier ein Mäuserich von besonders hoher Libido und Potenz nähert. Daß sich beim Menschen ähnliche Reaktionen feststellen ließen, sprach dafür, daß auch hier ähnliche Pheromone und Empfangsorgane existieren müßten.

Auch wenn der Mensch diese Gerüche nicht bewußt wahrnimmt, so haben sie einen meßbaren Einfluß auf gewisse Hirnregionen: Als man Männern weibliche Duftstoffe zu riechen gab, wurden sie ruhig und entspannt; bei männlichen hingegen wurden sie gespannt und aggressiv. Bei Frauen ist die Wirkung umgekehrt – in einer anderen Untersuchung ließ man Männer an weiblichen Sekreten riechen und registrierte die daraufhin meßbare Testosteronkonzentration im Speichel. Man fand, daß sie dann am höchsten war, wenn die Frauen Eisprung hatten und am fertilsten waren. Diese Wirkungen von Duftstoffen waren auch dann nachweisbar, wenn die Versuchspersonen selbst es nicht bemerkten. Heißt das, daß wir im Alltag in Lust und Liebe, in Handlungen und Unterlassungen unaufhörlich und meist unbemerkt von unseren biologischen Zügeln gegängelt werden? Es sieht tatsächlich so aus.

Nun hat man auch beim Menschen das dafür verantwortliche Empfangsorgan entdeckt: das sogenannte Jacobson-Organ, hoch oben in der Nase, oberhalb der Nasenlöcher. Dieses – bei Hund, Katze, Maus und Hamster sehr genau untersuchte – Organ ist beim Menschen bereits vor über hundert Jahren beschrieben worden, aber man hat seine Funktion bezweifelt. Wie alle Geruchsfunktionen dürfte es zu den ältesten Wahrnehmungswegen gehören und einen direkten Zugang zu wichtigen, nahen Hirnregionen haben. Von dort aus führen die kurzen olfaktorischen Fäden, die gleich oberhalb der Nase die Siebmembran *(Lamina cribrosa)* durchstoßen, direkt ins angrenzende Riechhirn an der Unterseite des Frontallappens.

Es ist natürlich zu vermuten, daß diese »Geruchsorientierung« stark zurückgedrängt ist von jenem psychologischen Überbau, der in Form von Gedanken und Gefühlen, Erlebnissen und Erinnerungen in Hirnrinde und limbischem Cortex unsere unmittelbaren instinktiven Reaktionen überlagert, aber unbewußt ablaufende Prozesse lassen sich nicht beliebig beeinflussen. Dies sei an einem Beispiel verdeutlicht, das zugleich die mögliche Bedeutung des Jacobson-Organs näher umreißen mag. Es wird niemanden überraschen, wenn unter den amerikanischen Kosmetikfirmen bereits ein Wettlauf um Parfümformeln für die gerichtete Stimulation des Jacobson-Organs von Tanzpartnern und anderen Teilnehmern der modernen Freizeitgestaltung für Singles entbrannt ist.

In einem erst 1995 publizierten Geruchsversuch mit Schweizer Mädchen, denen man getragene männliche Unterhemden zu riechen gab, zeigte sich, daß die Versuchspersonen jene Gerüche ablehnten, die ihrem eigenen Gewebetyp (HLA-Antigen- bzw. MHC- oder *major histocompatibility complex)* am nächsten kamen. Das könnte ein Teil – vielleicht der wesentliche – der Erklärung für die Inzestsperre sein, die man beim Menschen so wirksam findet. Vielleicht sind es gerade diese Geruchseindrücke, welche die beobachteten Prägungen vermitteln. Ist es so – bei Tieren ist das längst experimentell erwiesen –, dann könnte dem Jacobson-Organ noch viel mehr angelastet werden.

Wenn diese Geruchseindrücke tatsächlich so mächtig sind, daß sie – wiewohl unbemerkt – selbst beim Menschen noch in solchen Prägungsvorgängen mitwirken, fragt man sich natürlich, ob lesbische Frauen und homosexuelle Männer vielleicht umgekehrt reagieren wie die hier genannten Schweizerinnen, wenn man ihnen geschlechtsspezifische Duftstoffe vorlegt. Tun sie das, kann man mit hirnphysiologischen Imaging-Untersuchungen nachsehen, ob auch die inneren, die limbischen und Stammhirnreaktionen einer einfachen sexuellen Fehlpolung entsprechen. Ist das so, dann könnte natürlich auch die Umschaltung auf eine abweichende sexuelle Präferenz unter der Mitwirkung solcher neuroosmotischer Mechanismen – völlig unbemerkt – zustande gekommen sein. Immerhin wäre das die Lösung für eines der größten Verhaltensrätsel unserer Zeit.

Wissenschaft – immer im Manöver

Nun braucht alles das, was wir hier berichtet haben, noch eine wichtige Ergänzung, eine Einschränkung im Detail, denn auch hier konnten wir natürlich nichts anderes wiedergeben als den heutigen Zustand unserer

Irrtümer. Man wird demnächst sicher neue Rezeptoren entdecken, My-, Kappa- und Lambda-Varianten von den heute noch nicht genauer unterschiedenen, nur grob klassifizierten. Man wird neue Peptide und neue Transmitter entdecken, die das Bild komplizieren, aber nicht völlig verändern: An der Art der Verknüpfung von Chromosomen, Hormonen und Zellfunktionen wird sich nichts Grundlegendes ändern; wir werden es nur mit immer weniger Fehlern beschreiben können.

Es gibt Lücken, die man schon heute genau benennen kann: Man muß zum Beispiel zu dem exekutiven Zentrum der sexuellen Verhaltensformen wie des Begattungs- und Bemutterungsverhaltens, dem Präopticuskern SDN-POA, noch das eigentliche Sexualtrieb-Zentrum finden. Das fehlt nämlich heute noch: Der Sexualtrieb der Versuchstiere bleibt trotz Zerstörung des Präopticuskerns bestehen, nur die Kopulation funktioniert nicht mehr. Die schlechte Mutter, die ihre Jungen nicht mehr pflegt, ist ihnen womöglich immer noch sehr zugetan, kann es aber nicht mehr zeigen? Vielleicht ist das gesuchte Triebzentrum bei beiden gar kein umschriebenes Zentrum, sondern eine weit verstreute funktionelle Struktur.

Auch andere Befunde eines sexuellen Dimorphismus im Gehirn sind noch nicht endgültig zu deuten: Die neuentdeckten Nervenzellhaufen[37] (Kerne), die in den letzten Jahren mit Abweichungen der sexuellen Präferenz in Verbindung gebracht wurden (Breedlove 1995, Nystrand 1996), können Ausdruck oder Begleitphänomen statt Ursache sexueller Verhaltensvarianten sein. Es scheint prinzipiell zweifelhaft, ob man jemals objektiv meßbare Veränderungen, ein morphologisches Substrat etwa für die Neurose, die Querulanz, die Pädophilie, den Sadomasochismus oder den Fetischismus finden wird. Solche anatomischen Befunde konnten bei ganz massiven Störungen gefunden werden, etwa beim »moralischen Krüppel« (Zerstörung der basalen Stirnhirnregionen durch eine tuberkulöse Hirnhautentzündung).

So kann man auch für tiefgreifende Empathiestörungen (Asperger-Syndrom), für Stottern und schwere Dyslexie oder Dyskalkulie (Schreib-, Lese- und Rechenschwäche) mit mikroanatomischen und histochemischen Abweichungen rechnen, nicht aber bei reinen Neurosen oder Phobien, fixen Ideen oder psychopathischen Persönlichkeitszügen. Wahrscheinlicher ist, daß sich bei solchen Verhaltensstörungen und problematischen Charakterstrukturen eher das Programm psychischer Abläufe als abweichend erweist. Dann könnte man solche Störungen dennoch einmal im Hirnimaging sichtbar machen und Unterschiede in den inneren assoziativen Reaktionen darstellen. Diese dürften wohl überwiegend auf Lern- und Prägungsprozesse zurückgehen.

Wir werden sicher noch oft unsere Vorstellungen von der Organisation unserer Triebausrüstung und ihrer Art, mit anderen psychischen Prozessen zu interferieren, ändern müssen. Zu lange schon hat man immer neue Nervenzellhaufen und Schaltzentren gefunden und bestimmten Funktionen zuorden können – kein Wunder, daß da Enthusiasmus aufkam. Im Enthusiasmus aber glaubt man gern, das einmal entdeckte Erklärungsprinzip sei unbegrenzt durchzuhalten und erkläre alles. Das erweist sich selten als richtig. Das Simple und Grobe entdeckt man zuerst, das Kompliziertere und Feinere, das uns zur Revision der ersten Roh-Hypothesen zwingt, naturgemäß erst später. Das ist, wie unsere Ideengeschichte beweist, der natürliche Gang der Forschung und Theorienbildung und nur selten ein Grund, frühere Ideen mit Stumpf und Stiel zu löschen. Wir stehen nicht auf den Gräbern, sondern auf den Schultern der großen Denker vor uns.

Die Forschung hat ihre eigene Art, mit Irrtümern umzugehen, damit sie nicht allzu alt werden. Wie tiefgreifend auch der heutige wissenschaftliche Streit um die genaue Deutung und die Signifikanz der von uns wiedergegebenen Forschungsbefunde noch immer ist, ist am Beispiel der beschriebenen Plastizität des Hippocampus, seiner Erlebnisprägung deutlich gemacht.

Gegen den optimistischen Schwung der zentrensuchenden Neuroanatomen und Neurophysiologen, die meinen, die wichtigsten Unterschiede zwischen männlichen und weiblichen Gehirnen seien bereits gefunden, führen andere Forscher Zweifel an. Sie bezweifeln vor allem die Zuordnung von Folgen zu ihren vermuteten Ursachen und drehen oft – unter Hinweis auf die beschriebene Veränderung – den Spieß um.

Transsexualität: nach wie vor ein Rätsel

Wir wollen dies am Beispiel der eingangs behandelten Problematik der Transsexualität dokumentieren. Kürzlich hat man gemeint, auch hierfür ein neuronales Substrat gefunden zu haben: Eine Untersuchung zeigte, daß der BSTc-Kern im Hypothalamus bei Frauen kleiner ist als bei Männern und ebenso klein war bei sechs transsexuellen Männern, die sich in Frauen verwandeln wollten. Nun, der Schluß liegt nahe, hier einen morphologischen Grund für ihre Neigung gefunden zu haben, aber es ist trotz allem vielleicht nur der Ausdruck ihrer psychologischen Präferenz und vor allem ihres sexuellen Verhaltens. Letzteres allein kann, wie inzwischen an Versuchstieren und ihrem Erektionszentrum (*nucleus of the bulbocavernosus*, SNB) im Rückenmark gezeigt, tiefgreifende Wirkungen auf die Nervenzellen haben.[38] Weiter wird zu Recht eingewendet, daß auch die durchlaufene Kastration oder alle weiblichen Hormone und anti-androgenen Substanzen, die von den Transsexuellen oft jahrelang eingenommen wurden, die Veränderungen im BSTc-Kern hervorgerufen haben könnten. Also muß bis auf weiteres offen bleiben, ob man hier eine Ursache oder eine Folge der Transsexualität vor sich hat. So schwierig ist das nun einmal. Unsere einleitend geäußerte Vermutung, die Transsexualität (und wohl auch die Homosexualität) sei in erster Linie eine Geschlechts*neurose*, also eine rein psychogene Prägungsstörung, läßt sich weiterhin aufrechterhalten.

Das schließt natürlich ebensowenig aus, daß sich eines Tages eine uralte Theorie bestätigen könnte: Eine frühe hormonelle Einflußnahme auf Mutter oder Kind (vielleicht schon während der Schwangerschaft) könnte im Gehirn des Transsexuellen/Homosexuellen eine kleine Weiche gestellt haben, die zumindest eine diskrete Prädisposition, eine gesteigerte Neigung zu einer später abweichenden Geschlechtsorientierung bewirkt. Diese kann immer noch spezielle Auslöser benötigen, um eines Tages machtvoll aktiviert zu werden. Aber bislang fehlen alle Beweise dafür, daß mehr als eine rein psychische Fixierung hinter diesen abweichenden Präferenzen liegt.

Seit Jahren diskutiert man diese schwierigen Fragen intensiv, ohne daß man zu einem gesicherten Bestand an Deutungen und Theorien gekommen wäre.[39] Mancher Forscher steht auf dem Standpunkt, noch könne man am Substrat im Gehirn die Einwirkungen von Drogen, Hormonen und Erlebnissen nicht eindeutig voneinander unterscheiden. Das mag zwar – aus einer umweltgläubigen Voreingenommenheit, die alles auf äußere Einflüsse zurückführen möchte und alles andere als Biologismus verdammt – überspitzt sein, denn diese Unterscheidung ist ganz sicher durch gut geplante Versuche zu leisten. Aber es hält dennoch zur Vorsicht an bei der Deutung von Versuchsergebnissen, die verschieden interpretiert werden können.

Komplizierte gegenseitige Abhängigkeiten der im Verhalten wie im Kopf beobachteten diskreten Unterschiede und Veränderungen, die sich erst in längeren Zeiträumen hochschaukeln und von funktionellen zu organischen Strukturen verdichten, sind heute das plausibelste Szenario für den Prozeß der Geschlechterdifferenzierung.

Schalter für die Männlichkeit

Die normale Frau und der normale Mann werden durch die Chromosomensätze (Karyotypen) 46,XX und 46,XY beschrieben, fachspezifische Codeworte, welche bedeuten: insgesamt 46 Chromosomen, davon die Gonosomen X und X (bzw. X und Y). Das X-Chromosom ist groß und enthält neben den für den weiblichen Phänotypus verantwortlichen Genregionen auch eine ganze Reihe von nicht geschlechtsbezogenen Steuerfunktionen. Das Y-Chromosom hingegen ist klein und offenbar vor allem für die Entwicklung der männlichen Keimdrüsen verantwortlich.

Erst seit 1990 weiß man es noch genauer: Auf dem Y-Chromosom gibt es eine kleine Genregion, die man SRY (*sex-determinating region on Y)* nennt. Sie allein scheint auszureichen, um ab Ende der fünften Schwangerschaftswoche die embryonalen Gonaden zu Testikeln zu entwickeln, also zu den spezifisch männlichen Spermienfabriken und zugleich Hormondrüsen umzugestalten, die ab etwa der achten Schwangerschaftswoche in zunehmender Menge das Geschlechtshormon Testosteron und andere Androgene bilden. Es werden beim Mann auch weibliche Hormone gebildet, die allerdings in der Leber schnell abgebaut werden. Wenn – etwa bei einem Alkoholiker – die Leber nicht mehr richtig funktioniert, bleiben diese weiblichen Hormone auch beim Mann metabolisch aktiv und verursachen eine ganze Reihe verweiblichender Veränderungen – ihr sichtbarstes Zeichen ist der Verlust der seitlichen Partien der Augenbrauen, die bis auf einen schmalen, zentralen Rest zusammenschrumpfen können. Es gibt umgekehrt auch männliche Hormone bei der Frau, die sich nicht selten in einem störenden Altersbartwuchs auswirken. Dieser etwa 35. Tag der Schwangerschaft ist der Tag der Entscheidung: Bis dahin ist auch der männliche Embryo ein Mädchen, denn erst jetzt werden die Anlagen der weiblichen Geschlechtsorgane zu männlichen umgesteuert.

An diesem Tage werden also beim männlichen Embryo Anlagen geweckt, die allmählich heranreifen, um dann später (im dritten Trimenon bei der bereits erwähnten pränatalen Testosteron-Dusche) andere Anlagen zu wecken und zu stimulieren. Sie legen chemische Hebel um, stellen Weichen und setzen Zeichen für den Rest des Lebens – in Körper und Geist. Das alles geschieht nun kraft eigener, inzwischen angeworfener Hormonproduktion. Diese Schachtelung und zeitlich wie funktionell gestaffelte Aussaat der Anlagen, diese Kaskaden der Entwicklungsanstöße und Differenzierungssignale kennzeichnen die Strategie, nach der hochentwickelte Lebewesen entstehen. Die beschriebenen, mehrmals (z.B. in der Pubertät!) wiederholten Männlichkeitsimpulse schalten den Mann an, jene expansive, harte, aggressive Variante einer Art, die niemals ein Kind in sich trägt, das geschützt werden muß.

Weiblichkeit: der große Weichmacher für den Nachwuchs

Die Frau hingegen muß den Vorgang der Reproduktion, in die der Mann oft nur ganz zu Beginn eingeschaltet ist, zu Ende bringen und spielt damit für die Nachkommenschaft die entscheidende Rolle. Das ist das alles dominierende Ziel, darauf ist ihr Stoffwechsel abgestimmt: hormonelle Zyklen, Eisprung, Empfängnisvorbereitungen, Abbruchblutungen, Schwangerschaft, Geburt, Milchproduktion und Stillen. Der kleine, knapp birnengroße Muskelklumpen der Gebärmutter muß sich auf das Hundertfache ausdehnen lassen, ohne zu zerreißen; also muß er weich und extrem elastisch werden. Auch das Becken muß in seinen Fugen aufgeweicht und verschiebbar werden, um das Kind unbeschadet hindurchzulassen. Das Blut muß zeitweise verdünnt werden, die Drüsen der Brust müssen bis zu vier Jahre nahrhafte Milch erzeugen.

Das alles belastet den übrigen Stoffwechsel sehr. Daneben finden viele andere Umstellungen des Organismus statt, auch psychische: Laktationshormone und Oxytocin etwa dienen als Signalsubstanzen für Empathie und Zuneigung und stimulieren zu Zärtlichkeiten. Alles das begünstigt den Säugling und seine Bedürfnisse. Dazu braucht es ein hierauf fokussiertes Bewußtsein. Auch das wird durch eine körpereigene Hormonbehandlung der mütterlichen Psyche sichergestellt.

In diesem Sinne ist der Mensch zu allererst Frau. Daneben kann nun der andere *mating-type*, der Mann, der ja seinen Teil zur Vermehrung schon geleistet hat, sich ruhig spezialisieren auf das effektivere Jagen, auf Kampf und Kraft, auf Härte und Unbeugsamkeit, das genaue Gegenteil der Weichheit und Elastizität, welche die gebärende Frau ausmachen. Seine starken Muskeln, sein straffes Bindegewebe, seine stabilen Bandscheiben und Beckensymphysen würden bei den Beanspruchungen der Geburt reißen, brechen oder bersten; sie sind unangemessen dafür, genauso wie das weibliche Gewebe den physikalischen Anforderungen einer männlichen Welt nicht auf Dauer standhält. Das falsch einzuschätzen, macht auch heute noch manche Frau vorzeitig zum Rentenfall. Der Mann entsteht aus der Frau, indem diese sozusagen ihre

Fähigkeit zum Produzieren, Austragen, Gebären und Aufziehen eines neuen Lebens aufgibt. Männlich zu werden, heißt also: viel aufgeben.

Frau zu sein, ist im Grunde der biologische Normalzustand. Die Variante Mann wird aus ihm allein durch den Zusatz des SRY-Gens gemacht. Der Mann wird sozusagen als eine muskuläre Modifikation der Frau erst sekundär hergestellt. Das ist also der direkte Gegensatz zu jenem Schöpfungsmythos, nach dem aus einer Rippe Adams die erste Frau entstand.

Selbst die Mythenbildung geschah offenbar in männlicher Regie, wie auch die Welt von Göttern und Götzen, Laren und Penaten, apokalyptischen Reitern, Trollen, Gnomen und Eisriesen einem vorwiegend männlichen Geist entspringt: Der Mensch schuf Gott und Teufel nach seinem Ebenbild! Hingegen gab die Natur – lies: die nüchterne Realität – verständlicherweise den weiblichen Funktionen der Nachwuchssicherung und den von ihr abgeleiteten Verhaltensmustern den Vorrang. So haben Najaden und Nereiden, Elfen und Feen, Erd- und Fruchtbarkeitsgöttinnen, Grazien, Musen, Parzen und Nornen wahrlich ganz andere Funktionen in der Phantasiewelt der Kinder als Giganten und Titanen, Eisriesen und Kolosse, als Chronos und Atlas, Neptun und Mars, Thor und Wotan, Yeti, Bigfoot und der Riese Rübezahl.

Jungen und Mädchen

Die Loslösung aus der Frauenwelt

Bevor wir uns nun den Grundlagen der Geschlechterdifferenzierung, den Chromosomen nähern und die verschiedenen Anlagenkonzepte des Geschlechtsdimorphismus betrachten, sozusagen unter dem Vergrößerungsglas, wollen wir als unvoreingenommene Zeugen neugierig beobachten, wie solche Unterschiede sich im frühen Leben abzuzeichnen beginnen. Aus den Fachgebieten der Soziologie und Sozialanthropologie, der Ethnologie und Ethologie, der Psychologie und Pädagogik bieten sich hierzu Forschungsergebnisse an, die meist nur in Fachkreisen Beachtung finden. Es kann nützlich sein, sich einige dieser Ergebnisse als *pars pro toto* genau anzusehen.

Viel wichtiges Material liefern die Jahre der frühen Kindheit, das Alter der vorschulischen Kinderspiele, der frühen Schuljahre sowie der ersten Anpassungen an die Erwachsenenwelt, wie sie Heranwachsenden fortlaufend abverlangt werden. Hier werden – teils spontan, teils unter dem Einfluß der Umwelt – Weichen gestellt, die dann zu immer stärker divergierenden Persönlichkeitsentwicklungen führen. So kann nicht überraschen, daß wir so früh in dem Reifungsprozeß der Menschen in diskreter, noch weicher Form manches wiederfinden, was später sehr ausgeprägt und zu unabänderlichen Persönlichkeitszügen erstarrt sein wird. Je früher wir diese Unterschiede ausmachen, desto weniger sind sie von soziokulturellen Einflüssen überlagert. Sie zeigen sich daher oft in ungewöhnlich reiner, unverfälschter Form. Rollenspiele sind noch nicht erlernt, Rollenwünsche noch nicht so festgelegt wie später. Je kleiner ein Kind, desto unverstellter pflegt es zu handeln. Hier kann sich die Soziologie objektiv beobachtend, naturwissenschaftlich exakt und ideologiefrei betätigen.

Die Entwicklung der Männlichkeit, ob nun traditionell oder fortschrittlich definiert, hat zur Voraussetzung die Lösung aus der Welt der Frauen: der Mütter, der Schwestern, der Gespielinnen. Was Gilmore

(Gilmore 1991) die »imperative Triade« nennt, Erzeuger-Beschützer-Versorger, das führt den Mann zwar zurück in die Welt der Frauen und der Familie, aber diese Trias sozialer Rollen beschreibt eher, was die Gesellschaft von ihm erwartet, als was er selbst als Bild von sich entwickelt, während er vom kleinen Jungen zum erwachsenen Mann wird. Diese Loslösung fällt zusammen mit den ersten Schritten auf die Initiationsriten zu, durch die der Heranwachsende dann eines Tages in die Männerwelt aufgenommen wird. Bei Eingeborenen noch sehr klar konturiert, werden diese Riten in formenreichen Gesellschaften oft verwässert, um in einzelnen Gruppen (Sport- und Jagdmannschaften, Motorradclubs, Militär, Orden und Vereinigungen) in sehr strenger Form wieder aufzuleben.

Für die Mädchen gibt es Initiationsriten in dieser Form nicht. Für sie fallen hier Rolle und Selbstverständnis von Anfang an besser zusammen – man betrachte nur ihre spontan sozialen Familien-, Haus- und Puppenspiele, die im krassen Gegensatz stehen zum antisozialen Rangeln und den Wettkämpfen der Jungen oder ihren – ebenso spontanen – genußvoll-destruktiven Zerschieß- und Einreißspielen. Steckt im Jungen schon die Freude des Jägers an den Machterlebnissen des Tötens, der heftigen Fernwirkung, ist er gebannt vom »Tremendum« (von lat. *tremendus*, furchtbar), so führt die Phantasie das Mädchen auf stilleren Wassern eher zum Faszinosum. Man kann emotionale Glücksquellen auch durch Kommunikation, Kooperation und Harmonie erschließen.

Herangewachsen, findet sich der Jüngling überdies bald in einer männlich dominierten Welt, wo die Systeme von Arbeit, Erfolg und Macht denen seiner Kindertage ähneln. Er kommt dort mit alten Handlungsmustern zum Zuge – und oft auch weiter: Angeben, Auffallen, Lärmen und Vorlautsein, Stören und Verändern, In-Frage-Stellen – ganz anders als das junge Mädchen, dem die Ablösung von der mütterlichen Fürsorge und dem mütterlichen Vorbild zur schleichenden Gewissensbelastung wird.[40] Es findet sich in einer fremden Welt wieder, wo viele der kindlichen Erfolgsstrategien plötzlich versagen oder gar kontraproduktiv werden: Niemand applaudiert, wenn die pflichtbewußte Studentin sich fristgemäß einschreibt, ihr Zimmer ordentlich hält und ihre Vorlesungsskripten noch am Abend durcharbeitet und ins reine schreibt.

Nichts anderes erlebt die 16- oder 18jährige, die jeden Morgen pünktlich in ihrem Lehrbetrieb erscheint und fleißig für die Berufsschule arbeitet – während ihre männlichen Kameraden durch Verspätungen auffallen und durch Versäumnisse und Unbotmäßigkeiten bald jedem Lehrherrn und Lehrer namentlich bekannt sind und allgemeiner Aufmerksamkeit sicher sein dürfen. Männliche Regelverletzungen erfahren als originelle Querköpfigkeit, Selbständigkeitsübungen, Zeichen von Unabhängigkeit und Entschlußkraft eher Vergebung – und eventuell ein wohlwollend-verständnisvolles Lächeln – als gleichartige Nonchalance bei einem Mädchen. Ihr würde dasselbe als Unzuverlässigkeit, Widerborstigkeit oder Schlampigkeit ausgelegt. »Schlampe« ist bezeichnenderweise ein echtes Femininetantum! »Der Schlamperich« fehlt – erwartet man es bei ihm gar nichts anders?

Ausgeliehene Tugenden?

Selbst die Böen des Feminismus haben an männlichen Vorstellungen, wie ein Mann auftreten, handeln und wirken sollte, fast nichts geändert. Die epochalen Angleichungen männlicher und weiblicher Rollenprofile, die das 20. Jahrhundert begleiten, haben tiefliegende und komplizierte Gründe. Die Bilder von alternativen Männerrollen, die unter Stichworten aus dem weiblichen Kanon der Vorzüge wie Zärtlichkeit, soziale Kompetenz und Sensibilität diskutiert werden, sind vor allem deshalb irreführend, weil sie unterstellen, das ganze Spektrum von Sanftmutstugenden, Friedfertigkeit und Zartgefühl müsse der Mann erst bei der Weiblichkeit entleihen, um ein vollwertiger Mensch zu werden.

Ebenso falsch wäre es, analog zu meinen, die Frau müsse Wut, Aggression und die Kraft zur Selbstverteidigung und zum Kampf für ihre Nachkommen beim Vorbild des männlichen Kriegers, des Mannes mit voll eingeschaltetem Reptilhirn entleihen. Sie hat einen eigenen Bewußtseinsbereich, der das abdeckt; auch sie hat dieses archaische Hirnareal, in dem die stille Wut glimmen und die wilde Rage aufflammen kann. Weil es schon im Reptilstadium der Phylogenese angelegt und voll in Funktion ist, nennt man dieses Areal »Reptilhirn«. Nur sind für die Frau die Bedingungen anders, um jene Regionen zu aktivieren, als für den Mann. Er tut das dauernd, oft spielerisch, tastend, in Tagträumen, beim Lesen, im Film und beim Sport. Aber es führt in die Irre, wenn man – was häufig geschieht – Zärtlichkeit und Wut, Schönheitssinn und Destruktivität, Empathie und Kampfgeist in einer *terrible simplification* für streng geschlechtsgebundene Phänomene hält. Dieses Blockdenken scheidet die Geschlechter viel gründlicher, als sie wirklich unterschieden sind, wenn wir genau hinsehen.

Die als spezifisch weiblich betrachteten Tugenden haben beim Mann, wie wir noch sehen werden, lediglich andere Auslöser, einen anderen Stellenwert in seinen Reaktionskaskaden, sind unter anderen Umständen eingeschaltet als bei der Frau. Dasselbe gilt für Aggression und Expansion, für jede Ambition und den Wettkampfeifer bei der Frau, die unter gewissen – den Mann mitunter befremdenden – Umständen überraschend vital werden können.

Oft münden diese Versuche, alles mit allem zu verbinden, Widersprüche und alle Kontraste miteinander zu versöhnen und alle Inhomogenitäten wegzubügeln, in einer folgenschweren Verwischung aller Konturen, auch der entscheidenden. Es kommt damit zu den stereotypen, die Wirklichkeit ausblendenden Traumbildern dekadenter Hochkulturen: illusionären Menschen- und Weltbildern, unrealistischen Träumen von ewiger Harmonie und Sorgenfreiheit, Lustgewinn und Fortschritt ohne Anstrengungen, verklärten Elysien eines naiven Pazifismus – bei unaufhaltsam zunehmender Unlust an den produktiven Verschiedenheiten, die diese schönen Luftschlösser zum Einsturz bringen.

Verziehene Risikofreudigkeit

Kleine Jungen wachsen in einer Welt auf, die anfangs stark weiblich dominiert ist. Das Nicht-Ich – die Frau – ist ihre augenblickliche Bezugsperson, aber ihre Vorbilder leben außerhalb der nahen Lebenssphäre. Kleine Mädchen hingegen nehmen deutlich wahr, daß die überwiegend weiblichen Bezugspersonen, angefangen bei der Mutter, eigentlich das eigene Ich spiegeln, nur in reiferer Form – oder, verschärft: daß das eigene Ich eine Wiederholung, ein unfertiges Abbild einer größeren und mächtigeren Weiblichkeit ist, die sie führt. Kleine Jungen kennen dieses Problem nur ausnahmsweise und in abgeschwächter Form; sie haben es leicht, zu begreifen, daß sie ihren Erzieherinnen auf keinen Fall nacheifern müssen, um ein richtiger Mann zu werden. Auf sie warten andere, neuartige Prüfungen, die mehr an Unbekanntem mit sich bringen als der momentan zugängliche Erfahrungsbereich, die an Mut und Tapferkeit, an Entschlußfreudigkeit und Kreativität appellieren – Tugenden, die von der gegenwärtigen Umwelt noch gar nicht eingefordert werden.

Mehr noch: Bei Licht betrachtet sind diese Eigenschaften in diesem Lebensstadium sogar äußerst unerwünscht, weil sie den Ungehorsam, das riskante Vom-Dach-Springen, das Feuermachen, das Motorsägestarten, das Ausprobieren von Vaters Motorrad, das Fechten und Schießen – kurz, alle jene knabentypischen Verhaltensweisen repräsentieren, die den Eltern graue Haare machen: Max und Moritz, Tom Sawyer, Huckleberry Finn, Michel aus Lönneberga, Pinocchio / Zäpfel Kern – die Weltliteratur ist voll von ihnen, den männlichen *enfants terribles*. Wo wäre da wohl Platz für die schlaue »Marketenderin Schweijk«, die freche »Friseuse von Köpenick«, die unbeugsame »Michaela Kohlhaas«, die so vielen Menschen den Tod bringt, oder die kühne »Wilhelmine Tell«, die so vielen die Freiheit erkämpft? Nein, Rüpelmädchen gewinnen keine Sympathien – hier bleibt der Exzeß an mangelnder Bravheit etwa eine Pippi Langstrumpf, die den Rahmen angepaßter Langweiligkeit mit wohltuend ungefährlichen Einfällen sprengt. Man schmunzelt über sie, sie sind drollig; während der im Höhlenlabyrinth verreckende Indianer jenes viel spannendere Grauen anklingen läßt, vor dem selbst Mark Twains zaun- und landstreichende Lümmel erbleichen.

Da sie Vorbildern nacheifern, die entrückter sind, nicht alltagsmächtig in der Kinderwelt, ist die Befreiung aus dem kindlichen Machtgefüge für Jungen leichter als für Mädchen. Schon kleine Jungen nämlich üben sich in die Rolle des männlichen Gegenübers von Spielkameradinnen und als Nervensäge von Erzieherinnen gleichermaßen ein, sie testen ständig die ihnen gezogenen Grenzen, und sie erproben gleichzeitig ihre männliche Rolle im Wettstreit und in Bündnissen mit anderen Jungen. Während die Mädchen, zeitweise mit verhohlenem Neid auf die wilden Jungen blikkend, der Mutter nacheifern, träumen die Jungen – ohne einen Blick auf die heimische Idylle zu verschwenden – von Marco Polo oder Ivanhoe, Robin Hood oder James Bond. Es ist das Ziel dieses Buches, das verständlich zu machen.

Auseinanderdriftend: Kompetenzen und Freiheitsräume

Für kleine Mädchen ist das Feld nicht so vielseitig, weil die Kooperationsformen mit anderen Mädchen eben nicht Rudel- oder Kampfgemeinschaften sind, sondern eher emotional hochgeladene Einzelfreundschaften, die mit Eifersuchtsdramen ihr Gefühlsleben und ihre soziale Kompetenz von frühauf trainieren. Je kleiner Kinder sind, desto eher vermischen sich die Spielgruppen; die kindliche Identität verbindet anfangs noch stärker als die geschlechtsspezifische. Dennoch faszinieren den Beobachter schon im Säuglingsalter der Kinder spezifische Reaktionen wie etwa das weibliche Lächeln, das meßbar häufiger und intensiver nach Kontakt und sozialer Harmonie sucht als das Gesicht des gleichaltrigen Jungen. Es wird später deutlich werden, worauf diese Unterschiede zurückzuführen sind.

Das frühe Lächeln des kleinen Mädchens – nach Desmond Morris (Morris 1970, 1996) das Äquivalent für das Einkrallen der Affen im Mutterfell: Es saugt die Eltern an! – eröffnet eine Kette von weiblichen Talenten, private Nähe herzustellen und zu gestalten. Die Forschung beobachtet im kindlichen Alter die Vorliebe kleiner Mädchen für die Angebote einer gelenkten Kindheit: Tanz um den Maibaum und Basteln im Advent – eben brav sein und sich einfügen. Gleichaltrige Jungen hingegen sind von der Attraktivität öffentlicher Räume fasziniert: der Marktplatz, die Schrotthalde, der alte Rangierbahnhof, die leere Fabrik, die Kiesgrube. Das erweitert ihren Aktionsradius und bereitet ihre Ablösung von der Familie vor – bei vielen Säugetieren der entscheidende Schritt zur Revier- und Partnersuche, Familiengründung, Fortpflanzung, Kompetenzmehrung – und zur Erweiterung des Lebensraums der eigenen Art. So sehen sie in der Trennung, im Alleinsein, in der Selbständigkeit ihre Bewährung, während die Mädchen die ihre in der Aufnahme und sozialen Anerkennung durch die Erwachsenen erfahren.

Sind die Frauen so grundsätzlich zentripetal, scheinen die Männer eher durch ihre zentrifugale Tendenz charakterisiert: Forschungs- und Entdeckungsreisen, Eroberungszüge, Gipfelsturm, Atlantiküberquerung und Nordpolsuche sind ihr Metier; ganz offenkundig drängt es nicht die Frau danach, Sicherheit und Behaglichkeit zugunsten ungewisser Aussichten jenseits des Horizontes aufzugeben. Dieser Unterschied wird von erwachsenen Männern und Frauen weiter belegt – und wird uns in diesem Buch noch mehrfach beschäftigen: der expansive Netzwerker und Systembauer Mann; die nischensensible Lebenseinrichterin Frau, der Mann als *high-risk gambler*, die Frau als *safe investor*, deren prosozialer, emotional gesteuerter Einspruch den regelverliebten Mann in seiner Rationalität immer wieder verunsichert, weil sie ihn mit den Vorteilen und den schillernden Verlockungen von Regelabweichungen und Ausnahmen konfrontiert.

Kleine Mädchen bereiten sich auf diese innere Offenheit durch bereitwilliges Pendeln zwischen verschiedenen kulturellen und sozialen Milieus vor, während Jungen die Straße und ihresgleichen als Übungskontakte bevorzugen. (Nissen 1993) Nur auf den ersten Blick ist diese weniger offene Grundhaltung enger: Jungen sind sehr früh vom Bewußtsein durchdrungen, daß ihr Handeln, das männliche, etwas in der Welt bewegen kann. Sie versuchen schon früh, alles Ablenkende und Überflüssige zu vermeiden. Bereits kleine Jungen wirken daher zielgerichteter und selbstbewußter als Mädchen und kommen damit – etwa im Sport, der Technik und sogar beim Schach-, Klavier- oder Geigenspiel – auch früh zu den Leistungsspitzen sogenannter Wunderknaben. (Wundermädchen wie die Menuhin-Schwester Hephziba, die Tennisspielerin Steffi Graf, die akrobatischen kleinen Rumäninnen mit ihren blassen, freudlosen Gesichtern oder die schachspielenden Polgar-Töchter sind überzufällig häufig Produkte des Drills durch ihre erfolgssüchtigen Trainer-Väter!)

Gleichzeitig jedoch ist das Spektrum der Aktivitäten bei der Mehrheit der Jungen homogener, und ihre Vorlieben gelten immer wieder denselben drei oder vier Hauptkompetenzen, in denen sie sich mit ihren Kameraden messen. Der Wurf, der Schuß, der Motor, am Rad oder am Boot, unter Wasser oder in der Luft, das alles hat eine Faszination für die meisten Jungen, die kaum ein Mädchen nachvollziehen kann. Dasselbe gilt für den Kraft- und Geschwindigkeitsrausch, der sich oft – samt Adrenalin-Kick! – daran anschließt. Die aus Flugzeugen abspringenden Himmels- oder Luft-Surfer dürften, wie auch die Bungee-Jumper, die modernen Nachfolger der Drahtseiltänzer über den Niagarafällen, der Motorradfahrer, die durchs Feuerrad springen, und des Kopfspringers vom Acapulco-Kliff sein. Sie alle sind seit jeher überwiegend männlichen Geschlechts.

Ein starker Unterstrom bestimmt das kindlich-männliche Bewußtsein und macht es schon kleinen Jungen schwer, Angst, Hilflosigkeit und Schwäche zu zeigen. Die interessierten Wissenschaften zögern immer noch, die Unterscheidung zu wagen, wieviel von den Stereotypen der Männlichkeit, die dabei eine Rolle spielen, auf Erwartungen der Außenwelt, auf Rollentraining und erzieherische Indoktrination zurückgeht und wieviel davon spontane Rollengewißheit, angeborene, endogene Neigung männlicher Individuen ist.

Diese Ungewißheit beginnt nun zu verfliegen, und zwar in demselben Maße, wie neue Verfahren der Bewußtseinsbeobachtung die Quellen und Wege, Knotenpunkte und Steuerzentralen für die zugrunde liegenden Prozesse in unserem Gehirn sichtbar machen. Die Determinanten von außen (Milieu, Erziehung – vermittelt durch unsere Sinne) und von innen (Anlage, Erbe, Talent vermittelt durch biochemische Wirkungen von Chromosomen und Hormonen) werden damit allmählich unterscheidbar.

Es gibt jedenfalls schon ohne diese informativen Einblicke in psychische und hormonelle Funktionen eine beachtliche Menge von unumstößlichen Erfahrungen. Selbst halbwüchsige Jungen, die in einem femininen, von weiblichen Maximen geprägten Erziehungsprozeß der Sanftmut und Aggressionsunterdrückung aufwachsen, entwickeln dennoch eine klare Vorstellung davon, daß sie anders sind und sein wollen als dieses Milieu – auch dann, wenn ihnen alle prägenden Männlichkeits-Standards vorenthalten werden. Selbst der kriegerische Julius Cäsar, Eroberer unzähliger Länder auf drei Kontinenten, der die Gallier von fünf auf zweieinhalb Millionen reduzierte, um sie zu befrieden, und der am Ende ermordet wurde, weil er unersättlich war in seinem größenwahnsinnigen Verschleiß der römischen Jugend, war ausschließlich von Frauen erzogen worden – von Mutter, Tante und Großmutter. Ganz offenkundig war es ihnen nicht gelungen, ihm ihre Wertungen mitzugeben.

Idole und Eigenbrötler

Die Wettkampflust von Jungen, ihre Aggressivität und unbändige Risikobereitschaft verschafft ihnen einen sozialen Vorteil: Niemand belastet Jungen mit soviel sozialer Verantwortung für sich selbst und andere, wie sie Mädchen aufgebürdet wird. Jungen sind hochkompetent im Umgang mit Sachen (der Axt, dem Fahrrad, dem Motorrad), von Mädchen erwartet man Kompetenz im Umgang mit Menschen (der kleinen Schwester, dem kleinen Bruder, der Oma, der kranken Tante). Und die spontane Adaptation wiederholt sich: Jungen muten sich auch selbst mehr Tapferkeit, Elan, Impetus und technisches Verständnis zu; Mädchen üben sich in sozialer Verantwortung. Schon kleine Mädchen nehmen viel schneller und gründlicher als Jungen die Stimmung von anderen Menschen wahr, sie reagieren hellhöriger und adäquater und tragen damit mehr zur Harmonie als zum Konflikt bei. Jungen agieren mehr, als daß sie reagieren – und erreichen damit oft ein Mehr an Aufmerksamkeit und Erfolg. Auffallen ist für sie kein Fehler, Stören keine Schande. Abweichen von der Norm hat in der männlichen Welt einen positiven Eigenwert. Zorro, El Cid und der Alte vom Berge (»Le Vieux de Montagne«) werden leicht zu Idolen. Die Eigenbrötlerin dagegen wird von einer Mädchengruppe eher ausgestoßen.

Und selbst hierin zeigt sich ein großer spontaner Unterschied: Stößt eine Mädchengruppe ein Individuum aus, wird dieses eher still und niederträchtig ausgefroren. Will eine Jungengruppe jemanden loswerden (was meistens andere, eher sadistische oder xenophobe[41] Züge trägt), so kommt es in der Regel zu einem offenen, aggressiven Mobbing, das bei Mädchen in dieser unverdeckten Form nicht üblich ist. So werden auch die Kämpfe um Rangordnungen sehr unterschiedlich ausgefochten.

Oft ist schon das kindliche Handeln von Jungen geprägt von jenem Aktionismus, den wir auch später wiederfinden, wenn erwachsene Männer versuchen, durch Dynamik ihrer Auftritte ihre Unsicherheit zu verdecken. Schon als kleine Jungen haben sie gelernt, Gefühle zu verdrängen, die unsicher machen. Das oberste Männlichkeitsgebot, Herr der Situation zu sein, bringt sie schon als Kinder um die notwendigen Lektionen emotionaler Kompetenz, die ihnen später das Überspielen von Orientierungsnot ersparen würde. So bleibt nur das Umlenken der Impulse. Schon kleine Jungen provozieren immer wieder das Mißverständnis, das später bei ihren erwachsenen Partnerinnen Verstörung auslöst: Sie reagieren mit Wut, wo sie Trauer empfinden, die nicht *comme il faut* ist. Sie werden überaktiv, um Ratlosigkeit zu verdecken, laut und aggressiv, um das Gefühl der Angst niederzukämpfen (vgl. auch Schmauch 1987; Permien und Frank 1995).

Die Erziehungswissenschaft hat auf dieses Phänomen bisher mit dem kurzsichtigen Plan reagiert, gegen diese Bruchstellen männlicher Identität erzieherisch vorzugehen (Thoma 1996). Das könnte sich als sehr voreilig erweisen, denn es dürfte sich um Sollbruchstellen handeln. Die moderne Hirnforschung zeigt uns, daß die Ursachen für dieses Verhalten eng mit spezifisch männlichen Qualitäten verknüpft sind, die zur Gefahrenabwehr, zur Selbstbehauptung, Kampfbereitschaft und Streßbewältigung unentbehrlich sind.

Zu dem Mangel an sozialem Training trägt die Umwelt ihr Maß bei: Niemand erwartet von Jungen soviel Rücksichtnahme und Umsicht, wie man sie Mädchen zumutet. Niemand auch hilft den heranwachsenden Jungen im gleichen Maße, Grenzen zu erkennen: ihre eigenen oder die der Welt, in der sie sich bewähren sollen. Diese maßlose Überschätzung der eigenen und der objektiven Möglichkeiten ist zugleich eine Voraussetzung für explorative Vehemenz, für Durchhaltewillen und Begeisterungsfähigkeit, wie sie nicht nur Männer von sich selbst erwarten, sondern auch die weibliche wie männliche Mitwelt von ihnen. Was in einer Hinsicht störend wirkt, ist in anderer Weise die Voraussetzung für äußerst erwünschte Effekte. Dieses Janusgesicht einer Eigenschaft kennen wir schon von der vielgeschmähten Aggression her, die sich beim genauen Hinsehen (Lorenz 1963) manchmal als zwiefältig wirksam erweist: Hitler wäre ohne Aggression kaum das Handwerk gelegt worden, und wenn man die kontrollierte Aggression näher studiert, so findet man in ihr auch eine unentbehrliche Voraussetzung für Selbsterhaltung, Schutz der Familie sowie die Sicherung von Freiräumen und Kraftquellen für das artspezifische Explorationsverhalten.

Getarnte Nützlichkeit

Damit ist ein Grundakkord dieses Buches angestimmt: Nachteile, biologische wie soziale, werden von der Natur nur dann hingenommen, wenn sie gleichzeitig mit Vorteilen verknüpft sind, die auf die Dauer schwerer wiegen. Diese Verknüpfungen sind meistens logische Ergebnisse des jahrmillionenlangen Zusammenspiels von Zufall und Notwendigkeit. Sie sind tausendfach erprobt und unserem oberflächlichen Blick manchmal verborgen. Was uns gefällt und was uns stört, hat oft ein Janusgesicht: Auch die auf den ersten Blick harten oder gar bösen Züge der Natur tragen oft in sich – wie die ganz große Ausschweifung den Keim zum Katzenjammer – einen erheblichen *benefit in disguise* (getarnter, verborgener Nutzen). Aus diesem Grunde werden wir immer wieder daran erinnern, daß die Diskussion der männlich-weiblichen Komplementarität so lange unergiebig bleibt, wie diese mit Konflikt und Konfrontation verwechselt wird.

Der kleine Junge verletzt sich und andere, er stört und stiftet Unruhe, er öffnet die Heizungsrohre und wirft Feuerwerkskörper ins Lehrerzimmer, und er greift an, wenn er sich angegriffen fühlt, einen Rang erringen oder behaupten will. Er lernt nur schwer, eine Lösung, die er erkämpfen möchte, geduldig auszuhandeln. Zu groß ist für ihn die Faszination der einfachen Gleichungen von Stärke und Erfolg, Kampfparolen und sprachlos-eindeutigen Entscheidungen, wie sie auf den Spielplätzen der Kindheit fallen.

Sanfte und vorsichtige Jungen geraten immer wieder in Verliererrollen. Ihre Sensibilität macht sie zwar einerseits reicher, kreativer und künstlerisch produktiver; sie fordert als Normabweichung aber auch die Feindseligkeit der Stärkeren heraus. Friedliche und empfindsame Jungen ziehen oft die mißtrauische oder ablehnende Aufmerksamkeit der normalen, derber angelegten Altersgenossen auf sich. Das Werben der Zartbesaiteten um Zulassung im Kreis der echten Männer ist dagegen oft von bestürzender Beharrlichkeit – und die kalte Verachtung ihrer Kameraden zeigt, wie grundsätzlich diese Konfrontationen schon in der

Kindheit ausfallen können. Wer hier als Verlierer ausgeschlossen wird, kann natürlich der große Gewinner sein, da sich ihm neue Freiheiten der Persönlichkeitsentwicklung eröffnen. Deren Spektrum spannt sich vom Eremiten und Schamanen über den Liedermacher und Bänkelsänger bis hin zum Poeten, Forscher und Wissenschaftler. Die Weichen werden oft früh gestellt.

Die Empfindlichkeit der Rollenerwartung, die Jungen sich gegenseitig präsentieren, macht es auch den Stilleren, Sanfteren schwer, ihren Wünschen nach eher kontemplativer Beschäftigung nachzugehen: In die Bastelecke der Mädchen, beim Malen, wo ebenfalls Mädchen dominieren, setzt sich mancher Junge mit dem zwiespältigen Gefühl, nun dem Spott der wilden Kameraden ausgeliefert zu sein. Wird das zur Wasserscheide der Persönlichkeitsentwicklung? Ist es überhaupt noch möglich, jemals wieder in das rauhe Umfeld der Raudis hineinzukommen?

Nur wenige Jungen sind so unbekümmert, daß sie sich immer wieder in dieses fremde, eher weiblich dominierte Terrain wagen. Oft sind es die sensiblen, schöpferischen, künstlerisch begabten Kinder, die sich hier wohler fühlen als im Getümmel der Kämpfer und Rabauken. Unbekümmert und unsensibel schlägt die Zensur der Rollenerwartung aus der Gruppe der Gleichaltrigen zu. Wie viele mehr es wagen würden, ein Bild zu malen, während die anderen sich raufen, wenn das Raufen nicht als männlich gälte, läßt sich schwer abschätzen. Der Gruppendruck aber ist vermutlich kaum ohne entwicklungsgeschichtliche Funktion: In primitiven Gemeinschaften wird stets mehr Bedarf an Jägern und Verteidigern bestanden haben als an Bildkünstlern und Liedermachern. Und genau für diese Hierarchie der Prioritäten ist das Stammhirn des Menschen primär ausgestattet.

Der Mann im Kinde

Hier blitzt ein wichtiger Unterschied in den Welten kleiner Jungen und Mädchen auf: Kindliches und weibliches Verhalten passen viel besser zusammen, lassen einen harmonischeren Übergang im Reifungsprozeß zu als kindliches und männliches Verhalten. Jungen spüren dieses Dilemma früh und versuchen bald, sich am männlichen Ideal zu orientieren. Sie haben dazu keine Alternative. Mädchen sind bereitwilliger Kind, sie sprechen im Spiel nur ausnahmsweise von sich selbst als erwachsene Frauen. Jungen aber tauschen mit Vorliebe Männlichkeitsformeln der Erwachsenenwelt aus, denn Kind und Mann, das ist ihr Grundgefühl, sind geradezu Gegensätze. Sie spielen sich daher täglich leidenschaftlich aus der Kinderrolle hinaus in die Männerrolle. Wer da versagt, ist weibisch – oder eben kindisch.

Die kindliche Vorstellung der Jungen von Männlichkeit ist von plakativen Größen wie Stärke, Körpergröße und Handlungskraft geprägt. Mädchen haben ein viel differenzierteres, auch unschärferes und weniger einheitliches Bild von erwachsener Weiblichkeit – sie können sich deshalb differenziertere Gefühle und weniger genormte Handlungen gestatten. Dadurch sind sie sozial beweglicher, emotional disponibler als Jungen, freier von den Zwängen ihrer eigenen Rolle, nicht gebunden von einem unerbittlichen Spielplan. Ihr Ziel ist nicht so unbarmherzig eng beschrieben wie das der Jungen. In primitiven Eingeborenengemeinschaften mit zum Teil grausamen Initiationsriten wird das noch deutlicher. Jungen sind stets getrieben von der Vorstellung, daß man eine Menge daran tun muß, ein Mann zu werden. Mädchen hingegen wissen, und können es ruhig geschehen lassen: Sie werden Frauen. Ihr Zwiespalt kommt später, wenn sie halbwüchsig sind.

Schon am Ende des ersten Schuljahres bevorzugen kleine Jungen mechanische Spielzeuge und versuchen, sie in ihre Einzelteile zu zerlegen. Verbote wecken ihren Widerstand. Die Explorationslust treibt sie aus dem vertrauten Nahfeld weiter hinaus ins Unbekannte, Unfälle sind häufiger als bei den Mädchen. Jungen spielen in diesem Alter robust und riskant, kleine Mädchen lieben die Wiederholung von Spielmustern, die sie schon kennen. Sie interagieren und kooperieren lustvoll. Ganz wie der weibliche Säugling lächeln noch ein- und zweijährige Mädchen öfter als gleichaltrige Jungen. In der Welt der Erwachsenen erstarrt das weibliche Lächeln dann leicht zum Soll, wenn die lebenden Barbiepuppen der Konsumkultur sich zu Augensnacks für die Männer zurechtmachen.

Schon lange vor dem Schulalter ist die Empathie der Mädchen stärker ausgeprägt. Ihr Einfühlungsvermögen fällt auf; sie zeigen mehr Mitleid und sind jetzt schon anfällig für Schuldgefühle in sozialen Beziehungsfeldern. Sie interessieren sich sehr dafür, wie sie von anderen gesehen werden, was man von ihnen hält, und weniger dafür, was sie bewirken.

Der Mann macht in der Regel seinen Explorations- und Gestaltungswillen zu seiner Haupttätigkeit, oft sogar zu seinem Beruf, und bleibt auf dem Gebiet der kommunikativen Signale plump, manchmal direkt hilflos. Die Frau übt sich derweil vom Kindesalter an in sozialen Kontakten und Tätigkeiten, die mit viel Kommunikation verbunden sind. Die Affinität zu verschiedenen Berufssphären ist zum großen Teil die Fortsetzung kindlicher Spontanneigungen. Wieviel die kulturelle Umwelt wiederum dazu beiträgt, diese Neigungen zu belohnen und zu verstärken, ist – geographisch wie sozial – sehr variabel und muß wachsam mit eingewogen werden. Meist schaukeln sich diese Wechselwirkungen zu selbstverstärkenden Zyklen auf.

An den Wurzeln der Verschiedenheit

Schon früh beginnen kleine Jungen, sich vor einem Zuviel an Anteilnahme für andere zu schützen. Es ist, als würden dadurch – ein Spezialfall der Kräftekonzentration – Energie und Aufmerksamkeit für das ihnen Wichtige frei, auch wenn das so törichte Dinge sind wie das Trimmen eines Mopeds oder das Fischen mit der Fliege. Der Junge stößt so schneller und weiter in die erwachsene Männerwelt vor als das Mädchen in die professionellen Sphären der Frauenwelt, so als eilte es ihm mehr. Der mit 12 Jahren auf dem Traktor sitzende Bauernjunge repräsentiert den Prototyp des Knaben, der es gar nicht erwarten kann, erwachsen zu werden. Dieser Wille nimmt beim Mädchen geduldigere Ausdrucksformen an: Es ist zwar auch dabei, wenn die Erwachsenen ihre Arbeit tun, aber es reißt ihnen nicht ständig wagemutig das Steuer aus der Hand.

Jungen spielen grundsätzlich raumgreifender als Mädchen, sie bauen und arbeiten eifrig – und verteidigen ihre Bauwerke und Areale. Kein Wunder, daß man sie später für das einspannt, wonach sie sich drängeln, zumal andere das weniger gern tun. Am Ende zerstören sie gern, was sie mühevoll erbaut und verteidigt haben – ein Gedanke, der den Mädchen selten kommt. Die Jungen spielen auch lieber im Freien als drinnen, da sie sich dort eher entfalten und weniger überwacht werden können. Die Aufsicht der Erwachsenen stört sie meist. Sie sehen bei sich selbst kein Defizit an Urteilskompetenz – sie spielen Erwachsene. Was sie anpacken, muß möglichst groß sein oder schwer, laut, schnell oder gefährlich.

Streichhölzer etwa in den Einfüllstutzen des Öltanks im Keller zu werfen, um zu sehen, was passiert – das ist kein Mädchenstreich. Alte, rostige Kipploren in Gang bringen, in verlassene Bergwerksschächte steigen, Unterwassergrotten untersuchen, einen Riesenfels den Hang hinab ins Tal zu stoßen – das alles sind typische Jungenziele. Mädchen bevorzugen feinmotorische Spiele, sie malen und basteln öfter und interessieren sich – auch daran hat kein Feminismus etwas ändern können – mehr für Puppen und Rollenspiele. Wenn sie Ball spielen, sind es andere Ballspiele als bei den Jungen, friedlichere, mit mehr Einander-Zuwerfen als Einander-Umwerfen. Sie malen sorgfältig Hüpfkästchen für feinmotorische Geschicklichkeitsspiele und spielen ausdauernder Verstecken als Jungen. Oft suchen sie lange vergeblich nach mitspielenden Vätern für ihre Mutter-und-Kind-Spiele, und sie ermüden nicht bei Spielen ohne besondere Vorkomnisse. Auch als Schülerinnen interessieren sie sich – etwa sichtbar am Beispiel »Jugend forscht« – für andere Wissensgebiete als die Jungen (vgl. Fried 1990, Haberkorn 1992, Permien und Frank 1995, Verlinden 1995). Diese Beobachtungen liegen nahe den Wurzeln jener divergenten Entwicklungen, die in die späteren Geschlechtsrollen münden. Nur wenige Jungen und Mädchen überspringen dauerhaft die Grenzen zwischen den Spielordnungen, in denen sie sich wohlfühlen. Die konkurrenzbetonte Hierarchie der Jungen lebt von beweglichen Rangordnungen, in denen Selbstbehauptung, verbal oder körperlich, Kraft, Energie und Durchsetzungswille zählen. Hierarchien in den Freundschaftsnetzen der Mädchen sind viel diffuser. Überlegenheit wird anerkannt, aber nicht automatisch mit Privilegien verknüpft. Die Rangordnung ist instabil und konfliktanfällig. Schon in diesen frühen Beziehungsgeflechten zeigt sich die abwartende, Informationen sammelnde Haltung der Mädchen.

In gemischten Gruppen können sie plötzlich mit einem unerwünschten Rat oder einem neunmalklugen Fazit vorpreschen, das niemand hören will; also wird es nicht honoriert. Das kleine Mädchen fühlt sich schlecht belohnt für seine Geduld und nimmt eine vorwurfsvolle Schmollhaltung ein, die wiederum niemand versteht oder würdigt; dem ersten Fehlschlag folgt somit ein zweiter. Kleine Mädchen rächen sich für diese wiederholte Erfahrung von Ungerechtigkeit oft durch barsche Verweise an Jungen, die in den weiblichen Spielbereich eindringen wollen: Sie intervenieren bei den Erziehern, um den Eindringling entfernen zu lassen, gleichviel wie sanftmütig er sich nähert. Sie nehmen die höhere Instanz in Anspruch, um sich ihr Recht zu verschaffen. Sie akzeptieren also leichter als die Jungen eine geregelte Kindheit.

Ganz anders die kleinen Jungen, wenn es darum geht, Angreifer, Fremde oder unerwünschte Gäste aus ihrem Spiel zu entfernen: Da fliegen die Schmähungen wie Wurfgeschosse, der Boß wird alarmiert, die Gruppe organisiert ihre Abwehr oder läßt plötzlich Gnade vor Recht ergehen. Sie betrachtet sich von Anfang an als abwehrkompetent und wird nicht so leicht um Hilfe von oben nachsuchen – ihr Wille, brav zu sein, ist deutlich schwächer ausgeprägt als ihr Unabhängigkeitsstreben.

Auffallender noch als diese Unterschiede sind die Abweichungen im Konfliktverhalten von Jungen und Mädchen. Was erwachsenen Frauen und Männern später als Asymmetrie in wechselseitigen Reaktionen und Deutungen zu schaffen macht, was das Scheitern vieler Auseinandersetzungen unter dem weiblichen Resignationsmotto »Du willst mich nicht verstehen!« und dem männlichen Disengagement »Es hat ja gar keinen Sinn ...« verursacht, ist schon im frühen Kindesalter ausgeprägt. Merkwürdig genug, daß es dennoch nicht gelingt, in der Zeit des Heranwachsens diese Unterschiede geordnet zu begreifen und zu wechselseitigem Verständnis und einer guten Konfliktkultur zu kommen.

Der Verdacht drängt sich auf, daß die Reformideen dieser Jahrzehnte, von der Chancengleichheit für Männer und Frauen bis zur Angleichung der Geschlechterprofile, die freiheitlichen Pluralismuskulturen diese Chance gründlich verspielen lassen. Dies geschieht zum Nachteil der Frauen, die sich in ihrem defensiven Rollenspiel bestärkt sehen. So kommt das merkwürdige Ergebnis zustande, daß der Ideologieverdacht, der sich auf die Geschlechterprofile richtet, beiden Geschlechtern die Möglichkeit nimmt, zu einem entspannten, komplementären und gewinnbringenden Austausch als erwachsene Partner zu kommen.

Wohlverhalten und Regelverletzung

Etliche Unterschiede im Kindesalter sind unstrittig: Abhängig und unsicher verhalten sich viel öfter Mädchen als Jungen. Mädchen wagen verbale Angriffe, ihre Sprachkompetenz ist in aller Regel höher als die der Jungen – sie sind geschickter mit Worten, können sticheln und verletzen, animieren und aufhetzen. Raffiniert oder gar biestig sind sie in den Augen frustrierter Lehrer – und diese Art der verdeckten Konfliktfreudigkeit nimmt mit der Pubertät stark zu. Aktiv und offen aggressiv sind meist die Jungen; ihre Angriffe sind körperlich oder symbolisch. Sie verfügen, wie wir noch sehen werden, über ein großes Arsenal von Drohgebärden. Produzieren kleine Jungen mehr Angriffe und Konflikte, so sind sie umgekehrt auch öfter Objekte von Aggressionen und Gewalt. (Thoma 1996, S. 48f., mit Quellenverzeichnis) Das Jungenmilieu ist von Anfang an härter, *tougher*, adrenalinbestimmter und fördert damit die entsprechenden Fähigkeiten der Selbstbehauptung.

Kleine Mädchen hingegen suchen die Aufmerksamkeit ihrer Erzieher durch Wohlverhalten; dabei werden sie oft enttäuscht. Der Löwenanteil an Echo wird von den Regelverletzern, den Jungen, abgeschöpft. Ihnen gilt viel mehr Aufmerksamkeit, weil sie die gesetzten Grenzen immer wieder überschreiten, Alarm auslösen und Sanktionen provozieren. Sie testen aus, wie weit sie gehen können. Es ist schwer bestreitbar, daß das Selbstgefühl kleiner Jungen, die Überzeugung, auf dem besten Wege zu einem richtigen Mann zu sein, durch diese Aufmerksamkeitsgewinne kräftig angefacht, ja vielleicht erst fundiert wird. Ihre weiblichen Kameraden, mehr sicherheitsorientiert, suchen dennoch weiter die Nähe der Erzieherinnen, sie folgen Spielangeboten, statt in eigener Regie Spiele zu inszenieren. Meist werden sie erst schwierig, wenn sie in das Alter leidenschaftlicher Beziehungsintrigen eintreten.

Die Entwicklung der Mädchen verläuft weniger gleichförmig als die der Jungen, die relativ stetig zu erwachsenerem Verhalten fortschreiten. In frühen Schulphasen, wenn es um Fleiß, Lernen, Aufmerksamkeit und Folgsamkeit geht (Rechnen, Schreiben, Sprachfähigkeiten), sind die Mädchen den Jungen oft voraus und werden durch bessere Zensuren prämiert. Wenn dann in höheren Klassen Mathematik, Chemie und Physik, Geschichte und Philosophie im Unterricht Platz greifen, kommen die Jungen zum Zuge. Abstrakte und technische Probleme, ökonomische, politische und militärische Entwicklungen, Gesetze, ideologische Konflikte, Schlachten, Belagerungen von Burgen und Erstürmungen von Städten – das alles sind typische Themen und Vorgänge aus der Männerwelt, die sie interessieren und ihren Einsatz immer mehr steigern. Die meisten Mädchen hingegen lassen bei diesen Themen markant nach und richten ihr Interesse zunehmend auf außerschulische Sphären.

Auch bei erwachsenen Frauen finden wir später die Strategie der Verbundenheit aus früher Kindheit wieder. Ihre Neigung, Gefahren und Konflikte zu sozialisieren, facht diese manchmal erst richtig an – zur Überraschung des weiblichen Friedensengels, der bei entsprechendem Talent schnell in die Opferrolle schlüpft: »Opfer-Power« als Notausgang. So ist die Rolle der Frau keineswegs immer nur friedenstiftend, aber man agiert gern zusammen. Der Junge wie der Mann neigt mehr dazu, seine Konflikte mit sich selbst oder nur mit Hilfe der eigenen Gruppe auszufechten und keine Außenstehenden mit hineinzuziehen: »Selbst ist der Mann«, von Anfang an. Das mag die Wurzel sein für Geheimbünde, Orden und Logen, Zünfte und Banden aller Art. Es ist eine Art von Geschlechtsrudel-Bildung. Diese erschwert den Frauen die Deutung: Jetzt schlägt die Stunde der Dissonanzen.

So entstehen die Milieus, welche die Frauen selten aus eigenem

Antrieb aufsuchen: die Herrenclubs und Pubs, die Bars und Stehkneipen, die Hauptbahnhofs- und Tankstellentreffs, die Spelunken und Kartenspielkeller. Die nackte Birne an der Decke, die speckigen Wände, die kahlen Resopaltische, der Abfall um die Füße – viele Männer stört das nicht. Interessanterweise nehmen diese Milieus an Zahl, Umfang und Ausprägung gen Süden und Osten laufend zu: das Stehkneipenmilieu mit Neonbeleuchtung und Dreck, verrauchter Luft und ausschließlich Männern, die dort fast ihre gesamte Freizeit verbringen. Das entspricht genau der geographischen Verteilung des physischen und psychischen Geschlechtsdimorphismus.

Vom Rabauken zum Retter

Auf die aktiven und raumgreifenden Auftritte von Jungen reagieren Mädchen meist mit Zuschauen und An-den-Rand-Treten: Sie bilden das Publikum für die Helden, ob sie wollen oder nicht. Überall dort, wo gebaut und konstruiert, gebalgt und verteidigt wird, sind es die Jungen, die bestimmen, wer mitspielt. Wo hingegen Familien- oder Puppenspiele ablaufen, entscheiden die Mädchen, wer dabeisein darf.

Jungen stören häufiger die Spiele der Mädchen als umgekehrt. Zugleich finden die Jungen langweilig, was Mädchen spielen, während die Mädchen sich von Jungenspielen fernhalten, weil ihnen diese unsozial und aggressiv erscheinen (Permien und Frank 1995, S. 51). Immer sind es Mädchen, die auf die höhere Instanz zurückgreifen, wenn die Spielsituation bedrohlich oder beschwerlich wird, gleichviel ob fiktiv oder wirklich: Sie rufen nach der Polizei, der Feuerwehr oder bitten die Erzieher um Hilfe. Jungen hingegen teilen untereinander die Rollen von Bedroher, Verteidiger und Retter auf, ohne die Welt der Institutionen zu Hilfe zu rufen: Jede Rolle ist in der Gruppe selbst besetzt. Was hier geübt wird, ist ja schließlich die männliche Rolle, und ein Mann ruft nicht um Hilfe – nach seinem Selbstverständnis ist er die Hilfe. Schon kleine Jungen wollen nicht den Retter rufen, sondern der Retter sein.

Ganz anders die Mädchen. Es ist nicht nur keine Schande, um Hilfe zu rufen, sondern es zeichnet aus, einen Helfer zu finden. Auch später, im Erwachsenenalter, verlaufen die Rettungen nach diesem Muster: An der Seite eines Mannes kann sich die ehrgeizige Frau an die Spitze der sozialen Rangskala katapultieren. Frauen siegen eben anders.

Wie mächtig schon im kleinen Lausbuben und Raufbold die Vorstellung vom omnipotenten Mann ist, der sich vor nichts fürchtet und alles meistert, zeigt sich bereits im Gerangel um Ränge in der kindlichen Hierarchie kleiner Jungen. Es ist fast, als wüßten sie, was auf sie zukommt. Genauer: Weil sie so sind, kommt genau das dann auf sie zu. Und noch genauer: Weil die geschlechtsspezifisch, neurophysiologisch und hormonell bestimmte Grundlage, auf der sich das Verhalten kleiner Jungen wie erwachsener Männer entwickelt, dieselbe ist, ergibt sich ein kontinuierlicher, selbstverstärkend prägender Reifungsprozeß. Ihm liegt ein gemeinsames biologisches Ostinato zugrunde, das im Laufe der Persönlichkeitsentwicklung langsam anschwillt.

Bedarf an Zärtlichkeit

So wichtig das Toben und Brüllen, das Raufen und Balgen für kleine Jungen ist, so unentbehrlich scheint auch der wohldosierte zärtliche Körperkontakt zum Betreuer zu sein. Der Zwiespalt zwischen Abgrenzung und dem Wunsch nach Nähe wird immer dann deutlich, wenn mütterliche Atmosphäre entsteht: beim Anziehen für den Spaziergang, beim Umziehen für Spiel und Sport. »Kann ich selber!« heißt noch lange nicht, daß die sekundenlange warme Berührung der Hand auf dem kleinen Wuschelkopf nicht genossen würde; aber schamhaft, verschwiegen.

Bei größeren Jungen liegt immer größere Wachsamkeit auf der Lauer: Nur keine Anlehnungsbedürftigkeit zeigen; das ist Schwäche, wie bei den Kleineren, die manchmal minutenlang gedankenverloren auf dem Schoß eines Erwachsenen sitzen bleiben und es sogar zulassen, daß ein kleines Mädchen, von der zärtlichen Szene angelockt, sich an beide anlehnt. Lieber faßt der ältere Junge mal ganz beiläufig die Hand der Betreuerin an, legt er beim Spiel mal ganz schnell und wie zufällig den Kopf auf ihren Arm oder an ihre Schulter, »weil er ihm zu schwer wird«. (Thoma 1996, S. 127 ff.)

Jungen sind empfindsam und scheu, wenn es um körperliche Nähe geht; sie versuchen verschwiegen, fast inkognito, ihren Wunsch nach Berührung und Zärtlichkeit zu erfüllen. Ein selbstgebautes Auto etwa befährt Arme, Beine und Schultern der Betreuerin – wieder ein Medium, das die Tarnung des Wunsches nach Nähe erlaubt. Ab und zu kommt es zu stürmischen Umarmungen, nachdem die Annäherung so vorbereitet wurde. Die Erwachsenen können durch diskrete Aufmunterung dabei helfen, daß kleine Jungen den Mut finden, so aus ihrer Männerrolle zu fallen. In demselben Maße aber, wie die Jüngeren in die Rolle der Älteren hineinwachsen, scheinen diese Bedürfnisse abzunehmen – oder immer erfolgreicher unterdrückt zu werden. Frauen sollten das wissen – ganze Lawinen von Mißverständnissen blieben so erwachsenen Paaren erspart.

Freundlichkeit und Gerechtigkeit

Schon im Schulalter grenzt sich das eher harmoniebedürftige Verhalten der Mädchen von dem offensiveren Agieren der Jungen deutlich ab. Es spiegelt sich schon im Urteil über Lehrer und Lehrerinnen: Nett, freundlich, vertrauensvoll, sagen die Mädchen, sei eine Lehrperson, die gefällt. Jungen dagegen lieben es streng und locker – sie genießen den Kontrast aus Anforderungen und Humor, Standfestigkeit und Großzügigkeit mehr als die Mädchen. Strenge ist in den Urteilen der kleinen Mädchen eher vertrauensgefährdend.[42] Empfindlich reagieren Grundschulmädchen auch auf Signale der Geringschätzung: »Man muß schon ernst genommen werden, auch die Probleme, die man hat.«

Das entschiedene Sensorium für Zurücksetzung ist bei manchen Mädchen hochentwickelt. Jungen reden selten von den Problemen oder dem Wunsch, ernst genommen zu werden, auch wenn sie ihn sicher ebenfalls hegen. Sie bevorzugen objektivere Begriffe, die zugleich fordernd wirken: Sie mahnen Gerechtigkeit an, wo die Mädchen eher den Einzelfall im Auge haben, der Kränkungen oder Angriffe bedeutet; sie loben eines Lehrers Konsequenz, wo die Mädchen die Ausnahme schätzen. Während also die Jungen die Berechenbarkeit des Verhaltens betonen, liegt den Mädchen eher an der Sozialverträglichkeit des einzelnen Ergebnisses. Sie nehmen sofort Zuflucht bei der höheren Instanz, in der Schule also Lehrer oder Lehrerin, was den Unmut der Jungen weckt: Sie erregen sich um die als Bevorzugung empfundene Protektion der Mädchen, die sie prinzipiell als ungerecht empfinden – auch dort, wo es gute Gründe dafür geben mag.

Jungen meinen, Mädchen erführen den Schutz der Lehrer auch dort, wo sie im Unrecht sind. Mädchen wissen, daß das möglich ist, und nutzen diese Chancen: Sie ärgern die Jungen oft genüßlicher, wenn sie wissen, daß sie keine Sanktionen zu fürchten haben. Ein Junge macht sich darüber Gedanken, die der Wahrheit nahekommen dürften: »Ich glaube, [der Lehrer] denkt, die Mädchen werden sowieso benachteiligt, also hätten sowieso Nachteile gegenüber den Jungen. Das stimmt aber nicht.« Es folgt eine zornige Darstellung der vergeblichen Versuche der Jungen, den Lehrer davon zu überzeugen, daß die Mädchen sie, die Jungen, zu Unrecht beschuldigten. Der Lehrer glaubt ihnen nicht. In der Tat sind Lehrer anfällig für den Gedanken der kompensatorischen Gerechtigkeit, der auch den Mädchen eher gefällt als die sogenannte objektive Gerechtigkeit, der die Jungen anhängen. Beide Gerechtigkeitsideen sind von dem dritten Prinzip, dem von der Realität oft geforderten und geförderten *suum cuique*[43] der angepaßten oder relativen Gerechtigkeit noch weit entfernt.

Wenn hier durch die Lehrer sozusagen auf dem Schleichweg das objektive Gerechtigkeitsdenken der Jungen verletzt wird, oft durch unzählige kleine Ereignisse ohne größeres Gewicht, ist bei diesen ein fast resignativer Verzicht zu beobachten – sie versagen es sich in der Regel, mit Jungenstrategien gegen die Mädchen vorzugehen. Schon im kindlichen Alter ist entschieden: »Mädchen schlägt man nicht!« Körperliche Attacken gegen sie passen einfach nicht. Der kleine Benedikt (NRW-Studie Kap. 3, S. 41) verrät seine unverstandenen, aber klar empfundenen Motive: »Manche Mädchen treten einfach so, und dann tritt man nicht zurück ..., weil man da einfach denkt, was soll man Mädchen treten.«

Diese Überzeugung hält sich bei den meisten Männern lebenslang, selbst bei Gangstern, Kidnappern und Terroristen. Als im Dezember 1996 in Lima schwerbewaffnete und offenbar zum Äußersten entschlossene Tupac-Amaru-Guerilleros – die später bei der Erstürmung des Hauses alle umkamen – in der japanischen Botschaft Hunderte von Geiseln nahmen, war ihre erste Handlung, die Frauen freizugeben. Vermutlich dachten selbst sie noch den alten Satz der Schulzeitkavaliere: »Was soll man Frauen erschießen«.

Oft tauschen die Jungen Vermutungen darüber aus, warum die Mädchen mehr Ausnahmen machen dürfen, warum sie – etwa im Sport – dennoch bessere Zensuren für schlechtere Leistungen bekommen. Jungen empfinden das als Bevorzugung, weil die Lehrer die Mädchen für schwächer halten und die Mädchen sich nicht selber wehren können, vielleicht. Aber völlig begreifen können die Jungen diese Ungerechtigkeiten nicht. Das Denken in relativen Begriffen ist schwierig und subjektiven Verzerrungen zugänglich; der Jungenverstand liebt klarere Linien. Der Satz: »Wenn zwei dasselbe machen, ist es nicht immer dasselbe« mag zwar – etwa angesichts von erheblichen Körpergrößenunterschieden – wahr sein, aber Jungen mögen ihn nicht.

Mädchen hingegen haben den Eindruck, daß weibliche Lehrer oft die Jungen bevorzugen. Die Wirklichkeit ist komplizierter: Lehrerinnen, so zeigt die NRW-Studie, unterstützen Mädchen oft in kontraproduktiver Weise. Sie spenden ihnen nämlich den pauschalen Schutz, der sie erst unterlegen erscheinen läßt. Bei Diskussionen im Unterricht etwa schlagen sie oft ganz betont Breschen für die Mädchen: »Nun unterbrecht die Ulrike doch nicht!«, würdigen aber dennoch die offensiveren Diskussionsbeiträge der Jungen mehr, ja, bügeln sogar weitere weibliche Redebeiträge weg »Elke, du wolltest jetzt sicher dazu nichts mehr sagen.«. Dieses *Overprotecting* führt leicht zu ersten Ansätzen erlernter Hilflosigkeit, wie sie später von vielen erwachsenen Frauen erfolgreich praktiziert wird.

Labile Balance aus Ungleichgewichten

Die schwelende Gerechtigkeitsfrage ist deshalb so brisant, weil sie für Mädchen gegenstandslos erscheint, während sich die Jungen alleingelassen fühlen. Es gibt nämlich für die Mädchen keine Einschränkungen und Drohungen, die dem Aggressionsverbot vergleichbar wären, das die Jungen trifft. Mädchen lernen es früh, diese Ungleichheit auszunutzen, gewöhnen sich also an ein asymmetrisches Interaktionsmuster. Es kommt zu einer komplizierten Balance aus zwei Ungleichgewichten, die sich nicht ausgleichen können, obwohl sie stark danach streben – einem sogenannten »Donnan-Gleichgewicht«.[44]

Hierbei pendeln sich zwei Ungleichgewichte auf eine labile Balance ein, die durch eine plötzliche Veränderung der Bedingungen (etwa der Porengröße oder der Ladungen) ins Rutschen kommen kann. Genau das ist übrigens – um einmal bei diesem abstrakten Gedanken zu bleiben – in der Gesellschaft geschehen: Neue Lebenstechniken und Bildungschancen, Lebensumstände und Rechtslagen haben sozusagen die soziologische Durchlässigkeit zwischen den Geschlechtersphären und auch die psychologischen Ladungen (Motive), die bislang die Geschlechterrollen schieden, verändert. Da stürzen solche Donnan-Gleichgewichte oft überraschend abrupt zusammen. Wie so häufig, sind soziologische Befunde den chemischen ähnlich, denn sie sind unter gewissen Umständen sehr instabil und zeigen auch scheinbar paradoxe Effekte – wie eben die Opfer-Power.

Einem Mädchen kann diese Asymmetrie der Rechte und Pflichten sozialen Erfolg a priori versprechen, der ihm objektiv nicht zusteht, wie ihm zugleich anderes praktisch versagt ist, was ihm eigentlich zustünde. Aber der Lehrer wäre überfordert, der in einer gemischten Klasse seine

Energie unaufhörlich dafür einsetzen sollte, die geschlechtsspezifischen Unterschiede in explorativen und expansiven, offensiven und kommunikativen Verhaltensmustern, die einander in einem komplizierten Vektorenfeld durchdringen, immer wieder auszugleichen. Dies wäre unter der Maxime einer – unerreichbaren! – kompensatorischen Gerechtigkeit eigentlich wünschenswert. Daher bleiben Jungen wie Mädchen praktisch unbefriedigt von den Unzulänglichkeiten des Systems Schule, das die faktischen Unterschiede in der Verteilung von Stärken und Schwächen zwischen den Geschlechtern naturgemäß nicht auszugleichen vermag. Im Grunde sind es auch gar keine echten Stärken oder Schwächen, sondern Persönlichkeits-Variablen, die erst durch bestimmte, konkrete Situationen mit ihren spezifischen Anforderungen zu Stärken und Schwächen werden.

Wenn aber Jungen und Mädchen schon so früh unter diesen vermeintlichen, meist ja zudem gutgemeinten Ungerechtigkeiten ihrer Erzieher leiden, so bedeutet das nichts anderes, als daß im Kindesalter noch ein naiver Eifer wach ist, eine Lösung zu finden für den Umgang mit den Verschiedenheiten: Die kleinen Individuen schreien noch auf – die einen mit diesen, die anderen mit jenen Worten. Sie fordern noch das Gelingen. Später tun sie das dann nicht mehr. Der Jüngling schweigt und sagt sich: »Ein Glück, ich stehe auf der richtigen Seite!« Und das Mädchen sagt sich: »Naja, für uns wird ja wenigstens etwas getan.« Die Erwachsenen haben sich dann meistens mit den Besonderheiten ihrer Rollen mehr oder weniger abgefunden oder erfolgreich arrangiert.

So klagen im Grunde schon die Kleinen unsere sozialen Systeme an, nicht den Ausgleich zu leisten, der ihnen zustünde. Verständlich die unaufhörliche Versuchung des sensiblen Lehrers, kompensatorisch zu erziehen und damit einer höheren als der objektiven Gerechtigkeitsidee zu folgen. Vielleicht ist dieser immer wieder fast zwanghaft beschrittene Weg ein Holzweg. Denn bald haben sich auch die Kinder an die Welt gewöhnt, wie sie ist, also an das, »was der Fall ist« (Wittgenstein, *Tractatus logico-philosophicus*). Sie revoltieren nicht mehr. Die Mädchen machen aus ihrer Lage das Beste, akzeptieren auch eine begünstigende Gerechtigkeit, weil ja tatsächliche Nachteile zu kompensieren sind. Die Jungen leben ihr Jungenleben, akzeptieren diese Ungerechtigkeiten, eventuell mit einem dumpfen, einverständlichen Gefühl für deren Gründe. Sie sind voll damit beschäftigt, den Diktaten aus der Männerwelt, in die sie ja hinein wollen, Folge zu leisten – und dazu müssen sie sich sowieso zusammennehmen.

Im Gegensatz zu ihnen werden Mädchen ja nicht nur von den erwachsenen Frauen gegängelt, sondern von Jungen und Frauen und Männern zusammen – von der ganzen Welt. Da bietet sich vor dieser Übermacht früh ein Ausweg an: die Zuflucht in eine erlernte, Begünstigungen anziehende Hilflosigkeit. Das eben ist der Keim zur Opfer-Power. Diese ist – hier, nahe an der Quelle, erkennt man es noch – das Produkt eines besonders hellhörigen Gerechtigkeitsempfindens.

Spielernst und Regelverliebtheit

Was Jungen hier so quält, ist ein schwer verdaulicher Widerspruch: Einerseits sollen sie stark und tapfer sein und ihre diesbezügliche Überlegenheit den Mädchen gegenüber nicht ausnutzen. Sie sollen auch im übertragenen Sinne großmütig sein und über die Attacken der Mädchen hinwegsehen. Andererseits fühlen sie sich als Wettkämpfer um Dominanz und Siege gebracht, die sie als voll legitimes Ziel vor Augen haben: »Also, ich bin ein Junge, der, wenn ich ein Spiel spiele, dann ... ist das eine Aufgabe, die ich zu bewältigen habe, und das Ziel im Basketball ist zu gewinnen, meistens. Ja, und da gab es immer Probleme, mein Lehrer ..., der will immer versuchen, immer, daß Sport nicht zum Gewinnen da ist, sondern nur Spiel« (NRW-Studie Kap. 6, S. 144). Für Jungen sind Sport wie Spiele um der Ziele willen da, für Mädchen aber eher um der Spiele willen.

Die Versuche der Erwachsenen, hier vor allem des männlichen Rollenvorbildes, die Wettbewerbsneigung der Jungen wegzusozialisieren, verschärft den inneren Rollenkonflikt. Die Jungen empfinden infolge der immer wieder erfahrenen Ungerechtigkeit, daß es in der vergleichenden Bewertung von Jungen und Mädchen nicht mit rechten Dingen zugeht – also müssen sie noch enger zusammenrücken (NRW-Studie Kap. 3, S. 44). Die Probleme mit dem Thema Gerechtigkeit kulminieren auch dort, wo Jungen den Wettkampf mit seinen Regeln viel ernster nehmen als Mädchen: Sie ahnden Regelverstöße hart und prallen dabei mit der Neigung der Mädchen, Ausnahmen zuzulassen, frontal zusammen. Dieser Befund ist faszinierend, weil diese Handlungsmuster auch bei erwachsenen Männern und Frauen – oft getarnt – noch dieselbe Rolle spielen: etwa im Geschäftsleben. Seine gesamte Systematik, seine Beziehungsnetze und Seilschaften beruhen auf der Regelaffinität der Männer. In ihr äußert sich auch der Spielernst des männlichen Geschlechts: Wettkampf und Rivalität machen nur Spaß mit Regeln. Da weiß man, woran man ist – die linke, die männliche Hirnhemisphäre liebt keine weichen und unvollständigen Daten.

Diese Regelverliebtheit der Männer ist in gewisser Weise auch das Resultat gerade ihrer Erfahrungen mit dem eigenen Impuls, Regeln zu brechen, ihre eigenen äußersten Grenzen stets neu zu erkunden. Erst Jungen, dann Männer gehen immer so weit, bis ihnen etwas schmerzhaft Einhalt gebietet: die Eltern, der Lehrer, die Polizei, ein Chausseebaum in der Kurve. Nur wer das alles selbst einmal bis an die Grenzen des Möglichen ausprobiert hat, rechnet fortan auch mit demselben Verhalten bei anderen – auch dem absichtlichen Regelbruch. Wer sich selbst – vielleicht gar unter leidvoller Selbstkasteiung – die Freiheit zum Regelbruch immer wieder untersagen muß, untersagt ihn auch allen anderen mit auffallendem Nachdruck.

Wer Forschungen zum Kindesalter von Jungen und Mädchen liest, stößt immer wieder auf den Befund, daß die Kindheitserfahrungen der Jungen widersprüchlicher sind als die der Mädchen. Die Sozialisierung der Jungen geschieht gegen stärkere Widerstände. Dabei ist fesselnd zu sehen, wie spontane Haltungen, Aktivitäten und Reaktionen der Jungen und die verstärkenden oder dämpfenden Echos aus der Erwachsenenwelt und aus der Welt der Mädchen einander durchdringen. Jungen erreichen – dazu oft nachhaltig ermuntert – teils durch Regelverstöße, teils durch hochaktive Mitwirkung am Unterricht, sei sie nun produktiv oder eher destruktiv, mehr Aufmerksamkeit bei ihrer Umwelt. Erwachsene müssen mehr Energie einsetzen, um Jungen zu lenken – schon deshalb erfahren diese mehr Zuwendung. Vor allem männliche Lehrer zollen Jungen spontan mehr Aufmerksamkeit, die sich Mädchen erst umständlich verdienen müssen (Frasch-Wagner 1982, S. 275 f.). Diese positive Rückmeldung auf negative Beiträge leuchtet den Mädchen nur schwer ein.

Ganz offensichtlich gelingt kleinen Mädchen nicht dieselbe machtvolle Einflußnahme auf ihre Umgebung, vor allem nicht auf die Lebenssphäre der Jungen. Mädchen werden sehr viel öfter in die Reaktion gedrängt als Jungen. Sich haben öfter Anlaß, sich zu beklagen – was sie, wie wir gesehen haben, nicht bei den kleinen Aggressoren, sondern (pragmatisch?) bei der höheren Instanz tun. Jungen hingegen beklagen sich auch dort nicht, wo es ihnen eigentlich zustünde, denn sie erfahren immer wieder: Es nützt nichts. Sie lernen das auszuhalten. Ihre Folgerung: Es lohnt sich, stark zu sein.

Tückisch für die Selbsterfahrung der kleinen Mädchen ist die Tendenz der Lehrer, sie bereits für einfache Leistungen zu loben, Jungen eher für anspruchsvolle. Mädchen lernen so schon früh, daß man von ihnen weniger erwartet, daß ihr Beitrag – und so soll es offenbar sein – hinter dem männlichen zurückbleibt.

Schon unter Kindern fliegen die männlichen Imperative in die Mädchenwelt, und die Mädchen ducken sich. Diese Imperative, so beobachten kleine Mädchen, dominieren auch das Verhalten der Erwachsenen. So scheint der kleine Junge mehr Macht zu haben als das kleine Mädchen. Also wird das Mädchen anfangen, ein Arsenal von Umwegen zu Einfluß und Macht zusammenzutragen: Freundlichkeit und Eifer, Bravheit und Folgsamkeit, aber auch List und offensive Schwäche gehören dazu. Koketterie erweist sich als brauchbar, und einem Lehrer zu gefallen, kann wichtiger sein, als Hervorragendes zu leisten. Umwege zur Macht – gerade in diesem Alter sind kleine Mädchen ausnehmend prägsam[45]: So beginnt, was später in analoger Weise etwa über Charme, Geschicklichkeit – oder auch via den Eros – auf parallelen Wegen, auf mühsamen Trampelpfaden oder wundersamen Abkürzungen in höchste soziale Etagen führen kann.

An der Wasserscheide der Dispositionen

In der Welt von Jungen und Mädchen entstehen früh verschiedene Modelle für die geeigneten Strategien in der Welt von Männern und Frauen – zurechtgeschubst von Impulsen aus der Sphäre von Neigungen und Talenten, Spontanverhalten und Dispositionen, die ihrerseits von Hormonen gesteuert werden, welche mit Überlebensfunktionen verkoppelt sind. Dies ergibt die weiblichen und männlichen Grundkonstitutionen, physische wie psychische, die das typische Interaktionsgefüge zwischen Jungen und Mädchen wie später auch zwischen Frauen und Männern mit einem gewissen Automatismus gestalten. Es mögen kleine Anstöße sein, die hier als Wasserscheide der weiteren Entwicklung wirken, aber sie gehen meist sehr früh in der vorgezeichneten Richtung.

Warum greift kein kluges Mädchen konsequent zum Jungenkonzept, die erzieherische Umgebung grundsätzlich gegen den Strich anzugehen? Warum agiert kein Junge nach dem Konzept der demonstrativen Schwäche, um Schonung zu erfahren? Vermutlich sind sie noch zu spontan, zu offen und arglos, zu wenig bereit zur Verstellung, um so berechnend und ausgeklügelt zu handeln. Natürlich gibt es Ausnahmen, und bald sieht man auch Mischformen, wie sie bei erwachsenen Männern und Frauen zu beobachten sind: Jungen am Maltisch und Mädchen bei den Sandkastenkämpfen. Aber auch diese Fälle können unter dem Einfluß von inneren Weichenstellern stehen – etwa hormonellen Weichmachern oder Roburierern, die uns in späteren Kapiteln näher beschäftigen. Nicht alle Jungen und Mädchen nämlich sind chromosomal und hormonell – und damit auch mental – gleichmäßig ausgerüstet.

Mut und Tapferkeit

Die Abwehr von Schmerz und Schwäche, Mitleid und Angst ist schon für kleine Jungen so wichtig, daß sie sich auch die Wahrnehmung von Schmerzen anderer verbieten; sie ahnen, daß Anteilnahme ihren Schutzpanzer zum Schmelzen bringen könnte. Was Erwachsene oft für grausam oder abgebrüht halten, kann der Versuch sein, einem Gebot gerecht zu werden, das nun wirklich nicht von den Erwachsenen kommt, sondern aus Normen des Männlichen, die Jungen für sich verbindlich finden. »Er hat Angst! Hahaha!« ist in diesem Normenkanon eine kaum erträgliche Schmähung. Der so Verhöhnte muß mit den stärksten Verunglimpfungen antworten, die er kennt.

Was der Junge sucht, ist die würdige Gefahr, in der er sich bewähren kann, seine Grenzen immer weiter hinausschiebend. Damit ist das Ausmaß der Gefahr, in die er sich begeben will, von Tag zu Tag verschieden, und mit dem langsamen Steigern der Ansprüche – das weiß der Junge bald aus Erfahrung – kommt man fast beliebig weit: Am Ende macht man so einen Salto mortale hoch unter der Zirkuskuppel. Unmerklich entfernt er sich, indem er das Leben expansiv trainiert, auf seiner langen Wanderung zum Mann von den Kleineren.

Hierbei kann der Junge sich natürlich leicht vergreifen. Nicht selten übernimmt er sich, indem er Aufgaben wählt oder in etwas hineingerät, was ihn noch zu sehr erregt und streßt. Dann werden an seine Selbstüberwindung und Selbstbeherrschung große Ansprüche gestellt, und der kleine Junge wird plötzlich ernst und still. Er merkt beklommen, daß er mit seinen Ängsten und seinen unverstandenen Gefühlen, die eigentlich nicht sein sollen, allein ist, und er kämpft mit ihnen. Bricht der Schmerz dann trotz allem los, vertraut er sich nicht den Kameraden an, sondern mütterlichen Mächten in seiner Umgebung: Hier darf er weinen.

Diese Forderung, Gemütsbewegungen zu unterdrücken, gilt im Guten wie im Bösen. Ganz ähnlich werden heranwachsende Rabauken von ihren Genossen zu richtigen Strolchen, am Ende zu Verbrechern gemacht; ebenso werden jugendliche Soldaten von Kameraden zu Handlungen bewegt, die sie innerlich vielleicht verabscheuen, aber unter dem Motto des Härterwerdens mit viel Selbstüberwindung durchstehen. So wird der harmlose, junge amerikanische Student aus dem gepflegten Villenvorort von Boston innerhalb weniger schlimmer Monate im Dschungel Vietnams – falls er sie überlebt – tatsächlich zum gefährlichen Krieger.

Dies ist der Beginn einer Entwicklung zur vielleicht markantesten männlichen Eigenschaft: der Tapferkeit. Es beginnt mit der Selbstbeherrschung. Der Kanon all dessen, was ein Mann angeblich macht und nicht macht, gibt von Anfang an einen Pfad vor, der sehr schmal sein kann. Er mag für den einen und anderen viel zu schmal sein, die Annahmen über seine Neigungen mögen unzutreffend sein, aber sie werden zu einer selbsterfüllenden Prophezeiung: Der heranwachsende Junge glaubt es so lange, bis es zutrifft.

Er soll die Gefühle nicht zeigen, die er hat. Er darf die Angst nicht zeigen, die ihn quält. Er darf den Schmerz nicht zeigen, den er empfindet. Er darf das Heimweh, die Sehnsucht, die Unsicherheit, das Mitleid, die Rührung, die Dankbarkeit, den Zärtlichkeitsbedarf nicht zeigen – alles das, was ihn bewegt, soll er wegschließen, um dem Männerbild gerecht zu werden, das ihm derbe und reifere Exemplare der Gattung Mann vorleben. Das ist der frühe Fluch des Mannseins. In afrikanischen Stammesgemeinschaften kann, was von den Jungen im Zusammenhang mit Initiationsriten erwartet wird, so hart sein, daß sie vor bestimmten Mannbarkeitsriten tagelang bangen und zittern. Allein, getrennt von den tröstenden Müttern, in den *peer groups* ähnlich nervöser Knaben, stabilisiert durch einige Ältere, bereiten sie sich mental auf das vor, was auf sie zukommt. Weinend würden sie eintreten in den Kreis der Männer, wenn das zugelassen wäre; so sind sie nur blaß, steif vor Angst, aber gefaßt, die Unterlippe bebend. Um so größer der Stolz, der sie dann packt, wenn es geschafft ist.

Wer unter solchem Aufwand an Selbstüberwindung, unter solchen seelischen Unbilden Einlaß gefunden hat in den höheren Altersrang, ist in der Regel nicht gewillt, anderen zu erlassen, was er selbst durchlitten hat. Die Wertschätzung des eigenen Einsatzes wird sichtbar in der Kompromißlosigkeit dieses Schutzes der Arrivierten, die in der jeweils nächsthöheren Rangschicht angekommen sind. Er weiß auch, daß man es übersteht, daß es so entsetzlich schlimm gar nicht ist: der Schmerz, der Sprung, die Angst, jenes schreckliche Erlebnis des voreilenden Grauens, das ihm die Weihe auf den Weg zum Erwachsensein mitgab. Niemand weiß so gut wie ein heranwachsender Junge, wie wahr der Ausspruch ist: »Mut ist nicht, wenn man keine Angst hat, sondern wenn man etwas tut, obwohl man Angst hat.« Nur die Phantasielosen und Dummen sind kühn – alle anderen sind nur tapfer.

Das hier leitende Prinzip Zusammenreißen, Zusammenbeißen und durch! ist zutiefst männlich und keineswegs risikofrei, stellt es doch mit seinem unbändigen Freiheitsdrang für das Individuum ständig auch die ethischen Konventionen der Gruppe in Frage. Manchmal macht das den großen Erneuerer und Revolutionär aus, manchmal nur den Asozialen und Kriminellen. Beides ist leider gleich männlich.

Daher auch findet man zuerst (oder nur) die Jungen bei der Jagd, beim Schlachten des Hirsches und beim Harpunieren des Hais; – dann aber auch bald bei der wilden Rauferei und beim blutigen Kampf. Von der Schlägerei über die Hinrichtung bis hin zum Krieg ziehen Gewalt und Gefahr vor allem die Jungen an, auch wenn sie sich oft überwinden müssen. Das übt, und so schlüpfen sie unmerklich in eine Rolle, die allmählich zu ihrer Natur wird. Ohne Zweifel würde dies nicht überall und zu allen Zeiten – vom alten Babylon bis zum modernen Berlin, vom Kolosseum bis zum Madison Square Garden – so gleichförmig ablaufen, wenn das nicht zugleich Teil ihrer wahren, hier also vorgegebenen Natur wäre.

Alles dies pflegen Frauen nur gegen große innere Widerstände zu tun. Wenn nicht allein das Gewissen, so stehen größere seelische und nervliche Beanspruchung, längerer gefühlsmäßiger Nachhall und hin und wieder nervöse Zusammenbrüche – mehr nach außen gelassene Verzweiflung! – der raschen Verformung ihrer Normen und Handlungsrichtlinien im Wege. Sicher ist auch das ein wesentlicher Bestandteil dessen, was wir Gewissen nennen. Mädchen spüren in solchen Situationen eine stark hemmende Affinität zum normengerechten, zulässigen, richtigen Handeln und sind dem gnadenlosen Gruppendruck zur Verrohung daher weniger ausgeliefert. Wenn sie sich später als Frauen dem entsprechenden Gruppendruck unter Männern nicht fügen, führt das zu ernsten Benachteiligungen im Karrierekampf.

Mädchen bleiben eher Individuen, die mehr ihrem Inneren als den Gleichaltrigen folgen. Jungen werden viel schneller zur »Rotte«. »Zusammenrotten« ist in der Tat fast ein Maskulinetantum! So erklärt sich auch, daß es gerade in Fragen wie Krieg, Verbrechen und Gewaltausübung zwischen Frauen und Männern zu so unterschiedlichen Bewertungen kommt. Die Kraft des Mannes zur Selbstüberwindung äußert sich im späteren Leben immer wieder, vor allem dann, wenn es darum geht, sich selbst etwas anzutun: etwa im Geschlechterverhältnis der injizierenden Drogensüchtigen (ca. 75 bis 85 Prozent Männer) etwa im Vergleich zu den Crack-Rauchern (in den USA überwiegend Frauen) oder in der weltweit ähnlichen Geschlechterquote des Selbstmordes: ca. 70 Prozent Männer, bei gewaltsamem Suizid etwa durch Erschießen oder Erhängen ca. 80 bis 90 Prozent, bei Harakiri, Kamikaze-Aktionen oder Sich-vor-den-Zug-Werfen fast 100 Prozent. Das alles war schon immer, wie auch Mord, Raub und Körperverletzung, eine Domäne der Männer.

Mögen auch Väter um ihre Söhne bangen, so sind doch jene russischen Mütter, die ihre Söhne kurzentschlossen aus Tschetschenien nach Hause holten, eine schlagende Illustration der verschiedenen Bewertungen von Gewalt und Gefahr durch Mann und Frau. Zugleich zeigt dieses Geschehen aber auch, wieviel eher die Frauen fähig sind, bei Bedarf – und hinreichendem Engagement! – in befreiender Weise die Ebenen zu wechseln, die Konventionen zu brechen und die totale Ausnahme vorzuleben. Ferner beweist es, daß auch den Frauen Aufsässigkeit, Kampfwillen, Wut und Mut keineswegs fremd sind – dann nämlich, wenn es um ihre Kinder geht. Hierzu schaltet auch das Gehirn der Frau jene entwicklungsgeschichtlich uralten Regionen ein, die dem Überlebenskampf gelten: ihr Reptilhirn.

Die Initiationsriten der Zivilisation

Ist es in primitiven Gesellschaften oft ein markantes, ritualisiertes Einzelereignis, eine Mutprobe, ein Moment großer Selbstüberwindung, das den Jungen zum Mann macht, so handelt es sich in den zivilisierten Gemeinschaften um eine lange Reihe komplexer Ereignisse: den ersten Kopfsprung, den ersten Boxkampf, die erste Fahrt auf dem Motorrad, die erste heimlich gerauchte Zigarette, Sex, überhaupt das Unerlaubte: Ladendiebstahl, Schuleschwänzen, Ausbüchsen, Feuermachen, der Besuch bei einer Prostituierten, der erste Alkoholrausch, illegale Drogen (was verstehen die Erwachsenen schon davon?!), der Sprung vom hohen Felsen. Abhängig von Sozialschicht und dem jeweiligen Nahmilieu staffelt sich diese Folge der Mutproben zu dem, was den Knaben so allmählich fit macht in den öffentlichen Räumen.

So wie die einen stolz sind, den männlichen Retter selbst darzustellen, statt der Rettung zu bedürfen, so bilden ihre Pendants auf der dunklen Seite des Großstadtmilieus, die sozial Unterprivilegierten, in grotesker

Weise ein Spiegelbild des männlichen Drachentöters: Sie sind stolz auf ihre Gefährlichkeit. Nicht sie sind gefährdet durch die schrecklichen Verbrechen am Hauptbahnhof. Oh nein, sie sind die Gefahr, sie sind die Schrecklichen, die Drachen! Auch das kann ein Triumph sein. So ist dann in der harten Welt der realen Gewaltspiralen von Großstadtmännlichkeit, wo die Bösen erfolgreich und die Sanften die Verlierer sind, die kindliche Sandkastengroßmut endgültig erloschen. Aus dem Messer in der Schülerhosentasche ist die Aggression auf Vorrat geworden, jene düsterste Facette des Männlichen, die im Bereich der Gewaltkriminalität mit Mord, Totschlag und Raub, Kidnapping, Car-jacking und Erpressung, Flugzeugentführung und Bombenterror den Mann fast zum alleinigen Akteur werden läßt.

Ob hell oder dunkel, die Grundzüge des werdenden Virilen sind dieselben: Härte – gut oder böse; Zuverlässigkeit – beim Rettungseinsatz wie beim Einbruch; Selbstdisziplin – beim Training wie beim Taschendiebstahl; Beherrschung – beim Medaillenempfang wie beim Polizeiverhör. Die zu Männern werdenden Jungen eifern erwachsenen Idolen nach – so verschieden wie John Wayne und John Dillinger. So nehmen die Spielarten der Männlichkeit in so unterschiedlichen Umgebungen wie Hamburg oder Tanger, auf Lichtungen im ceylonesischen Dschungel oder in den Squashhallen von Silicon City ganz verschiedene Formen an, auf einem höheren Abstraktionsniveau aber sind sie ganz ähnlich. Mit ihnen beginnt die Entwicklung zum Virilen in seinen unterschiedlichsten Ausprägungen, die uns später beschäftigen werden. Was die Jungen auf dem Wege dahin überwinden müssen, sind die Initiationsriten der Zivilisation.

Das Rangeln um Ränge

Es ist nicht das Spielzeug, das Jungenspiele kriegerisch und wild macht. Gibt man ihnen weder Rennautos noch Flugzeuge, weder Schwert noch Pistole, so verwandeln sich beliebige Gegenstände aus Holz oder Plastik in das, was zum Rasen oder Fliegen, Kämpfen oder Schießen gebraucht wird. Jungen verwandeln sich auch in reißende Tiere, sie brüllen und toben, sie bauen und zerstören, verteidigen und paktieren – und vor allem: Sie bestimmen den Boß. Natürlich gibt es auch die Stillen und Sanften, die Ängstlichen und die Kreativen, die sich anders beschäftigen; aber die Vielfalt des Lebendigen umfaßt viele Ausnahmen von der Regel.

Wer die Faszination der kleinen Jungen durch mechanische Dinge als abstrakte Technikliebe deutet, sieht sich rasch korrigiert: Es geht um Bewegung, Kraft und Geräusche, und selten bleibt das Konkurrenzverlangen unbefriedigt – wer fährt, rast bald um die Wette, wer trompetet, übertönt bald die anderen, wer Feuer macht, facht bald das größte an und schleppt noch Kisten her und Altöl und Gummireifen, um es erst richtig lodern und qualmen zu lassen. Geschichten erzählen sich wie von selbst, Phantasie und Realität verwickeln die Spieler in Rivalitäten, die spielerischen Wetteifer stimulieren. Wer mehr weiß über die reale Welt, baut das Wissen geschickt ins Spiel ein, die Spielkameraden renommieren ebenfalls, und das Spielzeug ist nicht mehr als ein Mittel für Kommunikation und Kräftemessen.

Engagierte Erzieher hören sich das konkurrierende Rasen und Lärmen beunruhigt an und versuchen, beschwichtigend einzugreifen: »Müßt Ihr denn immer um die Wette fahren? Gleich gibt es wieder Streit ... Es ist doch wirklich nicht so wichtig, wer der erste ist!« Das sind gleich mehrere Mißverständnisse auf einmal, und die Jungen, die nicht die Zeit haben, auf inkompetente Störsignale zu reagieren, schlagen den Einspruch mit geschlossener Front zurück: »Wir helfen uns doch gegenseitig!« rufen sie – und das ist die Wahrheit, denn jeder hilft dem anderen, auf seine Kosten zu kommen. Die Geschlossenheit, mit der erzieherische Eingriffe abgewehrt werden, zeigt, wie wichtig selbst für die tobenden Wettkämpfer die Schutzzone der selbstgewählten Spiele ist. Für jeden lenkungsbesessenen Reformer, der die Friedensliebe der kleinen Raufbolde stimulieren möchte, wäre das ein Hinweis auf seinen eigenen Irrtum: Dem Kampf liegt bei allem oberflächlichen Zwist eine tiefe Einigkeit zugrunde – darüber, daß kleine Jungen kämpfen müssen, um sich wohl zu fühlen. Wir werden zeigen, wie ahnungs- und hoffnungslos das Unterfangen ist, die kleinen Wölfe in Lämmer zu verwandeln.

Dies wiederholt sich im erwachsenen Fußballspiel, im Wettrennen, ja im erbittertsten Faustkampf, wo immer wieder Außenstehende staunen, wie freundschaftlich, oft geradezu rührend sich die beiden Boxer, die einander eben noch fast totschlugen, plötzlich tränenreich umarmen. Dem Gegner des Boxsportes, der sie auf das Hirnrissige der freiwilligen Hirnschädigungen aufmerksam machen möchte, treten sie geschlossen wie ein Mann entgegen. Natürlich können alle Spiel- und Wettkampfsituationen auch einmal ausarten, wenn das Adrenalin einschießt, aber die Konfliktstrategien, die gelernt werden müssen, brauchen schließlich reale Übungssituationen. Das rasche Verrauchen der Wut bringt die Kämpfer schnell wieder zusammen in der Lust an ihrem Spiel.

Phasendissonanz

Hier drängt sich eine Analogie auf. Die Unterschiede zwischen männlichen und weiblichen Verhaltensweisen gründen sich immer wieder auf die Unterschiedlichkeit des inneren Nachhalls von Eindrücken und Stimmungen. Was beim Mann – im positiven wie im negativen Bereich – als kurz und heftig beschrieben werden müßte, somit eine Kurve mit vielen schmalen, steilen Schwingungen ergäbe, wäre bei der Frau ein Verlauf mit viel breiteren, sanft ansteigenden und nur langsam wieder abfallenden Schwingungen. Ist es ein Zufall, daß es mit den sexuellen Zyklen, mit den Erregungsphasen im erotischen Bereich ganz ähnlich ist? Oder ist die Verschiedenartigkeit der Phasen ein durchgehendes Prinzip der Geschlechterdifferenzierung? Was könnte dann ihr Sinn sein?

Die langsameren Dämpfungsverläufe, verzögerte Reaktionen, der längere Nachhall bei der Frau, das alles kann sie länger belasten als den Mann. Zeitweise mehr absorbiert oder gar in ihrer Handlungsfreiheit beschnitten, handelt sie sich damit aber auch dauerhaftere Stimmungen und starke Impulse ein. Da es um die Sicherung der Brutpflege geht, um das Gefahrenvermeiden, die Nahrung, die Nestwärme, das Bewahren der Geborgenheit, die Sorge um den Nachwuchs, sind dauerhafte Stimmungen von Vorteil.

Nicht plötzlich losrennen, nicht ständig Neues versuchen, nach Chancen greifen, hervorkommen und neugierig das Terrain sondieren ist ihre Parole, sondern die Besonnenheit, die Vorsicht, die Beständigkeit: War es eben gefährlich, so ist es auch kurz danach sicherer, vorsichtshalber anzunehmen, es sei immer noch gefährlich – lieber zu lange in Deckung bleiben als zu kurz! Tobte ein Sturm draußen, war es zu kalt, strichen dort draußen Raubtiere umher, schadet es nicht, zu lange abzuwarten, – aber sehr, zu früh hinauszugehen! Ist die Frau der Sicherheitsträger und der Mann der explorative Teil der Familie, so macht es Sinn, daß seine biologische Uhr schneller tickt, seine Stimmungen schneller wechseln als ihre, daß es stets der Mann ist, der zuerst den Kopf hebt, die Höhle verläßt, das Eis betritt oder den Berg besteigt, um zu sehen, ob die Gefahr vorüber ist. Und genau darauf bereitet ihn seine ganze Jugendzeit vor.

Der Dimorphismus der Geschlechter hat also eine sinnvolle Arbeitsteilung etabliert, die sich schon früh abzeichnet, verankert in zentralen Regulationsabläufen und spontanen Verhaltensweisen. Diese lassen sich naturgemäß beobachten, lange bevor der spätere Nutzen dieser Prinzipien erkennbar wird. Vielleicht ist die phasenverspätete, tiefer vom Schrecken beeindruckte, länger von der Angst gelähmte, verzögert reagierende Frau des Lebens geniale Chance zu einem zweiten Versuch, sinnvoll und überlebenswirksam zu handeln?

Das Prinzip Boß

Kleine Jungen bezeichnen ihr gemeinsames Spiel gern als »Arbeit«, professionelle Sportler später sogar als »Beruf«. Etwas schaffen, das schwer zu schaffen ist, gemeinsam anpacken, was der einzelne nicht kann, das sind Vorstellungen, die alle Kräfte des Mannes mobilisieren. Gleichviel, wie unwichtig das Ziel sein mag, etwa einen Ball oder eine Kugel über eine willkürlich gezogene Linie zu bewegen, man löst die Spielkonflikte nicht etwa, indem man jedem Spieler seinen eigenen Ball gibt und das Tor (den Korb oder das Netz) einfach abbaut, was die Situation ungemein entspannen würde. Statt dessen opfert jeder lieber seine Knochen, seine Gesundheit und im Extremfall sogar sein Leben für ein zur Kurzweil und Übung aufgestelltes, nur scheinbar wichtiges Ziel.

Bergkletterer fallen von steilen Wänden, Drachenflieger stürzen in Schluchten, einsame Weltumsegler gehen in Stürmen unter, Arktisdurchquerer erfrieren in Gletscherspalten, und Rennfahrer überschlagen sich mit Überschallgeschwindigkeit auf öden Salzseen. Die meisten Frauen wenden sich kopfschüttelnd ab, denn sie verstehen diese Art sinnloser Opfer für nur virtuelle, selbst ausgedachte Pseudo-Notwendigkeiten nicht.

»Männer können das«, ermuntern die Jungen sich gegenseitig, »starke Männer machen das schon«, und sie spielen am liebsten mit ähnlich gearteten Jungen (Thoma 1996, S. 111–146). Die Hierarchie, die sie in ihrem Rudel herstellen, wird laufend überprüft – teils von innen, teils von außen. Konflikte um die Vorrangstellung können lange schwelen, ehe sie durch kleine oder große Anlässe ausgelöst und schließlich innerhalb der Gruppe gelöst werden. Die gemeinsame Überzeugung aller Jungen, daß man eine Rangordnung brauche, zeigt sich auch in der Kompromißbereitschaft der Gruppe, wenn Anwärter auf Führungsrollen und Inhaber von Chef-Positionen sich im Imponiergehabe messen. »Ich bin der Drittboß«, ruft dann einer, und ein »Viertboß« schließt sich an. Der wirkliche Boß braucht sich hier gar nicht zu äußern – er läßt die anderen großzügig gewähren. Das ändert sich im späteren Leben, wo die Positionen mit mehr Gedankenmühe abgesichert werden. Törichte Einwürfe von Erzieherinnen, jeder könne doch mal der Boß sein, werden einfach übergangen. Erwachsene haben eben keine Ahnung. Frauen schon gar nicht.

Wer in eine Gruppe von Jungen hinein will, weiß, daß er nach dem Boß fragen muß. »Bist du der Chef?« fragt der Außenstehende vorsichtig. Der Chef bejaht. Dreimal wird rückgefragt: »Bist du's wirklich?« Da schaltet sich ein Mitglied der Hierarchie ein: »Klar ist er der Boß, weil er die Handschellen hat!« Der Chef hat also Exekutivgewalt, die niemand anzweifelt. Erst jetzt kann der fremde Junge seine Frage stellen: »Darf ich mitspielen?« Der Chef sagt ja. Widerspruch wird laut; andere erproben ihre Chefqualitäten, indem sie gegenhalten. Ein langes Palaver beginnt.

Auffallend bei der Selbstorganisation von kleinen Jungen ist der Unterschied zwischen den rigiden Normen Rangniedriger und der Großmut des Anführers. Immerhin bedeutet das: Für Kinder ist es selbstverständlich, daß an der Spitze die höhere soziale Kompetenz stehen muß, während die Anwärter auf Spitzenplätze – und das sind grundsätzlich alle anderen – sich noch durch restriktive Modelle hervortun dürfen. Wer ganz oben ist, darf wieder zugänglicher, weicher reagieren.

Ist das echte Großzügigkeit oder nur eine Taktik, Erreichtes zu sichern? Ist es wirkliche Kompetenz oder nur ein Gespür für soziale Beziehungsgeflechte, das hier den Boß konzilianter macht? Und wie sieht das später in den Rudeln erwachsener Männer aus, in Vorständen und Geschäftsleitungen? Ist da wirklich der Boß durch soziale Kompetenz ausgezeichnet? – Wenn dieses kindliche Wissen auf dem Wege in die Männerwelt verlorengeht, warum geht es verloren? Wo ist der Wendepunkt? Oder fehlt uns nur ein Instrumentarium, um die Wärme und Güte der Topmanager und Spitzenpolitiker wahrzunehmen? Oder fehlt ihnen eines, sie freizusetzen? Läßt die Gesellschaft oder die Sphäre, in der sie wirken, Güte und Wärme nicht zu? Vernichtet Wärme etwa den Abstand, den Menschen mit Macht benötigen, um glaubhaft zu sein?

Dominanz- und Toleranzverhalten

Größere Jungen grenzen sich entschieden gegen kleinere ab – und diese wissen das. Sie stehen um die älteren herum, die sie ignorieren oder abweisen. »Du darfst zuschauen, wie wir spielen«, sagt einer der älteren Jungen gönnerhaft zu dem jüngeren, der sehnsüchtig zusieht. Keiner in der Gruppe käme auf den Gedanken, diese Bemerkung als unfreundlichen Akt zu verstehen – die Regeln gelten eben; die Hierarchie ist nötig und muß beachtet werden. Und wird einem gesagt, man solle gehen, so geht man.

Bleibt ein Abgewiesener trotzdem aufdringlich stehen, wird es für ihn unbehaglich. Einer stubst ihn, groteske Drohungen werden laut: »Wir stecken dich in den Ofen!« Oder in die Kühltruhe. Wohin, hängt davon ab, welche Temperaturen gerade herrschen. »Hau ab! Hau endlich ab! – Hau ganz ab!« Sie könnten den Kleinen doch stehen lassen, er stört doch gar nicht, schießt es Erwachsenen durch den Kopf. Für die Jungen aber geht es um Rangordnungen und ihre Wirkungen. Älteren Jungen muß es einfach gelingen, den jüngeren loszuwerden, und da der viel schwächer ist, sollte das ohne körperliche Gewalt ablaufen. Einer der Großen schiebt einen mächtigen Schaumstoffwürfel auf den Kleinen zu: Nicht er, der Junge, stubst nun den Kleinen, sondern sein Medium tut es. – Die Umstände, würde man beim Wegkicken eines Mitspielers in der Firma sagen, sind halt so.

Es gibt auch das Phänomen der Anerkennung und Duldung von Kleineren und Schwächeren, und seine Bedingungen sind interessant. Der lange Atem ist wichtig, die Geduld in unklaren Phasen, die unaufdringliche Präsenz und – natürlich – die Bereitschaft, sich mit den anderen zu balgen. Von Zeit zu Zeit geben die Größeren der Versuchung nach, den Kleinen spüren zu lassen, daß er schwächer ist. Sie fallen über ihn her, treten und boxen. Der Kleine weint. Da nehmen ihn die Angreifer bei der Hand, helfen ihm auf und sagen nachdrücklich: »Entschuldige bitte. Entschuldige!« Sie wissen, daß sie es an Beherrschung und Stilgefühl, aber auch an emotionaler Intelligenz haben mangeln lassen. Kleine und Schwache zu hauen nämlich, wenn man seinen höheren Rangplatz schon hat, das gilt in anständigen Gruppen als nicht männlich.

Wegen solcher Risiken der brachialen Abweisung halten sich kleinere Jungen auch gern an Mädchen, wo sie aber keineswegs immer akzeptiert werden. Nur die Gefahren sind geringer – sie werden in der Regel dort milder abgewiesen. Und von Mädchen weggeschickt zu werden, ist eben nicht die gravierende Niederlage wie bei den großen Jungen, wo man wirklich dabeisein wollte.

Nur wenige Mädchen gewinnen die Anerkennung der rauflustigen Jungen und dürfen zu ihnen gehören. Es sind die selbstbewußtesten, und sie haben jungenhafte Vorlieben. Die Jungen honorieren das durch

Zulassung in ihrer Rangordnung, bei genauerem Hinsehen eher durch Beiordnung zu den in der Hierarchie Plazierten. Die Mädchen bilden sozusagen eine zweite Liga, wie im Sport. Damit wird ihnen früh klar: Sie können so als Quereinsteiger unbequeme Rangordnungsplätze überspringen. Später, wenn die Jungen zu Männern geworden sind, reagieren sie nicht mehr so positiv auf männerähnliches Verhalten bei Frauen. Es wird da offenbar enger, und aus dem Spiel ist unterdessen Ernst geworden.

Die sensible Annäherung von Jungen an eine Gruppe, in der sie gern zugelassen werden möchten, macht deutlich, wie feingesponnen das Regelwerk ist, in dem sich alle bewegen. Wieder wird die körperliche Annäherung durch ein Medium, meist ein Spielzeug, gedämpft – der Konflikt wird entschärft. Der werbende Junge fährt etwa heran mit einem Gefährt, ohne großes Getöse, ohne Angeberei, ganz diskret. Vielleicht darf er jetzt untergeordnet mitspielen, vielleicht auch nicht. Jedenfalls schmerzt es weniger, wenn sein Auto oder Flugzeug, nicht aber er selbst zurückgewiesen wird. Er kann dann neue Versuche unternehmen.

Er versucht es mit sachlichen Bemerkungen zum Spiel der anderen. Ein Männergespräch über technische Details, das aufs Rührendste an erwachsene Männer erinnert, verschafft ihm vorübergehend Einlaß in die Gruppe. Leichtsinnig geworden, trumpft er jetzt mit einer gewagten Bemerkung auf – schon ist er wieder draußen.

Das Werben ausgeschlossener Jungen um Zulassung im Rudel kann sehr lange dauern. Es kommt zu regelrechten Bittstellergesten, deren flehender Charakter unübersehbar ist. Die Jungen drinnen sind sichtlich bemüht, ihre Rituale nicht von Gefühlswallungen durchbrechen zu lassen. Appelle an alte Freundschaften verfangen ebensowenig wie der Versuch, die Mitglieder der Gruppe gegeneinander auszuspielen: »Peter hat doch gesagt, ich darf mitspielen!« – Schweigen. »Du hast uns nicht gefragt; du machst nicht mit«, kommt die lapidare Antwort. Nicht der Boß selbst gibt sie, sondern einer seiner Getreuen. Mit so etwas macht man sich in Chefstellung die Hände nicht schmutzig.

Freundschaft der Mädchen: vor allem Kommunikation

Es gibt etwas, das die harten Regeln der Rangkämpfe zeitweise außer Kraft setzt: Freundschaften. Solche gibt es zwischen Ranggleichen, aber auch quer zu allen sozialen Ordnungen und Hierarchien. Auch in diesem wichtigen Prinzip der Gruppenbildung zeichnen sich Geschlechterunterschiede frühzeitig ab.

Gut miteinander sprechen können, die Wahrheit sagen und zuverlässig verschwiegen sein – das sind die wichtigsten Freundschaftsqualitäten für Schulmädchen. Gesprächig sollen Freundinnen sein, Briefe sollen sie schreiben aus den Ferien, erzählen und lauschen. Briefe gehen auch hin und her, wenn Eifersüchteleien ausgetragen werden. Alles dies sind kommunikative Züge, die den meisten Jungen fremd sind – dort gehen derweil Tennis-, Fuß- und Schneebälle hin und her.

Die verbale Seite von Freundschaften ist für Mädchen sehr wichtig. Sie möchten über alles Mögliche palavern (NRW-Studie Kap. 7, S. 189 f.), auch das Schwanken zwischen verschiedenen Freundinnen am liebsten sprachlich bewältigen. Sie bilden kleine, deutlich abgegrenzte Gruppen und spüren, daß die Freundschaftsstrukturen bei den Jungen ganz anders sind: Die Jungen seien alle miteinander befreundet, findet Doris, sie bilden insgesamt eine Clique. Hin und wieder balgen die sich auch, jeder mal mit jedem. Dagegen sieht man bei den Mädchen Zweier- und Dreiergruppen, und sie fügt hinzu: »Die helfen einander.«

Mädchen finden sich einander gern sehr ähnlich, fast wie Zwillinge, obwohl die Erwachsenen das nicht bestätigen können. Der Gedanke allein aber ist für die Mädchen wichtig. Die Intimität ihrer Freundschaften – man möchte sagen: die starke limbische Verankerung! – bringt zugleich eine latente Spannung mit sich, die oft in Eifersüchteleien abgearbeitet wird. Das kann sehr dramatische Formen annehmen, und nicht selten werden Mädchen dabei zeitweise tief unglücklich. Jungen reagieren eher mit Wut oder Verachtung gegenüber einem abtrünnigen Freund – oder sie zucken mit den Achseln. Andererseits sind akute Zerwürfnisse, die tiefe Wunden schlagen, bei ihnen seltener, und wenn doch: Die Wunden heilen schneller.

Eigentlich, so finden einige Mädchen (NRW-Studie Kap. 7, S. 192), geht es nämlich gar nicht zu dritt – obwohl oder weil Mädchen Loyalität, Wahrhaftigkeit und Toleranz sehr hoch bewerten. Das Mißtrauen, wenn zwei Vertrauliches austauschen und die Dritte ausgeschlossen bleibt, sorgt für pendelnde Zuneigungen, für Enttäuschungen und wechselnde Beziehungen. So wird die Freundschaft selbst zum dominanten Thema, und oft nimmt das Nachdenken und Reden über sie – sozusagen ein ständiges internes Problemrecycling – bei Mädchen viel Raum ein.

Ein weiterer wichtiger Aspekt in jeder Freundschaft ist das Selbstbewußtsein. Mädchen spannen einander mehr ein als Jungen, um ihr

Selbst zu stabilisieren. Damit aber sind sie zugleich auch mehr gefangen in dieser Zweiergarantie, und jedes Abfallen der Partnerin aus dieser gegenseitigen Verpflichtung verletzt die andere zutiefst in ihrem Selbstwertgefühl. Wer von Anfang an weniger von sich hergibt, hat auch weniger zu verlieren: Haben die Jungen mehr Ichstärke? Mehr von dem beruhigenden Bewußtsein, auf der richtigen Seite zu stehen?

Jede Form von Bindung verbraucht Freiheitsgrade. Die gegenseitige Bestärkung der Mädchen in einer intimeren Beziehung, ihre Tendenz zum engeren Horizont der gegenseitigen Abhängigkeiten und Verpflichtungen, aus denen keine ausbrechen kann, ohne selbst geächtet zu werden, setzt sich in die Welt der Frauen fugenlos fort: Frauen grenzen Frauen leichter von der Welt ab, als Männer es typischerweise miteinander tun, ausgeprägt »ideologisierte« Männermilieus wie Mönchskloster, Armee, Geheimbünde oder Verbrecherbanden einmal ausgenommen. Nur ganz wenige Frauen nehmen die Sanktion auf sich, von Frauen ausgegrenzt zu werden, um bei Männern mitzuspielen. Vom Jeans-Mädchen auf der Harley-Davidson bis zur erfolgreichen Unternehmerin oder Staranwältin handelt es sich oft um gleichermaßen einsame Außenseiter, die neben ihren Geschlechtsgenossinnen – oft still beneidet – herleben und sich ihre Selbstbestätigung vor allem in der anderen Welt suchen.

Freundschaft der Jungen: vor allem Funktion

Jungenfreundschaften stehen unter einem ganzen anderen Motto: »Besser mit der ganzen Klasse als nur mit einem!« sagt Dirk (NRW-Studie Kap. 7, S. 195), und man versteht, daß eine Freundschaft als Instrument dient zum Erreichen gemeinsamer Ziele: Etwas zusammen machen, etwas gemeinsam durchmachen, etwas durchsetzen, sich gut verstehen – das ist Freundschaft. Ähnliche Interessen sind wichtig und zeigen an, daß Freundschaften unter Jungen eine Richtung haben: Es geht um Fußball, ums Indianerspiel, ums Angeln oder Schießen. Ein »bester Freund?« Da zögern die Jungen. Jeder benimmt sich mal schlechter, mal besser – am Ende gleicht sich das aus. Ob ein bester Freund in der Gruppe ist, läßt man lieber offen. Von Fall zu Fall ist man mal mit diesem, mal mit jenem zusammen: mit dem einen zum Schachspiel, dem anderen zum Kino, dem dritten zum Fahrradausflug.

Die Jungen lassen einander mehr Freiraum, konsumieren einander nicht mit der mädchenhaften Ausschließlichkeit, die einschnappt, wenn sich der andere einmal anderen Menschen widmet. Daß Freunde einander helfen, ist ihnen selbstverständlich. Daß Freundschaft funktioniert zur Verteidigung gemeinsamer Interessen, ist ihnen wichtig. Daß man über Freundschaft redet, befremdet sie eher. Dieses Befremden kann später beim erwachsenen Mann wiederkehren, wenn *sie* etwa über die Beziehung reden will und *er* sich dabei am liebsten in Luft auflösen oder zumindest unter den Wagen legen möchte, wo er sowie schon lange einmal den Verteilerkopf kontrollieren wollte.

Die Jungen haben eine klare Vorstellung von ihren Persönlichkeitsrechten und lassen einander – wie auch später die Männer der Jagdgesellschaft oder des Golfclubs – im Kern ihrer Eigenständigkeit mehr in Ruhe. Mädchen teilen Heimlichkeiten miteinander und fordern ein entsprechendes Vertrauen ein. Erst der gemeinsame Besitz an Geheimnissen und vertraulichen Gesprächsgegenständen macht die Freundschaft wertvoll, lädt sie auf mit Intimität. Jungen rücken nicht so nahe aneinander heran; sie achten eine Diskretionszone zwischen sich und den anderen und reagieren empfindlich, wenn diese verletzt wird.

Dieser Unterschied zwischen weiblichem Bedarf an Vertraulichkeit und männlichem Bedürfnis nach Abstand spielt auch zwischen erwachsenen Männern und Frauen eine viel größere Rolle, als allgemein angenommen wird. Zahlreiche Mißverständnisse im beruflichen Zusammenwirken haben hier ihre Wurzel: Männer schweigen, weil die Intensität weiblicher Problemdebatten sie unsicher macht, und Frauen verübeln ihnen, daß sie genau dort aussteigen, wo sie sich besonders engagieren sollten.

Von der Zweierbeziehung zur Bande

Schon Jugendfreundschaften sind daher, wie später auch Männerfreundschaften, Beziehungen nach dem Prinzip Seite-an-Seite (*side by side*), von Wright (1982) als spezifisch männliche Freundschaftsform beschrieben, und sie halten oft – niemals ernsthaft in Frage gestellt – lebenslang. Mädchenbeziehungen hingegen folgen eher dem Prinzip *face to face* und sind recht gefährdet: Von Angesicht zu Angesicht, mit hohem emotionalen Verläßlichkeitsanspruch, gestalten schon Schulmädchen ihre Freundschaften vertrauensbeladen und störanfällig. Dagegen nehmen Jungen die Freundschaft in Anspruch zu gemeinsamen Unternehmungen, zu nüchternen Zwecken, etwa zum Bootshausbau – instrumental, unempfindlich, pflegeleicht. Keine Selbstenthüllung, keine Grenzüberschreitung, das ist für Jungen wichtig. Kein Drama, wenn man den Geburtstag des anderen vergißt – es ist eher die Regel. Man trennt sich unsentimental und freut sich, wenn man einander einmal unverhofft wiedersieht.

Für Mädchen hingegen wird Freundschaft erst wertvoll, wenn es gelingt, einen Teil der eigenen Identität einzuschmelzen; darum sind Vertrauen und emotionale Zuverlässigkeit so wichtig für sie. Da sie ganz generell in der Freundschaft freiwillig mehr von sich abgeben, sind sie auch verletzlicher. Jungen behalten sich selbst und können deshalb auch eine ganze Gruppe souveräner nutzen. Es ist ganz logisch: *Side by side* läßt sich beliebig viel anfügen, die *face to face*-Struktur aber wird durch Vergrößerung zerstört. Die große Freundesgruppe, die Segelmannschaft, die Jagdequipe, der Sportclub, der Orden, die Clique, die Bande (auch die Mafia und die Hell's Angels) – das alles sind typisch männliche Beziehungsstrukturen. Sie sind auf eine Robustheit – auch des Selbstbewußtseins – angewiesen, wie sie die Frauen in der Regel nicht mitbringen.

Der Sieg der Frau heißt: Nähe. Der Sieg des Mannes: Abstand. So völlig verschieden sind auch die Ziele: Zustimmungsfähigkeit versus Spurenzeichnen. Deutlicher als in dem einst von Heinrich dem Löwen im Zorn geschleiften Dom von Bardowik kann das kaum werden. Am restaurierten Eingang prangen noch heute, in den Granit gehauen, die typisch männlichen Worte: *vestigio leonis*, »die Spur des Löwen«.

Was Jungen und Mädchen in ihrer Freundschaftskultur unterscheidet, das prägt auch ihren Umgang mit Konflikten. Für Jungen ist es auch in der Freundschaft wichtig, eigene Meinungen durchzusetzen und sich im Wettkampf mit anderen zu messen. Die Niederlage wird, wenn die Regeln eingehalten wurden, leicht akzeptiert. Alle wissen: Es kann nicht nur Sieger geben. Und die Sieger wechseln. Morgen ist auch noch ein Tag. Dabeisein ist (fast) alles. Im Konfliktfall bleibt das Ziel: sich durchzusetzen. Aber es gibt viele Freundschaften zwischen Männern völlig unterschiedlicher Weltanschauungen oder politischer Überzeugungen, die mit der Tatsache der Unvereinbarkeit gewisser Standpunkte gut leben können – was bei Frauen sehr viel seltener zu beobachten ist.

Für Mädchen sieht der Konfliktfall grundsätzlich ganz anders aus: Darüber reden ist erst einmal entscheidend (NRW-Studie Kap. 7, S. 203). Sieht man näher hin, wird es komplizierter. Jungen versuchen zuerst, sich durchzusetzen. Gelingt das nicht gleich, betrachten sie verstohlen auch die andere Seite des Streitfalles. Bis sie aber miteinander darüber reden, dauert es eine Weile – so lange vermeiden sie das Thema oder gehen einander zunächst aus dem Weg. Mädchen hingegen sprechen direkt über den Streitpunkt; es ist ihre spontane Reaktion, vermutlich auch ihre Strategie der Streßabwehr. Erst nach dieser Annäherung an das Problem interessiert sie, wer sich behaupten kann – und daran anschließend gehen sie einander aus dem Weg.

Prallen diese beiden Strategien der Konfliktbewältigung aufeinander, so ergibt sich eine interessante Mischung: Hier sind es die Jungen, die zugunsten der Mädchenstrategien zunächst auf eigene Lösungsmodelle verzichten, und es sind die Mädchen, die ihr Streitverhalten mehr den Jungenstrategien anpassen. Das sieht dann so aus, wie es ein Junge kurz und knapp bilanziert: »Beim Streit mit einem Mädchen wird geredet, beim Streit mit einem Jungen hilft nur durchsetzen oder hauen.« So halten die Jungen die Norm, die ihnen so viel Ärger und Ungerechtigkeit einbringt, dennoch aufrecht: Gegen Mädchen wendet man keine Gewalt an. Anders die Mädchen: Stellen sie auch untereinander die Kommunikation an den Anfang aller Konfliktbewältigung, so trennen sie sich dezidiert von dieser weiblichen Strategie, wenn es um einen Streit mit Jungen geht. Plötzlich versuchen sie, sich durchzusetzen, wenden auch körperliche Gewalt an – während die Jungen selbst sanfter reagieren als im Kampf mit ihresgleichen.

Was sich wie natürliche Fairneß ausnimmt, ist vermutlich ein Ergebnis pragmatischer Einstellung: Für Jungen lohnt sich der Sieg über ein Mädchen einfach nicht, er bringt weder Ruhm unter den Jungen, den eigentlichen Konkurrenten, noch Bewunderung bei den Mädchen ein. Deshalb lassen sie es gleich bleiben, die kleinen Ritter: »Was soll man Mädchen treten?«. Und die Moral nennt das dann ritterlich, weil es als spontanes Verhalten für beide Geschlechter gut ist – wie vermutlich das meiste, wenn wir es nur verstünden.

Streit in der gemischten Gruppe führt also zu einem hochsensiblen Austausch der strategischen Erfolgsmuster – und zwar bei Jungen gründlicher als bei Mädchen. Es ist, als wolle keiner mit inadäquaten Mitteln kämpfen, wobei die Jungen von ihren eigenen Durchsetzungstechniken mehr opfern: Sie leisten einen erheblichen Verzicht auf Erfolgschancen – eine Inversion des Prinzips der sauren Trauben: Der Erfolg nämlich wäre nichts wert! –, während die Mädchen die schlagkräftigeren Handlungsmuster der Jungen übernehmen. Dies ist der Beginn einer lebenslang zu verfolgenden Asymmetrie in der Haltung der Geschlechter zueinander.

Der sanfte Mann als Erbguterhalter

Die meisten Bücher über Männer und Frauen klammern gerade das Kindesalter aus, in dem sich die spontanen Verhaltensmuster noch am wenigsten verbildet, noch kaum überlagert von Einflüssen, Anweisungen und Beispielen der Erwachsenenwelt zeigen. All jene Unterschiede, die später so groß oder gar prinzipiell wirken, fangen hier einmal ganz klein an. Es ist, als wollte man die Formen der Pflanzen- und Tierwelt verstehen, ohne ihren einzelnen Lebewesen bei der Entwicklung ab dem Keim-, Larven- oder Embryonalstadium zuzusehen. Das geht kaum. Zumindest würde es das Mißverständnis fördern, Wind, Regen und Sonne bildeten die fertigen Lebensformen aus. Dabei wirken sie, eine traurige Nachricht für Umweltfetischisten, lediglich daran mit – einmal mehr, einmal weniger.

Es ist bezeichnend, wie schwer es ist, isoliert von nur einem Geschlecht zu sprechen: Seine Besonderheiten zeichnen sich nur vor dem Hintergrund des anderen Geschlechts ab, denn nur dessen Existenz beweist, daß alles auch anders sein kann. So beschreibt man die Mädchen zum Teil dadurch, daß man die Jungen schildert und dann die entscheidenden Unterschiede, vergrößert und vereinfacht, hervorhebt. Dabei drängt sich der Junge, der stets – im Guten wie im Bösen – Aufsehen erregt und für Nachrichten sorgt, so sehr in die Schilderung der Mädchen, daß man überspitzt sagen könnte, schon ganz früh werde der Mann zum Maß der Frau.

Das aber ist eine Illusion: Der Normalfall des Menschen ist die Frau. Der Mann ergibt sich aus einer zweckbedingten Modifikation des weiblichen Prinzips. Aber die kleinen Mädchen sind so umweltkonform, sie funktionieren so kommunikativ und so kooperativ mit der Erwachsenenwelt, daß im Grunde nicht viel Spannendes über sie zu sagen ist, solange sie heranwachsen: Reibungsschwund durch Harmoniebestreben führt zu weniger lohnenden Nachrichten!

Hier bahnt sich ein Dilemma des Weiblichen in einer nachrichtenorientierten Welt an: Wo die Abweichung Nachrichten macht, ist die gelungene Einfügung keine lohnende Botschaft mehr. Wo äußere Ereignisse, die *events*, dominieren, sind innere Entwicklungen nicht berichtenswert. Viel spricht dafür, daß die Jugend von Mädchen eine eher innerliche Dramaturgie hat: die weiblichen Geheimnisse, der stille Kampf gegen körperliche Veränderungen, der tabuisierte Protest (Bulimie und Magersucht) gegen das volle Programm der Weiblichkeit. Diese nämlich wird eher als unausweichliches Schicksal erlebt, während den Jungen die stolze Option bewegt, ein Mann zu werden, ein Täter. Es ist – um die alte Metapher aufzunehmen – sein Stapellauf als bewegliches, aktives Pollenkorn auf seinen Kurs in die Welt. Das Mädchen hingegen fühlt sich in Phasen seiner Reifung als Opfer, das in eine sich zum Horizont verengende Gasse getrieben wird.

Dagegen sieht sich der Mann, das virile Prinzip, als Held, der ins Freie strebt. Er betrachtet sich grundsätzlich als Abweichler, als Aufsässiger, als expansiv und gegen den Strich lebender Weltveränderer, der nach außen hin ständig die Grenzen seiner Art auszudehnen sucht. Mit seinem Erfolg oder Mißlingen sorgt er ständig für neue Nachrichten. Er kann dies tun, ohne – und das befreit ihn von der evolutionären Verantwortung der Mütter – damit das Überleben seines Erbgutes direkt zu gefährden. Mit anderen Worten: Das Prinzip, das uns in den Extremfällen des Geschlechtsdimorphismus unverhüllt begegnen wird, ist schon hier erkennbar: Die Frau trägt ihr Erbgut weiter, indem sie selbst überlebt; der Mann, indem er ihr beim Überleben hilft.

Vielleicht ist es genau das, was sich – scheinbar rudimentär, weil sublimiert – im Kanon der Verhaltensnormen für den Gentleman (eigentlich *gentle man* = sanfter Mann!) niedergeschlagen hat. So hat – vordergründig widersinnig – der Mann zwar die Rolle des evolutionären Störenfrieds zu spielen, aber es verbirgt sich dahinter in kultivierten Gesellschaften das Programm für einen sanften Opfergang.

Belohnung: Erbgutvermehrung

Hierfür gibt es verschiedene Strategien: Man kann auf Qualität oder auf Quantität setzen. Letzteres ist einfacher. Daher wurzeln viele typisch männliche Verhaltensweisen – auch leibhaftiger Staatenlenker oder global erfolgreicher Manager – in dem uralten Streben, durch Kleidung, Ausrüstung, soziale Stellung, Verfügungsmasse, Macht oder andere Privilegien die Aufmerksamkeit des anderen Geschlechts zu erregen und damit eine Situation zu schaffen, die letztlich die eigenen Vermehrungschancen erhöht. Der Trophäenschmuck des Steinzeitmenschen mit seinen Imponier- und Machtinsignien – Kraft und Erfolg durch Raubtierfelle, seltene Muscheln oder edle Metalle – findet seine Entsprechung im roten Porsche, in den Plastikkarten und Scheckbüchern des modernen Erfolgsmenschen, auch wenn bei ihm diese Verhaltensweisen zum Teil inflationieren oder unverstanden ins Leere laufen. Dann erst, wenn die sexuelle Vermehrung stattgefunden hat, beginnen die verschiedenen Strategien der Nachwuchssicherung zu greifen. Dann geht es um die Qualität der Eigenschaftsauswahl in einem noch größeren Zusammenhang.

Wieder sind es die Verhältnisse in roheren beziehungsweise unverblümteren Gesellschaften, wie etwa die Fortpflanzungsvorrechte des Generals Idi Amin, des Kaisers Bokassa oder des Sultans Jonathan von Sansibar deutlich machen: Letzterer ließ von seinen Schergen sogar die Töchter indischer Kaufleute und europäischer Diplomaten für seinen privaten Harem auf der Straße einfangen. Macht hat unter solchen Umständen eine direkte Koppelung zur Fortpflanzung, was ja auch der HIV-Infektion schnell den Weg in die Kreise afrikanischer Minister und Würdenträger geebnet hat. Die längerfristige Anpassung an knappe Überlebensbedingungen durch Genügsamkeit, ein Leben auf Sparflamme mit reduzierten Ansprüchen ist ein zweiter Weg zum biologischen Erfolg, wie er von vielen Namenlosen in den untersten Sozialschichten praktiziert wird.

Biologisch winkt den im sozialen Wettstreit Erfolgreichsten am Motivationshorizont mit dem Aufstieg in der Rangordnung grundsätzlich der bessere Zugang zum anderen Geschlecht, und mit ihm steigen – naturgemäß auf Kosten anderer – die Chancen zur Erhaltung des eigenen Erbguts, um die unaufhörlich und unbewußt alles kreist. Hier wirken Naturgesetzlichkeiten, die das Verhalten weiblicher wie männlicher Individuen steuern, ohne daß der Nutzen dieser Verhaltensweisen unmittelbar auf der Hand läge. Unser Stammhirn hat uns fest im Griff – wir mutieren viel zu langsam, um ihm zu entfliehen.

Erst längeres Nachdenken und genaue Beobachtungen lassen erkennen, warum gerade diese Verhaltensweisen entwicklungsgeschichtlich so erfolgreich waren. Desmond Morris hat in seinem neuesten Buch »Das Tier Mensch« (1994) anhand konkreter Beispiele im Detail beschrieben, wie die beiden Geschlechter das Optimum zum Überleben ihres Erbgutes beisteuern: ein jedes auf seine Weise, oft sehr subtil ausschöpfend, was auf den ersten Blick als Schwäche erscheinen mag. Es ist daher gar nicht sicher, ob jene Kombination von Eigenschaften, die für eine optimale Harmonie zwischen den Geschlechtern sorgen würde, nach außen hin überhaupt durchsetzungsfähig wäre und auf Dauer überleben würde. Spannungen und das Risiko von Mißverständnissen wären damit also der Zoll, den wir für den evolutionären Vorteil, den die Natur uns in der Geschlechterdifferenz gewährt, unerbittlich zahlen müssen.

Was hier geschieht, ist nicht gut oder böse, so sehr unser wertendes Normenverständnis auch nach abschließenden Urteilen sucht. Sondern es zeigt sich nur, was dauerhaft funktioniert und was, weil es eben nicht funktioniert, von der Natur wieder eingestampft wird. Was wir vorfinden in dieser Welt, ist das, was eben nicht durch dieses Rüttelsieb der Realität hindurchgefallen ist, um – oft ohne das leiseste Wimmern – für immer zu verschwinden.

Männersport: kalt, hoch, hart, schnell – und gefährlich

Es sieht aus, als gründeten sich die Unterschiede zwischen männlichem und weiblichem Verhalten vor allem auf die Unterschiedlichkeit des inneren Erlebens bei gleichen Außenweltreizen, des so verschiedenen seelischen Nachhalls von Eindrücken und Stimmungen. Dies beginnt schon mit dem Eindruck der Gefahr, etwa bei großer Geschwindigkeit, bei harten Stößen, tiefen Stürzen (Bungee-Jumping!), ja, bereits bei starken akustischen Eindrücken. Letztere etwa waren entwicklungsgeschichtlich meist mit Gefahr und Flucht- oder Kampfbedarf verknüpft und erzeugen daher intensiven Streß. Auch bei Jungen weckt das laute Rattern und Heulen einer Kettensäge erst einmal ein gewisses Ausmaß von Entsetzen und Angst, die überwunden werden müssen. Dann erst kommt die Belohnung: Aus dem Krach wird das sonore Surren der Kraft.

Das Mädchen wird zu solcher Selbstüberwindung, zu einer Umbewertung der tatsächlichen Gefährlichkeit keinen Grund sehen. Wie seine zartere, gegenüber Kälte und Schmerz empfindlichere Haut zeigt, kann schon die Sinneswahrnehmung selbst quälender sein. (vgl. »Das männliche Auge, das weibliche Ohr«, Höhler 1991, S. 339–348). So wird sich das Mädchen in Zukunft lieber mit einer gewissen Scheu von solchen Höllenmaschinen abwenden. In ihm wirkt der ausgeprägt negative Nachhall, das seelische und oft fast körperliche Unbehagen stärker nach, das mit dem ersten Kontakt mit einer Motorsäge verknüpft war, und es hat keine Übung darin – und meist auch keinen Anlaß –, diesen Widerwillen zu überwinden. Dabei nimmt das Mädchen – wie später die Frau – beharrlich die Gefahrenseite der Sache wahr, der Junge die Herausforderung. Grundsätzliche Komplementarität bereits im Ansatz: Er stürzt sich hinein, sie warnt! – Und tröstet später.

Der Junge ist zwar im ersten Moment gleichermaßen entsetzt – ihn aber zieht es nach überstandener Gefahr und abgeklungenem Gefahrenstreß zum Ort des Entsetzens zurück. Er zelebriert seinen Adrenalinkick zusammen mit Gleichgesinnten, er treibt sich weiter hinein in die Welt der Risiken. Er will ohne diese Risiken nicht leben, will sehen, was an der Grenze zur echten Gefahr geschieht – eine Frage, welche die meisten Frauen völlig kaltläßt. Das Springen der Männer etwa von großen Höhen, jener uralte Klippensprung der Knaben, eine Art verhaltener Selbstmord, der zur Überwindung stärkster Selbsterhaltungsimpulse zwingt, ist ihnen sogar ein echter Graus.

Dies wird durch jeden einzelnen Film, der irgendwann einmal über solche Sportarten – etwa das akrobatische Himmelssurfen, das Drachenfliegen, das Tiefseetauchen, das Brandungssurfen, das Fallschirmspringen von Klippen (damit man die Gefahr deutlicher sieht als beim freien Fall!), die einsame Arktisdurchquerung, Gipfelbezwingung oder Weltumseglung – gedreht worden ist, immer von neuem belegt: Das alles zeigt fast immer Männer in Aktion. Dasselbe gilt für Geschwindigkeits- und Höhenrekorde, bei denen die Akteure oft umkommen, und auch für die tollkühnen Versuche, etwa in einer Tonne die Niagarafälle hinunterzureisen, wobei wohl noch nie jemand diese Tonne lebendig verließ.

Diese Tendenz zur männlichen Risikosuche beginnt im Kindesalter, setzt sich bei Jugendlichen fort und führt im Freizeitsport der Erwachsenen zu jenen typischen Präferenzen, die man für erlernte Rollenspiele halten mag, da sie sich langsam aus den frühen, diskreteren Unterschieden der Kinderspiele zu entwickeln pflegen. Dabei ist der Keim zu diesen divergenten Interessen: Motorsport und Kampfspiele aller Art bei den Männern, Geschicklichkeitssport und Kommunikation bei den Frauen, frühzeitig gelegt und auch erkennbar. Oder, etwas vereinfacht: Nach jahrelangen Vorübungen der Kinder und Knaben in Mutproben und Selbstüberwindung vergießen die Männer in Boxringen Schweiß, Blut und Tränen oder riskieren in Autorennen oder beim Rugby ihre Knochen; die Frauen nehmen als Zuschauerinnen bebend teil. Auch *second hand*-Adrenalin gibt einen Kick. Die Prestigefrage: »Wem gehört der siegreiche Held?« ist seit den Ritterturnieren des Mittelalters dieselbe geblieben. Wer den Helden gewinnen kann, wird in seinen Glanz getaucht. *Second hand*-Ruhm für die Auserwählte. Er ist stolz auf sich, und sie auf ihn.

Es ist ein Kontinuum von verschieden dosierten Gefahren, das die Jungen mit den Männern verbindet. Was bei den Jugendlichen noch Sport ist, enthält bereits den Vorgeschmack einer Männerwelt von Eishockey- und Fußballplätzen, Boxringen und Kletterwänden, Bergwerken und Hochseeriggs, wo gebrochene Knochen, blutende Lippen und erfrorene Zehen, Wunden, Prellungen und Narben zu Ehrenzeichen werden. Wenn es bricht und reißt, friert und birst – und dann dennoch klappt, das ist Männerglück.

Die Frustration der von ihrer Langeweile geplagten und von ihrem Testosteron gejagten Großstadtjugend, die bei der Erprobung ihrer Kräfte auf Schritt und Tritt an Verbote und Beschränkungen stößt, ist weltweit ein ungelöstes Problem. Kaum ein Wunder, daß der Abenteuer verheißende Weg in die Subkultur der Drogen als eine Ersatzwildnis sie magisch anzieht, verführt und oft festhält.

Mädchenspiele – für Knaben unverständlich

Mädchenspiele sind ein ganz anderer Zeitvertreib. Selbst wenn sie den Bannkreis der Mutter, des Hauses verlassen, so ist bei ihnen keine Vorbereitung auf Jagd und Kampf zu finden, sondern lauter Vorübungen zur Zusammenarbeit: Man wirft sich Bälle zu, Frisbee-Scheiben oder Ringe, man spielt Rollenspiele, die das soziale Miteinander einüben, oder hüpft auf vorgezeichneten Feldern auf dem Bürgersteig, nach vorgebenen Regeln, denen alle nur zu gern folgen. Wenn jemand daneben tritt, darf er es – ohne alle Konsequenzen – noch einmal versuchen. Ein Junge würde hier sagen: »Raus!« – denn schließlich muß es doch um etwas gehen. Am Ende hat das Spiel nicht einmal einen Sieger, denn alle haben es geschafft. Im Grunde geht es den Mädchen darum: Alle sollen zufrieden sein.

Glücklich sehen sich dann die kleinen Mädchen an, umarmen sich, hüpfen in die Luft voller Freude, daß alles so gut gegangen und niemand traurig ist, fassen einander an und laufen ausgelassen weiter. Zum nächsten Spiel, das ebenso ungefährlich ist. Die Jungen nennen das »sinnlos« und »langweilig«, und Mädchen reden verächtlich von Kampfspielen der Jungen: »sinnlos«!

Ein wichtiger Reiz beim Spielen ist für die Mädchen grundsätzlich die Gemeinsamkeit, das kommunikative Element. Abwechselnd den Ball fangen, ihn an die Wand werfen, die gar nicht zu verfehlen ist, und dann wieder auffangen, das Muster der Fäden, die man auf die Finger nimmt, verändern und das Muster wieder an die Mitspielerin abgeben; Harmonie genießen und abwesende Dritte durch Zweieinigkeit über deren Fehler zu disqualifizieren, das ist Mädchenwelt. Jungen halten sich da offener, denn sie erwarten weniger von einem Zusammenspiel; sie halten Freundschaft mit fast allen für möglich. Das enge Zusammenrücken der

Mädchen, der Flüsterton, das Kichern, es befremdet die Jungen eher. Sie haben nicht das Gefühl, hier etwas zu versäumen. Und hätten sie es, sie wüßten: Das darf keiner erfahren!

Im Sport sind es die untypischen Frauen, die um Medaillen kämpfen. Tennis, Abfahrtslauf, Leichtathletik, Eisschnellauf, die Gesichter sind konzentriert und oft drahtig-männlich. Die typische Frau, vor allem die Östrogenfrau, sieht man hingegen häufiger im Mannschaftssport, im höflich korrekten Ballspiel, das fairer verläuft als bei den Männern.

Ganz generell ist das Spiel der Frauen nicht nur fairer und weniger wild, sondern im Sinne üblicher Kriterien auch sympathischer. Man nimmt Rücksicht, auch auf den Gegner. Man schadet ihm nicht, tritt zurück hinter das Ganze, ordnet sich ein und unter. Eine erfolgreiche Damenmannschaft spielt gut zusammen, hat aber selten die alle anderen mitreißende große, starke Einzelkämpferin.

Gemeinsamkeiten und Trennendes

Dem Jungen gehen beim Spielen seine römischen Soldaten schnell kaputt – Arme und Waffen brechen ab, keine Hellebarde hält sein Spielen lange aus. Bei den Mädchen bekämen sie neue Arme, würden hübsch bemalt und gepflegt, statt vom Treppengeländer zu fallen oder mit dem Luftgewehr umgeschossen zu werden. Das ist ein von Anbeginn an alles durchziehender Unterschied in der Art zu spielen: Die Figuren der Mädchen bleiben heil. Benutzungs- und Verschleißgrad unterscheiden sie vom Jungenspielzeug. Gibt das nicht eine Vorahnung davon, wie sie später die Welt behandeln werden?

Der Junge hat sich zu disziplinieren, seine Aggression zu beherrschen, aber er darf wettkämpfen – die punktuelle Befreiung vom Liebsein! Und angeben – die punktuelle Befreiung vom Bescheidensein! Es geht los mit dem Wettspucken, bei Mädchen kaum bekannt. Dann kommt das Wettpinkeln, durch das »Manneken Pis« – die berühmte Brüsseler Brunnenstatuette weltbekannt – wenn nicht salon-, so zumindest markt- und brunnenfähig gemacht.

Er steht da wie ein Feldherr, wie ein General vor seinen Truppen. Für die Jungen also gilt: Was ein Sieger werden will, muß beizeiten als Weitspucker und Weitpinkler beginnen.[46] So geht es dann weiter, mit Skate Board und Inline Skating als neuesten Großstadt-Sportarten, neben ihnen weiter die Klassiker Weitsprung und Hochsprung, Schlagballweitwurf, Speerwurf, Diskuswerfen und das Hochstemmen von

»Manneken-Pis« auf dem 1751 von Jacques Bergé errichteten Brunnen in Brüssel.

schweren Gewichten. Bei der Mehrheit junger Frauen nimmt das Sportinteresse derweil ab, sie läuft durch die Natur, spielt Tennis und Golf und tut vor allem, was ihr Freude macht.

Die Männer treiben Sport vor allem zum Siegen, die Frauen eher aus Bewegungsfreude, um schlank und schön zu bleiben. Daher überwiegen bei ihnen Sportarten wie Reiten und Skilaufen, Kanusport und Kunsteislauf. Für das stumpfsinnige Radfahren etwa, wo man auf die Straße starren muß, lassen sie sich nicht recht begeistern. Geschickt sein, Kunstturnen, Fechten, das macht Sinn, und man findet sie in olympischen Disziplinen, die kennzeichnenderweise nur für Frauen existieren: Gymnastik mit Ball, Ring, Seil und Band. Auch die Zusammenarbeit etwa in einer kleinen Mannschaft liegt ihnen. Es ist wie im Chor oder in der Tanzgruppe – man lernt, sich einzufügen, nicht unbedingt vorzupreschen.

Auf vielen Gebieten freilich haben Frauen die Chance, fast zwittrig in die Männerwelt hineinzugleiten: beim Segeln, Skilaufen, Schlittschuhlaufen, Surfen im Sommer, Wandern und Rudern und dem neuen Rollenlauf auf Beton und Asphalt. Und bei allem bekommt sie positive Rückmeldung: Man bewundert sie für ihre Leistungen, von beiden Seiten her. Einen entsprechenden, unproblematischen Weg in die Frauenwelt gibt es für die Männer nicht. Als Steward oder Tänzer, als Modedesigner oder

Spielerisch nehmen kleine Mädchen kommende Rollenspiele vorweg, indem sie ihre Auftritte als »Dame« mit kokettem Stolz und ironischem Amusement inszenieren.

Hausmann bleiben sie vielen Männern – und auch vielen Frauen – suspekt. Ihr Spielfeld, die Spielbreite ihrer Wahlmöglichkeiten ist von der allgemeinen Vorstellung von Männlichkeit beschnitten. Nur die ganz großen Stars passieren die Grenze spielend: die Spitzen-Designer und Weltklasse-Tänzer.

So werden im Regelfall die Männer von ihren Spielen und vom Sport gehärtet, so daß sie bei Belastungen nicht so leicht brechen. Die Frauen werden von Spiel und Sport eher flexibler, geschickter und geschmeidiger, so daß sie sich besser biegen, wenn die Belastungen übermächtig werden. Ein Geflecht aus diesen beiden komplementären Prinzipien aber ist wieder einmal mehr als nur additiv ergänzend (supplementär): Es hält – das sieht man vor allem dann, wenn aus dem Spiel Ernst, aus dem Sport Krieg wird – viel mehr aus als jeder von den beiden, die hier zusammenwirken.

Viel mehr als nur erlerntes Rollenspiel

Es ist gegen die Ansicht, in den immer wieder beobachteten, unterschiedlichen Verhaltensweisen von Mädchen und Jungen zeigten sich spontane Anlagen und geschlechterspezifische Neigungen, eingewandt worden, dieser Eindruck werde nur durch die Beeinflussung der Kleinkinder durch ihre Umwelt hervorgerufen. Die Erwartungshaltungen der

Eltern erzeuge eine selbsterfüllende Prophezeiung: Die Mutter drücke halt der Tochter die Puppe, der Vater dem Sohn die Spielzeugpistole in die Hand – und schon sei die Weiche zu Weiblichkeit und Männlichkeit gestellt. Wir werden mehrmals auf die zahlreichen Widerlegungen dieser These zurückkommen. Sie muß heute fast als milieufetischistisch bezeichnet werden, wo sie sich durch *a-priori*-Gewißheit gegen wissenschaftliche Beobachtungen und Argumente imprägniert hat.

Aus dem Bereich der Ethnologie ist bekannt, daß Kinder in den verschiedensten Kulturen die gleichen Verhaltensweisen zeigen: Wenn sie keine Waffen haben, erklären die Jungen – ob bei den Buschleuten der Kalahari oder den Yanomami am Orinoko – Äste zu Schwertern und einen Hügel als Streitobjekt und kämpfen um ihn. Am Strand veranstalten sie Wettlauf, im Fluß Wettschwimmen, im Gebirge Wettklettern. Die kleinen Mädchen hingegen – Yanomami, Himba oder Iko – erklären, wenn sie keine Puppe haben, Melonen, Sandalen, Muscheln oder Bananen zu ihren Kindern, die sie dann herzen, an sich drücken und zu stillen vorgeben. Es gibt hierfür Belege aus aller Welt und aus allen Kulturen. In einem Sammelband mit Beiträgen namhafter Völkerkundler, Verhaltensforscher, Psychologen, Biologen und Sprachforscher[47] findet sich eine Zusammenstellung vieler derartiger Beispiele, die deutlich machen, daß es sich tatsächlich um spontane Verhaltensweisen handelt, für die es zudem schlüssige neurobiologische Erklärungen gibt.

Kulturvergleichende Untersuchungen in westlichen Großstädten, in afrikanischen Steppengebieten, im südamerikanischen Dschungel und im israelischen Kibbuz zeigen, daß die Geschlechtsrollen aus der Sicht der Verhaltensforschung ein uraltes Erbe aus der menschlichen Vorzeit sind. Sie passen sich in Abhängigkeit von elementaren biologischen Bedingungen zwar an die jeweiligen ökologisch-ökonomischen Umstände an, dienen immer dem biogenetischen Imperativ Darwins im Rahmen der geschlechterspezifischen Fähigkeiten. Die Arbeiten von I. Eibl-Eibesfeldt (Ethologe), G. Neuweiler (Neurobiologe) und M. Lauscher (Ethnologe) zum Thema der Geschlechterdifferenzierung stimmen in ihren Resultaten überein mit denen anderer empirischer Wissenschaften, wo immer in der Welt sie betrieben werden. Dazu gibt es übersichtliche Zusammenstellungen (Wickler / Seibt 1990, S. 222; Streans u. a. 1987, S. 403) sowie die dazugehörigen Erklärungen von Neurophysiologen, die im Steuerzentrum für das menschliche Verhalten immer genauer nach den Unterschieden suchen können. Seit mindestens ein bis zwei Dezennien ist dazu schon vieles bekannt.[48]

Der Geschlechtsdimorphismus

Wahrnehmungsprobleme durch Langsamkeit

Die Geschlechterrollen sind Teil äußerst komplizierter Verhaltensmuster, die mit der stammesgeschichtlichen Höherentwicklung der Lebewesen ständig neue Züge einschließen. Auf dem Wege zu Lebewesen immer größerer Komplexität und schließlich zum Menschen kommt es mehrmals zu Qualitätssprüngen, etwa dann, wenn neue soziale Strukturen entstehen oder neue Hirnareale in die Verhaltenssteuerung eingeschaltet werden.

Um über etwas derart Kompliziertes wie die Geschlechterdifferenzierung nachdenken zu können, kann es nie schaden, die Phänomene, um die es geht, in ihrer Entstehung und Ausprägung im Laufe der Evolution zu verfolgen. Dies gibt Aufschluß über jenes Geflecht von Bedingungen, das allmählichen Veränderungen unterworfen ist. Oft geschehen diese so unmerklich langsam, daß nur unfaßbar lang Zeiträume zu erkennbaren Abweichungen von der Ausgangssituation führen. Ein Beispiel aus der Erdgeschichte mag das verdeutlichen, denn auch die tektonischen Bewegungen laufen extrem langsam ab. Die Kontinente Amerika und Europa/Afrika etwa wandern mit einem Tempo von 2 Zentimeter jährlich auseinander. In den 200 Millionen Jahren, die das schon abläuft, ist der anfangs einmal nur zentimeterbreite Spalt zum Atlantik geworden, der Abstand ist unmerklich auf die durchaus merkbare Distanz von 4000 Kilometern angewachsen.

Genauso unmerklich ändern sich andere Lebensbedingungen: Klima, Vegetation, Fauna, Nahrungsangebot, Jagdverhältnisse, Hirngröße und andere geologische und biologische Variablen, die ewig veränderlichen Bedingungen und Wegmarken der Evolution. Diese Entwicklung von ihrem Urspung an zu studieren, an die Wurzel der Phänomene zurückzugehen und sich dort die Erklärungen der Zusammenhänge und Interaktionen zu holen, bedeutet, den Weg zu immer größerer Komplexität sozusagen in Zeitlupe und unter dem Vergrößerungsglas nachzuvollziehen. So wächst allmählich ein tieferes Verständnis für die Details. Die blinden Flecke, die Lücken und Hohlräume, in die sich sonst gern Voreingenommenheiten und Ideologie einnisten, werden von kontrollierbaren Fakten gefüllt.

Für die Geschlechterprofile sind die Fragen, denen wir dabei nachgehen: Was ist eigentlich der Sinn, der Nutzen von verschiedenen Geschlechtern? Warum gerade zwei? Wie fing es an? Geht es auch anders? Wie wirkt es sich aus? Welche Eigenschaften variieren am meisten und warum? Wozu? Was passiert, wenn sie es nicht tun? Gibt es Ausnahmen? Wenn nicht, warum nicht? Was funktioniert noch und was nicht mehr? Oder unter welchen Umständen doch noch? Nur wer die Antworten auf diese Fragen kennt, kann wirklich unabhängig von historischen Irrtümern, Vorurteilen und Dogmen – also aufgeklärt – darüber nachdenken.

Ein wichtiger Begriff, der hierzu näher erläutert werden muß, ist der Geschlechtsdimorphismus, die Zweigestaltigkeit der Geschlechter. Er bezeichnet die Summe der anatomischen Unterschiede zwischen den männlichen und den weiblichen Individuen einer Art und bezieht sich dabei nicht nur auf die verschieden gestalteten Geschlechtsorgane, sondern auch auf den Unterschied in Gewicht und Muskelmasse, in Beckenbreite, Knochendicke, Schädelform, Zahngröße usw. Dies geht bis in die Proportionen zwischen Knochenmark und Knochen-Corticalis, jene besonders harte Zone des dichten, den Markhohlraum umgebenden Knochenzone, welche naturgemäß für die Stabilität etwa des Handgelenks bei Schlag oder Fall verantworlich ist. Männerknochen sind mit ihrer dickeren und härteren Corticalis-Schicht auch auf das größere Körpergewicht eines Mannes eingerichtet, sonst würden sie – beim Boxen wie beim Eishockeyspiel – zu leicht brechen.

Das offenkundigste Zeichen des Geschlechtsdimorphismus ist bei jüngeren Individuen die Körpergröße, bei Erwachsenen auch die Fettverteilung. Bei vielen Tieren kommen Hörner (Stier, Widder, Antilope), besondere Zahnformen (Keiler, Elefant) oder Geweihe hinzu (Hirsch, Elch), bei anderen wieder ist es vor allem die Körpermasse (Wildschwein, Robbe, Giraffe), welche die Geschlechter schon äußerlich deutlich unterscheidet. Wo diese Unterschiede besonders groß sind, entsprechen sie in der Regel auch besonderen Beanspruchungen. Dies kann etwa ein größerer Energieverbrauch sein, zum Beispiel als Folge eines größeren Wanderradius, wie bei Hirsch und Elch. Je größer der Körper, desto günstiger ist in kalten Regionen außerdem das Verhältnis von Körperoberfläche zu Körpermasse (Eisbär), was besonders auch unter Wasser gilt (See-Elefant, Wal, Walroß).

Manchmal entwickeln die männlichen Individuen eine besondere Pracht, die prunkvolle Entfaltung gewisser äußerlicher Aufmerksamkeitsfänger für den weiblichen Geschlechtspartner (Hahnenkamm, Pfauenfedern, Löwenmähnen, Geweihe). Dieser Lock-Look ist bei jenen Arten besonders ausgeprägt, die polygame Verhaltensweisen zeigen. Vor allem bei vielen Vogelarten ist der Unterschied zwischen Männchen und Weibchen manchmal so groß, daß man kaum glaubt, noch dieselbe Art vor sich zu haben (Auerhahn, Paradiesvögel und gewisse Enten). Gerade die Tatsache, daß polygame Arten besonders dimorph sind, weist auf die Rolle des Dimorphismus für die Partnerwahl hin: das Prachtvolle, Kraft und Größe versprechen als Zeichen von Gesundheit und Effektivität etwa bei der Nahrungssuche eine generell bessere Überlebenschance für die Nachkommen. Deshalb bevorzugt die Frau bei ihrer Auswahl oft die stattlichen Partner.[49]

Die wichtige biologische Rolle, die der Auswahlfunktion der Frau zukommt, ist in dem hochaktuellen Buch »Female Choices«[50] anhand einer Serie von faszinierenden Beobachtungen an Affen beschrieben. Die Untersuchungen der Menschenaffenforscher sind in der Regel von viel Empathie und originellen Gedanken über das äffische versus das menschliche Verhalten begleitet, da hier viele eindeutige Analogien vorliegen. Dabei zeigt sich, daß die scheinbar von den aggressiveren Männern eroberten Frauen in Wirklichkeit einen ganz entscheidenden Einfluß darauf nehmen, welche Varianten von Verhalten und genetischer Ausstattung am Ende weitergegeben werden.

Zwar werden die Kinder durch die Y-Chromosomen zum Teil männlich modifiziert, aber jeder mit ihren Söhnen unzufriedenen Mutter sei dieses Buch empfohlen: Sie selbst hat letztlich ihre Kinder durch die Partnerwahl mit ausgewählt. Außerdem gibt sie ihnen rein quantitativ auch mehr Erbgut mit als der Mann.[51]

Wie aufschlußreich Untersuchungen an diesen unseren nächsten Verwandten tatsächlich sein müssen, geht allein daraus hervor, daß wir mit ihnen 97 bis 98 Prozent unseres gesamten Erbgutes gemeinsam haben. Was noch etwas variiert, sind Hirngröße, Körpermasse, Muskelstärke und Behaarung. Alles andere (einzelne Knochen und Organe, etwa Leber, Niere, Herz und Augen) wäre für einen Laien nicht eindeutig nach seiner Herkunft zu unterscheiden.

Männlichkeit als Schutzfunktion

Was wir hier geschildert haben, ist eine Anpassung an besonders harte äußere Lebensbedingungen. Dabei wird die Rolle des männlichen Parts einer Säugetierfamilie in ein seltenes Extrem verzerrt. Denn das nun einmal gewählte Prinzip der Männlichkeit im Sinne einer Befreiung von Vorsicht, Schwangerschaft und Brutpflege wird von verschiedenen Arten durchaus unterschiedlich genutzt. Beim Eisbären ist der männliche Bär völlig vom Leben der Mutter und des Nachwuchses getrennt, er ist nicht einmal zur Revierverteidigung verpflichtet, denn der Eisbär hat selten Konflikte mit Artgenossen (allenfalls einmal um einen guten Fang oder einen gestrandeten Wal). So scheint seine Hauptaufgabe zu sein, zum Überleben der Art unter großem Energie-Einsatz in lebensfeindlicher Umgebung zu überleben.

Bei vielen anderen Säugetieren bleiben die Familien eine Zeitlang zusammen, wobei dem Männchen in der Regel die Revierverteidigung, ein Teil der Nahrungsbeschaffung sowie die Konkurrenz mit anderen Männchen um die Fortpflanzung obliegt – also eine Art biologischer Qualitätssicherung. Schwertwale und Delphine, Löwen, Keiler und Gorillas verteidigen mit großer Energie ihre Familie, was natürlich voraussetzt, daß diese – oft eine Großfamilie mit mehreren Weibchen – zusammenbleibt. Wenn – wie etwa beim Moschusochsen – Gefahren durch Raubtiere bestehen, ergeben sich oft typische Wanderordnungen oder Verteidigungsstellungen, die an die Wagenburgen der Siedler im

Bei der Wanderung nehmen die Paviane eine Ordnung an, welche die Schutzfunktionen der einzelnen Tiere, ihre Empfindlichkeit und Wichtigkeit in möglichen Feindkontakten berücksichtigt. Alte Männchen (1) bilden Vor- und Nachhut, jüngere schützen die Flanken (2). Dann kommt ein Ring mit Halbstarken (3) und jungen Männchen (4), gemischt mit erfahrenen Weibchen. Ganz innen wandern die Kinder (5), die Schwangeren und die jungen Mütter mit Säuglingen auf dem Rücken (6).

Feindesland erinnern: Außen die stärksten Männchen, die auch die eventuellen Ausfälle gegen den Feind ausführen, dann die halberwachsenen Männchen, dann die erwachsenen Weibchen, ganz innen die besonders schutzbedürftigen Jungen.

Dieses Prinzip findet man selbst bei wandernden Elefanten, denen ja eigentlich kaum Gefahren drohen. Es scheint die grundsätzliche Art der Säugetiere zu sein, die auch bei größeren Herden zu sehen ist: Man schützt die wehrlosen Kleinen, indem man sie notfalls mit dem eigenen Körper deckt. Bei den von mehreren Raubtieren bedrohten Pavianen ist dieses Prinzip in ihrer Wanderordnung besonders gut zu studieren: Die Vorhut und die Nachhut bilden die stärksten Männchen, die Flanken decken die halberwachsenen Männchen, den nächsten Ring bilden die kinderlosen (!) Weibchen, und ganz innen gehen die Mütter mit ihren Kindern auf dem Rücken beziehungsweise die »Toddler« und Jungen, die schon selbst gehen können. Es ist ein Schritt auf dem Wege zur Männlichkeit, wenn ein kleiner Affenjunge – und der tut das bezeichnenderweise viel öfter als ein Affenmädchen! – zwischendurch mal nach außen prescht und eine Weile in einer Männerposition geht. Die Erwachsenen dulden das in der Regel dann nicht, wenn tatsächlich Gefahr besteht – also etwa ein Leopard zu hören war.

Der Leopard ist ein Hauptfeind der Schimpansen. Man hat gesehen, daß die größten Männchen der Gruppe, nachdem sie sich hüpfend und schreiend in Wut gesteigert (ihr Reptilhirn angeheizt) haben, plötzlich auf den Leoparden zulaufen, um ihn, große Knüppel schwingend, zu vertreiben – ein wahrhaft lebensgefährliches Unterfangen. Der Leopard pflegt meist zu weichen, denn die Schimpansenmännchen wiegen bis zu 80 Kilo und haben bei einem Freilandexperiment einmal einer Leopardenattrappe mit einem großen Knüppel das Rückgrat zerschmettert. Hier existiert offenbar bereits das Gefühl dafür, daß die anderen Mitglieder der Schimpansengruppe den Kämpfenden nicht im Stich lassen. Das steigert den Mut des einzelnen.

Was hier geschieht, setzt voraus, daß die stammesgeschichtlich alten, dem Kampf geweihten Hirnregionen – ein fundamentales Prinzip der Männlichkeit – allzeit bereit (alert) gehalten werden und rasch in Aktion treten können. Damit das gelingt, müssen die Hormonwirkungen, welche die Aggressivität vermitteln, rasch anspringen – und genau diese kann man beim Mann in solchen Situationen messen. Er ist latent »adrenerg«, nahe am Sympathikotonus der Wut, die ihn bei Bedarf befähigt, das eigene Leben einzusetzen.

Die Zahl der Varianten männlicher Rollen ist bei Säugern – auch das hat die Verhaltensforschung gezeigt – fast so groß wie die Zahl der Säugetierarten selbst. Sie kann sogar innerhalb einer Art variieren. Bestimmt wird sie durch die jeweiligen Umstände (Individuendichte, Feindspektrum, Nahrungsbedarf, Beutedichte usw.), aber es gibt dabei ein durchgehendes Konzept: Solange ein Männchen dafür zur Stelle ist, wird weder das Leben des Weibchens noch der Nachwuchs gefährdet. Vor diesem Hintergrund wird besonders deutlich, welche Perversion des Säugerverhaltens es ist, wenn Despoten wie Hitler oder Chomeini tatsächlich Kinder an die Front schicken (im Iran etwa durch Minenfelder!), um so die Erwachsenen zu schonen und sich selbst verteidigen zu lassen. Vermutlich hätte das selbst Attila und Timur Lenk mit Verachtung erfüllt, denn männliches Verhalten ist auch in sehr primitiven Gemeinschaften dem eines Gentlemans näher als dem eines Feiglings und Drückebergers.

Gleitende Konzepte der Arbeitsteilung

Die Austauschbarkeit männlicher und weiblicher Funktionen unter bestimmten Umständen ist dennoch verblüffend. Sie ist trotz allem von Notwendigkeiten begrenzt. Es gibt hier einen Ansatzpunkt für einen stark relativierenden Einwand: Beim Menschen in hochzivilisierten Gesellschaftssystemen kommt es zu gleitenden Rollen aufgrund von gleichermaßen gleitenden Bedingungen: Familien haben wenige oder gar keine Kinder, der Nachwuchs wird statt von den Eltern von Institutionen der Gesellschaft versorgt, Frauen arbeiten ganztags oder absolvieren lange Ausbildungen zu hochqualifizierten und spezialisierten Akademikerberufen, die sie bis zum 30. oder gar 35. Lebensjahr voll auslasten. Dann ist es oft zu spät für die Familienbildung, Ehen werden kaum geschlossen oder halten nicht. Wenn sich die Bedingungen derart ändern, gerät da nicht logischerweise das ganze Konzept der Arbeitsteilung ins Gleiten?

Die Antwort ist eindeutig ja. Die Lebensentwürfe gleiten, in neue, unerprobte Bereiche. Wer damit beginnt, ist der Nutznießer der Neuerung und bezahlt ihren Preis. Und der ist hoch, denn das Ganze ist verbunden mit evolutionären Friktionen, die aus dem mangelnden Gleichtakt der Entwicklungen entstehen: Diese Umstellungen im Leben des modernen Menschen geschehen – aus der Sicht der Evolution – urplötzlich, in einer Welt-Millisekunde, die weder der Gattung noch dem einzelnen Lebewesen eine Chance gibt, die hierfür adäquaten Eigenschaften zu entwickeln. Dies gilt insbesondere für die fundamentale Organisation der Gehirnzellen, der Wahrnehmung, der Streßbewältigung, der Handlungsauswahl und all jener Reaktionen, die sich über Jahrmillionen hinweg als angemessen erwiesen haben.

Spuren der Evolution – in der Lava und im Gehirn

Vor einiger Zeit machten Paläontologen in Ostafrika einen wahrlich aufregenden Fund: die berühmten Fußabdrücke von Laetoli. Es sind die in feuchter, später erstarrter Lava-Asche festgehaltenen Fußspuren einer vor-menschlichen Familie: ein größerer, schwerer Mann, eine kleinere Frau, die nebeneinander hergingen, zusammen stehen blieben und sich offenbar umsahen, daneben, etwas weiter abweichend von dem gemeinsamen Weg, wie bei einem Kind üblich, eine viel kleinere Nebenspur. Es ist der versteinerte Beweis dafür, daß es aufrechtgehende Hominiden mit diesen Hauptzügen bereits vor 3,5 Millionen Jahren gab – das ist das Mindestalter unserer elementaren biologischen Ausrüstung! Das ist etwa das Alter von Lucy, dem *Australopithecus afarensis*. Die ältesten Funde von Hominiden und prä-hominiden Primaten gehen *(Ardipithecus ramidis)* bis zu 4,6 Millionen Jahre zurück, *Ramapithecus* bis 12 Millionen, die von kleineren Affen (etwa dem *Aegyptopithecus)* bis zu 35 Millionen und die von Halbaffen (*Prosimiae*) noch erheblich weiter: bis zu 60 Millionen Jahre. Und sie alle hatten bestimmt schon sexuelle Kontakte, die den unseren ähneln. Bei den Laetoli-Hominiden kann man schon aufgrund von Körperbau, Größe und Gewicht die klassische Dichotomie in Mann und Frau ablesen, dazu natürlich die Familienbildung mit Kind.

Das heißt nichts anderes als: Der Mensch mag im 20. Jahrhundert leben, seine intelligenten Träume träumen und seine Umwelt nach ihnen umgestalten – seine Innenwelt aber, seine physiologische, physische und psychische Ausstattung stammt zu einem wesentlichen Teil aus den letzten hunderttausend bis viele Millionen Jahren. Die physischen Defizite mag sein Genius gerade noch beheben: Da ihm so schnell kein Fell wächst, macht er sich Pelzmäntel. Seine Muskeln verstärkt er mit Maschinenkraft. Aber an seiner Physiologie und Psyche kann er nicht viel ändern. Mit diesen Anpassungsdefiziten, mit diesem zeitlichen Auseinanderklaffen der heutigen Spielregeln einer akzelerierenden Evolution und der uralten Triebausstattung des Menschen müssen wir irgendwie leben. Im Angesicht der Utopie einer total neu konzipierten Informations- und High-Tech-Gesellschaft tragen wir regelrecht archaische Anlagen in uns, mit veraltetem Stamm- und Zwischenhirn, mit Trieben und sozialen Instinkten, mit emotionalen Bedürfnissen und limbischer Konditionierung, die nicht für die »Schöne neue Welt« im 20. Jahrhundert entwickelt sind.

Individuen mit einem sehr starken Ego (oder einer ungewöhnlichen zentralnervösen Ausrüstung: dem Gehirn und seiner Organisation, seinen Talenten, Transmittern und Hormonen) mögen aus dem unausgesprochenen, meist nur pragmatisch begründeten Vorteilsbündnis der Gruppe, selbst der elementarsten Gruppe – der Familie –, ausbrechen und zu anderen Lebenskonzepten finden. Das ist selbst im Tierreich zu beobachten, und es sind meistens Männer, die – als einsame Eisbären oder Elefantenbullen – diese Außenseiterrollen wählen oder zu ihnen gezwungen werden. Bei den Affen kommt das selten vor, aber beim Menschen ist es mit der Entwicklung der Individualität durch unterschiedliche Prägung und Programmierung ihres alles dominierenden Steuerzentrums, des Gehirns, ein relativ häufiges Phänomen geworden, dessen Frequenz vielleicht sogar zunimmt. Ihre Ichstärke mag aus hoher Intellektualität (Forscher, Schriftsteller), starker Emotionalität und Kreativität (Mönche, Ordensschwestern, Komponisten, bildende Künstler) oder gestörter Empathie und Bindungsfähigkeit (Asoziale, Kriminelle) gespeist sein – sie werden dennoch stets den Preis für ihren eigenen Weg bezahlen: für ihr eigenes Erbgut eine blinde Knospe, einen Nebenzweig am Baum des Lebens darzustellen.

Das ist oft ein Weg, der die Vorteile für die ganze Gruppe, die allgemeine Optimierung zugunsten des eigenen Ego mißachtet. Natürlich ist es genau das, was man Ego-ismus nennt, ein Egoismus jedoch, der – bei großem Talent – durch kompromißlose Selbstverwirklichung auch zu seltenen Leistungsspitzen führen kann. Dann mögen sie für das Ganze einen großen Gewinn bedeuten, eine Art schöne Blüte, eine Innovation, die bereichert und über die sogenannte Verwandtenauslese auch evolutionäre Vorteile für andere mit sich bringt. Aber diese Alleingänger opfern sich dabei selbst – kein Weg führt daran vorbei –, unter anderem, indem sie die Welt für andere, kooperationsfreundlichere Lebenskonzepte freimachen.

Männliche Schwangerschaft: der Tanz der Seepferdchen

Eine weitere Variante der Aufgabenverteilung zwischen den Geschlechtern zeigt uns mit Nachdruck eines der charmantesten Tiere unserer Meere. Es praktiziert eine Aufgabenteilung, die allen herkömmlichen Auffassungen von männlichen und weiblichen Lebensbeiträgen zu widersprechen scheint. Es handelt sich um das australische Seepferdchen, (*Hippocampus whitei*).

Monogame Paare sind im Tierreich selten. Noch seltener ist, daß die Partner einander konsequent treu bleiben. In den küstennnahen Seegraswiesen in der Nähe von Sydney studierten Forscher aus Großbritannien und Australien (Vincent und Sadler 1997) in 600 Stunden Taucharbeit das Familienleben dieser merkwürdigen kleinen Lebewesen: Es sind Fische, verwandt mit den Seenadeln. Sie werden auch als die »Nippes des Meeres« bezeichnet und erinnern an die in kleinen, wassergefüllten Zylindern auf und absteigenden Männchen, die »kartesianischen Teufel«.

Seepferdchen leben meist von Tang. Sie nehmen dessen Farbe an und sind so kaum zu erkennen. Manchmal krallen sie sich am Tang fest und reiten auf ihm weite Strecken durchs Meer. Sonst sind sie langsam und ziemlich ortsständig. Beim Paarungsakt berühren die männlichen und weiblichen Seepferdchen einander ständig mit dem Mund, kein Zweifel: Sie küssen sich. Dann umschlingen sie einander mit den Schwänzen und führen einen seltsamen Tanz auf. Dabei legt, oft erst nach Stunden, das Weibchen dem Männchen mittels eines dünnen, schlauchartigen Legerüssels die Eier in eine kleine Bauchtasche. Diese ist mit einem wabenartigen, weichen Gewebe ausgekleidet, in dem die Eier befruchtet werden und sich festsetzen. Dort werden sie – wie in der Plazenta von Säugetieren – mit Sauerstoff und einem Nahrungssekret versorgt, das an die Milch erinnert. Das Männchen trägt sie aus; es übernimmt so die ganze Schwangerschaft.

Man sieht nach dem Paarungsakt, daß das Weibchen deutlich schlanker, das Männchen deutlich fülliger geworden ist. Die heranwachsenden Embryonen vertragen kein Salzwasser, daher hält der Vater die Bruttasche am Bauch fest geschlossen – sie erinnert an eine Gebärmutter, später an den Beutel der Känguruhs. Das bedeutet, daß die Männchen während der Schwangerschaft grundsätzlich enthaltsam leben. Wenn die Sprößlinge nach etwa drei Wochen schwimmfähig sind, werden sie ausgestoßen. Diese Geburt scheint für den Vater beschwerlich zu sein, denn er reibt seinen Bauch lange an kleinen Steinen, bis alle Kleinen sich gelöst haben. Mit ihnen wird eine Art Nachgeburt ausgestoßen, die aus dem wabenartigen Gewebe der väterlichen Bruttasche besteht.

Während dieser väterlichen Schwangerschaft gibt es für die Weibchen eigentlich keinen Grund, ebenfalls enthaltsam zu sein. Aber sie sind es. Das Weibchen wartet geduldig, bis der vertraute Partner wieder paarungsbereit ist (Animal Behaviour Bd. 50, S. 1557). Es trifft allmorgendlich an dem vertrauten Stammplatz in seinem Revier mit dem schwangeren Männchen zusammen. Wenn die beiden aufeinander zuschwimmen, erblassen sie merklich. Dann beginnen sie einen graziösen Reigen: Mal drehen sie sich im Kreis, mal schwimmen sie nebeneinander her, die Schwanzspitzen eng umschlungen – so tanzen sie minutenlang über dem Meeresgrund. Dann nimmt ein jeder wieder die normale Alltagsfarbe an und geht eigene Wege. Am nächsten Morgen jedoch erscheinen beide wieder pünktlich am Treffpunkt.

Treue und Beständigkeit – warum?

Dank solcher regelmäßigen Kontakte können die Seepferdchen ihr Liebesleben perfekt synchronisieren. Sind die Jungen aus der Bruttasche geschlüpft, kann das Männchen sofort wieder schwanger werden. Aus diesem Anlaß gerät die morgendliche Begrüßungszeremonie mit Küssen und Tänzen besonders ausführlich, und am Ende werden dem Männchen wieder neue Eier übergeben. So sorgen die australischen Seepferdchen von November bis April siebenmal für Nachwuchs. Wer sich in der Zwischenzeit nach einem neuen Partner umsieht, verliert an Reproduktionstempo: Er hat keine Aussicht auf so regelmäßige Kontakte und so große Nachkommenschaft. So liegt die monogame Beziehung im Interesse beider Geschlechter.

Es wurde kein einziger Seitensprung, keine Trennung beobachtet. Selbst wenn ein Partner schwer verletzt ist, wartet der andere auf seine Genesung, und das Paar bleibt zusammen. Bis zu sieben Wochen sah man ein Weibchen auf die Heilung einer verletzten Bruttasche warten. Ein anderes Weibchen bemühte sich vergeblich, ihr tödlich verwundetes Männchen zur gewohnten Begrüßungszeremonie zu ermuntern. Erst als sie verwitwet war, sah sie sich nach einem neuen Partner um.

Die Seepferdchen sind praktisch wehrlos: Wenn sie entdeckt werden, können sie weder schnell fliehen noch kämpfen. Daher ist die Farbmimikry ihre einzige Verteidigung. Sie kämpfen auch nicht mit den

Unbilden des Wetters, und da sie nichts bauen oder herbeischleppen, greift hier das Konzept der männlichen Stärke nicht. Der Mann kann genausogut die Schwangerschaft übernehmen, um dem Weibchen die Ruhe und Energie zur Entwicklung der Eier zu geben. Die Eier sind aufwendiger herzustellen als die kleineren Spermien, von denen hier auch nicht der sonst übliche Überschuß vonnöten ist. Der Mann kann sich an der Vermehrung ohne Schaden für die Art intensiver beteiligen als sonst – und tut das auch.

Um sich hier nicht unnötig weit bewegen zu müssen und der Bedrohung durch beutehungrige Räuber nicht unnötig lange ausgesetzt zu sein, ist es wichtig, ein geheimes Spielchen zu spielen, das die Umwelt nicht kennt und nicht erlernen kann. Das ist das regelmäßige Reproduktions-Rendezvous der Seepferdchen, vermutlich das sicherste Lebenskonzept der ganz Kleinen: nicht expansiv sein und andere verscheuchen oder erschrecken, sondern: Nicht auffallen!

Der chemische Treue-Timer

Wir haben bereits von der monogamen Paarbildung im Tierreich gesprochen, die eindeutig eine Ausnahme unter den Paarungsmustern der Tierwelt darstellt. Das sei uns nicht als naive Monogamiepropaganda ausgelegt, denn das Phänomen der Monogamie repräsentiert die Fähigkeit der Anpassung an spezielle Umstände des Lebens. In der extrem harten Welt von Arktisbewohnern, Zugvögeln, wehrlosen Kleintieren und ebenso hilflosen Tierriesen mag es den höchsten Grad von Aufopferungsbereitschaft und Sicherheit darstellen, der erreichbar ist, und damit das Quentchen, das zum Gerade-noch-Überleben reicht. Zu den Tierarten, die vom Aussterben bedroht sind, gehören viele, von denen hier die Rede war, darunter Eisbären, Elefanten – und sogar Seepferdchen. Aber auch bei den Primaten ist das Bild uneinheitlich.

Der Mensch ist ein Primat mit sehr langer Trächtigkeitsdauer und dazu einer langen Periode der völligen Hilflosigkeit des Neugeborenen – dem »extrauterinen Frühjahr«. Spät erst kann das Menschenkind, das nach sinnesphysiologischen Experimenten noch viele Jahre ein deutlich unterentwickeltes Wahrnehmungs- und Reaktionsvermögen aufweist, in eine von Raubtieren und anderen Gefahren geprägte Umwelt entlassen werden. Daher ist es sehr sinnvoll, daß die Menschen durch Hormone und andere Botenstoffe (Endorphine und Phenylethylalanine) zusammengehalten werden. Es mögen chemische Tricks der psychischen Beeinflussung zum Erreichen einer nur zeitlich befristeten Treue sein, die schon nach etwa 1½ Jahren – und noch einmal nach rund 4 Jahren – markant an Wirkung verlieren, aber bis dahin ist das Kind so groß, daß die akutesten Gefahren für den Nachwuchs als überstanden gelten können. Die Rollen von Vater und Mutter enthalten also Elemente, die von den entwicklungsgeschichtlichen Bedingungen durch Jahrmillionen geformt wurden und sich nur langsam ändern.

Die Erfolgsgrundlage der Säuger

Es ist kein Zufall, daß wir, um zu den Quellen der Phänomene vorzudringen, uns bis an die Wurzel der Entwicklungen zurückzugraben, immer wieder auf die Säugetiere verweisen, denn mit dieser Gruppe von Lebewesen verbindet den Menschen mehr, als man spontan denkt. Die großen Unterschiede zwischen Walen und Eichhörnchen, Bibern und Giraffen, Lemmingen und Menschen überdecken das Faktum, daß sie alle mit ihren zahlreichen Gemeinsamkeiten unvorstellbar weit entfernt sind von solchen ganz andersartigen Lebenskonzepten wie Langusten oder Käfern, Fröschen, Fliegen oder Paradiesvögeln.

Von diesen Gemeinsamkeiten wollen wir etwas herausgreifen, das über seine Auswirkungen auf Gehirnentwicklung, Reproduktion, Nachwuchspflege und andere Verhaltensweisen gerade auch die spätere Ausgestaltung der Geschlechterrollen beeinflußt. Es ist die größte aller Erfindungen der Natur in den letzten 200 Millionen Jahren: die Milch. Wir wollen zugleich an diesem Beispiel zeigen, wie man durch die sorgfältige Analyse eines einzelnen, zentralen Phänomens Licht auf vieles andere werfen kann. So etwa ist es mit dem Konzept der Milch: Sie

- löst neue Entwicklungstrends aus,
- beschleunigt die Evolution,
- fördert die Hirnentwicklung,
- festigt die Familiengruppe,
- intensiviert die Mutter-Kind-Bindung,
- erleichtert die Ernährung des Nachwuchses,
- vergrößert den Radius der Nahrungsmittelbeschaffung,
- regt zur Kooperation an,
- stimuliert die Kommunikation,
- ermöglicht die Weitergabe von Memen,
- entwickelt eine Fürsorgeethik und
- stellt die Weichen für die Geschlechterrollen.

Das mag im ersten Moment übertrieben klingen, aber der plötzliche Erfolg, die explosionsartige Vermehrung, Differenzierung und Verbreitung der Säugetiere, der Mammalia (benannt nach lat. *mamma* für Brust) auf dieser Welt ist ohne Zweifel verblüffend. Wir wollen versuchen, den Erklärungswert der Milch über eine längere Zeitspanne der Evolution hinweg zu prüfen.

Späte Zündung einer explosiven Entwicklung

Die Erde ist etwa 4,5 Milliarden Jahre alt. Das Leben im Meer begann vor vielleicht 3,5 Milliarden Jahren, an Land vor etwa 500 Millionen. Greifen wir zu dem didaktischen Trick, diese unbegreiflichen Zeitspannen begreifbar zu machen, indem wir die Gesamtzeit, die seit der Entstehung der Erde vergangen ist, mit einem 24-Stunden-Tag gleichsetzen, war die Erde von 0 Uhr bis 5^{20} Uhr »wüst und leer«. Dann entwickelten sich Bakterien und Algen, also Pflanzen, daneben zunehmend auch kleine Tierchen: Einzeller, Weichtiere, Manteltiere, Schalentiere (Außenskelette!), Fische (Innenskelette!). Um etwa 21^{40} Uhr stieg das Leben an Land. Es begann mit Pflanzen (Algen, Moosen), dann folgten ihnen primitive Tiere: Amphibien und Reptilien. Allmählich enstanden plumpe, säugetierartige Tiere, und dann begann vor etwa 220 Millionen Jahren die Epoche der großen Reptilien, der Saurier, als Nebenzweig die ersten vogelartigen Flugsaurier. Die immer größer werdenden Riesenechsen beherrschten bald die Erde. Es war 22^{50} Uhr; die Saurier würden um 23^{40} aussterben. Um etwa 1 Minute vor Mitternacht lebte der Mensch von Laetoli – kam er bereits um 23^{58} Uhr?

Im Verborgenen noch, sozusagen unter den Füßen der Saurier, um ihre Nester und Eier herum, über ihren Köpfen, auf den Zweigen von Riesenbärlapp, Farnen, Palmen und Schachtelhalmen, entwickelten sich die stillenden Säugetiere: tupajaartige[52] Proto-Mäuschen, Proto-Eichhörnchen, Proto-Äffchen, Proto-Ratten und Proto-Marder, klein, wendig, warm, scheu und oft auch im Dunklen aktiv. In der relativ kurzen Zeit aber, die ihnen nach dem Aussterben der Saurier vor etwa 65 Millionen Jahren zur Verfügung stand, haben sie alle alten Erfolgsrezepte der Natur, die Spinnen und die Krokodile, die Schildkröten und die Fliegen, die Käfer und die Würmer, die Frösche und die Seegurken schwungvoll überrundet und besiedeln heute in Tausenden von Varianten jede Nische, jede Sphäre, jede Dimension, jede Klimazone der Erde – Wüstensand, Steppe, Dschungel, Wasser und Eis. Warum?

Das begreift man, wenn man einmal aufmerksam zusieht, wie mühsam etwa Uhus, Meisen, Störche, Adler, Schlangen und Spinnen ihre Brut ernähren, mühselig und unpraktisch: Sie legen sie etwa als Larven in die Körper betäubter Tiere oder geben sie schutzlos in Gelegen im Sand Flut und Eierräubern preis. Andere spinnen sie ein in einen Kokon oder bohren ihnen Löcher in die Baumrinde, wo der Specht sie herauspickt. Wieder andere jagen erfindungsreich allerlei Beute, bringen die so erlegte Nahrung ins Nest, schleppen sie hoch in den Horst, auf den Baum, oder hinunter in die Höhle, in den Erdgang – alles mit großen Mühen. Das kostet Zeit und Kraft, Energie und Nahrung, immer mehr Nahrung: Sie ist eben auch Brennstoff und Energie für die unermüdliche Tätigkeit der Versorger – oft das Mehrfache ihres eigenen Körpergewichts.

Daher bleiben diese Tiere meistens klein und von begrenzter Kraft, Effektivität und Reichweite. Auch ihre Köpfe und Gehirne bleiben klein. Sie überleben knapp am Rande zum Untergang und oft sehr mühevoll. Mißlingen ist gleich Sterben, Wetterschwankungen und Klimaveränderungen bedeuten oft den Tod, jede Verschlechterung ist mögliches Verderben. Diese schlechten Chancen werden oft mit einer großen Zahl von Jungen kompensiert, von denen dann einige doch überleben.

Milch: die Elektrizität der Evolution

Wie anders doch die Säuger! Neue Formen, neue Größen: Wale, Seekühe, Delphine, Baluchitherien, Donnertiere, Riesenfaultiere, Nashörner, Megatherien, Säbelzahntiger, Riesenhirsche, Wühlmäuse und fliegende Hunde. Was für eine sagenhafte Idee, die Milchherstellung! Eine fast abstrakte Nahrungs- und Energiespeicherform, wie die moderne Elektrizität, die aus Öl, Kohle, Gas, verdampfendes Wasser oder Explosionen gewonnen werden kann, um dann beliebig, wann es halt benötigt wird und paßt, weitergegeben und woanders wieder zurückverwandelt zu werden: in Rotationsbewegungen, Sägen oder Bohren, in Wärme oder Fortbewegung, in Musik oder bunte Bilder. Es ist die Erfindung der gemeinsamen Schnittstelle, um die man heute bei den Medienträgern ringt: Kamera, PC, TV, Schallplatte, CD, Printmedien oder Tonband über eine gemeinsame Schnittstelle miteinander zu vereinen, ineinander umwandeln zu können: aus dem Auge des Reisenden in den TV-Schirm der Daheimgebliebenen. Eine tolle Idee – genauso ist die Milch: aus dem Freßakt der Jagenden in den Schlund der im Bau Gebliebenen.

So ist die Milch für die Lebewesen die ideale, verformbare Transportform der Energie für alle denkbaren Zwecke. Alles, was irgendwo in der Welt gefangen, gefressen oder geschluckt wird, was von erwachsenen, großen, reifen, fertigen, stabilen Krallen, Zähnen, Muskeln be- und verarbeitet wird – es wird in Verdauungssystemen aufgelöst (von Wasser und Speichel, Magensaft, Muzinen und Enzymen) und zerlegt.[53]

Die zerlegte Nahrung wird im Blut weiter transportiert zum immunologischen Abtasten durch die Thymusdrüse, zum Reinigen durch die Milz und zum Filtern und Entschlacken durch die Niere. Sie wird entsäuert und mit Sauerstoff angereichert in der Lunge, mit Zellen bestückt im Knochenmark und mit Hunderten von Hormonen ausgerüstet durch die (endokrinen, einsondernden) Drüsen. Dann – darum geht es letztlich! – wird sie in den (exokrinen, absondernden) Milchdrüsen der Brust wieder zusammengebaut zu langen Molekülketten: zu Milchzucker, Milchfetten, Milchproteinen, ja, es werden sogar gleich Antikörper gegen jene Kinderkrankheiten beigemengt, an welche sich die Memory-Zellen der Mutter noch erinnern. Wie ein gefaxter Text aus elektrischen Impulsen im Empfangsgerät wieder in Schrift umgewandelt wird, so wird durch die Mutter aus dem Gefressenen und Getrunkenen am Ende wieder die ideale Allround-Trinkspeise für den noch unfertigen Nachwuchs – eben Milch. Dieser Gedanke ist im Prinzip in der Natur hier und da schon aufgetaucht: Die Hirschlausfliegen etwa ernähren ihre Nymphen durch eine Art Milch, die Nahrungssekrete in der Bruttasche der männlichen Seepferdchen ähneln der Milch, Beutler haben Milch, hier und da gibt es ähnliches auch bei anderen Tieren, vor allem den Insekten – man denke etwa an die Ameisen, die ihre Haustiere, die Blattläuse, regelrecht melken –, Sekrete also, die zwar nicht unbedingt weiß sind, aber eine Zusammensetzung und eine Funktion haben, die jener der Säugetiermilch ähnelt. Nie aber ist das Konzept so konsequent ins System gesetzt worden wie bei den Säugetieren, wo es nicht nur ausnahmslos bei allen (vielen tausend) Arten vorkommt, sondern zudem so zentral ist, daß sich der Lebensrhythmus so gut wie aller Tiere danach richtet.

Lange Hilflosigkeit – lange Lernzeit

Was für eine geniales Prinzip! Nun kann gefressen werden, wo immer es paßt, was immer da ist – nicht nur Säuglingsgängiges. Mit der vollen Kraft und Macht erwachsener Büffel, Walrosse, Pumas, Bären und Löwen. Schon Wochen vor dem Bedarf. In der Leber kann es als

Glukagon, in der Unterhaut als Fett gespeichert werden. So trägt man es heim, später macht man Milch daraus. So ausgerüstet, kann man ins Dunkle und Sichere kriechen, in die Biberburg, den Fuchsbau, die Bärenhöhle, in hohe Baumkronen oder den langsam schwappenden Tang der seichten Bucht, und die so umgewandelte Nahrung in aller Ruhe und Stille den Jungen weitergeben: eben beim Stillen.

Welch eine Arbeitsökonomie! Was für die Muttertiere ökonomisch ist, erweist sich zudem als sehr nachwuchsfreundlich: Der Kunde ist König! Die Kinder brauchen nur die weichen Lippen und Gaumen zum Saugen und Schlucken von etwas Flüssigem sowie das übersichtliche, standardisierte Enzymsortiment für eine homogenisierte und völlig gleichförmige Nahrung. Das gibt der übrigen Entwicklung und Reifung des Organismus viel Zeit. Dieser kann anfangs ruhig noch unfertig sein und langsam nachreifen. So werden ein kompliziertes Immunsystem, ein umfangreiches Zentralnervensystem, hochentwickelte Sinne und eine sehr differenzierte Koordination von Wahrnehmung und Bewegung möglich. Das wiederum führt zu neuen Jagdmethoden und öffnet neue Lebensräume. Die höchsten Baumkronen, Lianen, Sümpfe, steile Felshänge und Gletscher werden jetzt besiedelt. Gleichzeitig aber entsteht auch die hilflose Säuglingszeit, die langgezogene Jugend, die das Heranwachsende an die Eltern bindet. Sie bedeutet aber nicht nur eine Schwäche, sondern verlängert zugleich die Imitations- und Lernzeit, die bald zu ganz neuen – erlernten, sozial vererbten – Lebenstechniken führen wird.

Durch die regelmäßigen Stillkontakte mit dem hilflosen Frühgeborenen (manche Jungtiere werden 2 bis 3 Jahre lang gestillt!) kommt es nun zu jenen langen Pflege- und Hegephasen, wie sie die Säugetierfamilien kennzeichnen. Das wiederum macht soziale Instinkte wertvoll, ja, überlebenswichtig. Mütterliches Verhalten wird direkt in Überlebensraten umgesetzt. Damit beginnt das limbische System der Mutter (nicht so sehr des Vaters – das ist für das spätere Verständnis der Geschlechterdifferenzierung wichtig!) schnell zu wachsen, denn nun verankert sich der Wert der Brutpflege, des Beschützens, der Sorgfalt, der Weitergabe von erlernbarer Familien- und Individual-Erinnerung (statt der instinktvermittelten Gruppenerinnerung!). Das Prinzip der »Schnittstelle Milch« von der Nahrungswelt des Erwachsenen und den Bedürfnissen des Säuglings hat jetzt viel Zeit gewonnen – es steht nun zum Zusammensein und Kommunizieren und für viele neue Kontakte zur Verfügung: zum Brummen und Streicheln, zum Zeigen und Vormachen, zum Singen, Wiegen und Erzählen.

Zugleich taucht immer mehr Neues auf: Außenwelt versus Innenwelt, Kampf mit Risiko draußen, vor der schützenden Grotte, im Winterwald, mit großen Beutetieren (und auch mit Artgenossen um den Lebensraum!) versus Aufzucht in der Sicherheit der Höhle – sie trennen sich jetzt immer mehr voneinander, der Vater und die Mutter.

Zunehmende Arbeitsteilung, immer mehr Spezialisierung, größere Leistung und Absicherung – das Prinzip »Mann und Frau« entsteht – in unserem, einem umfassenderen Sinne als den rein sexuellen *mating types*. Die Frau übt Umsicht und Vorsicht, Kooperation und Anpassung, im Gegensatz zu Elan und Impetus, Expansion und Aggression beim Mann. Das ist Biegen versus Brechen, Sensibilität versus Mut und Wut, Weinkrampf und Rettung der Brut versus Zorn, Angriff und Untergang. Die mit der Tränenflüssigkeit ausgeschiedenen Aggressionshormone sind ein Echo dieser Zeit und können auch den zusammenbrechenden, weinenden Mann plötzlich von seinen Aggressionen befreien. Gerade Hormone, die mit der Empfänglichkeit der Frau (Östrogene), ihrer Schwangerschaft (Gestagene) und der Laktation (Prolaktin) verknüpft sind, lassen das noch heute erkennen: Genau sie mißt man, um den Zustand der Frau im Zyklus der Regenerationsfunktionen zu beurteilen. Beim Mann sind es Androgene (Testosterone) und auch weibliche Hormone, die seinen Zyklus steuern. Wie wir noch zeigen werden, gilt das nicht nur der Reproduktion und der Brutpflege, sondern in mehr oder weniger abgeschwächter Form auch vielen anderen Verhaltensweisen.

Zeit für Gemüt und mimische Kontakte

Die säugenden Wesen kümmern sich nicht nur um ihre Brut, sondern auch umeinander – sonst verkümmern sie. Weibliche Hormone, Anlagen und Instinkte gibt es in verdünnter Form auch im Mann, zum Teil schlummernd, das heißt: Man kann sie durch entsprechende Reize wecken. Ebenso gibt es männliche Anlagen, darunter die Fähigkeit zur Aggressivität, zur Wut, zum Mut der Verzweiflung auch bei der Frau – sie lassen sich ebenso wecken: Man bedrohe etwa einmal die neugeborenen Kinder einer Säugetiermutter!

Man sieht das Säugetierverhalten schon hoch aus der Luft, aus einem Flugzeug sähe man es: Schon die Kleinen rücken zusammen. Sie schmiegen sich aneinander, die Kitze und Welpen und Fohlen und Lämmer, sie schlafen aneinander, am liebsten an der Mutter. Sie legen einander den Kopf in den Nacken, auf den Rücken. Sie suchen Nähe. Sie necken und lecken sich, sie balgen und spielen. Tiere können einander nichts erzählen, daher drängen sie sich aneinander, kuscheln sich an. Sie suchen einander, sie suchen einander auf, sie brauchen einander. Die kleinen Bären an der großen, warmen Pelzburg der Alten, das kleine Kätzchen im Arm der erwachsenen Gepardin – man sieht das alles in einer einfachen Strichzeichnung eines sich an die Mutter lehnenden Bärenjungen. Diese Haltung enstand sicher bei den Ursäugern. Es gibt sie nicht bei Spinnen, Aalen, Langusten oder Tintenfischen.

Damit fing es damals an. So braucht die Bärin nicht wie die Meise den ganzen Tag um das Überleben ihrer Brut zu kämpfen – sie kann auf Vorrat fressen, Bienenhonig, Lachse, auch Hirsche und Touristen – alles wird bei Bedarf zu Milch umgewandelt. Aus der Milch wird dann wieder ein großer, starker Bär. Oder – aus Grasmilch – ein Bison, der dann selbst weiden kann, das Pferd, die Gemse, das Wollnashorn oder das Murmeltier. Jetzt wird das Zusammensein nutzbringend, wärmebergend, sichernd – gemütlich, denn es beruhigt ihr Gemüt.

Die Zeit des Stillens gibt jenen Tieren, die nicht die Jungen unter sich (wie Stute, Kuh, Ziege und Hindin) oder in Seitenlage neben sich am Bauch (wie Löwin, Hündin und Sau) haben, neue Chancen der Kommunikation. Das geht über die in der Tierwelt normalen und auch beim Menschen noch wichtigen Geruchskontakte weit hinaus. Bei Bären etwa und vor allem bei den meisten Primaten ist der Kontakt viel direkter, indem sich Mutter und Kind in aufrechter Haltung von Angesicht zu Angesicht gegenübersitzen: Die Mutter hält beim Stillen das Kind fest, hält es hoch, hält ihm den Kopf oder wiegt es im Arm. Auch vor und nach dem Stillen ergeben sich viele Minuten intimer Kontakte, bei denen Kind und Mutter einander beobachten und die feinsten mimischen Reaktionen als Ausdruck seelischer und kognitiver Vorgänge zu deuten lernen. Die Kommunikation innerhalb der Familie tritt damit in eine neue, differenziertere Phase ein.

Diese Kontakte mit der Mutter wiederholen sich für lange Perioden jeden Tag – beim Säugling, der ein Jahr lang gestillt wird, sind das immerhin etwa 1800 derartiger mimischer Übungskurse, die einen zusammenhängenden Unterricht mit dem Grundthema: »Zeig mir, was du willst, dann tu ich das!« bedeuten. Das mag im ersten Augenblick trivial erscheinen; tatsächlich aber bereitet es etwas vor, das nun evolutionären Wert bekommt und die entsprechenden Hirnregionen stimuliert, sich weiterzuentwickeln: die absichtsvollen, willensgesteuerten emotionalen Interaktionen – sensible seelische Kontakte zwischen Mutter und Kind.

Die Logik der Evolution

In der Evolution nämlich sind alle Einzelschritte der Entwicklung zwar zufällig und unabhängig von den vorangegangenen – wie beim Glücksspiel, beim Roulette oder beim Würfeln.[54] Dennoch ergeben sich durch die blinde, nicht etwa zielgerichtete Kette von Mutationen im Laufe der Evolution ständig neue Chancen zu Überlebensvorteilen, die von den Lebewesen auch sofort beim Schopfe gepackt werden, indem sie nämlich überleben. So interagieren die bereits durchlaufenen Entwicklungsschritte durchaus mit der weiteren Evolution: die Entwicklung von Augen, Ohren, Balancesinn, geschickten Händen und Greifschwanz beim Affen etwa schaukelt sich selbst hoch, indem das eine dem anderen Sinn, nämlich Überlebenswert gibt. Kontinuierlich wächst dabei das Gehirn, in dem diese Koordination von Sinneseindrücken und Bewegungen geschieht. So nimmt seine Bedeutung für die Überlebensfähigkeit dieser Tiere laufend zu, gerade indem es sich in vielfältiger Weise auf sie auswirken kann. Man kann vereinfachend sagen: Eine gute Balance ist nur dort von Wert, wo etwas ausgeführt werden kann, das Balance erfordert. Geschicklichkeit und Intelligenz sind nur dort wertvolle Eigenschaften, wo es Ausdrucksmöglichkeiten für Intelligenz und Geschicklichkeit gibt – etwa Hände, die geschickt und klug handeln können.

Milch schafft Nähe. Nähe ermöglicht Kommunikation. Kommunikation braucht Verständnis, Verständnis braucht Gehirn, Gehirn schafft Modifikationen von Verhalten, dieses Verhalten wird wahrgenommen, diese Wahrnehmung führt zu neuen Ideen und so fort in der ewigen Folge von Ursache und Wirkung. Mit etwas Aufmerksamkeit kann das Kleine von der Mutter lernen, wie man eine süße Frucht herunterschlägt, wie man eine harte Nuß aufknackt. Die hohe Intelligenz eines einzelnen Primaten, auch eine einzelne innovatorische Idee wie etwa das Pulen im Termitenhaufen mit einem kleinen, angespitzten Stock, kann – wie man in Freilandbeobachtungen wiederholt gesehen hat – der ganzen Gruppe neue Nahrungsmittel erschließen.

So wird erst dann die zur Intelligenz führende Hirnentwicklung (die Zerebralisation) beschleunigt, wenn ihre Einzelschritte sich direkt auf das Verhalten, etwa bei der Jagd, in der Zusammenarbeit, bei der innerartlichen Verständigung der Individuen auswirken können, so daß sich konkrete Vorteile ergeben. Und das ist bei den mit Sinnen und fünfstrahligen Extremitäten gut ausgestatteten höheren Säugern ohne Zweifel der Fall.

Mit der einander zugewandten Stellung beim Stillen nehmen die Bärenmutter und ihre Jungen eine Position ein, die zu einer Kommunikation in Blick- und Körperkontakten befähigt. Erst die höheren Primaten werden diese Möglichkeiten voll ausschöpfen.

Zeit für Meme

Damit beginnt auch die Weitergabe der Ur-Meme[55]: der Jagdmethoden (Wölfe, Schwertwale), der Sprachen (Delphine, Wale), der ersten sozial vererbten Traditionen (Affen) – wie des Werkzeuggebrauchs oder des Waschens und Salzens der Kartoffeln im Meer (japanische Makaken). Damit wächst der tradierbare Gruppennutzen weiter an. Jetzt haben sie einander etwas vorzumachen, zu zeigen, zuzurufen. Wie man eine Muschel mit Steinen knackt, in Termitenhaufen stochert, auf dem Bauch einen Stein plaziert, um die Schnecken daran aufzuschlagen (Meeresotter). Die Primaten betreiben schon soziale Fellpflege (*grooming*), fassen sich an, streicheln einander. So schließen sie auch Frieden nach einem Streit, oft sogar mit sexuellen Kontakten. Das ungezogene Kind aber, das den kleinen Bruder schubst, bekommt einen Klaps, was bei den ganz hoch entwickelten Primaten später wieder verboten wird.

Jetzt beginnen die Säugetiere, einander zu helfen. Sie laufen nicht mehr weg, wenn einem Gruppenmitglied etwas zustößt, sondern stehen ihm bei. Sie merken, daß sie so stärker werden, mehr wagen können, Feinde leichter vertreiben, Beute besser fangen. Der Egoismus der engeren Familie erweitert sich auf die ganze Gruppe. Verständigung wird wichtig, Zusammenarbeit, Mut – eine primitive Ethik. Das Gefüge der Zuständigkeitshierarchie, der Alpha-, Beta- und Gamma-Männchen, der Psi- und Omega-Weibchen wird immer komplizierter. Rechte und Pflichten entstehen. Dankbarkeit wird gezeigt, indem man dem, der einem half, besonders wohlgesonnen bleibt und etwa von der eigenen Nahrung abgibt. Moral entsteht. Konkurrenz wird sublimiert, Aggression abgebaut. Die Reaktionsweisen sind mehr und mehr mitbedingt von dem, was war, von der individuellen Lebenserfahrung. Weiße Hirnfelder werden immer wichtiger – sie lassen sich mit Erinnerung beladen. Das Prinzip der flexiblen und pfiffigen, zugleich weichen, geduldigen und auch einmal barmherzigen Anpassung an neue, unvorhergesehene, noch nie gehabte Verhältnisse und Erlebnisse ist im Entstehen.

Die Primaten (Herrentiere) entwickeln sich weiter auf ihrem Weg zu den Hominiden. Sie signalisieren einander etwas, sie grimassieren, sie klatschen und zeigen, sie machen vor und nach. Sie kuscheln nicht nur, sie umarmen einander. Beim Stillen sind sie nicht mehr still, sondern schmatzen und grunzen, dann brummen, flüstern und singen sie. Und am Ende erzählen sie.

Es sind jetzt nicht mehr nur kluge Säugetiere, sondern bald Hominiden – aber immer noch Säuger. Sie bilden Familien und stillen die Jungen, oft jahrelang. Tagsüber schwärmen sie aus im Hellen und tun, was zum Überleben nötig ist. Abends strömen sie zusammen im Dunkeln und wachen. Sie kommunizieren, sie träumen und sortieren die Eindrücke, memorieren und ordnen die neuen Erkenntnisse, sie freuen sich, graulen sich und bereuen. Auch Gefühle werden geordnet und beherrscht, vermittelt und bearbeitet.

So entwickeln sie immer größere Meme, dann eines Tages Sprachen, Zahlen, Geschichten, Geschichte. Sie reden über das Geschehene, sie rekapitulieren es. So wird Erinnerung verfügbar und verwendbar, bekommt Namen, wird zum gemeinsam verwertbaren Erfahrungsgut. Begriffe werden zu Wegweisern im Kopf, zu Adressen (*labels*), die raschen und gezielten Zugriff auf alles erlauben, was man ins Gedächtnis eingelagert hat: Das Wort Rose etwa löst Erinnerungen an Duft, Farbe und Stachel, weckt Eindrücke, die sich von Schilf klar unterscheiden. Lebenserinnerungen entstehen, Lebensläufe, Ich-Erlebnisse mit zeitlicher Ausdehnung, Ich-Gefühl, Metabewußtsein: Individuen mit unverwechselbarer eigener Lebensgeschichte.

Allmählich entsteht so das Wichtigste, das eigentlich Menschliche – Reflexion, Gefühle, Ethik, Kreativität. Die mit viel inneren Assoziationen arbeitende Psyche entwickelt Phantasie. Sie sieht ein anderes Wesen nicht mehr unbeteiligt leiden, sondern spürt über die innere Imitation eines bezeugten Erlebnisses den Schmerz des anderen mit. So entsteht Mitleiden, Mitleid, Barmherzigkeit (von *barm*, Brust) an die man die Ängstlichen, Erschreckten, Frierenden drückt. Wesen mit so ausgerüsteter Innenwelt halten nicht mehr automatisch zu dem Sieger, mit dem Starken, mit dem Erfolgreichen in der Natur, sondern sie können auch einmal zu dem Schwachen, dem Unterlegenen halten.

Etwas völlig Neues: Sie heben den Verletzten, Gehetzten, Ertrunkenen, Erfrorenen auf, auch wenn er kein Blutsverwandter ist, sie treten (selbst Wale!) für einander ein im Verteidigen der Jungen, sie wärmen und füttern, hegen und pflegen – und schlagen der »Grausamkeit« einer phantasielosen Natur ein Schnippchen. Gedanklich besteigen sie bald eine höhere, die Metaebene der Selbstbetrachtung, indem sie sich selbst und ihr Handeln zum Gegenstand des Nachdenkens machen: Ipsoreflexion. Mit ihr werden die menschlichen Entscheidungen von den Ketten des unbeugsam starren Wirkens der Instinkte, Emotionen und Affekte befreit. Das Handeln wird freier, bleibt aber natürlich noch in wesentlichen Teilen an den genetisch fixierten Vorgaben, den instinktiven, triebhaften Reaktionen auf artspezifische Reize festgezurrt. So transzendiert der Mensch die Sturheit der Natur, ihre objektiven Erfolgskriterien und seine eigene Stammesgeschichte, aber nur ganz allmählich – sozusagen in Trippelschritten.

Diese neuen Qualitäten machen das eigentlich Humane aus, über die Brutpflege, Fürsorge und jene komplizierten Instinkte für den Nachwuchsschutz hinaus, die auch klügere Säuger schon kennen. Daß das zum Teil schon bei den Tieren individuell erlernte, echte Meme sind, geht aus Freilandbeobachtungen an afrikanischen Elefanten hervor: Werden die Jungen früh von ihren Eltern getrennt, etwa in einen anderen Park transportiert, zeigen sie später eindeutige und zum Teil schwere Verhaltensstörungen. Sie richten sinnlose Zerstörungen an, greifen unmotiviert Touristen in ihren Autos an und kommen schlecht mit anderen Tieren aus. Die normale Familienbildung funktioniert nicht mehr. Wann immer man ihre Individualgeschichte näher untersuchte, fand man die besagten Mängel an Kinderstube. Nur wenn sie mit reifen, erwachsenen Elefanten zusammen aufwachsen, werden sie sozialisiert, lernen sie, was sie umweltverträglich macht. Assoziationen zum Verhalten höherer Säuger drängen sich auf.

Säugerempathie: Solidarität

Wie Seehunde einen schwimmenden Menschen vor Haien schützen und Delphine einen Ertrinkenden retten können, weil ihre Brutschutzinstinkte anspringen, so sollte auch der Mensch die Delphine und Seehunde vor Abfällen, Giften und Schiffsschrauben schützen. Es ist zutiefst human, mehr noch als die intelligenteste, kultivierteste, zivilisierteste Selbsterhaltungstechnik, sich nicht nur menschlicher Not, sondern auch eines gebrochenen Vogelflügels oder eines verletzten Wolfes anzunehmen, eines ölverschmierten Seeadlers oder einer Seehundwaise, denn das entspringt einer abstrahierenden, höheren Stufe der Säugetier-Empathie.

Instinkte springen an auf Verhaltensmuster, die man entwicklungsgeschichtlich wiedererkennt. So springen unsere Instinkte in der Regel auch auf die pädomorphen Züge junger Tiere an (steiler Gesichtswinkel, hohe Stirn, runder, großer Kopf, weit offene Augen, tapsige Bewegungen, Arglosigkeit und Neugierde) oder dann, wenn wir Tiere leiden sehen. Das tun wir um so deutlicher und entschiedener, je näher sie uns stehen. Sie akzeptieren diese Hilfe, ebenso instinktiv. Ein schlagendes Beispiel für dieses Urvertrauen ist jener kleine Hase, der sich im Pelz des großen Hundes (eines Raubtiers, also eigentlich seines Todfeindes!) festkrallt und von dem Hund auch geschützt und notfalls verteidigt wird, wenn ihn aus der Luft die Krähen angreifen: Säugersolidarität, entstanden aus der Empathie des Wiedererkennens, der Musterähnlichkeiten. Lieber dem Todfeind trauen, den man wenigstens am Pelz als verwandt erkennt, als jener fremdartig kalten Saurier/Vogel-Psyche: Die fängt nicht an der

Kehle an, wo's schnell geht, sondern an den Augen, wo es erst einmal grausam hilflos macht!

Das ist das Prinzip der Geborgenheit, eine ganz zentrale Aufgabe der weiblichen Individuen, eben der sorgenden Mütter. Was wollen die Säuger eigentlich? Worauf läuft alles hinaus? Zusammenrücken, einander wärmen, flüstern, lachen (das ganz und gar humane Lachen, das nur der Mensch kennt, der innere Paradoxa entdecken kann), sich sorgen um etwas, sich kümmern um etwas, Leben einrichten. Aber sie wollen auch – und das ist das dem weiblichen komplementäre männliche Prinzip: planen, machen, grübeln, regeln, steuern, bauen an etwas, an Dauerhaftem, damit eine Spur bleibt, eine Überlebensspur von uns.

Mit der Milch der Säuger hat eine Entwicklung eingesetzt, die über immer mehr Kontakte und immer mehr Zeit für ausreifende und ausgreifende Systeme zu immer besseren Sinnes- und Reaktionsorganen geführt hat. Dazu wurden Steuerfunktionen entwickelt, die zu einem Organ führten – dem großen zentralen Nervenzentrum, dem Menschengehirn, das kompliziert und umfangreich genug ist, um auch solche Wünsche zu hegen. Alles dies ist gelungen mittels einer Arbeitsteilung, die – auch und gerade in dieser Steuerzentrale – in dem komplementären Prinzip von Weiblichkeit und Männlichkeit gipfelte.

Da die Züge des Humanen bis hin zum modernen Humanitäts-Begriff in unserer biologischen Herkunft und zerebralen Ausrüstung wurzeln, kann die Kenntnis naturwissenschaftlicher Fakten einer echten Humanität auch niemals im Wege stehen. Im Gegenteil, so ist gerade das Verständnis für ihre Entstehung und ihren Sinn geeignet, uns mit tiefem Respekt vor unseren sozialen Instinkten zu erfüllen, sie uns pflegen und hochachten zu lassen. Wir können es in der Gewißheit tun, daß wir hier nicht Opfer blinder, sinnleerer Impulse sind, die in Sackgassen und auf Holzwege führen, sondern einem Prinzip weitsichtiger Klugheit folgen, dem wir unsere Existenz verdanken. Dabei bleibt es völlig freigestellt, welchem Lebensprinzip oder Weltenlenker, welcher Naturkraft, Weltidee oder archaischen Gottheit wir diese pankreatorische Weisheit auch zusprechen mögen.

Divergente Hunde-Knaben und -Mädchen

Wer das Glück hat, die kleinen Wollknäuel etwa der Pyrenäenhunde, Leonberger oder Neufundländer, bei denen anfangs kaum äußerliche Unterschiede zwischen männlichen und weiblichen Welpen zu erkennen sind, während ihrer ersten, verspielten Monate zu beobachten, macht eine Reihe erstaunlicher Entdeckungen. Man muß kein Hundepsychologe sein, um bald die Charakteristika der beiden Geschlechter wahrzunehmen, die sich deutlich divergent entwickeln, auch ohne daß jemand den Welpen vorher erklärt hätte, was es mit den Geschlechterrollen auf sich hat. Die Verhaltensunterschiede setzen allerdings erst im Alter von 7 bis 12 Wochen ein und verstärken sich vor allem bis zur 16. Woche. Die Rüden verhalten sich, besonders wo etwas auf sie gefährlich wirkt, deutlich explorativer und mutiger, nähern sich dem Unbekannten stets zuerst, sind wilder und ausdauernder beim Spiel, aber zugleich gelassener bei kleineren Konflikten.

Die weiblichen Welpen hingegen sind vorsichtiger (manchmal regelrecht timide), warten gern ab, bis etwa der Bruder untersucht hat, was es ist, das da rasselt oder knallt (Motoren, Maschinen, Feuer), können aber dennoch neugieriger sein als der Bruder, solange sie sich im bekannten Milieu bewegen (Einkaufstaschen, Tüten, Küche). Das Brüderchen dagegen tut oft so, als interessiere ihn das alles gar nicht – bis doch Dinge geschehen, die ihn anlocken (etwa Essensgerüche). Die weiblichen Welpen sind anschmiegsamer und ausdauernder in ihrer Kontaktsuche, während die Rüden allmählich die Unruhe des unabhängigen Umherstreifens entwickeln, die sie zentrifugaler macht. Hingegen kommen die Hundemädchen etwas früher in die Flegeljahre, die bei den langsamer reifenden Rüden dafür heftiger ausfallen.

So entsteht ganz früh eine Divergenz der Entwicklungen, die zu der bekanntermaßen sehr unterschiedlichen Psyche erwachsener Rüden und Hündinnen führt. Während die Rüden selbstbewußter und unabhängiger, aktiver, explorativer und deutlich aggressiver werden und auch ihre Schutzaufgaben energischer wahrnehmen, entwickeln sich die Hündinnen zu weniger anstrengenden, zu sanfteren und eher unterordnungswilligen Wesen. Das bleiben sie auch zeitlebens. Es ist schwerlich ein Zufall, daß diese Unterschiede jenen ähneln, die man zwischen Menschen-Jungen und -Mädchen feststellen kann.

Aus diesem Grunde wollen wir einen etwas genaueren Blick auf die Unterschiede zwischen Rüden und Hündinnen werfen, auf jene, die vor allem dem geschulten Blick eines Hundepsychologen auffallen. Aus dem großen Spektrum der Verschiedenheiten greifen wir hier nur einige Punkte heraus, die besonders illustrativ sind für das, was wir *mutatis mutandis* als durchgehende Züge der Geschlechtsdifferenzierung immer wiederfinden.

Es ist leicht festzustellen, daß die Rüden aggressiver sind als Hündinnen. Der Unterschied ist so durchschlagend, daß für gewisse Schutzaufgaben bei Polizei und Wehrmacht (Hangarwachhunde!) grundsätzlich Rüden gewählt werden. Geht es hingegen um Lawinen- oder Drogenspürhunde, können sich Hündinnen als leichter steuerbar und ebenso gelehrig erweisen. Als Blindenhunde, für Hilfsfunktionen bei Schwerversehrten und ähnliche Aufgaben eignen sich Hündinnen besser. Im Grunde ist schon hier die Dichotomie im Ansatz zu erkennen zwischen den männlichen Beschäftigungen domestizierter Aggression: als Ordnungskräfte mit Gewaltmonopol: Soldaten, Polizisten, Feuerwehrmänner, Bomberpiloten – und der eher weiblichen Beschäftigung mit karitativem Element: etwa als Krankenschwester.

Will man dennoch einen klugen Rüden zu sozialen Aufgaben abrichten, besonders wenn er einer Rasse mit hohem Aggressionspotential angehört – etwa Schäferhund, Rottweiler, Rhodesian Ridgeback, Akita Inu –, so empfiehlt es sich, ihn zu kastrieren. Die so erreichte Testosteronverminderung führt in der Regel zu einem deutlich weniger problematischen Wesen – der Hund wird harmonischer und ist leichter zu steuern.

Diese unterschiedliche Präferenz für kriegerische und helfende Aufgaben, aber auch die Aggressionsreduktion durch Testosteronverminderung sind Phänomene, die uns noch mehrfach beschäftigen werden. Vor allem wird man auf sie gestoßen durch die Effekte der Kastration.

Verteidigung und Angriff

Bei der aggressiven Erregung kann man feststellen, daß sie bei Hündinnen, wenn sie sich erfolgreich verteidigt haben, in der Regel schnell wieder abklingt. So beißt eine Hündin meistens nur ein einziges Mal zu – eher warnend – und ist selbst sichtlich erleichtert, wenn die Auseinandersetzung damit beendet ist. Der einmal wütend gewordene Rüde hingegen scheint manchmal von einem fortgesetzten Überschuß an Adrenalin und anderen aggressionsauslösenden Signalsubstanzen gesteuert zu werden, denn seine Wut hält – bei höherem Erregungsniveau – auch deutlich länger an: Er beißt in solchen Fällen wieder und wieder zu, hört keinen Zuruf und spürt keine Schläge, und erst kräftige Außenweltreize (etwa der ungewohnte Eindruck eines Eimers mit kaltem Wasser) bringen ihn zum Innehalten. Dann muß man ihn eine Weile festhalten und ihm gut zureden, ehe er sich allmählich beruhigt. Dieser Zustand der Erregung, von Tierpsychologen als *arousal* bezeichnet und bei Raubtieren grundsätzlich von aggressiver Tönung[56], ist bei den meisten männlichen Säugetieren schwer zu dämpfen, davon können Jäger (aggressiver Keiler, aufgeschreckter Bär oder gereiztes Nashorn!), Reiter (Hengste in Panik!) und Tierpfleger, die etwa im Zoo mit Raubkatzen, Wisenten oder Elefanten zu tun haben, Eindrückliches berichten.

Verteidigung kommt grundsätzlich mit einer zwar heftigen, aber kürzeren Aggressionsphase aus. Angriffe hingegen setzen voraus, daß der Aggressionszustand länger anhält. Während die Abwehr mit dem Ablassen des Angreifers ihr Ziel erreicht hat und ein natürliches Ende findet, da der Verteidiger keinen vernünftigen Anlaß hat, sich darum zu bemühen, den Kontakt mit der Bedrohung unnötig zu verlängern, setzt der Angreifer seine Aggressionen oft auch als Verfolger und Zerstörer fort, bis zum bitteren Ende. Der Zustand der Aggression klingt so schnell nicht wieder ab.

Wir werden diesem Phänomen der anhaltenden Aggressivität später wieder begegnen: etwa beim Kämpfer, Krieger oder Amokläufer, beim Gewalttäter sowie bei Menschen, die – z. B. beim androgenen Doping – der Wirkung von Testosteronen im Übermaß ausgesetzt sind.

Limbische Empfindsamkeit

Bei anderen Eindrücken hingegen, etwa wenn man sie beschimpft oder böse mit ihnen redet, sind Hündinnen nicht nur leichter zu beeindrucken, sondern sie stehen auch deutlich länger unter diesem Eindruck. Sie sind sensibler – man muß sie grundsätzlich mit weicheren Signalen erziehen, um sie nicht zu verschrecken. Oft hilft der männliche Welpe, seine traurige Schwester wieder zum Spielen aufzumuntern, wenn der Anlaß ihrer Bedrückung vorüber und seine eigene Beklemmung durch die Schelte längst abgeklungen ist.[57]

Die größere Retentionalität der weiblichen Tiere weist auf eine stärkere und tiefergreifende Erregung des limbischen Systems hin, das – im Gegensatz zur Großhirnrinde – beim Hund fast genauso groß ist wie beim Menschen. Das ist der Grund dafür, daß der Hund im Vergleich zum Menschen zwar nicht sehr intelligent ist, aber ein nuancenreiches und intensives Seelenleben zeigt: Er hat sozusagen »eine große Seele« und braucht für seine Freude, Treue, Zuneigung, Hingabe und Motivation viel Seelenstoff. Diese Phänomene, die größere limbische Empfindsamkeit und ein längerer emotionaler Nachhall, also Dimensionsunterschiede und Phasenverschiebungen in der Wirkung seelischer Vorgänge, begegnen uns auch bei Mann und Frau immer wieder.

Eine Hündin kann man mit Streicheln oder Liebkosen nur schwer ermüden; sie sucht den dauerhaften Körperkontakt mehr als der Rüde. Letzterer kann sich lange kraulen lassen, aber dann rückt er etwas zur Seite, als wolle er einen kleinen persönlichen Integritätsabstand einhalten. Nicht so sehr, daß die Kommunikation abreißt, aber so, daß er sich bewegen kann, ohne andere zu stören. So sind Hündinnen für gewisse Hilfs- und Kontaktaufgaben bei hilflosen Menschen (vor allem Kindern) eher verwendbar als die leichter ablenkbaren, eigenständigeren Rüden. Interessanterweise aber ist der Rüde Welpen gegenüber, auch wenn sie ihn offenkundig belästigen, oft deutlich geduldiger als die Hündin. Diese zeigt ihnen rasch und unmißverständlich, daß sie ihr mächtig auf die Nerven gehen mit ihrem unaufhörlichen Bekrabbeln und Bebeißen. Das ist bei sonst größerer limbischer Kontaktempfänglichkeit besonders bemerkenswert.

Diese Tendenzen zu unterschiedlichen Sättigungs- und Irritationsschwellen sind typische Grundzüge der Geschlechterverschiedenheit. Diese Reaktionsschwellen sind, wie wir sehen werden, für unterschiedliche Reize auch bei Mann und Frau verschieden.

Spontan und hormongesteuert

Bei männlichen wie bei weiblichen Welpen kann man sehen, daß Unbekanntes sie erschreckt: Sie fürchten etwa das laut rasselnde Müllauto, sie fliehen beide vor dem krachend auf die Erde fallenden Blumenkrug. Danach aber setzt das geschlechtsspezifisch unterschiedliche Verhalten ein: Während die Hündin dem Müllauto konsequent aus dem Wege geht, zieht es den Rüden immer wieder in seine Nähe: Er will sehen, was es mit dem Lärm auf sich hat. Der Rüde kehrt auch rasch zu dem heruntergefallenen Krug zurück und untersucht ihn, er hat einen Drang zur Kontrolle über das Unbekannte, selbst wenn es erschreckend ist. Deutlich wird dieser Unterschied zum Verhalten der Hündin auch bei der nächtlichen Begegnung mit einem unbekannten Tier: Der Dachs mag den Rüden beißen und ihm einen Riesenschreck einjagen; er wird in den nächsten Nächten magisch von der Stelle angezogen, welche er als Gefahrenquelle erlebte; die Hündin wird dieselbe – eigentlich weiser – meiden.

So kehrt der Rüde immer wieder freiwillig zur Gefahr zurück. Diese Faszination durch Erlebnisse, die Adrenalin freisetzen, diese Empfänglichkeit für den Gefahrenkick, der eigentümliche, manchmal fast widersinnige, offensiv-explorative Kontrolldrang, der sicher mit einer erheblichen Überwindung von spontanen Angstreaktionen verknüpft ist (also mit Mut!), treibt den Rüden in immer weiteren Kreisen vom Vertrauten weg, hinaus in die unbekannte Umgebung. Fast bei allen großen Säugetieren hat das männliche Tier einen erheblich größeren Lebens- und Wanderradius als das weibliche – bei Elch und Eisbär etwa das Zehn- bis Hundertfache. Das entspricht offenbar einem Grundzug der männlichen Mentalität, der aktiven Unbestimmtheitssuche, die uns noch mehrfach beschäftigen wird.

Entscheidend ist die Spontaneität all dieser Entwicklungen. Es ist bei Katzen ganz ähnlich, aber infolge der geringeren mimischen Ausdrucksfähigkeit und der geringeren Intimität der Beziehung zum Menschen weniger leicht zu beobachten. Wer meint, daß diese Differenzierung nicht auf die hormonelle Steuerung der Tiere zurückzuführen sei, frage sich einmal, warum man dann die Psyche eines Tieres so durchgreifend verändert, wenn man etwa den aggressiven Rüden, den rastlos umherstreifenden Kater – wie manchmal den rückfälligen Sexualverbrecher! – kastriert, aus dem aufsässigen Hengst einen ruhigen Wallach, aus dem wilden Hahn einen friedlichen Kapaun und aus dem aggressiven Stier einen willfährigen Zugochsen macht. Es sind typische Verhaltensänderungen, die jeder Kastration folgen.

Wir können festhalten: Der Geschlechtsdimorphismus ist – zumindest bei den höheren Säugetieren – nicht auf die Körpergestalt und andere anatomische Details beschränkt, sondern betrifft auch die Psyche und das Verhalten. Die Unterschiede zeichnen sich früh ab und entstehen spontan. Sie verstärken sich allmählich. Abhängig ist diese Entwicklung offenbar von der Sexualhormonproduktion geschlechtsspezifischer Drüsen (etwa der Testikel), denn wenn diese weggenommen werden, ändert sich das Tier regelhaft – etwa im Sinne eines Verlustes seiner Männlichkeit.

Topographie der Geschlechtsunterschiede

Auch die Unterschiede bei verschiedenen Populationen des Homo sapiens machen deutlich, daß sich der Geschlechtsdimorphismus – wie auch andere körperliche und psychische Eigenschaften – keineswegs gleichmäßig über die Welt verteilt und auch hier nicht auf das Äußere beschränkt ist. Nimmt man das westliche Zentraleuropa mit seiner intensiven Durchmischung der Völker und ihrer Anlagen (von den frühesten Völkerwanderungen bis zu den jüngsten Flüchtlingsbewegungen infolge von Weltkriegen und totalitären Ideologien), so erkennt man mühelos: Schon allein in der Körpergröße nehmen die Differenzen zwischen Frauen und Männern nach Norden und Westen hin ab. Entsprechend variieren unzählige weitere – auch kulturelle und soziale – Parameter. Die Skandinavier etwa verzeichnen eine erhebliche Anzahl von Frauen, die mit ihrer Körpergröße – und weniger ausgeprägt, auch im Körperbau – im Normalbereich der Männer liegen, und der durchschnittliche Längenunterschied nimmt von Zentral- nach Nordeuropa um etwa 5 cm ab.

Viele Frauen im Nordwesten Europas, hier inklusive Großbritannien, Holland, Norddeutschland und Island, haben im höheren Alter geringere Schwierigkeiten, ihr Gewicht und ihre Figur zu halten (was sie natürlich gern ihrer Selbstdisziplin zuschreiben), aber die große Anzahl von regelrecht mageren (leptosomen) Menschen in denselben Regionen, deren Körpergewicht auch bei intensiven Bemühungen um Zunahme, auch bei gesteigerter Nahrungsaufnahme nicht ansteigt, spricht dafür, daß die familiären Anlagen für einen schlanken Körperbau hierbei eine erhebliche Rolle spielen.

Auf jeden Fall sieht man bereits beim Studium der Gesichter auf Straßen und Plätzen im Norden Europas eine auffällige Zahl »viril« anmutender Mädchen und Frauen, eine Beobachtung, die durch das Dominieren nordeuropäischer Frauentypen in vielen Sportarten an Subjektivität verliert. Umgekehrt fällt es in Süd- und Osteuropa auf, wie ausgeprägt der Unterschied im Körperbau zwischen Jungen und Mädchen ist, selbst zwischen Brüdern und Schwestern. Hier steigt der Längenunterschied um weitere 5 bis 10 Zentimeter an und beträgt nicht selten 20 bis 30 Zentimeter oder mehr.

Die als junge Mädchen durchaus schlanken Frauen entwickeln in der Jahren der ersten Schwangerschaften nicht selten schnell üppige Formen mit einer typisch weiblichen Fettverteilung an Rumpf und Oberschenkeln, die sie nur weghungern können, wenn sie es akzeptieren, im Gesicht regelrecht mager und elend auszusehen. Bis hin zu geradezu grotesken Formen, die im Norden selten sind, entwickeln sich die erwachsenen Frauen in großer Anzahl zu Matronen, deren Väter, Brüder und Söhne nicht so aussehen, als gäbe es eine besondere Anlage zur Korpulenz in der Familie.

Dieses in östlichen wie südlichen Regionen mit steigender Frequenz zu beobachtende Phänomen ist nicht ein Produkt von Klima, Kultur oder Nahrungstraditionen. Genau so, wie etwa die Engländer und Schotten in allen Regionen der Welt, von Kanada bis Südafrika, Zimbabwe, Australien, Neuseeland und Singapur, noch nach 3 bis 10 Generationen ihre Grundkonstitution behalten haben, so wandert heute mit der Migration aus dem Mittelmeerraum auch die mediterrane Körperkonstitution gen Norden.[58] Die Ärzte großer orthopädischer Kliniken, in denen die typischen Hüftgelenks-, Rücken- und Kniebeschwerden behandelt werden, können das bezeugen. Ihre Einsätze sind häufig schon direkt nach der Geburt gefordet, noch ehe sich Nahrung und Traditionen bemerkbar machen können. Noch heute weisen die Frauen zahlreicher nordeuropäischer Familien, die auch nur zum Teil – und oft vor Generationen! – ihren Urspung im Orient oder in der Levante haben, eine Neigung zu breiten Beckenformen auf, die zu ihrem Leidwesen häufig von den lokalen Schönheitsidealen abweichen. Dabei sind die Männer derselben Familien in ihrem Körperbau meistens unauffällig.

Wer etwa in Ägypten oder Bulgarien die großen, athletischen Männer mit ihren kurzen, runden Schwestern und Töchtern sieht, darf sich nicht wundern, daß diese wieder lange, athletische Söhne zur Welt bringen können, die ihren Brüdern und Vätern ähneln. Gerade in Saudiarabien und in der Türkei, aber auch bei den Kaukasusvölkern (Georgiern, Armeniern, Aseri) und den Turkvölkern Asiens fallen uns oft die eindrucksvollen, virilen Gesichter auf: schmallippig, scharfgeschnittene Züge, Hakennasen, markantes, energisches Kinn und tiefe Falten. Das alles gibt ihnen einen kühnen, ausgesprochen männlichen Ausdruck. Es sind häufig Charakterköpfe, geeignet für Bildhauer und Bronzegüsse. Dennoch sind ihre Frauen oft von ausgeprägt weiblichen Proportionen, und ihre Gesichtszüge sind weich, mit kleinem Kinn, vollen Lippen und kleinen Nasen. Dies kontrastiert stark zu den Gestalten und Gesichtern etwa in Großbritannien, Norwegen und Schweden, wo viele Frauen ähnlich wie ihre Männer aussehen.

Wenn einmal die Geschlechts-Chromosomen des Menschen im Rahmen des internationalen HUGO-Projektes[59] entziffert sein werden, wird sich bestätigen, was man bislang nur aus geschlechtsgebundenen Erbkrankheiten hat erschließen können: Bei verschiedenen Individuen und ihren genetischen Verwandtschaftspools sind auf den X- und Y-Chromosomen unterschiedliche Anlagen untergebracht. Die Transportkiste mit der Aufschrift »gender/sex« enthält also unterschiedliches Beipackmaterial, das bei anderen Verpackungsprogrammen auf anderen Chromosomen gelandet ist. Dies – mit seinen Folgen für Hormonproduktion, Rezeptormechanismen, Organentwicklung und andere Stoffwechselprozesse – ist die Grundlage für die Varianz des Geschlechtsdimorphismus.

Frauen-Emanzipation: eine Funktion der Hormondrüsen?

Der Schluß, Frauen von männlicher Konstitution seien auch in ihrer Psyche nicht ebenso weiblich wie Frauen von ausgeprägt weiblichem Aussehen, mag kühn wirken. Nach allem aber, was wir heute wissen, liegt dieser triviale Schluß durchaus nahe. Sind es doch dieselben Faktoren, welche die Ausformung der sekundären Geschlechtsmerkmale, der Behaarung, der Stimmlage, der Muskelentwicklung und auch der Gesichtszüge steuern. Was hier an Konturen modelliert wird, ist – wie wir anhand der Störungen chromosomaler Wirkungen noch sehen werden – im Endeffekt bis in die feinsten Details, Hautgefäße wie Augenlider, Turgor, Tonus und Fältchen, Rötung, Schwitzen und Zittern, hormonell mitgesteuert.

Da Frauen von eher viriler Konstitution, darunter auch Sportlerinnen, die dies selbst künstlich herbeigeführt oder zumindest gefördert haben mögen, überdurchschnittlich oft auch sportliche Erfolge erzielen, kann der positive Effekt männlicher Hormone auf Muskelkraft und Ausdauer kaum bezweifelt werden.

Aber die männlichen (androgenen) Hormone wirken, wie wir heute wissen, nicht nur auf die Muskeln, sondern auch auf die Psyche. Dies ist für Training wie Wettkampf alles andere als unwichtig, denn es fördert den aggressiven Kampfwillen und die Mobilisierung von Energiereserven. Sollte es da ausgeschlossen sein, daß Energie und Selbstbehauptungswillen, die wir bei Männern mit androgenem Steroiddoping manchmal regelrecht Amok laufen sehen, auch bei Frauen dazu beitragen, daß sie sich psychisch härter zeigen und mehr – und auch gegen Widerstand – zur Selbstbehauptung neigen? Schwerlich.

Stark vereinfacht könnte man fragen: Ist eine hochgewachsene, gut trainierte, selbstbewußte norwegische Frau mit der in Skandinavien oft angesprochenen Eigenschaft des »Sisu«[60] und der Neigung zu männlichen Hobbies und zu Wutausbrüchen weniger sentimental als eine rundliche, behäbige russische Mamutschka? Läßt sie sich deshalb weniger leicht mißhandeln? Ist die Kenntnis dieses Sachverhaltes in den Köpfen der Männer – in Norwegen wie in Rußland – so sehr verankert, daß ihr Verhalten das schon vorwegnimmt und sie vor virilen Frauen mit

Zugang zu den Energiequellen des wilden, adrenergen Zorns eher zurückweichen?

Seit jeher war die Stellung der Frau im Norden anders als in Zentraleuropa und noch mehr die ihrer Geschlechtsgenossinnen in Südeuropa und vor allem im Orient, deshalb ist man geneigt, tiefergreifende Ursachen für diese Abweichungen anzunehmen. Sie dürften zusammenhängen mit dem Bild der Frau, wie es in der Gedankenwelt der Männer wirkte, mitbedingt von Kulturtraditionen wie Glaubensvorstellungen, Familienbräuchen, sozialen Sitten und Wertvorstellungen.

Zumindest sehen wir in der Welt nüchterner Fakten, daß im Endeffekt die Frauenbefreiung dort am weitesten gediehen ist und auch heute noch am intensivsten betrieben wird, wo der Geschlechtsdimorphismus am geringsten ausgeprägt ist. In skandinavischen Ländern weisen Parlamente, Institute und Behörden eine fast paritätische Zahl von Frauen auf, oft auch in leitenden Positionen. In Medien, Handel und Industrie dringen Frauen weiter vor. Sie werden zu Pastoren und Bischöfen ernannt. Selbst beim Militär gibt es mehr und mehr Frauen, allerdings mit zweifelhaftem Erfolg. Dafür wie auch für die Tatsache, daß die Frauen selbst in Skandinavien als Polizisten, Schachspieler, Konstrukteure, Physiker, Komponisten und Unternehmer kaum reüssieren, gibt es offenbar gute Gründe, auf die wir noch eingehen werden.

Eurozentrische Einfalt

In jenen Regionen der Welt, wo ein extrem großer Geschlechtsdimorphismus vorliegt (z. B. in manchen slawischen und orientalischen Bevölkerungen sowie in großen Teilen Lateinamerikas), würden schon die elementarsten Forderungen nach Gerechtigkeit und Gleichbehandlung kaum mehr als Spott und schallendes Gelächter auslösen. Dort ist die selbstherrliche Dominanz der Männer noch völlig ungebrochen und der Weg zu einer Befreiung der Frau, zu ihrem Schutz vor dem Mißbrauch durch die Männer, noch sehr weit.

Mit diesen Gedanken sei eine Warnung verknüpft, eine Warnung nicht vor dem berechtigten Wunsch, Frauen in aller Welt von dem Schicksal der Unterdrückung und Ausnutzung zu befreien, sondern vor der unrealistischen Erwartung, daß das überall gelänge. Es ist ganz generell eine eurozentrische Unsitte zu meinen, was in Mittel- und Nordeuropa funktioniere, müsse unbedingt auch in Kalabriakuka eingeführt werden, und was sich für hier als eine gute Lösung erwiesen habe, mache selbstverständlich auch die Pygmäen entlegener tropischer Dschungel und Inseln glücklich. Auch die so oft beschworene internationale Solidarität der emanzipierten Frauen hat hier sehr heikle Facetten.

Wer etwa einer nordafrikanischen Frau empfiehlt, sie solle sich emanzipatorischen Ansichten nähern und sich ein entsprechendes Verhalten zulegen, muß bedenken, in welcher Situation, mit welchen Männern und welchen Kulturtraditionen er sie dann ringen läßt. Ist jede Frau tatsächlich den Beanspruchungen gewachsen, die nun auf sie zukommen? Ist ihr Gegenspieler uns wohlvertraut? Ist die hormonelle und seelische Ausstattung aller Frauen in der Welt völlig gleich, und zwar so, daß sie sich in genau derselben Weise mit allen Männern der Welt auseinandersetzen können. Etwas weniger anthropologisch-biologische Naivität wäre vermutlich angemessen.

Das Klinefelter-Syndrom: zu wenig Mann

Das sogenannte »Klinefelter-Syndrom«, nach Harry F. Klinefelter, ist die häufigste Geschlechts-Chromosomenanomalie unter den Lebendgeburten und hat normalerweise den Karyotypus 47,XXY. Die Knaben entwickeln sich anfangs fast normal, werden aber oft auffallend lang und schlank. Sie haben keinen oder einen sehr schwachen Bartwuchs, weiche Muskeln und zunehmend eine hinter den männlichen Standard der Altersgruppe zurückfallende Kraft und Leistungsausdauer, was sich im Schulsport zeigt. Die männliche Körperbehaarung fehlt fast, die Schambehaarung kann weiblich sein. Ein eunuchoider Hochwuchs oder ein zunehmend dysplastischer Körperbau bilden sich erst allmählich aus. Angedeutete Brustdrüsen (Gynäkomastie), frühe Entkalkung des Skelettes (Osteoporose) und Impotenz (alles Folgen des Testosteronmangels!) kommen später hinzu. Die Stimmlage ist oft hoch. Sie weisen eine Unterentwicklung der Hoden (Gonadenhypoplasie, Hypogonadismus) mit fehlender Spermienproduktion (Spermiogenese) auf und sind daher steril. Wenn sie nicht bei der schulärztlichen Untersuchung aufgefallen sind und nicht wegen ihrer geringen Muskelstärke beim Militär, tauchen sie eigentlich erst bei festgestellter Infertilität wieder beim Arzt auf. Ansonsten kämpfen sie tapfer mit ihrer Männerrolle, die viele von ihnen mit innerlicher Überwindung und großer Selbstdisziplin durchstehen.

Dies alles ist trivial für den, der die physiologischen Wirkungen der Geschlechtshormone kennt. Anders ist es mit den psychischen Veränderungen gegenüber dem normalen XY-Mann. Die Begabung ist oft mäßig, aber nicht unbedingt auffällig vermindert. Hingegen ist eine gewisse Passivität zu beobachten, und die XXY-Männer werden oft als sehr impulsgesteuert beschrieben. Fast immer fällt eine gesteigerte Empfindlichkeit gegenüber psychischen Belastungen auf, manchmal kommt es zu vorübergehenden Phasen von Beziehungswahn (paranoiden Zügen). Kriminell sind sie fast nie (obwohl diese unrichtige Behauptung durch die Fachliteratur geistert).

Hier also ist es offensichtlich so, daß die zu schwachen männlichen Züge, die von nur einem Y-Chromosom herrühren, der Übermacht der beiden X-Chromosomen nicht gewachsen sind, da diese zusammen genau das ausführen, was normalerweise die Frau ausmacht. Da aber die SRY-Anlage es zumindest schafft, männliche Geschlechtsteile zu formen, dann aber nicht mehr, diese hormonell richtig auszurüsten, ergibt sich eine Situation, die der des Eunuchen ähnelt, nur eben mit stärkerer weiblicher Mitbestimmung.

Der Klinefelter-Junge ist also im psychischen Bereich ein um seine Männlichkeit kämpfendes Fast-Mädchen, da die Umwelt ihn ja nach anatomischen Kriterien den Männern zuteilt. Man kann auch sagen: Er ist sozusagen eine Frau mit einem halbherzig männlichen Geschlechtsausbildungsbefehl, dem eine überwiegend weibliche Konstitution hormonell nicht richtig nachkommen kann. Die Frequenz dieser Anomalie ist etwa 1 auf 600 bis 1000 Knaben oder 1/1200 bis 2000 Geburten.[61] In Institutionen für geistig Retardierte findet man das Klinefelter-Syndrom in der Frequenz von 1/100 und unter sterilen Männern sogar 1/77 bis 1/24 (4,2 Prozent). Es verdichten sich also die Wahrscheinlichkeiten (oder zumindest die Offensichtlichkeiten) der Funktionsstörungen von den psychologischen zu den physiologischen Funktionen hin.

Testikuläre Feminisierung: der verweiblichte Mann

Es gibt Menschen, die nach Chromosomenausrüstung (Karyotyp) und Geschlechtsorganen (Gonaden) zwar eindeutig Männer sind, aber äußerlich ganz wie Frauen wirken. Man nennt sie auch *hairless women*. Bei ihnen liegt eine sogenannte Androgenresistenz vor – ihre Zellen sprechen auf die vermännlichenden Hormonsignale nicht richtig an. Man faßt diese Störungen, die unterschiedlich ausgeprägt sein und verschiedene Ursachen haben können, zusammen unter dem Begriff der »Androgenrestistenz« oder der *androgen insensitivity syndromes* (AIS). Sie ist – neben dem adrenogenitalen Syndrom – die häufigste Ursache eines Pseudohermaphroditismus. Dessen Frequenz beträgt etwa 1 auf 20 000 männliche Geburten.

Beginnen schon während der Embryonalzeit die Wirkungen der Androgene aus den fetalen Hoden auszubleiben, so entsteht ein »Intersex«, ein Mensch also, der nach allen Kriterien wirklich auf halbem Wege zwischen den Geschlechtsausprägungen stehengeblieben ist: Seine Genitalien sind nicht voll ausgebildet, die Testikel etwa sitzen noch innerhalb der Leistenbeuge, ein Penis hat sich noch nicht gebildet, sondern allenfalls eine ungewöhnlich große Klitoris.[62]

Je eher der Defekt einsetzt, desto mehr ähnelt der so ausgestattete Mann der unveränderten Urform des Menschen: der Frau. Je später er einsetzt, desto mehr sieht man – etwa an den intermediären Genitalien eines Pseudohermaphroditen – den gebremsten Ansatz zum Abweichungsprogramm Mann. Dieser genetische Defekt zeigt uns also eigentlich genau das, was wir schon betont haben: Der Mensch ist eine Frau, im Grunde auch der Mann. Es handelt sich bei dieser Fehlentwicklung vor allem um eine auf dem X-Chromosom lokalisierte Mutation, welche die 5α-Reduktase betrifft und die Umwandlung von Testosteron zu DHT behindert.

Die testikuläre Femininisierung wird – und das ist eigentlich korrekter – auch CAIS *(congenital androgen insensivity syndrome)* genannt, da sie nicht durch aktiv femininisierende, sondern durch den Wegfall virilisierender Effekte bedingt ist. Hierzu gehören etwa auch die seltenen Fälle, bei denen kein Enzymmangel vorliegt, sondern den Zellen die Testosteronrezeptoren fehlen. Es kommt dabei zu der Entwicklung externer Weiblichkeit, etwa einer blind endenden Vagina, bei männlichen Gonaden. Es handelt sich um eine hereditäre (X-gebundene) Anomalie, die fast immer mit mentaler Weiblichkeit einhergeht. Das spricht dafür, daß auch hier die Männlichkeit eine Abweichung darstellt.

Das XYY-Syndrom: der »Super-He« – zuviel Mann

Sehr aufschlußreich ist auch das sogenannte XYY-Syndrom, in den USA auch *super-he* oder *double Y male* genannt: ein großer und oft impulsiver, manchmal gewalttätiger Mann. Er hat den Karyotyp 47,XYY und ist gekennzeichnet durch überdurchschnittliche Körpergröße und Muskelstärke, gute sportliche Leistungen und eine grobe Haut (oft Akne). Trotz seines starken Körperbaus findet man unterentwickelte Testikel und Infertilität, außerdem manchmal Krampfadern an den Unterschenkeln

(Varizen und *Ulcera cruris*). Auch weist er eine leichte intellektuelle Niveausenkung auf und eine labile, manchmal triebhafte Psyche. Viele Autoren beschreiben ihn als aggressiv, unbeherrscht und sexuell fixiert. EEG-Veränderungen sind relativ häufig.[63]

In amerikanischen Gefängnissen, insbesondere in solchen für Mentalpatienten *(mental-penal institutions)*, sind die XYY-Fälle mit 1/50 auf das etwa Zwanzigfache angereichert. Dies ist ein weiteres, starkes Indiz dafür, daß diese Anlagen das asoziale oder gar kriminelle Verhalten zumindest fördern können. Die sich hier anschließenden Überlegungen zur Schuldfähigkeit führen tief in die logischen Verstrickungen des Determinismus (vgl. auch Knecht 1993).

Es liegt nahe anzunehmen, daß es chromosomale Einwirkungen auf hormonell gesteuerte Vorgänge im Körper sind, welche die gesteigerte Männlichkeit im Körperbau wie im psychischen Verhalten verursachen. Ob vor oder nach der Geburt und zu welchen Anteilen, ist Gegenstand der Forschung.

Die XYY-Anomalie ist mit einer Frequenz von etwa 1/1000 relativ häufig.[64] Es ist offensichtlich, daß zumindest im körperlichen Bereich die Verdoppelung des Y-Chromosoms weitaus weniger Deformationen nach sich zieht als eine Verdoppelung des X-Chromosoms, das ja viel mehr genetische Information enthält. Dieser Umstand zeigt sich übrigens auch darin, daß die Konstellation 45,X oft lebensfähig ist, die magere Alternative 45,Y aber nie.

Die Verwandlung der dominikanischen »Guevedoces«

Abschließend sei ein seltenes, aber aufschlußreiches Phänomen geschildert, das man als das Gegenstück der Tomboys bezeichnen könnte, auch wenn es einen ganz anderen Grund hat: Kinder des Bauerndorfes Salinas in der Dominikanischen Republik, die als Mädchen heranwachsen, sich dann aber in der Pubertät in völlig normale Jungen verwandeln. Man nennt dieses Phänomen, anhand von 24 dominikanischen Fällen in den siebziger Jahren von J. Imperato-McGinley und Mitarbeitern erstmalig beschrieben,[65] in der betroffenen Gegend *guevedoce* (»Penis mit 12 Jahren«) oder *machihembra* (»erst Frau, dann Mann«). Es handelt sich um eine unheimliche, schleichende, wahrlich kafkaeske Verwandlung.

Diese Menschen werden vom Kleinkindesalter an als Mädchen in die Frauengemeinschaft aufgenommen, wo sie sich auch unauffällig einfügen. Keine knabenhafte Aufsässigkeit, keine riskanten Eskapaden, nicht einmal die Neigung, lieber mit den Jungen spielen zu wollen, wie wir es bei den androgengeprägten Tomboys gesehen haben. Sie scheinen in dem Gefühl heranzuwachsen, »gern Frauen zu sein in einer Welt, in der die Männer so viel Unheil anrichten« (Crapo 1987, S. 81; Hormones 1985). Dann kommt es zu einer schrecklichen Entdeckung: Ihr Geschlecht beginnt sich äußerlich und innerlich zu ändern, mehr und mehr beginnen sie zu verstehen, daß sie zu Männern werden. Ihnen wachsen keine Brüste, ein Penis bildet sich, und die Muskeln entwickeln sich zu eckigen, männlichen Körperformen. Gleichzeitig wird auch die Psyche vermännlicht. Sie gesellen sich zu den Jungen, tragen männliche Kleidung, verhalten sich wie Jungen und beginnen sich für Mädchen zu interessieren. Am Ende pflegt man verheiratete Männer vorzufinden – der durchaus normale Endzustand des Guevedoce-Syndroms.

Hormone als Steuersignale, Rezeptoren für die Ansprechbarkeit

Die Entdeckung dieses Syndroms öffnete – zusammen mit den Studien an Tomboys und anderen hormonellen Störungen – der Wissenschaft endgültig die Augen für die Wirkungen der Geschlechtshormone auf die geschlechterspezifische mentale Entwicklung. Wäre die jeweilige Geschlechtsrolle tatsächlich nur sozial erlernt, durch kulturelle Einflüsse, Nachahmung und Erziehung vermittelt, wäre weder das Tomboy-Syndrom erklärlich, noch hätten die Guevedoce-Mädchen einen Anlaß gehabt, so schnell ihr Gefühl der Geschlechtszugehörigkeit zu ändern. Das jedoch taten sie in völligem Gleichklang mit dem Auftauchen männlicher Hormone in der Pubertät. Hier normalisiert sich ihr Geschlechtsgefühl und Verhalten (vom Mädchen zum Jungen) mit dem Testosteronschub der männlichen Reifung, so wie sich bei den Tomboys mit dem steigenden Östrogenniveau der Menarche die mentale Weiblichkeit einzustellen begann. Tomboys und Guevedoces sind also in dieser Hinsicht fast spiegelbildliche Phänomene einer noch korrigierbaren Fehlsteuerung.

Neben den signalgebenden Botenstoffen, Hormonen und Transmittern, braucht es auch die zugehörigen Zellrezeptoren, die das Hormonsignal verstehen und in die richtige intrazelluläre Botschaft umsetzen. Hierzu brauchen Gewebe, die sich zu den männlichen Geschlechtsorganen umwandeln sollen, das Enzym 5α-Reduktase, das die Grundsubstanz Testosteron in das eigentlich aktive DHT (Dihydro-Testosteron) umwandeln kann. Störungen dieser Umwandlung führen zu der bereits geschilderten testikulären Femininisierung und eventuell zum männlichen Scheinzwitter *(pseudohermaphroditismus masculinus)*. Nun kann der Schaden aber auch in defekten oder unreifen Rezeptoren bestehen oder in anderen – auch temporären! – Störungen der Ansprechbarkeit der Zellen. Das nennt man mit einem zusammenfassenden Begriff »Androgenresistenz«. Dies bedeutet also eigentlich nur, daß Androgene nicht die erwarteten Wirkungen haben, und läßt die Ursache dafür offen. Daher sind die genannten Enzymdefekte, ihre Folgezustände der testikulären Femininisierung und die Androgenresistenz teilsynonyme Begriffe, die sich nicht ganz decken.

Solche Bindungsdefekte kommen in vielerlei Ausprägungsformen und Abstufungen vor. Sind Bindungsdefekte oder Enzymmangel von Dauer, wandeln sich die Knaben zu äußerlich gutentwickelten Frauen. Nur können sie halt keine Kinder bekommen, da ihnen die innere weibliche Organausrüstung dazu fehlt – ein gar nicht mal so seltener Defekt. Es ist die dritthäufigste Ursache für ausbleibende Regelblutungen (Amenorrhoe) in der Pubertät. Das alles beweist wieder einmal, daß der Mensch im Grunde eine Frau ist: Selbst Knaben werden zu Frauen, wenn die männlichen Hormone bei ihnen nicht wirken!

Überholte Thesen – von den Fakten überrollt

Bei den Guevedoce-Patienten aus der Dominikanischen Republik (man fand insgesamt 38 solcher Fälle) war die Störung von begrenzter Durchschlagskraft. Dadurch kam es nur zu einer zeitlich befristeten Verweiblichung. In der Pubertät begannen dann ihre Hoden vermehrt Testosteron zu bilden, wodurch auch der relative DHT-Mangel behoben und die Bildung der männlichen Genitalien eingeleitet wurde. Das führte dann zu den männlich aussehenden Teenager-Mädchen, die rasch und offenbar ohne allzu großen Probleme auch psychisch zu ihrer neuen Rolle in der Männerwelt fanden. Man sieht eine ähnliche Anpassungsfähigkeit, wenn auch in umgekehrter Richtung, bei den vielen durch Östrogeninjektionen verweiblichten »Buhlknaben« Thailands und Jamaikas.

Hiermit war – besonders, wenn man die anderen wohlbekannten Chromosomenanomalien mit ihren Folgen für die menschliche Psyche in Erinnerung behielt – im Grunde bereits klar, daß die alten, umhegten Thesen von dem reinen Rollenspiel, dem soziokulturell vermittelten Bild eines Menschen von seiner eigenen Geschlechtszugehörigkeit und Wesensart, nun endgültig tot waren. Für jeden Informierten – er mußte von den unfreiwilligen Massenexperimenten mit den Tomboys noch gar nichts wissen – waren sie nunmehr nachdrücklich überrollt von den Fakten. Dennoch werden diese – vor dem uns heute bekannten Faktenhintergrund absurden – Thesen von der rein psychosozial bestimmten Geschlechterrolle im Umfeld starker Überzeugungen weiterhin aufrechterhalten. Noch heute hält man sie dort – von den erwiesenen Tatsachen völlig unberührt – für wahr und »wissenschaftlich bestätigt«.

Keimzellen und Geschlechtsdrüsen

Die Auseinanderentwicklung der beiden Geschlechter beginnt damit, daß die in der sechsten bis zehnten Schwangerschaftswoche gebildeten (germinativen) Keimzellen *(germ cells),* die sich fortan nur noch mit den Aufgaben der Fortpflanzung beschäftigen werden, in die noch in keiner Weise spezialisierten Gonaden, die späteren Geschlechtsdrüsen, einwandern. Bei den weiblichen (XX) Individuen wandern sie in deren Außenbereich (Rinde, *wall* oder Cortex), der sich unter ihrem Einfluß zu Eierstöcken (Ovarien) weiterentwickelt, während der innere Teil (Kern, Mark, *core* oder Medulla) verkümmert. Bei den männlichen (XY) Individuen wandern sie statt dessen in eben diesen Kern, der sich weiterentwickelt, während die Rinde verkümmert – so entstehen die Hoden (Testikel). Testikel und Ovarien sind entwicklungsgeschichtlich also sozusagen Negative voneinander. Damit sollten Fehlsteuerungen und Zwischenstadien eigentlich von Anfang an ausgeschlossen sein.

Bei einem gestörten Chromosomensatz unterbleibt die Ausreifung zu funktionellen Gonaden. Bei dem Karyotyp XO (Turner-Frauen) entstehen demnach – völlig folgerichtig – verkümmerte (atrophische) Ovarien, die keine reifen Eier und keinen Eisprung zuwege bringen, und bei dem gleichermaßen gestörten Karyotyp XXY (Klinefelter-Männern) hingegen entstehen unreife Testikel, die keine Spermien bilden. In beiden Fällen sind die Patienten unfruchtbar (*infertil*).

Die inneren Geschlechtsorgane bilden sich beim Mann aus den sogenannten Wolffschen Gängen, bei den Frauen aus den Müllerschen Gängen, zwei feinen schlauchartigen Hohlraumstrukturen, die sich in der 8. bis 10. Schwangerschaftswoche bei den – ja noch gar nicht unterscheidbaren – Individuen beider Geschlechter entwickeln. Erst in der 13. Woche beginnen diese Gänge eine erste Reaktion auf die Einwanderung der Keimzellen in die Gonaden zu zeigen. Bei der Frau (XX), wo noch keine hormonellen Einflüsse wirksam sind, entwickeln sich die Müllerschen Gänge zu der komplizierten Struktur von Eileiter und Gebärmutter, während die Wolffschen Gänge – ohne Testosteronhilfe – verkümmern. Beim Mann hingegen wird das Anti-Müller-Hormon (auch MDI oder Müller-*ductus inhibitor*) gebildet, das die Müllerschen Gänge verkümmern läßt, während das Testosteron aus den langsam hormonell erwachenden Gonaden die Wolffschen Gänge stimuliert, sich zu den Nebenhoden, Samenleitern und Samenblasen zu entwickeln. Das aus dem Testosteron gebildete DHT (Dihydrotestosteron) steuert dann die Bildung der Vorsteherdrüse (Prostata).

Wieder wird deutlich: Das ursprüngliche Geschlecht ist weiblich – der Mann ist die Abweichung. Werden die Weichen nicht richtig gestellt, entstehen veränderte Frauen und unvollkommene Männer. Diese werden gebildet durch das Trio Testosteron + DHT + MDI, das ungestört wirken muß, um das Konzept Mann zu vollenden. An ihrem unteren Ende vereinen sich Müllersche und Wolffsche Gänge zu einer gemeinsamen Öffnung, der Cloaca. Diese erscheint an der Oberfläche als Genitalhügel mit zwei typischen Falten und Schwellungen. Ohne die Einwirkung von DHT entwickeln sich aus den Schwellungen die großen und kleinen Schamlippen, und an ihrem oberen Ende der Kitzler (Klitoris). Unter dem Einfluß von DHT hingegen wächst der Kitzler weiter, wird zur Eichel (Glans penis) und zieht die Schwellungen hinter sich her, die zum Schaft des Penis und zum Hodensack (Scrotum) werden, in den später durch die Leistenbeuge die Testikel einwandern (deszendieren).

In diesem komplizierten Geschehen kann viel schieflaufen, so daß bei Störungen – chromosomalen, hormonellen und rein anatomischen Wachstumsanomalien – eine Vielfalt von Mischzuständen möglich ist. Und was denkbar ist, kommt auch tatsächlich vor. Die Mißbildung einer unvollständig geschlossenen Urinröhre etwa, die eine Spaltenöffnung nach unten zur Folge hat (Hypospadie), findet sich bei rund 80 von 10 000 männlichen Geburten, und ihre Zahl hat sich, ohne daß man die Ursachen wüßte, von 1970 bis 1993 verdoppelt.

Pubertät und sekundäre Geschlechtsmerkmale

Mit 10 bis 12 Jahren kommt es bei den Mädchen, mit 12 bis 14 Jahren bei den Jungen zur Pubertät. Sie ist eine Antwort auf gonadenstimulierende Hypophysenhormone, die mit der Reifung des hochkomplexen

Zwischenhirn-Hypophysensystems aufzutauchen beginnen. Das ganze Reproduktionssystem wird durch sie aus der Latenz gehoben. Bei der Frau werden jetzt Eier gebildet, die den Eierstock verlassen (Eisprung, Ovulation), die Menstruation als periodische, aber abgebrochene Schwangerschaftsvorbereitung setzt ein, die Brüste wachsen, und die typische Schambehaarung bildet sich aus. Beim Jungen führen steigende Testosteron- und DHT-Mengen zum Stimmbruch (Kehlkopfwachstum und Stimmbandverlängerung), zum Muskelwachstum, zur Bildung von Spermien, zu Penis-, Hoden-, Prostata- und Scrotumwachstum sowie zu Akne und Bartwuchs. So entstehen die sogenannten sekundären Geschlechtsmerkmale, zu denen auch die wenig sichtbaren mentalen Unterschiede gerechnet werden. Das ist – wie wir noch sehen werden – nicht ganz korrekt. Einige von ihnen sind ohne Zweifel durchaus primär, also an der Wurzel der Geschlechterdifferenzierung zu lokalisieren.

Parallel hierzu laufen die enstprechenden psychischen Prozesse ab, die über erwachende Libido und zunehmende Potenz (Erektion, Ejakulation) das Appetenzverhalten und die Initiative der Jugendlichen stimulieren. Damit erst kommt es zu den Verhaltensmodifikationen, die das jeweilige biologische Geschlecht und sein Selbstverständnis durch das geschlechtertypische Rollenspiel untermauern.

Artifizielle Störungen der Geschlechtsausbildung

Therapeutische Hormongaben

Daß vorgeburtliche Störungen der Geschlechtsausbildung vorkommen, ist hundertfach bewiesen. Nicht nur durch unwissentliche Hormonzufuhr, sondern auch durch gezielte Hormoneinwirkungen können solche Effekte hervorgerufen werden, so etwa bei der kompensatorischen Hormonbehandlung zur Therapie festgestellter Insuffizienz der körpereigenen Hormondrüsen. Das etwa ist die übliche Behandlung bei einigen Formen weiblicher Unfruchtbarkeit, aber auch manch einer der beschriebenen Chromosomenanomalien, um Minderwuchs, körperlichen Dysplasien oder der Verkümmerung der Keimdrüsen (Gonadenatrophie) vorzubeugen.

Werden diese Hormone später, also etwa nach der Geburt und vollendeten Organausprägung zugeführt, bilden sich natürlich Testikel nicht mehr zu Eierstöcken um, indem sie etwa wieder in den Bauch hinaufsteigen und statt Spermien Eizellen bilden, aber alles, was noch zu beeinflussen ist (Haarwuchs, Körperbau, Haut und Bindegewebe, Muskeln, Stimmbänder, Skelett, Drüsen), ändert sich in typischer Weise. Selbst bei älteren Menschen (etwa bei der Behandlung weiblicher Organtumoren mit männlichen Hormonen oder männlicher Tumoren – vor allem des Prostatakrebses – mit weiblichen Hormonen oder Anti-Androgenen[66] kann man charakteristische Veränderungen des Haarwuchses, der Brustdrüsen, der Stimmlage, der Muskelfunktionen und auch der Psyche sehen. Je früher im Leben die Hormonwirkungen einsetzen, desto markanter fallen die Veränderungen aus.

Sehr deutlich, vor allem leicht meßbar, sind die Veränderungen bei den Sportlerinnen, die mit männlichen Geschlechtshormonen (Androgenen wie Testosteron) gedopt werden. Bei den aus dem ehemaligen Ostblock kommenden und oft siegenden Staatssportlern etwa der DDR, Rußlands und Chinas waren die Zeichen des androgenen Dopings regelmäßig zu beobachten. Sie bekamen dickere, härtere und stärkere Muskeln von

Die Brustdrüsenentwicklung beim Mann, die Gynäkomastie, zeigt den durchschlagenden Effekt weiblicher Hormone (hier Therapie eines Prostatakrebses) selbst bei eindeutig männlicher Disposition.

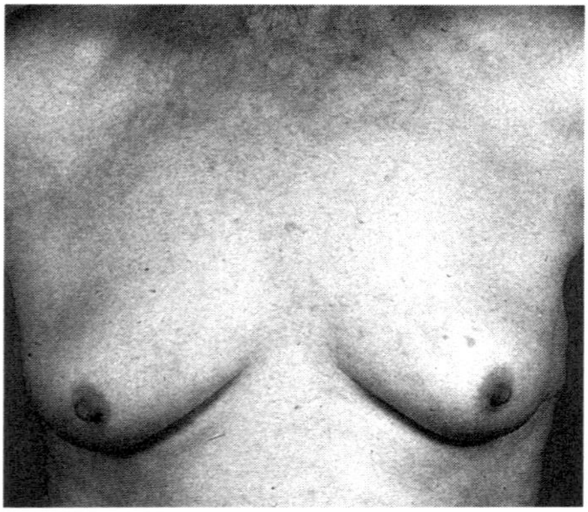

größerer Dauerleistung und stießen etwa die Kugel um mehrere Meter weiter als andere weiblichen Konkurrentinnen, sie sprangen höher und weiter und liefen viele Meter vor ihnen ins Ziel. Die Stimmen wurden tiefer, manche bekamen Akne, einen deutlich veränderten Haarwuchs, kleine Brüste, weniger Unterhautfettgewebe, männlich harte Muskelkonturen und immer weniger weibliche Formen. Sie scheuten sich – etwa die berüchtigten russischen »Press-Brothers« (Tamara und Irina Press), zusammen mit anderen Frauen zu duschen, da ihre körperliche Vermännlichung offensichtlich war.

Interessant sind vor allem die psychischen Veränderungen, die sich bei den so gedopten Mädchen und Frauen einstellten. Sie wurden härter im Auftreten, zielstrebiger, zäher und wettkämpferischer, sie entwickelten einen unbedingten, teilweise direkt selbstzerstörerischen Ehrgeiz und eine an Leichtsinn grenzende Risikobereitschaft, wie sie sonst vor allem bei Männern zu beobachten ist. Eine typische, deutlich vermännlichte Psyche kann man auch bei jenen Sprinterinnen vermuten (Katrin Krabbe), die mit zäher Ausdauer unermüdlich gegen die immer wieder bestätigten Dopingurteile ankämpfen. Die schädlichen, sich oft verspätet manifestierenden Nebenwirkungen dieser gewaltsamen Umsteuerungen des Seelen- und Hormonhaushaltes junger Frauen, von denen noch die Rede sein wird, werden sich zum Teil lebenslang zeigen.

Deutlich ist zu erkennen, daß selbst Männer, die sich mit androgenen Steroiden dopen, eine starke und eindeutig auf die übertriebene Vermännlichung zurückzuführende psychische Wesensveränderung durchlaufen. Dies ist vermutlich in vielen Ländern der Welt in Tausenden von

Gerichtsakten festgehalten, die unter diesem Gesichtspunkt noch einmal zu sichten wären. Eine lange Periode des Mißbrauchs von androgenen Steroiden zum Muskelaufbau, wie er sich in Bodybuilder- und Karatestudios, in Leichtathletik- und Gewichtheberkreisen seit einiger Zeit etabliert hat, scheint ein unbalanciert aggressives Verhalten nach sich zu ziehen.

Man fand erschreckend viele ähnliche Fälle von amokartiger Raserei, von unbegreiflichen Morden an Fremden und Zufallspassanten, ja selbst am eben noch geliebten Partner, mit dem man in Streit geraten war. Typisch für diese Taten war stets die nicht einmal von der erfolgten Handlung zu besänftigende, tobsuchtartige Wut. Oft war ein aktueller Dopingmittelmißbrauch beweisbar, manchmal lag er länger zurück oder blieb unsicher. Es war wie ein grausamer Tanz um die unheilvollen Quellen virilen Zorns, der hier offensichtlich von einem Zuviel an männlichen Hormonen entfesselt wird. Unsere abschließenden Interviews mit Kraft- und Hochleistungssportlern, die sich dopten bis an die Grenze des Totschlags sprechen eindeutig für den Zusammenhang zwischen männlichen Hormonen und Aggressivität.

Kastraten und Eunuchen

Nun wäre das Gegenteil zu erwarten bei einem Zuwenig an männlichen Hormonen. Und genauso ist es auch: Fehlen die Testikel und ihre Hormone, ist der Mann tatsächlich entmannt. Tiefgreifend – und daher auch aussagekräftig – sind in dieser Hinsicht die Veränderungen bei Kastraten und Eunuchen, die es – neben den seltenen Fällen einer therapeutischen Testikelentfernung, einer *Ablatio testis*, fast immer wegen bösartiger Tumoren, manchmal wegen Testikeltorsion – in historischer Zeit in großer Zahl gegeben hat.

In Europa, besonders im Opernland Italien, gab es die berühmten Kastraten, die als Sänger ihre Stimmlage hoch hielten, indem sie den Stimmbruch umgingen. Dieser nämlich ist als Ergebnis einer Kehlkopfvergrößerung mit Stimmbandverlängerung direkt bedingt durch die Wirkung männlicher Geschlechtshormone. Die typische Psyche der Kastraten ist hundertfach beschrieben: weniger aktiv, expansiv und kämpferisch als normale Männer, etwas weinerlich, empfindsam, sehr emotional, selbstbezogen bis eitel, aber gleichzeitig unsicher. Sie weichen Konfrontationen so sehr aus, daß man sie oft als unaufrichtig oder falsch bezeichnet hat, obwohl sie vermutlich unter Streit und Unfrieden einfach mehr leiden als andere: So lavieren sie um die Konflikte herum. Stets weckten sie bei vielen couragierten Männern auch Schutzinstinkte, da etwas kindlich Rührendes, Hilfloses über diesen oft zur Fettsucht neigenden, großen, weichen, in ihrem Selbstgefühl natürlicherweise beeinträchtigten Männern schwebte, über diesen leicht in Weinkrämpfe ausbrechenden Riesenbabies, deren Ursprünglichkeit und psychische Gesundheit man einem morbiden Kunstgenuß geopfert hatte. Die Kastration wurde oft in einem Alter vorgenommen, in dem ein aufgeklärtes Einverständnis *(informed consent)* kaum möglich war.

In arabischen Ländern war es üblich, den Harem eines Herrschers von Eunuchen bewachen zu lassen, deren Interesse an den Haremsdamen sich in nicht naturgegebenen, sondern von Menschen vorgegebenen Grenzen hielt. Ihre stark variierende Konstitution hing davon ab, in welchem Alter sie kastriert worden waren.

In Indien gibt es eine merkwürdige, verbotene Sekte, die Kinder nicht nur kastriert, sondern ihnen auch den Penis amputiert. Frauen werden außer der Klitoris auch die Brüste abgeschnitten. Mangels Nachwuchses stehlen die Mitglieder dieser Sekte kleine Kinder, die sie dann verstümmeln. Die Bevölkerung haßt und fürchtet sie, fast noch mehr als die berüchtigte Mördersekte der »Thugs«.

In China war es seit Jahrtausenden Sitte, daß sich die Kaiser mit Eunuchen umgaben, von denen man annahm – und diese Rechnung schien aufzugehen –, daß sie weniger zu Gewalttaten, Aufruhr und Attentaten neigten als normale Männer. Bis zu 3000 Eunuchen wimmelten am Kaiserhof hinter den Mauern von Pekings »Verbotener Stadt«. Wer die chinesische Geschichte kennt, kann bestätigen: So gut wie nie ließen sie sich von eigenen Ambitionen hinreißen zu Königsmord, Krieg oder opfermutig-revolutionären Taten, sondern sie waren dafür bekannt, Schwierigkeiten, vor allem der brachialen Gewalt, lieber aus dem Wege zu gehen. Hingegen gab es so gut wie keine Hofintrige, in die sie nicht auf komplizierteste Weise verwickelt waren, und kaum ein Herrscher dürfte ohne ihre Mitwirkung gestürzt worden sein. Sie waren bestimmt keine Engel, aber sie griffen nicht selbst zum Schwert. Grundsätzlich war ihnen das Gift lieber als die metallene Waffe.

Alle verfügbaren Quellen stimmen darin überein, daß sich die Psyche dieser früh kastrierten Männer ganz anders entwickelte als die ihrer Geschlechtsgenossen und daß die Kastraten sich in ihren Interessen, ihrem Lebensstil und ihren sozialen Äußerungsformen dem weiblichen Verhalten annäherten. Ob auch ihr psychisches Innenleben dem weiblichen zu ähneln begann, ist schwerer zu beurteilen, da sich dieses unentwirrbar mit individuellen Charakterzügen mischt. Eines war jedoch offensichtlich: Die Kastration hatte den Eunuchen den Zugang zur großen Wut abgeschnitten, zum heftigen Adrenalinkick, der den berüchtigten – und etwa bei berauschten Kelten und Wikingern recht häufigen – »Berserkergang«[67] auslösen kann. Ein solcher ist weltweit von keinem Kastraten oder Eunuchen bekannt.

Chemische Kastration statt Gefängnis

War der Eunuch so das direkte Gegenbild des Berserkers, ließ sich dennoch kein zuverlässiges und für Außenstehende verständliches Bild von seiner inneren Geschlechtsrollenwahrnehmung gewinnen, denn die Kastrierten hatten ja meistens nichts anderes erlebt als ihre in sexueller und oft auch in sozialer Hinsicht von der Normalität abgehobene Existenz zwischen den vertrauten Welten der Geschlechter. Verstreute Äußerungen aus den verschiedensten Quellen stimmen gut mit dem Bild überein, das die moderne Wissenschaft (vor allem die Psychiatrie) von der Psyche entmannter Männer entworfen hat.

So etwa hat man eindeutig positive Effekte in Form einer verringerten Gewaltneigung und eines abgeschwächten Sexualtriebes bei rückfälligen Sexualtätern gesehen, so daß man ihnen manchmal als Alternative zur Freiheitsstrafe die Kastration oder die Behandlung mit weiblichen Hormonen oder Anti-Androgenen anbietet, die sogenannte chemische Kastration, um sie von ihrer unwiderstehlich starken, triebhaften Neigung zu sexuellen Gewalttaten zu befreien. Daß diese Wirkung tatsächlich oft zu beobachten ist, spricht unzweideutig für die übermächtige Stärke der Einflüsse von Sexualhormonen auf das menschliche Verhalten. Sie sind offenkundig in gewissen Fällen stark genug, um dem Menschen jene Handlungsfreiheit zu rauben, auf der seine Fähigkeit zur Verantwortung ruht.

Die verwandelte Psyche unter dem Vergrößerungsglas

Das von der britischen Autorin Jan Morris in unserem Einleitungskapitel abgelegte Selbstzeugnis ist ein wichtiger und wohl einmaliger Einblick in eine menschliche Psyche während ihrer Verwandlung. Die Geschlechtsumwandlung, die Morris nach Jahren als männlicher Kriegsberichterstatter an sich hat vornehmen lassen, war länger geplant und besser vorbereitet als in den meisten vergleichbaren Fällen. Die minutiös abgelegte Rechenschaft über das, was sich in der Psyche abspielte, die unter dem Einfluß der jahrelangen Zufuhr weiblicher Hormone, dann unter Entzug der männlichen Hormone durch operative Kastration zunehmend verweiblichte, läßt Schlüsse darauf zu, an welchen psychischen Variablen solche Veränderungen ansetzen.

Es gibt Fälle, bei denen vor allem die körperliche Umgestaltung in verblüffender Weise (für uns kaum glaubhaft perfekt) gelungen zu sein scheint – wie bei der hier abgebildeten Australierin. Kaum zu fassen, daß sie tatsächlich einmal ein Mann gewesen sein soll.

Um den introspektiven und daher notwendigerweise subjektiven Erfahrungsbericht von Jan Morris über seine Geschlechtsumwandlung, die natürlich auch von den entsprechenden äußerlichen Veränderungen begleitet wurde, zu ergänzen, haben wir im Verlauf eines Jahres eine Reihe gezielter Interviews vorgenommen, welche dieselben Fragen aus anderen Perspektiven beleuchten. Morris' Bericht ist ein unersetzliches Zeugnis für die Hormonabhängigkeit seelischer und geistiger Vorgänge, und er ist so sensibel und aufmerksam geschrieben, daß der Leser nahe an das herangeführt wird, was im Kern Mann und Frau ausmacht: die unterschiedliche Natur ihres Ich-Gefühls, ihrer Beziehung zu anderen Menschen, ihrer inneren Spontaneinstellungen und der Steuerung ihrer Affekte. Aber es ist und bleibt letztlich doch nur ein einzelnes Zeugnis. Das ist der Grund dafür, daß wir ergänzend auch andere Menschen mit einschlägigen Erfahrungen zu vergleichbaren psychischen Phänomenen befragt haben: eine zum Mann umgewandelte Frau, eine gedopte Kugelstoßerin, die später auch den Weg der Geschlechtsumwandlung wählte, fünf junge Klinefelter-Männer, einen XYY-Mann (Super-He) und einige androgen gedopte Spitzensportler und -sportlerinnen. Unter diesen ist ein junger Schwede, der unter dem Einfluß der männlichen Steroidhormone extrem gewalttätig wurde und fast seinen besten Freund umbrachte.

Die schwankende Welt der Transsexuellen

In manchen Ländern, darunter Schweden, ist die Einstellung gegenüber Menschen, die ihr Geschlecht wechseln wollen, ungewöhnlich liberal und pragmatisch. Entscheiden sie sich dafür, werden sie untersucht, befragt und beraten, und sobald zwei Gutachten die Geschlechtsumwandlung befürworten, können sie sich in schwedischen Kliniken offiziell einer solchen Behandlung unterziehen. Daher gibt es auch gute schwedische Statistiken zu diesem sonst oft im verborgenen gehaltenen Thema. Eine eigene Interessenvereinigung der meist um die 100 Personen im Wartestand angehören, stützt sie mit Rat und Tat. Mehr als die Hälfte von ihnen wird tatsächlich irgendwann umoperiert, etwa 10 bis 15 pro Jahr in ganz Schweden.[68] (Zum Vergleich: In den Niederlanden sind es rund 120 pro Jahr, aber darunter viele Ausländer. In Schweden werden nur schwedische Staatsangehörige umoperiert.)

Neben den rund 100 organisierten Transsexuellen gibt es im Lande etwa mehrere hundert weitere Transsexuelle, die jedoch nach erfolgter Operation zumeist den Kontakt mit der Gruppe abbrechen, da sie durch nichts an ihr altes Leben erinnert werden wollen. Es geht ihnen um einen völligen Neuanfang. Nur wenige Prozent von ihnen sollen ihren Beschluß später bereuen.[69] Es kommt allerdings darauf an, wann und wie man dieser Frage nachgeht. Insgesamt wird für Schweden die Häufigkeit des Wunsches nach dem Geschlechtswechsel mit 1/37 000 bei Frauen, 1/107 000 bei Männern, also knapp 300 für das ganze Land angegeben.[70]

Aus der ganzen Welt kommen heute ähnliche Berichte, wenn auch meistens fragmentarisch, angelehnt an aufsehenerregende Einzelfälle. In England gewinnt die 52jährige britische Pilotin Kristina Sheffield einen Rechtsstreit wegen Diskriminierung gegen eine Fluggesellschaft, die sie wegen ihrer Geschlechtsumwandlung nicht anstellen mochte: Zuvor war Kristina ein britischer Luftwaffenpilot gewesen, Ian Sheffield, der auch als Fremdenlegionär in Zimbabwe gekämpft hat.[71] Selbst Japan läßt neuerdings Geschlechtsumwandlungsoperationen zu, die den Japanern bislang nur im Ausland zugänglich waren.

Ob man von den schwedischen Prävalenz- und Inzidenzraten auf die Verhältnisse in anderen Ländern der Welt schließen kann, ist mehr als fraglich. Womöglich tauchen viele solche Fälle überhaupt erst auf, wenn die gesellschaftliche Toleranz zunimmt, vielleicht auch sind die Zahlen – was den reinen Wunsch zum Geschlechtswechsel angeht – ähnlich wie bei den Angaben über die Homosexualität durch Homosexuelle, über die Pädophilie durch Pädophile tendenziös überhöht. Auf jeden Fall aber sind die konkreten Operationsfälle gut dokumentiert, und es sind aufschlußreiche, aufregende und keineswegs ganz ungewöhnliche Schicksale, in denen hier – an der Wurzel unseres Geschlechtsverständnisses – um die eigene Lebensrolle gerungen wird. (Benjamin 1966).

Die schreckliche Jugend und die rettende Puppe – alt, haarlos und wunderbar

Wir wollen dies mit einem weiteren bekannten Fall belegen, auch dieser in einem weltweit verbreiteten Buch ausführlich geschildert: das merkwürdige Leben der Caroline Cossey (Cossey engl. 1991; schwed. 1992). Sie wurde als Junge in einer unauffälligen Familie im englischen Norfolk geboren. Damit allerdings hören die Ähnlichkeiten mit dem Fall der Jan Morris auch schon auf. Wir werden bald verstehen, warum.

Sie begann sich nach eigener Erinnerung schon als kleines Kind im vorschulischen Alter in einer falschen Geschlechtsrolle zu fühlen, auf der ganzen Front ihrer Gefühle und instinktiven Reaktionen. Solange sie sich überhaupt entsinnen kann, war alles irgendwie falsch: »Alles fühlte sich verkehrt an. Ich konnte mich nie auf meine Impulse verlassen. Ich erinnere mich nur, wie einsam und verwirrt ich war.« Mit diesen Worten beginnt ihr Lebensbericht.

»Ich lag im Bett und träumte davon, jemand anderes zu sein…« Das war die Melodie ihrer Kindheit. Ihren Namen, den sie als Junge erhielt, nennt sie in ihrem Buch nicht. Ihr Vater machte sich Sorgen um diesen Knaben, der empfindlich war, ängstlich, unruhig und erkennbar unglücklich. Da sich diese Sorge mit Enttäuschung und Unzufriedenheit mischte, wurde das Verhältnis zwischen den beiden etwas reserviert. »Wir hatten keine Sprache, um unsere Liebe zueinander auszudrücken.« Ein Onkel warnte den Vater: »Paß bloß auf, sonst wird er komisch, wenn er groß wird!« Das, wovor man Angst hatte, war offenbar die Entwicklung zur Homosexualität. Aber das Problem war in Wirklichkeit viel größer.

Bald nahm sich die sensible kleinere Schwester, mit der zusammen er heimlich mit Puppen spielte, seiner an. Sie nahm ihn in Schutz und teilte mit ihm seine Geheimnisse. Die kleine Schwester wurde ihm zum großen Bruder. Sie schien über magische Kräfte zu verfügen, half ihm bei allem, behandelte ihn wie eine Schwester und verriet ihn nie. Noch heute besitzt Caroline Cossey die kleine Puppe Cynthia, mit der sie damals spielten und ehrt sie hoch: Sie sitzt auf ihrem Toilettentisch, alt, haarlos und wunderbar.

In der Schule wurde es furchtbar, jeder Tag ein Graus. Der Junge weinte herzzerreißend, wenn er von zu Hause wegging, litt in der Klassengemeinschaft unter unaufhörlichem Mobbing. Indirekt nahmen sogar die Lehrer daran teil, die einen »ganzen Kerl« aus ihm machen wollten. Es ging nicht. Er litt nur. Es war die Hölle.

Auch der Vater versuchte, die Knabenrolle aufzubauen: Er nahm ihn auf die Tauben- und Hasenjagd mit. Auch das war nur entsetzlich: das Knallen, der Pulvergeruch, die toten, blutigen Tauben, die erschreckten Tiere, die Kadaver – widerlich! Dem Knaben wurde übel. Erschrocken sprang er davon, das rohe Lachen der Männer in den Ohren. Das wurde die Melodie seiner Jugend.

Die wundersame Wandlung der Caroline Cossey

Dann kommt es zu einem Kontakt mit einem älteren, vermutlich pädophilen homosexuellen Mann. Der hat in London eine Wohnung und einen Geliebten, behandelt den kleinen, schüchternen Jungen gut und tastet ihn niemals an. »Mein kleines Küken«, nennt er ihn. Dieses Küken verliebt sich dann in einen 16jährigen heterosexuellen Knaben und wird zu seinem unbeschreiblichen Entzücken auch wieder geliebt. Der nämlich denkt, es handele sich bei Cossey um ein Mädchen. »Siehst du!« jubelt ihr homosexueller Mentor: »Ich wußte doch, du bist einer von uns!« Nichts konnte falscher sein.

Es folgen ausführliche Beschreibungen von erst flüchtigen, dann ernsteren Beziehungen und viel verwirrt umhertastender Sexualität. Sein Berufsziel: Frau und Fotomodell! Mit 20 Jahren läßt er sich in London zur Frau umoperieren. Der Erfolg ist verblüffend: Es entsteht sofort eine schöne Frau. Noch innerhalb eines halben Jahres erreicht sie ungewöhnliche Erfolge als weibliches Modell.

Auch Cossey greift zu der Metapher, »wie ein Schmetterling aus einem Verpuppungsstadium zu kommen und plötzlich seine Flügel zu entfalten«, stößt aber rasch auf etliche unvorhergesehene Schwierigkeiten, die erst allmählich zu überwinden sind. Aber als Frau überzeugt sie spontan, sowohl körperlich als auch psychisch.

Das Fotomodell Tula: Unruhe in einer körperfixierten Welt

Damit beginnt das große Quidproquo ihres Lebens. Als Fotomodell Tula wird sie weltbekannt, auf originellen Reklamefotos – etwa für Smirnoff-Wodka als wasserskilaufendes Glamourgirl, gezogen vom Ungeheuer von Loch Ness – macht sie Fuore. Auf Korfu trifft sie Roger Moore und wird als Bond-Girl in einem bekannten Gruppenbild fotografiert, das um die Welt geht. – Was für eine Sensation für die Presse, als man dann bald

Eine Transsexuelle, die so extrem weiblich wird, muß von einer Disposition aus starten, die bereits chromosomal das Weibliche mit einschließt, also mehr als ein X-Chromosom aufweist.

in großen Schlagzeilen schreiben kann: »Bond-Mädchen war ein Junge!« Himmelhoch jauchzend, zu Tode betrübt, das wird fortan zum Rhythmus ihres Daseins.

Sie verliebt sich mehrmals und schreibt das Buch: »*Tula – I am a woman*« (Cossey 1991), in dem sie sich als transsexuelle Frau vorstellt. Sie arbeitet weiter als erfolgreiches Fotomodell, verliebt sich erneut, findet schließlich ihre große Liebe und konvertiert zum mosaischen Glauben ihres Partners. Welche Bilder von ihr man auch betrachtet, ob auf Zeitschriften oder im privaten Kreis, stets sieht man eine Frau mit eher faszinierenden als charmanten Zügen, in die sich – wie bei vielen schönen Frauen – auch ein diskreter Zug von Virilität mischt (so wie viele »schöne« Männer auch weiche, sensitive Züge aufweisen, die nicht ungebrochen maskulin sind). Als Schwimmerin fotografiert, gibt sie genau den Eindruck einer Hochleistungsathletin mit der Ausstrahlung einer ungewöhnlich starken psychophysischen Energie, wie wir sie von den hormonell gedopten Spitzensportlerinnen her kennen. Kein Wunder, liegt doch eine gemeinsame Endstrecke hinter dem Geheimnis dieser androgynen Züge: bei den Gedopten die gespritzten Hormone, hier die »bisexuelle« chromosomale Grundausrüstung.

Zu den tragischen Momenten ihres kämpferischen Lebens gehört, daß sie am 27. September 1990 die Entscheidung des Europäischen Gerichtshofs (14 gegen 4 Stimmen) empfängt, sie könne ihre offizielle Geschlechtseintragung nicht ändern und daher auch niemals einen Mann heiraten. Das erscheint, wenn man es andererseits zuläßt, daß sie zur Frau wird, natürlich als absurd. Bei einem Delikt käme sie unerbittlich in ein Männergefängnis, und eine Vergewaltigung ist nach dem Gesetzestext eigentlich gar nicht möglich, da sie ja keine Frau ist... Hier ist noch ein langer Weg zu gehen, bis das Phänomen der Transsexualität entspannt und vernünftig wahrgenommen und behandelt wird. Sie aber kümmert sich nicht um diese bürokratischen Hürden, sie heiratet.

Des Rätsels Lösung – nicht die Lösung der Probleme

Durch alle diese Stadien hindurch, vom Kind zur Ehefrau, ist ihre Psyche eindeutig weiblich. Wie schon in der Jugend, sind ihre Regungen die eines weiblichen Wesens, das die Männer liebt, wie eine Frau Männer zu lieben pflegt. Sie hat recht, wenn sie schreibt, es habe sich niemals um wirkliche Homosexualität gehandelt. Ohne jede Übergangszeit mündet ihr seit dem Kindesalter unerträgliches Dasein mit 20 Jahren in das einer typischen Frau ein, fokussiert auf Körper, Mode und Ästhetik. Dadurch nimmt ihr Leben den unruhigen Verlauf einer Fotomodell-Karriere, wie sie auch viele andere Mädchen erleben, beschwert durch ihre spezielle Vorgeschichte, die immer wieder – vor allem durch das große Interesse skandalgieriger Medien – zur Sprache kommt und öffentliches Entsetzen auslöst. Dabei müssen ihre tatsächlichen Probleme gar nicht alle mit ihrem Geschlechtswechsel zu tun haben, sondern dürften zum großen Teil mit dem berufsspezifischen Milieu dieser Branche zusammenhängen.

Es bleibt auffällig, wie gut und wie vollständig, nicht nur äußerlich, sondern auch innerlich, sie ohne Verzögerung mit der Frauenrolle verschmilzt. Ihre Empfindungen und psychischen Reaktionen – wie auch ihr Körper – müssen nicht erst jahrelang hormonell darauf getrimmt werden, sondern sind von Anfang an weiblich. Die Umstellung ist nach der Operation sofort vollzogen. Warum so schnell, so mühelos und so vollständig? Bei Jan Morris war dies allein ein Kampf, erst zwanzig Jahre mit sich selbst, dann acht Jahre mit 50000 Östrogentabletten und anderen ärztlichen Einsätzen. Caroline Cossey hätte auch niemals als Kriegsberichterstatter gearbeitet, hätte niemals Sir Hillarys Mount-Everest-Expedition mitmachen oder eine normale Familie mit fünf Kindern als väterlicher Hauptverdiener in einer männlichen Branche versorgen können. Warum nicht? Sie war von Anfang an mental eine Frau, trotz ihres männlichen Körpers. Dies war nicht eine langsame anschwellende psychische Entwicklung, sondern von allem Anbeginn an ein imperativer Drang. – Wie war das alles möglich?

Die Antwort lieferte eine Chromosomenuntersuchung in London. Der unter Transsexuellen überrepräsentierten Karyotyp des Klinefelters ist die Chromosomenkonstellation XXY, bei dem die weiblichen X-Chromosomen doppelt vorkommen, wie bei der normalen Frau. Der so entstehende Mensch erhält im Grunde eine weibliche Konstitution, die aber – infolge des *Sex-Switches* durch das Y-Chromosom – gestört ist durch einen virilen Einschlag in der Körperkonstitution und durch die Entwicklung männlicher Geschlechtsteile. Hier aber fand man die sogar noch seltenere Chromosomenkonstellation XXXY, sozusagen den Super-Klinefelter. Dabei sind die weiblichen Anlagen in der Regel noch stärker ausgeprägt, das Männliche noch weiter unterdrückt als beim üblichen Klinefelter. Die Antwort des Gehirns auf die hormonelle Stimulanz der vorgeburtlichen Periode, die das Geschlecht ausformt, kann so zu einer völlig weiblichen mentalen Disposition führen, wie sie durch eine feminine Rezeptorenkonstellation und Voreinstellung hervorgerufen wird.

Der Fall Caroline Cossey ist tragisch deshalb, weil niemand von all den Institutionen und einzelnen Menschen (Psychologen und Ärzten), die ihre Geschlechtsumwandlung befürwortet, vorbereitet, durchgeführt und begleitet haben, ihr dann den Schutz geben konnte, der ihr im Grunde zustünde. Sie nach diesem großen Schritt, so hineingestoßen in ein neues Leben, im Stich zu lassen, ist widersinnig. Die Hilfe bleibt halbherzig. Ihre Lage wirklich zu verstehen, hieße, auch die Unterstützung konsequent durchzuhalten. Es ist absurd, die gefällten Entscheidungen dann durch juristische Abweisung wieder zurückzunehmen.

Zugleich aber ist Caroline Cossey gar nicht jener typische Präzedenzfall der Transsexualität, für den sie selbst sich hält. In ihrem speziellen Fall einer aberranten Chromosomenkonstellation nämlich war der Geschlechtswechsel ausnehmend gut begründet und auch biologisch schon effektiv vorbereitet: Ihre weiblichen Chromosomen hatten ihre Haut, ihre Muskeln und ihre Psyche schon so weich gestaltet, daß der Übergang zur Frau ein ganz weicher wurde, daß leicht eine »ganze Frau« daraus werden konnte. Dies zeigt den durchgreifenden Einfluß der Chromosomen und der von ihnen dirigierten Hormone auf mehr als nur die Körperformen eines Menschen. Ein Individuum wird im Hinblick auf seine Geschlechtsprägung unerbittlich zu genau dem, was in ihm angelegt ist, solange dieser Vorgang nicht ganz rabiat gestört wird. Solche Störungen sind dann am durchgreifendsten, wenn sie über dieselben Signale und Mechanismen wirken, die normalerweise den Menschen formen: die Geschlechtshormone. Das werden wir in den folgenden Kapiteln zeigen.

Fünf Klinefelter-Männer: allem Wilden abhold

Mit fünf jungen schwedischen Männern zwischen 18 und 27 Jahren, bei denen die Klinefelter-Konstitution XXY bekannt und klinisch bestätigt war, wurden ausführliche Interviews durchgeführt. Sie hatten sich freiwillig dazu bereit erklärt und erfuhren auch im Vorwege, worum es ging. Allen wurden dieselben Fragen gestellt, die dem Thema galten: »Wie erleben Sie sich selbst auf der Skala männlich-weiblich?«

Die Antwort war bei allen: männlich. Die Details aber gaben ein differenzierteres Bild. Ihre Begabung war unauffällig bis gut, einer studierte Geologie, einer absolvierte seinen Wehrdienst (als Signaltechniker). Alle berichteten auf Befragen, daß sie in ihrer Jugendzeit ganz spontan die wilden, lauten, gefährlichen Knabenspiele gemieden hatten, vor allem Akrobatik, Kampfsport, Kraftsport, Motorsport und – Mutproben wie Sprünge aus großer Höhe. Sie zogen es vor zu lesen und zu zeichnen, zu wandern, zu paddeln und Ski zu fahren. Einer musizierte. Sie vermieden Knabenspielzeug nicht, hatten aber kein besonderes Faible für Technik, Konstruktionen, Waffen, Motoren oder Raketen. Die Schulleistungen zeigten kein ausgeprägtes Knabenprofil, aber auch kein Mädchenprofil. Was alle fünf Befragten übereinstimmend berichteten, war, daß sie relativ leicht froren, sich für hautempfindlich hielten, nicht etwa für derb. Nur bei dem Wehrdienstleistenden konnten wir das überprüfen: seine Schmerz- und Kälteempfindlichkeit war sehr ausgeprägt.

Eine weitere auffällige Übereinstimmung: Alle fünf sagten, daß sie in Wurfspielen, bei denen es auf Abstandsbeurteilung, Kraft und sensomotorische Koordination ankam (Werfen mit Ringen oder Kugeln, Boule, Dart etc.) ausgesprochen miserable Ergebnisse erzielt hatten, solange sie zurückdenken konnten. Motorsägen, Explosionen, Schußwaffen hatten keinerlei Faszination für sie, schreckten sie aber auch nicht besonders. Keiner bezeichnete sich als auffällig schreckhaft oder auffällig empfänglich für den Geschwindigkeitsrausch etwa schneller Motorboote oder Eisjachten, Motorräder oder Rennwagen. – Das ist bemerkenswert, denn welcher Junge träumt nicht davon?

Keiner bezeichnete sich als ausgesprochen ängstlich, aber hier war offenbar ein empfindlicher Punkt berührt. Die Antworten kamen zögernder, sorgfältiger formuliert, so als hätten die Befragten selbst viel darüber nachgedacht. Nun gut, räumten sie ein, etwas »vorsichtiger« als die anderen seien sie vielleicht schon immer gewesen: wenig Unfälle, wenig Sportverletzungen, keine Verkehrsunfälle, niemals Schlägereien. Mag schon sein, daß sie weniger Selbstüberwindung übten und Mutproben generell auswichen. Zumindest gingen sie Streit aus dem Wege, waren körperlicher Gewalt stark abgeneigt und erlebten sich selbst als überwiegend friedlich.

Ihre Muskelstärke war für Männer unterdurchschnittlich, was aber nur bei extremen Testsituationen sichtbar wurde. Alle lebten in Männerrollen, ohne dem maskulinen Prinzip einen allzu großen Stellenwert beizumessen: Jagd, Kampf, fanatischer Hingabe an ein einziges Ziel oder übertriebene Leistungsorientierung. Hingegen waren alle fünf ausgesprochen gesellig und interessiert an ästhetischen und ökologischen

Themen. Ihre Interessen – etwa erhellt durch die Frage, was sie in den Zeitungen lesen, welche Bücher, Filme und Freizeitbeschäftigungen sie wählen – waren insgesamt eher männlicher als weiblicher Art, aber in keinem Fall extrem. Es fehlte ihnen jede Rambo-Attitude, keiner berichtete von besonderer Risikofreude, von Kicksuche oder Abenteuerlust, und keiner lebte ein betont sportliches Leben mit einer Neigung zu Kampfsport oder Wettkampf. Nur an normalen Mannschafts-Ballspielen nahmen sie manchmal teil. Deutlich war auch: Sie verabscheuten Gewalt, mieden Gefahren und wichen Härtetests wie Eis- oder Winterbad aus. Keiner hatte den üblichen angeberischen oder überschwenglich zuversichtlichen männlichen Gesprächsstil. Ganz im Gegenteil waren alle fünf auffällig bescheiden, eher etwas unsicher und leicht gehemmt.

Dennoch erlebten sich alle fünf Befragten ohne jeden Zweifel als Männer, wenn auch als etwas empfindsamer und störbarer. Sie kamen mit ihren Geschlechtsgenossen und ihrer Lebensrolle gut zurecht. Fragen der Fertilität, der Libido und Potenz sowie der Familienplanung haben wir aber in den Gesprächen nicht berührt. Keiner von ihnen erkannte jenen spontanen, plötzlich einsetzenden Box- und Bewegungsdrang wieder, jene unvermittelt aufsiedende innere Wut, die den meisten Männern wohlvertraut ist. Keiner der fünf Befragten hatte Probleme mit seiner eigenen Aggressivität. Gewiß, sie konnten wütend werden, aber das geschah nicht oft. Keiner fühlte sich besonders unruhig oder unternehmungslustig im Sinne jener rastlosen Globetrotter, die es stets zu fernen Horizonten oder ins Unbekannte zieht. Sie reisten gern, aber eher in Form von Ferienreisen als auf Abenteuertouren oder Erkundungsreisen in die Wildnis.

Insgesamt ergibt sich bei diesen Klinefelter-Fällen der Eindruck einer völlig ungestörten psychologischen Geschlechtsorientierung bei einer deutlichen Zwischenstellung in Neigungen und Prägungen von Mann und Frau. Die Abweichungen von der normalen männlichen Konstitution scheinen sich insgesamt noch innerhalb der Variationsbreite zu bewegen, die in der Normalverteilung vorkommt, aber sie grenzt offenkundig an eine mäßig (nicht etwa extrem!) virile Frauenkonstitution.

Dies bestätigt einerseits die Bedeutung der chromosomal-hormonellen Disposition und ihrer geschlechtertypischen Prägungen. Die daraus folgenden psychischen Präferenzen aber zeigen andererseits auch den machtvollen Überbau an individuell erlernbaren Rolleninhalten: Zielen, Normen, Interessen und Lebensplänen.

Der eingesperrte Super-He – chromosomal gestört?

Mit einem 32jährigen amerikanischen Kriminellen, bei dem die chromosomale Abweichung XYY festgestellt war und der mehrmals straffällig geworden ist (Körperverletzung, Widerstand gegen die Staatsgewalt, Vergewaltigung, Mißhandlung von Frauen), haben wir ein langes Interview geführt. Es ging uns darum zu erfahren, ob er einem als organisch-hormonell (endokrin) erkennbaren Drang zur Aggression ausgesetzt war, dem er schwer widerstehen konnte und der auf seine sozusagen übertrieben männliche Grundkonstitution zurückzuführen sein könnte.

Sein Körperbau war grob und groß. Ein starker Unterkiefer, breite, knochige Handgelenke, breite Schultern, ausgeprägte Augenbrauenwülste, breite Knie, große Hände und Füße gaben zwar noch keinen akromegalen[72], aber einen extrem grobknochigen Eindruck. Er war sichtlich stark, und nach eigenen Aussagen war er das schon als Kind gewesen, ohne dafür jemals trainiert zu haben. Ohne Zweifel sind dies physische männliche Eigenschaften. Er bestätigte das auch für seine Psyche: Er erlebte sich selbst als aggressiv, ungeduldig, unsensibel, risikofreudig, wettkampforientiert. So wirkte er auch. In der Umgangssprache würde man ihn als extrem rauhbeinig bezeichnen – eben als einen richtigen »Macho«.

Schon als Jugendlicher wurde er durch seine Körpergröße und Muskelstärke, die er in Schülerkeilereien – grundsätzlich als Sieger – immer wieder bewies, bald in den Kampf- und Kraftsport gedrängt, aber das blieb ein reiner Zeitvertreib. Zu einem regelmäßigen Training und zu größeren Erfolgen fehlten ihm Ausdauer und Selbstdisziplin. Meist spielten sich die Kraftproben auf dem Schulhof und im Kameradenkreis auf der Straße ab. Er liebte Sportplätze, Kinos und Kneipen. Er war kein guter Schüler, psychisch etwas langsam, aber nicht unbeliebt, denn er war im Grunde gutmütig und großzügig. Er war ein Störfaktor, wo immer er auftauchte. Gesetze waren ihm schlichtweg gleichgültig. Er hatte nichts gegen Eltern, Lehrer und Polizei, aber sie sollten ihn mit ihren »blöden Regeln und Vorschriften in Ruhe lassen«. Er schloß daher keine Ausbildung ab und behielt auch keine Anstellung länger als ein Jahr. Schlimm wurde es mit der Pubertät. Er bekam starke Akne und wurde noch aggressiver. Als er volljährig war, wurde es ernst mit den Strafen für Körperverletzungen. Dann machte er sich ein Mädchen mit Brachialgewalt gefügig. – Er war nicht mehr zu stoppen. Das wiederholte sich und brachte ihm mehrere Anklagen wegen Vergewaltigung ein.

Dann schlug er einen Polizeibeamten nieder. Hier war ihm völlig klar, daß er schwer bestraft werden würde – aber er konnte sich dennoch nicht beherrschen. Im Gefängnis wurde er in heftige und gefährliche Hackordnungskämpfe verwickelt und behauptete sich – Gefahr kümmerte ihn wenig. Bald hatten die Mitgefangenen großen Respekt vor seinem Jähzorn. Aber man beschrieb ihn als offen, ehrlich, unbeherrscht und im Grunde gutartig *(basicly benevolent)*.

Die aggressiven Impulse überkamen ihn seit seiner Pubertätsphase unvorhersehbar, unprovoziert, manchmal wie ein Anfall, wie ein innerer Schub *(internal drive)*, eine motorische Unruhe bei gleichzeitiger explosiver Ungeduld und Reizbarkeit, die nur noch einen geringen äußeren Anlaß brauchte, um zu zünden. Das kann durchaus für einen zugrundeliegenden hormonellen Rhythmus sprechen, aber als Arzt denkt man hier auch an eine unterdrückte Schläfenlappen-Unruhe – eine abortive Temporallappen-Epilepsie, die auf Antiepileptika ansprechen kann. Er fühlte sich nicht mächtig, dann seinen Zorn zu kontrollieren, und was er anrichtete, tat ihm hinterher fast immer leid.

Erbgut und Zurechnungsfähigkeit

Aus juristischer und auch aus rechtsphilosophischer Sicht ist das ein grundsätzliches und schwieriges Problem, da man nicht sagen kann, wie weit ein solcher Mann von seiner chromosomalen Konstitution mitgesteuert wird. Sind also XYY-Männer etwa konstitutionelle Testosteron-Rabauken? Ihre Testosteronwerte liegen meistens im oberen Grenzbereich. – Schnell stellt sich da aber die Gegenfrage: Sind dann andere Verhaltensauffälligkeiten bei anderen Kriminellen nicht etwa auch nur die Folge von diskreteren, heute noch nicht erkennbaren Schäden? Letztlich ist es wohl oft so. Daher ist die Frage der Zurechnungsfähigkeit bei solchen Diagnosen nicht einfach zu beantworten.

Die Interaktionen zwischen Anlagen und Willensakten sind kompliziert. Alle Menschen bleiben naturgemäß in der Hand ihres Erbgutes, auch wenn sich das dann so äußern kann, daß sie sich nicht immer in der Hand haben.

Man bleibt letztlich auf die alte pragmatische Regel verwiesen, ob der Täter mit einem Polizisten in Sichtweite die Tat auch begangen hätte. Bei unserem Klienten ist diese Frage eindeutig zu bejahen. Das spricht für Zweifel an seiner vollen Zurechnungsfähigkeit. Andere Lebenssituationen aber zeigen, daß er sich im Grunde – bei etwas Anstrengung –

doch zu beherrschen vermochte. Und genau diese Anstrengung verlangt ihm das Gesetz auch dann ab, wenn es irgendwo in seinen Chromosomen einen kleinen Webfehler geben sollte.

Wir wissen aus der wissenschaftlichen Literatur, daß XYY-Männer sozial ganz unauffällig sein können. Da aber die Anomalie XYY gerade unter den großen, gewalttätigen Männern mit Selbstbeherrschungsproblemen deutlich häufiger ist und unter den Gefängnisinsassen der USA etwa 20mal häufiger vorkommt als im Bevölkerungsdurchschnitt, spricht die Erfahrung schon dafür, daß sie zumindest manchmal vermännlichend auf Körper und Psyche einwirken mag.

Da es solche erblich bedingten Konstitutionsvarianten einer wahrlich exzessiven Männlichkeit nun einmal gibt (es muß ja gar nicht immer die XYY-Disposition sein), kann es kaum überraschen, daß diese Muster des Virilen auch in typisch männlicher Weise reüssieren: im Boxsport etwa als habituelle Sieger, im Bereich der Gesetze und Sanktionen als habituelle Regelbrecher. Licht- und Schattenseiten gehören offenbar auch hier zusammen.

Exponiert von der Evolution?

Wieder einmal zeigt sich, daß Männer generell gefährlicher und gefährdeter sind als Frauen. Sie leben risikovoller und unbedingter, aggressiver und unbedachter. Sie setzten, ob sie sich nun prügeln oder mit dem Motorrad in die Kurve legen, ob sie Gesetze brechen oder Geschwindigkeitsrekorde, ob sie gegen Regeln verstoßen oder gegen die gesunde Vernunft, grundsätzlich immer wieder alles auf eine Karte. Der Krug geht so lange zum Wasser, bis er bricht. Oft bricht er. Unter den Jugendlichen in den Leichenschauhallen der Welt überwiegen überall die Männer – auch bei den Papuas auf Neuguinea, wo manchmal beim Bungee-Jumping die Lianen reißen. Der Mann ist evolutionär exponierter – und es ist fast, als sähe im Grunde auch er selbst sich als entbehrlich an. Für den Himmelssurfer, den Fassadenkletterer, den Grottentaucher, den Klippenspringer von Acapulco, den Seiltänzer über dem Niagarafall fehlt das weibliche Pendant fast völlig. Das dürfte der Grund dafür sein, daß die asozialen und antisozialen Geschlechtsgenossen dieser Kicksucher und Abenteurer auch alle Verbrechensstatistiken und Gefängnisse der Welt dominieren: In den USA etwa sind 90 Prozent der einsitzenden Kriminellen und Sicherheitsverwahrten männlichen Geschlechts – vor allem die Gewaltverbrecher.

Das mag im Alltag problematisch sein. Das mag dumm und kurzsichtig sein. Das mag – immer wieder – tragische Konsequenzen haben. Aber es hat auch starke Gründe. Dem männlichen Prinzip folgt dieses schwierige Erbe wie die rauhe Haut, das derbere limbische System und der Schmutz. Die Forschung hat gezeigt, daß männliche Tiere – ob Hirsche oder Wölfe, Pumas oder Gazellen – grundsätzlich auch mehr Parasiten und Infektionen haben als weibliche. Vielleicht ist das die Tragik des männlichen Prinzips: der Preis für größere Beweglichkeit und einen kühneren Lebensradius, für explorative Aggressivität und unersättliche Unbestimmtheitssuche?

Die risikobereite Suche nach offenen Feldern zur Gestaltung, offenen Fragen zur Beantwortung und offenen Problemen zur – ruhmvollen! – Lösung ist Merkmal des Männlichen. Der Mann will Täter sein, sich spiegeln im Werk. Die Frau hingegen finden wir über ihren Nachwuchs und – ebenfalls voller Engagement – über die Werke des Menschen gebeugt. Sie schützt das Erkämpfte und bewundert das Gewachsene mehr als das Geschaffene. Sie breitet die offene Hand aus über den Produkten der männlichen Faust: lindernd, mäßigend, umlenkend. So macht sie Männerwerke aller Art erst sozialverträglich.

Das vermännlichende Doping – von innen erlebt

Das nun folgende Interview ist in mehrfacher Hinsicht heikel. Es gilt weniger bekannten Aspekten des sogenannten androgenen Steroiddopings[73], der Anwendung männlicher Hormone zur Steigerung von Körperkraft und Wettkampfleistung. Bei Frauen führt das androgene Doping bekanntlich zu einer markanten Umgestaltung der Muskeln und der Behaarung, zu charakteristischen Veränderungen der Stimme, der Haut wie auch der Psyche. Diese wird in typisch männlicher, immer rücksichtsloser leistungsorientierter Richtung gleitend umgesteuert. So kam es jahrzehntelang zu der wohlvertrauten vermännlichten Silhouette und Psyche vieler Sportlerinnen aus sozialistischen Ländern, die regelmäßig den Löwenanteil der Goldmedaillen vor den ungläubigen Augen der weniger gedopten weiblichen West-Equipen abräumten.

Bei den Männern hingegen führt das androgene Doping zu weniger auffälligen Veränderungen, die sich unter den oft ausgeprägt maskulinen Zügen der Hochleistungssportler leichter verbergen lassen. Hier hat, wie zahlreiche Dopingskandale immer wieder beweisen, der Westen sehr wohl Schritt gehalten mit den Dopingprogrammen der östlichen Staatssportfunktionäre, Trainer und Ärzte. Das gilt besonders für das Boxen, Ringen und Gewichtheben, die Sprintdisziplinen, den Zehnkampf, das Kugelstoßen, das Hammer- und Diskuswerfen.

Testosteron-Doping und Aggressivität

Der Gewichtheber Reinhold Gustavsson, auf dem Höhepunkt seiner sportlichen Laufbahn in seiner Gewichtsklasse unter den zehn besten Gewichthebern der Welt, ist heute 33 Jahre alt. Er war 17, als er mit dem Doping begann, das er bis zum 25. Lebensjahr durchhielt. Vorher war er als Schüler unauffällig gewesen, weder aggressiv noch unruhig, weder depressiv noch hyperaktiv, sondern ein nach außen hin harmonischer Junge, dem Schlägereien und Drogen fremd waren. In seiner Familie war lediglich bekannt, daß sein Vater Alkohol schlecht vertrug, möglicherweise eine schwache Form des »pathologischen Rausches«. Hierbei reagiert man schon auf ein geringe Alkoholmenge wie andere erst beim Vollrausch: mit einem völligen Verlust der Kontrolle über das eigene Handeln. Das mag eine latente Neigung zur Aggressivität anzeigen.

Die Intensität des Dopings, das in sogenannten »Kuren« konzentrierter Steroidzufuhr bestand und innerhalb von acht Jahren mehr als 20mal angewendet wurde, war im Falle Gustavssons erschreckend: Er injizierte sich vermännlichende Hormone (androgene Steroide, in der Regel Medikamente für den tierärztlichen Gebrauch oder billige Oststaatsprodukte obskurer Herkunft) in einer Dosis, die doppelt so hoch war, wie sie von Tierärzten für einen Stier von 1000 Kilo Gewicht berechnet wird. Er nahm diese veterinärmedizinische Dosis monatelang ein, und seine Köperkräfte wuchsen unaufhaltsam – aber auch seine Aggressivität. Sein Körpergewicht nahm um etwa 20 Kilo Muskelmasse zu. Bei der ersten Schlägerei, aus nichtigem Anlaß, entdeckte er, wie stark er eigentlich war – seine Gegner flogen einfach an die Wand. Das machte ihm Spaß, er erlebte den Adrenalinkick, sein Ego schwoll wie seine Muskeln. Bald war er ein berüchtigter Schläger.

Die leisen *stand-by*-Töne männlicher Aggression wuchsen bei ihm zu regelrechten Wutausbrüchen. Er ärgerte sich täglich mehrmals wegen Nichtigkeiten, mißhandelte immer wieder Menschen, die ihm nichts getan hatten. War ihm ein Autofahrer vor dem eigenen Wagen zu langsam, lief er vor Wut rot an, bekam Kopfschmerzen und Nasenbluten und fuhr – in steigendem Zorn – hinter dem Arglosen her, bis eine rote Ampel sie zum Halten zwang. Dort sprang Gustavsson – inzwischen rasend vor Wut – aus dem Wagen, rannte auf den nichtsahnenden Fahrer zu, riß ihn aus dem Wagen und schlug ihn zusammen.

Gustavsson wurde verurteilt. Das kümmerte ihn nicht. Er prügelte immer wieder, immer länger auf andere ein, war immer schwerer zu beruhigen. Einem Mann zertrümmerte er das Mittel- und Innenohr, einem anderen brachte er innere Organblutungen bei. Bald saß er im Gefängnis, immer wieder schuldig befunden, unprovozierte Körperverletzungen begangen zu haben. Zugleich war er stolz auf das, was er angerichtet hatte. Je schlimmer, desto besser – fand er damals. Noch heute schwingt ein wenig Stolz mit, wenn er den desolaten Zustand seiner Opfer beschreibt.

Und er empfand sich dabei selbst – in anfallsweiser Einsicht – als »bösartig«: Er *wollte* den anderen verletzen, schwer schädigen, verkrüppeln, notfalls totschlagen. Er war gefährlich, und er war es gern. Er schlug zu, immer wieder, mit dem Vorsatz zu zerstören. – Hier wird deutlich: Von ihrer ganzen Anlage her macht zuviel Männlichkeit im Grunde asozial, auch wenn sie in der Wettkampfsituation und im Überlebenskampf (Krieg und Gladiatorenspiele), für die Wut der maximalen Kraftentfaltung und erbarmungslosen Aggression punktuell nützlich sein kann. Nicht nur der Muskelapparat ändert sich, nicht allein Reizbarkeit und Aktionsbereitschaft steigen, sondern die Mentalitätsveränderung kann noch tiefer greifen: Die moralische Persönlichkeit, Funktionen in ganz anderen Hirnregionen können erreicht und regelrecht infiziert werden von den Wirkungen dieser Stoffe, die an der Grundausrüstung der Hirnzellen ansetzen.

Bald brauchte Gustavsson gar keinen Anlaß mehr zum Angreifen. Es konnte ihn ein Mann, der in einer Schlange vor ihm stand, so irritieren (»Ich mochte seine Fresse nicht!«), daß er einfach losschlug. Was, zum Teufel, hatte dieser Vollidiot dort auch verloren? Aber bei den Wettkämpfen kanalisierte er diese Wut weiterhin in immer größere Leistungen. Er wurde einer der besten Gewichtheber in der Welt.

In vielen Kraftsportarten (Kugelstoßen, Diskuswerfen, Ringen, Boxen, aber auch unter Zehnkämpfern und Sprintern) wurden Sportler gedopt. Diejenigen, die mitmachten, können von einer Mitschuld an diesen Ereignissen nicht freigesprochen werden. Oft waren sie in ihrem blinden Ehrgeiz willige Versuchskaninchen, wenn das Doping sportliche Erfolge verhieß. Vor allem aber waren es Spitzensportler, die sich vom erhofften Goldmedaillenruhm dazu verleiten ließen.

Opfer der Illusion, die Natur sei auszutricksen

Ständig erkrankten Sportler. Manche brachen, durch Krankheit oder vernünftige Ärzte gewarnt, rechtzeitig das gefährliche Doping ab. Andere wurden auf die mit Geld und Ruhm geschmierte Rutschbahn des Erfolges gesetzt – und traten ihre Talfahrt an.

Besonders früh starb, mit nur 31 Jahren, im März 1996 der österreichische Bodybuilder und Weltstar Andreas Münzer, der sich selbst als Jünger und eventuellen Nachfolger seines Idols und Landsmannes Arnold Schwarzenegger sah. In etwa 12 Jahren hatte er sein Körpergewicht von 80 auf 115 Kilo erhöht, mit einer Spezialkost und Dopingmitteln aller Art (Anabolika, Testosteron und Wachstumshormonen),[74] die ihn monatlich rund 10 000 DM gekostet haben sollen. Sein Körper wuchs zu einem einzigen Muskelknoten heran, der weltweit Aufsehen erregte und ihm viele Preise einbrachte. Er konnte davon gut leben. Bald leitete er, im Grunde ein bescheidener, ernster und stiller Mann, sein eigenes Fitneßstudio, in dem junge Athleten mit Steroiddosen zu Bodybuildern gedopt wurden, die ausgereicht hätten, »um einen ganzen Rinderstall schlachtreif zu mästen«. Trotzdem gilt er öffentlich als ein Musterbild von Sauberkeit und Ehrlichkeit, und immer wieder versichert er, seine Erfolge »nur durch Diät« errungen zu haben.

Als er plötzlich an multiplem Organversagen mit den typischen Dopingschäden stirbt, sagt der Generalsekretär des Deutschen Bodybuilderverbandes, Erich Janner: »Daß ausgerechnet der Andy sterben mußte, ist tragisch, er war doch unser Vorbild für gesunde Ernährung.«

Anfang 1998 starb in Berlin ein echter Superathlet, der seit den siebziger Jahren Schlagzeilen gemacht hatte: Ralph Reichenberg. Er hatte – natürlich vor allem in eigener Sache argumentierend – 20 Jahre lang die Freigabe von Dopingmitteln gefordert, hatte alle Gefahren mit dem Steroidmißbrauch geleugnet und starb, nur 2 ½ Monate nach seinem letzten einschlägigen Fernsehauftritt mit 47 Jahren den typischen Dopingtod: Herzinfarkt. Sein Herz war das eines 80jährigen.[75]

Der Heidelberger Dopingexperte Prof. Werner Franke informierte nach dem Tode Reichenbachs die Staatsanwaltschaft in Berlin, aber das Interesse an den Umständen und Ursachen seines Todes war gering. Bei der lautstarken Lobby-Tätigkeit der deutschen Hormon- und Anabolikaschlucker war der Tod eines weiteren Gedopten keine Überraschung mehr. Schon 1973 hatte er zugegeben, daß er Anabolika nahm. Mit 20 mg täglich hatte er begonnen, und – der eingebauten Dynamik mit ihren automatischen Dosenerhöhungen folgend – war er in den neunziger Jahren beim 40fachen der früheren Dosen angelangt. Dann starb er.

Das Hausmittel der westdeutschen Athleten war das starke Präparat Dianabol. Mit vier Tabletten am Tag wuchsen dem Sportler wöchentlich etwa 2 Kilo neue Muskeln. Im Jahre 1980 blieb Reichenbach ungeschlagen, erhöhte den bundesdeutschen Rekord und näherte sich dem Weltrekord. Er war sowieso ein Riese von über 2 Meter Größe und hatte zudem mit Dianabol und allerlei Kraft-Cocktails sein Körpergewicht von 100 Kilo auf 140 bis 154 Kilo hochgetrieben. Unter diesem Gewicht, ohne Zweifel förderlich für das Werfen schwerer Gegenstände – neunmal wurde er Deutscher Meister –, gaben Knorpel, Bandscheiben und Knie verständlicherweise nach.

Unglücklicherweise wird im Körper ein Teil der Substanz Methandrosterolon in Östrogen umgebaut, das schwellte den Körper auf. Um das aufzufangen, mußte er sich nun Anti-Östrogene (Novaldex und Proviron) zuführen, damit das Wasser aus dem Gewebe gepreßt wurde. Nun sattelte er um auf Bodybuilding.

Etwa ein Jahr lang dauerte bei R. Gustavsson das Abklingen der Androgenwirkungen, und viele Sportler bewältigen diese schwere Zeit nur mit Hilfe anderer Drogen. Dabei lassen dann auch die sportlichen Leistungen nach. Bald plant man für die nächste Kur. Die psychischen Wirkungen setzen dann schnell wieder ein – ein Monat kann genügen, um wieder ganz obenauf zu sein und die nächste Schlägerei zu starten.

Dann kam eines Tages der traumatische Augenblick, in dem Gustavsson fast seinen besten Freund umbrachte. Sein Jähzorn war mit ihm durchgegangen, hatte ihn wieder einmal völlig geblendet. So wie er auch immer größere Risiken einging, indem er illegale Drogen kaufte, einnahm und verkaufte. Er wurde mehrmals verhaftet und am Ende zu 28 Monaten Gefängnis verurteilt.

Der Fast-Totschlag am Freund ernüchterte ihn. Er erschrak erstmals über sich selbst – und begann nachzudenken. Die mehr als zweijährige Gefängnisstrafe half ihm dabei. Nach seiner Entlassung 1991 schaltete er auf ein doping- und drogenfreies Leben um. Seitdem hält er Vorlesungen über die Drogenproblematik, die er so gut kennt. Er schrieb aufschlußreiche Bücher: »Hinter Gittern in Thailand« und »Doping trieb mich zum Wahnsinn«. (Gustavsson 1993; 1997) Für Sportverbände und Elternvereine erläutert er in Vorträgen an Schulen in Schweden und Norwegen die Verlockungen und die Gefahren des Dopings. Man glaubt ihm.

Das Doping geht auch heute weiter. In Schweden und in Finnland kennt Gustavsson viele Akteure persönlich. Aus den Ostblockstaaten strömen zur Zeit billige Dopingmittel und Schlaftabletten des Rohypnoltyps in nie gesehenen Mengen nach Skandinavien ein, aber auch andere synthetische Drogen und Wachstumshormone. Die Kraftsportler nutzen sie weiter. Sie leiden unter Ödemen, Herzklopfen, Schlaflosigkeit und Bluthochdruck. Die Testikel schrumpfen, und die sexuelle Lust verschwindet auf dem Höhepunkt der Testosteronzufuhr völlig. Auch hier sieht man, daß sich das Prinzip Männlichkeit nicht beliebig weit ins Extrem treiben läßt, ohne kontraproduktiv zu werden.

Was dies alles auch für die Kriminalitätsstatistik bedeutet, läßt sich bislang nur schätzen. Die Mengen, die jährlich von Zoll und Drogenfahndung weltweit entdeckt werden, dürften für eine große Zahl ständig mit Androgenen vollgestopfter Kraftsportler reichen.

Die Botschaften der neuen Männlichkeitsidole sind einfach: Probleme löst man durch Zuschlagen. Gegen Gewalt hilft nur noch mehr Gewalt, gegen starke Waffen nur stärkere Waffen. Es gilt das Motto der amerikanischen Berufsarmee: *»Hit first, hit hard, hit again!«* Ein Defizit an wirklicher Männlichkeitserfahrung in jungen Köpfen macht anfällig für das allersimpelste Image der Virilität. Eine Zivilisation, die alle ihre Risiken aus dem Alltag wegorganisiert hat und ihre Kämpfe nur in der virtuellen Realität des Computerspiels abwickelt, wird immer kindlicher und naiver im Umgang mit den simulierten Szenarien der Surrogatgefahren.

Dies fördert die allgemeine Sucht, immer mehr Mann sein zu wollen und immer weniger von den weiblichen Seiten der Psyche, die ja auch in jedem differenzierten Mann stecken, nutzen zu wollen. Man versteht sie nicht mehr, gesteht sie sich gar nicht mehr ein. Das Sensible, Künstlerische, Empathische wird fast verschämt verdrängt, während nun selbst die Frauen zu den männlichen Hormonen greifen.

Frauen als Dopingopfer

Bei Frauen fallen die Wirkungen der männlichen Hormone freilich anders aus. Sie neigen selbst unter dem Einfluß von Androgenen nicht zu körperlicher Gewalt. Die ab 1998 in Deutschland laufenden Prozesse zur Aufarbeitung der Dopingsünden aus der DDR-Zeit geben hierüber Aufschluß. Nicht weniger als 26 Schwimmerinnen werden vor dem Landgericht in Berlin zu Zeugen gegen ihre Trainer und Sportärzte aufgerufen.

Sie zeigen eine Vielfalt von hormonellen Störungen: Akne, tiefe Stimmen, abnorme Körperbehaarung, Menstruationsanomalien, Störungen der Geschlechtsdrüsen (etwa Eierstockentzündungen) und der primären Geschlechtsmerkmale (Vergrößerung etwa der Klitoris zum Mini-Penis), Herzrhythmusstörungen, Muskelschmerzen, Leber- und Nierenschäden sowie psychische Veränderungen.

Wie umfassend das illegale (und den Sportlerinnen in noch nicht ganz geklärtem Umfang verheimlichte) Doping des Leistungssport-Staates DDR war, ergibt sich allein aus den folgenden sieben Feststellungen:

Die Planung. Die eigens eingerichtete Abteilung XX/3 der Stasi überwachte seit 1974 ein flächendeckendes Dopingprogramm, das den Namen »Staatsplan 1425« trug und in der Prioritätenskala sehr hoch angesiedelt war. Es gab einen Staatssekretär für Körperkultur und Sport beim Ministerrat der DDR, Abstimmungs- und Gipfel-Gespräche zum Doping-Staatsplan, geheime Protokolle, Orden und Auszeichnungn für die endokrinologisch-sportmedizinische Planerfüllung. In Ergebnisprotokollen wurden die Einsatzgebiete der staatlichen Steroidforschung umrissen: Humanmedizin, Veterinärmedizin, Landwirtschaft, Leistungssport und Landesverteidigung.

Die Methode: Toxikologen, Pharmakologen, Sportmediziner, Internisten, Sportoffiziere, Luftfahrtmediziner, Armeesportclubs, Sportinstitute, Pharmabetriebe wie VEB Jenapharm, das Pharmazeutische Kombinat Germed, das Pharmakologische Institut der Humboldt-Universität in Berlin, das Paul-Flechsig-Institut für Hirnforschung, weitere Forschungsinstitute der Universitäten in Leipzig, Jena, Dresden und Greifswald, ja selbst die Akademie der Wissenschaften (das Institut ZIMET, Abteilung Steroidbiochemie / Endokrinologie) wurden für diese Ziele eingespannt (Berendonk 1992, S. 109 ff.).

Die Experimente: Der »Arbeitskreis Androgene Steroide« erprobte neben Hormonen auch Neuropeptide (Signalsubstanzen des Gehirns), psychotrope Drogen und alles, was die Aggressivität erhöhen konnte.[76] Die DDR-Sportler wurden Objekte eines hemmungslosen und exzessiven psychopharmakologischen Experimentierens, etwa mit den Testsubstanzen STS 646, S XII und P oder im »Unterprojekt SPT-14.25«. Ratten im Laufrad waren nur kurzfristig Vorgänger der Sportler, die als unfreiwillige Versuchskaninchen für ein in seinen Risiken völlig unbekanntes Multidrogen-Doping herhalten mußten. Wer sich weigerte, unbekannte Medikamente zu schlucken, geriet unter Druck.

Der Umfang: Dopingberichte und Dopinglisten – fast alle geheimgestempelt – enthalten mehr als 250 Namen von Hochleistungssportlern der DDR, darunter den später an den Dopingfolgen gestorbenen Udo Beyer (Berendonk 1992; S. 181–184). Es gibt eine umfangreiche geheimgehaltene DDR-Literatur zur Dopingforschung und Dopinganwendung (Berendonk 1992; etwa 135 Publikationen S. 425–435). Begeistert notierte man, wenn man eine neue Dopingsubstanz fand, die sich labormäßig nicht nachweisen ließ. Die Unehrlichkeit war sozusagen in das System eingebaut. In Stasiakten und Trainingsaufzeichnungen etwa wird über einen Großversuch mit Turinabol berichtet, an dem 1977 mehr als 60 Sportler (23 Frauen, 38 Männer) aus allen zehn großen DDR-Schwimmklubs mitgewirkt haben sollen.[77]

Der Erfolg: Die DDR-Frauen ließen in fast allen Disziplinen, auf die sie sich konzentrierten, die gesamte Weltelite hinter sich – mit Ausnahme einiger Equipen aus Rußland, Rumänien und anderen sozialistischen Staaten. Viele der heute als Zeugen geladenen Sportler stehen auf nationalen und internationalen Rekordlisten, sind aber dann nach dem Ausstieg aus der offiziellen Betreuung verdächtig rasch auf unbedeutende Positionen abgesackt. Das allein wird noch zu großen Komplikationen, zu Revisionen der Rekordchroniken und zu schwierigen Diskussionen mit den internationalen Sportverbänden führen.

Die Prozesse: Der letzte Partei- und Staatschef der DDR, Egon Krenz, besucht persönlich die Doping-Gerichtsverhandlungen, zusammen mit Rudolf Hellmann, seinerzeit »Sportverantwortlicher im ZK der SED«, und gibt sich völlig ungerührt. Keiner der Beklagten läßt das geringste Zeichen von Reue, Scham oder Eingeständnis einer Schuld erkennen.[78] Im Gegenteil: Prozeßbeobachter beschreiben ihre »trotzig-pampigen Reaktionen«: Es sei schließlich ihre Sache, wie sie die Mädchen schnell machten, sagen sie. Noch heute sehen sie es als völlig rechtens an, daß der sozialistische Staat mit einem flächendeckenden Massendoping – ohne Wissen der Gedopten, denen man die Androgene und Anabolika lange als »Vitaminpillen« aufzwang, und gegen alle Gesetze, sportlichen Regeln, Vorschriften und Absprachen – aus seinen Sportlern herausholte, was herauszuholen war. Um jeden Preis.

Das Beweismaterial: Noch weitere 90 Verfahren gegen rund 650 Beschuldigte sollen in den kommenden Jahren aufarbeiten, was die Zentrale Ermittlungsstelle für Regierungs- und Vereinigungskriminalität (ZERV) in den letzten Jahren an belastendem Material zusammengetragen hat. Das mutige, inhaltsreiche und hochintelligente Buch der Brigitte Berendonk, die selbst das Doping konsequent verweigert hatte und die DDR früh verließ, liefert dazu viel Stoff. (Berendonk 1992, S. 448).

Bei alledem ist eindeutig festzustellen: Die sportlichen Erfolge, die Egon Krenz und andere offizielle Sprecher der DDR stolz als »Siege des Sozialismus« feierten, waren nichts anderes als Siege der vermännlichenden Hormone: Hochgedopt war halb gewonnen. Diese Siege wurden errungen auf Kosten der körperlichen wie psychischen Gesundheit der meist gar nicht nach ihrer Zustimmung gefragten, belogenen und erpreßten Sportler und Sportlerinnen.

Der Vollständigkeit halber ist dabei zu erwähnen, daß auch westdeutsche Sportfunktionäre – wie der Präsident des Deutschen Sportbundes und sein Justitiar sowie der Präsident des Deutschen Schwimmverbandes – bei dem großen Verwirrspiel mithalfen. Gegen manche von ihnen wurde jüngst Strafanzeige wegen Strafvereitelung, unterlassener Hilfeleistung und Begünstigung erstattet, denn sie sollen wichtiges Wissen nicht weitergeleitet und fast niemals die Schritte ergriffen haben, die nach der stets mit großen Worten beschworenen Ethik des Sports eigentlich ganz selbstverständlich geboten gewesen wären. Hatten sie wegen ähnlicher Praktiken ähnliche Enthüllungen zu befürchten? Manches spricht dafür, daß genau dies die Erklärung für ihre ambivalente Haltung und ihre halbherzigen Reaktionen sein dürfte.[79]

Als eine der besten Zeuginnen der Dopinggeschichte des DDR-Sports beschreibt die Sportlerin Brigitte Berendonk in ihrem umfangreichen Enthüllungswerk über die lange verheimlichten und geleugneten Praktiken der Oststaatstrainer die totale Bevormundung, mit der die Obrigkeit die jungen Sportler und Sportlerinnen der DDR unter Kontrolle hielt. Diese lebten in Internaten, der Trainer und der Sportarzt wurden vom Vertreter des Staates zum Elternersatz und vereinten die Autorität der Obrigkeit mit der des höheren Alters. Gerade deshalb erlebten die jugendlichen Sportler es als einen so schwerwiegenden Vertrauensbruch, daß man ihnen kraft dieser Vater- und Mutterrollen die berüchtigten »blaue Pillen« vorsetzte und Injektionen gab, die wider besseres Wissen als harmlose Vitaminpräparate deklariert wurden. Um einiger ephemerer, als sozialistisch gefeierter Rekorde willen sollten diese Pillen im Laufe der Jahre Persönlichkeiten verändern und Leben verkürzen. Daß ihre sportlichen Zieheltern sie so hemmungslos, schamlos und vor allem hinterrücks ausgenutzt haben, wird diesen denn auch heute von allen ehemaligen DDR-Sportlern, die sich in den Prozessen äußerten und die wir interviewen konnten, am nachdrücklichsten vorgeworfen.

Der Kern des großen Betruges an der Sportjugend eines Landes ist und bleibt: Trainer und Ärzte, die an den sportlichen Erfolgen ihrer Schützlinge in der Regel mehr verdienten als diese selbst, hatten sich das Vertrauen der jungen Sportler erschlichen und durch unmoralische und illegale Experimente an Menschen nachhaltig enttäuscht. Dieser Vertrauensbruch hat die späterwachten Schwimmerinnen der DDR verbittert und tief verunsichert. Noch heute steht im Vordergrund ihrer Beunruhigung, was eine mit 15 Jahren ohne ihr Wissen gedopte, von ihrem Gynäkologen unter der Hand vor dem fortgesetzten Doping gewarnte Sportlerin vor Gericht aussagte: »Ich will vor allem wissen, was die mit uns gemacht haben.«

In der DDR wurde dies alles routinemäßig mit 13- bis 17jährigen Minderjährigen gemacht, die sich zudem – bei Androhung von Strafen – schriftlich zur Geheimhaltung selbst ihren Eltern gegenüber (!) verpflichten mußten. Diese eindeutig kriminellen Übergriffe an den erfolgreichen Nachwuchskadern des sozialistischen Jugendsports haben uns eine Flut tragischer empirischer Belege für die tiefgreifenden Effekte der Geschlechtshormone auf die menschliche Psyche geliefert, über die wir sonst nur vage Vorstellungen hätten.

»Zierfischweibchen« füttern Zierfischweibchen

Als man dann einmal aus Jux die sogenannten »Vitaminpillen« in das Aquarium des Trainers geworfen habe, seien die »sonst unauffälligen Zierfischweibchen nach einigen Tagen plötzlich ebenso bunt geworden wie die Männchen«. Aber, wiegelt die Sportlerin ab, sie hätte nicht gewußt, warum – sie sei ja schließlich keine Biologin. Jenes verblüffende Farbenwunder aber, das an Zauberei zu grenzen schien, hat das wohl noch minderjährige Schulmädchen nie vergessen.

Dieser Versuch lieferte den schlagenden Beweis für den geheimnisvollen Charakter der »Vitaminpillen«. Dieser ist zugleich ein *pars pro toto* für ein uraltes Prinzip der Männlichkeit: Die weibliche, eher stille Fähigkeit, Nachwuchs auszutragen, wird mit Hilfe der Androgene ersetzt durch protzig-auffällige, sozusagen laute Signale der genetischen Vortrefflichkeit, der sinnfälligen Attraktivität des Mannes für paarungswillige Frauen. Das ist mal die leuchtende Farbenpracht des Zierfischerichs oder das stattliche Geweih des vor der roten Sonne röhrenden Hirsches, mal der imponierende Stoßzahn des Mammuts, das dekorative Rad des Pfaus oder der geschwollene Kamm des Hahns – eben jene genetisch verankerten und hormonell vermittelten Imponier-Embleme des Männlichen.

In der Vaterrolle, die Trainer und Ärzte nach Aussage der Sportlerinnen bei ihnen zum Teil einnahmen, und mit jener Freiheit durch Höchstleistungen, die sie den Jugendlichen versprechen konnten, hatten sie eine fast magische Macht. Sie haben sie zum Nachteil ihrer Schützlinge mißbraucht. Die wenn schon nicht ahnungslosen, so doch bedenklich naiven Sportmädel dürften bei ihren Fütterungsexperimenten nur dunkel die absurd-unheimliche Ironie des Parallelvorgangs erkannt haben: Indem sie den ihnen wirklich ausgelieferten Zierfischen die Hormonpillen in das Aquarium warfen, wiederholten sie genau jenes grausame Spiel, das mit ihnen selbst getrieben wurde. Auch ihnen schütteten große Hände von oben obskure, aber hochwirksame Substanzen in ihr Leben, die sie auf undurchschaubare Weise in falschen Farben schillern ließen.

Aus Heidi wird Andreas: in die Männlichkeit gedrängt?

Die jahrelange Zufuhr männlicher Hormone führte bei den Sportlerinnen der DDR natürlich nicht nur zu einer äußeren, sondern auch zu einer psychischen Vermännlichung. Diese wurde allerdings nur von den aufmerksamen Mädchen an sich selbst beobachtet, da sie diskret war und sich über viele Jahre hinweg schleichend einstellte. Meist waren es Familienangehörige, denen diese neuen Züge – mehr Wettkampforientierung, mehr Zorn als Traurigkeit, abnehmende physiche Empfindlichkeiten – zuerst auffielen. In einem Falle kam es sogar später zu einem kompletten Geschlechtswechsel, den man zum Teil dem vermännlichenden Doping anlastete. Da es sich aber vermutlich um ein weit komplexeres Geschehen handelt, wenn jemand seine eigene biologische Geschlechtsrolle nicht akzeptiert, ist Skepsis angeraten.

Wir wollen diesen Fall daher einmal genauer betrachten.

Es handelte sich um die DDR-Kugelstoßerin Heidi Krieger, jahrelang die beste Wettkämpferin in einer Disziplin, in der die Oststaaten führend waren. Schon als weibliche Sportlerin machte sie einen recht virilen Eindruck, war groß (1,87 m) und kräftig, mit breiten Schuldern und gut entwickelten Muskeln. Im 16. Lebensjahr war sie auf eine Sportschule gekommen und ohne ihr Wissen den verbotenen Hormonpillen ausgesetzt worden: »Aufbaupräparaten, Stärkungs- und Unterstützungsmittel.« – »Die machen, daß du schneller deine Musekln aufbaust und stärker wirst,« hatte man ihr versichert. »Dein Training wird effektiver, Deine Leistung besser.« Selbst die arglose Mutter reichte sie ihr zum Frühstück.

Jung, ahnungslos, voller Ehrgeiz und mit dem Traum, auch einmal die Privilegien von Auslandsreisen zu genießen und ihrem großen Freiluftgefängnis wenigstens für die Dauer eines Sportwettkampfes zu entfliehen, hatten die jungen Mädchen diesen Ratschlägen ihrer Trainer, Lehrer und Ärzte wenig entgegenzusetzen. Sie, die so stark gemacht wurden, hatten im Hinblick auf ihr eigenes Wohlergehen eine sehr schwache Position.

Heidi Krieger erlebte an sich eine ganz allmähliche Veränderung. Ihr mädchenhaftes Weinen etwa wich einer eher männlichen Wut. Das kam ihr im Wettkampf zugute. Sie gewann unzählige Meisterschaften und wurde im Jahr 1986 mit 21,10 Metern Europarekordlerin. Eine anfänglich undeutliche Neigung, sich männlich zu fühlen, verstärkte sich dabei immer mehr, und im Jahre 1997 vollzog sie dann endgültig den operativen Geschlechtswechsel von der Frau zum Mann. Unter dem Namen Andreas Krieger hat er sich mehrmals in TV-Diskussionen offen zum eigenen Schicksal geäußert – zuletzt als Gast Bioleks in der ARD-Sendung »Boulevard Bio« am 14. April 1998.

Auch uns gab er ausführliche Interviews, in denen er naheliegende Fragen zu den psychophysischen Übergangsphänomenen offen und nuanciert beantwortete. Als Heidi Krieger war er – damals noch sie – zusammen mit drei Brüdern aufgewachsen und hatte gern mit ihnen gespielt. Jungenspiele und Jungenmilieu zogen sie von jeher an, Puppenspiele kannte sie kaum. Dennoch hat sie auch jene Phase von typischen Mädchenfreundschaften erlebt, in denen »drei immer schon zu viele waren«. Ob sie einem anderen Geschlecht angehöre – diese Frage stellte sich ihr im Kindesalter nie. Sie fühlte sich wenig zu Mädchengruppen und ihren friedlichen Spielen hingezogen, wollte eigentlich lieber dorthin, wo es krachte, qualmte und gefährlich war. Sie prügelte sich oft – fast wie ein Junge – und nahm an allen Mutproben teil, die in ihrer Reichweite stattfanden. So gesehen, war das Kind Heidi Krieger eigentlich ein typischer Tomboy. Nichts aber spricht dafür, daß die Mutter einer vorgeburtlichen Hormonbehandlung ausgesetzt worden wäre.

In der Pubertät wurde die subjektive Unsicherheit in ihrer weiblichen Geschlechtsrolle noch größer. Anderen Mädchen sah sie niemals interessiert nach, sondern betrachtete sie nur als Kumpel. Im Sport war sie hart und wettkampforientiert. Ihre Haut war wenig wetter- und schmerzempfindlich. Beim Krafttraining übertrieb sie oft, stemmte rauhe Hantelgriffe bis die Hände bluteten – »Binde drauf und weiter!« Privat galt sie als aufsässig und eigensinnig, erlebte sich selbst als ungeduldig und manchmal jähzornig (sie hatte eine »kurze Lunte«). Dennoch weinte sie oft, wenn etwas nicht nach ihren Wünschen ging. Es kam damals auch zu den plötzlichen Impulsen von Aggressivität, wie wir sie als *stand-by-*Signal der Maskulinität bezeichnet haben. Es war, als ob sie »aus der Haut fahren« oder »ausrasten« wollte. Sie konnte diese Impulse unter Kontrolle halten, fühlte sich aber durch sie in ihrer Weiblichkeit gestört – eine äußerst ungewöhnliche, aber aufschlußreiche Beobachtung.

Erst später kam die Idee des Geschlechtswechsels auf. Ein transsexueller Mann »erkannte, was mit mir los war« –, verstärkte also offenbar die Idee, sie gehöre zum anderen Geschlecht. Wir wissen den Rest: Aus Heidi wurde, operiert und hormonbehandelt, im Jahre 1997 Andreas. Der hat jetzt eine Lebenspartnerin gefunden und will nun seine Männlichkeit weiter komplettieren. Er wirkt im Gespräch nach Stimmlage wie nach Habitus und Gesprächsführung zweifelsfrei männlich. Er ist offen, aber bestimmt, zupackend und klar. Er wirkt sehr selbstzentriert, grübelt viel und glaubt selbst, daß er »das mit der Männlichkeit vielleicht sogar etwas übertreibe«.

Jetzt fällt ihm das Weinen schwer. Es kommt kaum mehr vor. Im Fazit wirkt es, als habe hier jemand seine ursprüngliche Disposition konsequent verwirklicht. Krieger startete sicher von einer mental männlichen Grundkonstitution bei einem hormonell anfangs völlig normalen weiblichen Körper. (Er ist hormonell als normal weiblich bezeichnet worden.) Er hat dann zwischen dem 16. und dem 26. Lebensjahr vermännlichende Hormone bekommen, was seinen körperlichen Zustand zum Männlichen hin verschob, den psychischen weiter virilisierte oder zumindest tomboy-artig stabilisierte. Vor seinem Geschlechtswechsel mußte er dann zwei Fachgutachten vorlegen, die ihm den Ernst seines Vorhabens und die psychologischen Voraussetzungen, das Ganze gut zu überstehen, bestätigten. Dann wurde in einer deutschen Klinik der Eingriff durchgeführt.

Wie wir schon im ersten Kapitel »Conundrum« gezeigt haben, dürfte die transsexuelle Veränderung des Identitätsgefühls, die schließlich zum Geschlechtswechsel führt, ihre Wurzel trotz allem nicht nur in der hormonellen Ausrüstung haben. Deren Wirkungen vermögen zwar Muskeln, Haut und Haare, Stimme und Psyche zu ändern, offenbar aber nicht die längst festgeschriebene Fixierung auf die eigene Geschlechtsrolle. Wäre es anders, müßte man auffällig viele Transsexuelle unter den gedopten Sportlerinnen finden und auffällig viele androgen gedopte Sportler unter den Transsexuellen, was beides nicht der Fall ist. Daher dürfte das Doping einen eher marginalen Einfluß auf Kriegers Entscheidungen gehabt haben.

Vergötterte Sieger, geschmähte Zweite

Um die grenzenlosen Anstrengungen, die sich hinter dem weltweiten, lebensgefährlichen Dopingbetrieb verbergen, einmal zusammenzufassen: Man erkennt, daß es überall um das kämpferische Element, um Kraft und Zähigkeit und psychophysische Energien geht. Auf diesem Gebiet der brachialen Gewalt, von Kampf und Siegeswillen, wollen die Männer noch männlicher sein, und selbst die Frauen versuchen, um jeden Preis das Prinzip der Männlichkeit anzuzapfen. Sie geben sich, wo sie Muskelstärke, Ausdauer und Aggressivität benötigen, nicht damit zufrieden, Frauen zu sein, mit all den Sonderbegabungen und Sonderausstattungen, die sie dem Mann überlegen machen. Betrachtet man im Überblick die Nebeneffekte all dieser närrischen Versuche – von Männern wie Frauen –, der Natur ein Schnippchen zu schlagen, kann man nur staunen, wie risikoblind und unersättlich der Siegeswillen sein kann. Und man gewinnt den Eindruck, als folgten die wirklich ernsten Probleme den vermännlichenden Wirkungen der benutzten androgenen Substanzen auf dem Fuße.

Öffentlichkeit und Medien, Vereine und Promoter tragen das ihre zu der unseligen Bereitschaft bei, sich notfalls zu Tode zu dopen: indem sie den Sieger als gottähnlich feiern und oft schon den Zweiten als Versager beschimpfen. Die hektische Zuteilung von Ruhm, Kontrakten, Sponsorengeldern und Werbeeinnahmen in Millionenhöhe, die oft die ganze Existenz verändern, aber – statt den zehn Besten – fast nur dem Sieger, dem Ersten zuteil werden, steigert den Eifer der dem Ruhm und dem Geld nachjagenden Athleten nicht selten bis zum eigenen Untergang.[80]

Neurotische Störungen der Geschlechtsorientierung

Panik und Dramatik, Risiko und Schutz

Wie nun die Hormone ihre Wirkungen ausüben auf die psychischen Wut- und Bremsfunktionen, das alles ist noch nicht im einzelnen durchschaut. Daß androgene Substanzen vom Testosterontyp die Aggressivität steigern und aggressive Impulse unbeherrschbar machen können, ist bewiesen, daß sie es auch in den von uns angeführten Fällen tun, ist zumindest sehr wahrscheinlich. Eines Tages wird sich vermutlich zeigen, daß hormonell bedingte Veränderungen an den (älteren limbischen?) Synapsen des Zwischenhirns – etwa der Rezeptorenfunktion oder der Transmitterproduktion – zu einer veränderten Reizweiterleitung führen, weil Mann und Frau hier verschiedene Voreinstellungen aufweisen. Diese können in einer unterschiedlichen Topologie der Rezeptorausrüstung bestehen.

So kann es beim Mann zu einer Enthemmung der Folgeerregungen kommen, die dann einen Wutausbruch – wie in einem explosionsartigen Brand, wie in jenem kataklysmischen Geschehen eines epileptischen Anfalls – nach sich zieht. Bei der Frau kann hier statt dessen der Oxytocinhebel betätigt werden, was einen Weinkrampf auslöst. Von dieser in ganz verschiedene Richtungen weiterführenden Phase an treten dann die normalen psychischen Prozesse der Reizverarbeitung in Aktion: beim Mann im Reptilhirn, bei der Frau im oberen limbischen Cortex. Die Weichen dafür sind schon vorgeburtlich gestellt.

Man hat bei Hirnuntersuchungen in Lund mittels der rCBF-Methode (*regional cerebral blood flow*) solche anfallsartige Erregungsausbreitung sogar bei Phobikern nachweisen können: Man kann auf dem Bildschirm farbig sichtbar machen, wie eine etwa auf Spinnen neurotisch-phobisch reagierende Frau sich in einen Zustand unbremsbarer, wilder Panik versetzt, sobald sie eine einzige Spinne sieht. Ihr ganzes Gehirn leuchtet dabei auf, vor allem das limbische System, und zwar deutlich länger, als solche Affekte sonst anzuhalten pflegen. Nichts hilft – sie nimmt keinen Zuspruch, kein Argument mehr wahr.

Ist sie von ihrer Phobie (etwa durch Dekonditionierung) eines Tages geheilt, kann man den Erfolg auf dem Bildschirm verfolgen: Sie reagiert nun mit demselben Umfang an Erregung wie auch andere Menschen. Sie nimmt die Spinne zwar wahr, ist vielleicht sogar unangenehm berührt, aber nur so sehr beunruhigt, daß sie es noch zu kontrollieren vermag. Dies entspricht im übrigen genau den Theorien des verstorbenen britischen Psychologen H. Eysenck, Chef eines für seine Therapieerfolge bei Neurosen weltberühmten psychologischen Instituts in London, der eine konsequente, pragmatische Dekonditionierungstherapie entwickelt hat.

Daß das Panikgefühl wirklich vor allem eine Frage der ungezügelten Erregungsausbreitung im Gehirn ist, kann jeder leicht an sich selbst studieren: Merkt man, daß in einer Situation Panik aufzukommen beginnt, hilft es – schnell und merkbar –, einfach den Atem anzuhalten und dann bewußt langsam weiterzuatmen. Der rasch aufkommende Sauerstoffmangel im Gehirn führt zu einer gedämpften Reizausbreitung, was häufig schon genügt, sie den üblichen Kontrollmechanismen der Psyche zu unterwerfen – ein einfaches und völlig ungefährliches neurophysiologisches Experiment, das jeder bei Bedarf an sich selbst ausprobieren kann.

Der drohende GAU im Gehirn kann also durch einen bewußt herbeigeführten, die Impulsausbreitung bremsenden Sauerstoffmangel abgewehrt werden. Das gibt uns eine Vorstellung davon, auf welche Art etwa Signalsubstanzen der Adrenalinklasse die Reaktionsweise eines Menschen durchgreifend modifizieren können, zur Flucht, zur übermenschlichen Anstrengung – oder auch zum Totschlag. Vermutlich kommen wir an dieser Stelle dem Kern der Männlichkeit nahe: der sehr alerten, aber auch labilen Steuerung einer *rapid action force*-Reaktion. Sie befähigt ihn – neben der gefürchteten Neigung zum Jähzorn – auch zu Hochleistungen im Fußballtor, auf dem Mount Everest oder am Tennisnetz. Diese Stelle seiner Notfallregulation ist zugleich durch eine offenkundig gesteigerte Fehlerrate ausgezeichnet: Hier kann leicht etwas schieflaufen, da das System bis an die Grenze seiner Leistungsfähigkeit strapaziert wird.

Kalte Dramatik und schützende Wärme

Dies erklärt viel. Es herrschen in der Psyche verschiedene Energieanwendungen vor bei Mann und Frau – mal richten sie sich mehr nach außen, mal mehr nach innen. Der Mann ist infolge seines ständig eingeschalteten Reptilhirns stets sprungbereit. Seine Widerstände finden sich draußen: Hindernisse, konkrete und abstrakte, an denen sich seine Lebensenergie bricht, seine Aggressionen sich entladen. Ganz anders die Frau, die energieverschleißenden Zusammenstößen in der Welt der Dinge eher ausweicht, sich zurückzieht und ihre Energien in sich selbst umwälzt – zum Teil im wahrsten Sinne des Wortes: die aufgenommene eigene Nahrung etwa in Milch für den Nachwuchs umwandelt, zu Aufbau-Eiweißen, zu energiereicher Sahne, zu schnell verfügbarem Brennstoff Milchzucker, zu immunologisch schützenden Antikörpern – chemische Arterfahrung nutzend, um damit die Arterhaltung zu fördern. Die Energien des Mannes gehen statt dessen nach außen: Sie wälzen Dinge in der Welt um. Sie führen zu Veränderungen, physischen wie psychischen, aber auch zu Reibungen. Männliche Energie drängt zum Fällen von Bäumen, zum Zerhacken des Holzes, zum Schiffs- und zum Reaktorbau, zum Fußballspiel, zu Pyramiden, Tempeln und Wolkenkratzern, zu Enzyklopädien, Sinfonien und großen Gedankengebäuden, aber auch zu Schlägereien und Krieg. Dem Bauen ist das Zerstören verwandt. Und beides braucht viel Energie.

Daher wirkt die Männlichkeit grundsätzlich dramatischer als die Weiblichkeit. Sie ist sichtbarer, es ist mehr zu berichten über den Mann, der laut und spürbar durch die Außenwelt poltert, während in der Frau das limbische System glimmt, um den Wärmebedarf der Art und ihres Nachwuchses zu decken. Anfangs war es die Wärme der Haut, dann bewachte sie das Feuer und trocknete die Felle. Dann waren es Herd und Kachelöfen – immer war die Wärme ihre Aufgabe, während er in die Kälte ging. Dies gilt – wenn auch heute meist im übertragenen Sinne – selbst noch für den modernen Mann, dessen Axt zum Laser, dessen Sternenkarte zum Computerhandbuch geworden sein kann, und für die moderne Frau, deren Verhaltensmuster sich auf den ersten Blick ganz anderen Zielen als der klassischen Kinderpflege zuwenden.

Zugleich ist die Frau auch gegenüber der Außenwelt energetisch anders orientiert: nicht zupacken und draufhauen, aushebeln oder rausreißen, abbrechen, aus den Angeln heben oder hochstemmen, all jener männliche Kraftverschleiß an den Dingen – sondern eher bergende

Bewegungen: Arme ausbreiten, auffangen, halten und schützen, horchen und zureden. Die Frau birgt das Leben, statt es zu expandieren, sammelt ihre Kräfte, statt sie zu zerstreuen. Sie rettet, bewahrt und hegt, verhandelt und organisiert, statt im Gegenwind jene großen Veränderungen zu erzwingen, die mancher Mann zu seiner Selbstwahrnehmung zu brauchen scheint.

So geht die Frau auch mit ihren Problemen um: Sie internalisiert sie mehr, bearbeitet sie in langen, inneren Monologen, statt sich eruptiv von schwierigen Gedanken zu trennen, um – wie der Mann – bei Blitz und Donner von ihnen frei zu werden. Sie hält sie aus, gibt sich ihnen hin, ja, kann ihnen sogar verfallen. Sie schließt nicht kurz, wie der Mann, räumt nicht aus, was stört, sondern arbeitet ab, was schwierig ist. Dabei leidet sie mehr, kann mit dumpfem Groll die Befreiungstechniken des Mannes sehen und merkt, daß sie für ihr aufmerksameres und gründlicheres Engagement nicht belohnt wird. So wird sie leicht zum Opfer – von Menschen wie von Problemen. Es kann nicht verwundern, daß sie auf den Ausweg der Opfer-Power verfällt, denn die Fluchtwege in männliche Daseinstechniken sind ihr in der Regel versperrt, versagt oder untersagt.

Stärken erzeugen Schwachpunkte

In dieser Kontrastharmonie der Aktivitätstypen von Mann und Frau sind die Geschlechtshormone der chemische Schalter, der von den Chromosomen betätigt wird: Die Wahrscheinlichkeit des Durchbrennens in der Öffentlichkeit (Amoklauf, Kampf und Totschlag – das Rambo-Syndrom) ist beim Mann größer; die empfindliche Balance wird durch die Androgene leicht gekippt. Die analoge Entgleisung in der Balance der Frau führt zu einem inneren Durchbrennen (Depression und Neurose, Angst und Verzweiflung – das Cinderella-Syndrom). Dies alles droht besonders den Menschen, welche unter extremen Anspannungen leben.

Nun versteht man, wie die komplementären, sehr unterschiedlichen Stärken der Geschlechter auch zu entsprechenden Schwachpunkten führen – das Havarieren der Systeme fällt ebenso verschieden aus. Die charakteristischen Chaos-Bilder in der alles entscheidenden Steuerzentrale bei Mann und Frau – im Kopf – ergeben sich logisch aus den vorgesehenen Funktionen, und zwar genau dort, wo diese auf die Spitze getrieben sind: beim Mann im Bewältigen und Umgestalten einer widerspenstigen Umwelt, bei der Frau im Bewältigen und Bewahren einer stark belasteten und leicht zersplitternden Innenwelt.

Prägungen: bedingt und störbar

Es gibt eine ganze Reihe von Störungen der Geschlechtsorientierung, die sich großer Bekanntheit und Aufmerksamkeit erfreuen. Die Subkulturen unserer Zeit und im Anschluß an sie auch die folgsamen öffentlich-rechtlichen Medien haben sich diesen Störungen so intensiv gewidmet, daß sich bei manchen durchschnittlich uninteressanten Menschen das unbehagliche Gefühl einstellt, ihnen fehle etwas. Fast wird die Abweichung zur Norm erklärt, so daß die, die das Gras wachsen hören, schon meinen, die Abwesenheit solcher Störungen sei unnormal. – Sie können sich entspannen: Es handelt sich nicht um Indizien eines besonderen Grades von psychischer Sensibilität oder geistiger Höherentwicklung, sondern meist um simple Neurosen.

Hierher gehören verschiedene Formen der sexuellen Perversion (Fetischismus, Sado-Masochismus, Sodomie, Nekrophilie, Pädophilie, Homosexualität usw.), bei denen psychische Reaktionsmuster sozusagen eingerastet sind auf eine andere als die übliche sexuelle Orientierung: auf das entgegengesetzte Geschlecht. Der Mensch mag Lackschuhe oder schwarze Höschen lieben – solange er nicht andere damit belästigt oder gefährdet, sollte es seine Privatsache sein. Diese Einstellung hat sich in den meisten zivilisierten Ländern der Welt allmählich durchgesetzt.

Das Hätscheln dieser für die allabendliche Talkshow – wohl wegen ihrer persönlichen Lebensdramatik und der öffentlich-rechtlichen voyeuristischen Libido – besonders ergiebigen Gruppen hat jedoch zu einem durch die *political correctness* streng regulierten Sprachgebrauch geführt: Selbst »normal« ist zum Unwort erklärt, jenes eigentlich unentbehrliche Wort für den Bezugspunkt – ein unsinniges, aber vielfach respektiertes Verbot, das derweil mit dem Ausdruck »üblich« umschlichen wird. Man sollte nicht mehr »Homosexuelle« sagen – das korrekte Wort heißt heute: »Männer, die Sex mit Männern haben« oder »gleichgeschlechtlich Orientierte«, während sie selbst sich stolz »schwul« oder »gay« nennen. Man darf kaum mehr erwähnen, daß eine Perversion (auch ein Unwort) »ungewöhnlich« sei, denn die überwiegend selbst homosexuellen Proponenten der einschlägigen Sexualforschung behaupten, daß fast jeder Mensch im Grunde pervers oder homosexuell wäre, wenn er sich nur traute, das zuzugeben.

Das ist – bei Lichte betrachtet – natürlich alles ebenso ein Unsinn, wie die viel zu hohen Zahlen für eine homosexuelle Orientierung, die professionelle Homographen bis zu 10 Prozent oder mehr hochzufragen schafften – selbstverständlich erhoben an unrepräsentativen Stichproben der Bevölkerung. Sie mögen zutreffen für die konzentrierten Problemvölkchen von Künstlern und Freaks in New Yorks Greenwich Village oder San Franciscos Castro-Distrikt, aber gerade in den letzten Jahren haben wiederholte gründliche Untersuchungen in den USA, Großbritannien und Frankreich Prävalanzen von höchsten 2 bis 4 Prozent ergeben. In anderen Ländern liegen sie offenbar noch niedriger.

Der Mensch ist also, wie auch die allermeisten heute lebenden Säugetierarten, überwiegend heterosexuell veranlagt. Dies kann sich jeder Normalbegabte mit ein wenig Logik leicht selbst erklären. Daher soll uns das alles hier auch nicht weiter beschäftigen – es handelt sich zum Teil um nichts anderes als einen gesellschaftspolitischen Streit, der das Mittel der Desinformation nicht scheut.

Was unbezweifelbar bleibt, ist das Faktum, daß es zahlreiche lesbische Frauen und noch sehr viel mehr homosexuelle Männer gibt. Eine gründliche Analyse des holländischen Psychologen G. J. M. van den Aardweg hat sie ausführlich und scharfsichtig beschrieben. Sein Hauptaugenmerk gilt ihren narzistisch-selbstmitleidigen Zügen und er propagiert, sich stark an Eysenck anlehnend, eine offenbar pragmatisch bestätigte Therapie: die »anti-selbstmitleidige Dekonditionierung«.

Geschlechtsneurosen: Irrläufer von Prägungen?

Uns soll hier nur interessieren, warum es zu diesen unüblichen Prägungen kommt. Dabei ist es wichtig, diesen Überlegungen vorauszuschicken, daß die Homosexuellen unter den begabteren, kreativeren und sensibleren (und damit leichter neurotisierbaren) Menschen deutlich häufiger sind, daß sie in einer primitiv-robusten Landbevölkerung selten, aber in hochausgebildeten Intellektuellenfamilien des Großstadtmilieus häufiger sind. Alle Versuche, dafür – außer in Ausnahmefällen – hormonelle Einflüsse, Chromosomenanomalien, vorgeburtliche Nahrungs- oder Medikamenteneinnahme verantwortlich zu machen, sind im Grunde gescheitert, und auch die von DeVay beobachteten neuroanatomischen Befunde sind als sehr unsicher zu betrachten, da sie die Frage unbeantwortet lassen, ob Zufall, Ursache, Folge, Co-Korrelation oder Epiphänomen. Die Gründe für die homosexuelle Orientierung sind nach wie vor unbekannt, offenkundig aber vor allem psychologischer Art.

Was ist es denn nun, was einen Menschen in seiner Sexualität – biologisch gesehen, offensichtlich zielwidrig – auf das eigene Geschlecht fokussieren läßt? Um das im Getöse ideologischer Kampfgesänge vernehmbar zu formulieren, muß man etwas ausholen. Was ist es überhaupt, was Menschen in ihrer sexuellen Präferenz leitet und prägt? Wie sehen solche Prägungen eigentlich aus? Wir wollen ein weniger belastetes Beispiel wählen, um den psychischen Mechanismus zu verdeutlichen, der hier, soweit wir wissen, wirksam ist. Auch hierbei handelt es sich um die sexuelle Orientierung, auch hierbei gibt es Abweichungen von der Norm: Es handelt sich um die Inzestbarriere, jene starke psychische Sperre, die ziemlich zuverlässig verhindert, daß wir uns in unsere eigenen Kinder, Eltern und Geschwister verlieben.

Die Inzestbarriere im Kibbuz

Der Sinn der Inzestsperre dürfte ein vielfältiger sein: Sie stellt die Erbgutdurchmischung sicher und sorgt mit einer ständigen Neukombination der Anlagen für eine fast unbegrenzte Vielfalt der individuellen Varianten einer Art. Zugleich wird so das Auftauchen rezessiver Krankheiten verhindert. Die sogenannte »Degeneration« einer Spezies durch Inzucht ist der Mangel an genetischer Vielfalt und damit an Anpassungsfähigkeit bei wechselnden Anforderungen. Aber auch heftige, leidenschaftliche innerfamiliäre Eifersuchtsdramen, welche die Gruppe nach außen hin entschieden schwächen würden, werden so verhindert. Vater und Tochter, Bruder und Schwester, Sohn und Mutter sind miteinander zwar gefühlsmäßig, aber nicht erotisch-sexuell verbunden.

Selbst bei den höheren Primaten (etwa den Gorillas) ist zu beobachten, daß die eigenen Familienmitglieder auf den einzelnen nur eine geringe oder gar keine sexuelle Anziehungskraft auszuüben scheinen. Hiervon gibt es aber deutlich mehr Ausnahmen als beim Menschen. Besonders beim Zwergschimpansen oder Bonobo *(Pan paniscus)* kommt es zu regelmäßigen sexuellen Kontakten fast aller mit allen, die einen spielerischen Charakter und vor allem eine friedensstiftende Wirkung haben. Es ist möglich, daß hier das gegenseitige Stimulieren des Oxytocins ins System gesetzt ist, um die Harmonie in der Gruppe zu sichern. Endokrinologische Untersuchungen hierzu gibt es unseres Wissens noch nicht.

Wie nun funktioniert die Inzestbarriere? Das war lange ein Rätsel. Die Antwort kam aus den israelischen Kibbuzim, in denen eine Anzahl von Kindern, die nicht miteinander verwandt waren, in einer Art Großfamilie aufwuchsen. Es waren multi-ethnische Gruppen, aber die Kinder paßten in Alter und ideologischem Erziehungshintergrund gut zueinander. So war es ein Rätsel, warum sie einander so gut wie niemals heirateten. Spontane Liebe – über die geschwisterliche Zuneigung hinaus –, sexuelle Beziehungen wurden bei ihnen nicht beobachtet.

Als man die wenigen Ausnahmen von dieser Regel näher untersuchte, wurde das Prinzip erkennbar: In diesen Fällen waren die Kinder im »Schlüsselalter« voneinander getrennt gewesen. Dies galt auch für die bekannten Fälle leidenschaftlicher Geschwisterliebe, bei denen Bruder und Schwester, etwa durch Krieg, Flucht, Not oder Trennung der Eltern, früh auseinandergerissen worden waren. Dann – und nur dann – konnte es zu einer plötzlichen Liebe zwischen ihnen kommen, als sei ein magischer Funke übergesprungen.

Am Ende drängte sich die Folgerung auf: Waren die Kibbuzimkinder im Alter von 3 bis 6 Jahren zusammen aufgewachsen, hatten sie einander zu diesem entscheidenden Zeitpunkt immer wieder nackt gesehen, hatten sie zusammen im Schlafzimmer, in der Badewanne gespielt, so schien eine erotisch-sexuelle Beziehung für die Zukunft ausgeschlossen. Heute überlegt man, ob hierbei eine frühe Prägung durch Geruchseindrücke stattfinden mag. Das menschliche Riechhirn ist ein uralter, mit vielen instinktiven Reaktionen intensiv verknüpfter Teil des Gehirns. Der Ausdruck, man könne »einander nicht riechen«, erhielte dadurch einen unvermutet konkreten Inhalt. Vielen Menschen ist der Körpergeruch der eigenen Eltern ein tief in der emotionalen Erinnerung verankertes, fast anti-erotisches, manchmal sogar direkt abstoßendes Signal, das jeden Ansatz zu sexueller Attraktion erstickt.

Unüberwindlich: die Macht des Unbemerkten

Wie die Erklärung für die Inzestbarriere nun letztlich aussehen mag, ganz sicher hat sie Prägungscharakter. Damit sehen wir wieder einmal jene Mechanismen in Aktion, die Konrad Lorenz und Mitarbeiter entschleiert haben: das Einrasten gewisser vorbereiteter mentaler Einstellungen auf Schlüsselreize, die in der Natur mit großer Wahrscheinlichkeit zu einem gewissen Zeitpunkt der Individualentwicklung auftauchen, auf Situationen, die fast mit Notwendigkeit zu einem bestimmten Lebensstadium eintreten. Im Wörtchen »fast« liegt hier das Risiko der Entgleisung dieser sonst so zuverlässigen Prägungsvorgänge. Im Einzelfall kann das Gefüge der zu erwartenden Auslösereize und der sinnvollen Prägung – etwa auf die Mutter oder das andere Geschlecht – einmal gestört werden. Die Verhaltensforschung hat erwiesen, daß diese unerwarteten, »falschen«

Prägungen mit derselben psychischen Stärke funktionieren wie die richtigen, in der persönlichen Entwicklung vorgesehenen.

Wenn man dies begreift, wird einem auch klar, wie unsinnig es ist, etwa einen Homosexuellen dazu überreden zu wollen, statt des gleichgeschlechtlichen den gegengeschlechtlichen Partner zu lieben. Das hat man wohl noch nie erreicht. Es ist, als forderte man einen Menschen dazu auf, sich in seine eigene Schwester oder Tochter zu verlieben. Jeder weiß: Das geht nicht. Man »kann nicht aus seiner Haut« bedeutet hier: Man kommt nicht an die limbischen Schalter für seine eigenen emotionalen Reaktionen heran. Logischerweise sollte man auch die Menschen, die eine abweichende sexuelle Präferenz entwickelt haben, mit derlei unrealistischen Erwartungen und Ermahnungen verschonen.

Was genau die Schlüsselsituation für die Entwicklung einer homosexuellen Orientierung sein mag, was den Anstoß für sie geben, was sie fixieren mag, muß wohl noch offen bleiben. Es dürfte im Milieu des heranwachsenden Kindes zu finden sein, dessen Eltern vielleicht in gewissen sensiblen Stadien seines Lebens zu wichtigen Festen oder Galavorstellungen, zu Vernissagen, Einweihungen oder wichtigen Konferenzen eilen mußten und daher für gewisse, das Kind prägende Kontakte nicht zur Verfügung standen. Es kann sich um vertrauensvolle, vertrauensbildende Gespräche handeln, um erleichterndes Weinen, um das Gefühl der Zuneigung und Geborgenheit, um Stille und wortlose Impulse, etwa jemanden zu umarmen, um auszudrücken, was die Sprache nicht einfängt.

Es gibt intime, leise emotionale Erlebnisse, die man nie mit anderen bespricht, die unformuliert bleiben, da sie im tiefsten Kern des sich entwickelnden limbischen Systems jedes Individuums immer neu entstehen müssen. Sie werden erprobt und ausgeformt während des Heranwachsens und folgen auf innere wie auf äußere Reize. Sie alle dürften ihre Rolle spielen in dem vielstimmigen Konzert der Prägungen, welche über 10 bis 20 Jahre lange Reifungsperioden hinweg die Gefühlswelt eines Menschen und vor allem ihre unbewußten Rahmenbedingungen bilden.

Störfälle im Dickicht der Selbstorganisation

Die Verhaltensforschung hat gezeigt, daß diese Prägungsvorgänge, obwohl (oder weil?) sie fast ohne Mitwirkung des Bewußtseins ablaufen, in ihren Effekten unüberwindbar stark sind. Die Natur arbeitet sozusagen mit psychischen Halbfabrikaten, indem sie – das ist ihr Ansatz zum Lernen und zur Anpassung! – der Individualgeschichte die letzte Option läßt. Sie soll die angelegten Reaktionen, die instinktiv verankerten Impulse mit konkreten und sinnvollen Zielen und Inhalten füllen, die dem eigenen Leben dienen. Wo das raum-zeitliche Gefüge dieser Schlüsselbedingungen gestört wird, sieht man den kleinen Affen, der sich zärtlich an eine Metallpuppe schmiegt und sich in eine Surrogatmutter verliebt hat wie die Graugänse in ihren Ziehvater Konrad Lorenz, oder man beobachtet das frustrierte Säugetier, das zur vermeintlichen Kopulation ein Metallgestell besteigt.

Wo diese Prägungsvorgänge aus dem Ruder laufen, wo unvorhergesehene Umstände zum rechten Zeitpunkt die falschen Reize bieten, da entstehen Transvestiten und Transsexuelle, Homosexuelle und Fetischisten. Vermutlich haben hier auch die zahlreichen ernsteren Abweichungen von den üblichen Verhaltensneigungen, wie sie zu Inzucht und Fetischismus, Sodomie und Sado-Masochismus, Nekro- und Pädophilie führen, ihre Wurzeln. Bei aufgeklärten Menschen hat sich die Einsicht durchgesetzt, daß diese Prägungsabweichungen meist nicht reversibel sind. Die gesellschaftliche Toleranz ihnen gegenüber ist um so größer, je mehr Bildung und Ausbildung – des Kopfes wie des Herzens –, je mehr Lebenserfahrung und psychologische Kenntnisse den Mitmenschen zur Verfügung stehen. Sie steigt auch mit kosmopolitischem Laissez-faire und dem Liberalismus, der in anonymer werdenden Massengesellschaften das Nachlassen des Engagements tarnt. Und sie fällt mit dem Gefühl der Gefährdung der eigenen Kinder, die – anders als Erwachsene – wehrlose Opfer sind: daher die geringe Toleranz gegenüber der Pädophilie.

Obwohl von den Wissenschaftlern seit Generationen nach den vermeintlich weichenstellenden Hormonwirkungen gefahndet wird, welche die sexuelle Präferenz umlenken können, so ist man – bis auf ganz wenige Ausnahmefälle – nicht fündig geworden. Konstitutionelle Neigungen in Form bestimmter Zellkernveränderungen im Zwischenhirn mögen vorkommen. Hormone können auch einmal eine Entwicklung anstoßen oder über eine Widerstandsschwelle kippen. Die Erklärung aber für die meisten psychischen Fixierungen auf andere als die vorgesehenen Triebziele der menschlichen Psyche sind sicher woanders zu suchen: im Dickicht der inneren und äußeren Bedingungen seiner noch weitgehend unverstandenen Selbstorganisation.

Die Welt der Herrentiere

Vorläufer der Primaten

Die Vorgeschichte dieser vielfach ineinander verflochtenen Vorgänge einer Selbstorganisation ist etwa 4 000 Millionen Jahre lang. Um der Vorstellung von einer solchen Zeitspanne auf die Sprünge zu helfen: Mit einem Tempo von 2 Zentimeter pro Jahr, also etwa 0,8 Millimeter pro Monat oder 0,03 Millimeter am Tag – einem Drittel der Dicke eines Haares – bewegen sich die Kontinentalplatten Amerikas und Europa-Afrikas unmerklich auseinander. In den letzten 200 Millionen Jahren wurden daraus die 4000 Kilometer des Atlantik, die heute die Kontinentalblöcke voneinander trennen. Wir sprechen im folgenden von den Ergebnissen einer unermeßlich großen biochemischen Werkstatt, in der die Natur schon zwanzigmal länger am Werke ist.

Das erklärt die Komplexität des Lebens, die wir heute vorfinden. Sie ist nicht mit wenigen Worten einzufangen und angemessen zu schildern. Als ihren (vorläufigen?) Höhepunkt sehen wir – auch von innen! – die Tätigkeit des philosophisch-grübelnden, ästhetisch-kreativen und forschend Erkenntnis suchenden menschlichen Geistes, der schon seine eigenen atomaren Minisonnen als kontrollierbare Energiequellen zu zünden vermag. Ohne Zweifel war die Welt der Kieselalgen, Moose und Libellen noch sehr viel einfacher, aber es wäre ein allzu vereinfachender Trugschluß, zu meinen, die höheren geistig-seelischen Funktionen hätten alle erst mit dem Menschen begonnen und plötzlich eingesetzt. Denn die Vorläufer des menschlichen Genius sind jener Geist und jene Seele, die man in einfacherer Form bei vielen Säugetieren findet.

Deren Gehirn ist zu Beginn ohne Zweifel noch recht einfach organisiert, aber doch schon fähig, differenzierte Greifvorgänge zu steuern, Bewegung zu sehen, andere Individuen zu erkennen und mit ihnen zu kommunizieren. Von Kleinstsäugern wie Haselmäusen und Spitzhörnchen über Lemuren zu Hunderten von Affenarten, von Schweinen zu Elefanten und Delphinen, von kleinen Raubhyänen zu Bären und

Wölfen kompliziert sich das individuelle Gehirn wie auch das Sozialgefüge. Die Säugetiere werden größer, ihr Gehirn wächst immer weiter, manche von ihnen werden gelehrig und domestizierbar. Dabei entstehen »ich« und »wir«, Mutter- und Schutzinstinkte, Spieltrieb, Mut und Neugierde. Konkurrierende Handlungsziele müssen gegeneinander abgewogen, Entscheidungen gefällt werden.

Noch aber ist die Brücke zu unserer eigenen seelischen Introspektive, zu den Emotionserlebnissen, die wir so gut kennen, schwer zu schlagen. Wenn man jedoch genau hinschaut, ist in dem Wesen der höheren Säuger der Ansatz zu einer seelischen Erlebnisqualität und einem langsam erwachenden Bewußtsein durchaus schon zu erahnen: Der große männliche Bär, der die Mutterstelle an dem kleinen Bärenwaisen akzeptiert, zeigt, daß auch im Bären-Adam noch etwas von der Bären-Eva steckt. Der kleine Bär führt mit seiner Anhänglichkeit und seinem starken Spiel- und Nachahmungstrieb vor, wie sehr er schon auf Neugier und Lernen angelegt ist. In der Trauer der Elefantin, die ihr Kind verlor, in dem Opfermut der verletzten Wölfin, die ihren Welpen mit letzter Kraft Nahrung bringt, in der Großmut des Löwen, der kleine Tiere unbeschadet um sich spielen läßt, sind Eigenschaften zu erkennen, die einen hohen Stellenwert auch beim Menschen genießen. Der große starke Mensch wird es als unter seiner Würde betrachten, einen kleinen, schwachen Wicht zu schlagen; der hochgelehrte Intellektuelle wird es vermeiden, seine Überlegenheit gegenüber einem einfältigen Menschen allzu sichtbar werden zu lassen, falls er auch Herzensbildung genossen hat. Alles das muß einmal – im Individuum wie in der Stammesgeschichte – klein angefangen haben. Das sagt uns die Logik. Und das zeigt uns die Natur.

Bei Hund, Wolf, Wal und Delphin, bei einigen Großkatzen, Elefant, Bär und zahlreichen Affen sehen wir Verhaltensweisen, die uns anmuten, als könnten wir die begleitenden inneren Prozesse erschließen, die unseren eigenen ähneln. Ist das nur unsere naive Neigung zur – für die Märchen geeigneten – Vermenschlichung (Anthropomorphisierung) der Tiere? Wer die Tiere gut kennt, wer etwa als Tierarzt oder als Tierpfleger im Zoo jahrzehntelang Kontakt mit ihnen hat, verliert alle Zweifel: Für ihn werden die Tiere zu Persönlichkeiten, lieb und mutig, albern und frech, ängstlich und rührend. Wie anders wäre es zu erklären, daß der hungrige Tierpfleger im Krieg das letzte Brot mit seinem Bären teilt, daß der Tierpfleger im Hagenbecker Zoo seit Jahren die Silvesternacht eng an die riesige, vor Angst zitternde See-Elefantin Agnes geschmiegt verbringt, um ihr den Schrecken der Silvesterknallerei zu mildern?

Die Primatenentwicklung

Wer dennoch Zweifel hegt an der Intensität und dem Ausmaß der emotionalen und intellektuellen Vorgänge im Tier, dem sei vor allem das Studium der Primaten, der Herrentiere empfohlen. Ihre Geschichte beginnt vermutlich in der Saurierzeit vor weit über 100 Millionen Jahren mit kleinen Baumkletterern, Insektenfressern und Eierräubern. Heute mögen uns Fledermäuse, Haselmäuse, Erdhörnchen, Baumhörnchen, Tupaja und Opossum eine Ahnung von der Gestalt und dem Leben dieser Urahnen des Menschen geben.

Dort, wo sie klettern müssen, fangen, festhalten, pulen, pflücken und begreifen, beginnt die Bedeutung der Hand Einfluß auf die Entwicklung zu nehmen. Hier beginnen die Nacht- und Halbaffen, dann folgt eine Vielfalt von Affen, die immer kompliziertere Familienverbände, Rotten und Großfamilien bilden. Ihre Jugendzeit wird immer länger, es ist immer mehr zu lernen; ihr Gehirn wächst. Am Ende dieser Reihe stehen die heute lebenden etwa 180 Affenarten, die uns eindrucksvolle Beispiele geben für komplizierte Rollenverteilungen im Familienverband. Unter dem großen Druck einer mächtigen, ständig präsenten Raubtierfauna war das lange ein wehrhafter, fluchtbereiter Kampf- und Überlebensverband.

Die wandernde Paviangroßfamilie gibt uns dafür ein gutes Beispiel. Vorn und hinten bilden die alten Männchen die Vor- und Nachhut. Jüngere Männchen schützen die Flanken. Dann kommt ein Ring aus Halbstarken, dann junge Männchen, gemischt mit erfahrenen, älteren Weibchen, die auf sie achtgeben. Ganz innen wandern die ganz Kleinen, die Kinder, die Schwangeren und die jungen Mütter mit Säuglingen auf dem Rücken. Diese sorgfältig eingehaltene Marschordnung teilt den Mitgliedern der Familie verschiedene Aufgaben zu, und damit kommt – sichtbar – der Bedarf auf, ein jedes Individuum auch mental für diejenige Rolle optimal auszustatten, die ihm zugeteilt ist. Es wäre Unfug, den innen wandernden Jungen eine Aggressivität mit auf den Weg zu geben, die sie vorpreschen und umkommen ließe bei einer Aufgabe, die ein älterer, starker und mit Vorteil aggressiver Pavian leicht erfüllt: einen Gegner abzuschrecken. Pavianbisse sind gefährlich, die Tiere sind kräftig und schnell. Bei Schimpansen hat man sogar beobachtet, wie die bis zu 80 kg schweren Männchen wie veritable Schläger auftraten, die ihren Gegnern tödliche Verletzungen zufügten. Nicht nur im innerartlichen Revierkampf, sondern auch gegenüber Raubtieren besitzen größere

Affen ein bemerkenswertes Kampfpotential. Unter diesen Umständen ist die Kultivierung männlich-aggressiver Tugenden evolutionär sinnvoll.

Streitkultur und Versöhnung

Tierische Gemeinschaften bilden sich vor allem zum Schutz vor Feinden, zur gemeinsamen Versorgung und Aufzucht des Nachwuchses und zur gegenseitigen Stimulans. Daraus wird allmählich Kooperation und wechselseitige Hilfe. Die Großfamilien der Affen bilden hierfür ideale Studienobjekte. Ihr Zusammenleben nämlich bringt gleichzeitig typische Probleme mit sich, die wir gut wiedererkennen: Enge und Konkurrenz, Streit um Futter, Paarungspartner, Schlafplätze und sozialen Rang. Es ist also von größter Bedeutung, daß solche Konflikte auf eine Weise ausgetragen werden, daß der Gruppe kein ernster Schaden daraus entsteht. Wie Primatenforscher nach jahrzehntelanger Beobachtungsarbeit kürzlich feststellten[81], sind gerade die Affen Meister darin, ihre durchaus häufigen Streitigkeiten mit einer ausgewogenen Nutzen-Risiko-Abwägung auszutragen: Sie lösen alle ihre Konflikte rasch und effektiv, so daß niemand dabei zu Schaden kommt. Alle bislang untersuchten Affenarten erwiesen sich nach einem Streit als versöhnungsfähig.

Nur wenige Minuten nach einem Konflikt gehen die Kontrahenten in der Regel aufeinander zu und suchen den engen körperlichen Kontakt. Das Kraulen, die Berührung, manchmal sogar sexuelle Kontakte (Bonobo!) scheinen sie sehr zu beruhigen und die Spannungen abzubauen. Die Versöhnung, besonders die Versöhnungsakte führen dazu, daß sie sich – zumindest eine Zeitlang – seltener streiten und einander mit mehr Toleranz begegnen.

Die Versöhnungsgesten sind von Art zu Art verschieden, dienen aber stets demselben Ziel: dem Erhalt oder der Wiederherstellung einer wertvollen Beziehung. Daß Affen generell bei einem Angriff auf Artgenossen nicht wohl ist, zeigen ihre vegetativen Reaktionen. Bei Rhesusaffen etwa *(Macaca mulatta)* sind Angreifer wie Angegriffener gleichermaßen gestreßt und zeigen alle Zeichen der Angst – des Bruders der Aggression. Die erhöhte Herzfrequenz (ein Effekt von Adrenalin und Vasopressin) normalisiert sich erst dann wieder, wenn die Versöhnungsgesten die Akteure beruhigt haben – nach 30 Sekunden kann bei sofortiger Versöhnung der Seelenfrieden wiederhergestellt sein. Andernfalls rast das Herz mehr als drei Minuten weiter und kehrt nur ganz allmählich zum normalen Rhythmus zurück.[82]

Daß die Affen die Versöhnung selbst als angenehm empfinden, dafür spricht nicht nur ihr Eifer, sie rasch herbeizuführen, sondern auch die folgende Beobachtung erlernter sozialer Kompetenz: Als man zänkische Rhesusaffen in einer Gruppe gutmütiger Bärenmakaken *(Macaca arctoides)* aufzog. Schon nach fünf Monaten zeigte sich, daß diese Rhesusaffen anderen Artgenossen in einer größeren Gemeinschaft drei- bis viermal so oft die Versöhnung anboten wie andere.

Bei Schimpansen hat de Waal beobachtet, daß sie sich um so eher miteinander versöhnten, je wertvoller die Beziehung erscheint. Männer bilden oft Zweiergruppen, in denen man einander hilft. Das setzt bereits voraus, um eines langfristigen Nutzens willen kurzfristig altruistisch handeln zu können (etwa sich selbst unnötigerweise in Gefahr zu bringen). Interessanterweise bilden Schimpansenweibchen kaum solche typischen Männerallianzen und sind auch weniger geneigt, sich untereinander zu versöhnen.

Gegenseitiges Wohlwollen wird auch vorbeugend zum Ausdruck gebracht, um Auseinandersetzungen zu verhindern oder zu entschärfen: Als der Pfleger einen Korb mit Früchten und Gemüse in das Gehege stellte, stürzten sich die Schimpansen nicht sofort darauf, sondern begannen damit, einander zu umarmen, Küsse auszuteilen und sich gegenseitig auf die Schultern zu klopfen. Dann erst, solchermaßen pazifiziert, machten sie sich über das Futter her. – Unwillkürlich denkt man hierbei – zugegeben: stark anthropomorphisierend – an das Händeschütteln der Fußballmannschaften vor dem Kampf und an andere Höflichkeitsformeln im Sport, die zur Fairneß anhalten und den schlimmsten Fouls vorbeugen sollen. Nach heftigen Streitigkeiten sieht man häufig auch, daß selbst unbeteiligte Dritte zu einem der Streithähne (meist dem Angegriffenen!) gehen und ihn tröstend umarmen. Spanische Wissenschaftler haben diese Trostgesten auch bei Mantelpavianen beobachtet.

Inzwischen hat man ähnliches Verhalten auch bei anderen Säugetieren wie Delphinen, Ziegen und Tüpfelhyänen gesehen. Neben unterwürfigem Verhalten kommt es zur regelrechten Versöhnung mit Zuneigungsgesten, wobei oft der Sieger die Initiative ergreift. Wie man am Institut für Zoo- und Wildtierforschung in Berlin herausfand[83], sind es bei den Hyänen vor allem die Weibchen, die zur raschen Versöhnung neigen und Koalitionen innerhalb der Sippe bilden. Dies könnte mit der weitgehend selbständigen Versorgung und Aufzucht des Nachwuchses zusammenhängen, die wir auch bei Löwen, Tigern, Eisbären, Elefanten und anderen leistungsfähigen Großsäugern sehen. Vermutlich kennen sie alle das tiefe innere Unbehagen nach einem Streit, der wertvolle Bindungen gefährdet. So tendieren sie rasch zum Status quo der Kooperation zurück.

Soziale Vererbung und ästhetischer Genuß

Bei vielen Affen hat man überzeugende Beispiele für den Beginn sozialer Vererbung gesehen, für das fortgesetzte Weitergeben einer stammeseigenen Erfahrung an die nächste Generation. Japanische Makaken etwa hatten herausgefunden, daß die von ihnen ausgegrabenen Kartoffeln viel besser schmeckten, wenn man sie im Meerwasser abwusch und dabei zugleich salzte. Diese Erfahrung verbreitete sich allmählich über eine ganze Population und wurde so zu einer lokalen Tradition, die jedes neue Familienmitglied erlernte. Dasselbe gilt für eine Vielzahl von Verrichtungen, die fast an einen planvollen Werkzeuggebrauch erinnern. Heute wissen wir: Affen können Probleme lösen, die Problemlösungen behalten und an andere Affen weitergeben.

Auch beobachtete man Affen dabei, wie sie sich des Abends regelmäßig auf einem Gipfel niederließen und still die rote Sonne beim Untergang betrachteten. Es ist schwer, sich ein anderes Motiv dafür vorzustellen als einen rein ästhetischen Genuß. Sie hatten offenbar ein Gespür für die Stille, die Farben und die Großartigkeit der Szenerie, und nur diese Annahme entsprach bis ins kleinste Detail ihrem Verhalten. Der milde Unwillen, mit dem die Erwachsenen die Spielaufforderungen aufdringlicher Affenkinder abwiesen, entsprach genau dem unwirschen und abgelenkten »Nicht jetzt!« eines Vaters, der sich auf Mozarts »Kleine Nachtmusik« konzentriert, während ihm sein Söhnchen den neuen Ballonkaugummi vorführen möchte.

Bei den Menschenaffen, den Pongiden, wird dies alles nun noch erheblich facettenreicher und komplexer. Pongiden bilden zusammen mit den Gibbons (Hylobatidae) und den Menschen (Hominidae) die Überfamilie der Hominoidae; zusammen mit primitiveren Affen und Halbaffen gehören sie zur Ordnung der Primaten.[84]

Ehrfurcht, Stolz und Vertrauen

Freilandbeobachtungen an den großen Menschenaffen sind – von dem alten Mentor der Primatologen Georg Schaller einmal abgesehen – typischerweise vor allem von stark engagierten Frauen gemacht worden, wie man sie weltweit auch in den Kampf um das Überleben der Elefanten, der Geparden und anderer gefährdeter Arten involviert findet. Diane Fossey (Gorillas), Jane Goodall (Schimpansen) und Biruté Galdikas (Orang Utans) haben über die Pongiden unschätzbares Beobachtungsmaterial gesammelt und den Grundstock zu unserem Wissen über sie gelegt. Alle Pongiden-Arten sind vom Aussterben bedroht, vor allem infolge illegaler Jagd, fortgesetzter Biotopzerstörung und Verdrängung der letzten zusammenhängenden Populationen.

Unvergessen ist etwa jene inzwischen klassische Szene, wo die Schimpansin, die sich zur Geburt ihres Babys von ihrer Ziehmutter Jane Goodall abgesondert hatte, eines Tages aus ihrem Dschungelversteck hervorkommt, um der von ihr verehrten Menschin stolz und schüchtern zugleich – fast als sei sie befangen vor dem großen Augenblick –, ihr ganzes Mutterglück anzuvertrauen. Und der staunende Blick des kleinen Affenbabys, das zu der Menschin aufschaut wie zu einem unbegreiflichen Überwesen, groß und fremd, und doch so voller Urvertrauen, weil die artspezifischen Signale der Mutter ihm das eingeben. Diese Szene zu erklären, ohne eine dem Menschlichen verwandte Motivstruktur und entsprechende Erlebnisqualitäten anzunehmen, darunter zumindest Ehrfurcht, Scham, Stolz, Angst und Vertrauen, dürfte sehr schwierig sein.

Regungen im Familiengefüge

Noch überzeugender allerdings ist das Material, das der Schweizer Primatologe Jörg Hess in jahrzehntelangen, sorgfältigen Beobachtungen in freier Natur wie in zoologischen Gärten zusammengetragen und jüngst in zwei prachtvollen Bildbänden präsentiert hat (Hess 1996, S. 352ff.). Sie handeln von Familienverbänden, vor allem aber von den Mutter-Kind-Beziehungen bei den großen Menschenaffen. Die Bücher enthalten Belege dafür, daß zwischen der Mutter und dem Kind ein ununterbrochener, alle Sinne umfassender Dialog stattfindet, ein ständiges wechselseitiges »Gespräch«, in dem die Mutter dem Kind 4 bis 6 Jahre lang im Grunde alle Signale und Verhaltensweisen übermitteln kann, die von Bedeutung für das Leben sind. Die Intimität und Sensibilität, vom ersten Körperkontakt bis zu Gesten und Blicken in höherem Alter, ermöglichten eine unaufhörliche Anpassung an die sozialen Erfordernisse auch einer größeren Gruppe und führten bei einem gesunden Menschenaffen zu einer hohen sozialen Kompetenz. Diese Tiere werden zu Individuen, die alle Zeichen eines unverwechselbaren Selbstbewußtseins zeigen und ihren eigenen sozialen Alltag und seine Abläufe erfinderisch mitgestalten.

Wer diese beiden Bücher gelesen hat, erfährt, daß die seelischen Prozesse, die sich in diesen fein abgestimmten innerfamiliären Beziehungen und einer differenzierten Kommunikation äußern, schon eine erstaunliche Komplexität erreicht haben. In der Fürsorge der Mutter für ihren Nachwuchs, in Milde und Strenge, in dem eifrigen Interesse der älteren Schwester, den Kleinen einmal zu halten, in Unruhe, Neid und Traurigkeit, in Hilfsbereitschaft, Mitleid, Mitfreude oder Verletztheit der Verwandten, in der Spiellaune der Kinder und in der großmütigen Würde des Familienoberhauptes, das Regeln und Normen überwacht und notfalls allein durch eine dräuende Miene oder Geste durchsetzt, in all dem sieht man das Entstehen menschlicher Reaktionen. Man schaut der Seele höherer Primaten *in statu nascendi* zu.

Hier handelt es sich um eine vermutlich ganz allmähliche Entwicklung von Regungen, die sich in aller Stille innerhalb der Familien vollzog, gesteuert von Raubtierangriffen, Krankheiten und Unfällen, von Entkommen, gegenseitiger Hilfe und Heilung. Wo sie überlebten, gaben die Primaten ihre Eigenschaften weiter, wuchsen ihre Gruppen und teilten sich, neue Regionen besiedelnd. Lauter Triumph und stille Bescheidenheit mußten hier vor unbestechlichen Vermehrungs- und Überlebensraten miteinander konkurrieren. Sank in einer Gruppe die Säuglingssterblichkeit (etwa durch einen Sturz aus der Baumkrone) auch nur um 2 Prozent, so konnte das nach 100 000 Jahren schon 20 Millionen Individuen mehr bedeuten, die leicht 40 neue genetische Anpassungsvarianten an Sumpf und Gebirge, Trockenheit und Tuberkulose umfassen mochten. Daß die Schwester das kleine Brüderchen gut festhielt, konnte also helfen, die Tuberkulose zu besiegen und das tödliche Ebolafieber loszuwerden.

Ganz sicher ist bei diesen Primaten der Überbau an Gedanken, der Konflikt konkurrierender Handlungsziele, die simultane Wirkung von Erinnerungen, die Assoziation langfristiger Absichten noch gering ausgeprägt. Im Kern aber sind sie alle zu finden: Die Ehrfurcht vor dem Familienchef, die Liebe zum Kind, das Vertrauen zum Partner, Sexualtrieb, Angst und Hunger, sie alle können miteinander in Konflikt geraten. Dann sieht man den Menschenaffen sinnend sitzen, oft den Kopf auf die Hand gestützt, und seine Reaktion kommt mit einer gewissen Verzögerung, die ihm Zeit gelassen hat, verschiedene innere Impulse gegeneinander auszuspielen. Ob man dies mit Recht »Überlegung« nennen kann und wie sehr das Bewußtsein dabei eingeschaltet ist, wird schwer zu erfahren sein.

Die folgende Szene aber, mit der Jörg Hess am Ende seiner Freilandbeobachtungen etwas beschreibt, was sich ihm unauslöschlich eingeprägt hat, zugleich eine rührende Spontanreaktion eines Menschenaffen, die diesen wirklich ganz dicht an den Menschen heranrückt, ist eine so vielsagende Episode aus seinen unzähligen Kontakten mit einer frei lebenden Gorillafamilie, daß wir sie wörtlich wiedergeben wollen. Sie mag zugleich das kennzeichnen, was uns die Annahme menschenartiger Regungen bei den Pongiden nahezu aufdrängt.

Mitleid mit dem Opfer des Testosteron-Rabauken

»Diese Episode hat mit Maggie und Pablo zu tun. Die besonderen Wesenszüge und ihre schillernden Persönlichkeiten haben wir ja schon im Detail kennengelernt. An einem Morgen, kurz vor Mittag, saßen wir von Pflanzen verdeckt im Steilhang des Vulkans Bisoke. Wir, das waren Simba, ihr Töchterchen Imanze und ich. Ich protokollierte das Verhalten der beiden. Plötzlich brach über uns, den Augen verborgen, Pablos Brusttrommelei los. Ein Blick zurück genügte. Pablo kam beinahe fliegend angestürmt, in mächtigen Sprüngen, direkt auf mich zu. Ich legte mich hin und versuchte, aus seiner Flugbahn zu rollen. Erfolglos, er landete mit beiden Füßen auf meinem Kreuz. Alles geschah innerhalb von Sekunden, und Pablo verschwand gleich danach so, wie er gekommen war, hangabwärts.

Zuerst kam ich nicht mehr auf die Beine und dachte, mein Rücken hätte Schaden genommen. Ich lag da, unfähig, mich aufzurichten, fluchte erst hinter Pablo her und gab auch meinen Schmerzen klagend Ausdruck. Ich weiß das alles so genau, weil ich in der Hitze des Gefechtes den Recorder nicht ausgeschaltet hatte und so später das, was lautlich geschah, abhören konnte.

Zwei Minuten später erschien die bald erwachsene Maggie auf der Szene. Sie saß auf Distanz, die Arme verschränkt, das Kinn auf die Arme gestützt und sah mich mit ernstem Gesicht an. Dann kam sie heran, setzte sich ganz nahe zu mir, näherte ihr Gesicht auf Zentimeterdistanz dem meinen und schaute mir länger und regungslos in die Augen. Dann strich sie mir mit einer Hand mehrmals sanft und ruhig über die Haare. Dreimal, von Pausen unterbrochen, wiederholte Maggie diese freundliche Geste.

Ich war überwältigt. Trotz meiner zwanzig Jahre Gorillaerfahrung hätte ich mir eine solche Szene nie auszudenken gewagt. Maggie hat mir tatsächlich Mitgefühl und Mitleid ausgedrückt und mich zu trösten versucht – und sich wohl für Pablo entschuldigt.

Die geschilderte Szene vermag uns zu zeigen, daß Mitgefühl und Trösten Empfindungen und Gesten sind, die zum Wesen des Berggorillas gehören. Maggie hat ihre Reaktionen ja nicht für meinen Fall erfunden. Sie verfügt über diese Fähigkeiten, sie hat sie in ihrer Familie gelernt, weil man sich unter Berggorillas eben Mitgefühl und Mitleid so ausdrückt und sich gegenseitig auch tröstet« (Hess, Familie 5, S. 172).

Diese vielsagende Szene beschreibt, wie das Tier aus eigenem Antrieb die Grenze zum Menschen überschreitet, während der Mensch sich sonst rühmt, der überlegene Meister zu sein, der sich huldvoll dazu herabläßt, die Grenze zum Tier zu überschreiten. Welche Unterschiede, welche Signale der Fremdartigkeit mußte diese Gorillafrau erst wegfiltern (Kleidung, Ausrüstung, das deutlich abweichende Aussehen und Verhalten), damit ihr der Kern des Geschehens erkennbar wurde und ihre Seele erreichte. Der Empathie-Schritt über die Artendistanz gelang ihr, zu dem umgekehrt, die meisten Menschen nicht fähig sind: sich ganz in das andere Individuum hineinzuversetzen.

Wenn so die Seele des Gorillas mit dem Menschen umgeht, muß nicht der Mensch sich zehnfach schämen, wie er mit den Gorillas umgeht? Wenn der Gorilla, jener sanfte Riese, mit seinen dunklen Augen und begrenztem Fassungsvermögen in uns seinen Verwandten erkennt, müßten wir nicht mit all unserer Bildung ihn noch viel eher erkennen?

Wieder stehen wir fassungslos vor dem grausamen Spurenauslöscher Mensch. Und wieder vor dem Erlebnis, daß emotionale Ähnlichkeiten über alle Grenzen hinweg Brücken schlagen können zwischen sehr unterschiedlichen Individuen, selbst zwischen dem Tier und seinem großen Bruder, dem Menschen, dem schon Konflikte innerhalb der eigenen Art oft unüberwindliche Barrieren errichten.

Hier sprach nicht der Mensch zum Gorilla, sondern der Gorilla zum Menschen. Er nahm den Fremden in seinen innersten Gefühlsbereich auf, wie man das bei gutartigen Tieren, deren Bemutterungsinstinkte auch bei fremden Tierkindern anspringen können, manchmal beobachten kann. Hier aber tat das Tier dies nach einer längeren Bedenkzeit, nicht ganz schnell und spontan, sondern nach einer offensichtlichen Phase des

Abwägens, und zwar mit einer Reaktion so feinfühlig und liebenswürdig, wie man sie von einem fremden Menschen wohl nur im Ausnahmefall erwarten würde.

Die Vorbedingung für das alles war natürlich das ungewönliche Vertrauensverhältnis, ja, wohl auch die gegenseitige Zuneigung, die der sensible Beobachter Jörg Hess hier während längerer Zeit aufgebaut hatte. Jener uralte Traum jedes Phantasiebegabten, »mit den Tieren zu sprechen«, der im Sinne Franz von Assisis einen quasi-religiösen Charakter annehmen kann – hier ging er fast in Erfüllung.

Der Halbstarke und die Krankenschwester

Und noch etwas ist hier in klassischer klarer Form erkennbar: das maskuline und das feminine Prinzip. Der halberwachsene Gorilla Pablo handelte wie ein typischer Testosteron-Rabauke: Dort ist der große Fremde, der mir so viel Aufmerksamkeit stiehlt. Nur keine Angst! - *Give him hell!* – Sein spielerisch-sportlicher Angriff war sicher nicht ernst gemeint, sondern eher ein rauhes Spiel, aber es hatte einen durchaus funktionellen Unterton: »Wisse deinen Platz, Neuling! Chef hier werde einmal ich, nicht du. Das solltest du schon heute begreifen, du Würstchen!« Und sehr wahrscheinlich war dabei Pablos Stammhirnzentrum für die Selbstbehauptung mit allen Verknüpfungen zum Aggressionsprogramm merkbar aktiviert.

Ein Forscher, der lange bei den Orang Utans gelebt hat, gab eine umständliche und ausschweifende Schilderung des Charakters der männlichen Orang Utans. Sie ging ihm offenbar schwer von der Zunge, denn der männliche Orang ist deutlich weniger umgänglich als der weibliche und die Jungen. Am Ende faßte er das alles desperat zusammen mit den Worten: der Orangmann sei eben wie ein Halbstarker. Damit hat er das Wesen nicht nur des Orangmännchens, sondern des Männlichen schlechthin erfaßt: Wird das virile Prinzip nicht kultiviert und diszipliniert, entsteht nicht der Starke oder der Sanfte, sondern ein ziemlich unerträglicher Rabauke, eben ein Halbstarker. Es ist ihm ja das Angeben, das Imponiergehabe, um seine potentiellen Partnerinnen zu faszinieren, hormonell in die Wiege gelegt.

Und Maggie? Sie zeigt das klassische weibliche Prinzip: Hinschauen, mitfühlen, nachfühlen, trösten. Vermutlich war es ihrem natürlichen Harmoniestreben zuwider, jemanden so stöhnen und leiden zu sehen. Vielleicht kannte sie gar Pablos rauhe Späße aus eigener Anschauung,

In einer Gorillafamilie ist der Geschlechtsdimorphismus sehr ausgeprägt. Der Gorillamann ist ganz erheblich größer und stärker gebaut als das Weibchen.

was ja bekanntlich die Empathieneigung verstärkt. Auch eine Gorillafrau mit Samariteranlagen kann ein deutliches Signal gebrauchen, um all ihre Sanftmut und Güte zu mobilisieren: Dort ist der friedliche Fremde und hat Schmerzen, dabei hat er gar nichts getan! »Armer Kerl, du. Wird schon gut werden!« Und sehr wahrscheinlich war dabei Maggies limbisches System mit allen Verknüpfungen zum Bemutterungsprogramm aktiviert.

Seine mehrjährigen Beobachtungen an freilebenden Gorillas und ihren interfamiliären Kontakten zusammenfassend, sagt Jörg Hess, daß die Jungen sozusagen in einer »Mutterhülle« aufwüchsen, eingebettet in die unaufhörliche Zuwendung und Liebe der Mutter während der wichtigsten »Lernphase« ihres Lebens. Es ist offenkundig, daß sie nur so zu den vollwertigen Individuen werden, deren Fähigkeit zu Solidarität und Engagement, Liebe, Würde, Mut und notfalls Opfermut sie in die Nähe des Menschen rücken. Die psychologische Forschung am Menschen hat erst jüngst entschleiert, daß ganz ähnliche Mechanismen auch den Menschen formen und prägen und wie ihre Störungen zu folgenschweren moralischen und sozialen Verkrüppelungen führen.

Der junge männliche Orang-Utan ist ein typischer »Halbstarker«. Er ist dominant, prahlerisch, trotzig, kann wütend werden, wenn man ihn nicht respektiert, ist aber letztlich gutartig.

Wir können in dem feinfühligen Bericht des Schweizer Primatologen erkennen, wie alles das bei den Pongiden bereits angelegt und zum Teil ausgeformt ist. Das gilt auch den verschiedenen Rollen von Mann und Frau im Sinne ihrer hominiden, fast schon humanen Funktionen. Die Bilder der Mutter mit ihrem Kind, des Vaters mit seinem Sohn, enthalten dabei tatsächlich bereits alles Wesentliche der entsprechenden menschlichen Beziehungen, wie wir sie kennen. Jörg Hess bezeugt, daß er in seinen Kontakten mit den großen Vettern des Menschen so viel nuancierte Reaktionen erlebt habe, Zuneigung und Unruhe, Ärger, sanfte Zurechtweisung und Vergebung, Dankbarkeit und Scham, Befremden, Neugier und tiefe Traurigkeit, daß man kaum mehr verwundert ist zu finden, daß er sein Buch den »unvergessenen Persönlichkeiten« gewidmet hat, die sich von ihm jahrzehntelang so geduldig beobachten ließen.

Die Hominidenentwicklung

Die Fähigkeit, die eigene Ernährung sicherzustellen, gehört zu den wirksamsten Auslesefaktoren der Evolution. In diesem Sinne war der schmächtige Primat, der scheu die Savanne betrat, kein effektiver Jäger, sondern nach allem, was wir heute wissen, hat er anfangs Beutereste und Kadaver aufgesucht und vorzugsweise von dem Mark in den noch unaufgeknackten Knochen gelebt. Selbst die großen Raubkatzen ließen das oft liegen. Auch andere Allesfresser wie Wolf/Hund, Bär und Schwein haben vermutlich ihren weltweiten Siegeszug erst angetreten, nachdem sie das völlige Ausnutzen der Nahrung in den Beutekörpern durch das Zermalmen der Knochen erlernt hatten.

Die ersten Werkzeuge, scharfe Steinkeile, waren besonders gut geeignet zum Zerschlagen der Knochen. Hier waren die Hominiden wohl ohne Konkurrenz – kein noch so massiver Nashorn- oder Elefantenknochen konnte ihnen auf die Dauer widerstehen. Die ersten Waffen waren dann vielleicht erforderlich, um Geier, Hyänen und Schakale zu verjagen. Vor allem aber mußten die frühen Hominiden vorsichtig sein.

Sie waren ihrer Hirnkapazität und ihren Werkzeugen nach noch recht primitiv. Über ihre Lautgebärden und eine eventuelle Sprache werden wir vermutlich für immer im ungewissen bleiben. Ihr Seelenleben hat sich vermutlich sehr allmählich und kontinuierlich kompliziert, dürfte aber noch deutlich weniger reflektiert und differenziert gewesen sein als das des modernen Homo sapiens.

Der Jäger und die Hüterin des Feuers

Manchen Sprachforschern zufolge machten Geist und Bewußtsein einen markanten Sprung nach vorn, als die Entwicklung einer umfangreicheren Sprache den Menschen aus den Begrenzungen der dumpfen Unschärfe eines bikameralen Bewußtseins – bei dem die Arbeit der beiden Hemisphären noch nicht integriert war – herauszog. Dasselbe könnte sich später wiederholt haben bei der Entwicklung einer umfangreichen Symbolsprache, die größere Ansprüche an das Gehirn stellte. Zumindest bekamen derlei Hirnfunktionen plötzlich eine zunehmende Bedeutung für die Lebensorganisation.

Die Hominiden wurden immer größer und stärker – und damit zu effektiven Jägern. Sie liefen dem Wild nach und kämpften es nieder. Sie nahmen die Ausweidung und Grobzerlegung der manchmal schweren Beute vor, so daß deren Gewicht auf viele Personen verteilt werden konnte. Bei alledem waren die Frauen, die ihre Kinder austrugen und oft lange stillten, kaum von Nutzen. Daher wurden Jagd und Ausdauer, Mut, Kraft und Gefahr, das Ausschwärmen in die Ferne und das Leben in der freien Natur zur Domäne des Männlichen. Sich zu orientieren, zu suchen, zu finden, festzuhalten hatte direkten Überlebenswert. Spähen, erkennen, zielen, Schmerz und Kälte ertragen sowie schwere Lasten schleppen können – das waren die Fähigkeiten, die zählten. Man mußte ein Ziel wählen, sich darauf konzentrieren, dann maximale Kraft einsetzen und durchhalten. Stärke, Härte, Beweglichkeit und Zähigkeit wurden so zum männlichen Prinzip.

Kam der Jagdtrupp dann nach Hause, konnten die Frauen sich am gemeinsamen Werk beteiligen. Die Tatsache, daß da Kinder waren, hinderte sie nicht am Feinzerlegen der Beute. Sie hüteten das Feuer, trockneten den erschöpften Jägern die Kleidung und bereiteten das Essen zu. Alles das ist eine ganz selbstverständliche Aufgabenverteilung, besonders unter dem Gesichtspunkt der Sicherung des Nachwuchses. Dazu aber mußten die Frauen aufmerksam sein, aber auch ablenkbar: Babylaute deuten, ein schwächeres Atmen, Notfälle erkennen, rasch die Prioritäten wechseln – sie mußten flexibel sein. Hier entstand die Ursituation für die typischen *multi-task*-Fähigkeiten der Frau. Ihre Domäne wurde das geschützte Lager, die Grotte, die Hütte, das Haus, und ihre Aufgabe war, den Nachwuchs zu retten, notfalls um jeden Preis. Fortpflanzung, Geborgenheit, Wärme, Nahrung und Pflege wurden so zum weiblichen Prinzip.

Die friedlichen Sammler, die häuslichen Ackerbauern

Mit dem Sammeln von Früchten und Beeren, später dann mit dem Säen und Ernten im Zusammenhang mit der beginnenden Seßhaftigkeit vor etwa 10 000 Jahren war eine ebenso klare Arbeitsteilung nicht länger nötig. Der Sammler konnte mit seiner ganzen Familie arbeiten. Er konnte es sich leisten, friedlicher und weniger mutig zu sein. Der Ackerbauer wurde häuslicher. Bei manchen Völkern mögen Frauen schon damals in einer Weise in den Arbeitsgang eingesetzt worden sein, die schon fatal an die heutigen Verhältnisse in manchen Entwicklungsländern erinnert: als Arbeitskraft zur Entlastung der palavernden und pfeiferauchenden Männer. Aber man tut gut daran, sich mit Wertungen von Arbeitsprozessen und Alltagsabläufen, die man gar nicht wirklich kennt, zurückzuhalten.

Der Zeitraum, der von den ersten Hominiden vor 4 bis 5 Millionen Jahren bis hierher vergangen sein mag, ist auf jeden Fall rund 400 bis 500mal länger als der seitdem vergangene, historisch erfaßbare Zeitraum. Also dürften sich die evolutionären Anpassungen des Menschen seitdem – in den letzten 0,2 Prozent seiner Entwicklungszeit – nicht wesentlich geändert haben. Dasselbe dürfte seiner Hormonausstattung und seiner Differenzierung in Mann und Frau gelten. Die Pongiden und die Hominiden repräsentieren hier mit Sicherheit seit vielen Jahrmillionen etwa das gleiche Konzept.

Irgendwann war es dann soweit: Der moderne Homo sapiens war entstanden. Vermutlich repräsentiert ihn der Cromagnon-Mensch, der seit rund 40 000 Jahren in Europa anzutreffen ist. Nichts spricht dafür, daß er geistig-seelisch primitiver gewesen wäre oder nennenswert anders als der heutige Mensch. Der Gorilla, wie ihn uns Jörg Hess vorgestellt hat, ist nicht sein Vorfahr gewesen, sondern eine bis vor kurzem äußerst erfolgreiche parallele Fortentwicklung aus einem gemeinsamen Vorfahren. Er ist – das möchte man ihm heute hoch anrechnen, und Maggie hat es uns vorgeführt – die sanfte, wehrlose, pflanzenfressende Variante des Raubtiers Mensch.

Phantasie und Empathie: Raum für die Seele

In der langen Entwicklungsreihe der Primaten, die man von den Baumhörnchen über die Nacht- und Halbaffen bis zu den Affen, Menschenaffen und Hominiden Schritt für Schritt verfolgen kann, sehen wir über Millionen Jahre hinweg konsequente Trends verwirklicht:

Erstens: Die Sinne werden immer schärfer und weitskaliger angelegt, die Motorik wird differenzierter und feinteiliger, die sensomotorische Koordination bekommt damit eine immer wichtigere Rolle. Das Gehirn als Zentralorgan zur Wahrnehmung und Verarbeitung der Reize sowie zur Steuerung der Reaktionen wächst weiter. Die Extremitäten werden geschickter, zugleich weniger spezialisiert und können immer vielfältigere und kompliziertere feinmotorische Aufgaben lösen. Das gibt dem Gehirn ein neues, immer effektiveres Ausdrucksorgan, so daß sich Intelligenz zunehmend auszuwirken vermag: Hand und Hirn schaukeln einander hoch. Das führt zu der unglaublichen Geschicklichkeit der Gibbons, die sich geräuschvoll durch die Wipfel schwingen, und am Ende wird es den Weg zum Werkzeuggebrauch und zur planvollen Werkzeugherstellung eröffnen.

Zweitens: Die Jugendzeit wird immer länger, denn es gibt immer mehr zu lernen. Gedächtnisfunktionen werden ausgebaut. Instinkte werden abgebaut, um dem Lernen von Neuem Platz zu machen. Freie Hirnareale (weiße Felder) entstehen; Individualerfahrung sammelt sich dort, um die sich Ichgefühl aufbaut. Das seiner Instinktausrüstung beraubte Neugeborene wird immer hilfloser, was zu intensiverer Betreuung des Nachwuchses zwingt. Dessen Reifephasen werden verlängert, womit auch die Lernphase verlängert wird. Dies alles spielt sich ab auf dem langen Weg von den Halbaffen zu den Menschenaffen. Soziale Vererbung erleichtert die Anpassung an neue Situationen. Am Ende, bei den Hominiden, wird das zur technischen Zivilisation führen.

Drittens: Die Kontakte zwischen Mutter und Kind – und auch zwischen den anderen Mitgliedern der immer besser kooperierenden Gruppen – werden enger und intensiver. Das zwingt zu einem immer geschickteren Wechselspiel im Ablesen der Signale von anderen. Hierzu müssen Gestik und Mimik mit den entsprechenden Erregungszuständen im limbischen System verknüpft werden, die man aus eigener Anschauung kennt. So erschließt man sich das Innere des anderen in einem Analogieschlußverfahren. Man lernt: Zu diesem Gesichtsausdruck gehört Freude, zu jenem Angst, Zorn oder Schmerz. Das rechtzeitig zu verstehen, schafft ein nacherkennendes Mitgefühl, also Empathie, zugleich die wichtige Fähigkeit, die Reaktionen des anderen vorherzusehen.

Je größer die Phantasie, desto mehr Empathie und Voraussicht ergibt sich. Umfang, Intensität und Dauer (Nachhall) dieser limbischen Erregungen nehmen bei den höheren Menschenaffen immer weiter zu und schaffen viel Raum für neue, nuancierte Emotionen. Diese Emotionen begleiten, umranken, färben, verzögern und komplizieren von nun an alle anderen psychischen Erregungsabläufe. So schaffen Phantasie und Empathie im Grunde Raum für die Seele. Da das alle Kommunikation betrifft, sind die intensiven Mutter-Kind-Kontakte sowie andere Interaktionen zur Verständigung innerhalb der Gruppe (Jagd, Flucht, Schutz, Nahrungssuche) der eigentliche Motor für den fortgesetzten Ausbau des limbischen Systems und des ständigen Begleitkonzerts seiner Emotionen. Sie sind Entscheidungshelfer und Motivatoren. Das Gehirn entwickelt so seine soziale und ethische Kompetenz: den EQ.

Es ist wichtig zu verstehen, wie fundamental diese Veränderungen sind. Hier nämlich befinden wir uns an der eigentlichen Schwelle zum »Menschlichen«, zumindest zu der Fähigkeit starker und differenzierter Gefühle und ihrer bewußten Kontrolle. Dieser Schritt wird sicher schon in den höheren Primaten vollzogen – sie haben noch einen kleinen Verstand, aber schon eine große Seele.

Es ist völlig selbstverständlich, daß diese Fähigkeiten von Anfang an vor allem für die weiblichen Individuen wichtig waren. Diese nämlich stehen – viel mehr als die extrovertierten und handlungsorientierten Männer – im ständigen Signalaustausch mit ihren Kindern und anderen Gruppenmitgliedern. Vielleicht ist es gerade das, was ständig und von Anfang an ihre rechte Hemisphäre mehr stimuliert, ihnen die diffusen, unscharfen Wahrnehmungen erleichtert gegenüber den exakten, schärferen, auf die der Mann sich einstimmt! Das mag auch erklären, daß die Frau in Tests deutlich besser abschneidet beim Ablesen von Stimmungen in Gesichtern, viel sensibler ist gegenüber diskreten Zeichen von Trauer und Wut als der Mann. Ja, man kann sogar vermuten, daß sie Millionen Jahre geradezu darauf angewiesen war, rasch zu verstehen, in welcher Stimmung sich der stärkere, manchmal aggressive und gefährliche Mann befand, ganz sicher mehr als *vice versa*. Sie hatte mehr als sich selbst zu behüten. Auf diese Weise wurde die Frau zum bemerkenden, der Mann zum bewirkenden Teil einer Partnerschaft.

Hiermit ist vermutlich die Weiche gestellt für jene divergierende Entwicklung von Mann und Frau, auf die wir immer wieder stoßen werden. Schon Pablo und Maggie sind – im Pongidenstadium – ihre Produkte.

EQ älter als IQ?

Viertens: Der Ausbau des geistigen Raumes hingegen, der Umfang der Meme (Sprache, Zahlen), die Abstraktion, das Denken als introzipiertes Probehandeln und -sprechen, das alles spielt sich vermutlich ab in späteren Entwicklungsschritten. Es dürfte erst bei höher entwickelten Hominiden, vielleicht mit dem Cromagnon, das Niveau des modernen Menschen erreichen: den IQ des Homo sapiens.

Es ist sehr wahrscheinlich – alle Beobachtungen an den höheren Säugetieren sprechen dafür –, daß die Entwicklung des erkennenden Prinzips der Emotionen (der Seele, des EQ) jener des einsichtigen, intellektuellen Prinzips (des Geistes, des IQ) voranging. Das intuitive Verstehen anderer Individuen der eigenen Art war für die höheren Säuger, vor allem für die Primaten mit ihrer komplexeren sozialen Gruppenstruktur, unbedingtes Erfordernis – lange bevor der erwachende Verstand sie zum Nachdenken befähigte. Dieses komplizierte dann ihr Verhalten weiter, schaltete weitere Arbeitsgänge in die psychologischen Abläufe bei der Handlungsauswahl der Hominiden ein.

Je mehr sie erwägen, in sich aufrufen und herbeiassoziieren, je weiser, also umsichtiger und kenntnisreicher sie ihre Erinnerungen verwerten, desto klüger und erfolgreicher können sie handeln. Das ist das glückliche Ergebnis einer jahrmilliardenlangen Zentralisierung aller Reizbearbeitung. Wir nennen eben das die Zerebralisation oder »Behirnung«. Mit den inneren Räumen, die sie öffnet, mit dem äußeren Weltverständnis, das sie erschließt, und mit der Möglichkeit der Selbstbetrachtung entsteht der menschliche Geist. Auf diesem Wege schenkt die Natur dem Menschen die Vorausetzungen für seine Kultur.

Honoratioren von Çatal Hüyük und Mammutjäger in der U-Bahn

Dann, nach weiteren zigtausend Jahren, mit Çatal Hüyük, mit Jericho und anderen frühen Städten, begannen auch die ersten größeren und befestigten Wohnanlagen, der Ansatz zur Urbanisierung. Ein Blick auf Metropolen von heute würde den Menschen jener Zeit wohl den Atem rauben. Nur etwa 9000 Jahre sind jedoch seitdem vergangen. Die Bedürfnisse haben sich radikal geändert, aber wir dürfen nicht vergessen: All die speziellen Talente, die in Jahrmillionen entstanden, sind – zumindest latent – noch da. In allem Wesentlichen ist die Frau von heute dieselbe wie die aus dem frühesten Jericho, auch wenn sie in einer übervölkerten Welt ihr Vermehrungspotential keineswegs mehr einsetzen muß. Für die Frage aber, *wer* diese Welt bevölkert, sind Fertilität und Libido immer noch die entscheidenden Faktoren.

Bei Licht betrachtet, hat auch Çatal Hüyük schon seine Honoratioren gehabt, die ihr VIP-Gefühl in gemeinsamen Festen pflegten, und seine Show-Master, die als Hohepriester Kometen am Himmel, das Beben der Erde und die Verdunkelung der Sonne deuteten. Es gab Stolz und Demütigung, Mut und Verzweiflung, Grausamkeit und Güte. Die Grundlagen und die Rolle dieser menschlichen Regungen zu begreifen, die uns – innere Irrlichter in den Gärten unserer Seele und Schatten in den Wandelgängen unseres Geistes – bis heute begleiten, heißt, uns selbst besser zu verstehen.

Die Menschen der heutigen Großstädte, die gestreßten Manager im Konfektionsanzug, die gestylten Damen der Gesellschaft auf dem Opernball, sie alle können nur noch mit Mühe und viel Phantasie erkennen, daß selbst in der New Yorker U-Bahn noch die alten Mammutjäger unterwegs sind; das wird erst beim Tunnelbrand sichtbar. Und die bewußt geübten anmutigen Bewegungen, das sanfte Lächeln junger Ladies von heute ähneln sicher den verwehten Gesten und der Mimik junger Mädchen aus der Morgendämmerung unserer Kultur. Immer noch – wie damals ihren Knochenschmuck, wie auf paradiesischen Inseln des Pazifik ihre Muschelketten – vergessen sie plötzlich ihr Make-up und ihr Perlencollier, wenn sie auf den Säugling zustürzen, von dem sie meinen, er atmet nicht mehr.

Erkenntnisschübe

Einblick in Geist und Seele

Schon seit vielen Jahren hat die Entwicklung der Methoden zur Erforschung der Hirnfunktionen bei Tier und Mensch, auch der Regionen für komplexere Gedanken und Emotionen – also von »Geist und Seele« –, entscheidende Fortschritte gemacht, die auch dem Laien Denkanstöße und Erkenntnisgewinn versprechen. Diese hochentwickelten, oft zusammengesetzten Techniken, die sich hinter magisch wirkenden Kürzeln verbergen: BEAM, RBF, PET, SPECT, MRI / NMR, kennzeichnen heute eine solche Methodenfuge, an der sich neue Befunde stauen und stapeln – Faktenberge, die es aufmerksam zu sichten gilt.

War man früher darauf angewiesen, psychische Prozesse introspektiv zu schildern und zu analysieren, so ermöglichte die Entwicklung der Hirnanatomie und -histologie sowie der elektrosensiblen EEG-Verfahren genauere morphologische und physikalisch-chemische Beschreibungen der Vorgänge in unserem Zentralen Nervensystem. Über sehr summarische Aussagen kamen diese jedoch lange nicht hinaus. Klinische Erfahrungen und Versuche führten zu groben Arealkarten für verschiedene Hirntätigkeiten, und theoretische Modelle gaben eine Vorstellung davon, wie die Netzwerke von Nervenzellen funktionieren. Heute aber kann man einem Gedanken oder einem Gefühl ein bestimmtes Erregungsmuster im Gehirn zuordnen, das wir nach außen hin mit verschiedenen Methoden sichtbar machen können.

Nicht unerwartet erweist sich ein solches bislang nur in groben Umrissen erfaßtes Muster als eine komplexe, archipelartige Verteilung mit rasch wandernden Glimmstellen in verschiedensten Regionen des Gehirns. Die Präzision der neuen Verfahren ist erstaunlich. Denkt die Versuchsperson etwa konzentriert an die Bewegung eines Fingers, läßt sich am Bildschirm Schritt für Schritt beobachten, wie mit dem Einüben der Bewegung die Erregungssteuerung rasch in tiefere (automatische) Steuerzentren des Gehirns abwandert, um das Bewußtsein und die

Großhirnrinde nicht länger als unbedingt nötig zu blockieren. Wir können sehen, daß die Erinnerungen etwa an Gesichter, an Personennamen oder biographische Daten jeweils unterschiedlich verteilt sind. Erstmalig läßt sich von außen einigermaßen exakt verfolgen, was man tief innen erlebt und erinnert – und wo sich die Wasserscheiden zwischen männlichem und weiblichem Verhalten befinden.

Die Quellen für Handeln, Fühlen und Denken, unsichtbar bislang, können wir nun endlich sehen. Sie faszinieren uns. Sie sind im Kopf. Das bedeutet für die wissenschaftliche Neugierde: weg vom Äußeren, von den Werkzeugen an der Peripherie und hin zum oft verborgenen Steuerzentrum.

Das Forschungsinteresse wendet sich nun den inneren Steuerprozessen zu, jenen Hirnregionen, wo Erinnerungsdominos angestoßen werden, wo Phantasiebilder und Sympathie entstehen, Haß, Begehren und Sehnsucht, Leidenschaft und Trauer. Denn ähnlich wie hier die Nervenzellen, beginnt sich des Menschen künstliche Welt in immer komplexeren Netzwerken mit bündelnden Steuerfunktionen zu organisieren.

Vom Bizeps zum Kopf

Die Philosophen, zum Beispiel Schopenhauer in »Die Welt als Wille und Vorstellung«, haben es schon lange gewußt: Die Welt findet im Kopf statt. Im Sport, wo es mehr auf meßbare Leistungsergebnisse ankommt als auf Überzeugungen, hat man es längst begriffen: Der Schlagarm des Tennisspielers wird buchstäblich zum Handlanger der Zentrale für Spielkonzepte im Kopf. Weg von der Endstation Aktion zur Befehlszentrale – das ist die Richtung der neuen Aufmerksamkeitsverlagerung. Thomas Mann beschreibt in seiner Novelle »Die vertauschten Köpfe« hellsichtig, wie schnell der Willensschwache und der Willensstarke sich jeweils ihren Körper aufbauen beziehungsweise ihn verfallen lassen. Und selbst die Sexologie hat nach Jahren erfolgloser Fixierung auf technischen Sexualvollzug, nach langer G-Punkt-Forschung und Expeditionen zu den erogenen Zonen erkannt, was offen zutage liegt:

Das größte und wichtigste Geschlechtsorgan des Menschen ist – das Gehirn. Dort liegen – bis gestern unsichtbar – auch des Menschen erregbarste erogene Zonen, dort kann es in entlegenen seelischen Landschaften zu blühen, zu glimmen, zu glühen beginnen, können die Lunten der Liebe und der Leidenschaft gezündet werden, noch ehe eine Hand zum Streicheln ansetzt.

Während in der stürmischen Entwicklung der virtuellen Welt niemand mehr bestreiten wird, daß es auf den Kopf ankommt, starrt ausgerechnet die Geschlechterforschung nach wie vor auf äußere Unterschiede, Geschlechtsmerkmale, Leistungsprofile und sogenannte Rollen. Vernarrt in alte Kampfparolen ist man unempfänglich für neue Codeworte, welche die feinnervige Welt von Elektronik und Neurophysiologie bereithält. So schlägt man neue Chancen zum Verstehen aus. Doch schon seit langem kennt man die folgende Ursachenkette: Leistung ← Muskeln ← Hormone ← Hormondrüsen ← Hypophyse ← Zwischenhirn ← limbisches System ← Großhirnrinde. Leistung ist sozusagen nur die letzte Konsequenz aus einem langen, stationenreichen Prozeß von Ursachen und Wirkungen, deren Sinn ein Teil ihrer Erklärung ist. Daß diese Kette der Ursachen sich weiter fortsetzt in die Zellorganellen, den Stoffwechsel und das Erbgut (die Chromosomen) der Hirnzellen, wird uns noch beschäftigen.

Geist und Seele – der Vorhang hebt sich

Die mentalen Unterschiede zwischen Mann und Frau

Auf dem Wege zum »Seelen«-Verständnis

In den letzten Jahren wurden unzählige Untersuchungen publiziert, welche die neuen Verfahren zur Analyse höherer geistiger und seelischer Prozesse nutzen[1]. Die Ergebnisse sind faszinierend, aber anfangs nicht immer leicht zu deuten. Es sieht bislang aus, als bestätigten sie weitgehend das, was Dietrich Dörner in seinem umfangreichen Werk über den »Bauplan einer Seele, eines synoptischen Konzepts dessen, was analog zur *artificial intelligence* konsequenterweise *artificial soul* heißen sollte«, schildert: ein in funktionellen Kaskaden gestaffeltes, homöostatisches System von ineinandergreifenden Regelkreisen über physischen Bedürfnissen, psychischer Unruhe, emotionalen Färbungen zwischen den Lust- und Unlustpolen der limbischen Beurteilungsregion und kortikalen zielverfolgenden Denkprozessen. Ein verwickeltes System streng, aber flexibel hierarchisierter Prioritäten, mit anschwellenden und abebbenden Stimmungen und komplizierten, einander immer wieder ablösenden mentalen Prozessen, die der Erreichung gewisser seelischer Stellwerte zuarbeiten.

Wir greifen davon vor allem das heraus, was sich direkt auf die Geschlechterunterschiede bezieht, und geben vorläufige Deutungen dieser Beobachtungen wieder, die sich im übrigen auffallend gut mit anderen wissenschaftlichen Befunden, wie wir sie bereits vorgestellt haben, verknüpfen lassen. Und wir ziehen dann daraus auch die Schlüsse, die sich für eine Deutung der Geschlechterdifferenzierung in einem größeren, entwicklungsgeschichtlichen Rahmen ergeben.

Hirnphysiologische Geschlechterdifferenzen

Der größte Unterschied zwischen Frau und Mann – das ist unabweisbar deutlich geworden – sitzt also doch »zwischen den Ohren«. Was wir – obwohl stark verunsichert durch das Dogma der Milieupropheten, alles sei nichts als anerzogenes Rollenspiel – zu sehen meinten, war: »Die Frau wird traurig und zieht sich weinend zurück, wo der Mann zornig und aggressiv wird«: Oxytocin versus Adrenalin, Biegen versus Brechen. – »Die Frau kann sich im Ausland verständigen, ohne die Sprache richtig zu können. Ihr besser hierauf geschulter Mann aber versteht nichts«: rechtes versus linkes Hirn. – »Die Frau kann keine Autokarte lesen«: geringeres räumliches (spatiales) Vorstellungsvermögen. – »Der Mann kapiert nicht, daß eine Frau traurig ist, bevor sie in Tränen ausbricht«: geringere Sensibilität und Empathie, begrenzte Aufmerksamkeit und Wahrnehmung. – Diese Klischees und Vorurteile haben plötzlich Auftrieb erhalten, sind am Ende doch noch plausibel geworden.

Es zeichnet sich ab: Die Frau nutzt ihre rechte Hemisphäre besser, geht besser mit unvollständigen Informationen um, lernt spontaner Sprachen, hat einen schnelleren Erinnerungszugriff, ist sozial sensibler, mehr limbisch als kortikal gesteuert, emotionaler in ihren Reaktionen, ablenkbarer, hormonell belastbarer, stimmungslabiler, mehr kommunikativ als mathematisch begabt, mehr individuen- als problemorientiert. Ihre Kreativität liegt in der Wahrnehmung, in der Beziehung und in der Einrichtung des Lebens, sie öffnet gern spontan die Hand. Der Mann hingegen ist technisch, logisch-mathematisch begabter, stringenter, ausdauernder und intensiver (Schach, Naturwissenschaften, Komponieren, Systematik, Enzyklopädien, Theorien), er ist aggressiver (Sport, Wettkampf und Krieg), hat eine bessere Raumvorstellung und eine größere Gestaltungskraft (Technik, Astronomie, Herzchirurgie, Erfindungen, Motoren und Architektur). Und er schließt seine Hand oft spontan zur Faust.

Das alles ging eigentlich auch schon aus der sorgfältigen Auswertung etwa chromosomaler Störungen der Geschlechtsausbildung, auch aus den Folgen einer Kastration bei Männern oder des androgenen Steroiddopings (der Einnahme männlicher Geschlechtshormone bei Frauen hervor. Die Kastraten wurden ängstlicher und weinerlich, die vermännlichten Frauen im Sport immer härter. Sogar Außenstehende haben erkannt, daß selbst der männliche Sportler, der sich mit Testosteron dopt, immer aggressiver und unbeherrschter wird. Auch mentale Zustände wie

Optimismus und Melancholie, Affektreaktionen wie Wutausbrüche, Verzweiflung und Weinkrämpfe sind offenkundig in hohem Maße organisch-hormonell mitbedingt.

Bei vergleichenden Untersuchungen an den Gehirnen von Frauen und Männern fand man für das, was bislang nur phänotypisch zu beobachten war, nun auch ein neurophysiologisches und neurochemisches Korrelat. Man stieß auf zum Teil sogar überraschend ausgeprägte geschlechterspezifische Unterschiede: verschieden lokalisierte Sprachzentren, mehr Benutzung der kontralateralen (gegenüberliegenden) Hemisphäre bei der Frau, ihr Rechnen mit weniger, aber effektiveren Hirnzellen; männliche Indolenz, weibliche Emotionalität (das stets aktive limbische System!), unterschiedlich schweifende Gedanken in den Tagträumen: Sex und Gewalt beim Mann (das immer eingeschaltete, wachsame Reptilhirn!), innere Monologe bei der Frau. Daher wird die Frau eher anorektisch, der Mann eher kriminell. Die Frau wird kleptoman, der Mann legasthenisch und drogensüchtig. Selbst bei Alterungsvorgängen und Geisteskrankheiten wird man fündig: kleine Unterschiede im Gehirn – große in der Symptomatik, aber alles ganz minutiös miteinander verknüpft.

Alle diese einzelnen Behauptungen und Beobachtungen, immer wieder neu beschrieben, angezweifelt, bestätigt, modifiziert, überprüft und wieder in Frage gestellt, bekommen Schritt für Schritt ein immer gesicherteres neurophysiologisches Korrelat, zum Teil sogar noch ausgeprägter, als wir jemals vermutet haben. Wir werden im folgenden sehen, was hinter all dem steckt.

Die von uns referierten Untersuchungen wurden vor allem durchgeführt in den USA, in Großbritannien, Kanada und Schweden, die früh über avancierte Imaging-Verfahren verfügten. Solange man eine Anzahl weiblicher und männlicher Versuchspersonen spezifische Aufgaben lösen ließ, konvergierten die Befunde, aber die dabei analysierte Hirnaktivität zeigte signifikante Gruppenunterschiede. Wenn man sie durch die Aufgabenstellung weniger ›gängelte‹, divergierten die Befunde immer mehr:

Mann und Frau wählten um so unterschiedlichere Anwendungen ihres Gehirns, je freier sie waren.

Zusammenfassend haben die Untersuchungen der letzten Jahre festgestellt: Wenn auch die Anatomie und Histologie, also die physischen Eigenschaften der Gehirne bei Mann und Frau sich zum Verwechseln ähnlich sind, so werden die geschlechterspezifischen Verhaltens- und Denkweisen offenbar doch nicht von der Erziehung, sondern eindeutig von biologischen (hormonellen und biochemischen) Determinanten ausgeformt. Dort nämlich sind um so größere Unterschiede festzustellen, je sensibler die angewandten Untersuchungsverfahren sind.

Zu den grob hirnanatomischen Unterschieden zwischen Mann und Frau gehört, daß das Männerhirn etwas größer ist – nicht notwendigerweise zellreicher – das grazilere Frauenhirn hat kleinere, feiner strukturierte Nervenzellen –, daß der Balken, das Verbindungssystem (Kommissurensystem) zwischen rechter und linker Hirnhälfte bei der Frau deutlich dicker ist und mehr Nervenbahnen enthält, daß Frauen und Männer über ihre Geschlechtshormone das Wachstum der rechten und linken Hirnhälfte unterschiedlich beeinflussen und daß der Mann – wie auch schon viele untersuchte männliche Tiere – im Hypothalamus, in der präoptischen Area, eine spezielle Zellgruppe aufweist (SDN-POA, *the sexual dimorphic nucleus of the preoptic area),* die man bei der Frau bislang noch nicht gefunden hat. Diese Zellgruppe steuert sein Sexualverhalten, und von einer ganz ähnlichen Position aus scheint bei weiblichen Tieren das mütterliche Brut-, Still- und Hegeverhalten gesteuert zu werden. Die Zahl solcher feineren Hardware-Unterschiede wird noch zunehmen, wenn man erst einmal weiß, wonach man suchen soll.

Überraschenderweise unterscheidet sich die Lage des Sprachzentrums bei Mann und Frau. Das Sprachzentrum der Frau liegt etwas weiter hinten, also weiter entfernt von den motorischen und sensorischen Zentren, die zur Sprachfunktion gehören, aber damit um so näher an sekundären Sprachverarbeitungs- und Assoziationsregionen. Genau dort ist auch die Leitungskapazität des verbindenden Hirnbalkens bei der Frau am meisten ausgebaut. Daß die Form dieses Kommissurensystems tatsächlich genetisch bedingt ist und nicht von äußeren Einflüssen bestimmt wird, zeigt der Vergleich zwischen den Querschnitten bei drei Zwillingspaaren.

Dies paßt zu dem Befund, daß die hirnphysiologisch objektivierbaren Unterschiede – gerade das macht sie so plausibel – ausgerechnet in jenen Bereichen liegen, die mit den Aufgaben und Funktionen verknüpft sind, bei denen die genannten geschlechterspezifischen Unterschiede beobachtet werden. Hierbei muß natürlich eine Grundwahrheit im Bewußtsein bleiben: Die Umwelt steuert auch die Innenwelt. Bei Ratten, die in einem für sie interessanten Käfig, in dem etwa Spielzeug herumliegt, aufwachsen, bilden sich mehr Neuronen im Gehirn, als wenn sie in einem völlig leeren Käfig aufwachsen. Also sind Eingriffe von außen auch in diese Organisationsstrukturen keineswegs ausgeschlossen.

Die Frage nach der genauen Gewichtsverteilung der Einflüsse von

Milieu und Vererbung auf die Ausgestaltung dieser Hirnfunktionen bleibt weiterhin offen, was auch prinzipielle Gründe hat. Hier reicht es festzuhalten, daß der Einfluß der Geschlechtshormone auf diese Systeme, ihr Wachstum, ihre Reifung und Organisation, heute nicht mehr zu bezweifeln und schwer aufzuwiegen ist.

Da gerade in gewissen Sprachfunktionen die Frau sich oft als überlegen erweist (besseres Sprachenlernen, schnelleres Abspeichern, flexiblere Wortwahl, flüssigere Anwendung), ist die besondere Lage ihres Sprachzentrums nicht überraschend. Es ist eine Frage der Selbstorganisation durch Zugriffsoptimierung nach Abstand und Zeitbedarf. Die Sprachzentren entstehen also neben den fest verdrahteten sensorischen (akustischen-optischen) und motorischen Zentren des Gehirns nach dem Nachbarschaftsprinzip. Es ist anatomisch festgelegt, wohin in unsere Hirnrinde (Cortex) Gehörtes, Gesehenes beziehungsweise Gelesenes und Gerochenes geleitet wird, von wo aus die Sprech- oder die Schreibmuskeln gesteuert werden. Das ist aber nur der Kern der später für diese Fähigkeiten verantwortlichen Regionen, die miteinander funktionell fusionieren. Daß sie benutzt werden, stimuliert ihr Wachstum! Wie der Müllplatz neben der Stadt auch nach dem Nachbarschaftsprinzip, aber in Konkurrenz mit anderem, vielleicht Wichtigerem – Sportplatz, Schule, Badeanstalt, Industriegebiet, Flugplatz – angelegt wird, so entsteht auch im Gehirn ein Weichbild von Nebenfunktionen und Zulieferern um den funktionellen Kern herum. Viel Cortex ist anfangs frei, also unbesetzt, unverdrahtet, nicht notwendigerweise mit einer bestimmten Funktion verbunden. Dort wird eingelagert, was etwa an Zwischeninformation beim Sprechen, Lesen, Schreiben und Zuhören abgelegt werden muß. So entsteht ein wirkliches funktionelles Zentrum wie das für die alles dominierende Sprache, in dem viele verschiedene Funktionen miteinander verknüpft werden.

Wenn nun der Mann sich mehr mit konkreten Sprachanwendungen befaßt, die Frau mehr mit den inneren Assoziationen (Analysen, Emotionen, Bezügen), liegt es nahe, daß sich die Lage des Sprachzentrums bei der Frau weg vom Konkreten, Angewandten, hin zum Assoziativen verschiebt. Die Sprache wird sozusagen freigekoppelt von ihren primären, vordergründigen Bahnen der Exekutive – den afferenten und efferenten zuführenden und wegführenden Nervenleitungen, um näher an die sinngebenden, assoziativen Gebiete heranzurobben. Es steht zu vermuten, daß man bei der Frau auch einen breiteren, vielleicht sogar schnelleren Zugang zum limbischen System finden wird. Sprache hat bei ihr vermutlich einen kürzeren Weg zur Emotion.

S. und B. Shaywitz an der Yale Universität ließen in einer Untersuchung 19 Männer und 19 Frauen sprachliche Aufgaben lösen. Zwar benutzten beide Gruppen etwa die gleichen Hirnregionen dazu, aber als sie zwei Nonsensewörter reimen sollten, benutzten die Männer nur den linken Frontalhirncortex, 11 der 19 Frauen aber auch die gleiche Region der Gegenseite.

Das entspricht der Beobachtung, daß die Frauen generell mehr auf die rechte Hemisphäre zurückgreifen. (Dies ist auf die normale Rechtshändigkeit bezogen; bei Linkshändern kann das seitenverkehrt gelten!) Das bedeutet, daß sie neben der logisch-exakten linken hier auch die diffuser (mehr analog als digital) arbeitende, sozusagen kreativere rechte Hirnhälfte einbeziehen. Das allein bedeutet schon eine sprachliche Überlegenheit im Sinne eines besser Ergänzen- und Raten-Könnens. Das Vervollständigen von inkompletten Signalen sowie eine weitherzige Ähnlichkeitsdecodierung ist für die Mustererkennung von entscheidender Bedeutung.

Die männliche Bevorzugung der linken Hirnhälfte, die eine ungewöhnlich starke Hemisphärendominanz mit sich bringt, ist Stärke und Schwäche zugleich. Die Stärke: Mit langanhaltender Aufmerksamkeit kann der Mann formelle Probleme der Naturwissenschaften oder der Technik logisch und exakt bearbeiten, eine gute räumliche Orientierung entwickeln, mathematische, musikalische oder Schachdaten einlagern und entspeichern, durchsuchen und umorganisieren. Er tut das mit großer Zähigkeit. Seine Sprache ertastet dabei ihre Grenzen, wird exakter, verliert aber an *overinclusion:* an allumfassender Unschärfe und Flexibilität. Die Schwäche ist, daß die eingegebenen Daten konkret, exakt, detailliert – eben hart sein müssen, sonst kann die linke Hemisphäre nicht viel mit ihnen anfangen. Diffusere Eindrücke, Atmosphärisches, Stimmungen, Färbungen entgehen ihm oder erschweren ihm die Bearbeitung.

Wie sehr sich des Mannes Gedankenarbeit tatsächlich auf die dominante Hemisphäre beschränkt, geht aus folgender Beobachtung hervor: Louis Pasteur hat viele seiner entscheidenden, ja epochemachenden Entdeckungen erst in den Jahren nach einer großen Hirnblutung gemacht, die er ohne sinnfällige Defekte überstand. Nach seinem Tode stellte man verblüfft fest, daß seine nichtdominante Hirnhälfte so gut wie völlig zerstört war – sie war ein dünnwandiger gliöser[2] Sack mit wenig kortikalen Zellelementen, in dem sich eine große Bluthöhle mit einem bindegewebsgefestigten (organisierten) Hämatom ausgebildet hatte. Das hatte ihn in der Bewegung unwesentlich, in der gedanklichen Tätigkeit kaum merklich beeinträchtigt. Ob er dabei trotz allem psychisch simpler wurde, starrer, unablenkbarer, unbeholfener und gefühlsärmer, was durchaus als wahrscheinlich gelten kann, war vermutlich nur von seiner engsten Familie und seinen Freunde zu erkennen.

Rechnen mit weniger Hirnzellen

Umgekehrt verhält es sich bei mathematischen Aufgaben. R. Haier an der Universität von Kalifornien ließ 22 Studenten beiderlei Geschlechts dieselben Aufgaben lösen. Bei den Männern zeigte sich: Je bessere Mathematiker sie waren, desto größer waren die dabei aktivierten Schläfenhirnbereiche. Bei den Frauen war das ganz anders: Sie benutzten viel weniger Zellen zum Rechnen, und die schlechteren Mathematiker von ihnen nicht weniger als die Besten. Also benutzten die Frauen, die den Männern etwa ebenbürtig waren, zur Lösung der Aufgaben weniger Zellen als die Männer!

Streng genommen wären die Frauen sogar mathematisch begabter als die Männer, da sie mit weniger Zellen dasselbe erreichen. Aber die Erklärung wird hier eine andere sein: Einige der Frauen (mathematisch geschulte!) waren vermutlich ausnehmend intelligent. Daß die Männer größere Areale benutzten, bedeutet ja nicht notwendigerweise, daß sie sie tatsächlich brauchten, sondern wenn ihr Rechenzentrum sich zu einer gewissen Größe entwickelt hat, wird es halt beim Rechnen auch benutzt; – so wie der starke Athlet auch eine kleine Last mit dem ganzen Bizeps anhebt.

Die kluge Frau schafft das auch mit weniger Einsatz. Ist sie deshalb effektiver? Kaum. Effizienter? Ja, beim praktischen Rechnen scheint es so zu sein. In der Schule sind die Mädchen am Anfang den Jungen überlegen. Erst bei abstrakteren mathematischen Aufgaben, bei Kurvendiskussionen, irrealen und imaginären Zahlen, Integralrechnung usw. beginnt sich die Überlegenheit der Männer deutlich zu manifestieren. Da geht es, bei zunehmend abstrakten Begriffen, die schwer festzuhalten sind, eben nicht mehr mit halber Kraft.

Daß die Frau weniger Gehirnareal für das Rechnen einsetzt, kann ein Ergebnis der simplen Tatsache sein, daß es sie weniger interessiert, weil es ihre limbischen Regionen nicht engagiert. Zahlen etwa und andere völlig abstrakte Konstrukte lassen Frauen limbisch uninteressiert.

Sicher ist es auch kein Zufall, daß die Welt der Science-fiction fast nur

Jungen und Männer zu faszinieren vermag. Die Mädchen und Frauen fragen nur kopfschüttelnd: »Was soll's?«, da den Dingen und Wesen, die ja gar nicht existieren, die limbischen Konnotationen der Wirklichkeit fehlen.

Männliche Indolenz

Ruben und R. Gur an der Universität von Pennsylvanien haben weibliche und männliche Versuchspersonen das Mienenspiel von Frauen und Männern beurteilen lassen. Beim Ausdruck von Freude waren Männer und Frauen in der Auswertung gleich erfolgreich, auch bei Unterscheidungen wie etwa Trauer versus Wut bei Männern. Als es aber um Trauer oder Wut bei Frauen ging, versagten etwa 70 Prozent der Männer – gegenüber nur 10 Prozent der Frauen –, wobei die Frauen ihr limbisches System viel weniger anstrengten als die Männer. Es fiel ihnen – dies ist also ganz anders als bei der männlichen Überlegenheit im mathematisch-spatialen Bereich – offenkundig viel leichter: Sie strengten sich dazu nicht etwa mehr an, nutzten nicht riesige, spezialisierte Hirnregionen dazu, sondern nur ein System, das bei ihnen effizienter arbeitet.

Diese Beobachtung wollen die Autoren der Untersuchung entwicklungsgeschichtlich deuten: Es war eben immer wichtig, über den Sinneszustand von Stärkeren oder Gleichstarken unterrichtet zu sein, da früher physische Stärke das Hauptmachtinstrument war. Der Mann war für die Frau als Feind ein eventuell gefährlicher Faktor, aber als Ernährer, den man an sich und die Kinder binden wollte, andererseits unentbehrlich.

Dies ist ein wesentlicher Unterschied, da die Frauen diese viel bessere Leistung tatsächlich mit weniger Mühe erbrachten. Hier sind sie limbisch deutlich besser ausgerüstet als die Männer, die das für Jagd und Fallenstellen vielleicht weniger brauchen als die Frau zum Einfangen guter Gene. An dieser Stelle der Entwicklung beginnt die Frau als weitwinklig wahrnehmendes *multi-task*-Wesen, sich mit einer andersartigen Aufmerksamkeitsfokussierung von der männlichen Psyche immer mehr abzusetzen.

Hier mag man fragen: Wenn nun ein junger Mann ebenso lange wie die junge Frau genau diese Wahrnehmungen geübt hätte, jahrelang, konsequent (Rollenspiel!), würde dann seine entsprechende Fähigkeit nicht so sehr »geboostert« (durch wiederholte Inanspruchnahme gestärkt), daß er damit weibliche Leistungen erreichen könnte? Die Ant-

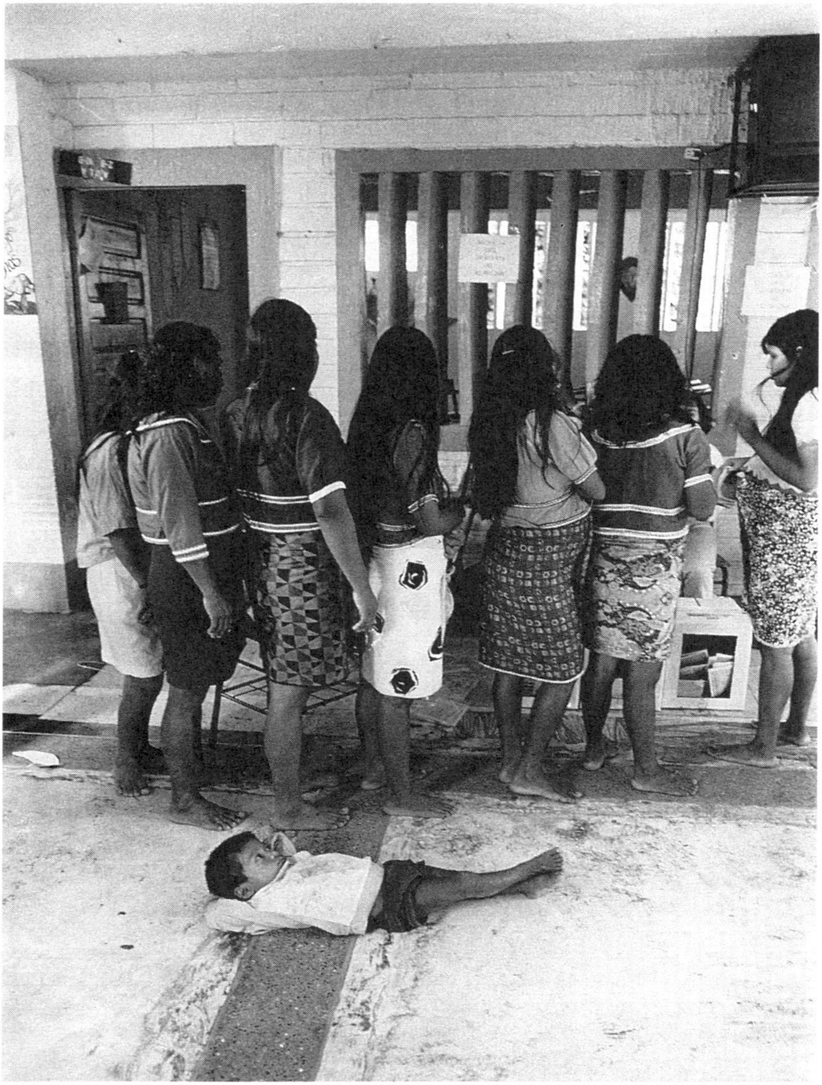

Wie seine erwachsenen Vorbilder den Müßiggang auf Marktplätzen und Treppenstufen pflegen, so zeigt dieser kleine Junge demonstrativ, daß ihn Abläufe und Regelwerke nur bedingt interessieren, denen sich andere harmoniesuchend unterwerfen.

wort mag durchaus lauten: Ja. Das Wesentliche ist aber nicht, daß hormonell männliche Dispositionen, seine genetischen Programme, dies völlig unmöglich machten, sondern daß sie schon lange vorher, in dem allmählichen Entstehen minimal unterschiedlicher psychologischer Voraussetzungen – so etwa in der vorentscheidenden Aufmerksamkeitsrichtung! – unmerklich alle Weichen stellen. Der Mann mit seiner geschlechtsspezifischen, hormonell gesteuerten Wahrnehmungs- und Interessenrichtung würde niemals spontan ein so engagiertes Verhältnis zu den Sachverhalten der Gegenwelt entwickeln. Dasselbe gilt natürlich auch umgekehrt.

Daher kann das auch gar nicht ohne absurde Eingriffe in die Spontanentwicklung, etwa durch realitätsblinde Zwangsmaßnahmen, untersucht werden. Damit wird auch deutlich, welchen wirklichkeitsfremden Gewaltakt die radikalen FrauenbefreierInnen vorsahen – und warum er mißlingen mußte. Solange nämlich der Mann sich männlich verhalten kann, wird er – und das ist die weichenstellende Funktion der Hormone – das auch tun, und das heißt, daß er eben, statt Gesichter und emotionale Reaktionen im Gruppenleben zu studieren, nach dem Jagdwild späht. Danach ist er dann wirklich erschöpft, schaltet ab und schläft, während die Beute zubereitet wird.

Das heiße Thema der Privilegien

Das Entstehen dieses Privilegs, etwa zu schlafen, während andere arbeiten, mag zum Teil gekoppelt sein an die gerade beschriebene männliche Indolenz. Das gilt vor allem dort, wo der Mann sich aufreizende Privilegien, Vorrechte, einfach kraft seiner größeren Stärke herausnimmt. Da Privilegien grundsätzlich im Zentrum menschlichen Interesses stehen (gesellschaftlich-kulturell wie politisch!), sowohl als Gegenstand von Ambition und Neid, Genuß und Verdächtigung als auch von Willkür, Gier und unberechtigtem Zugriff, sei hier eine Abschweifung erlaubt.

Es ist angesichts des schlafenden Jägers ein naheliegender Gedanke, der manchen Leser spontan zu der aufregenden Frage der Privilegien und ihres Mißbrauches führen mag: Das hier beschriebene, typisch männliche Verhalten, einfach abzutreten und einzuschlafen, wenn die Dinge ihren ruhigeren, alltäglichen Verlauf nehmen, ist in der beschriebenen Situation noch verständlich und von der Gruppe (Familie) akzeptiert. Wie aber kann es bei veränderten äußeren Umständen unmerklich in ein nicht mehr begründetes Drohnen-, Pascha- oder Machoverhalten abdriften? Der Übergang ist ein langsamer, dem Einblick oft verborgen. Es ist eine psychologisch faszinierende Frage, warum und wie sich dies jeden Tag auf der ganzen Welt millionenfach abspielt.

Überall kommen Menschen auf krummen Wegen zu Privilegien, wie sie einem alten Silberrücken in der Gorilla-Großfamilie wegen seiner ruhigen Würde, seiner Stärke und seinem eben nicht egoistischen Verhalten wie von allein zufallen. Das zeigt die enge Beziehung zwischen Privilegien und Autorität – auch die nimmt man sich nicht. Smarte, schlaue, clevere, raffinierte, listige, berechnende Menschen kommen jedoch nicht nur durch ihre Leistungen, sondern oft allein durch Buckeln, Korruption und systemkonforme Geschmeidigkeit zu ihren Privilegien. Das bringt ihnen nicht immer Respekt und Hochachtung ein, sondern meist Neid und Verachtung. Es ist sicher kein Zufall, daß die Sprache dafür so viele Wörter bereithält: Hochstapler, Bluffer, Gleisner, Augendiener, Radfahrer, Honigmaul, Höfling, Ohrenbläser, Schmeichler, Schranze, Süßholzraspler, Leisetreter, Kriecher, Schöntuer, Opportunist, Speichellecker, Wendehals und Fixiflex usw. Daher sind Privilegien aller Art stets ein hochempfindliches Thema, gerade auch in Hinblick auf die Arbeitsverteilung zwischen den Geschlechtern. Dennoch hat es eine verblüffend einfache Grundstruktur.

Gewöhnung an Vorrechte

Das Problem der Privilegien finden wir in jenem einmalig dramatischen Buch, das man nach Aussagen seiner Leser »niemals am Abend anfangen soll, da sonst die Nacht verloren ist«, über den berüchtigten Flugzeugabsturz in den Anden, den Pearce Paul Read in »Überlebt« (1995) anhand eines wirklich überzeugenden, konkreten Beispiels geschildert hat: Die Überlebenden des Absturzes, vor allem junge, uruguayanische Sportler, waren bei den anfänglichen Suchaktionen nicht gefunden worden. Man gab sie verloren. Nach Wochen des Hungers, in denen sie tote Absturzopfer zu verzehren beginnen, um sich am Leben zu erhalten, wählen sie einige besonders gesunde und starke Gruppenmitglieder aus, die in einem gewagten Abstieg aus den Hochanden Hilfe holen sollen. Das wird sozusagen ihre Kriegerkaste, deren Wohlergehen und Leistungsfähigkeit allen Gruppenmitgliedern – da es um ihr Überleben geht – gleichermaßen am Herzen liegen.

Ihr gemeinsames Problem ist: Alle sind so geschwächt, daß sie bei den geringsten Anstrengungen umfallen. Die Ausgewählten werden also aufgepäppelt, bekommen von allem am meisten, zuerst und das Beste, sie werden von allen Alltagsarbeiten des mühseligen Überlebensprogramms der Gruppe befreit: Sie sollen topfit sein, wenn sie den Abstieg, der allen nützt, beginnen. Daran gewöhnen sie sich schnell. Sie finden das – wie auch der Rest der Gruppe – eine gute Idee, wohl begründet und ihre Privilegien als völlig berechtigt. Es ist der klassische Fall von Vorrechten, wie sie einem Helden von seinen Mitmenschen gegeben werden.

Nun erkrankt einer der Auserwählten. Es wird immer klarer: Er wird nicht teilnehmen können an dem Rettungsunternehmen. Daher soll er nunmehr – obwohl krank! Der prosoziale Einspruch der Frau tritt hier in aller Regel für ihn ein – plötzlich auch noch seine Privilegien verlieren: weniger und schlechter essen, und auch noch mehr arbeiten! Er ist empört. Seine Privilegien haben sich in seinem Kopf längst verselbständigt: Sie sind angenehm und bequem, er hat sie nach eigenem Empfinden für sein Sosein (nämlich stark, groß, trainiert, zuverlässig) auch wirklich verdient. So jedenfalls sieht es in seinem Kopf aus. In der Realität aber sind seine Privilegien naturgemäß an Bedingungen gekoppelt, die jetzt nicht mehr gegeben sind. Die Gruppe hat ihn nicht für sein Sosein, sondern für sein *Handeln* mit Privilegien ausgestattet, für einen – wenn auch hier einen erst erwarteten – lebensrettenden Einsatz für alle. Daher verlor er jetzt – es war eine von männlicher Konsequenz gesteuerte Gruppe – alle seine Privilegien, als klar wurde, daß er die von ihm erwartete Tat nicht mehr würde ausführen können.

Hier liegt der Kern des Problems einmal unverhüllt zutage. Solange die Bedingungen des Lebens – einer Gesellschaft, eines Stammes, einer Rotte oder auch nur einer Familie – noch durchschaubar sind, werden Privilegien nach noch kontrollierbaren Gesichtspunkten vergeben und notfalls auch wieder entzogen. Wird das Leben der Gruppe zu unübersichtlich, kann die Privilegienverteilung auch nach Zufällen oder längst nicht mehr zutreffenden Bedingungen geschehen. Vor allem: Wer geschickt ist, kann sich Privilegien *nehmen*. Das ist der Keim von viel Unruhe, denn damit entstehen für jeden Klarsichtigen aufreizende Diskrepanzen zwischen dem Handeln und Auftreten eines Individuums, seinen Vorrechten und seinem tatsächlichen Wert für die Gruppe, dem begründbaren Teil seines Ansehens.

Das alles ist keineswegs nur männlich, es ist menschlich. Die Frauen haben dafür noch ganz andere indirekte, aber höchst erfolgreiche Methoden entwickelt. Privilegien lassen sich auch durch geschickte Partnerwahl erschleichen. Es liegt nahe, daß tüchtige Menschen die Privilegien, die eine Gruppe vergeben kann, grundsätzlich an Leistungen gebunden sehen möchten, weniger tüchtige lieber an die Geburt, an den Stand, an Gottes, Brahmas oder Allahs Wort und anderes Unüberprüfbare – vor allem dann, wenn sie unversehens in eine Privilegiensituation hineingeboren sind. Das macht sie – aus durchsichtigen Gründen – prinzipiell verstockt gegenüber jedem Ansatz zur Veränderung. Vor allem hassen sie aus vollem Herzen eines: Die Prüfung, ob ihre Privilegien eigentlich den Grund noch haben, der einmal zu ihrer Entstehung führte. Es erfolgt grundsätzlich ein Aufschrei wildester Empörung, wenn Privilegien, an die sich jemand gewöhnt hat, wieder entzogen werden sollen.

Im Umgang von Mann und Frau sind Privilegien überhaupt kein Problem, solange ein simpler Grundsatz beachtet wird: *Privilegien werden nicht genommen, sie werden gegeben.* Das ist die Wurzel der echten Privilegien: Die Menschen *wollen*, sie wünschen von ganzem Herzen, daß der Privilegierte durch Vorrechte ausgezeichnet wird.

So ist zwischen Menschen, die einander lieben, das ständige gegenseitige Privilegieren ein nicht zu unterschätzendes Werkzeug der Zusammenarbeit, zugleich ein Zuneigungs- und ein Vertrauensbeweis – und zudem äußerst zweckmäßig: Es verteilt alle Aufgaben des Lebens so, daß immer und automatisch der sie übernimmt, dem sie leichter fallen. Allerdings ist es schwierig, Mißbrauch zu verhindern: den schleichenden oder provozierenden eigenmächtigen Zugriff.

Autorität als Schutzpotential, Mißbrauch als Gewaltquelle

Es gibt bei den niederen Affen, den *Simiae*, etwa Pavian oder Hulman krasse Beispiele von Übergriffen der männlichen auf die körperlich schwächeren weiblichen Tiere, welche die schlimmsten Visionen des Feminismus noch weit übertreffen: Der durch irgend etwas – das kann sein eigenes Mißgeschick sein oder ein Seitensprung der Äffin – gereizte Pascha der Familie kann sie plötzlich aufs Gröbste mißhandeln, schlagen, beißen und – obwohl sie sich nicht wehrt – stundenlang schlecht behandeln.

Bei genaueren Studien relativiert sich der Vorgang wieder etwas:. Diese Affen wissen es nicht besser, ihr kleines Gehirn läßt kompliziertere Abwägungen und Zurückhaltung, die bewußte Nichtanwendung von Machtmitteln, gar nicht zu. Daher zeigen sie in erschreckender Unverblümtheit, wozu eine kaum kontrollierte körperliche Überlegenheit führen kann.

Menschenaffen imponieren bereits durch ihre offensichtlichen Fähigkeiten abzuwägen. Sie können lange dasitzen und eine Szene oder einen anderen Affen (oder auch den Fotografen) betrachten. Dann erst tun sie etwas – oder lassen es bleiben. Ihr stiller Respekt signalisiert Vorwegnahme von Überlegenheit, diese Vorwegnahme braucht Erinnerung, Erinnerung baut auf innere Bilder, die sich als Vorahnung in die Zukunft projizieren lassen: Das ist die intelligente Antizipation, das Vorwegnehmen dessen, was kommt. So kann der Menschenaffe schon sinnvoll und differenziert handeln: Er sieht kommen. Er kann sich beherrschen. Er kann – ganz entscheidend! – auch einmal sein lassen. Noch nicht als Kind oder Heranwachsender, aber als erfahrener, abgeklärter Erwachsener. Es liegt daher gerade in der Autorität und den mit ihr verbundenen Privilegien, die eine Gruppe dem alten Silberrücken einräumt, ein durch Erfahrungen abgesichertes Urvertrauen, daß der diese Privilegien eben nicht mißbrauchen werde.

Die Lebensgemeinschaften der Menschenaffen, an anderer Stelle näher beschrieben, sind allein schon deshalb so aufschlußreich, weil man in ihnen bereits einfache Modelle für menschliche Interaktionen studieren kann, und zwar in einer unverblümteren, weniger überbauten Form. Man sieht in einer vom abstrakteren Nachdenken entkleideten Form, worum es im Grunde geht: Privilegien bauen auf Autorität, Autorität auf Überlegenheit, Überlegenheit bedeutet Respekt und auch Schutzgewißheit, die allgemein Vertrauen einflößt. Daher baut die Vergabe von Privilegien immer auch auf Vertrauen – und ihre rechte Nutzung baut auch Vertrauen auf.

Bedeutet die Überlegenheit ein wichtiges Schutz- und Friedenspotential, indem die ihr folgende Autorität – genau das ist der angemessene Respekt! – es überflüssig macht, diese Überlegenheit in ständigen Auseinandersetzungen immer wieder zu beweisen, seine Macht auszuspielen, so bedeutet dieselbe Überlegenheit im Mißbrauch ein unheilvolles Gewalt- und Übergriffspotential. Werden ihre Privilegien ernsthaft in Frage gestellt, muß die Machtfrage erneut ausgekämpft werden. Das ist eine niemals versiegende Quelle der Gewalt und des Chaos. Daher werden Vorrechte überall dort so destruktiv, wo dieses Vertrauen enttäuscht wird. Autorität braucht also Kontrolle, jene ungeliebte Überprüfung, ob Vorrechte – wie die Entscheidungsmacht – überhaupt noch begründet sind. Es ist die Kontrolle durch jene periodische Zustimmung, die in jeder

Tiergemeinschaft durch Zuneigungs- und Unterwerfungsgesten immer wieder gegeben wird. Auch unsere Demokratie hat dieses Prinzip streng formalisiert.

In noch übersichtlichen menschlichen Gemeinschaften werden im allgemeinen Autorität und Privilegien so verteilt, wie es der ganzen Gruppe am meisten nützt. Es geschieht nach ganz ähnlichen Regeln, wie wir sie bei den Großfamilien der Menschenaffen studieren können, obgleich diese Regeln in menschlichen Gemeinschaften durch mehr Erinnerungsstoff und durch die soziale Vererbung wichtiger Kenntnisse und umfangreicher Normensysteme stark kompliziert werden.

Alte Erschöpfung in neuen Formen

Hier wird nun oft eingewendet, das alles stimme ja für den modernen Menschen in einer zivilisierten, von tausend Erleichterungen durch Maschinen und Elektrizität sozusagen entschärften Welt nicht mehr. Wer das meint, verkennt, daß hier nur eine Verschiebung der biologischen Medien, des Spektrums und des Bezugsrahmens für die wichtigsten Belastungen stattgefunden hat. Er unterschätzt vor allem den neu hinzugekommenen Streß in einer beschleunigten, reizüberfüllten, neuronal anstrengenden Welt. Die Erfrierungen von heute sind seelische, die Wunden werden nicht mehr vom Bären, sondern von Eile, Frustrationen und den Zeitverschiebungen bei Flugreisen, dem *jet lag,* geschlagen, die Erschöpfung ist keine rein körperliche mehr, sondern oft eine psychische. Der Manager, der in überfüllten Lounges auf verspätete Abflüge wartet, der im Verkehrsstau steckt und über sein Handy versucht, die schlimmsten Folgen der Verspätung abzuwenden, der Entscheidungsdruck verspürt, der ihn nachts nicht schlafen läßt, braucht seine Ruhe sicher ebenso wie seinerzeit der Mammutjäger – nur daß es immer mehr um eine psychische Rekreation, ein Auftanken der Seele durch Entspannung, Freiräume für Phantasie, für Neugier und andere Neigungen geht, die im Streß von Kommunikationszentren und Datenhighways leicht zu kurz kommen.

Die Ermüdung der Vitalfunktionen des Menschen, die Erschöpfung seiner Ressourcen ist nur ein Endpunkt seiner psychophysischen Belastbarkeit, ziemlich unabhängig davon, wie sie zustande kam. Wie im Streßkapitel näher ausgeführt, hat Streß verschiedenster Genese eine gemeinsame Endstrecke im Organismus. Die führt über kurz oder lang zum Zusammenbruch des ganzen Systems. Hier ist Schonung und

Restitution eben dieser Ressourcen genauso angebracht, als hätte man eine Weile zu schwer gehoben, geschaufelt oder im kalten Wasser gelegen. Vielleicht war man statt dessen allzu lange in viel zu warmen, zu trockenen, zu vollen und zu lauten Räumen, in den schleimhautreizenden Gasen von Verkehr, Zigarettenrauch und Klimaanlagen – oder ganz einfach noch fünf Stunden, nachdem sich alle anderen schlafen gelegt haben, im Operationsraum tätig. An all dem kann man ebensogut zugrunde gehen wie an dem Tritt eines Wollnashorns.

Was heute wirklich neu ist, das ist nicht so sehr der Grad an Streß und Verschleiß, dem die Menschen ausgesetzt sind (und sich aussetzen), sondern vielmehr die Tatsache, daß viele dieser modernisierten, zivilisierten und industrialisierten Streßarten immer häufiger auch die berufstätigen Frauen treffen. Das zwingt zum Umdenken. Der vernünftige und einsichtsvolle Mann wird unschwer erkennen, daß die Erholungsfreiräume, die er tatsächlich braucht, selbstverständlich im selben Maße auch der Frau zustehen, die vergleichbar belastet wird. Daß sie bei genau gleichen äußeren Voraussetzungen sogar stärker belastet sein kann als jeder Mann – unter anderem gerade durch ihre stärkere limbische Anteilnahme –, gehört zu den entscheidenden Asymmetrien der Geschlechterausrüstung und erfordert eine besondere Hellhörigkeit im zwischenmenschlichen Verhalten. Abhilfe kann nicht darin bestehen, daß man die Unterschiede zwischen Mann und Frau bagatellisiert und ihre Komplementarität schlechter nutzt, sondern nur darin, ihrer Verschiedenheit und den daraus erwachsenden Ansprüchen mehr als bisher Rechnung zu tragen.

Diese Überlegungen gelten zum Beispiel in extremer Form für die oft unglaublichen, kurzsichtigen und biologisch ahnungslosen Zumutungen – etwa hinsichtlich Lebensstil, Familienplanung, ökonomischer Abhängigkeit und Lebenslauf –, wie sie heute viele junge, hochqualifizierte Frauen treffen. Nach langer und teurer Ausbildung haben sie sich auf das Abenteuer einer beruflichen Laufbahn in männlich dominierten Hochleistungsbranchen wie Forschung, Medizin, Lehre, Handel, Management eingelassen und werden nun im Grunde gezwungen, zwischen ihrer beruflichen und ihrer biologischen Funktion zu wählen. Keine Gesellschaft in unserer Welt hat dieses Problem bislang gelöst. Da man es noch nicht einmal wirklich anpackt, kann man sich fragen: Ist es überhaupt in seiner Folgenschwere erkannt?

Wenn die Gedanken schweifen

Zurück zu den Hirnuntersuchungen an Mann und Frau. Überraschend groß fielen die Unterschiede zwischen männlichen und weiblichen Probanden aus, wenn man sie aufforderte, die Gedanken frei schweifen zu lassen. Das tat etwa Ruben Gur an der Universität von Pennsylvanien. Er ließ 37 Männer und 24 Frauen eine halbe Stunde lang ruhen, während er ihre Hirnaktivität mit dem PET-Scanner verfolgte. Bei den Männern fand sich die Hauptaktivität in den temporalen (Schläfenlappen) und zentral-limbischen Strukturen mit Verbindungen zu Stammhirnarealen, die dem Triebleben und sehr elementaren Emotionen und Affekten zugeordnet sind. Das sind entwicklungsgeschichtlich ältere, zum Teil primitive Hirnregionen, die man als Reptilhirn zusammenfaßt.

Diese Hirnregionen sind verknüpft mit Gefühlen und Trieben, welche das sexuelle und das aggressionsgeprägte Verhalten steuern. Man schloß daraus, daß sich die Gedanken etwa um Gewalthandlungen (Schlägerei, Wettkampf, Selbstbestätigung, Kampf/Flucht) oder Erlebnisse aus dem Bereich der Sexualität drehten. Das wurde von den Probanden bestätigt, wobei es sich aber um sehr allgemeine Gedanken – etwa an spannende Situationen, an Filme oder Sportereignisse – handeln konnte. Bei den meisten Frauen hingegen lag die Aktivität vor allem im *Gyrus-cingulatus*-Bereich, einem viel jüngeren (rezenteren) Hirnteil in der Säugetierentwicklung, der sich eher mit gedachten Gesten oder Wörtern, mit subtileren Ausdrücken für Gefühle und Stimmungen befaßt.

Man kann diese Beobachtungen als ein Zeichen für die generell höhere Gewaltbereitschaft (spontane Aggressivität) der Männer deuten, deren Reptilhirn eben ständig alert ist, in Bereitschaft für wichtige Aktivitäten: Kampf/Anstrengung, Flucht/Ausweichen/Vermeidungsverhalten oder die Partnersuche/Reproduktion sowie die Verteidigung der zugehörigen Bedingungen/Positionen, dazu gehört auch die soziale Stellung. Bei den Frauen hingegen zeigten Befragungen und Analysen, daß sie offenbar in ihren Tagträumen in langen inneren Monologen Wörter und Begriffe zusammenfügen und sozusagen zu sich selbst sprechen – meist über emotional geladene Themen.

Die Feststellung einer größeren Aktivität des Reptilhirns beim Mann ist wichtig. Viele Männer können das aus eigener innerer Anschauung bestätigen. Irgendwo brodelt ein ungeheurer Vorrat an direkt physischer Kampfbereitschaft, die auch die vermeintlich frei schweifenden Gedanken steuert. Der Zivilisationsfirnis über dieser fundamentalen Spontanaggressivität kann hauchdünn sein. Mit dieser Aggressivität ist auch das ganze angeberische Verhalten des Mannes beschrieben, das sein Revier schützen und seine soziale Stellung verteidigen soll. Auch der Sex liegt in unmittelbarer Nachbarschaft dazu, da ursprünglich die zentrale Belohnung für territoriale und soziale Siege.

Nur abstraktere Gedanken, philosophische, musikalische, mathematische, oder kompliziertere Tagträume führen zuverlässig und dauerhaft aus dem Bannkreis solcher fundamentalen Triebe heraus. Daher wird ein intellektueller Mann grundsätzlich einer Frau ähnlicher. Wie sich überhaupt in einer höheren, differenzierteren Sphäre diese Unterschiede sublimieren und teilweise verlieren dürften, um erst durch extreme äußere Einflüsse (Gefahr, Konflikt, Krieg) wieder klar hervorzutreten. Ihr innerer Generator muß sozusagen erst einmal angeworfen, die alte Seelenkondition erst wieder etabliert werden.

Auch die Feststellung, daß die Frau sich eher mit inneren Monologen befaßt, ist wichtig und hat einen großen Erkärungswert. Man hat sich häufig gefragt, wo die oft verblüffend unumstößliche und unbegründete Sicherheit der Frauen in Dingen herrührt, von denen sie wenig wissen. Es scheint, als hätten sie sich manchmal, ohne eine Ahnung von den Sachfragen zu haben, ein stark vereinfachtes Bild gemacht, mit dem sie gut zurechtkommen: *terrible simplification* aus der Perspektive des Mannes, die durchaus nicht immer »schreckliche« Wirkungen zeitigt.

Parallelitäten jenseits der Wegscheide

Genau dies, die unaufhörliche, durch keine empirische Korrektur oder pragmatische Gegenrede von außen abgeschwächte oder gestörte Selbstüberzeugung kann im Extremfall zu einem neurotisch gestörten Sinneszustand führen. Manche RAF-Mitglieder und andere Radikale können – als sozusagen weltverbesserische Psychopathen – das genaue Pendant zu den männlichen Fanatikern bilden. Es sind Menschen, die in ewigen Überzeugungsgesprächen mit sich selbst gegen die Umwelt und ihre Argumente völlig abgeschirmt sind, Menschen, die stets das Gute wollen und das Böse schaffen. Sie merken es nicht einmal, wenn die Umgebung ihren eventuellen Attentatsplänen und Gesetzesbrüchen mit genau dem prosozialen Einspruch begegnet, auf den sie selbst das Monopol zu haben glauben. Es handelt sich hierbei – um mit Nils Bejerot zu sprechen – um eine Spielart künstlich hervorgerufener Neurosen *(artificially induced neuroses)*.

Um diese entscheidende Wegscheide Reptilhirn oder limbisches System der psychischen Entwicklungslinien der Geschlechter noch einmal prototypisch (das ist zugleich bewußt klischeehaft) zu präzisieren: Während beim Mann, auch wenn er gerade nicht jagt oder kämpft, das Reptilhirn über die Außenwelt der konkurrierenden, sein isoliertes, nicht selten einsames Ich bedrohenden Gefahren wacht, seine aggressiven – und reproduktiven – Impulse hütend, erlebt derweil in einer geschützten Höhle die Frau, das behütete Kind und damit ihre genetische Zukunft im Arm, die schlimme Außenwelt abkoppelnd, eine limbisch getönte Innenwelt, gefüllt mit Gedanken über ihre sozialen Beziehungen zu einer Umwelt, mit der sie sich stark verbunden fühlt. Erst wenn man die Wurzel dieses Verhaltens und die Stärke seiner genetischen Verankerung begriffen hat, wird verständlich, daß die Frau auch ohne Kind diese Haltung zeigt: hegend, einrichtend, erhaltend, schützend, hellhörig und vorsichtig mit ihrer Umwelt. Selbst die alte Kaffeekanne der Großmutter, die der Enkel längst weggeworfen hätte, setzt sie wieder in Stand. Sie hütet so auch die gemeinsame Vergangenheit.

Natürlich kann auch bei der Frau das Reptilhirn anspringen, aber der Normalzustand ist das nicht. Ebenso kann man natürlich auch die Sinne eines Mannes, etwa bei einer Feierlichkeit oder Zeremonie, so sehr fangen, daß sich seine Vorstellungswelt zeitweise mit ganz anderem füllt, etwa mit musikalischen Stimmungen, Trauer, Stolz, Dankbarkeit oder abstrakten Gedanken. Aber von Natur aus ist und bleibt der Mann (vor allem der primitive) – man sieht es an dem Unsinn der James-Bond-Filme, des Terminator-, Rambo- und Rocky-Rummels – stets am Genre des Action- oder Science-fiction-Films, am Fußballspiel oder Boxkampf interessierbar, während die Frau kopfschüttelnd und zutiefst desinteressiert das Zimmer verläßt, um mit anderen Frauen über die Kinder, die Nachbarn oder anderes wirklich Wichtiges zu sprechen, das sie gefühlsmäßig involviert. Erst das soziale Milieu und Thema gibt ihrem limbischen System die Reize, welche ihr Interesse einfangen.

Das alles wirkt sich lebenslang aus. Krieger etwa, auch Soldaten, die in Friedenszeiten Militärdienst leisten müssen, werden für den eventuellen Kampf geschult und müssen dazu ihr Reptilhirn einschalten, um effektiv zu sein. Außerdem langweilen sie sich sonst beim Militär zu Tode. Sie taugen ohne ihren stammesgeschichtlichen Antrieb auch wenig zum Soldaten. Fackelzüge, nächtliche Übungen, Feuer, Raketen am Himmel, Marschmusik, dumpfe Trommeln im Pulstakt, Keuchen, rhythmische Gesänge, Gleichschritt, Fanfaren, Geschrei – zahllos sind die Signale, die das Reptilhirn anfeuern. Wenn eine so stimulierte Kriegerschar auf eine nachdenkliche, allenfalls still vor sich hinsummende Schar begnadeter Poeten, Ballettänzer, Designer und Mathematiker trifft, dürfte der Ausgang des Kampfes vorgezeichnet sein.

Gleichzeitig wird der Widersinn sichtbar, der darin liegt, Frauen in der Offiziersausbildung durch die Initiationsriten der Männer – etwa harte Nachtmärsche, Tauchübungen und Fallschirmeinsätze – zu schleifen oder sie gar den jungen Männern als Chefs »vorzusetzen«, und zwar ausgerechnet bei Initiationsübungen der Selbstüberwindung und Angstbeherrschung. Sie fallen ihnen selbst vor anderen Männern, älteren, erfahrenen, respektierten Exemplaren der eigenen Art, mit denen man die begleitenden inneren Erlebnisse dabei teilt, hinreichend schwer.

Mark George und Mitarbeiter am National Institute of Mental Health der USA baten 10 Männer und 10 Frauen, an das traurigste Erlebnis ihres Lebens zu denken. Während sich die Versuchsperson auf ihre Trauer konzentrierte, wurde mit dem PET-Scanner ihre Hirnaktivität gemessen. Ausgehend vom limbischen System glühten durchaus sichtbare zentrale Hirnbereiche beim Mann – aber etwa das Achtfache bei der Frau!

Dies stimmt gut überein mit der geringeren Traurigkeitsschwelle der Frau: Weinen statt Kämpfen, Oxytocin statt Adrenalin! Wir kennen die größere Depressionsneigung bei Frauen (doppelt so häufig wie bei Männern). Anorexie und Bulimie (Krampf- oder Hetzessen mit Erbrechen) kommen fast nur bei Frauen vor: über 90 Prozent der Fälle. Vor allem aber zeigt es, wie unterschiedlich Reizverarbeitung und Assoziationsausrichtung bei den Geschlechtern aussehen: Bei der Frau wird fast alles gleich ins limbische Bewertungszentrum durchgeschaltet, und was da keine Resonanz gibt, gilt ihr als uninteressant. Daß an den Gedanken ständig die neurophysiologisch irradiierenden Erregungswolken größerer emotionaler Begleitassoziationen hängen, dürfte notwendigerweise auch den Verlauf der Gedanken beeinflussen. So große, emotionsbeladene Gedankenkomplexe etwa passen schlecht durch das Nadelöhr einer mathematisch stringenten Beweisführung. Auch erklärt es, warum man finden mag, die Frau könne – etwa als Staatsanwältin oder Richterin – nicht sachlich bleiben; sie engagiere sich zu schnell und zu sehr. Kein Wunder, bei einem so starken und anhaltenden limbischen Begleitkonzert! Was bei der Mutter, Krankenschwester oder Künstlerin eine Stärke, wird hier zu einem emotionalisierenden, die Sachlichkeit möglicherweise störenden Faktor.

An der Grenzlinie zwischen Mann und Frau

Wir wollen hier noch einmal zusammenfassend die Grenzlinie zwischen männlicher und weiblicher Orientierung im Gehirn klar nachzeichnen. Dabei kommen wir auf das zurück, was wir an anderer Stelle über die Rolle des Testosterons für die Geschlechterdifferenzierung gesagt haben: Eine kleine Umlenkung am Anfang der Gehirnentwicklung durch einen gezielten Einfluß zur rechten Zeit kann unüberschaubare Folgen haben. Das läßt sich jetzt am Beispiel des limbischen Systems belegen. Damit fügen sich zugleich die Stücke des großen Geschlechterpuzzles zwanglos ineinander.

Wir hatten anhand der Testosteronwirkungen beschrieben, wie der Mensch, der im Grunde eine Frau ist, zu der spezialisierten Sonderform, der Abweichung Mann umgebaut wird. Dieser wird dabei mehr an archaische Hirnregionen gekoppelt und auf bestimmte handlungsorientierte Aufgabentypen gedrillt, wodurch ihm immer mehr andere Optionen genommen werden. Er verliert damit, wie bei jeder Spezialisierung, viele wichtige, elementare Handlungsmöglichkeiten, darunter die eigene Reproduktion, die breite Wahrnehmung, die *multi-task*-Bereitschaft, die emotionale Sensibilität und soziale Aufnahmefähigkeit. Er regrediert – zumindest zeitweise – zu einer Impulssteuerung durch sein Reptilhirn, während das Verhalten der Frau, nachwuchspflege-orientiert, eher an den rezenteren limbischen Cortex mit seinen sozialen, kommunikativen Aufgaben gekoppelt wird. Wir wollen jetzt zeigen, wie sich das durch ausgeklügelte Hirnuntersuchungen im Detail bestätigen läßt und mit tendenziellen Unterschieden in den Veraltensmustern der Geschlechter gut übereinstimmt.

Diese Ergebnisse wurden von Ruben Gur auf dem von der AAAS *(American Association for the Advancement of Science)* im Februar 1996 in Baltimore veranstalteten Symposium über die geschlechtsbedingten Unterschiede im Gehirn von Mann und Frau erstmalig vorgetragen.[3] Hierbei wurde das Hirnimaging mit neuropsychologischen Testverfahren kombiniert, so daß in eindrucksvoller Weise die Brücke zwischen einem hirnorganischen Befund, einer psychophysiologischen Theorie und objektiv beobachtbaren, alltäglichen, geschlechtsspezifischen Verhaltensmustern geschlagen wird.

Wenn man mit der Magnet- oder der Positronenkamera (MRI beziehungsweise PET) das Gehirn untersucht, geschieht das in Schichten, die das Gehirn sozusagen in horizontale Scheiben zerlegen. Dies läßt eine differenzierte Untersuchung zu, bei der sich das limbische System in eine obere und eine untere Schicht zerlegen läßt. Das in seinem Ursprung sehr alte, aber im Verlauf der Evolution immer wieder nach vorn-oben um neue Bereiche erweiterte limbische System ist sowohl an archaische Stammhirnregionen wie an rezente Hirnrindenareale angeschlossen. Hier läßt sich nun ein wichtiger systematischer Unterschied zwischen der limbischen Hirntätigkeit bei Mann und Frau betrachten, der von grundlegender Bedeutung ist. Limbisch stimuliert zu sein, bedeutet offenkundig bei Mann und Frau etwas ganz Unterschiedliches.

Wasserscheide zwischen jüngeren und älteren Hirnregionen

Der obere Bereich des limbischen Systems, der *Gyrus cinguli*, zählt zu den jüngeren Regionen, da er mit verschiedenen Hirnrindenabschnitten und im vorderen Teil ganz wesentlich mit den Aufmerksamkeitsnetzwerken verknüpft ist. Von dort aus wird auch die symbolische Kommunikation gesteuert, also Deutung wie Generierung von Gesichtsausdruck (Mimik), Körpersprache (Gestik), Tonfall und anderen Signalen von Symbolcharakter im menschlichen Miteinander. Der untere Teil hingegen und die Temporalregionen sind entwicklungsgeschichtlich älter, primitiver und an Triebzentren im Stammhirn gekoppelt. Sie werden vor allem bei Aggressionen aktiviert und gehören damit funktionell zum Reptilhirn.

Kaum überraschend also findet man beim Mann in der Regel die untere Schicht des limbischen Systems stärker aktiviert. Sie steuert Handlungen, aggressive Reaktionen bis hin zur offenen Wut. Das entspricht völlig der weltweit gleichartigen Statistik über Gewalttätigkeit und Verbrechen, die fast allein vom Verhalten der Männer handelt. Diese Tendenz spiegelt sich auch wider in dem stereotypen Wunsch des Mannes, Konflikte und Frustrationen spontan erst einmal durch den berüchtigten »Schlag in die Fresse« zu lösen. Er mag ihn unterdrücken, die meisten Männer aber geben zu, ihn regelmäßig zu verspüren. Ganz generell findet die Aggression des Mannes leicht den Weg in wortlose physische Ausdrucksformen: Er wird gewalttätig oder zumindest tätig, auch wenn er vielleicht nur blaß und stumm die Tür hinter sich zuschmettert. Sein Zorn kann schweigen, aber oft bewegt er viel.

Bei der Frau hingegen findet man die obere Schicht des limbischen Systems aktiver, eine Region also, deren deutende, verstehende, kommunikative Funktion im Vordergrund steht. Daher nimmt ihre Aggression eher den Weg in Mimik, Gestik und verbale Angriffe, was von erregten Frauen ja weltweit wohlbekannt ist: Ihr Zorn ist oft wortgewaltig, aber selten gewalttätig. Die »Szenen« der Frau entsprechen also im Grunde dem Prügelimpuls des Mannes. Was der letztere rasch in den Triebbereich weiterleitet, was er ins Reptilhirn abtauchen und damit handlungsrelevant werden läßt, steigt bei der Frau empört empor in den deutenden, bewertenden, aufmerksamkeitssteuernden Kommunikationsbereich und wird damit zu einem schwer beherrschbaren Ausdrucksdrang.

Dies dürfte die Wasserscheide sein zwischen einer eher emotional-limbischen und einer affektiv-aggressiven Reaktionsweise, zwischen den Leitungsbahnen, die im Endeffekt Oxytocin und Prolaktin freisetzen, zu Nachgeben und Tränen führen oder aber über die Achse Adrenalin-Vasopressin die große Wut und brachiale Gewalt entfesseln. Hier können wir die eigentliche Grenzlinie zwischen einer weiblichen und einer männlichen Orientierung ziehen, hier im Inneren des limbischen Systems, wo sich alte und neue Hirnregionen berühren und ineinandergreifen.

Wer alles das nicht weiß, wird notgedrungen hilflos und ratlos vor den verwirrenden Rätseln dessen stehen, was als männlich-weiblicher Pseudokonflikt so heftig in die gesellschaftpolitische und hobbypsychologische Arena unserer Zeit eingebrochen ist.

Die Frau wird also eher absorbiert, in ihrem vollbeschäftigten Bewußtsein eingefangen von ihrer aus der assoziativen Phantasie gespeisten Erregung, der Mann hingegen wird durch seine sich steigernde, auflodernde Wut von allen bewußten Reflexionen abgeschnitten und handelt zunehmend unüberlegt. Das mag der Grund dafür sein, daß dem Mann nach dem Abklingen seiner Erregung oft (wenn nicht fast immer) leid tut, was er getan hat, während die Frau ihre eigenen, dem bewußtseinsintensiven limbisch-kortikalen Bereich entsprungenen Reaktionen, Stellungnahmen, Aussagen und Überlegungen oft noch tagelang in fast unveränderter Form rekapituliert, für sich selbst und andere. Das ist ihre hohe Retentionalität, ihr langer limbischer Nachhall.

Hier sind wir wohl auch an jener Schaltstelle, die Mann und Frau unter gewissen Umständen in das jeweilige Gegenprogramm einsteigen läßt. Wird die Frau so sehr gereizt oder von Signalen alarmiert (Bedrohung ihres Lebens oder ihrer Kinder), die so kräftig sind, daß sie auch bei ihr den unteren, älteren Teil des limbischen Systems direkt anregen und aufglühen lassen, so findet natürlich auch sie den Anschluß an archaische

Stammhirnzentren und Handlungsimpulse: Sie schmettert einen Teller an die Wand oder »knallt ihm eine«. Sie kann primitive Wutreaktionen entwickeln, die denen eines Mannes kaum nachstehen – nur ist die Hemmschwelle davor meist höher.

Steuerbar durch äußere Stimuli

Ganz analog ergibt sich auch die logische Umkehrsituation: Ein Mann, der etwa durch Lesen, abstraktes Nachdenken, intensive Symbolbehandlung, ästhetische und empathische Eindrücke stimuliert wird, dürfte dadurch direkt in seiner oberen, rezenteren *Gyrus-cinguli*-Region stimuliert, dort aktiviert gehalten und kaum an seine aggressiven Triebzentren angeschlossen werden. So wird man sich den limbischen Zustand von Poeten und bildenden Künstlern, von Forschern und Philosophen vorstellen müssen, die also im Regelfall überwiegend von einer anderen als der Reptilhirnseite her angesprochen werden. Vermutlich läßt sich so beim Mann die Reptilhirnsteuerung in – spiegelbildlich – derselben Weise ausschalten, wie sie sich bei der Frau – untypischerweise – auch einmal einschalten läßt.

Hier ist ein »Switch«-Punkt gegeben, an dem zwischen alten und neuen Hirnregionen hin- und hergeschaltet werden kann, wobei die hormonelle Voreinstellung sozusagen als *default*-Lage lediglich eine Vorzugsrichtung bedeutet. Damit ist die wahre Wasserscheide zwischen den Prinzipien männlicher und weiblicher Verhaltenssteuerung gefunden. Beide Voreinstellungen lassen sich zugleich aber auch von heftigen äußeren Einflüssen überrollen, welche die alternative Reaktion – sei sie weiblich-limbisch oder männlich-aggressiv – direkt auslösen können. Daß dies durchaus geschieht, wenn es auch immer die Ausnahme bleiben wird, ist wohlbekannt. Es trifft zu für jene Millionen Menschen, die sich nicht ohne weiteres in das hier – aus didaktischen Gründen – vereinfacht dargestellte Muster von Männlichkeit und Weiblichkeit einfügen.

Wir wollen also betonen, daß es sich bei den referierten wissenschaftlichen Beobachtungen um Durchschnittsbefunde handelt, die also, obwohl durchaus geschlechtsspezifisch, jederzeit von äußeren Einflüssen verändert werden können. Bis zu einem gewissen Grade sind Abweichungen nicht ungewöhnlich, und im Extremfall können die Verhaltensweisen sogar ganz umgesteuert werden – es gibt ja bekanntlich sogar eine spanische Stierkämpferin!

Auch diese große Spielbreite, die bei den meisten der hier dargestellten

Unterscheidungen zu erheblichen Überlappungen der beobachteten Variablen führt, ist ein Teil der naturgegebenen Fakten. In der Tat scheint es nur in der Hautempfindlichkeit nicht zu solchen Überlappungen zwischen den Verteilungen der männlichen und der weiblichen Probanden zu kommen. Gerade der Mensch mit seiner Instinktschwäche und großen Lernfähigkeit ist stark beeinflußbar, aus seiner *default*-Lage weit auslenkbar. Er kann notfalls, also unter einem gewissen Druck der Notwendigkeit, so gut wie alles erlernen und recht und schlecht tun, was der Art Homo sapiens überhaupt möglich ist.

Aber das hat natürlich seinen Preis, nicht zuletzt in Form von Reibungsverlusten, die man beobachten kann und naturgemäß nur dann versteht, wenn man weiß, woher ein Mensch letztlich kommt. Viele wachsen an ihrer – gegebenenfalls auch ganz andersartigen, gegengeschlechtlichen – Rolle, die ihnen das Leben oder die eigene Entscheidung zuteilt, aber den schiefen Sitz gewisser Rollenkostüme, die eben keine »Uni«-Formen sind, wird man noch lange sehen.

Das Prinzip von Biegen und Brechen

Nun wird immer verständlicher, was die Geschlechterdifferenzierung so sinnvoll macht, daß sie sich bei allen höheren Säugetieren in etwa der gleichen Form durchgesetzt und beim Menschen sogar ganz neue Höhen der Differenzierung erreicht hat. Bei den Pflanzen ging der zweihäusig-zweigeschlechtliche Gingko sang- und klanglos unter – dort war dieses Prinzip unnötig kompliziert. Von einst etwa 100 Arten hat nur eine einzige – gehegt in chinesischen und japanischen Tempelgärten – überlebt, und zwar dort, wo ihr die Konkurrenz mit moderneren Baumarten erspart blieb. Bei den Tieren ist das anders. Neben der ständigen Durchmischung und Neukombination der Genome, wodurch allein noch keine besonderen Geschlechterrollen erforderlich würden, ist es die zunehmende Komplexität eines immer beweglicher jagenden, fliehenden, zielenden, suchend umherziehenden und ständig gefährdeten Lebens, welche diese Rollenaufteilung evolutionär erfolgreich macht.

In ganz groben Linien gezeichnet: Wenn ein System einer extremen Belastung ausgesetzt ist, gibt es die Strategien der zähen Stärke und der weichen Flexibilität. Das System muß sich elastisch verhalten – biegen – oder starr – und dabei notfalls brechen. Manchmal ist das Biegen besser: Schilf in den Wellen, Weidenzweige im Wind, manchmal das Prinzip der Stärke: die Äste der Weltesche Yggdrasil oder der knorrigen alten Eiche,

Quercus robur. Am besten aber ist es, gar nicht wählen zu müssen, sondern, statt sich für Biegen oder Brechen entscheiden zu müssen, auf Biegen *und* Brechen zu bauen.

Das gibt mehr Optionen. Wenn es wirklich ums Ganze geht, wenn es kalt ist oder gefährlich, wenn Hunger herrscht oder extreme Not, dann kann der Mann hinausgehen, mit harten Muskeln und schwerem Skelett. Er kann mit dem Bären, dem Mammut, den Unbilden des Klimas kämpfen und notfalls untergehen. Seine Adern mögen schwellen, sein Wutschrei im Sturm verhallen, seine Muskeln mögen reißen, seine Knochen brechen – solange die Frau, der sich wegbiegende, der Gefahr ausweichende, die Herausforderung nicht annehmende Teil, das Kind schützt und überlebt, ist wenigstens die Erbmasse gerettet.

Ist der Mann reptilhirnig geschickt und aggressiv genug, wird er die Familie vielleicht durchbringen. Ist die Frau limbisch-sozial sensibel und geschickt genug, wird sie vielleicht einen neuen Ernährer und Beschützer finden. Das ist das Prinzip, das die Aufteilung in den notfalls entbehrlichen, mutigen und den unentbehrlichen, vorsichtigeren Teil der Familie, geschlechterspezifisch gehärtet beziehungsweise sensibilisiert, so erfolgreich gemacht hat: den Mann als *high-risk gambler*, die Frau als *safe investor*.

Das hat seine Entsprechungen auch in der modernen Welt, denn das zugrunde liegende Prinzip trägt auch heute noch. Ein ruhender, ungefährdeter Pol hat sich in vielen komplizierten Systemen als unentbehrlich erwiesen. Gewisse gedankliche (mnestische) Güter – die Familien-Meme, spezifische Erfahrungen, nicht zuletzt mit familientypischen Eigenschaften: etwa der Suchtgefährdung, der Streßempfindlichkeit, der übertriebenen Hingabe oder Indolenz! – müssen bewahrt werden. Wo sind sie am sichersten aufgehoben, wo am besten vor dem Alltagsstreß geschützt? Auch die differenzierte Strategie einer großen funktionellen Einheit wie Unternehmen, Schulen, Institute, Behörden, Militär zieht großen Nutzen aus dem Vorhandensein unterschiedlich gepolter Köpfe. Das ist eine neuere Entdeckung, die nun ihre schlüssige Erklärung findet. Man muß halt dafür sorgen, daß die Frauen dabei ihre tatsächlichen Stärken einsetzen können und nicht etwa ihre mühsam kompensierten Schwächen einsetzen müssen.

Bestätigte und bestätigende Beobachtungen

Wer die Forschung zur Geschlechterdifferenzierung der letzten Jahrzehnte verfolgt hat, sieht in ihren Ergebnissen im Grunde eine detaillierte Bestätigung naheliegender Vermutungen, die bislang nur von Plausibilitätsüberlegungen getragen wurden. Um zu ihnen vorzudringen, mußte man doch schon eine ganze Menge wissen: über die Grundlagen der Biologie, über Chromosomen und Hirnentwicklung, Hormone und hormonelle Zyklen und dazu über Psychologie, Verhaltensforschung und Ethnologie. Was man allein auf Grundlage dieser Wissensbereiche sagen konnte, war (und das alles ist heute noch besser zu begründen):

- Die Geschlechter sind unterschiedlich, in *so gut wie jeder* hinreichend genau untersuchten Funktion.
- Sie sind zum Teil so sehr spezialisiert, daß sie einzeln als funktionell *unvollständig* gelten müssen.
- Das betrifft nicht nur die Vermehrungsfunktion, sondern alle Organsysteme *inklusive der Psyche.*
- Daher liegt ihre Stärke vor allem in der Kombination beider Geschlechter, eben von Mann und Frau.

Das heißt: Kein Gegeneinander ist hier angezeigt, wie es uns habituelle Systemveränderer mit dem Wortschatz chronischen Benachteiligungsverdachtes ständig einreden wollen, sondern ein Miteinander, das komplementäre Eigenschaften und Talente nutzt. Denn das macht seit Jahrmillionen die Geschlechterkombination so erfolgreich.

Daß es die ungerechtfertigte Benachteiligung der Frau tatsächlich gibt, die einer gruppeninternen, mißbräuchlichen Anwendung männlicher Stärken auf Kosten der Frauen entsprungen ist, jener Stärken also, die gruppenexterner Nutzung zugedacht waren, ist traurig, aber wahr. Es ist eine Perversion, wie sie in der Natur bei labilen Umständen immer wieder vorkommt: Die Evolution kann kommende Veränderungen nicht vorhersehen und hat die Geschlechterdifferenzierung ohne jeden Gedanken an möglichen Mißbrauch entwickelt. Es ist an uns, das Beste aus ihr zu machen und das Unheilvolle abzuwenden.

Bei Affen und Hunden, ja, sogar bei Bibern finden sich *mutatis mutandis* die Geschlechtsrollen wieder, wie wir sie vom Menschen her kennen. Ihnen wurden sie garantiert niemals eingeredet oder beigebracht. Dieselben Rollen finden sich in der ganzen Säugetierwelt wieder, allerdings an sehr unterschiedliche Umweltverhältnisse angepaßt. Selbst bei Ratten noch hat man in histologischen Gehirnuntersuchungen nicht weniger als 15 (!) anatomische Unterschiede zwischen Männchen und Weibchen gefunden, die von ihren Chromosomen via Geschlechtshormone ausgebildet werden, und dazu entsprechende Leistungsunterschiede in verschiedenen Tests. Mit der Gabe gegengeschlechtlicher Hormone kann man das ändern.

Beim Menschen sind solche Experimente natürlich unzulässig, kommen aber spontan vor: Die Mädchen, die infolge eines genetischen Fehlers mehr Testosteron bilden, können Aufgaben, die räumliches Vorstellungsvermögen oder mathematische Abstraktion fordern, deutlich besser lösen. Mädchen, deren Mütter während der Schwangerschaft hormonbehandelt wurden, so daß die weiblichen Embryonen unversehens männlichen Hormonen ausgesetzt wurden (minimalen Mengen!), entwickelten sich psychisch wie ein männlicher Embryo, entwickeln Spontaninteressen und Fähigkeiten, wie sie sonst Jungen aufweisen. Auch sind sie anderen Mädchen in den knabenspezifischen Tests überlegen.

Mit all dem im Rucksack wußte man eigentlich schon lange: Die Geschlechtsunterschiede sind nicht das Ergebnis eingeübter Rollenspiele, sondern ererbte, biochemische und neurophysiologische Differenzierungen, in die man – falls rechtzeitig – mit Hormonen stark eingreifen kann. Wir wissen seit langem, daß diese Substanzen die gröberen physischen Unterschiede (Stimme, Haarwuchs, Körperwuchs, Muskelentwicklung, Genitalien, Reproduktionsorgane) auch beim Menschen bewirken.

Was ist nun hinzugekommen? Wir wissen heute auch, daß sie die gesamte Geschlechterdifferenzierung steuern, auch jene feineren Unterschiede, die an der Grenze zwischen rein psychischen Funktionen und den in sie verwickelten Steuersubstanzen liegen. Nur reine Voreingenommenheit und Wunschdenken hat diese Befunde bisher verwischen können – und wollen.

Ausblick auf künftige Forschung

Die mentalen Unterschiede zwischen Mann und Frau sind generell profunder als bislang vermutet. Andererseits ist das Gehirn ein so sensibles und bei Bedarf so flexibles Organ, daß die Vielfalt der Wirkungen geschlechtsspezifischer Faktoren auf unseren Stoffwechsel, vor allem der Geschlechtshormone, ganz sicher von einer erheblichen Spielbreite sind. Auch das kann kaum überraschen. Wieviel davon nun letztlich Software ist (also nur so organisiert, verknüpft, programmiert) und

wieviel Hardware (also anatomisch so angelegt, vorgezeichnet, vorgeprägt, vorverbunden) – das muß wohl noch lange offenbleiben.
Versuche, die das klären könnten, wären etwa durchzuführen an:
- Mädchen, die als Jungen erzogen werden,
- Jungen, die als Mädchen erzogen wurden (seltener),
- Frauen, die in ausgeprägt männlichen Berufen arbeiten (auch Politikerinnen) oder sehr viril wirken,
- Männern (etwa homosexuellen), die weibliche Rollen spielen oder sehr feminin wirken,
- Transvestiten, Intersexen und Hermaphroditen,
- Transsexuellen (nach Operationen beiderlei Geschlechts),
- Kastraten, Eunuchen, mit weiblichen Hormonen behandelten Männern (Hodenkrebs),
- mit männlichen Hormonen gedopten Sportlerinnen,
- mit androgenen Steroiden gedopten Sportlern,
- Männern und Frauen unter dem aktuellen Einfluß gegensinniger Hormongaben,
- Turner-, Klinefelter- und XYY-(Super-He)-Chromosomen-Anomalien,
- Frauen mit unterschiedlicher Ausprägung des Geschlechtsdimorphismus,
- Hochbegabten und künstlerisch Tätigen beiderlei Geschlechts.

Es wäre durchaus zu erwarten, daß Frauen mit mehr östrogengeprägter körperlicher Konstitution (breiten Becken und Hüften, viel Speicherfett, großen Brüsten, weichem Gewebe, ausgeprägtem Hormonzyklus) auch psychisch von der männlichen Konstitution verschiedener sind als Frauen mit schlanker, straffer, großer und muskulöser Körpergestalt mit weniger ausgeprägten primären und sekundären Geschlechtsmerkmalen. Das würde sich weitgehend mit dem decken, was wir beim Geschlechtsdimorphismus ausgeführt haben: Es wäre plausibel und würde ohne Zweifel gut zu ethnologischen, ethologischen und kulturhistorischen Beobachtungen passen. Wie gesagt – das wäre als logische Fortsetzung dessen, was wir wissen, zu erwarten. Aber ist es wirklich so? – Bewiesen ist es noch nicht.

Dies ist eine junge Wissenschaft und noch gehörig im Fluß. Wir raten sehr dazu, ihr neugierig und offen zuzuschauen. Was wir hier vorgestellt haben, sind keine unumstößlichen Wahrheiten, sondern vorläufige, plausible Erklärungsmodelle, gerade eben sichtbar gewordene Fakten, an denen noch viele Forscher herummodellieren werden. Ideologen allerdings sollten die Finger davon lassen, denn was sie beizusteuern pflegen, sind oft nur sehr vergängliche Muster ohne Wert.

Wir wollen hier also kein monolithisches Gedankengebäude aufbauen – dafür wäre es noch zu früh –, sondern lediglich zeigen, wie die bisherigen Ergebnisse dieser Forschung aussehen, wie sie zustande kamen, was sie an Deutungen nahelegen und wie es voraussichtlich weitergehen wird. Für das Konzept der echten Komplementarität der Geschlechter allerdings, für ihre erfolgreiche Kontrastharmonie aus einander ausschließenden, spezifischen Talenten, scheint uns das vorliegende Material heute durchaus schon auszureichen.

Man wird bei weiterführenden Untersuchungen finden, daß keineswegs jeder Mann psychisch nur männlich ist und nicht jede Frau nur weiblich; wer vorwiegend das eine ist, kann auch das andere sein. Daß dies von Stimmungen, Situationen und Willensakten mit beeinflußt wird, und daß es sich in Einzelfällen – das haben die referierten Versuche bereits gezeigt, von denen hier ja nur die durchschnittliche geschlechtsspezifische Bilanz wiedergegeben wurde – auch einmal ganz anders als üblich verhalten kann. Der Mensch ist immer noch ein Individuum mit einer persönlichen, unverwechselbaren Merkmalskombination, mit einer ganz persönlichen Lebensgeschichte und individuellen Talenten, Neigungen und Verhaltensmustern. Vermutlich hat ein Mensch ganz am Anfang in seinen Anlagen beide Optionen, dann aber werden mit seiner persönlichen Entwicklung und Differenzierung immer mehr Möglichkeiten ausgeschaltet, so daß am Ende – irreversibel! – ein geschlechtsspezifisches Eigenschaftsmuster entstanden ist. Man kann sich dagegen noch auflehnen, man kann noch eingreifen, modifizieren, ummodeln – Jan Morris hat uns gezeigt, wie sehr. Aber der Preis dafür wird immer höher – am Ende unbegreiflich hoch.

Die Ausrüstung des Bewußtseins

Gene und Meme

Was wir an Genen in uns tragen, bestimmt über die Ausbildung und Reifung unseres Gehirns. Was wir an Erfahrungen, Erkenntnissen und Erinnerungen in dieses Schaltzentrum/Archiv einlagern, bestimmt über seinen Bestand an Software und damit seine Tauglichkeit für die Aufgaben, die ihm das Leben stellt. Der Besitz an zusammenhängenden, überlieferten Systemen – man spricht hier von »sozialer Vererbung«, etwa der Symbolreihen für Rechnen und Schreiben, der Grammatik und der Arithmetik, aber auch der Normen und Gesetze, Sitten und Gebräuche, der Kalender- und Zeitordnungen, die uns oft schon in früher Kindheit beigebracht worden – ist eine weitere Ausgestaltung der Individualität. Das sind die »Meme« (Richard Dawkins) des Menschen, die zu gewaltigen Systemen von Erlerntem und Erlebtem als geistig-seelischer Verfügungsmasse anwachsen können. Ohne die Sprache etwa sind Erinnerungen und Erkenntnisse nicht aufsuchbar und abrufbar, ohne sie wäre unser Bewußtsein mit seinen Inhalten schlecht strukturiert und praktisch kaum nutzbar.

Der Besitz von Memen entscheidet so über die mehr oder weniger ergiebige Persönlichkeitsentwicklung, über die Ausbildung von Talenten, Interessen und spezifischen Fähigkeiten – etwa zur künstlerischen Betätigung (Kreativität), zum Forschen (disziplinierte Neugierde) oder zum Operieren (Geduld und Geschicklichkeit). Der Mensch ist also gleichermaßen abhängig von seinen Genen, die ihm die Natur mitgegeben hat, der Umwelt, die ihm zustößt beziehungsweise die er sich schafft, und der Innenwelt, eben den Memen, die er sich – durch Vermittlung der eigenen Art – dann selbst zulegt (beziehungsweise die ihm dazugelegt werden).

Der Suchscheinwerfer der Aufmerksamkeit

Die Sinnesorgane des Menschen sammeln pro Sekunde so viele Eindrücke ein, daß man ihre Menge kaum faßt: Es ist etwa das Zehntausendmilliardenfache von einer Milliarde Milliarden bit.[4] Davon werden nur etwa 100 bit pro Sekunde durch die Schaltstation Thalamus weitergeleitet, erreichen also das Großhirn. Das Tor zum Bewußtsein ist also ein Nadelöhr.

Die weitergeleiteten Reize werden nicht etwa alle bewußt wahrgenommen: Etwa 82 bis 85 Prozent verlaufen sich unbemerkt im Neuronennetz, nur 15 bis 18 bit werden uns wirklich bewußt. Diese Zahlen sind nur unsichere Richtwerte, da in willkürlichen Testsituationen ermittelt, aber ihre absolute Größe ist hier gar nicht wichtig. Als grobe Werte für das Mengenverhältnis zwischen dem Wahrgenommenen und dem Weggefilterten können sie durchaus dienen. Die verschiedenen Wahrnehmungskanäle konkurrieren miteinander um unsere Aufmerksamkeit: Während wir aufmerksam lesen, können wir schlechter der Stimme aus dem Nebenzimmer lauschen, horchen wir auf sie, sind wir abgelenkt und lesen langsamer. Fordert man uns auf, uns auf die Druckempfindung unserer Sitzfläche zu konzentrieren oder etwa Wörter zu suchen, die mit Z beginnen, so entgleiten uns sowohl die Stimme von nebenan als auch der Text vor den Augen.

Wir sind zwar nicht unbedingt ein-gleisig, aber die Simultankapazität des Gehirns ist äußerst begrenzt. Daher ist es ein ganz zentraler neuronaler Prozeß, das Wesentliche aus dem Überangebot der Sinne auszuwählen. Vermutlich mußte bereits der Regenwurm diese Auswahl einüben. Welches Segment seines langen Körpers zum Melden einer Empfindung Vortritt beim Kopfknoten seines Strickleiternervensystems fand, mußte durch einen Konkurrenzprozeß entschieden werden. Dieser ist beim höheren Säuger, besonders aber beim Menschen zu großer Komplexität gediehen. In ihn sind nach 500 Millionen Jahren Entwicklung nicht nur periphere Alarmsignale – wie der stets Aufmerksamkeitsheischende Schmerz –, sondern auch innere Komponenten involviert: unsere Interessen, unser Wille, unsere gerichtete Aufmerksamkeit, unser Wissenwollen. Das gibt unserer Aufmerksamkeit ein Ziel.

Dieser Prozeß einer willentlichen Fokussierung unserer Wahrnehmung auf ein selbstgewähltes Ziel ist nützlich und zugleich auch lebensgefährlich. Das Interesse eines Affenmannes an einer attraktiven Affendame in der Brunst (Östrus) etwa hat den Raubkatzen des Urwaldes sicher schon manchen Leckerbissen eingebracht. Und den verspeisten Affenkavalier um seine Fortpflanzung gebracht. Wer also das Ausrichten seiner Aufmerksamkeit selbst übernimmt, macht das tunlichst in weiser Kooperation mit dem Artgedächtnis, das sich bislang allein um sein Überleben zu kümmern hatte. Es kann also nicht wunder nehmen, daß sich im Gehirn der Primaten wichtige Funktionen identifizieren lassen, welche die Aufgabe haben, diesen Aspekt des Lebens zu betreuen: das »exekutive Aufmerksamkeitsnetzwerk« (man unterscheidet mehrere solche Netzwerke, die je nach Aufgabe zusammenzuarbeiten scheinen) und das Wachsamkeitsnetzwerk (Poser/Raichle 1996, S. 184–196).

Inzwischen wissen wir, daß der Thalamus uninteressante Wahrnehmungen gar nicht ganz ausschaltet, sondern nur halbbewußt nebenherlaufen läßt. Dabei fungiert er als eine Art Suchscheinwerfer unserer Aufmerksamkeit, der bei Bedarf bestimmte Reize in den Fokus des Bewußtseins holen kann. Das Nadelöhr Thalamus ist also – alle diese Reservedateien mitgerechnet, wenn schon kein Scheunentor, so vielleicht doch ein kleine Katzenpforte.

Eine bestimmte thalamische Region, das sogenannte Pulvinar, scheint beim Affen wie beim Menschen für das Ausrichten, besonders für das Umdirigieren der Aufmerksamkeit eine Schlüsselrolle zu spielen, denn wenn sie verletzt ist, geschieht das nur noch mit erheblicher Verzögerung. Nachdem dieser Prozeß abgeschlossen und etwa ein neuer visueller Eindruck auf die Gehirnrinde übertragen ist, tritt das exekutive Aufmerksamkeitsnetzwerk in Aktion. Seine Aufgabe ist es, ein Objekt ins Bewußtsein zu überführen. Ab jetzt ist dieses Objekt nicht nur wahrgenommen, es ist mitsamt seinen Eigenschaften und seiner Bedeutung erkannt. Die ist der Übergang von der reinen Perzeption zur Kognition.

Die Rolle des exekutiven Aufmerksamkeitsnetzwerkes ist die Umorganisation der eigenen Wahrnehmungs-, aber auch Denkprozesse nach inneren Instruktionen: Anweisungen an sich selbst, aus dem eigenen Kopf. Ob limbisch gesteuert, also durch Emotionen, oder kortikal, also durch die Ratio, man kann der Empore des eigenen Metabewußtseins und dem Begriff der Gedankenfreiheit kaum näher kommen als an diesem Punkt. Orwells selbstzensierende Kombination von »Verbrechendenk« und »Gedankenstopp« dürfte genau hier ansetzen: »Hör um Himmels willen auf, in dieser Richtung weiterzudenken – das führt, man sieht es schon kommen, zu äußerst unerwünschten Schlußfolgerungen!« Hier berühren sich im Menschen Eigenschaften wie Folgsamkeit, Voreingenommenheit und Aufsässigkeit. Dies dürften die Schlüsselpositionen sein, um welche die unterschiedlichsten Impulse kämpfen wie Schachspieler um die zentralen Felder ihres Spielfeldes.

Dieses Aufmerksamkeitsnetzwerk wird offenbar von einer Region im vorderen *Gyrus cinguli* aus organisiert, wo man bei PET-Studien die höchste Aktivität lokalisieren konnte. Wie zu erwarten, ist dieses Zentrum der Aufmerksamkeitskontrolle mit vielen Regionen des Gehirns verbunden. Es kontrolliert das Arbeitsgedächtnis, die visuelle Orientierung und die Merkmalsanalyse. Es ist verknüpft mit Sprachzentren und dem präfrontalen Cortex, von dem aus auch intentionale Impulse ausgehen.

Konzentration und Wachsamkeit

Die fokussierende, unabgelenkte Aufmerksamkeit nennen wir Konzentration. Hier besteht das Problem des Gehirns darin, Aufmerksamkeit und Wachsamkeit (als *vigilance* von der *attention* abgegrenzt) gleichzeitig aufrechtzuerhalten. Wenn diese Art der von innen angeregten Konzentration oder gerichteten Aufmerksamkeit, etwa bei der Aufgabe, ein Wort zu erkennen, schnell auf ein bestimmtes Signal zu reagieren oder über ein konkretes Problem intensiv nachzudenken, eingeschaltet ist, wird der Herzschlag langsamer, die Atmung ruhiger. Die Außenwelt mit ihren Anforderungen an den Organismus wird sozusagen abgeschaltet.

Dies ist also das genaue Gegenteil der streßbedingten, ungerichteten Wachsamkeit, die von außen angeregt wird: Diese ist eher eine Alarmiertheit (*alertness*, aus naheliegenden Gründen der Erregung, *arousal*, verwandt), die mit einem erhöhten Sympathikotonus, also schnellerem Puls und heftiger Atmung einhergeht. Diese nach außen gerichtete Art der Wachsamkeit ist eine gespannte, welche die innere, entspannte Konzentration eher ausschließt. Die innere Wachsamkeit ist eher eine Art willentlicher Fokussierung, eine selbst gewählte Aufmerksamkeit. Sie stellt den vorderen *Gyrus cinguli* im limbischen System ruhig und läßt jederzeit eine Neuorientierung der Aufmerksamkeit zu. Dies hingegen fällt sehr schwer, wenn man sympathikoton gespannt ist.

Das alles bedeutet, was man bereits von der Streßforschung her weiß: Konzentration hilft Probleme lösen, aber kostet Aufmerksamkeit nach außen, Alarmiertheit beschleunigt Wahrnehmung und Reaktion, kostet aber Flexibilität und Bewußtheit.

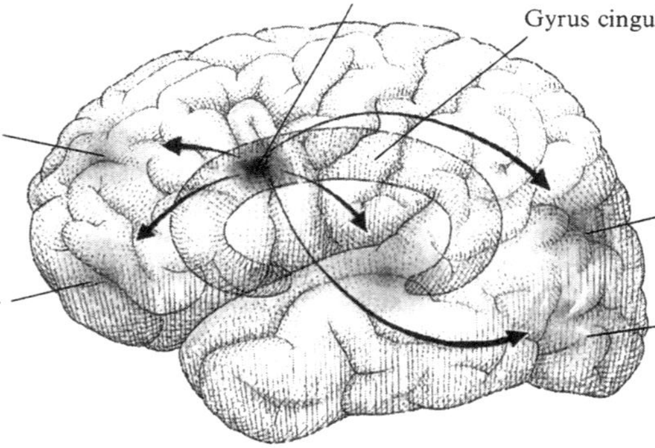

Die zentrale Aufmerksamkeitssteuerung regelt die Reihenfolge unserer Wahrnehmungen und Reaktionen, gibt also eine Art Interessenshierarchie an. Diese entscheidet, ob wir erst essen oder erst Musik hören, ob wir wandern oder in die Bibliothek gehen, und prägt so die Persönlichkeit mit ihren Neigungen, Wertmaßstäben und Vorlieben.

Die von innen kommende, sozusagen beschlossene Aufmerksamkeit ist also eine eher neuronal vermittelte Wachsamkeit, unter Mitwirkung von Regionen im rechten Frontal- und Parietallappen der Großhirnrinde. Die von außen ausgelöste Wachsamkeit hingegen ist eher eine humorale, denn sie wird bedingt durch die Stimulation des alarmierenden *Locus coeruleus*, der im Stammhirn liegt und Noradrenalin freisetzt. Er repräsentiert einen uralten Reaktionsweg zum Überleben. Diese Reaktion ist daher eindeutig streßbetont. Das interne Aufmerksamkeitsnetzwerk hingegen arbeitet wohltuend streßfrei und ist überwiegend nach innen gerichtet, auf Assoziationen und Bearbeitung (»Wo«- und »Wie«-Bahnen). Das von außen angestoßene Alarmsystem aber arbeitet vor allem mit visuellen Orientierungssystemen zusammen, welche die Informationen der Objekterkennungsbahnen (»Was«-Bahnen) schneller bearbeiten können. Das führt zu einem Alarmzustand, in dem die Reaktionszeit nach einem warnenden Signal verkürzt ist (Kampf- und Fluchtbereitschaft). Es gibt dadurch mehr »Fehlstarts« und generell höhere Fehlerraten. Vielleicht erklären sich so Unterschiede in der individuellen Reaktion auf eine Situation, die den einen schreckt, den anderen fasziniert: Es ist eine Frage der Kontrolle beziehungsweise des Kontrollverlustes, ob das Konzentrations- oder das Alarmprogramm anspringt.

Ob diese Netzwerke nun im Verbund miteinander ein einziges Aufmerksamkeitssystem bilden oder nicht, ist noch Gegenstand der wissenschaftlichen Diskussion. Die Aufmerksamkeitsrichtung jedenfalls hat einen entscheidenden Einfluß auf die Art und Weise, in der das Gehirn Umweltreize mit Innenwelterlebnissen verknüpft. Das hierbei aktive Neuronennetzwerk dürfte infolge seiner Koppelung an sowohl Frontalhirn als auch limbisches System der wichtigste Dirigent von Absicht und Beharrungsvermögen, von Wunschbildung und Aufmerksamkeitsrichtung sein und damit gerade die komplexesten Eigenschaften der menschlichen Psyche beeinflussen.

Zugleich bildet es die unabdingbare Voraussetzung einer willentlichen Kontrolle der eigenen Orientierung im Denken und Handeln. Damit ist es vermutlich die eigentliche Kontrollzentrale der Persönlichkeit und ihrer besonderen Züge. Es ist anzunehmen, daß die Konzepte von Frau und Mann gerade hier, in einer hierarchisch organisierten Verteilerfunktion, ihre entscheidenden psychischen Weichenstellungen erfahren.

An der Weiche der Geschlechterdifferenzierung

Zwei Umstände sind hier von eminenter Bedeutung, die wir nie aus den Augen verlieren dürfen: Nach allem, was wir heute wissen, steuert ein solcher »Aufmerksamkeits-Verteiler« automatisch auch die primäre Programmierung der benutzten Hirnregionen für eben die Aufgaben, für die er sie herbeizieht. Der Verteiler übt also die angesprochenen Hirnareale im Sinne einer Spezialisierung auf die jeweiligen Funktionen ein, die gerade ablaufen. Genauso geht offenkundig die Verteilung der weißen Felder der Hirnrinde auf verschiedene Anwender vor sich: Wer zuerst kommt, prägt zuerst. Wenn ein Musiker nach der Pubertät ein Streichinstrument spielen lernt, legt er sein Musikzentrum – das haben PET-Untersuchungen erwiesen – an anderer Stelle an als Kollegen, die das vor der Pubertät erlernten.

Zum anderen steuert die Wahl der Aufmerksamkeitsrichtung auch zahlreiche höhere geistige Funktionen, etwa die Strategie bei der Problemlösung: wann man aufgibt, eine andere Taktik wählt, ob und wann man wieder zurückkehrt zu einer noch ungelösten Aufgabe; die Hierarchisierung der Ziele: was man zuerst tun und was erst einmal zu Ende geführt werden muß, ehe man sich einem anderen Objekt/Thema/Problem zuwendet; die Wahl der Freizeitbeschäftigung: Sport treiben, sich anstrengen, lesen oder musizieren; der Zuwendung und Wahrnehmungsrichtung: TV, Nachbarn, Auto, Politik, Kinder oder Hausarbeit; und ganz generell der Denkweise: konzentriert-exakt/linkshirnig wie beim Schachspiel oder schweifend-emotional/rechtshirnig wie beim Musikhören.

Und genau diese Variablen sind es, in denen sich die männliche von der weiblichen Hirnfunktion unterscheidet. Also befinden wir uns bei den Steuerzentren des Aufmerksamkeitsnetzwerkes ganz nahe an der Wasserscheide für die Geschlechterdifferenzierung. Der Aufmerksamkeits-Verteiler nämlich ist im Stadium der Hirnentwicklung, wo die ersten funktionellen Strukturen entstehen, wo Leitungsbahnen und Funktionskarten, die ganze Topographie der Zentren und Regelkreise angelegt werden, notwendigerweise auch ein Funktionsverteiler. Damit bestimmt er den noch plastischen Anteil der Organisation des heranwachsenden Gehirns, und diese wird später zur Grundlage unserer Verhaltenssteuerung. Wir rechnen diese Organisationsstrukturen später der Hardware zu und grenzen sie von den weicher engrammierten Programmen, den offenkundig erlernten, als Software ab. Die Grenzen zwischen Hardware und Software im Gehirn sind anfangs notwendigerweise fließend. Erst später erstarren sie zunehmend, und zwar – wie wir an der Geschichte des James Morris einleitend gesehen haben – niemals ganz und gar und endgültig.

Wenn also eine pränatale Hormonbeeinflussung (etwa die Testosteron-Dusche) des Zellwachstums, der Rezeptorenausrüstung und der Bildung von Botenstoffen stattfindet, so ist es logisch und höchst praktisch, daß sie dort ansetzt, wo gerade etwas in der Ausformung begriffen ist. Da nämlich ist die Plastizität der Struktur stets am größten. Ein Funktionsverteiler hat hier eine einmalige Chance, *faits accomplis* zu schaffen. Hier können kleinste Veränderungen geschehen, die später zu immensen, sich unbegrenzt verfächernden Konsequenzen im Verhalten führen. Wir wollen im folgenden Abschnitt einmal anhand einer konkreten Fragestellung sehen, wie weit diese Vorstellung trägt.

Dyslexie, Dyskalkulie und andere neuropsychiatrische Handicaps

Es gibt eine Unzahl von Störungen des Verhaltens von Kindern, heranwachsenden Schülern und Jugendlichen, die man seit Jahrzehnten in immer neue Diagnosefächer gießt, umgießt und neuformuliert, um eine plausible Zuordnung zu den zugrunde liegenden Befunden zu finden. Wenn man ein Kind mit einem Handicap, etwa einer offenkundigen motorischen Ungeschicklichkeit, plumpen Bewegungen und einer gewissen Fahrigkeit, mit Lernschwäche oder Konzentrationsstörungen, mit unbeherrschbarer Unruhe oder anfallsweiser Erregung und Aggressivität näher untersucht, findet man häufig, daß weit mehr als nur eine Funktion betroffen ist. Man bezeichnete daher früher diese multiplen Abweichungen als das MBD *(minimal brain dysfunction)* oder »hyperaktives Syndrom«. Nach mehreren Umbenennungen und Unterteilungen in Einzelbilder und Punktdiagnosen (Dyslexie, Dysgraphie, Dyskalkulie, Asperger-Syndrom, de la Tourette-Syndrom, *conduct disorder, learning disorder, social disorder,* oppositionelle Trotzreaktion, Tics, autistische und phobische Verhaltensmuster), die doch alle zusammenzugehören scheinen, nennt man dieses Syndrom heute DAMP *(deficiency in attention and motor perception),* womit man den Schwerpunkt mehr auf die Konzentrationsschwäche und den Verlust an motorischer Feinjustierung der Bewegungen legt, und im angelsächsischen Sprachraum ADHD *(attention deficiency and hyperactivity disorder).*

Diese Störungen, vor allem die Facetten der körperlichen Plumpheit und der Wortblindheit und alle Varianten der Lese-, Schreib- und Rechenschwäche, werden heute in der Schule mit den zunehmend kommunikationsorientierten Anforderungen immer häufiger entdeckt. Man hat in mehreren europäischen Ländern, vor allem England, Schweden und Norwegen, aber auch in Kanada, Australien und China gefunden, daß etwa 10 Prozent aller Schulkinder dieses Syndrom in mehr oder weniger ausgeprägter Form aufweisen. Durch begleitende psychologische und medizinische Untersuchungen kann man die Befunde objektivieren und sie Abweichungen etwa in den MRI-, PET- oder SPECT-Bildern zuordnen. Damit hat sich die Ansicht gefestigt, daß diesen Störungen stets irgendein organischer Defekt zugrunde liegt, sei er nun embryonal, pränatal, perinatal, also im frühen Schwangerschaftsstadium eines Embryos oder Fötus, vor der Geburt oder bei der Geburt oder frühkindlich erfolgt. Es kann sich dabei um Durchblutungsstörungen, Virusinfektionen oder Gifteinwirkungen handeln.

Dafür, daß es zum Beispiel beim Dyslektiker tatsächlich um eine gestörte Arbeitsverteilung geht – und zwar nicht nur bei der Sprachbearbeitung allein –, sprechen folgende Beobachtungen:

1. Man findet ganz generell alle Einprägungsvorgänge gestört.

2. Man findet die Automatisierung verschiedenster Funktionen (Sprechen, Schreiben, Balancieren, Rennen, Radfahren, Schwimmen) gestört, also ihre das Bewußtsein entlastende Verlagerung von der Großhirnrinde in tiefer gelegene motorische Zentren.

3. In neuropsychologischen Tests findet man neben einer – besonders akustischen – Erinnerungsschwäche auch einen ungewöhnlich beschränkten Wortvorrat.

4. Untersuchungen mit Hirnimaging-Verfahren (SPECT, MRI) haben gezeigt,[5] daß eine spezielle Region an der Oberseite des Schläfenlappens, das *Planum temporale,* dem man eine entscheidende Rolle in der phonologischen Analyse von Lauten, Geräuschen und Sprache zuordnet (Wortdecodierung), nicht normal ausgeprägt ist: Beim normalen Rechtshänder ist das linke *Planum temporale* deutlich größer als das rechte, weil es das Zentrum für die Sprachwahrnehmung darstellt. Beim Dyslektiker ist diese Region auf der anderen Hirnseite ebenso groß, ein deutlicher Mangel an Asymmetrie, der dafür spricht, daß hier die erforderliche Seitenspezialisierung unterblieben ist.

5. Dieser Befund wird durch hirnanatomische Obduktionsergebnisse bestätigt (Skuse). Es handelt sich also nicht nur um rein funktionelle, sondern um objektivierbare organische Veränderungen, die auf zeitlich ausgedehnte Einwirkungen schließen lassen.

Das alles zusammen ergibt ein gutes Bild der anatomisch-funktionellen Grundlage der Dyslexie. Es ist eine sehr plausible Annahme, daß ähnliches auch der übrigen DAMP-Symptomatik gilt. Ein Mysterium hingegen, für das die Wissenschaft noch keine eindeutige Lösung anbietet, ist der Umstand, daß in aller Welt rund fünf- bis siebenmal mehr Knaben als Mädchen hiervon betroffen sind. Woher mag dieser mystische und erhebliche Unterschied in der Frequenz der DAMP-Symptomatik bei Mädchen und Jungen herrühren?

Dem Urzustand näher – das weibliche Gehirn ein robusterer Entwurf?

Wir erinnern uns daran, daß Mann und Frau nicht völlig symmetrische Entwürfe sind, etwa gleich weit von einem Urzustand entfernt, sondern daß der Mann sozusagen aus einer Frau hormonell zubereitet wird.

Das ist ein komplizierter Prozeß, der mit dem Männlichkeits-Switch des 35. Schwangerschaftstages beginnt, sich mit der Testosteronproduktion ab der 8. Schwangerschaftswoche fortsetzt und kurz vor der Geburt mit einer kräftigen Testosteron-Dusche ihre Bestätigung erfährt. Gleichzeitig ist das die für alle sekundären Geschlechtsmerkmale entscheidende Wende in der weiteren hormonellen Betreuung. Ab jetzt wird durch den Einfluß des Testosterons auf Hirnzellrezeptoren die typische Aufgabenverteilung eingeleitet, die in der Verlängerung – mit dem letzten großen Hormonsturm der Pubertät – zu der ausgeprägten linkshirnigen Dominanz beim Mann, zu seiner Stärke im Umgang mit Symbolen, Zahlen, Systematiken und räumlichen Modellen, zu seiner intellektuell-konzentrierten, spähend-fokussierenden und erkundend-umherstreifenden Funktionsweise führt, die Unbestimmtheit und Unbekanntes, Gefahren und den Adrenalinkick sucht. Währenddessen bleibt in der Frau eine weniger spezialisierte, ablenkbarere, eher bihemisphärische Arbeitsweise bestehen, die besser geeignet ist für ihre geschlechtstypischen *multi-task*-Funktionen.

In beiden Fällen aber organisiert sich das Gehirn in der Lokalisierung seines Sprachzentrums, seiner Wortwahrnehmung, seiner Schreibbewegungen und Assoziationsbahnen, seiner Räumlichkeitskoordinaten, seiner »Wo«- und »Was«-Bahnen sowie seiner sensomotorischen Koordination sozusagen selbst. Dabei ist eine strenge Optimierung der Abstände zwischen den verschiedenen Funktionszentren von entscheidender Bedeutung. Jede Störung dieses Optimierungsvorgangs muß weitreichende Folgen haben.

Dies liegt an der relativen Langsamkeit aller neuronalen Prozesse. Wenn für so elementare Tätigkeiten wie das Sprechen ständig auf die andere Hirnhälfte zurückgegriffen werden müßte, entstünden statt der 1 bis 3 Zentimeter zur direkten Nachbarschaft in der Großhirnrinde ungewöhnlich lange Wege von 15 bis 20 Zentimetern Länge. Bei mehreren Reentry-Schleifen, Kontroll- und Rückkoppelungsgängen dürfte das zu merkbaren Verzögerungen führen, die beim Sprechen und Singen, beim Violinspiel oder Turnen sehr stören können. Immerhin ist der Abstand vom rechten zum linken Schläfenlappen mit dem Bogen über das verbindende *Corpus callosum* rund 20 Zentimeter, hin und zurück bereits 40 Zentimeter, was – mit einigen Schaltvorgängen – immerhin eine viertel bis halbe Sekunde in Anspruch nehmen kann.

Deshalb soll man Linkshänder nicht zur Rechtshändigkeit zwingen, da das häufig zu einer suboptimalen Umorganisation der Zentren für Wortbehandlung und Sprechen und damit zu solchen Verlängerungen der Wege führt: Der Mensch kann dabei beginnen zu stottern. Es ist also von größter Wichtigkeit, daß die Optimierungsprozesse der Selbstorganisation des Gehirns während seiner Entwicklung und Ausreifung ungestört ablaufen. Und die führen – beim Mann mehr als bei der Frau – zu einer ausgeprägten Hemisphärendominanz, die sich für die Behandlung umfangreicher Memsysteme wie der Sprache, der Schrift und des Zahlensystems besonders gut eignet.

Testosteron – der Joker unter den Hormonen

Man vermutet, daß es gerade diese zusammengesetzten, hochkomplexen Riesenprogramme sind – neben der Sprache etwa das Musizieren, Rechnen, die räumliche Orientierung, das mathematisch-logische Denken wie beim Schachspiel oder die räumliche Vorstellung bei der technischen Konstruktion –, die dem menschlichen Gehirn seine Hemisphärendominanz aufdrängen oder gar aufzwingen. Sie wäre also ein Maß für seine funktionelle Optimierung bei begrenztem Kommissurensystem: Dies sind Leitungsbahnen, welche die beiden Hemisphären miteinander verbinden, die meisten zusammengefaßt als Balken *(Corpus callosum)*, daneben aber auch noch die *Commissura anterior* in der Vorderwand des dritten Ventrikels und die *Massa intermedia* im Thalamus. Alle diese Kommissurensysteme sind bei der Frau besser entwickelt als beim Mann, vor allem der hintere Teil des Balkens.

Testosteron scheint die dominante, also in der Regel die linke Hemisphäre in ihrer Reifung und Entwicklung zu bremsen. Das vergrößert den Rechts-Links-Unterschied. Warum aber gerade diese Hälfte? Ähnlich selektiv scheint Östrogen sie zu stimulieren. Aber bei der Frau sind doch die speziell linkshirnigen Funktionen weniger entwickelt? Das ist nur scheinbar ein Paradox, denn eine rasche Reifung pflegt auch rasch zum Stillstand führen. Wir lernen hier das Testosteron wieder einmal als den Joker der Hormone kennen: Es macht den Mann männlich, die Frau stärker und zäher, es stimuliert die Libido bei der Frau, verbessert ihr mathematisch-räumliches Denken, aber verschlechtert es beim Mann, es macht den Mann selbstbewußt und aggressiv, aber in hohen Dosen unbeherrscht und gefährlich (Rabaukenhormon!), es macht ihn dominant, aber von allem Anfang an auch rational und intellektuell.

Noch mehr davon ist aber keineswegs von Vorteil, sondern jede Überdosis führt schnell zu Problemen: Wer sich als Frau zu viel Testosteron zuführt, wird nicht etwa immer sexinteressierter, mathematisch begabter, technisch klüger, sondern wird bald unbalanciert, aggressiv und unvorsichtig. Außerdem bekommt sie Pickel, männlichen Haarwuchs und Zyklusstörungen. Der Mann, der sich zuviel Testosteron zuführt (vor allem synthetisches!), wird unruhig und umtriebig, gewalttätig und unkritisch. Hat er gehofft, besonders schön, groß und viril zu werden, wandelt er sich statt dessen zu einem muskelbepackten, impotenten Monster-Stier mit geschrumpften Testikeln und verkümmertem Penis.

Testosteron ist also von einer gefährlichen Effektivität, welche die straffen Zügel der hormonellen Rückkoppelung braucht. Alle Säugetiere beherrschen diese Zügelung gut. Es ist das Hormon, das etwa die Hälfte von ihnen zu besonderen Leistungen stimuliert, sie aber im Interesse der Erhaltung ihres Erbgutes oft auch in Gefahr bringt und notfalls opfert. Bei alldem aber bleibt verblüffend, daß das Testosteron während der Hirnentwicklung auf die dominante Hirnhälfte anders wirkt als auf die nichtdominante. Woher weiß es den Unterschied zwischen rechts und links?

Ein innovatorisches Prinzip der Hirnentwicklung?

Man hat nämlich noch keinerlei Unterschiede im chemischen Design, im Zell-Make-up, in den Rezeptoren oder Transmittern der beiden Hemisphären gefunden, und solche sind auch – primär – kaum zu erwarten. Aber die Hormonwirkungen können natürlich leicht an einen *Funktionszustand* gekoppelt sein, der stets mit der Bewegung von Stoffen, etwa der Freisetzung von Transmittern und der Aktivierung von Rezeptoren einhergeht. Diese Aktivitäten könnten das Testosteron auf sich ziehen. Das neurale Glimmen der Aktivität in der dominanten Hemisphäre kann diese attraktiv machen für einen Botenstoff, wie der Duft einer Pflanze pollinierende Insekten herbeiruft, oder kann es empfänglich machen für gewisse Hormoneffekte, wie das Eintreten in die Teilungsphase eines Bakteriums dieses empfindlich macht für das Penicillin. So erfahren die steuernden Hormone möglicherweise über die zelluläre Ansprechbarkeit, welche Hemisphäre eigentlich die dominante ist: Sie gibt vermutlich gewisse Signale von sich und reagiert auf bestimmte Einflüsse stärker als die andere.

Das wäre ein raffiniertes Steuerungsprinzip, das eine große Flexibilität ermöglichen würde: Die gerade am meisten beschäftigte Hirnregion würde sozusagen das Hormon zu sich rufen, das sie zu einer Optimierung der in ihr ablaufenden Prägungs- und Bahnungsvorgänge braucht.

Damit träte die Gehirnentwicklung in ein ganz neues Stadium der Selbstorganisation: Die neu ausgebildeten und in Aktion tretenden Hirnrindenbezirke zögen genau die Hormone auf sich, die ihnen am meisten nützen: hier vor allem das Testosteron als Geburts- und Prägungshelfer, den großen Meister der *slow motion*. Dieses Prinzip könnte ganz allmählich immer mehr in den Vordergrund treten. Die Gehirnentwicklung würde damit interaktiv, würde wechselseitige Einflußnahme zulassen.

Der evolutionäre Anschub, der von einem solchen neuen Prinzip zu einem bestimmten Zeitpunkt der Entwicklungsgeschichte ausgehen kann, ist gar nicht zu überschätzen. Es sind vermutlich genau solche kleinen Schritte neurochemischer Verbesserungen, Veränderungen der Transmitterfunktion, neue Substanzwirkungen, katalytische Enzymeffekte, die einen regelrechten Entwicklungssprung auslösen können. Man nimmt zum Beispiel an, daß es neue Verdauungsenzyme und Stoffwechselschritte in der Nahrungsverwertung waren, welche die plötzliche, mächtige Explosion der Riesensaurier im Mesozoikum ermöglichten. Ähnlich könnte man sich vorstellen, daß in der Evolution eines Tages das Testosteron als eine neue Generation der Östrogenderivate, der neueste Clou in der Weiterentwicklung alter Hormonsubstanzen, diese wechselseitige Interaktion in die Hirnentwicklung einführte: die selektive Reifungsbremsung auf Verlangen, sozusagen das Prinzip der Neotenie[6] auf Molekülniveau.

Testosteron ist als Steroidhormon eine Grundsubstanz, die zu evolutionär wohl jüngeren Substanzen wie dem Dihydrotestosteron (DHT), aber auch zu dem bestimmt uralten Östrogen umgebaut werden kann. So erklärt sich die verwirrende Tatsache, daß es gerade im Gehirn vor dem Rezeptorkontakt oft noch rasch in Östrogen umgewandelt wird. Dies zeigt nicht nur die enge Verwandtschaft dieser beiden Steroidhormone, sondern auch, daß alles vermutlich noch erheblich komplizierter ist als von uns hier beschrieben. Ein weiteres Beispiel dafür ist, daß die gegengeschlechtlichen Hormone, also das Testosteron bei der Frau und das Östrogen beim Mann, die wie nebenbei von Eierstöcken und Testikeln gebildet werden, nicht etwa als Unglücksfall in der Arbeit zu betrachten sind, sondern wichtige Funktionen haben.

Beim Mann etwa hat man kürzlich nachweisen können, daß das Östrogen nötig ist, um den Wasserhaushalt bei der Spermienbildung zu kontrollieren. Ohne hohe Östrogenkonzentrationen in Hoden und Nebenhoden – in *Rete testis* und *Epididymis* – ohne eine hinreichende Flüssigkeitsresorption reifen die Spermien nicht aus.[7] Die männlichen Reproduktionsfunktionen kommen also ohne weibliche Hormone gar nicht erst in Gang. Mehr als bislang vermutet, scheinen quantitative statt qualitativer Unterschiede in den Hormonkonzentrationen die Geschlechterdifferenzierung zu begleiten. Umbau-, Abbau-, Neben- und Zwischenprodukte sowie noch nicht identifizierte Substanzen könnten in diesem Geflecht der Wirkungen mitspielen, ohne allerdings das Bild in seinen Hauptlinien wesentlich zu verändern.

Dies alles könnte erklären, warum es bei Männern wie bei Frauen nicht etwa monolithische Eigenschaftsblöcke gibt, sondern einen weichen Übergang der meisten Parameter ineinander, ein weites Spektrum von Varianten, das die – auch mental – virile Frau, von der Pilotin, Chirurgin und Technikerin bis hin zur Stierkämpferin einschließt, und ebenso den Softy, den etwas femininen Mann mit künstlerisch-ästhetischen oder intellektuell-ethischen Interessen und dabei anderen als den typisch maskulinen Begabungen. Der Mensch trägt stets Eigenschaften von beiden Geschlechtern in sich: Das ist trivial, denn erst aus ihrer intensiven Weiterentwicklung entstehen diese spezialisierten Geschlechter.

Bremsung der Hirnausreifung: *a blessing in disguise*?

Die genannte Bremsung der Hirnreifung durch den Joker Testosteron dürfte nämlich nicht etwa in einer Unterentwicklung der betreffenden Hemisphäre resultieren, sondern kann ganz im Gegenteil zu einer Verlangsamung der Entwicklung und damit zu einer Verlängerung der Entwicklungsspanne, einer sozusagen nachhaltigeren Reifung führen. Das würde eine im Endeffekt bessere Organisation der neuronalen Netzwerke und Leitungsbahnen ermöglichen.

Hier muß man daran erinnern, daß im Zuge der Gehirnausreifung die anfangs im Überschuß angelegten Nervenzellausläufer allmählich verschwinden (schrumpfende Abundanz bei zunehmend anspruchsvollem Stoffwechsel – ein ganz logisches Prinzip der Rationalisierung), sofern sie nicht benutzt werden. Aktivität, Engramme, wiederholte Benutzung und ihre Folgen an den Membranen und Synapsen verhindern also diese Nichtgebrauchsatrophie: Das Gehirn baut sich selbst zurecht, legt Zentren an, die angepaßt sind an lokalen Bedarf und spezielle Funktionen. Hier muß es vorteilhaft sein, wenn die Zeit verlängert wird, in der die Benutzung von Zellschichten, Leitungsbahnen, Synapsen und Nervenzellhaufen diese in ein funktionell erprobtes, wiederholt benutztes Netzwerk einbinden kann.

Vermutlich ist dies die Erklärung für die scheinbar paradoxen Effekte der Geschlechtshormone auf das Hemisphärenwachstum. Testosteron wäre – *a blessing in disguise* – hier das innovatorische Prinzip. Es hat den Weg gefunden, viel effektiver aus dem Konzept der Frau auszubrechen, als es die ersten Hunderte von Jahrmillionen geschah: durch die Schaffung einer immer männlicheren Psyche zu einem männlichen Körper.

Wenn aber nun eine Störung eintritt, ist logischerweise der Prozeß, der infolge von hormoneller oder andersartiger Sonderbehandlung vom spontanen Verlauf abweicht, empfindlicher und leichter aus der Bahn zu werfen. Bei der Frau sind die spontanen Organisationsabläufe dem Urzustand näher, sie repräsentieren sozusagen noch den ursprünglichen Prozeßentwurf, der sich bei störenden Einflüssen leichter reparieren kann oder die Option hat, in Parallelabläufe auszuweichen. Die Frau mit ihrer – gerade in der Sprachfunktion! – mehr bihemisphärischen Organisation sollte also resistenter sein gegen minimale Schäden, was leicht einen markanten Unterschied in der Störbarkeit ihrer Hirnfunktion im Vergleich zur männlichen bedingen kann und besonders bei der Dyslexie sichtbar werden müßte. Vielleicht reicht schon ihre größere Beweglichkeit über die erwähnten Kommissurensysteme aus, um kleinere Schäden besser aufzufangen. Mit diesen Annahmen allein wäre die unterschiedliche Frequenz des DAMP-Bildes bei Mann und Frau zwanglos erklärt.

Die neuronale Empfindlichkeit des Mannes ist das ganze Leben hindurch deutlich. Er ist in seiner Hirnentwicklung leichter störbar in allen Phasen der Hirnentwicklung: schon als Embryo, als Fötus, vor, während und nach der Geburt. Er ist empfindlicher gegenüber Sauerstoffmangel, Infektionen und Toxinen, ja, offenbar sogar gegenüber dem normalen Alterungsprozeß. Dies folgt ihm in Form von verspäteten Entwicklungsschritten durch die ganze Reifungszeit: Der kleine Junge ist beim Übergang zu Vierwortsätzen bis zu einem Jahr hinter der Entwicklung der Mädchen zurück. Bei Mädchen ist dieser Punkt erreicht mit 18 bis 24 Monaten, bei Jungen erst mit 20 bis 36 Monaten. Der hier 2 bis 12 Monate umfassende Unterschied nimmt danach noch weiter zu: Die Pubertät tritt um etwa 18 Monate verspätet ein (Streuung: 12 bis 24 Monate).

Im erwachsenen Leben wird es dann richtig ernst. Das gilt vor allem für die neuesten und das Persönlichkeitsniveau vermutlich entscheidend prägenden Teile des Gehirns, die Frontallappen, weniger ausgeprägt auch für die Temporallappen. Das Frontalhirn beim Mann zeigt bis zum 40. Lebensjahr ein deutlich größeres Volumen als bei der Frau. Nach dem 40. Lebensjahr kehrt sich das um, und es gibt Studien, die dafür sprechen, daß auch die dazugehörigen Funktionen beim Mann meßbar nachlassen. Für das Frontalhirn sinken die Durchschnittswerte, die Ruben Gur und Mitarbeiter an der Universität von Pennsylvanien an gesunden Probanden zwischen 18 und 80 Jahren Alter gemessen haben, von 215 ml bis zum 40. Lebensjahr auf 185 ml für die Zeitspanne danach ab, während der bei den Frauen gefundene Wert von etwa 188 bis 190 ml sich nicht signifikant verändert. In geringerem Ausmaß gilt das auch dem Schläfenlappen (Temporallappen).

Messungen der Durchblutung und des Zuckerumsatzes sprechen dafür, daß der Mann versucht, den Verlust an Zellen durch einen intensiveren Stoffwechsel und höheren Benutzungsgrad auszugleichen, so daß man das ab dem 40. / 50. Lebensjahr (Andropause?) schrumpfende männliche Gehirn als leicht gestreßt beschreiben kann, da es einen durchweg angeregteren Stoffwechsel zeigt.

Preis der männlichen Spezialisierung: ein kürzeres Leben

Vermutlich ist der Mann so konstruiert, daß er bei Bedarf mehr leisten kann, aber dafür eher verschleißt. Auch die beschriebenen Unterschiede im Tempo der Hirnreifung lassen sich so deuten: Eine verlängerte Entwicklungsphase ist in der Hirnentwicklung definitiv kein Nachteil: Sie endet – das weiß man aus dem Vergleich verschiedener Reifungstempi auch bei Kindern des gleichen Geschlechts – nicht selten mit einem höheren Niveau. Dies würde zu punktuell größeren Leistungen führen, aber seinen Stoffwechsel aus der optimalen Lage auslenken. Vermutlich muß man den Mann als die Turbovariante des Homo sapiens betrachten: daher seine Unruhe, Effizienz und historische Dominanz. Das schnellere Altern kann auf eine rücksichtslosere Nutzung seiner Ressourcen zurückgehen. Alles spricht dafür, daß diese Prozesse beim Mann hormonell alteriert sind gegenüber dem Spontanverlauf bei der Frau, und wieder einmal steckt offenbar das Testosteron dahinter.

Der Gedanke an die hormonell getrimmte Hochleistungsvariante Mann könnte durchaus auch den Unterschied in der durchschnittlichen Lebensdauer der Geschlechter erklären. Der Mann ist sozusagen die *Belgian Blue*-Variante (Rinderrasse mit hypertrophen Muskelmassen), von der wir wissen, daß ihre viril-muskuläre Überzüchtung neben Geburtsschwierigkeiten auch eine Verkürzung ihres Lebens mit sich bringt. Auch im Tierreich hat das Weibchen, das alle Geburten überlebt, eine längere Lebenserwartung als ihr männlicher Gegenpart, was allerdings erst unter den sozusagen geschützten Bedingungen der Fütterung im Zoo sichtbar wird.

Diese Grundregel gilt aus Gründen der Optimierung des sogenannten Normalfalls grundsätzlich jeder Extremvariante oder exzessiven Sonderform eines Lebewesens. Der Mann würde demnach seine Sonderausrüstung mit Kraft, Derbheit und Beweglichkeit, seine Sonderbefähigung zu höchster Konzentration und temporären organischen Spitzenleistungen mit einer entsprechenden Verkürzung des Lebens bezahlen. Der älteste Mensch der Welt, die Französin Jeanne Calment aus Arles, starb vor kurzem im Alter von 122 Jahren. Auch der heute älteste Mensch ist mit 120 Jahren wieder eine Frau. Vermutlich würden Frauen noch älter, wenn sie nicht die komplizierten Drüsen- und Hormonprogramme ihres Reproduktionsauftrags verwirklichen und die Risiken der Geburtskomplikationen durchstehen müßten.

Preis der weiblichen Spezialisierung: anfälliger für Gemütskrankheiten

Wenn wir hier die Frau als robuster bezeichnen, so bezieht sich das nur auf die Gehirnorganisation, die sozusagen von allein abläuft, für deren Reifung also weniger – störbare! – Bedingungen erfüllt sein müssen als beim Mann. In anderer Hinsicht muß natürlich auch die Frau den Preis für ihre Spezialisierung zahlen, und zwar in Gestalt unerwünschter Folgen ihrer größeren emotionalen Sensibiliät, ihrer limbischen Beeindruckbarkeit.

Wenn wir den Mann als eine muskulär-intellektuelle Sonderform des Menschen ansehen, dem damit auch seine Schwachstellen zufallen, können wir die Frau als die endokrin-emotionale Sonderform betrachten, die logischerweise ihre Empfindlichkeiten auf dem limbisch-emotionalen Sektor hat.

Und genau das ist der Fall. Bei Störungen des Biotonus und der emotionalen Kontrolle, bei Depressionen, Neurosen, hysterischen und phobischen Reaktionen sind die Frauen deutlich stärker betroffen als die Männer: Hier ist das Geschlechterverhältnis im Vergleich zu den organischen Hirnschäden eher umgekehrt: drei- bis achtmal mehr Frauen sind befallen. Allein mit den zyklischen Veränderungen folgen Depressionen, prämenstruelle Gereiztheit und Unausgeglichenheit. Schwangerschaftspsychosen sind nicht selten, und auch Involutionspsychosen – meist depressiv gefärbte Verstimmungen oder tiefe Depressionen, manchmal paranoide Verwirrungszustände im Zusammenhang mit der Menopause – sind um ein Vielfaches häufiger als beim Mann, ebenso Magersucht (Anorexie) und andere Eßstörungen. Besonders ausgeprägt ist das bei der sogenannten Winterdepression: Die Dunkelheit des Winters führt zu einer gesteigerten Melatoninfreisetzung durch die Zirbeldrüse. Dieses

Hormon – sinnvoll, wenn es draußen dunkel ist! – macht müde, schläfrig, matt und lustlos. Es ist anzusehen als der Vermittler eines abortiven Winterschlafs. Bezeichnet man die Endorphine als die stärksten Schmerzmittel der Natur, so ist das Melatonin vermutlich ein mildes Schlafmittel der Natur.

Viele Frauen erleben aus diesem Grunde im Winterhalbjahr eine bleierne Müdigkeit bei depressiver Grundstimmung. Lichtbehandlung (etwa drei Stunden täglich zwei Wochen lang) kann durch die Bremsung der Melatoninproduktion diesen Zustand rasch beheben. Gleichzeitig wird die hypophysäre Melanotropinproduktion als hormoneller Gegenspieler des Melanotonins, der die Pigmentierung der Haut stimuliert und aktivierende, ACTH-ähnliche Wirkungen hat, angeregt. Das beleuchtet die Zusammenhänge Licht-Epiphyse-Melatonin-Depression. Diese und viele andere Gemütskrankheiten zeigen, daß die Frau hierin keineswegs robuster ist als der Mann, sondern stimmungsmäßig tatsächlich wesentlich störbarer.

Nachhall und Indolenz

Daß eine Frau meist leichter und stärker zu neurotisieren ist, spricht ohne Zweifel für einen länger anhaltenden emotionalen Nachhall als beim Mann. Das entspricht auch dem Befund einer größeren limbischen Reizausbreitung.

Die Indolenz, das Gegenteil der Sensibilität, bezeichnet die generell schwache emotionale Reaktion auf eine Vielfalt von äußeren Reizen. Ein indolenter Mensch verträgt also Lärm und Kälte, Peinlichkeit und Unrecht besser als andere, falls man sich nicht dadurch täuschen läßt, daß er sein Unbehagen oder seinen Gefühlsaufruhr nur weniger zeigt. In einem kommenden Kapitel werden wir darüber berichten, daß jüngst eine Korrelation zwischen der Dichte bestimmter Rezeptoren im Gehirn und der Stärke der psychischen Reaktion auf Reize gefunden wurde. Danach wäre die Sensibilität eines Menschen Ausdruck der physiologischen Empfindlichkeit seines Wahrnehmungs- *und* seines zentralen Reizverarbeitungssystems – ein im Grunde ja naheliegender Gedanke.

Mit den Augen einer Frau gesehen, dürften Männer grundsätzlich als eher indolent erscheinen, was für ihre geringe Hautsensibilität, ihre Unempfindlichkeit gegenüber Kälte oder Schmerz ja auch physiologisch erwiesen ist. Dieser Unterschied ist so verblüffend groß, daß seine Kenntnis allein für immer dem häufigen Fehler der Männer vorbeugen sollte, auf Reisen, an der See oder im winterlichen Gebirge verärgert und verächtlich über ihre »zimperliche Zicke« zu schimpfen. Auch für das Erkennen feinerer Stimmungsindikatoren – etwa im Mienenspiel der Frau – erwiesen sich Männer als gleichermaßen unempfindlich, eine wohl letztlich auch neurophysiologisch erklärbare Dickfelligkeit, über die sich keine Frau ernsthaft aufregen sollte. Das ändert nichts daran, daß Männer an dieser Wahrnehmungsschwäche – oder habituellen Aufmerksamkeitslücke – durchaus arbeiten sollten.

Kritik und Mimesis

Ein anderer wichtiger Begriff entstammt dem Bereich der durch den Menschen gesetzten Normen. Normen entlasten das Denken von den einförmigen Stellungnahmen zum Einzelfall. Statt es sich jedesmal wieder neu klarzumachen, warum man sich so oder so verhält, akzeptiert der Mensch – eventuell gruppenspezifische – Normen, die das Zusammenleben erleichtern. Dabei mag der Indolente auf die größere Lärmempfindlichkeit seiner Mitmenschen Rücksicht nehmen, der Überempfindliche auf die nun einmal unabänderliche Indolenz der anderen. Die Summe aller Normen, in die wir hineinwachsen, bildet eines der größten und wichtigsten Meme für das ganze Leben. Unsere Fähigkeit, sie rasch zu verinnerlichen, ist eine Hauptkomponente der sozialen Kompetenz. Eine andere ist die Hellhörigkeit für Signale, also sozusagen die Un-Indolenz des Sensiblen.

Die innere Identifikation mit den geltenden Normensystemen ist die *Mimesis*. Mädchen in ihrem anti-aggressiven Harmoniestreben neigen grundsätzlich zu einer höheren Mimesis, während Jungen in ihrem Dominanzwillen und ihrer frühen VIP-Libido, dem halbstarken Prestigestreben, an der unbedingten Harmonie mit ihren Erziehern deutlich weniger liegt. In ihrer habituellen Neigung, die Grenzen zu erkunden, in ihrer latenten Trotzhaltung (»obstinat« sagt dazu der genervte Vater) und Autoritätsskepsis (»Insubordination« oder »Renitenz« nennt es der frustrierte Lehrer) sind sie der Kritik grundsätzlich mehr zugetan als der Mimesis. Im Grunde verhält sich die Zustimmung zur Kritik wie die Harmonie zur Aufsässigkeit – und die Mimesis zur Normenverletzung.

An dieser Stelle sei darauf hingewiesen, daß eine hohe Empfindlichkeit und Retentionalität, also eine hohe Intensität und Dauer des emotionalen Nachhalls, automatisch dafür sorgen, daß jemand – und das ist vor allem die Lage der Frau – eher die Harmonie als den Konflikt suchen wird. Für einen Menschen, natürlich auch den sensiblen Mann, der nach einem Streit schlecht schläft, der Magenschmerzen bekommt, dem übel wird und der sich dann lange nicht entspannen kann, lohnt sich ein solcher Konflikt kaum. Er beziehungsweise sie wird bald dazu neigen, lieber erst einmal die friedlichen Optionen auszuschöpfen. So kann der eine durch seine derbe, androgene Konstitution zur Roheit, die andere durch ihr zarteres Nervenkostüm eher zur Friedfertigkeit erzogen werden. Erzogen wird hier also nicht durch die Umwelt, sondern durch die eigene Disposition.

Man kann hier darüber nachdenken, ob das zu erklären vermag, daß Revolutionäre und Verbrecher meist Männer sind, die Adepten neuer Sekten und Heilslehren hingegen überwiegend Frauen. Jedenfalls ist es ein leicht nachzuprüfendes Faktum, daß die Sanktionen, welche die Gesellschaft gegen mangelnde Mimesis richtet, fast immer Männer treffen (in den Gefängnissen rund 90 Prozent), während die von Scharlatanen aller Art, von Modeströmungen und Verirrungen des Zeitgeistes Angeführten und Verführten zu etwa 90 Prozent Frauen zu sein pflegen.

Phantasie und Empathie

Wenn ein Tier sieht und hört, wie ein anderes leidet, wird es dadurch in der Regel stark beunruhigt. Das ist vermutlich der Beginn aller *Empathie*. Bei Primaten verursacht das immer lebhaftere innere Bild der Welt, das sie in sich aufbauen, auch das Erwachen der Fähigkeit mitzuleiden. Diese Fähigkeit, beim Affen vermutlich noch im Zustand eines archetypischen Déjà-vu, setzt die Phantasie voraus, sich zu den von außen beobachteten Schmerzzeichen auch den von innen erlebten Schmerz vorzustellen. Aus dem südamerikanischen Dschungel berichtete uns in unserer Studentenzeit der costaricanische Gaststudent und Freizeitjäger Nevermann ein vielsagendes, ein wahrlich unvergeßliches und unvergessenes Jagderlebnis.

Er schoß in seiner Jugendzeit offenbar auf alles, was sich im Dschungel bewegte. Eines Tages traf er dabei einen kleinen Wollaffen. Der getroffene Affe fiel aus dem Baum auf eine kleine Lichtung, wo er sich aufsetzte, die Hand vor den Mund hielt und Blut zu husten begann (der Schuß hatte Brustkorb und Lunge durchschlagen). Verblüfft schaute er auf das Blut in seiner Hand. Drei kleine Äffchen gesellten sich aus den Baumkronen zu ihm, während der Rest der Gruppe unter großem Getöse umherturnte und mit Nüssen und Früchten nach dem Übeltäter warf, um

Spontane Empathie: Hier wird getröstet, wer unter rauhbeinigen Geschlechtsgenossen auch leicht zum Opfer von Hohn und Spott werden könnte.

ihn abzulenken. Diese kleinen Geschosse richteten nichts an, so daß der Jäger die Szene auf der Lichtung genau beobachten konnte.

Die drei Äffchen scharten sich um den Getroffenen, der weiter Blut hustete und schwächer zu werden schien. Der eine drückte ihm ein Blatt auf die blutende Einschußwunde, nahm es hin und wieder hoch, wie um nachzuschauen, ob es noch blutete. Der andere strich dem Verletzten beruhigend mit der kleinen Hand über den Kopf. Der dritte stand hilflos und offenkundig verlegen dabei. Ziellose Körperbewegungen markierten seine Unruhe. Hin und wieder schaute er ängstlich nach dem Jäger, den die anderen weiter bombardierten. Dieser ersparte uns den Rest der Geschichte. Jedenfalls versicherte er uns, daß er »danach nie mehr Affen gejagt« habe – ihm sei »dabei so komisch unangenehm zumute gewesen«.

Was er schilderte, war – bei ihm wie beim Wollaffen – der Prozeß der Empathie durch Ähnlichkeit der Signale. Die Äffchen hatten offensichtlich begriffen, daß ihr Artgenosse verletzt war, und sie koppelten das auch – eine intellektuelle Leistung allein wegen der räumlichen Abstände! – an den Jäger. Sie taten das bißchen, was sie tun konnten; die

Gruppe hatte offenbar schon einen hohen Grad von Zusammenarbeit und Solidarität (eine Kombination von Altruismus, Hilfsbereitschaft und Mut) entwickelt, wobei unklar bleibt, wie weit das mit bewußten Prozessen verbunden war. Der Jäger wiederum erkannte die Fast-Menschlichkeit des Leidens wie des Mitleidens, und dadurch wurde seiner sonst eher schwachen Phantasie auf die Sprünge geholfen: In diesem Moment wurde ihm bewußt, was er eigentlich getan hatte. Leider erstreckte sich dieses Wiedererkennen von Schmerz und Leiden nicht auf die ganz andersartigen Äußerungen des übrigen Jagdwilds, etwa von Tapiren und Gürteltieren, Hirschen und Raubkatzen. Deren Körperstruktur, mimische Ausdrucksmöglichkeiten und seelische Prozesse muten uns weniger vertraut an, da sie uns auch weniger nahestehen.

Dies zeigt sowohl die Bedingungen wie die Begrenzungen der Empathie. Die Grundlage der Empathie ist die *Phantasie*. Sie schließt die Fähigkeit ein, in sich selbst lebhafte und detailreiche Bilder von Erlebnissen entstehen zu lassen, die gar nicht wirklich ablaufen. Diese sind zusammengesetzt aus Erinnerungen an Vergangenes, Modifikationen von Erlebtem oder auch Vorstellungen von etwas, das sich aus Bruchstücken, Analogien und Vermutungen zusammensetzt und notwendigerweise unsicher bleibt. Alles das sind Neukombinationen aus wachgerufenen, neuentzündeten gespeicherten Engrammen. Das gibt der Phantasie neben der Unsicherheit zugleich eine neue Freiheit, überleitend zu der Freiheit der Gedanken und Wünsche.

Grundsätzlich wird gelten, daß die Empathie im Fortschreiten der Evolution wohl immer erst dann möglich wird, wenn die Phantasie hinreichend entwickelt ist, um die sich in einem anderen Lebewesen abspielenden Prozesse in einem inneren Vorstellungsprozeß in sich selbst zu generieren, sie regelrecht nachzuerleben. Das erst führt zu einem ähnlichen Leidenseindruck, zum Erschrecken oder Entsetzen, das dann entsprechende Handlungen der Hilfe oder Barmherzigkeit auslöst. Sich in dieser Weise in den anderen hineinzuversetzen, schlägt eine Brücke zwischen verschiedenen Bewußtseinsräumen.

Die Phantasie ist mehr rechts- als linkshirnig, vor allem aber ist sie neokortikal. Die Empathie ist im hohen Grade limbisch vermittelt (unter Mitwirkung von Amygdala und Hippocampus). Wir wissen seit langem, wie sehr sich die Neigung der Frauen, Empathie zu entwickeln und zu zeigen, von derjenigen der Männer unterscheidet. Und seit einiger Zeit wissen wir auch, woran das liegt. Es ist ein neues Wissen, das erst durch die modernen Verfahren des Hirnimaging deutlichere Konturen bekam.

Die Hemisphärendominanz

Einer der komplexesten Züge der menschlichen Gehirnorganisation ist die unterschiedliche Aufgabenverteilung auf seine beiden Hirnhälften, die Hemisphären. Eine Folge ist die sogenannte Hemisphärendominanz, die etwa daran ablesbar ist, daß ein Schaden in der einen Hirnhälfte kaum merkbare Folgen haben kann, während derselbe Schadensumfang in der anderen Hälfte den Menschen total lähmt oder intellektuell ausschaltet, etwa durch Aphasie und Apraxie, die Unfähigkeit, verständlich zu sprechen und sinnvoll zu Handeln. Viel spricht dafür, daß die Gehirnentwicklung (Zerebralisation) bei den Hominiden so schnell ging, daß die anatomischen Strukturen (Kommissuren), welche die beiden Hirnhälften miteinander verbinden, nicht mithielten. Der Balken etwa, das *Corpus callosum,* liegt unter der aus den Hirnhäuten gebildeten Falx, einem bindegewebigen Blatt, das alle wichtigen Gefäße zur Hirnversorgung enthält. Diese hat ein wachsendes Verbindungssystem nicht beliebig schnell und beliebig weit zur Seite schieben können, sondern das Mißverhältnis zwischen der Anzahl der Nervenzellen und der die beiden Hirnhälften verbindenen Kabelsysteme wuchs unablässig.

Die sich entwickelnde Hirnrinde hat die Anzahl ihrer Nervenzellen schnell erhöht. Um diese wachsende Kapazität im Schädel unterzubringen, ohne diesen so groß werden zu lassen, daß er durch kein mütterliches Becken mehr paßt, hat sie sich stark furchen müssen. Diese Furchen, die dem Menschenhirn sein typisches Aussehen geben und in dieser Form nur bei den höchstentwickelten Menschenaffen (Pongiden) zu finden sind, vergrößern raumsparend die Hirnoberfläche. Am eindrucksvollsten ist das am medialen Schnitt des menschlichen Kleinhirns zu sehen, das vor allem der Balance und allen – auch den automatisierten – Körperbewegungen dient. Bei der heutigen Anatomie des Menschen verbinden etwa 600 000 Leitungsbahnen jeweils 10 Milliarden Zellen der rechten mit ebenso vielen Zellen der linken Hemisphäre. Das ist, als gäbe es zwischen zwei Städten mit je einer Million Einwohnern nur 60 Telefonleitungen.

Es ist klar, daß man unter diesen Umständen eine große Behörde wie das Polizeipräsidium nicht auf die beiden Städte verteilen würde. Die notwendige Kommunikation zwischen ihnen wäre allzu unsicher, Umwegschaltungen viel zu zeitraubend. In derselben Weise haben vermutlich die umfangreichen Meme des Menschen (Feinmotorik, Sprechen, Schreiben, Rechnen, Musik, optische Symbol- und akustische Wortdecodierung) die Lateralisierung erzwungen, die beim Menschen ausgeprägter ist als bei allen anderen Lebewesen. Hierzu gibt es eine ausführliche Literatur, allein etwa 50 Publikationen der Spezialistin für die »Händigkeit«: M. Annett. Neuesten Untersuchungen zufolge sieht es aus, als sei vielleicht eine einzige, erste Funktion (die Rechtshändigkeit?) ausreichend, um zahlreiche andere Funktionszentren nach dem Nachbarschaftsprinzip an sich zu ziehen.[8]

Bedingungen der Asymmetrie

Eine leichte Asymmetrie zwischen der rechten und der linken Hemisphäre ist schon vorgeburtlich gegeben: Blutdruck, Strömungswiderstand und Sauerstoffversorgung sind allein durch die Rotation des Herzens mit der Hauptschlagader (Aorta) und den unterschiedlichen Abgängen der unsymmetrisch ausgeformten Kopf- und Armgefäße vom Aortenbogen von Anfang an nicht etwa seitengleich, sondern diskret verschieden. So entspringt rechts der Stamm der *A. subclavia* vereint mit dem der *A. carotis*, während diese beiden Gefäße links einzeln von der Aorta abgehen. Allein schon das ergibt unterschiedliche Strömungsverhältnisse. Daher ist es vermutlich kein Zufall, daß die meisten Menschen Rechtshänder sind. Genauso ist es auch kein Zufall, daß das Herz meistens links sitzt. Das seltene *immotile cilie syndrome* (ICS) mit in etwa der Hälfte der Fälle seitenverkehrter Anatomie *(situs inversus* oder Malrotation) enthüllt uns, daß die korrekte Rotation des Magendarmtraktes inklusive Herz und Milz vermutlich als Rückstoßphänomen der immer gegen den Uhrzeigersinn rotierenden Zilien zustande kommt. Die Zilien sind winzige Härchen, Mikrovilli, welche die Schleimhäute der Luftröhre und Bronchen, der Nasennebenhöhlen, der Eileiter und des Darms auskleiden und unaufhörliche Bewegungen ausführen, vergleichbar etwa dem Wogen eines Kornfeldes im Winde. Ihre Motilität hat Transportfunktionen, etwa für Schleim, Nahrung oder Schmutz. Ganz analog arbeitet auch der mikroanatomisch ähnlich aufgebaute lange Schwanz, der die Spermien vorwärts treibt. Beim ICS fehlt den Zilien infolge eines genetischen Defekts ein kleines Molekülstück an den Filamenten, welche die Bewegung ausführen. Da bei diesen Patienten auch die Spermienschwänze unbeweglich sind, geht ihre Symptomatik, die sogenannte Kartagener-Trias (*Situs inversus*, Bronchiektasen, schlechte Pneumatisierung der Nasennebenhöhlen) stets auch mit einer Unfruchtbarkeit wegen fehlender Spermienbeweglichkeit einher. Man sieht: Kleine Unterschiede in frühen Stadien können verblüffend weitreichende Effekte haben.

Lange wurden die Unterschiede zwischen der rechten und der linken Hirnhälfte überbetont. Inzwischen haben neue Forschungsergebnisse uns gezeigt, daß die Unterschiede ganz so groß doch nicht sind. Beide Hemisphären arbeiten neurophysiologisch gleich und sind auch ähnlich organisiert. Nur die Projektionsfelder im Cortex sind unterschiedlich verknüpft und befassen sich mit verschiedenen Reizmustern. Über dieses schwierige Thema gibt es zahlreiche Bücher. Dem Interessierten sei das allgemeinverständliche Buch »Linkes, rechtes Gehirn« empfohlen.[9] Sehr informativ ist auch Buch »Brain, Mind, and Behavior« von F. E. Bloom u.a. Wahr bleibt an den frühesten Feststellungen über die beiden Hemisphären, daß sie tatsächlich zum Teil unüberbrückbar getrennte Welten darstellen. Der Neurochirurg und Nobelpreisträger Roger W. Sperry drückte das so aus: »Jede Hemisphäre ... hat ihre eigenen privaten Gefühle, Wahrnehmungen, Gedanken und Ideen, alle getrennt von den entsprechenden Erfahrungen der anderen Hemisphäre ... eigene Erinnerungen und Erlerntes, unerreichbar für den Zugriff der anderen Hälfte des Gehirns.« (Bloom 1985, S. 211).

Um die Unterschiede zwischen der rechten und der linken Hemisphäre kurz zusammenzufassen, seien didaktische Vereinfachungen erlaubt.

Die linke Hirnhälfte ist zuständig für die Wortbehandlung, die rechte für Bildverarbeitung und räumliche Orientierung. Die linke Hälfte scheint mehr analytisch und sequenziell zu arbeiten, die rechte eher in Simultanprozessen. Das macht, daß die rechte Hemisphäre eher Bilder zusammenfügt, Stimmungen und Musikeindrücke aufnimmt, die linke sich eher mit exakten Zahlen und Rechengängen befaßt. In der Sprache der Informatik wirkt die Arbeitsweise der linken Hemisphäre eher digital, die der rechten eher analog. Das alles ist nicht allzu strikt zu sehen – denn die Hemisphären arbeiten zusammen und können in Grenzen füreinander eintreten.

Als ein Beispiel für diese Grenzen wird etwa das Schicksal des Komponisten Maurice Ravel angeführt, der mit 57 Jahren bei einem Autounfall einen Schaden seiner linken Hemisphäre erlitten haben soll. Er zeigte danach Zeichen der Aphasie, Agraphie und Apraxie (Verlust der Sprach-, Schreib- und manuellen Handlungsfähigkeiten), konnte zwar Musik hören, sie beurteilen, genießen und das auch ausdrücken, aber keine Noten mehr schreiben oder lesen und auch nicht mehr klavierspielen.[10] Alles Detailliert-Exakte und alle feinmotorische Steuerung im Sprach- und Symbolbereich schien verloren. Die diffuseren, summarisch-sensorischen Reize hingegen konnte Ravel offenbar noch erfassen und bearbeiten. Machtlos mußte er dem Verfall seiner expressiven Fähigkeiten zusehen. Im Herbst 1937 fand man ihn bei einer Aufführung seines Werkes *Daphnis und Cloë* weinend in sich zusammengesunken in einer dunklen Ecke der Kulissen: »Ich habe so viel Musik in mir ... Noch nichts habe ich gesagt! Alles habe ich noch zu sagen!« – Er schrieb keine einzige Note mehr.

In konkreten Einzelfällen hat man sehr große Differenzen zwischen rechtem und linkem Gehirn beobachtet, aber insgesamt neigt man heute dazu, die Unterschiede nuancierter zu sehen als früher. Bei Frauen und Männern kann man Stärken und Schwächen nicht eindeutig den Hemisphären zuordnen – der Mann etwa hat seine Stärken im räumlichen (spatial-sterischen) wie im mathematisch-exakten Denken, was teils der linken, teils der rechten Hemisphäre zugeordnet werden muß. Alles in allem scheinen Männer – ihre räumliche Orientierung ausgenommen – mehr linkshirnig orientiert zu sein. Frauen bedienen sich auch bei linkshirnigen Prozessen, etwa der Sprachbearbeitung, mehr als Männer auch der rechten Hemisphäre.

Ganz generell scheinen Frauen weniger lateralisiert[11] zu sein als Männer. Vereinfachend kann man sagen, daß die Trennungslinie zwischen den Geschlechtern im Kopf ganz sicher nicht vertikal, sondern eher horizontal verläuft: nämlich im limbischen System, dessen geschlechterspezifische Orientierung von entscheidender Bedeutung für das ist, was wir hier so ausführlich beschreiben.

Fünf Arten von Gedächtnis

Seit im Jahre 1974 die Stanford-Forscher Maccoby und Jacklin ihr vielzitiertes Standardwerk über die Geschlechterunterschiede publizierten, die bei Messung psychischer Leistungen zutage traten,[12] darf man darüber sprechen: daß deutliche Unterschiede in den mentalen Eigenschaften, Fähigkeiten und Leistungsprofilen von Männern und Frauen offenkundig sind, auch wenn für sie damals noch keine neurophysiologischen Erklärungen vorlagen. Man wußte nunmehr, daß bei mathematisch-räumlichen Aufgaben die Männer deutlich mehr leisteten als die Frauen.[13]

Dies alles wurde seitdem in zahllosen unabhängigen Untersuchungen weltweit bestätigt und gehört heute zum akzeptierten Standardwissen der Psychologie. Gleichzeitig wurde akzeptiert, daß – wie Maccoby und Jacklin summarisch feststellten – in den Gedächtnisfunktionen keine signifikanten Unterschiede zwischen Männern und Frauen bestanden. Das war bis vor kurzem der Stand der Wissenschaft.

Seitdem aber ist die Erforschung der menschlichen Erinnerung vorangekommen, und es sind wesentliche neue Erkenntnisse über ihre Engrammierung gewonnen worden. Viele wichtige Arbeiten, einige erst Ende 1997 und Anfang 1998 abgeschlossen, haben das Bild weiter geschärft. Da sich die Vorstellungen von den einzelnen Gedächtnisfunktionen im Laufe der Jahre sehr verfeinert haben, geben wir hierzu einen kurzen Abriß.

Ohne Gedächtnis ist der Mensch völlig orientierungslos in Zeit und Raum. Er wird unfähig, Ereignisabfolgen zu verstehen, ist dadurch blind für die logische Konsequenz von Ursache und Wirkung. Ihm fehlt auch die Erinnerung an eigene Erlebnisse, Einsichten und Handlungen – er ist also ohne Persönlichkeit, Ich-Gefühl und Individualgeschichte. Die Lern- und Erinnerungsfunktionen – also Einprägen *und* Abrufen – sind daher die Grundlage des Gedächtnisses. Sie sind damit von eminenter Bedeutung für den Grad an Individualität, Wissensreichtum und Differenziertheit des Bewußtseins, den ein Mensch erreichen kann. Dadurch erst wird er zur Person im Sinne der humanistischen Wissenschaft.

Die moderne Neurophysiologie spricht hier von »Flaschenhalsstrukturen«, die für das Einspeichern und Verankern von Informationen zuständig und unentbehrlich sind: etwa die Hippocampusregion des limbischen Systems. Für das Wiederauffinden und Abrufen der Erinnerungen hingegen scheinen bestimmte Triggerregionen maßgeblich, die seitlich in der vorderen Großhirnrinde zu finden sind. Das heißt:

Die Einspeicherung geschieht vor allem unter Mitwirkung der wertenden und beurteilenden, die Entspeicherung unter Mitwirkung der willentlichen, beschließenden Hirnfunktionen.

Das macht Sinn. Aber es ist ein neuer Gedanke. Hat man früher vor allem die Trias von Gegenwarts-, Kurzeit- und Langzeitgedächtnis unterschieden, so spricht man heute von fünf verschiedenen Funktionen, die einigermaßen unabhängig voneinander variieren können. Man unterscheidet:[14]

1. das *primary memory*, das Gegenwartsgedächtnis, das die augenblicklichen Eindrücke für einige Sekunden festhält: etwa gerade gesehene Landschaftsbilder rechts und links des Weges oder gehörte Glockentöne, die man noch eine Weile in sich nachklingen lassen kann.

2. das *episodic memory*, das episodische oder Ereignisgedächtnis, das Erlebnisse memoriert, also Episoden, die mit dem eigenen Ich verknüpft sind: etwa daß die Tante Helga gestorben ist, daß man sein Bein brach oder daß man in London war und dort dieses oder jenes sah und erlebte.

3. das *semantic memory*, das semantische Gedächtnis, das unpersönliches Wissen aufbewahrt: Schul-, Studien- und Fachwissen, Sprachen und Allgemeinbildung. Hierzu gehört etwa, daß London die britische Hauptstadt ist, nicht aber, daß man einmal selbst dort war.

4. das *priming*, die unterschwellige Wahrnehmung von Bildern oder anderen Signalen, die sich ohne Mitwirkung des Bewußtseins einprägen und später wirksam werden können: etwa tachistoskopisch (nur Bruchteile von Sekunden lang) eingeblendete Reklamebilder, deren Wirkung man in den letzten Jahren erforscht hat. Hierzu könnten die Wahrnehmungen gehören, die vom Thalamus nur halbbewußt hereingelassen werden und – wie Traumerlebnisse – zu kurz im Gehirn repetiert werden, um sich richtig einzuprägen und abrufbar zu sein. Ihnen fehlt offenbar der für eine Engrammierung entscheidende Stempel »Wichtig!« der Hippocampusformation.

5. das *procedural memory*, das Gedächtnis für Bewegungsabläufe, das etwa Schwimmen, Radfahren, Skilaufen, Reiten, Klavierspielen und andere regelmäßig wiederkehrende Prozeduren abspeichert und ausführt, die damit – einmal erlernt – die Aufmerksamkeit kaum mehr in Anspruch nehmen.

Diese fünf verschiedenen Erinnerungsfunktionen scheinen beim Abspeichern wie beim Aufrufen, in den beim Zugriff beteiligten Hirnstrukturen und auch in der Lokalisation unterschiedlich organisiert zu sein.

Frauen mit besserem episodischen Gedächtnis

Im Jahre 1988 starteten Psychologen in der schwedischen Universitätsstadt Umeå eine Gedächtnis-Langzeitstudie, die zu einer der weltweit wichtigsten Untersuchungen über dieses Thema werden sollte. Man wählte nach streng kontrollierten Zufallskriterien 1000 Menschen (470 Männer und 530 Frauen) im Alter zwischen 35 und 80 Jahren aus, die man in einer ersten Periode 1988–1990 in die *follow-up*-Studie einbezog. Erst in den Jahren 1996 bis 1998 erntete man in einem halben Dutzend gründlicher Analysen die Ergebnisse dieser Sisyphusarbeit, die sich teils mit den Einflüssen des Alters,[15] teils des Geschlechts und anderer

Umstände auf das Einprägungs- und Erinnerungsvermögen des Menschen befaßt.

Dabei wird deutlich, wie sich die Funktionen des Gedächtnisses im Verlauf des Lebens ändern, und es läßt sich dabei – nicht überraschend – dokumentieren, daß das semantische Gedächtnis im Alter nicht leidet, daß der Zugriff auf die eigene Erinnerung, die Anwendung des Wissens, gerade bei komplizierten kognitiven Prozessen intakt bleibt, manche Teilfunktionen mit steigendem Lebensalter sogar immer besser ablaufen: erfahrungsbedingt, immer besser eingeübt, wird der Zugriff immer sicherer, rationeller, irrtumsgefeiter. Ein älterer Mensch kann also mit dem, was er weiß, immer besser umgehen, seine Kenntnisse immer effizienter nutzen. Sein Kurzzeitgedächtnis jedoch, seine Einprägungs- und Lernfähigkeit für Neues sowie sein Gedächtnis für episodische Erlebnisse lassen mit zunehmendem Alter in charakteristischer Weise nach, bei Männern übrigens, die im Alter von etwa 50 Jahren Bluthochdruck entwickelt haben, signifikant stärker als bei gesunden Gleichaltrigen.

Hier nun wurde man in eingehenden Analysen der Geschlechterunterschiede zum erstenmal wirklich fündig.

Die herkömmliche Auffassung, daß zwischen Männern und Frauen in den Gedächtnisfunktionen kein Unterschied sei, ist hiernach nicht mehr aufrechtzuerhalten.[16] Wenn es um erlebnisorientierte Erinnerungen geht, zeigen Frauen durchweg bessere Ergebnisse in den *recall*-Versuchen als gleichaltrige Männer. Dieser Unterschied bleibt lebenslang erhalten, folgt also in einem Parallelverlauf den normalen Alterskurven.

Sobald aber die erinnerten Ereignisse keinen Ich-Bezug haben, verschwindet der Unterschied zwischen Männern und Frauen. Männer können sich – keineswegs erstaunlich – Automarken und Männergesichter besser einprägen und wiedererkennen, Frauen statt dessen Kinder- und Frauengesichter. Diese Differenzen dürften auf Unterschiede in dem vorhandenen Hintergrundmaterial zur Verankerung der neuen Wahrnehmung zurückzuführen sein: Je mehr man über ein Gebiet weiß, desto leichter kann man dieses Wissen ergänzen. Schon 1993 hatte man[17] beobachtet, daß Frauen sich besser an rein verbales Material erinnern konnten als Männer, während Männer alle Fragen der Objektlokalisation und der räumlichen Orientierung besser zu reproduzieren vermochten als Frauen.

Was aber von ganz besonderer Bedeutung für die sich hier aufdrängenden Fragen nach dem Ursprung dieser neuropsychologischen

Geschlechterunterschiede sein muß, ist die Beobachtung, daß das hier gemessene Erinnerungsvermögen unter dem Einfluß der Geschlechtshormone direkt moduliert zu werden scheint.[18] Aufgaben, die dem anderen Geschlecht leichter fallen, werden grundsätzlich dann besser gelöst, wenn der Versuchsperson das gegengeschlechtliche Hormon zugeführt wird: Frauen können unter Androgeneinfluß besser rechnen und sich räumlich besser orientieren, Männer bekommen ein eher weibliches Leistungsprofil in verbalen und empathieabhängigen Bereichen – sie werden wortflüssiger und gefühlsintensiver. Die Hormone zeichnen die Geschlechterkonturen nach. Näher kann man einer Erklärung dieser mentalen Unterschiede kaum kommen.

Erinnerung durch Ich-Bezug?

Die Autoren der genannten Gedächtnisstudien schließen mit der Feststellung, daß man noch keine Erklärung habe für das bessere episodische Erinnerungsvermögen der Frauen, ihr besonders gutes Gedächtnis für Ereignisse mit persönlichem Bezug, aber eine solche Erklärung können wir nun wagen. Nach allem, was das Hirnimaging über die limbische Erregbarkeit der Frau zutage gefördert hat, liegt die folgende Erklärung nahe:

Wir wissen, daß Erlebnisse mit Ich-Bezug jeden Menschen limbisch stärker engagieren als solche, die keine direkte Bedeutung für ihn selbst haben. Was etwa als gefährlich erlebt wird, als vorteilhaft oder erfolgverheißend, erregt einen Menschen mehr und prägt sich ihm auch besser ein als etwa eine Reihe völlig wertfreier Ziffern und Buchstaben (Telefon- oder Autonummer). Da nun die limbische Erregung der Frau in einer gefühlsmäßig engagierenden Situation deutlich ausgreifender ist und auch länger anhält als beim Mann, wäre es eigentlich überraschend, wenn sie sich nicht auch besser an solche Gedächtnisinhalte erinnerte. Die Rolle etwa des Hippocampus für die limbische Beurteilung der Relevanz und damit der Erinnerungswürdigkeit eines Erlebnisses ist ja gut dokumentiert und korreliert hoch mit der Lernfähigkeit: Je relevanter ein Ereignis, desto besser wird es behalten.

Das weibliche Prinzip: ständige limbische Begleitempathie – gibt der Frau hier einen natürlichen Vorsprung. Das ist das Pendant der männlichen Disposition: ständige Reptilhirnwachheit für Fragen der Aggression und Exploration. Man sollte also diese Gedächtnisuntersuchungen einmal um spezielle Fragestellungen erweitern, die vor allem die männliche Unbestimmtheitssuche und Reptilhirnigkeit ansprechen – etwa diskrete Reize und Wahrnehmungselemente, die – statt limbisch stimulierende – explorative Neugierde wecken, etwa auf ein Sexobjekt, einen verheißenden Horizont oder ominöse Indizien für eine vage Gefahr. Es wäre nicht überraschend, wenn gerade diese Signale sich dem Mann besser einprägten als der Frau.

Wichtig bleibt die aus diesen umfangreichen Untersuchungen gewonnene Feststellung, daß entgegen einer seit etwa 25 Jahren herrschenden Auffassung durchaus Unterschiede in den Erinnerungsfunktionen von Mann und Frau bestehen und daß diese Unterschiede sich völlig logisch in das eingliedern, was wir über die hormonabhängigen mentalen Besonderheiten der Geschlechter heute wissen.

Die Geschlechterkonzepte erweisen sich einmal mehr als eine äußerst differenzierte Anpassung von Fähigkeiten an Aufgabenstellungen, die für Mann und Frau im Laufe ihres Lebens mit großer Wahrscheinlichkeit unterschiedlich ausfallen.

Motivstrukturen von Mann und Frau

Wie wir in den Berichten über das Hirnimaging ausgeführt haben, hat die jüngste Forschung gezeigt, daß gerade im limbischen System, in seiner Ansprechbarkeit, Aktivierungsdauer, Erregungsausbreitung und Orientierung zu entwicklungsgeschichtlich jüngeren und älteren Regionen des Gehirns die Unterschiede zwischen weiblichen und männlichen Verhaltensmustern zu suchen sind. Für Mann wie Frau gilt gleichermaßen die Polarität zwischen der Freiheit nach außen und der nach innen.

Beide müssen ihre selbstbehauptenden Emotionen aus sich heraus schöpfen, und – wie wir gesehen haben – bedeutet das bei der Frau vor allem emotionales Engagement, Empathie und den prosozialen Einspruch ohne Rücksicht auf die Folgen. Es ist also auch eine Freiheit von pragmatischen Erwägungen, und die ist in konkreten Situationen manchmal kontraproduktiv oder gar lebensgefährlich.

Beim Mann hingegen entspringen die limbischen Impulse mehr dem Regime des Reptilhirns, sie sind geprägt von Trotz und Kampfbereitschaft, Aggression und Selbstbehauptung und bedeuten daher eher die Bereitschaft zur Frontalkollision, zu Härte und logischer Konsequenz.

Das wird dazu führen, daß Männer und Frauen auch vor demselben Problem leicht zu unterschiedlichen Lösungsstrategien greifen werden. Wo der Mann sich nach außen behauptet, wird er auf seine Aggressivität zurückgreifen, auf Trotz und Aufruhr; wenn gegen seine eigene Triebwelt, dann auf die kühle Logik. Wo die Frau sich nach außen behauptet, wird sie auf ihre lodernde Emotionalität zurückgreifen; und wenn gegen ihre eigenen Triebe, dann auf die wärmende Kraft von Empathie und sozialer Harmonie.

Hier kann sich ein sehr grundsätzlicher Konflikt aufbauen, wenn Mann und Frau sich gegeneinander wenden. Dies kommt immer wieder einmal vor, auch dann, wenn es nicht gerade ideologisch angefacht wird. Hier stehen sich zwei ganz unterschiedliche Strategien gegenüber, die der Härte und Aggression, Dominanz und Konsequenz einerseits und die der Emotionalität, der empathischen Inkonsequenz und Ausnahmebereitschaft andererseits. Der Mann sieht vor allem das Ziel, die Frau den Weg, der Mann eher das Ganze, die Frau den einzelnen Betroffenen. Der Mann fokussiert auf das langfristig Wesentliche (den Triumph des Rechts, der Idee, des Plans), die Frau auf das akute Leid (das Hier und Jetzt), der vom großen Weltgeschehen berührten Einzelschicksale.

An der Quelle der Geschlechterkonflikte

Aus dieser Verschiedenheit des Fokus entstehen im Grunde alle unterschiedlichen Wertungen und Aufmerksamkeiten und ein Ungleichgewicht der Streitkraft der Geschlechter, deren Konsequenzen nur mit viel Fingerspitzengefühl ausgeglichen werden können. Ohne Zweifel werden beide Arten der Weltwahrnehmung gebraucht:

Man darf – mit dem Blick auf das Ziel – nicht die Fußangeln und Fallgruben auf dem Weg dahin übersehen, und man darf – den Weg begutachtend – nicht das Ziel aus den Augen verlieren. Gerade diese beiden verschiedenen, komplementären Strategien werden gebraucht – wieder ein Gebot der unbedingten Kooperation miteinander.

Dem steht das Beharrungsvermögen von Mann und Frau in der einmal gewählten Strategie eines Problemlösungsansatzes entgegen. Der Mann wird schon bei der Benutzung eines ungeeigneten Schraubenziehers trotzig: Hat er gesagt, es ginge, so muß es auch gehen. Er wird sich in unbequemster Stellung abrackern, um sich und der Welt das zu beweisen. Die Frau hätte hier längst zu einem anderen Werkzeug gegriffen, er aber mobilisiert lieber mehr Energie und Wut, um sich auf dem einmal beschrittenen Weg durchzuboxen. Sein Gesicht läuft lila an, die Adern schwellen – das Ding muß raus! Beim falschen Schraubenzieher mag das lächerlich sein, beim Durchqueren eines reißenden Stroms aber oder in einer Kampfsituation, die nur eine einzige, zeitlich beengte Wahl zuläßt, kann diese Einstellung lebensrettend sein. Manchmal leider auch tödlich: Wieder einmal braucht man auch den Verstand, um die eigenen Affekte richtig zu lenken.

So hat im langen Miteinander der Mann den Sieg seiner Rationalität auf Kosten der Frau verwirklicht: Ihre limbische Stärke wird unterdrückt, weil sie jenes unberechenbare Potential verkörpert, das er in sich selber niederhalten will. In ihrer Emotionalität bekämpft er im Grunde seine eigene, während er seine oft überschießenden Reptilhirn-Ausschläge rationalisiert, was das Zeug hält. Hat er einmal gesagt, er werde die geraubte schöne Helena heimholen, so holt er sie auch – mag seine ganze Armee, sein Land, mag ganz Troja daran zugrunde gehen.

Umgekehrt hält die Frau ihre Emotionalität auch dort für eine Stärke, wo die Situation sie zu einer tödlichen Gefahr macht: Sie wird das Trojanische Pferd füttern, wenn es nur hinreichend traurig schaut und an ihre Empathie appelliert. Und sie wird diese ihre Emotionalität mit Impulsen aus dem limbischen System und Argumenten aus dem Neokortex in endlosen Dialogen und Monologen verteidigen, was das Zeug hält – mag so auch ganz Troja daran zugrunde gehen.

Die Grenzen zu ziehen, wo nun eigentlich mehr der Verstand und wo mehr das Gefühl zum Zuge kommen sollten, wollen wir uns nicht anmaßen. Damit nämlich würden wir behaupten, die Lösung für fast alle Konflikte zwischen Menschen verschiedener Grundhaltung in der Hand zu halten. Wichtig aber bleibt, als Fazit zu erkennen, daß wir keine anderen psychischen Kraftquellen haben zur Verwirklichung unserer Individualität gegen den Druck von außen und von innen als die Impulse von innen und die von außen. Daß sie uns grundsätzlich gegen den jeweiligen Widerpart beistehen:

Emotionen und Affekte, unsere sozialen Instinkte gegen den äußeren Zwang; das Nachdenken über die Fakten, die nüchterne Logik gegen den inneren Drang. Und vor allem, daß wir gut daran tun, diese Situation der Bipolarität, ihre Impulse und ihre Auswirkungen zu verstehen. Nur dann können wir sie gezielt herbeirufen, sie für uns einsetzen, ungeahnte Kräfte entwickeln, statt uns – ahnungs- und hilflos – von ihnen beuteln zu lassen.

Der Weg von der Emotionalität des Mannes führt grundsätzlich rasch in stammhirnnahe Bereiche der Aggressivität und des tödlichen Ernstes. Das macht die männlichen Spielarten des Fanatismus grundsätzlich gefährlich. Die Emotionalität der Frau hingegen führt eher zu Empathie und Hingabe, im schlimmsten Fall zum Glauben an allen möglichen Humbug zwischen oralem Galvanismus und UFOs, dem Bhagwan von Poona und den New-age-Bewegungen. Das macht ihren Fanatismus eher verworren.

In den extremen Mann-Frau-Konflikten steht also – stark vereinfacht – ein zornblindes Reptilhirn, gestützt von logischen Zurufen der linken Großhirnrinde, einer limbischen Gefühlsduselei gegenüber, die, möglicherweise sehr naiv, gestützt wird durch die Überzeugungsstärke puren guten Willens. Dabei wird im Ergebnis die männliche Dominanz erst einmal unumgänglich, denn die ultimative limbische Erregung ist beim Mann nun einmal eine aggressive, sie bedeutet bei ihm Kampf und Selbstbehauptung. Bei der Frau hingegen ist sie eine defensive, sie bedeutet Vorsicht und Schutz, Rücksicht auf andere. In schwächerer Form dürfte dies in allen Mann-Frau-Konflikten durchschimmern.

Diese grundsätzlich unterschiedliche limbische Orientierung von Mann und Frau mag der große Arzt und Naturphilosoph Lewis Thomas meinen, wenn er sagt: »Aber bei den ganz großen Dingen, wenn es wirklich um etwas geht, wenn gar das Überleben der Spezies Mensch auf dem Spiel steht, würde ich lieber auf das X-Chromosom setzen und hätte beim Y-Chromosom arge Bedenken.« (Thomas 1983). Diese Worte zielen sicher darauf ab, daß die Anlagen der Frau letztlich weit mehr als die Angabe, der ungestüme, prometheische Expansionstrieb des Mannes, dem Prinzip des Bergens, Bewahrens und Weitergebens von Leben verpflichtet sind.

Im Spannungsfeld der Unterschiede

Streß: wenn der Kopf das Herz verschleißt

Streß als ererbte Reaktion

Streß ist ein Reaktionsmuster, das in lebensbedrohenden Situationen das Überleben fördert. Mit Streß reagiert ein Organismus auf uralte Kampf- und Fluchtsignale. Diese Signale waren in den Jahrmillionen der Entwicklung höherer Säugetiere artspezifisch. Sie konnten teils allgemeiner Art sein – Brandgeruch, Sturm, Kälte, Blitz, Erdstöße – oder auch sehr individuelle, spezifische Zeichen der Gefahr für eine bestimmte Art, etwa huschende Schatten (Raubvogelsilhouetten!), Geräusche oder Gerüche eines anschleichenden Raubtiers oder der Anblick eines grimmigen Feindes. In diesen Situationen schaltet der Organismus automatisch seine Verdauung ab und alle Muskel- und Leistungsstationen an, er gerät in den Sympathikotonus, den Zustand maximaler Leistungsfähigkeit – und zwar um jeden Preis. So etwa wird der Kampf-Flucht-Mann eingeschaltet.

In seiner milderen, alltäglicheren Form ist der Streß eine Antwort auf jede Form von überdurchschnittlicher Belastung: hohe Geräuschpegel, große Kälte oder Wärme, physische Beanspruchung (schnelle, rotierende oder fallende Bewegung), psychische Beanspruchung (große Konzentration, Trauer, Angst) oder ganz einfach Reizüberflutung, aus welchen Sinnesbereichen auch immer. Es ist ein natürliches Phänomen, daß die Anforderungen über den Tag hinweg nicht ganz gleichmäßig verteilt sind, sondern es gibt Belastungsspitzen und -täler für jedes lebende System. Eine regelmäßige, großräumige Schwankung dieser Art ist der Tag-Nacht-Rhythmus, den der Körper von tagaktiven Tieren mit dem entsprechenden Parallelrhythmus seiner Schwingung zwischen Sympathiko- und Parasympathikotonus beantwortet, mit einem regelmäßigen Umschalten zwischen Leistungs- und Erholungsphase.

Die Streßreaktionen dienen hierbei dem Zweck, temporär – wie beim Kick-down des Autos – die Leistung zu steigern, ohne deshalb das ganze System für längere Zeit auf das maximal benötigte Niveau hochzufahren.

Wir wissen, wie es einem Automotor ergeht, den man tagelang unablässig mit dem Kick-down-Effekt rasen läßt: Er ist schnell verschlissen.

Die Streßreaktion ist eine zeitbegrenzte Antwort auf temporär gesteigerte Anforderungen, wie sie sich im Laufe eines Lebens mit einer gewissen Wahrscheinlichkeit immer wieder ergeben.

Hätte der Mensch nicht die Streßreaktionen zu seiner Verfügung, müßte er ständig auf Höchstleistungen vorbereitet sein. Sein stärkeres Bindegewebe und Muskelsystem würde das Skelett dabei so stark und schwer machen, daß ganz andere Ernährungserfordernisse entstünden. Mehr Bewegung bei schwererem Körper, mehr Blut, mehr Pumpleistung des Herzens, das alles würde in einer Spirale steigender, einander bedingender Anforderungen ein weit weniger geschmeidiges, weniger sparsames Lebewesen entstehen lassen, das geringere Überlebensräume und Chancen zum Fortbestand hätte. Streßreaktionen sind also – als Regulatonsprinzip – ein Zeichen äußerster Stoffwechselökonomie. Sie kommen daher nicht bei Steinen oder Ästen vor, sondern nur bei höher differenzierten, flexibleren Organismen. Vom niederen Säugetier an sind sie in ähnlicher Form, mit zum Teil denselben Steuersubstanzen, aber in zunehmender Komplexität bis hinauf zum Primaten in ihrer konsequenten Höherentwicklung zu verfolgen.

Streß als Risiko und Leistungszünder

Der Begriff »Streß« (engl. *stress* für Druck) wurde erst 1936 von dem Kanadier Hans Selye (1907–1987) geprägt. Er unterschied schon den kurzfristigen, unbedenklichen »Eustress« (große Freude, erfolgreiche Anstrengung, Triumph) und den länger anhaltenden, schädlichen »Distress« (Frustration, Überbelastung). Vor allem zeigte er, daß psychische wie physische Beanspruchung den Organismus gleichermaßen in Mitleidenschaft ziehen können, indem etwa die Nebennierenrinde anschwillt (hypertrophiert) und das die Immunität vermittelnde lymphatische Gewebe verkümmert (atrophiert).

Vielleicht hat er damit bereits die Erklärung für ein Phänomen vorweggenommen, das heute Sport- und Militärärzte beunruhigt: Bei dänischen Elitesoldaten (Fallschirmjägern), die einer ungewöhnlich intensiven körperlichen Dauerbelastung ausgesetzt waren, sieht man in höherem Alter signifikant mehr bösartige Tumoren als in der Normalbevölkerung. Dies scheint alle Theorien über den Nutzen der sportlichen Aktivität auf den Kopf zu stellen, betrifft aber vermutlich nur den

Hochleistungssport, der zugleich auch immer ein echter Streß für den bis an seine äußersten Grenzen gequälten Organismus ist. An dieser Stelle beginnt der Streß, lebenswichtige Immunfunktionen auszuschalten.

Was beim Streß prinzipiell geschieht – als Reaktion selbst auf geringste Signale, die Gefahr bedeuten könnten –, ist beim Menschen bereits zu beobachten, wenn auch nur ein unerwarteter Nadelstich in die Fußsohle seinen Kontemplationsfrieden unterbricht:

1. Einschalten der Kampf- oder Flucht-Bereitschaft, Alarmierung aller dafür wichtigen Stationen: gesteigerte Durchblutung der Muskeln, Vorspannung der Sehnen und Muskeln, zunehmende Aufmerksamkeit und Reaktionsbereitschaft, ansteigender Blutdruck, höhere Herzauswurfsleistung (Kontraktionskraft) und schnellerer Puls, Erweiterung der Bronchien zum schnelleren Luftumsatz, höhere Atemfrequenz, Vergrößerung der Pupille für besseren Lichteinfall und vieles im Labyrinth des Stoffwechsels Verborgene mehr. So etwa werden die Verbrennungsöfen des Körpers auf höhere Temperaturen und andere, schnellere Energiegewinnungswege umgeschaltet (z.B. vermehrter Glykogenabbau in der Leber), notfalls auch auf langsamere Reservewege (Zuckerneubildung aus Eiweißen), werden Zwischenhirn, Hypophyse, Schildrüse und Nebennieren aktiviert, die Niere hält Puffersubstanzen zurück, um die Übersäuerung des Blutes aufzufangen, die Milz preßt mehr Blut hinaus in den Kreislauf, und im Knochenmark wird die Freisetzung – notfalls noch unfertiger! – roter Blutkörperchen vorbereitet.

2. Abschaltung und Drosselung von Unnötigem: die Durchblutung der Eingeweide wird kräftig gesenkt, die Drüsen- und vor allem die Immunfunktionen (Thymus, Milz, Lymphknoten) werden gedrosselt, die Verdauungsprozesse gestoppt – ein geringes Opfer, wenn dadurch bei der Flucht der Extrazentimeter gewonnen wird, der vor dem Rachen eines Raubtieres rettet. Alles, was man unter Parasympathikotonus zusammenfaßt, jene Regenerations- und Verdauungsphase also, in der die Prüfung und Reparatur des gestreßten Systems stattfindet, wird für eine Weile stillgelegt.

Wie umfassend diese Umschaltung zwischen Leistungs- und Regenerationsphasen seit Urzeiten in allen Lebewesen angelegt ist, geht nicht nur aus der Vielfalt der betroffenen Organsysteme hervor, die hier fast reibungslos und fast beliebig oft umgeschaltet werden, sondern auch aus der tiefgreifenden und raffinierten organischen Vorbereitung. So nennt man die sympathikotone Beeinflussung des Herzens positiv bathmotrop, chronotrop, dromotrop und inotrop, was bedeutet: verringerte Reizleitungsschwelle, häufigere Impulsbildung, schnellere Reizweiterleitung und größere Muskelkraftentfaltung. Die Lebewesen sind also mit der Entwicklung eines leistungsoptimierenden Überlebensprinzips nicht nur großgeworden, sondern überhaupt erst als Erfolgsmodelle entstanden.

Dieses System ist extrem leistungsfähig. Wie anders könnte man sich erklären, daß etwa der auf den Acker geschleuderte Motorradfahrer, fußamputiert, aufsteht und zur Unfallstelle zurückgeht, daß man bei der Jagd etwa einen ins Herz getroffenen Elch noch 80 Meter weiterlaufen sieht, das Blut im Bauchraum und in der Lunge, im aufgerissenen Herzen etwas Gras aus den Eingeweiden – das alles zeigt das System des »Überlebens um jeden Preis« in voller Aktion.

Streß als Notbetrieb und Killer

Aber eben diesen Preis gibt es dabei auch. Es ist der Verschleiß der Lebenssysteme, jener nicht mehr regenerierbare Anteil der Mikroschäden, die hierbei entstehen. Daher ist der wirklich schädliche Streß die Überbeanspruchung des durchaus erlaubten und nützlichen Prinzips, Wechsel auf zukünftige Regenerationsprozesse zu ziehen. Deren Kapazitäten nämlich sind begrenzt und lassen mit steigendem Alter allmählich nach. Schädlicher Streß ist also der Mißbrauch einer punktuellen Leistungssteigerung für den Dauereinsatz. Über längere Strecken sind Streßreaktionen nicht aufrechtzuerhalten, ohne den Organismus schwer zu schädigen. Streß ist eben Notbetrieb und muß das bleiben. Bei zu großer Dauer oder ständiger Wiederholung, wie sie die Natur nicht vorsieht, beeinträchtigt er Herz, Kreislauf, Eingeweide, Immunsystem und Psyche, damit auch Vitalität und Stimmung, Gedächtnis und Schlaf, kognitive Funktionen und Problemlösungsfähigkeit.

Kreislauf und Verdauung, Psyche und Immunität sind also die empfindlichsten Sensoren gegenüber chronischen Schädigungen durch Streß. Kreislaufschwäche und Schlaflosigkeit gehören wie häufige, langgezogene Infektionen und Verhaltensauffälligkeiten zu den Alarmsymptomen. Daß wichtige Gefäße durch Kalkablagerungen enger werden, daß Nebennieren, Bauchspeicheldrüse und Knochenmark sich schneller erschöpfen, zieht Herzinfarkte, Depressionen, Diabetes, Magenbeschwerden und Hirnabbau (Demenz) in immer jüngere Altersgruppen vor.

In dieser Form ist Streß wirklich ein Killer. Seine Spätsymptome wie Adernverkalkung (Arteriosklerose), Bluthochdruck (Hypertonie), Zukkerkrankheit (Diabetes – man spricht hier neuerdings vom »neuroendokrinen Syndrom«), Angina pectoris sowie Leistungs- und Stimmungseinbrüche (Depressionen) sind Endmanifestationen von schleichenden Veränderungen, die bereits im Alter von 20 bis 30 Jahren unmerklich beginnen. Sie werden deshalb anfangs lange nicht bemerkt, weil sie in die Reservespannen unserer Körperfunktionen fallen, also noch kompensiert werden können. Damit ist die beim Streß verhängnisvolle Hirn-Herz-Achse tatsächlich dingfest gemacht: Über höhere Streßzentren wird hierbei der ganze Stoffwechsel mit Blutdruckerhöhung, Insulinresistenz, geschädigter Endothelfunktion und Gefäßverkalkung im Sinne eines schnellen Alterns zu frühem Tod hin verschoben.

Schon der normale Zellstoffwechsel schließt grundsätzlich den vorprogrammierten Tod aller lebenswichtigen Zellen in Herz und Hirn durch Verschlackung und die Kumulation von kleinsten Schäden und molekularen *mishappenings* mit ein. Das ist es, was uns sterblich macht. Aber der menschliche Organismus sollte etwa 80 bis 90 Jahre lang halten. Streß kann diese Zeit erheblich verkürzen.

Der Preis für die Streßoption

Um zeitweise die Leistung zu erhöhen, können wir eine Sauerstoffschuld eingehen, Milchsäure bilden, Eiweiß statt Zucker verbrennen, uns bis zum Kollaps anstrengen, aber dann auch wieder erholen. Hier gibt es jedoch Grenzen der menschlichen Anpassungsfähigkeit, einen Umkipp-Punkt, von wo an ein aufbauendes Training in reinen Verschleiß übergeht. Dieser Punkt ist altersabhängig und wird davon bestimmt, wie sich anabole (aufbauende) und katabole (abbauende) Prozesse in unseren Geweben und Organen miteinander mischen.

Verhängnisvoll ist es vor allem, wenn die primären, schnellen Streßregulationen versagen, also den Organismus nicht wieder in die erstrebte Neutrallage in punkto Sauerstoffversorgung, Blut-pH-Wert, Körpertemperatur zu bringen vermögen. Dann springen die langsameren Regulationen an, die über die Nebennieren zu steigendem Kortison- und Kortisolspiegel führen. Das bedeutet nun eine Situation, die der schlimmsten Form der Zuckerkrankheit, dem Steroiddiabetes, ähnelt, mit Bluthochdruck, Insulinresistenz und Gefäßschäden und einer raschen Entwicklung der gefürchteten Gefäßsklerose. Am Anfang steht die Schädigung der Basalmembran des Gefäßendothels mit steigender Gefäßwanddurchlässigkeit. Das Endothel nimmt immer weniger LDL-Lipide auf, die Adhäsions- und Gerinnungsneigung der Thrombozyten nimmt zu. Das in die subendothelialen Lager eintretende, lytisch wirkende Blutserum ätzt dabei sozusagen die Gefäßwand an, führt zur Verfettung – ein unspezifisches Zeichen des kritischen Sauerstoffmangelbetriebs der Zelle – und, da Fett ein Kalkfänger ist, zur Verkalkung der Gefäßwand. Aufbrechende Kalkherde bilden rauhe Stellen an der Gefäßinnenwand, an denen sich immer mehr Thrombozyten verletzen und so zu wandständigen Blutgerinnseln führen – ein Prozeß, bei dem sich am Ende selbst große Gefäße völlig schließen können.

Für den, der sich vornimmt, später einmal mit seiner Streßbekämpfung anzufangen, etwa dann, wenn die Pensionierung näherrückt, hier ein heißer Tip: Die Arteriosklerose, die im 60. Lebensjahr bemerkbar wird, beginnt etwa im Alter von 20 bis 30 Jahren. Wer also seine streßvermeidende Strategie allzu lange aufschiebt, könnte leicht zu den Millionen Menschen gehören, die ihre Pensionierung nicht mehr erleben. Der Streß zeigt uns unsere von der Biologie gezogenen physischen Grenzen. Neben seiner hilfreichen Unterstützung bei Kampf oder Flucht ist er zugleich Notbetrieb und Alarmsignal. Wer letztere allzu lange überhört, bringt sich um.

Abgesehen von dem, was uns regelrecht aufregt, kann Streß auch dadurch entstehen, daß ganz normale Reize im Übermaß auf uns einstürmen. Jede Form von Überstimulierung führt zu Streß, kippt also den Schalter von der Regenerations- zur Leistungsphase. Das gilt, wenn man etwa eine Maus am Schlafen hindert, Kaninchen in zu großer Zahl eng zusammenpfercht oder Menschen ständigen Lichtblitzen, einem unaufhörlichen Redefluß, einem nicht zu bewältigenden Problemdruck oder einem heftigem Ansturm von Anforderungen aussetzt. Sobald die Reizverarbeitung mit dem Wahrgenommenen nicht mehr Schritt hält, kommt es zu einem kognitiven Kontrollverlust, der als Streß erlebt wird. Interessanterweise haben hohe Geräuschpegel – neben Schmerzen und Bewegungsschwindel – einen besonders stark streßauslösenden Effekt, da sie in der Natur vor allem mit Katastrophen assoziiert sind (Blitz und Donner, Vulkanausbruch, Taifun, Erdbeben, Raubtierangriff, Schmerzensschreie) und rasche Fluchtreaktionen fordern.

Diese Form von Streß führt zu einer Art chronischer Bereitschaftsstellung von physiologischen Systemen, die Notfallsituationen aufzufangen pflegen, aber eigentlich einen regelmäßigen Wechsel zwischen Aktivitäts- und Ruhephasen brauchen. Dies sind die Nebennierenrinde mit ihren zahlreichen Steroidhormonen (Kortikosteroiden, darunter

Kortisol und Kortison), das Nebennierenmark mit den kreislaufbeschleunigenden Katecholaminen (Adrenalin und Noradrenalin) sowie dem energiefreisetzenden Glucagon, die Schilddrüse mit dem die Verbrennungsprozesse anheizenden Thyroxin sowie – allem übergeordnet – das Zwischenhirn (Hypothalamus) und die Hypophyse mit dem blutdruckerhöhenden und aggressionsauslösenden Peptid Vasopressin und zahlreichen hormonfreisetzenden und drüsenstimulierenden Botenstoffen (ACTH, CRF, TRF und anderen *releasing factors*). Die Streßreaktion umfaßt sozusagen eine gewaltige Feuerwehr, Rettungsmannschaften und Bereitschaftspolizei unseres Stoffwechsels, der durch eine Vermehrung von Gerinnungsfaktoren sogar den Bedarf an rascher Blutgerinnung im Falle größerer Wunden vorwegnimmt.

Streß und Ausweichbewegungen

Ein typisches Streßsymptom ist der Versuch, dem Druck einer Situation, die man nicht mehr beherrscht, durch – kontraproduktives – Simultanfunktionieren zu entgehen. Daher ist auch dies ein klassisches Streßbild: mehrere Dinge gleichzeitig angefangen, hektisch in Zeitungen blättern, in Tabellen nachschlagen, Termine eintragen; zu Hause anrufen, angerufen werden, rauchen, schreiben, lesen, Kaffee trinken. Ein PC flimmert, daneben liegt ein Reisekatalog und ein hoher Aktenstapel, der längst studiert sein sollte, ein Berg Briefe, die beantwortet oder signiert werden müssen. Die Haltung ist verspannt, aber kraftlos. Der Gesichtsausdruck ist mürrisch und gereizt, gleichzeitig lustlos und müde – ein kurz angebundener, unfroher und unfreundlicher Mensch mit kurzer Lunte gegenüber jeder Beanspruchung, der sich dennoch für wahnsinnig effektiv hält. Während er ins chronische Krisenmanagement schlittert, lockt ihn die Illusion der schützenden Infallibilität. Er wird immer geltungsbedürftiger, immer empfindlicher gegenüber jedem Zweifel an seiner Tauglichkeit von außen, aber zugleich immer indolenter gegenüber seiner rasch erodierenden Innenausstattung. Je schlechter es ihm geht, desto weniger Kritik verträgt er. Er mag auch keinen Kollegen, der das alles ruhiger angehen läßt – schon deshalb nicht, weil er selbst schon so viel geopfert hat.

Sein Durchblick ist getrübt, die Übersicht dahin. Seine innere Identifikation mit den geltenden Normensystemen (Mimesis) läßt auch nach. Er beginnt, sich selbst und andere zu bluffen und zu übervorteilen. Die vielen suboptimalen Strategien, auf die er dabei verfällt, vom Einkapseln in Detailprobleme über das thematische Vagabundieren bis hin zum leeren Aktionismus und zur nackten Aggression sind von dem Psychologen Dietrich Dörner ausführlich beschrieben und analysiert worden.

Das hochkomplexe großstädtische Milieu, allein seine Kommunikation und sein Verkehr ziehen den Streß an wie ein Müllplatz die Ratten. Eine hohe Dichte der Handlungsmöglichkeiten verbunden mit einem Übermaß an Behinderungen und Vergeblichkeit erzeugt Frustrationen. Menschen, die vom Lande kommen, können auch in der Stadt noch eine ganze Weile ihre Regenerationsroutinen und Kraftquellen nutzen, was sie anfangs weniger störanfällig macht.

Streß hat oft auch etwas mit Menge zu tun: Quantität, nicht Qualität, läßt die Probleme allometrisch wachsen. Ein Quentchen mehr, und die Kommunikation verwirrt sich. Ein Kollege mehr, und die Diskussionen werden doppelt so lang. Ein Büro mehr, und die Wege und Papiermengen wachsen im Quadrat an. Auch die Zeit wird progressiv, nicht linear, verbraucht. Im Gedränge und Gewühl, in Kalamitäten wie in Wartesituationen wird die Kraft für Lappalien verbraucht. Dann reicht sie nicht mehr für das Wichtige. Der Mensch erlebt einen zunehmenden Kontrollverlust allein durch quantitative Überlastung.

Nichts streßt die Seele und den Kopf so sehr wie der Kontrollverlust In unzähligen psychologischen Versuchen hat sich gezeigt, daß ein Mensch, der etwa ein Gefährt noch selbst steuern kann, sich bei weitem nicht so gestreßt fühlt, als wenn er nicht selbst einzugreifen vermag – der klassische Unterschied zwischen Fahrer und Beifahrer. Eine Versuchsperson, die mit Signalen konfrontiert wird, die sie nicht kennt, wird unsicher, und wenn ihr die Dinge nicht länger wie gewohnt gehorchen, gerät sie in Panik. Der Verlust der Kontrolle wird als das Schlimmste erlebt, das einem widerfahren kann, und angesichts einer Lage, die man nicht beeinflussen kann, bricht vielen Versuchspersonen der berühmte kalte Schweiß aus. Dies ist ein wichtiger Umstand, der dem Streß für Frauen in einer Männerwelt eine eigene, unheimliche Komponente verleiht.

Was die besondere Bösartigkeit gerade des Kontrollverlustes für die Psyche des Gestreßten ausmacht, ist das völlige Ausbleiben von Teilerfolgen und damit der von ihnen ausgelösten aufmunternden »Mach-weiter-so!«-Signale. Er erhält keinerlei Zwischenbelohnungen durch Dopaminsignale in seinem Belohnungszentrum. Normalerweise erleben wir, während wir ein Problem anpacken, sei es auch nur durch reine Augenwischerei, kurzfristige Teilerfolge: Manchmal führt das ja auch zum Erfolg. Die Interimsbilanz, wenn positiv, führt zu den bestätigenden Signalen, weiterzumachen.

Die Teilbelohnungen haben vermutlich den entwicklungsgeschichtlich bewährten Sinn, uns eine erst in der Zukunft zum Erfolg führende Strategie nicht vorzeitig aufgeben, ein langwieriges, aber erfolgreiches Verfahren nicht verfrüht abbrechen zu lassen. Wer seine Instrumente zur Problembewältigung überhaupt nicht mehr betätigen kann, hat nicht mehr den Eindruck, auf die bedrohliche, ihm unaufhaltsam entgleitende Situation irgendwie einwirken zu können. Er erlebt sich als verwirrt und gelähmt. Passiv, ohnmächtig zusehend, taumelt er in die Katastrophe, rutscht er auf einen Abgrund zu, ohne eine Gegenbewegung machen, ohne auch nur pro forma dagegen anrudern zu können. Das ist der gefürchtete Kontrollverlust.

Die Achse vom Kopf zum Herzen

Auch andere rein psychische Erlebnisse wie Versagensangst, Scham, Minderwertigkeitsgefühle, Wut und Frustration haben einen ausgeprägten Streßeffekt. Über das limbische System bewirken sie die Alarmierung von Trieben und Affekten der Achse Stammhirn-Zwischenhirn / Hypothalamus-Hypophyse-Nebenniere-Kreislauf / Herz und greifen in so gut wie alle oben beschriebenen Systeme der Leistungssteigerung ein – ein vor Wut hochrot werdendes Gesicht mit schwellenden Adern an den Schläfen illustriert diese Zusammenhänge.

So kann Streß aus einem ausgeglichenen, zuverlässigen und umgänglichen Menschen innerhalb weniger Jahre einen unruhigen, ängstlichen und schlaflosen, mageren und kränkelnden Choleriker machen, dessen Verdauung versagt und dessen Gefäße verkalken, der unter Verstopfung und Herzrasen leidet und sichtbar schneller altert. Während so sein Bedarf an Regenerationsphasen dramatisch zunimmt, werden gerade diese im Rahmen des unaufhörlichen Krisenmanagements bei hohem Problemdruck wegrationalisiert.

Die Verbindung vom limbischen System – der psychischen Erregung – zum Herzen und Kreislauf führt über die verschiedenen Alarm- und Regelsysteme des menschlichen Stoffwechsels. Sie ist stark, aber indirekt, sie wirkt effektiv, aber langsam.

Psychischer Streß führt neben den rein physiologisch-organischen Reaktionen stets auch zur Einengung des Gesichtsfeldes und damit des Erfahrungsspielraums: man spricht vom »Röhrengesichtsfeld« oder

»Tunnelsehen«. Das zieht bald einen Verfall der internalisierten Bilder von der Welt nach sich, so daß die virtuellen Gesellschaftsmodelle im Kopf des Gestreßten rudimentär und inkorrekt werden. Dies wiederum führt zu immer mehr Enttäuschungs- statt Bestätigungserlebnissen und damit zu ständigen Krisen, bei denen immer häufiger Denken, Wollen und Handeln an ihrem größten Feind, der Realität, scheitern.

So kommt es zu ineffizienten Überlaufsaktivitäten, hektischem Zielwechsel und thematischem Oszillieren, zu einem generellen Verlust der Metaperspektiven und damit der Kontrolle von Zielgerechtigkeit und Hintergrundserfüllung. Man wird hinsichtlich seiner eigenen biologischen Ressourcen zum futterfixierten Dackel, der unfähig ist, sich einen Wurstvorrat anzulegen.

Der Streß deckt also auch unsere von der Biologie gezogenen psychischen Grenzen auf. Als Folge der lange unterschätzten Interaktionen zwischen Hirn und Herz, zwischen Gedanken, Gefühlen und vegetativen Funktionen, zeigen uns physischer wie psychischer Streß eine gemeinsame Endstrecke: jene fatalen Folgen allzudicht gepackter, erzwungener Hochleistungsphasen, die ihrer Natur nach nun einmal nicht perpetuierbar sind.

Streß als Klimafaktor der modernen Welt

Streß ist heute nicht nur weit verbreitet, sondern oft auch mißverstanden. Mancher verwechselt Unlust, Mißmut und Unbehagen per se schon mit Streß, während derartige Cofaktoren eher die Streßanfälligkeit, also die Empfänglichkeit und Empfindlichkeit gegenüber Streßfaktoren erhöhen. Derselbe äußere, objektiv feststellbare Faktor kann den einen stressen, den anderen unberührt lassen.

Es gibt neben dem negativen durchaus auch positiven Streß, so daß es allen Anlaß gibt, den Erfolgs- vom Frustrationsstreß zu unterscheiden. Dennoch ist es nicht ratsam, den Streß als simplen Zeitgenossen, als unabwendbaren Umstand, als notwendigen Begleiter des modernen Lebens widerstandlos zu akzeptieren.

Für gewisse Menschen ist Streß zur Prestigequelle und zum Statussymbol geworden. Man renommiert mit seinem *executive stress* oder *jet lag* wie früher mit den Schmissen einer schlagenden Verbindung. Die Angina pectoris wird zum Kampfabzeichen einer Leistungselite, der Herzinfarkt zum Heldentod der Führungselite. Streßfolgen werden so zu nobilitierenden Gruppenmerkmalen für *top-people*, die ihre VIP-cards wie stumme Orden tragen. Mehrsprachige Visitenkarten markieren das globale Jagdgebiet wie einst die Löwenzähne am Hals des Steinzeitmenschen.

Die verschworene Spitzengruppe der Erfolgshungrigen betrachtet den Streß nicht als eine Gefährdung, sondern sieht ihn als Auszeichnung, in deren Gefolge dicke Brieftaschen und Scheckhefte, Status und Macht winken. Damit allerdings übersehen sie leicht die biologisch verankerte Ohnmacht, die sich hier stets mit einschleicht. Diese erleben sie dann mit gehöriger Verspätung, sehr ruhebedürftig, auf Intensiv- und Überwachungsstationen.

Streß als Freiheitsentzug

Die Allgemeinsymptome des Stresses sind anfangs in der Regel diffus und lassen sich noch jahrelang umdeuten. Für Unruhe und Aggression können sich Pseudo-Erklärungen finden. Es kommt allmählich (mit chronischen Rücken- und Nackenbeschwerden) zu dem Syndrom »*too tense to relax, too tired to exercise*«. Konzentrationsschwäche, Schwindel, Schwitzen, Affektinkontinenz, Zukunfts- und Entscheidungsangst, Pessimismus, Initiativ- und Humorverlust, Müdigkeit und Isolationsgefühl begleiten den Streßkranken. Man verliert vor allem die Fähigkeit zu einem abgerundeten Lebensstil, die Freiheit zu wählen, wann man in eine Regenerationsphase eintreten möchte.

Man zieht sich von Freunden und Veranstaltungen zurück, vernachlässigt Freizeit, Ferien, Sport und Hobbies. Bücher und Artikel bleiben ungelesen, Schallplatten ungehört, Ausstellungen ungesehen und Reisen unterlassen. Streß ist der Herr moderner Sklavenheere, die sich in den Kathedralen einer globalen Mobilitätskultur sammeln: verhuscht in Terminkalendern fingernd, zwanghaft in Akten blätternd, hektisch zum Fetisch der Omnipräsenz, dem Handy, greifend, sobald sich ein Auge auf sie richtet. Sucht und Askese zugleich, ist ihre Verzichtbereitschaft zu einer absurden Mischung mit einem Unentbehrlichkeitswahn erstarrt.

Wer die biologische Grundlage, den Sinn des Stresses versteht, begreift auch leicht, warum ihm niemand, der leistungsorientiert ist, wirklich entgeht. Es ist seine Option zur notwendigen punktuellen Leistungssteigerung und – so merkwürdig sich das auch anhören mag – ein Prinzip der Kräfteökonomie.

Streß als Initiator des Kampf-oder-Flucht-Verhaltens organisiert die kurzfristige Leistungssteigerung und macht den Stoffwechsel zum

Schuldner der Zukunft (Schlafbedarf, Abbau von Kohlendioxyd und Milchsäure, Hormon-Neubildung, Reparatur von Eiweißlücken nach der Zuckerneubildung usw.). Damit ist klar: Der Streßzustand ist eo ipso völlig ungeeignet als Dauerzustand, denn dieser wirkt seinem ursprünglichen Sinn entgegen. Dies zu ignorieren, ist eine Taktik, die sich nach wiederholten langen Streßphasen biologisch fatal auswirkt.

Streß und Regeneration

Da normaler (angenehmer) Streß durchaus ökonomisch ist, braucht man ihn nicht zu vermeiden – wichtig ist nur, die zugehörigen Erholungspausen – im psychischen Bereich: Rekreationsphasen – gleich mit einzuplanen. Zu einer bestimmten Menge Streß gehört als notwendiges Supplement eine entsprechende Menge Ruhezeit. Mit seiner – unentbehrlichen – Gesundheit haushalten, heißt: Verschleiß vermeiden, Belastungen mit Entspannungs- und Erholungsphasen auffangen. Mit seinem – einzigen – Leben haushalten, heißt: Zeit- und Kräfteökonomie. Die wichtigsten Techniken im Umgang mit unseren erneuerbaren Ressourcen ergeben zusammengenommen eine Regenerationsökonomie. Die wiederum ist nicht improvisierbar. Dazu ist sie zu kompliziert und braucht zu viel Raum und Zeit – und auch psychisch freie Valenzen. Sie muß eingeplant und vorbereitet sein. Hier gilt es, dem Besteigen der Metaebene über dem Nächstliegenden, dem Sich-Vereinzeln, der Selbstreflexion mit Abstand zum Alltag wieder Raum zu schaffen.

Holzwege sind hier alle vermeintlichen Abkürzungspfade, geheime Wege zur Kreativitäts- und Leistungssteigerung oder Bewußtseinserweiterung etwa durch psychotrope Drogen (dazu gehören Alkohol und andere Suchtstoffe wie Weckamine, Partydrogen, Kokain, Opiate und Endorphine), auch durch exzessives Jogging oder andere Tricks, welche die letzten Reserven mobilisieren und den Organismus bluffen, statt die normalen Regenerationsprozesse in physiologischer Weise anzuregen. Selbst der Marathonläufer, der auf harter Unterlage mit jedem Schritt Hunderttausende seiner roten Blutkörperchen zertritt und sich damit einen echten Blutmangel (Anämie) anlaufen kann, setzt in mehrfacher Hinsicht Notfallsysteme mit Endorphinen in Gang, die ihn regelrecht süchtig machen. Nicht ohne Grund schickt bei schlechtem Wetter manche genervte Ehefrau ihren Mann zum Joggen raus, damit er endlich wieder erträglich wird.

Die beliebten psychotropen Drogen sind entweder stimulierende Sympathikomimetika, die den Streß nachahmen, das Belohnungszentrum aktivieren und Streßantworten mit endorphinartigen Reaktionen hervorrufen (Kokain, Amphetamin), oder Substanzen, welche die Endorphinfreisetzung und damit das Lustzentrum indirekt beeinflussen (Marihuana, Haschisch), oder solche, welche die Wirkungen der Endorphine selbst nachahmen und damit alle Unlustsignale kappen (Heroin, Morphin, Opium). Partydrogen (synthetische Designerdrogen wie Ecstasy) und Halluzinogene (wie LSD und PCP) wirken über andere Transmittersysteme auf die gleiche Belohnungsregion im Gehirn, richten aber sogar noch tiefergreifendere Schäden an. Dem Süchtigen bieten Drogen für eine Weile intensive Eindrücke und flüchtige Glückserlebnisse, denen dann Depressionen, Angst und Unruhe folgen. In allen Fällen wird das wichtigste Bewertungssystem des Körpers mißbraucht, verwirrt und geschädigt, was über kurz oder lang zur Glücksunfähigkeit führt.

Heilung des Gestreßten ist – physisch: wieder in den Rhythmus kommen, die vegetativen Phasen Sympathiko- bzw. Parasympathikotonus physiologisch schwingen lassen. Auch Schwitzen, Frieren, Keuchen und Hungern gehören durchaus dazu – also geht es keineswegs um einen Dauerschongang! Psychisch braucht der Gestreßte Ruhe, Einsamkeit, Abstand, Höhe, Übersicht, Pausen, interaktive Stimulanz und Diversifizierung der Themen.

Schnelle und verzögerte Streßreaktionen

Die Streßforschung stieß schon früh durch Felix Hoppe-Seyler[1] auf die biochemische Streßreaktion, welche durch das Nebennierenmark vermittelt wird. Bald stieß man auf die keineswegs überraschende Tatsache, daß der Organismus auf Streßreize verschieden reagieren kann:

1. mit rasch einsetzenden, schnellen Funktionsumstellungen neurohumoraler[2] Art: Adrenalin-Ausschüttung mit Herz- und Gefäßstimulation, Hautrötung, Muskelanspannung usw.). Oder aber, wenn das nicht ausreicht oder aus anderen Gründen unterdrückt wird,

2. mit langsameren Umstellungen des Stoffwechsels psychisch-hormonell: Zwischenhirnaktivierung, ACTH-Freisetzung, Steroidhormone, Zuckerneubildung, Sekretions- und Immunitätsdrosselung. Diese trägeren Reaktionen setzen zwar verzögert ein, ziehen aber dafür eher als die akuten Reaktionen organische Veränderungen nach sich, die – wenn überhaupt – nur langsam rückgängig zu machen sind.

Die erste, schnelle Reaktionsform repräsentiert aus der Perspektive des Laien etwa der Choleriker, der rot anläuft, vielleicht einen Wutausbruch bekommt, sich dann aber auch rasch wieder beruhigt und – durch Adaptation an die Häufigkeit dieses Geschehens? – bald kaum noch Unbehagen durch seine Streßanfälle verspürt. Am Abend ist ein solcher Mensch entspannt und ruhig, als wäre nichts gewesen. Seine Retentionalität ist gering, das heißt, Geschehenes und Erlebtes werden rasch gelöscht, die durch sie ausgelösten Erregungen verklingen schnell. Die andere, verhaltene Reaktionsform sieht man eher beim gehemmten, introvertierten Menschen, der sich langsamer erhitzt und – wenn überhaupt – erst verzögert zum Siedepunkt kommt. Seine Reaktionen verlaufen äußerlich gedämpfter, innerlich kontrollierter, klingen aber nur langsam ab. Sein innerer Erregungszustand hält länger an, verursacht bis zum späten Abend ein diffuses Unbehagen und kann Lebensgefühl, Schlaf und Wohlbefinden ernsthaft beeinträchtigen. Dies führt vermutlich zu ausgeprägteren organischen Veränderungen als die raschen Reaktionen, da über anhaltende Unruhe im limbischen Teil des Gehirns die Achse Hypothalamus-Nebennieren stimuliert bleibt. Dauerstimulation aber führt zur anhaltenden Überfunktion der Nebennieren, so daß die Drosselung vegetativer Funktionen länger dauert als angemessen.

So stimmt die in Alltagsgesprächen oft geäußerte Auffassung, es sei besser, seinen Ärger abzureagieren als ihn still in sich hineinzufressen, mit den Ergebnissen der modernen Streßforschung durchaus überein. Der differenziertere, intelligentere Mensch, der seine Reaktionen stärker zu kontrollieren pflegt, wird häufiger als der primitive die verzögerte Reaktionsform durchlaufen. Die Tatsache, daß bei einer durch Vorstellungen ausgelösten inneren Erregung die Frau eine fast achtmal größere limbische Beteiligung am emotionalen Nachhall verarbeiten muß, ist sicher nicht nur der Anlaß für ihre größere Retentionalität – die Tendenz, länger an einem Thema, einem Erlebnis oder Eindruck zu haften –, sondern auch für ihre Unfähigkeit, den Zustand innerer Erregung schnell wieder abzuschütteln. Ihre Lage verschärft sich meist dadurch, daß ihr von außen Restriktionen auferlegt werden, die einen Erregungsausbruch sozusagen wegdrücken – eine Technik, die zum Kurzzeit-Alarm besser paßt als zur Langstrecken-Erregung. Der nachhaltig Bedrückte ist das direkte Gegenstück zu dem dickfälligen Streithahn, der schon fast vergessen hat, worum es ging, wenn er die Tür hinter sich zuschmettert.

Ganz generell neigen Menschen, die intensiv und lange unter dem inneren emotionalen Nachhall von Unfrieden und Friktionen in ihrer sozialen Umwelt leiden, eher dazu, sich anzupassen und die Auseinandersetzung zu meiden. So dürfte sich aus der oft starken gefühlsmäßigen (limbischen) Begleiterregung in der Psyche der Frau ihre Neigung zum Wohlverhalten erklären, zur Anpassung gerade dort, wo der Mann gern – notfalls auch ungern – zum *enfant terrible* wird. Es ist eine Frage der Konfliktfreudigkeit, die naturgemäß mit der vorgegebenen Konflikttoleranz eng verknüpft ist. Erhebliche Unterschiede im traditionellen, aber auch spontanen Rollenverhalten haben vermutlich hier ihre Wurzel. Sie sind also verankert in neurophysiologischen Grundmustern der Informationsverarbeitung in den Netzwerken unserer Hirnzellen. Streßhormone wie Geschlechtshormone bleiben so der obersten Steuerzentrale untertan.

Frauenstreß und Männerstreß

Die Streßforschung der letzten Jahre hat weiter ergeben, daß Frauen – über den ganzen Tag hinweg gerechnet – gestreßter sind als Männer, vor allem länger im Streßzustand bleiben und später am Tage ihre größten Streßphasen erleben. Dafür gibt es eine Anzahl von plausiblen Gründen. Allein die häufigen Doppeltätigkeiten, die dazu führen, daß auf die Frau nach dem Berufsleben zu Hause der zweite Arbeitsplatz wartet, machen ihren Streß eher zum Dauerzustand als den des Mannes: Auch wenn er sich am Tage im Beruf schwarz ärgern mag, kann er sich dann zu Hause vor den Sportberichten schlagartig in den Sessel und die totale Entspannung fallen lassen. Der limbisch-emotionale Nachhall in der Psyche der Frau macht ihr ein so plötzliches und rigoroses Abschalten schwer.

Zudem steht sie, die sich immer noch der Familie verantwortlich fühlt, vor einem ethisch-praktischen Dilemma: Sie wechselt bei der Heimkehr nicht nur den Arbeitsplatz, sondern sie wird dann mit völlig anderen Anforderungen konfrontiert. Jetzt greifen Normen, denen sie sich nicht ohne Schuldgefühle entziehen kann. Sie wird gefordert als Puffer für Frustrationen des Tages für Kindersorgen und Männerlaunen, Alltagspannen, kranke Familienmitglieder, den Durchfall der Katze und die neurotischen Nachbarn. An diese fatale Mischung eines Pannendienstes für Seelen wie für Haushaltsgeräte lagern sich Ansprüche an, die unsere Gesellschaft nach wie vor mit Pflichten und Normen eines langsam verblassenden Wertesystems verknüpft.

Der Hormonhaushalt der Frau ist ein weiterer Faktor, der sie zeitweise streßanfälliger macht, denn er teilt ihre Zeit ein in Perioden größerer und geringerer Belastbarkeit. Die Rhythmen der Arbeitswelt nehmen hierauf keine Rücksicht. Der Wechsel von Anspannung und Entspannung ist für den Mann an eher konstante Bedürfnisse angepaßt, denn sein hormoneller Rhythmus – auch er hat ja einen – schwingt sehr viel schwächer und geht somit in dem höheren Rauschpegel der Unregelmäßigkeiten aktueller Ereignisse und Beanspruchungen unter.

Es gibt weitere Faktoren, die es der Frau unmöglich machen, ihren Streß einfach im Auf-den-Tisch-Schlagen auszuleben: ihre vorwiegend limbisch-kortikale Orientierung und ihre Freiheit von Rangordnungsmacht. Sie erlebt – das ist wieder ihre größere Retentionalität! – dauerhaftere Erregungen und Eindrücke, die, vor allem dann, wenn sie innerlich beteiligt ist, in ihrem Gehirn länger nachschwingen und größere Persönlichkeitsfelder aktivieren. Diese langsamer abklingenden Erregungen sind nach außen hin Faktoren der Empfindlichkeit und Unsicherheit, die ihre Streßreaktion verhaltener, verdrängter und langsamer machen, eben neuronal, psychischer und organischer, als die rasch wieder verrauschende Wut des Mannes, die eher humoral, adrenalinvermittelt ist. Dieser Unterschied zwischen der schnellen und der verzögerten Streßreaktion kann weitreichende Folgen für den Organismus haben. Andererseits gibt es Anhaltspunkte dafür, daß Frauen den Streß, der Männern sehr zusetzen kann, zum Teil besser vertragen – vielleicht, weil sie limbische Erholungsrefugien haben, die der Sachstreß von außen gar nicht erreicht? Vielleicht, weil sie für hormonelle Schwankungen (den Menstruationszyklus) und Extrembelastungen ihres Flüssigkeits- und Energiehaushalts (Schwangerschaft und Geburt) generell besser gerüstet sind?

Folgenreich ist die Zumutung an die Frau, in einer männlich vorgestalteten, nach männlichen Bedürfnissen strukturierten Welt erfolgreich zu sein. Sie lebt nach Männernormen und Männerzielen, nach Männerrhythmen und Männertraditionen – wenn da etwas mißlingt, ist es für sie zwangsläufig ein klassischer Fall von Kontrollverlust. Mit inadäquaten Waffen zu kämpfen, ständig in einem Rollenspiel mitwirken zu müssen, dessen Text und Kostüme auf andere zugeschnitten sind, sich zu dem zwingen zu müssen, was andere lustvoll tun, ist wie das Leben eines Tierfreundes als unfreiwilliger Großwildjäger. In einer ihm wesensfremden Umgebung, weniger motiviert und zudem schlecht ausgerüstet wird auch, wer sich maximal anstrengt, allenfalls Mittelmaß.

Der Mann hingegen bewegt sich in seinen Arbeits- und Entscheidungssystemen wie der Fisch im Wasser. Er fühlt sich wohl darin. »Die

Businesswelt tickt, wie Männer ticken«, ist der Stoßseufzer der in diesem Milieu gestreßten Frau.

Das System ist von Männern für Männer gemacht, es stammt aus Männerköpfen, repräsentiert Männerentwürfe der Welt – die Frau stolpert hier umher wie in der Höhle eines fremden Tieres. Ständig werden ihr Umstellungsleistungen abverlangt, wenn sie in dem gegebenen System so geräuschlos funktionieren will wie der Mann ganz von allein. Durch ein Mehr an Mühe täuscht sie häufig jene Mühelosigkeit vor, die den Mann begünstigt und seine Kräfte spart.

Das beginnt schon mit dem rein Physischen. Mit männlicher Ausstattung beladen, erkämpft sich der weibliche *Frequent Traveller* ein Schulter-Nacken-Syndrom mit chronisch verspannten Muskeln. Körperlicher Dauerstreß ist der Preis für diese verschwiegene weibliche Tapferkeitsleistung. Wer kennt nicht die bemühte Eleganz der schiefen Schultern jener Frau auf Flugplätzen, die – nachdem wir die Epoche der Höflichkeit verlassen haben: »Selbst ist die Frau!« – ihren schweren Pilotenkoffer allein schleppt und ins mannshohe Gepäckfach stemmt. Welcher Mann würde, in hochhackigem Schuhwerk auf Zehenspitzen balancierend, ständig eine schwere Seemannskiste mit sich herumtragen wollen?

Die Situation wird noch erschwert durch Gebote und Verbote. Nicht nur soll die Frau geräuschlos und mühelos funktionieren, sondern sie darf sich nie als Fremdling zu erkennen geben. Sie ist im Feld des anderen, aber das soll möglichst nicht zu sehen sein. Es herrscht in dieser Frage Sprechverbot: Sie darf kein Befremden ausleben. Hier versagt die kollektive emotionale Intelligenz. Wie absurd: Das eine Geschlecht will, daß das andere es nicht mehr als das erkennt, was es ist. Und absurder noch: Das eine Geschlecht pflegt nicht die eigenen Stärken, sondern versucht, die des anderen nachzuahmen.

Streß für Sprinter und Langstreckenläufer

Streß als Überbetonung eines Teilaspektes, der auf Kosten des gesamten Systems unbedingt verwirklicht wird, ist männlicher Streß. Er ist punktuell, hart und konfrontativ, aber auch bald zu Ende. Er braucht – wie die Leistung eines Sprinters – kurze, starke und heftige Reaktionen.

Weiblich ist es, das ganze komplexe System bedingter, hellhöriger, sozusagen holistischer zu fahren: reaktionsbereit, bereit zur Feinabstimmung wie beim Violinspiel, offen für Feedback-Signale. Das ist großflächiger, weicher, kompromißträchtiger, aber zugleich auch längerfristig angelegt, eher biegsam als prinzipienfixiert. Dieser Streß braucht Ausdauer und Zähigkeit eines Langstreckenläufers.

Das Gebäude, das der aktive, fokussierende Mann – als Homo faber – immer gleich umbauen will, möchte die Frau bewohnbar machen. Während der Mann nach einer streng hierarchischen Prioritätenliste ganz oben eingreifen möchte, drängend, gestaltungsfreudig und ergebnisorientiert, bewegt sich die Frau – als aufnahmebereite *femina contemplativa* – in den gegebenen Strukturen, nimmt die Dinge komplexer, simultan und mehrdimensional wahr, also abwartend, bewahrend und erlebnisorientiert. Dieser Unterschied spiegelt sich in dem unterschiedlichen Umgang von Mann und Frau mit Überlastungen wider, die Streßreaktionen der schnellen bzw. der verzögerten Art auslösen.

Streß und Lebensstrategie

Diese beiden Streßarten repräsentieren somit nicht nur unterschiedliche Erlebnisperspektiven, sondern komplementäre Lebensstrategien: das kurze, explorative, gefährlich-heftige Expansionsprinzip des Mannes als *high-risk gambler* und das eher langfristig angelegte, stabile, sicherheitsorientierte Überlebensprinzip der Frau als *safe investor*. Diese Prinzipien kehren in den schnellen, humoralen, eher männlichen beziehungsweise den verzögerten psychisch-organischen, eher weiblichen Antworten auf Streßsituationen wieder. So prägt die biologisch arbeitsteilige Disposition der Geschlechter auch ihre Art, Höchstleistungen zu organisieren, und damit ein unterschiedliches Krisenmanagement.

Die Aggression

Am Anfang war die Flucht

In der Welt des Lebendigen gab es anfangs bei Gefahr jeder Art vor allem die Flucht. Ob für Bakterien oder Pantoffeltierchen, Würmer oder Quallen, Fische oder Frösche, Geckos oder Lurche, es galt Milliarden Jahre lang die Parole: »Nichts wie weg!« Ob es zu heiß wurde oder zu salzig, ob zu dunkel oder zu kalt, ob sich ein Schatten näherte oder ein lautes Geräusch – es konnten Raubvögel sein, ein Erdrutsch, glühende Lava oder ein Hai: »Flieh! Weg von hier! – So schnell wie möglich, so weit wie möglich, um jeden Preis!« Das war logisch, denn es gab keine Waffen zur Verteidigung – nur die Flucht. Wer nicht floh, kam um. Die am schnellsten flohen, überlebten. So füllte die Welt sich mit Fliehenden. Das eröffnete das bis heute anhaltende evolutionäre Ringen zwischen Jägern und Gejagten.

Die Entwicklungsdynamik konzentrierte sich für Jahrmilliarden auf größere Aufmerksamkeit, schärfere Sinne und bessere Mimikry, immer schnellere Flucht und immer schnellere Verfolgung. Das Leben erfand Tricks ohne Ende, zum Fangen wie zum Entkommen: die herausschnellende, klebrige Zunge der Echsen, die Fangnetze der Spinnen, das blitzartige Weghüpfen von Fröschen und Heuschrecken, der Farbwechsel des Chamäleons, die Tintenwolke, hinter der sich der Tintenfisch absetzte, das Loch in der Rinde, in der Erde, im Eis, in dem man blitzartig verschwinden konnte. Gefahr erkannt, entkommen, Gefahr gebannt – das war lange das vorherrschende Motto des Lebendigen. Kämpfe gab es allenfalls zwischen Gleichstarken einer Art. Dabei ging es meist um Revier, Nahrung oder Sexualpartner, und auch da entschied oft die Geschwindigkeit der Bewegung oder die reine Körpergröße. Im Reich des Gallertigen, des Schwebenden, der winzigen Kieselalgen, der Muschel- und Schalentiere gab es zwar Konkurrenz und passiven Schutz, auch erfindungsreiche Jäger (Nesseltiere), aber keine technische Ausrüstung, um Jäger zu bekämpfen. Man konnte ihnen allenfalls entkommen.

Das stammhirnbasierte Aggressionssystem

Das änderte sich nur ganz allmählich. Die Lebewesen wurden komplizierter und beweglicher. Die Hüllen wurden dicker, die Zähne schärfer, um sie zu durchtrennen. Wuchsen manchen Tieren Krusten und Panzer, so wuchsen anderen die Zangen und Scheren, um Krusten und Panzer zu knacken. Zähne und Scheren aber waren auch potentielle Waffen selbst gegenüber Artgenossen: Schnitt ein Krebs dem anderen die Scheren ab, wurde der hilflos, biß ein Tier dem anderen den Kopf ab, wurde dies kopflos, und wenn eine Ameise einer anderen den Hinterleib abtrennte, war der *casus belli* ein Faktum. So kam es zu innerartlichen wie zwischenartlichen Kämpfen, aber diese liefen reflexartig und mechanisch ab, auf fest umrissene Auslösereize hin. Es waren Automatismen wie auch die Flucht, die immer noch das Mittel der Wahl auf das Gros der Bedrohungen blieb.

Das war der Beginn der aktiven Verteidigung. Wenn man nicht mehr wegzulaufen brauchte, waren Körperstärke und die Ausrüstung mit Waffen wichtig. Sie dienten auch dem Paarungskampf, was die Evolution der Kampfausrüstung besonders beschleunigte. Jetzt schaukelten Waffen und Gegenwaffen einander hoch zu immer bizarreren Gebilden. Die Tiere wurden äußerlich zu Samurai: Hirschkäfer, Langusten und Skorpione entwickelten immer abenteuerlichere Formen, so wie später auch anderen Tieren immer groteskere Zähne und Panzer, Klauen und Keulen, Hörner und Geweihe wachsen sollten.

Es hatte ganz allmählich begonnen, unter Wasser, wo das Leben entstanden war. Unter den Fischen gab es zwar Fressen und Gefressenwerden, aber keine speziellen Kampfausrüstungen. Die meisten Begegnungen waren kurz und heftig. Maulgröße und Bisse, Stöße, Flossenschläge und Fluchtgeschwindigkeit fällten rasche Entscheidungen. Die Psyche der Fische blieb rudimentär entwickelt, das Gehirn winzig, die Lebensäußerungen wurden von Instinkten gesteuert. Einige von ihnen entwickelten amphibische Eigenschaften und gingen dann (vor etwa 350 Millionen Jahren) von Tümpeln und Sümpfen aus an Land. Eine neue Welt tat sich auf, eine luftige, grüne, mit einem unfaßbaren, unberührten Vorrat an Nahrung.

Dort begann die große Auffächerung in die Reptilien, die bald (220 bis 65 Millionen Jahre vor unserer Zeit) in den Dinosauriern, gewaltigen Pflanzenfressern und mächtigen Raubsauriern in stetig zunehmender Formenvielfalt, gipfeln sollte. Mit ihnen explodierte die Entwicklung von

Schutzpanzern, Krallen und Keulen, riesigen Gebissen mit schneidenden und reißenden Zähnen.

Dazu gehörte naturgemäß ein zunehmend komplexes Steuerzentrum: eben das Reptilhirn. Es war wach und alert, befaßte sich mit der Wahrnehmung von Beute und Gefahr sowie der Steuerung der Waffen für den Kampf. Kampf drehte sich um Lebensraum, Nahrung und Vermehrung (Sex!), alles direkt verknüpft mit dem wichtigsten, im wahrsten Sinne des Wortes vitalsten Erfolgsparameter der Natur: dem Überleben. Das Kämpfen wurde ihnen zur Routine, es spielte sich ständig und überall ab. Natürlich, parallel zur Außenwelt, auch im Kopf der Echsen. Dort hatte es ohne Zweifel seine wichtigsten inneren Facetten: Erregung *(arousal)*, Angst, Wut und Aggressivität – sie alle Aspekte der Motivation.

Niemand konnte hier die nächtlichen Fackelzüge, die von monotonem Trommeltakt und Posaunentönen begleiteten Aufmärsche mörderischer Armeen voraussehen, die von den späteren Nachfolgern dieser ersten Amphibien und Reptilien veranstaltet werden würden, von jenen unscheinbaren, aber kopfstarken zweibeinigen Säugern, die man weise nennt. Auch diese wurden und werden immer noch mitgesteuert von denselben machtvollen Impulsen der kämpferischen Gesinnung – eine späte Folge dessen, was hier entstanden war: ein Verwaltungs- und Steuerzentrum von Aggressionen und Kampfinstinkten.

Aus den primitiven Fisch- und Amphibienhirnen hatte sich bei den Echsen ein immer besser integriertes, Wahrnehmungen mit Bewegungen koordinierendes Gehirn entwickelt. Man spricht hier von der sensomotorischen Koordination, einer Grundvoraussetzung für geschickte, flinke und zielgerichtete Bewegung und damit auch das lebensentscheidende Kampfverhalten. Seine Aufgabe ist es, Außenweltreize mit raschen, zusammengesetzten Bewegungsabläufen zu verknüpfen. Der zweite Anteil an diesem System, ab jetzt immer wichtiger, ist etwas völlig Neues: die inneren Motive und Entscheidungen.

Es entstehen immer mehr Varianten der Aggression: Ärger, Gereiztheit, Wut / Zorn, Kampflust, Trotz, Zähigkeit, verzweifeltes Aufbäumen gegen übermächtige Gegner – alles immer noch mit der Alternative des Kampfabbruchs und der Flucht. Dem Individuum wird immer mehr Handlungsauswahl gegeben: Sich ducken, fliehen, kämpfen oder nur ein bißchen kämpfen und dann fliehen, plötzlich wieder umkehren und weiterkämpfen. Die Steuerprogramme werden immer komplizierter und brauchen ein immer größeres, gut integriertes Gehirn.

Es liegt nahe, daß die hier entworfenen, erprobten und festgeschriebenen Aggressionsprogramme auch zum Vertreiben des Nebenbuhlers beim Kampf um die Fortpflanzung eingesetzt wurden, winkte doch dabei direkt die evolutionäre Belohnung: Weitergabe und Vermehrung des eigenen Erbgutes, also Expansion. So wurden Triebzentren im uralten Stammhirn mit den alten (mesencephalen) Lust- und Erregungszentren des Mittelhirns sowie den jüngeren (neokortikalen) Wahrnehmungs- und Steuerregionen der Großhirnrinde verknüpft, die für das Kämpfen gebraucht werden. Dieses funktionell wichtige Verbundsystem von uralten Hirnregionen, die mit Aggressionen und sexuellen Instinkten befaßt sind, nennt man – mit unscharfer Abgrenzung – auch in höher organisierten Gehirnen noch das »Reptilhirn«. Das ist mehr ein funktioneller als ein anatomischer Begriff. Vor etwa 330 bis 280 Millionen Jahren dürfte es entstanden sein.

Entwürfe von Dauer

Viele grundlegende Erfindungen der Natur, etwa die Speicherung von Erbinformation in Nukleotidsequenzen,[3] sind so vorteilhaft, daß die Evolution daran festhält:
- die Sauerstoffsättigung des Blutes durch die Atmung,
- die Filterfunktion der Niere zur Reinigung des Blutes,
- die Polarisierung der Handlungsmotivation durch das Lust-Unlust-Prinzip,
- der Wechsel zwischen Leistungs- und Verdauungsphase (Sympathiko- und Parasympathikotonus).

Wenn die Katecholamine (Adrenalin, Noradrenalin) sich einmal als geeignet für die Auslösung von Erregung und Aktivität (oder die Endorphine für die Dämpfung der Schmerzempfindlichkeit und eine Hebung der Stimmung) erwiesen haben, wird das jeweilige Prinzip in der Regel beibehalten. Zwar werden sich die Detailfunktionen einer solchen Signalsubstanz (Hormon oder Botenstoff) mit der Zeit komplizieren und differenzieren, aber es scheint selten zu einer direkt entgegengesetzten Funktion zu kommen. Unaufhörlich tauchen im Verlauf der Höherentwicklung des Lebens neue Substanzen und Rezeptoren auf, selten aber sieht man ein erfolgreiches Prinzip wieder verschwinden. Was gut funktioniert, hat Zukunft in der Werkstatt des »blinden Uhrmachers« nach Dawkins' (Dawkins 1986). Jede Stufe der Höherentwicklung wird zur Ausgangsbasis für den nächsten Schritt.

So gibt es – wenn auch inzwischen erheblich weiterentwickelt – jene Motivationsfacetten immer noch, wie wir sie für die frühen Reptilien beschrieben haben. Angst, Lust und Aggression sind über uns gekommen, um zu bleiben, und sie sind auch heute noch Quelle von – oft unverstandenen – Konflikten. Sie sind aber immer noch auch Warner, Tempomacher, Antrieb und Kraftquellen für uns, ein Gefahren- und Chancen-Radar, ein Auslöser für Aufmerksamkeit, Anspannung und Anstrengungsbereitschaft.

Daß es sich hierbei um unentbehrliche, fundamentale Funktionen auch in einer modernen Welt (Verkehr, Karriere, Wirtschaft) handelt, braucht kaum im einzelnen belegt zu werden. Ganz sicher ist es keine Erfindung, die erst von den höheren Säugetieren auf uns überkommen ist, wie etwa gewisse Mutterinstinkte, die mit dem Bedarf an Fürsorge für hilflose Neugeborene verknüpft sind.

Von den Reptilien spalteten sich noch vor der großen Saurierexplosion die ersten säugetierartigen Landtiere ab, plumpe Wesen, die eventuell noch Eier legten.

Solange kein kompliziertes Brut- oder Aufzuchtverhalten nötig war, dürften sich die Unterschiede zwischen weiblichen und männlichen Individuen in Grenzen gehalten haben, zumindest im mentalen Bereich. Wenn heute beim modernen Menschen der Bedarf an Verschiedenheit abnimmt, kann man eine langsame Bewegung dorthin zurück vermuten, also einen allmählichen Verlust an Geschlechtsdimorphismus. Das würde allerdings zwei Dinge voraussetzen: daß sich die weniger dimorphen Menschen ebenso stark an der Fortpflanzung beteiligten (was definitiv nicht der Fall ist); sowie einige Millionen Jahre ungestörter Entwicklung bei unverändertem Trend.

Manche Reptilien vergruben ihre Eier im Sand und zogen unbekümmert weiter, andere wieder bildeten schon größere Familienverbände, die ihre Jungen – wie eine Elefantenherde – schützend in die Mitte nahmen. Vermutlich entstanden solche Verbände eher bei den bedrohten Pflanzenfressern (Herbivoren) als bei den bedrohenden Räubern (Prädatoren, Carnivoren), was auch mit der Nahrungsbeschaffung zusammenhängen dürfte. Es ist im Grunde ein schlüssiger Gedanke: das Prinzip des bergenden, weiblichen Schutzes als Ergebnis einer unablässigen Lebensbedrohung bei friedlichen Tieren.

Die Integration von Trieb und Verstand

Eine Reihe neuer Qualitäten der Welt tat sich auf für die kleinen Kletterer, die plötzlich hohe, luftige und leere, aber zugleich unvertraute und gefährliche Biotope entdeckten: die Stämme und Luftwurzeln, Äste und Kronen der Bäume und Wälder. Waren die Fische noch schwerelos gestiegen, hatten die ersten plumpen Landtiere noch unter dem unvertrauten Gewicht geächzt und sich fast platt auf dem Bauch (Kröten und Lurche) oder auf breiten, kurzen, abstehenden Beinen (Krokodile, Schildkröten) mühsam vorwärts bewegt, so war Schnelligkeit nur durch die Höherstellung des Leibes zu erreichen. Einige schnellere Saurier entwickelten für das Rennen allmählich Vogelhüften, wie wir sie heute noch beim Kasuar und Strauß sehen.

Dieser Weg führte in der Verlängerung allmählich zu den ranken und schlanken Gestalten der Antilopen und Gazellen, Spezialisten der hohen Geschwindigkeit, wie sie die Welt bis dahin noch nicht gesehen hatte. Aber auch die Jäger (Löwe, Tiger, Panther, Puma, Gepard) waren schneller geworden. Geschwindigkeitsunterschiede zwischen männlichen und weiblichen Individuen waren bei den Huftieren nicht sinnvoll, denn die gejagten Gruppen mußten immer gemeinsam fliehen können.

Ganz anders war es für die Welt der Behenden, der Kletternden. Nicht von ungefähr sollten sie es sein, die statt nur ihre Schnelligkeit durch lange Beine und Hufe, nun ihre Geschicklichkeit und Balanceleistungen durch verfeinerte Sinne und Greiforgane zu immer neuen Höhen führten. Hier war der Weg zur Hand begonnen.

So begann auch das »Be-Greifen« – im doppelten Sinne. Es war wichtig, soviel wie möglich zu begreifen und festzuhalten, denn jeder Fehlgriff, jedes Mißverständnis war lebensgefährlich in diesen schwindelnden Höhen. Sie waren viel weniger fehlerfreundlich als der weiche Untergrund von Tümpeln und Sümpfen. Wer hoch hinaus wollte, mußte schon vor 300 Millionen Jahren bereit sein, sich anzustrengen. Das reine Instinktverhalten wurde zunehmend durch Lernverhalten ergänzt: Welche Lianen hielten? Welche Blätter waren messerscharf, welche Rinde weich, welche Äste trugen Dornen? Wie glatt wurden Äste im Regen? Was gab es hier an Raubtieren? Wie hoch konnten die klettern? Hielt der schwankende Zweig den Fliehenden noch? Und auch den Verfolger?

Aufmerksamkeit wurde zum Überlebensgesetz. Denn von oben drohten Flugsaurier, fallende Urwaldriesen und Blitze, von allen Seiten Feuer, Sturm und räuberische Schlangen. Die das alles erstmalig wagten, waren

Urwald von unten gesehen.

kleine, tupaja-artige Klettertiere, in ihrer Anatomie irgendwo zwischen Eichkätzchen und Bilch, auf dem Wege zu Baumwieseln und Kleinstäffchen.

Wahrnehmungs- und Arbeitsteilung

Sie huschten im Dunkeln die Stämme auf und nieder, ernährten sich von Blättern und Früchten, Insekten und – auf der Erde – auch von ungeschützt abgelegten Reptiliengelegen. Jetzt wurden die Bogengänge des Innenohrs wichtig, es entstand eine immer differenziertere Wahrnehmung der Umgebung und des eigenen Körpers, die blitzschnell jede Bewegung registrierte, es entwickelten sich starke Muskeln, die zum Festhalten befähigten, und es entstand die Abstandsbeurteilung für den gewagten Sprung. Vor allem aber entwickelte sich das Gehirn, das sich für die neuen Dimensionen ein räumliches, internalisiertes Außenweltmodell machen konnte. Wir wissen aus neueren Hirnuntersuchungen, daß gerade die räumliche Orientierung, die Richtungs- und Bewegungsspeicherung zu den komplexesten Verbundsystemen des Gehirns gehören.

Der Bedarf an solchen inneren Modellen der Außenwelt war bei diesen Tieren ohne Zweifel viel größer als etwa bei den weidenden Rehen und Büffeln des Flachlandes, die daher intelligenzmäßig zurückfallen mußten. Hier im Urwald gab es viele Schichten, es entstand ein tief gestaffelter Raum. Alle Richtungen waren wichtig, lebenswichtig: Nahrung, Gefahren, Fluchtwege, Licht von oben, Schatten, Regen, glitschige Rinde, schwankende Lianen, schwerer Duft von Blüten – das war die Welt der grünen Dome, die zu erobern war.

Anfangs war es hier still. Äste knarrten zwar und Blätter rauschten. Frösche quakten, Grillen zirpten und Bienen summten, aus der Ferne klangen vielleicht die Locktöne pflanzenfressender Saurier herüber, aber vergeblich hätte ein Gast aus späteren Zeiten auf die Schreie der Brüllaffen und das Kreischen der Papageien in den Baumkronen gelauscht. Heute hören wir die Trompetentöne der Kraniche und die Warnlaute der Häher, die Rufe der Käuze, das Krächzen der Krähen oder das Trillern und Zwitschern von Vögeln, die es in jedem Wald gibt. Wann sie auftauchten und mit ihren Eiern und Jungen auch den Speiseplan der Kleinsäuger bereicherten, ist nicht genau bekannt, vermutlich vor etwa 150 bis 180 Millionen Jahren.

In dieser luftigen und vielschichtigen Welt begann nun eine striktere Unterteilung in den festen Standort (Bau oder Nest) und das zu durchstreifende Revier. Hier drängte sich das Konzept vom Schutz der Kinderstube und dem Ausschwärmen zur Nahrungssuche immer mehr auf.

Die stillsitzende, weibliche und die umherstreifende, männliche Funktion wurden voneinander getrennt. Was verlangte diese Arbeitsteilung von beiden? Mehr kräftige Muskeln beim männlichen Part, dem auch mehr Unruhe und Initiative zufallen (der expansive *explorer,* der *high-risk gambler* kündigt sich hier an), während beim weiblichen Part mehr Ruhe und Sicherheitsorientierung, mehr Brutpflege- und Hege-Instinkte entstehen. Ab hier dürfte männliches und weibliches Verhalten immer deutlicher auseinandergedriftet und komplementär geworden sein: verschieden, einzeln unvollständig und aufeinander angewiesen.

Aber nicht nur die Kletter-, Kampf- und Fluchtwerkzeuge wurden wichtiger, sondern parallel dazu schärften sich auch die Sinnesorgane: das Lauschen auf Blätterrascheln und knackende Zweige, das Spähen durchs Geäst, das Wahrnehmen von Gerüchen und verdächtiger Stille – Indizien für Verfolger oder Beute, die noch unsichtbar sind. Die sich so immer höher entwickelnden Sinnes- und Greiforgane, der immer differenziertere Gleichgewichts- und Bewegungssinn, vor allem aber die zentrale Koordinierung von allen fälligen Kletter-, Rutsch- und Sprungbewegungen, das Einrechnen von Windabtrieb und dem Nachgeben schwacher Zweige, dem Einfluß von Nässe und Kälte, von Stacheln und Glätte, der Haltbarkeit von Efeusträngen und dem Sichtschutz durch Palmenwedel – das alles forderte und entwickelte mit den Jahrmillionen des Jagens und Verfolgens, des Sichversteckens und Fliehens einen superschnellen und superpräzisen Raum-Zeit-Bewegungs-Computer. In allen wesentlichen Teilen und im prinzipiellen Bauplan begann er, wenn auch noch rudimentär, hochentwickelten Primatengehirnen zu ähneln. Vor allem begann wohl hier eine bis heute erkennbare Weichenstellung: der Mann wurde immer mehr Auge, die Frau immer mehr Ohr (Höhler 1991, S. 339–348).

Gleichzeitig wuchsen die Fähigkeiten auch für die Partnersuche und die Jungenaufzucht, für das Weitergeben von lebenswichtigen Kenntnissen über giftige Beeren und tödliche Feinde, Waldbrand und Sturzregen. Der lange Bogen der Geschlechterdifferenzierung nimmt hier wieder auf, was von der ersten Aufspaltung in Ausschwärmen und Ausharren ausging. Und da dieser immer mehr auf das Verhalten statt auf die reine Anatomie und Physiologie abzielte, dürfte das zugleich den Beginn einer immer tiefer greifenden Unterschiedlichkeit der Gehirne markieren. Ab hier waren nicht nur die Sinnesorgane verschieden, sondern auch die immer komplizierteren Steuerzentralen von Mann und Frau tickten deutlich verschieden.

Die Entwicklung eines breiten Fächers von sich schnell spezialisierenden kletternden Kleintieren – Insektenfressern, Eierräubern und reinen Vegetariern, die um Köpfe und Füße der großen Echsen herumgehuscht sein dürften, hat mit Sicherheit schon während der langen Saurierepoche begonnen. Es war ein stiller, im verborgenen ablaufender Prozeß – einer der wichtigsten in der Evolution.

Antrieb, Affekte und ihre Zügel

Bald nach dem Untergang der Riesenechsen (vor rund 65 Millionen Jahren) erschienen die größeren Ursäuger. Auch diese Vorzeittiere, nur ganz allmählich die uns heute vertrauten Formen ausbildend, entwickelten bereits eine Vielfalt von hocheffektiven Kampfausrüstungen: Pranken und Klauen, Gebisse, Hörner und Geweihe. Ganz ähnlich ist die Vorgeschichte aller anderen wehrhaften Tiere, die ihre Kampf- und Fluchtausstattung optimierten unter dem steten Druck von Versuch und

– oft tödlichem – Irrtum. Ihre bekanntesten und jüngsten Vertreter waren Säbelzahntiger und Mammut, Glyptodon, Riesenhirsch und Höhlenbär, die der Mensch zum Teil noch erlebte. Mit ihnen waren sowohl gefährliche Angreifer als auch effektive Verteidiger entstanden.

So ausgerüstet, kann man Kampf und Verteidigung wagen. Da macht Aggression wirklich Sinn. So kann der Hirsch dem Wolf, der Bär dem Tiger, der Affe dem Leoparden wirksam Widerstand leisten. In Freilandbeobachtungen sah man einen kräftigen Schimpansen einer Leopardenattrappe mit einem dicken und schweren Ast zusetzen, mit kräftigen Schlägen, die einem lebenden Tier die Wirbelsäule gebrochen hätten. Mit welchem Mut muß dieser Menschenaffe hier den Angriff auf seinen überlegenen Todfeind beschlossen haben. Das aber fordert eine neue Stufe der Organisation des Gehirns, das natürlich nicht in blinder Wut ein selbstzerstörerisches Kampfverhalten produzieren darf. Es gilt, die Lage richtig zu beurteilen, es entsteht immer mehr Entscheidungsbedarf.

Solange sie überhaupt noch möglich ist, muß die Flucht vor dem Wolfsrudel auch für den kräftigsten Hirsch immer noch die bessere Alternative darstellen, da sie in der Regel das kleinere Risiko darstellt. Die Vernichtung eines Wolfes hat für den Hirsch nicht den geringsten Wert. Führt die Flucht aber in eine aussichtslose Situation, ist das Kämpfen dem kampflosen Untergang eindeutig vorzuziehen. Dies führt uns zu prinzipiellen Überlegungen über die Rolle der Aggression und ihrer Steuerung – auch beim Menschen.

Es kommt hier zwangsläufig zu einer Zusammenarbeit – und auch neuro-anatomischen Verknüpfung – des alten Reptilhirns mit freien, lernfähigen Arealen des Großhirns. Die Programme des Angst- und Aggressionsverhaltens werden damit der intellektuellen Kontrolle unterstellt und – jeweils situationsangepaßt – modifizierbar. Das Lebewesen erhält so die Optionen von Mut und Selbstbeherrschung. Reaktionen sind jetzt nicht mehr nur von Instinkten gesteuert, sondern immer mehr auch durch Erlerntes. Es entstehen unterschiedlich modifizierte Handlungsprogramme, die auf individuellen Erlebnissen fußen – wodurch das Reptilhirn im Grunde aufhört, ein echtes Reptilhirn zu sein. Der Ausdruck gilt also im Grunde nur dem archetypischen Kernteil, nicht seinem intelligenten, neokortikalen Überbau. Dasselbe gilt natürlich auch für den Kernteil des alten limbischen Systems, das mit immer mehr gedanklichem Überbau (Hirnrinde) verbunden wird. Es bleibt funktionell ein limbisches System, weil es seine ursprüngliche Lage am Limbus und seine gefühlsmäßige Bewertungsfunktion beibehält. Analog könnte man das Reptilhirn also das Aggressions- oder Alarmsystem nennen, da es die alten Kerne des triebstarken Stammhirns immer noch in die Handlungsentscheidungen einschaltet.

Lernfähigkeit und Kontrolle der eigenen Kraft

Die Kombination von Lernfähigkeit und eigenem Lebenslauf ist nun nichts anderes als der Beginn der Individualgeschichte, die zu einer deutlichen Verschiedenheit der einzelnen Individuen führt – eine logische Voraussetzung für die Herausbildung von Persönlichkeit. Wir können hierin den Beginn einer Entwicklung sehen, die in einer langen Reihe kleiner Schritte später einmal den Homo sapiens zum reflektierten, durch Selbstkontrolle gekennzeichneten Verhalten befähigen wird. Dies wiederum ist die unabdingbare Voraussetzung für den Begriff der »Verantwortlichkeit«. Würden in uns immer noch nur die alten, instinktgesteuerten Programme abspulen, könnten wir alle Verantwortung für unser Tun ohne weiteres auf Mutter Natur abwälzen.

Die Natur bietet uns in dieser Hinsicht merkwürdige Bilder: Ein einzelner Eisbär am Strand der Wrangelinsel schlendert vor einer riesigen, ihn an Höhe dreifach übertreffenden Speckwand aus Tausenden sich erschreckt wegwälzender See-Elefanten. Erschöpft haben sie hier nach langen Schwimmstrecken im arktischen Wasser einen Ruheplatz gesucht. Der Eisbär ist nicht erregt: hier und dort teilt er einen abgemessenen Prankenhieb aus, oder er beißt gelassen in das mächtige Hinterteil eines Tieres, das seine Flucht daraufhin panisch beschleunigt. Halten kann er die tonnenschweren Tiere nicht, die Wunden in ihrem dicken Speck sind unbedeutend. Fast gutmütig versetzt er sie in die Massenflucht.

Die ist im Grunde unnötig. Die mächtigen Tiere könnten sich mit ihrem überlegenen Gewicht auf den Angreifer wälzen, zu mehreren, dann würden sie ihm gefährlich. Sie könnten ihn mit einem Minimum an Zusammenarbeit mühelos erdrücken. Ihre 60 bis 90 Zentimeter langen Stoßzähne könnten ihn festnageln, tödlich durchbohren. Aber nein, aus aufgerissenen Augen starren die zu Tode erschrockenen Tiere auf ihren kleinen, aber erfahrenen Feind. Sie fliehen, Hals über Kopf. Zu Tausenden werfen sich die großen, friedlichen Meerestiere wieder ins kalte Wasser. Einige bleiben tödlich verletzt oder ermattet liegen; dem Eisbären bleibt – kampflos – Nahrung für die ganze Familie, für Wochen.

Dieses erstaunliche Mißverhältnis von körperlicher Kraft und mentaler Situationsbeherrschung gibt es in tausend Varianten. So wie sich hier 30 000 mächtige See-Elefanten von einigen Eisbären terrorisieren lassen, fliehen riesige Gnuherden, Bisonherden oder Antilopenherden kopflos vor wenigen Wölfen, die sie, wenn sie sich statt dessen gegen sie wendeten, unter tausend Hufen mühelos zerstampfen könnten. Die dazu erforderliche Zangenbewegung aber versteht ihr Kopf nicht, die erforderliche Umschaltung auf Angriff, die Kommunikation mit Artgenossen funktioniert nicht. Daher fallen überall in der Natur die Kämpfe anders aus, als es bei klügerem und organisierterem Verhalten des Angegriffenen der Fall wäre. Mit dem gezielten Einsatz von Aggressionen, von tierischer Wut und Kraft zur eigenen Verteidigung aber wendet die Evolution langsam das Blatt. Wildschweine, Moschusochsen, gewisse Hirsche – jedoch nicht der friedliche Elch – entdecken den Vorteil des organisierten Widerstandes.

Raubtiere, die ständig den Angriff üben, sind dabei natürlich im Vorteil. Für die Gejagten dagegen ist die zum Widerstand führende Wut anfangs ein unvertrauter Impuls. Sie müssen dazu den sonst lebensrettenden, instinktiven Fluchtimpuls zu unterdrücken lernen: So führt Wut zu Mut. Der Treibstoff dazu ist Triebstoff: die Aggression, vermittelt durch zentralnervöse und periphere Botenstoffe wie das Adrenalin und das Vasopressin. Ihre Wut macht sie kampffähig, verwandelt Fluchtenergie in Angriffsenergie. Um Zeit zu sparen, werden die entscheidenden Botenstoffe gleich von den Nervenzellen aus freigesetzt, die auch den Entschluß übermitteln. Sie erzeugen statt Angst, die zur Flucht bewegt, plötzlich Wut, die zum Kampf befähigt. Die Gleichung: Gefahr = Flucht ist nun komplizierter geworden; sie lautet nunmehr:

Gefahr = Flucht – Kampfmöglichkeiten + Siegeschancen – Risiko.

Es geht um die optimale Organisation der eigenen Kraftressourcen. Die fälligen Entscheidungen werden dabei immer komplizierter. Dies gilt auch noch für das Krisenmanagement bei hochabstrakten Aufgaben: die Umsetzung von Irritation und Aggression in den Mut zu Entscheidungen, die das Handeln durch die Klippen des Zeitstroms steuern. In der Tierwelt, vor allem bei den Primaten – und daher auch in der Menschenwelt, werden die Programme der Aggressionsabläufe wie von allein zu einem wesentlichen Bestandteil maskulinen Prinzips. Die männliche Antriebslage – zudem ohne die speziellen Verwundbarkeiten der Weiblichkeit – entspricht diesen Aufgaben seit jeher am besten.

Die Männlichkeit

Mut und Selbstdisziplin: Affektkontrolle

Der Menschenmann hat in Kämpfen mit Bären und Stieren, mit anderen Menschen und mit Naturgewalten immer wieder bewiesen, wie viele Erfolgschancen ihm allein mit dem Umstand zufallen, daß er seine Angst überwinden und im Kampf kühl und konzentriert nach den Schwachstellen des Tieres Ausschau halten kann. Ein Taucher, vom Hai gepackt, quer und schon recht hilflos im Rachen des Raubfisches gefangen, griff nach seinem Messer und erreichte mit ausgestrecktem Arm das linke Auge des Hais. Er stieß das Messer tief hinein und drehte es heftig herum. Der Hai ließ sofort von ihm ab. Schwere Bißwunden um den ganzen Oberkörper herum zeigten, wie nahe er am Tode gewesen war: Nur einige Sekunden Resignation, und er wäre in den Haimagen gewandert.

Adrenalin und Vasopressin, die dem Verteidiger in solchen Situationen helfen, sind die Vermittler der heiligen Wut. Aber leider auch der unheiligen. Eine zivilisierte, pazifistische Welt hat daher wenig Sinn für den Wert von Aggressionen, selbst wenn die gerechte Erregung der von Gangstern Attackierten und Bedrohten sehr dazu beiträgt, die Verbrecherwelt in Schranken zu halten. Für einen Menschen aber, der ein anderes Leben, die Zukunft seiner Familie in oder bei sich trägt, wäre das tödlicher Leichtsinn. Daher tritt hier der Aggressions-Switch ein: Die Frau wird, statt immer zorniger, plötzlich traurig, sie weint, flieht, bricht zusammen. Sie wird in die sichere Höhle fliehen, ihre Nachkommen schützend, und ihr Erbgut wird überleben, während dem Mann vor Kampfeswut und Anstrengung die Muskeln und Adern schwellen. Und vielleicht reißen und platzen. Aus der Sicht der Evolution ist er leichter zu entbehren.

In einer lebensgefährlichen Kampfsituation hilft uns die Natur: Verletzungen lösen eine Endorphinfreisetzung aus, wodurch das Reptilhirn unsere Schmerzwahrnehmung herunterschaltet. Das erhält den Bedrohten kampffähig. Als in den USA kürzlich ein Mann beim Joggen von einem Berglöwen (!)[4] angefallen wurde, den er mit Fausthieben und Tritten knapp abwehrte, bezeugte der Schwerverletzte nach seinem instinktgesteuerten, heftigen Kampf: »Ein Kind hätte das nicht überlebt.« – Eine Frau vermutlich auch nicht. Denn der psychische Schreck allein – der Schock – kann den Erfolg eines Raubtierangriffs schon sicherstellen.

Zur Illustration dieser Lähmung des Handelns: Ende 1996 ertrank nahe Stockholm ein etwa 50jähriger, gut trainierter Polizeibeamter, der beim Schlittschuhlaufen im Eis eingebrochen war. Er kämpfte lange um sein Leben, löste sich die Schlittschuhe ab und versuchte, sich mit ihrer Hilfe aufs Eis zu ziehen. Er zerschnitt sich die Hände, das Eis brach in weitem Umkreis. Er rief etwa 15 Minuten lang um Hilfe, ehe er unterkühlt ertrank. Eine in der Nähe wohnende Frau hörte ihn rufen, sah ihn kämpfen, war aber nach eigenen Angaben »so geschockt« und aufgeregt, daß sie erst nach vielen Stunden jemanden alarmierte. Es ist kein Zufall, daß diese Art von schwerverständlichem Kurzschluß bei Frauen häufiger auftritt als bei Männern und bei jungen, unerfahrenen Männern häufiger als bei älteren, erfahrenen. Nicht nur die Wahrnehmung selbst, sondern auch die weitere Verarbeitung des Wahrgenommenen ist wichtig.

Aggression jedenfalls ist es, Wut in ihrer primitivsten Form, die gebraucht wird, um die mächtigen, uralten Fluchtimpulse in der Welt alles Lebenden buchstäblich zu übermannen. Doch damit wird es gleich viel komplizierter: In der Welt des Wütens nämlich wird nun schnellstens etwas anderes gebraucht: die der Aggression übergeordnete Selbstdisziplin, um nun wieder diese Wut zu kontrollieren. Das kämpfende Tier – und ebenso der Mensch – muß den Kampf auch abbrechen können: wenn er verloren scheint, sinnlos oder unnötig wird, indem etwa der Gegner sich unterwirft (dies vor allem beim innerartlichen Kampf). Bei allen Naturvölkern gibt es daher Prozeduren und Riten, die etwa bei der Aufnahme der Jungen in die Männerwelt dazu dienen, eben diese Kontrolle sicherzustellen. Es ist schwer und dauert lange, die eigene Angst, die eigene Wut unter Kontrolle zu bekommen.

Aggressionszügelung

Die schwedische Psychoanalytikerin Rigmor Robert hat die Folgen des Verlustes von normenprägenden Mannbarkeitsriten mit Nachdruck beschrieben, und zwar anhand jenes Milieus, das wie kein anderes dazu gedacht ist, männliche Aggressionen erst zu wecken, dann zu kanalisieren und schließlich gezielt zu nutzen: Sport und Militär. Schon jene Gruppenspiele und Sportarten, die den Wettkampf zwischen den Individuen mit dem Teamgeist des Mannschaftssports verbinden (Rudern, Eishockey, Staffellauf, Fußball, Handball), kanalisieren die männliche Aggression und die testosteronabhängige Lust an Gefahr und Anstrengung im Sinne gemeinschaftlicher Interessen. Der Sportler lernt Zusammenarbeit und das Wir-Denken, das erweiterte Ichgefühl, das stets Kompromisse mit der Selbstsucht machen muß.

Die Kadettenschulen in aller Welt treiben das noch viel weiter. Das militärische System dient zwar der Ausbildung einer kampffähigen Streitmacht, aber kein Land der Welt möchte sich einer wilden Horde gewaltbereiter Rambos aussetzen. Daher legt man überall großen Wert darauf, daß die bewaffneten Männer auch Disziplin lernen, höflich und anständig auftreten und ihre Aggressionen unter Kontrolle halten. Die harten Übungen der Elitesoldaten gelten dem Einüben einer kontrollierten Reaktion auf Streß und andere Anforderungen. Kontrolle der eigenen Angst und Beherrschung der eigenen Aggressionen sollen einen solchen Elitesoldaten auszeichnen, der sein eigenes Verhalten, seine eigene Vitalität, also mentale Kraft und physische Stärke, jederzeit kontrollieren kann. Er soll – wie etwa auch der gute Polizist – einen Tobenden überwältigen, ohne ihm gleich das Genick zu brechen, er soll Gefahren richtig abzuschätzen und mit geeigneten Mitteln ohne Panik abzuwehren lernen.

Nächtliche Szenen an Bord der »Titanic«: Gewiß, manche Männer schlugen sich, würdelos, mit Frauen und Kindern um einen Platz in den Rettungsbooten. Aber die meisten Männer an Bord, ob Mannschaft oder Passagiere, schauten diesem unmännlichen Gerangel voller Abscheu und Verachtung zu. Sie griffen ein und bahnten mit Gewalt – gegen ihre egoistischeren Geschlechtsgenossen – den Frauen und Kindern den Weg in die Rettungsboote. Das Prinzip »Frauen und Kinder zuerst!« galt damals (1912) noch und wurde von den meisten Männern beachtet: Nicht weniger als 74 Prozent aller Frauen (rund 500), fast alle Kinder, aber nur knapp 15 Prozent der Männer waren am Ende unter den 703 Geretteten.

Die Birkenhead-Tradition

Das Prinzip »Frauen und Kinder zuerst!« ist keineswegs sehr alt. Als 1783 die »Centaur« in Seenot geriet, rettete sich der Kapitän Inglewood mit einem Schiffsoffizier in einem Beiboot und ließ Schiff und Mannschaft zurück. Nach seiner Rettung berichtete er über seine inneren Zweifel, ob er nicht lieber mit seinen Leuten hätte untergehen sollen, aber ein Kriegsgericht sprach ihn ehrenhaft frei, wies ihm eine stattliche Pension an und gab ihm ein neues Kommando.[5] Schimpfliches Verhalten beim Untergang der französischen Fregatte »Medusa« im Jahre 1816, berühmt durch ein Gemälde Géricaults, wurde zu einer nationalen Schande und zu einem abschreckenden Beispiel für Feigheit und Selbstsucht, ehrenhaftes Verhalten dagegen beim Schiffbruch der im Jahre 1817 gesunkenen britischen »Alceste« wurde zum Inbegriff für den englischen Nationalcharakter, zumindest für seine Idealisierung im ritterlichen Verhalten eines echten Gentleman. In der bei seefahrenden Nationen umfangreichen Schiffbruchsliteratur wurden die aktuellen Schiffskatastrophen umgesetzt in eine eigene Gattung vielgelesener Reiseliteratur, in populären Heften und Unterhaltungsblättern. Der Tod auf See gehörte zum Alltag, und der Schiffbruch als Situation extremer Gefährdung stellte gesellschaftliche und kulturelle Normen auf den Prüfstand. Nach zeitgenössischen Quellen fanden um 1750 herum jährlich etwa 4000 Menschen bei Schiffbrüchen ihr nasses Grab zur See.

Im Jahre 1852 sank vor der südafrikanischen Küste der Raddampfer »Birkenhead«. Wie später auch auf der »Titanic«, reichten die Rettungsboote nicht für alle Passagiere. Die See war reich an Haien, und der Versuch, an Land zu schwimmen, war zum Scheitern verurteilt. Vor dieser ungewöhnlich grausamen Alternative reagierten die Männer an Bord besonders entschlossen: Während das Schiff auseinanderbrach, organisierten sie die Evakuierung der 21 Frauen und 31 Kinder. In drei Booten konnten tatsächlich alle gerettet werden. Dafür aber kamen fast 600 Männer auf grausame Weise zu Tode. Diese beherzte Tat war aus der Sicht der Art und ihres genetischen Überlebens richtig und klug, nicht aber aus der Sicht eines engherzigen Egoismus. Sie wurden zur Grundlage einer Kultur der Rettung der Schwächsten und damit der Zukunft der Familien.

Als 1956 die »Andrea Doria« unterging, saßen nur Männer der Besatzung in den ersten Rettungsbooten. Es kamen zehnmal mehr Passagiere um als Besatzungsmitglieder (51 gegenüber 5). Niemand beachtete da die alte Birkenhead-Tradition, um jeden Preis erst einmal die Frauen und Kinder zu retten.

Der Himmel war niedrig und grau, die Küste fern und das Wasser der Ostsee eisig, als in ihm 1994 das große Fährschiff »Estonia« von Estland aus nach Stockholm unterwegs war. Mehr als tausend Menschen waren an Bord. An dieser jüngsten Schiffskatastrophe konnte man den Spontanverlauf einer Notsituation studieren, die so akut war, daß auf Frauen wenig Rücksicht genommen werden konnte. Das Ergebnis spricht eine grausam klare Sprache: Unter den 137 Geretteten waren 26 Frauen und 111 Männer, die meisten Männer mit 20 bis 40 Jahren in ihrem besten Alter.

Für die Frauen waren die Wandungen der Rettungsinseln zu hoch, die Abstände zu groß und das Wasser zu kalt. Viele von ihnen, die sogar schon auf den Rettungsinseln in Sicherheit waren, sprangen später umnebelt, in panischer Verwirrung wieder ins kalte Wasser und kamen so um.

Diese Ereignisse sind einige Gedanken wert, denn gerade diese Extremsituationen machen wieder einmal die Koppelung zwischen der moralischen Tauglichkeit einer über das eigene Ich hinauszielenden Ethik und ihrem entwicklungsgeschichtlichen Sinn sichtbar: Was recht ist, ist langfristig auch richtig, selbst wenn sich das erst außerhalb des eigenen, begrenzten Blickfeldes zeigt. Ein kurzsichtigeres Verhalten gibt zwar dem Überlebensgierigen im Moment Vorteile, entfernt ihn aber dafür vermutlich samt seinem Erbgut nach einigen Jahrzehnten für immer aus dem großen Spiel.

Es sind also sehr prinzipielle, langfristig wichtige Fragen, die in eiligen menschlichen Notfallsituationen an die Oberfläche kommen. Nicht einmal der hoch zerebralisierte *homo sapiens* kann es sich leisten, erst in der akuten Notsituation über all das nachzudenken. Das nehmen ihm seine erfahrungsreichen, alten Hirnregionen ab.

Sind die großen Unterschiede zwischen 1852, 1912, 1956 und 1994 tendenziell auswertbar? Ist die niedrige Überlebensrate der Frauen in modernen Katastrophen ein – eben besonders ernster – Ausdruck derselben Chancengleichheit, die heute die Frau in Bus und Zug, im Grunde in allen öffentlichen Räumen auch anderer Zeichen der Höflichkeit und Ritterlichkeit beraubt hat, die einmal selbstverständlich waren? Ist es die Rache der Männer für die Emanzipation? Ihre harsche oder auch irritierte Replik auf den Feminismus? Kehren sie voll mürrischer Genugtuung den Rüpel heraus? Spiegelt der Unterschied zwischen den

Ereignissen von 1852 / 1912 und denen von 1956 / 1994 einen Trend wider? Wenn ja, dann bedeutet er, daß viele Männer zu folgern scheinen, die »Flintenweiber« sollten sich doch gefälligst selbst helfen, wenn sie es nun tatsächlich so haben wollen. Darin steckt höchstwahrscheinlich ein Ausdruck verletzten männlichen Stolzes. Der normale Mann will im Grunde gar kein Macho sein, sondern ein Retter und Held, ein Befreier, Drachentöter und Kavalier. Er erfährt, daß er das niemandem aufzwingen kann. Das Verhalten eines Menschen läßt sich nicht in kleine Scheibchen schneiden, hier verändern, dort beibehalten; er reagiert nun einmal eher »ganzheitlich«.

Ob nun die Szenen von der »Titanic«, der »Birkenhead« oder der »Estonia«, von der »Lusitania«, der »Britannic« oder der »Andrea Doria«, ob nun Piloten ihr Flugzeug an der belebten Stadt vorbei ins Meer lenken oder Feuerwehrleute ein Kind aus den Flammen holen: Was wissen wir über die Rolle männlicher Initiationsriten und innerer Selbstanfeuerung durch das Einüben maskuliner Freizeitbeschäftigungen für dieses Verhalten? Für den letztlich arterhaltenden Opfermut, für die inneren Leitbilder der Handelnden? Durch die entwicklungsgeschichtlich sehr wichtige »Verwandtenauslese« trägt hier sogar der unverheiratete Onkel oder Vetter durch seinen Mut und gegebenenfalls durch den eigenen Tod zum indirekten Überleben seines Erbgutes bei.

Dafür, wie man sich in solchen panikgeprägten Situationen auch ganz anders verhalten kann, gibt es unzählige, zum Teil erschreckende Beispiele. Viele Menschen regredieren blitzschnell zu unberechenbaren Barbaren, wenn es um ihr Leben geht. Man hat diesem Umstand mit dem exkulpierenden Begriff vom »übergesetzlichen Notstand« Rechnung getragen, der sie gegebenenfalls selbst vom vollendeten Mord und Totschlag freispricht. Ihr Egoismus ist in dieser Situation kein niedriges Motiv, sondern ein anerkanntes Überlebensprinzip. Es ist sozusagen der inverse Opfermut.

Das bedeutet nichts anderes als: Anstand und Ritterlichkeit sind nicht einklagbar, man kann niemanden zu einem solchen Verhalten zwingen.

Das von allen Kulturen der Welt hochgehaltene opfermütige Verhalten hat den Charakter einer freiwilligen Selbstdisziplinierung, der Beherrschung jenes Ichs, das so gern selbstsüchtig wird. Und diese Zügelung mächtiger Triebimpulse – Überleben, Fortpflanzung, Selbstbestätigung und Appetenzverhalten aller Art, Hunger- und Schmerzvermeidung, Trieb- und Affektabfuhr – im Sinne höhergesteckter Ziele will keineswegs immer gelingen.

Dennoch handelt es sich dabei um unvermutet alte, entwicklungsgeschichtlich wertvolle Verhaltensmuster, auf die nur dann Verlaß ist, wenn sie tief, fast »instinkttief«, in unserem Selbstverständnis verankert sind.

Sie sind uns mit der Entwicklung ipsoreflexiv-steuernder Eingriffe in das eigene Verhalten zugewachsen, wachsen weiter mit der Kultivierung von Umsicht, Rücksicht und Nachdenklichkeit und begründen so den Anspruch auf jede Selbstverantwortlichkeit.

Bedingungen der Verwilderung

Hier entstehen Zielkonflikte, die das ehrenhafteste Verhalten möglich machen, das wir überhaupt kennen. Es gibt diese Opferbereitschaft schon bei Tieren, etwa wenn sich die Eisbärin angesichts der Bedrohung durch ein modernes Gewehr schützend vor ihre Jungen stellt, aber erst beim Menschen sind diese Impulse dem verführerischen Fegefeuer der Willensfreiheit ausgesetzt. Diese wird mit tausend Argumenten immer wieder dazu verleiten, aus unbequemen Verpflichtungen auszubrechen, einfachere Wege zu suchen, solche ohne Schmerzen und Gefahr. Alle hochentwickelten Kulturen appellieren an ihre Mitglieder, in sich selbst den Sinn für die moralischen, höher als nur auf das eigene Ich zielenden Ambitionen und ihren entwicklungsgeschichtlichen Wert wachzuhalten. Wieder einmal braucht sich der Mensch seines tierischen Erbes nicht zu schämen, wenn es ihm dadurch gelingt, duozentrisch statt egozentrisch, also humaner zu handeln.

Er mag sich dazu uralter Instinktausrüstung bedient haben, die er mit seiner neuerworbenen kortikalen Freiheit entweder verwerfen oder bejahen kann. Unglücklich spürt mancher, daß ihm seine inneren limbischen Impulse in solchen Augenblicken höchster seelischer Entscheidungsnot nicht mehr zu Hilfe kommen können. Ihm ist im wahrsten Sinne des Wortes Lebenskraft, Vitalität verlorengegangen. Er ist verarmt. Seine so erworbene, scheinbare neue Freiheit von inneren Impulsen hat ihn in eine neue Unfreiheit befördert: Sie hat ihn zum Sklaven der äußeren Nöte, der nackten Macht von Katastrophen und Notlagen gemacht. Er ist jetzt von außen direkt steuerbar, durch Schmerz und akute Bedürfnisse. Er wird seinen geliebten Hund in der Hungerkatastrophe vielleicht aufessen, statt mit ihm – wie jener jugoslawische Zoowärter mit seinem Bären – das letzte Brot zu teilen. Auch so kann man seine Menschenwürde zumindest vor sich selbst bewahren.

Da sich der wirklich freie Mensch auch dagegen wehrt, von außen dirigiert zu werden, ist seine Fähigkeit zum opfermütigen Verhalten, einer der stärksten sozialen Instinkte überhaupt, zugleich auch einer seiner wichtigsten Freiheitsimpulse.

Was es bedeutet, wenn die disziplinierende Seite der – alten wie modernen – Mannbarkeitsriten und anderer Ertüchtigungs- und Erziehungsmaßnahmen entfällt, ist kaum zu überschätzen. Es ist sicher kein Zufall, daß sich von alters her das Verhalten einer regulären Armee von dem einer wilden und zufällig zusammengewürfelten Soldateska deutlich unterscheidet. Einander in die gegnerischen Lager vergewaltigte Frauen und abgetrennte Köpfe zu katapultieren, war zu Kreuzzugszeiten ein trauriger Höhepunkt der Greueltaten im Kampf von Christen und Moslems um die Heilige Stadt. Ähnliche Grausamkeiten während des Dreißigjährigen Krieges, vor allem die unsäglichen Übergriffe an der Zivilbevölkerung, die unfaßbaren Untaten bei der Eroberung Amerikas oder im Verlauf unzähliger Bürgerkriege machen deutlich, daß dort die Entgleisung in Grausamkeit unaufhaltsam ist, wo sich improvisiert aufgestellte, direkt aus unvorbereitetem Pöbel rekrutierte »Hobby-Armeen« ungehemmt austoben.

Immer dann, wenn männliche Jugendliche in Krisenzeiten ohne das Band erprobter Traditionen unkontrolliert rasch zu Männern werden, scheint ein großer Teil von ihnen grenzenlos zu verwildern. Dies war zu studieren an gewissen Kreuzfahrerheeren und an den osmanischen Janitscharen, an dem im 14. Jahrhundert aus Kriegsgefangenen und gewaltsam rekrutierten Kindern gebildeten Fußvolk der osmanischen Armee, das von Jugend an unvermittelt das Blutvergießen lernte. Als ungewöhnlich grausam und undiszipliniert gefürchtet, wurden die letzten 15 000 Janitscharen am Ende – wie einst die Soldateska des Marius durch römische Legionäre – durch reguläre Truppen des Sultans Mahmud II. erschlagen. Man ersetzte sie dann durch ausgebildete Soldaten. Ähnliches gilt für eilig ausgehobene Landsknechtsbanden, für die bunt zusammengewürfelten, mit Abenteurern und Gefängnisinsassen aufgefüllten Truppen der Conquistadoren, für die braunen Rollkommandos der Nationalsozialisten, die mörderischen Kinderbanden Pol Pots und die jugendlichen Killertruppen afrikanischer Bürgerkriegsregionen.

Hans Magnus Enzensberger hat die zeitgenössischen Ausprägungen ungezügelter Gewalt in seinem Buch »Aussichten auf den Bürgerkrieg« (S. 21 f.) prägnant charakterisiert. Er weist darauf hin, daß frühere Revolutionäre noch größten Wert darauf legten, für irgendwelche Ideale zu töten und zu sterben. Daher rechtfertigten sie sich noch in Flugblät-

Ein Ritter in voller Rüstung ist das Urbild einer hartschaligen, verschlossenen Männlichkeit.

tern und Proklamationen und versuchten, ihren Greueltaten einen hypothetischen Sinn zu geben. Inzwischen hat sich die Gewalt von hemmenden ideologischen Begründungen weitgehend freigemacht. Den heutigen Tätern – und da bezieht sich Enzensberger noch nicht auf Algerien und Ägypten – scheint die Rechtfertigung ganz und gar entbehrlich. Sie opfern in einer pointenlosen Grausamkeit, die – selbst unter Banditen –

jeder männlichen Ehrauffassung hohnspricht, mit Vorliebe wehrlose Zivilisten.

In diesem Sinne sind auch die Überfälle auf wehrlose alte Menschen ein neuer, besonders morbider Zug der modernen Kriminellen, die man nicht einmal mehr neben die vergleichsweise honorigen Western-Bösewichter stellen möchte. Sind die Kräfte, die man aus ihrer Verankerung löste, in den Köpfen der schlecht beratenen Jugendlichen vielleicht so gefährlich wie ungesicherte Container im schlingernden Schiff? Es ist ganz sicher nicht diese Art von Männlichkeit, die sich die Feministinnen statt des konventionell Maskulinen wünschen. Riskiert man vielleicht eine solche Entwicklung, indem man jahrtausendealte Routinen ohne normativen Ersatz einfach über Bord wirft? Eine sehr ernste Frage, die niemand guten Gewissens übergehen kann.

Wenn heute in den USA verwirrte junge Schüler ein Gemetzel nach dem anderen anrichten – allein 16 Fälle innerhalb der letzten Jahre –, ist das durchaus ein Zeichen der Zeit. Amerikas Psychiater beginnen zu reagieren. Die jahrelange Konzentration auf die Förderung der Mädchen kann zu folgenschweren Aufmerksamkeitsnischen geführt haben. Alle diese Bluttaten wurden von Jungen begangen. Der Harvard-Psychiater William Pollack meint, es sei zu einer »nationalen Krise des Knabenalters« gekommen. Im Pubertätsalter begehen heute vier- bis fünfmal mehr Jungen Mord, Selbstmord, Narkotikaverbrechen und unsinnige Blut- und Gewalttaten. Pollack sieht diese Krise der amerikanischen Jungen nicht allein in der Cowboy-Kultur begründet, die ihr Vorbild ist, sondern vor allem in folgenschweren Erziehungsfehlern: Erst würden die Jungen zu früh von ihren Müttern getrennt und in einer übertriebenen Ausschließlichkeit des maskulinen Prinzips zur Gefühlsarmut erzogen, dann komme es zur chronischen Insuffizienz einer vorwiegend weiblichen Erzieherwelt, deren Disziplinprobleme zu über 90 Prozent durch die männliche Jugend verursacht werden: Die gewalttätigen Impulse der Testosteron-Jugend können ohne männliche Tatkraft, Härte und Konsequenz nicht gebändigt werden. »Es nutzt niemandem«, sagt Pollack, »wenn die Frauen zwar an die Macht kommen, die Männer aber ungebildet und bewaffnet in der Gegend herumirren.« (Die Welt vom 2.6.1998). So schlägt er vor, wieder an Jungenschulen zu denken, in denen man mehr männliche Lehrer einsetzt, und die Lehrpläne für Jungen zu überprüfen. Vielleicht braucht die männliche Jugend eben doch eine andere, eine härtere Hand, wenn sich ihre Trotz- und Aggressionsneigungen in der Testosteronphase der Pubertät übersteigern.

Diese keineswegs auf die USA beschränkte moderne Erziehungsproblematik hat anderenorts aufschlußreiche Parallelen. Pollack bezieht sich noch nicht auf die ganz analogen Wirkungen der testosteronbedingten Brunst elternloser junger Elefanten in den afrikanischen Tierparks, wo in den sinnlosen Morden an Nashornjungen ähnliche Irrläufer des Verhaltens erkannt wurden wie bei der amerikanischen Großstadtjugend. Denkt man dabei noch an jene Elefantenbullen, die sich an überreifen, vergorenen Mangofrüchten berauschen und dann zu wilden Verwüstungsorgien in den Nationalparks ansetzen, ähneln die afrikanischen Verwilderungs- und Problemszenen den Jugendexzessen der Welt von heute in verblüffender Weise – und sicher nicht von ungefähr. Plötzlich hat man den ganzen Unsinn des »Rechts auf Rausch« und auf eine möglichst ungezügelte Jugendzeit greifbar und begreifbar vor Augen.

Dunkle und helle Triebe

Die disziplinierte Männlichkeit, in modernen Demokratien durch das staatliche Gewaltmonopol domestiziert, konstituiert unter anderem auch die kontrolliert eingesetzte »gute Gewalt«, ohne die auf lange Sicht keine Kultur überleben kann. Sturm und Feuer, Dammbruch, Erdrutsch und Verbrechen wird es immer geben. Feuerwehrleute und Rettungsmannschaften, Seenotretter und Polizei, Grenzwächter und Soldaten, sie alle kämpfen – auch als Nachbarn und Freunde, Söhne, Väter und Ehemänner für das, was ihnen am meisten am Herzen liegt: Familie, Sicherheit, Recht und Freiheit. Weil sie das tun, können andere Nacht für Nacht ruhig in ihren Betten liegen – und im schlimmsten Fall nach dem Telefon greifen.

Tausende von Filmen und Serien über Unheil und Verbrechen, über Erdbeben und Vulkanausbruch, Krieg, Flugzeugabsturz und Großfeuer bringen heute Gefahrensurrogate und virtuelle Katastrophenerlebnisse in die Wohnstuben, zugleich aber auch heroische Verhaltensweisen, für die junge Männer Kopf und Kragen zu riskieren bereit sind. Es geht um jene Gefahren nämlich, für die sie ausgerüstet sind, vor denen sich Angstüberwindung (Mut) und Selbstgefährdung, Stärke und Klugheit bewähren. Und, nicht zu vergessen: Mut hat auf höherer psychischer Ebene auch etwas mit der Zivilcourage zu tun – die heute in Regelwerken erstickt wird.

Beispiele dafür gibt es weltweit tausendfach. Jedes Jahr werden Kinder und Frauen durch »gute Gewalt« beschützt und gerettet. Mutige Polizisten stellen Bankräuber, befreien Geiseln, entwaffnen Amokläufer und Verrückte, nehmen flüchtige Verbrecher und betrunkene Randalierer fest, Vergewaltiger und Schläger, Kinderschänder, Frauenschinder und Sadisten. Wo das nicht richtig funktioniert (etwa in Belgien), reagiert die Öffentlichkeit – und zwar besonders die Frauen und Mütter! – mit heftiger Empörung. Unüberschaubare Menschenmassen strömten dort jüngst protestierend durch die Straßen, weil die gute Gewalt nicht richtig funktionierte. Das sollte allen, die Gewalt in jeder Form ablehnen, zu denken geben: Wer wird sie gegen die Übergriffe großer, grober, starker Männer in Schutz nehmen, wenn nicht – durch Auftrag, Mut und Wut motiviert – noch stärkere Männer?

Und den ganz überzeugten Pazifisten sei – neben allen erfolgreichen Befreiungskämpfen der letzten tausend Jahre – die Frage vorgelegt, wie man Menschen wie Attila und Tamerlan, Hitler und Idi Amin in Schach halten soll, ohne daß es zu gewalttätigen Zusammenstößen mit dem Aggressor kommt – wie seinerzeit auf den Katalaunischen Feldern, in der französischen Champagne, wo nach der Überlieferung im Jahre 451 der Heerführer Aetius den Hunnenkönig Attila entscheidend besiegte. Hätte man den Hunnen vielleicht statt dessen mit zivilem Ungehorsam begegnen sollen? Oder ein uns näheres Ereignis: Ohne das – keineswegs gewaltlose! – Eingreifen der Alliierten wären in Europa und Asien sicher weniger wehrhafte Amerikaner gefallen; aber vermutlich noch sehr viel mehr wehrlose Menschen in Vernichtungslagern ermordet worden. Wie lange noch? Hitler träumte bereits von der »Endabrechnung mit der gelben Rasse«.

Verlorener Stolz und kultureller Untergang

Männerträume sind nicht nur das, was in pornographischen Zeitschriften, Vergewaltigungen und anderen Gewalttaten sichtbar wird. Männerträume, die verwirklicht wurden, sind auch der Codex Hammurabi und die Bibel, der Sachsenspiegel und die Menschenrechtserklärungen, die Parlamente und die Gerichte, die Universitäten und die freiheitlichen Verfassungen einer Welt, deren Zivilisation von Männern bedroht und von Männern verteidigt wird.

Die meisten Männer sehen sich jedenfalls als Retter, Schützer, als reife, weise, mutige Söhne ihrer Mütter. Nicht nur betrachten sie ihren Mut, ihre Kraft und ihren Opferwillen als schier unbegrenzt, sondern sie

Das Mädchen vor der Burg, die zarte Weiblichkeit vor der Zitadelle männlicher Kraft, ist seit jeher eine Herausforderung an die Schutzbereitschaft aller edlen, ritterlichen Männer, deren Träume um kühne Rettungstaten kreisen.

bejahen das alles auch als gut und sinnvoll. Manchmal stimmt das ja auch, ein andermal streben sie verwirrt in eine falsche Richtung. So jedenfalls wären sie gern: stark und gut. Das sind ihre Tagträume, und die Frauen sollten zögern, ihnen diese Wunschbilder von sich selbst allzu entschieden auszureden. Denn in ihrer Phantasie, in inneren Probehandlungen bereiten Männer sich darauf vor, im Ernstfall nicht zu versagen. Das ist zwar keine Garantie dafür, daß sie den Idealvorstellungen männlichen Verhaltens dann auch folgen werden, aber die Chancen dafür steigen, wenn jemand innerlich geübt hat. Redet man ihnen selbst die Absicht aus, lähmt man vermutlich ihr innerstes Potential, so zu werden, wie sie es wünschen; das zu realisieren, wozu sie gegebenenfalls tatsächlich fähig wären. Ein Mann, dem das verwehrt wird, kann seinen Stolz verlieren.

Rigmor Robert stellt klar, was das für eine Kultur bedeutet: den Untergang. Heute sieht man diesen traurigen Prozeß ablaufen bei den Indianern Nordamerikas, den Indios der Andenländer, den Patagoniern Feuerlands, den Inuit in Nordamerika, den Nenzen Sibiriens, den australiden Ureinwohnern und dem !kungvolk in Afrika. Wo die smarten Fremden kommen, wirken die althergebrachten Trachten und Traditionen der Männer auf einmal vergeblich und lächerlich, während sich Frauen und Jugendliche fasziniert den neuen Moden zuwenden, den Motorrädern und der Coca Cola, den Plastiksonnenbrillen und anderem Krimskrams. Man merkt hier: Um im guten Sinne männlich sein zu können, bedürfen die Männer offenbar einer intakten Umwelt inklusive einer intakten Weiblichkeit. Auch hier wären die FeministInnen zu warnen: Die Entwurzelung der Frauen entwurzelt die Männer gleich mit – und zwar mit zum Teil unübersehbaren Folgen für alle.

Gerade bei den traditionell prachtvoll sich schmückenden Eingeborenen läßt sich der groteske Abstieg auf das unterste Niveau clownesker Geschmacksverwirrung studieren. Die älteren Männer fühlen sich bei solchen Kulturkollisionen plötzlich wertlos, sie werden verachtet und können ihre Wertauffassungen den Jugendlichen nicht mehr vermitteln. Sie schämen sich, was von den Frauen oft nicht erkannt wird, da es dem Mann untersagt ist, derartige Schwächen nach außen zu zeigen. Sie verfallen der Trunksucht und verkommen, arbeitslos, in den Slums der Städte. Die Jugend, plötzlich aus den zügelnden Verhaltensregeln der älteren Generation entlassen (für wie viele entwurzelte Einwanderer aus Drittweltländern in die westliche Welt mag das auch gelten?), läßt ihren aggressiven Energien freien Lauf. Sie werden kriminell, süchtig oder schließen sich Straßenbanden an. Die Frauen allein können die Familien nicht retten – auch sie werden mitgerissen und versinken in Armut und Elend. In gebildeten Schichten läuft das verschlüsselt ab, diskreter, aber nicht minder dramatisch. Hektische Lustmaximierung und betrügerische Manipulationen sind die Sackgassen, in denen die Drogensüchtigen versuchen, sich selbst zu entkommen.

Die Stämme, die auf dieser Erde außerhalb ihrer Zeit überlebt haben, werden zum Teil in Reservaten gehalten, Schutzräumen zwar, aber mit einer Abgrenzung ihres Lebensraums, die Stillstand bedeutet. Rolle und Selbstgefühl ihrer Ältesten gehören zu den ersten Opfern, dann folgen die jüngeren Männer, die Frauen, die Kinder. Es ist ein sich selbst vollstreckendes, verzögertes Todesurteil, und man rechnet ganz kühl mit ihrem baldigen Aussterben. Letzte Scherben alter Kulturen werden so – wenn nicht in ihren letzten Refugien, so im Bodensatz von Großstädten – rasch verschwinden. Ihr natürlicher Lebensraum wird unterdessen im Zuge einer Druckerhöhung unserer übervölkerten Welt, die jede Sensibilität erstickt, für neue Lebenskonzepte recycelt. Die Tragik, die darin liegt, daß von Traditionen beschützte, mit Schmuck und Ehrenzeichen, Insignien ihres Geschichtsstolzes behangene und gekleidete Ehrenmänner, gestern noch angesehene Häuptlinge, plötzlich von ihren Söhnen verlacht werden, hat eine erschütternde Dimension: Hat der Mensch nicht einmal mehr Achtung vor sich selbst, vor seiner eigenen Geschichte? Erkennt er sich, versteht er sich in diesen Auftritten selbst nicht mehr?

Degenerierte Männlichkeit

Bekanntlich können Männer in ihrer Männlichkeit so sehr degenerieren, daß sich ihre familienbezogenen Beschützer- und Versorgerenergien, ihre gruppenbezogenen, prometheischen und expansiven Innovatoren- und Revierinstinkte plötzlich widersinnig *gegen* die eigene Gruppe und Familie richten. Wenn die Männer so Frauen und Kinder gefährden und verletzen, statt sie zu verteidigen, dann ist – das dürfte in der ganzen Welt gelten – ihre Kultur im Untergang begriffen.

Enzensberger prägte hierfür den Begriff der unkontrollierten, »molekularen« Gewalt. Er sieht in ihr den Spaltpilz des bürgerlichen Gemeinsinns. Diese Art von allgegenwärtiger Entzweiung zerreißt die traditionellen Bande, die eine Gesellschaft zusammenhalten.

Was in den explodierenden Elendsvierteln der Metropolen im Staub vor rostigen Wellblechwänden heute allenthalben Alkohol- oder Marihuana-umnebelt verfällt, ist unverstandene, plötzlich inadäquate Welterfahrung, die kein Handlungsmuster besitzt, um sich gegen neue, ungeeignete Lebenskonzepte zu wehren.

Hier drängt sich eine beunruhigende Frage auf. Ist die aus dem Ruder laufende Emanzipationsbewegung, die Zwietracht sät, ohne Lösungen anzubieten, vielleicht Ursache und Symptom zugleich für den Verlust von Tradition und Orientierung? Die Identitätsstörung der Frauen greift schnell auf Männer und Kinder über. Welches Rollenverständnis wird jungen Mädchen heute beigebracht? In vielen Mädchenköpfen tobt ein Geschlechterkrieg, den Mütter anzetteln, lange bevor ihre Töchter die Chance haben, selbständig und sachkundig über ihre eigene Lebensrolle nachzudenken.

Beherrschte Männlichkeit ist also nicht nur Selbstkontrolle (außer der Aggression natürlich auch der sexuellen Begierde), sondern umfaßt auch die Kontrolle der jeweils nächsten, heranwachsenden Generation. Ähnliches gilt sicher auch für die Übermittlung weiblicher Lebenserfahrung an die Töchter. In den Übergangsriten der Jünglinge in die Männergemeinschaft werden die Erfahrungen weitergegeben aus dem großen Aggressionstheater, welches das tierische Leben seit seiner Landbesteigung aufführt.

Betrachtet man die Primaten, so sind bei ausgeprägtem Geschlechtsdimorphismus sehr unterschiedliche, geschlechtsspezifische Verhaltensweisen entstanden, die durchweg dem männlichen Part den Kampf und die Verteidigung der Familie zuteilen. Die imponierende Statur eines erwachsenen Gorillas kontrastiert dabei mit seiner ausgeprägten Gutmütigkeit. Er macht wenig Gebrauch von seiner latenten Aggression; der innerartliche Kampf ist selten.

Wird die Gruppe aber von außen bedroht, reagiert ihr »Chef«, der männliche »Silberrücken«, vorbildlich: Er ist mutig und bestimmt, bleibt dabei aber besonnen. Er zeigt dem Gegner erst einmal seine Größe und Kraft, reißt Büsche aus, bricht Äste ab, richtet sich auf und trommelt sich auf die Brust. Gegenüber den schwächeren Mitgliedern seiner Gruppe (Frauen und Jüngeren) jedoch nutzt er – im Gegensatz etwa zu Pavianen und anderen primitiveren Affen – seine körperliche Überlegenheit so gut wie nie aus. Die Hierarchie ist längst geordnet und akzeptiert. Der Silberrücken kann friedfertig neben einem Taubennest auf dem Waldboden sitzen und seine Jungen davon abhalten, die Tauben zu stören. Anfangs ist er sehr scheu, dann aber kann er neugierig und friedlich am Objektiv einer Kamera herumspielen. Er ist ein starker, sanfter Gentleman, wie ihn sich die zivilisierten Menschen in ihren schönsten Vorstellungen nur erträumen können.

Die Menschenaffen sind nicht weniger als die nächsten Verwandten unserer eigenen Ahnen, zugleich lebende indirekte Vorzeitzeugen. Sie machen uns vor, wie die Primaten auf dem langen Weg zwischen den ersten Baumnagern (Eichhörnchenvorgängern wie den Tupajas) und den Hominiden überlebten, wie sie allmählich eine immer größere Lernfähigkeit entwickelten, komplizierte Sozialstrukturen aufbauten, Erfahrungen kumulierten und lernten, sich neuen Lebensräumen anzupassen. So entstanden neue Lebenstechniken, die weniger genetisch und mehr sozial weitergegeben wurden. Wir sollten sie hochachten wie unsere vorgeschichtlichen Geschwister, Boten aus den weiten, unbekannten Räumen unserer eigenen Herkunft. Ihr soziales Verhalten und dessen neurohormonelle Steuerung können manche beim Menschen weiter entfaltete oder seitdem verkümmerte Funktion erhellen. In kaum verstandenen Rudimenten wird unsere Vergangenheit uns für immer begleiten.

Im Gegensatz zu diesen friedlichen, pflanzenfressenden Primaten wird die Aggression bei den Menschen, den Sammlern und Jägern, wie auch schon in den vergleichsweise dichten Populationen der Schimpansen, immer öfter zur Nahrungsbeschaffung und Revierabgrenzung, aber auch für das Errichten einer innerartlichen Hierarchie und das Vermehrungsvorrecht eingesetzt.

Die Unschuld der reinen Pflanzenfresser ist ihnen damit verlorengegangen: Sie jagen jetzt und machen Beute, kämpfen auch große Tiere nieder und schlagen sich mit Nebenbuhlern. Hier wird es ernst. Blut und Töten, gebrochene Knochen, aufgerissene Kehlen und blutendes Muskelfleisch gehören bei ihnen zum normalen Leben. Damit werden zuverlässige Zügelungsprogramme für die so freigesetzten, lebenswichtigen Aggressionen immer wichtiger. Dieser disziplinierende Überbau wird für die gruppeninternen Beziehungen, etwa für die sozialen Hierarchien und das Familienleben, völlig unentbehrlich.

Jugendliche ohne Vorbild und Tradition

Aber auch diese Probleme haben im Grunde sehr alte Wurzeln. Sie alle entspringen aus den aggressionsorientierten Testosteroneffekten vor allem auf die Männer, aus der Option zum Kampf, aus einem Handlungsentwurf, der wesentlicher ist für die Entwicklung von Säugetieren mit ihren Gruppen- und Familienstrukturen, für Instinkte und Lernverhalten, für Verhaltensmuster und Hierarchien, als man lange dachte. Deshalb wollen wir noch einen weiteren Ausflug machen in die verwickelten Mechanismen der Aggressionskontrolle und die Folgen ihres eventuellen Versagens.

Vor etwa drei Jahren stießen die Parkwächter des afrikanischen Wildparks Pilanesberg, eines Nationalparks im Nordwesten Südafrikas, auf ein totes, offenbar gewildertes Nashorn, in der darauffolgenden Woche auf ein weiteres, dann auf immer mehr. Irgend jemand tötete die Nashörner, etwa eines pro Woche. Verblüffend war, daß ihre so begehrten Hörner nicht abgeschnitten waren, die in der Regel das Motiv für die illegale Jagd auf dieses seltene Tier darstellen. Außerdem wurden sie nicht erschossen, sondern sozusagen erstochen: Ihre Körper wiesen tiefe, tödliche Wunden auf – wie von Lanzen. Sie waren an inneren Blutungen gestorben.

Bald machte man ähnliche Funde im Südosten des Landes, im Hluhluwe-Umfolozipark, ohne daß sich eine Beziehung entdecken ließ zwischen diesen mysteriösen Geschehnissen. Dann aber faßte man einen der Mörder: Es war ein junger, männlicher Elefant! Er warf das Nashorn um, beugte sich über es und erstach es mit seinen Stoßzähnen. Was nur machte, daß ein sonst friedlicher Pflanzenfresser hier unversehens und unprovoziert zum Mörder an einem anderen Pflanzenfresser wurde?

Die Erklärung ist tragisch, faszinierend und sollte uns zu denken geben. Tierpsychologen und Wildwächter fanden heraus, daß diese merkwürdigen Angriffe auf Nashörner ausschließlich dort vorkamen, wo man junge, männliche Elefantenkälber ausgesetzt hatte, die aus einer anderen Region stammten. Hier handelte es sich um die eingesammelten Kälber, die beim *Culling*, dem geplanten Abschuß ganzer Gruppen, größerer Elefantenherden im Krüger-Nationalpark übriggeblieben waren: Elefantenwaisen. Diese unglückseligen kleinen Elefanten wuchsen ohne Mutter auf und ohne jedes Vorbild erwachsener Elefantenbullen. Sie wurden so zu den Opfern einer unglücklichen Kindheit im wahrsten Sinne des Wortes. Sie wuchsen auf in Gruppen, die aus vielen gleichartig geschädigten Jungtieren bestanden. Da sie nur voneinander lernen konnten, wurden sie ausschließlich von Kindern erzogen. So gingen ihnen – man erinnere sich an Pol Pots mörderische Kinderarmeen – viel wichtige Arterfahrung und vor allem Zügelungsimpulse verloren.

Es entstanden auf diese Weise große Gruppen aggressiver, verwildeter Elefanten, die keine erwachsenen Vorbilder hatten. Es waren keineswegs nur Jugendliche, die pubertierten, sondern junge Erwachsene, die unter dem Einfluß mächtiger postpubertärer Testosteronschübe stehen: Es handelt sich um die sogenannte »Musth«, der Brunst etwa der Hirsche oder Seelöwen entsprechend. Hier entstehen gefährliche, ungezügelte und verwirrte junge Elefantenrabauken – nicht unähnlich den ja auch oft halberwachsenen oder erwachsenen Motorradrocker-Banden unter Menschen.

Ihre Angriffe auf die wehrlosen Nashörner bringen den Elefanten gar nichts ein, keine Vorteile etwa bei der Nahrungssuche, da sie streng genommen mit den Nashörnern nicht wirklich konkurrieren: Ihre Größe allein und die Reichweite ihres Rüssels verweist sie in eine andere Region der Vegetation. Es handelt sich ganz einfach um einen plötzlichen, ungerichteten Aggressionsschub, der mit einem steilen Anstieg ihres Testosterongehalts im Blut zusammenfällt.

Die ungezügelte Musth: Testosteron ohne Kontrollprogramm

Normalerweise merkt man diese Aggressionsschübe auch in der Familiengruppe, aber ältere Elefantenbullen halten dort die jüngeren in Schach. Zwar wirbeln sie viel Staub auf, werfen ein paar Bäume mehr um als üblich und zerstören diese mit einem gewissen Grad an *Overkill*-Gehabe und Halbstarken-Angeberei, aber die erwachsenen Elefanten sehen zu, daß niemand dabei zu Schaden kommt. Man kann beobachten, daß zwar das Aggressionsniveau bei den jungen Elefantenbullen steigt, aber daß die Rollenvorbilder der Älteren, der oft majestätischen Riesen mit bis zu 60jähriger Lebenserfahrung, wie selbstverständlich auf sie einwirken und daß die Erziehungsmaßnahmen der Elefanteneltern durchaus greifen. Elefanten lernen schnell, haben ein gutes Gedächtnis und sind zu einem sehr sozialen und differenzierten Verhalten fähig.

Das wirkt sich auch im fortgeschrittenen Lebensalter aus. Mit etwa 30 Jahren in der Musth, werden sie von 40 bis 50jährigen Bullen in ihre Schranken verwiesen. Dabei reicht es oft mit dem Imponiergehabe des Älteren, der seine 3½ bis 7 Tonnen Körpergewicht eindrucksvoll vorführt, um den Jüngeren zu zügeln. Nicht jeder Autoritätszwist muß auch ausgetragen werden: Es gibt Ehrfurcht vor dem Chef des Clans. Ihre Klugheit ermöglicht den Elefanten offenbar bereits das antizipierende innere Probehandeln, das ihnen schmerzhafte Erfahrungen mit der Realität erspart.

Bei den verwildernden Elefantenwaisen stellt sich interessanterweise die erste Musth bereits mit 20 statt mit 30 Jahren ein – äußere Umstände und soziale Signale haben offenbar auch hier einen Einfluß auf das hormonelle Begleitkonzert der seelischen Reifung. Sie werden frühreif durch Deprivation, ein klassisches Bild bei den verwahrlosten Straßenkindern unserer Großstadtslums. Man hat daher im Pilanesberg-Park versuchsweise einige ältere, weibliche Zirkuselefanten zu den jungen Elefanten gesellt – und schon wurden diese etwas ruhiger. Jetzt setzt man 40jährige Elefantenbullen ein, die unter den Musth-Rabauken für Ruhe sorgen sollen: mehr Erwachsenenkontakt für die asozialen Jugendlichen zum Schutz der »Mittiere«.

Kaum etwas kann die Bedeutung des komplizierten Zusammenspiels von Psyche, Hormonen, Verhalten und ihren sozialen und entwicklungspsychologischen Interaktionen – etwa mit Vorbildern und Erziehern – besser beleuchten. Die Aggressionen der Alten, gekeltert durch Lebenserfahrung und bewährt durch evolutionären Erfolg, scheinen unentbehrlich, um die erfahrungsarme, unreife Aggression der Nachwachsenden in ihre artgerechten Schranken zu verweisen.

Die hellen Seiten der Triebwelt

Nicht nur die finsteren, oft zerstörerischen und störenden Instinkte in uns, das herzhaft verfluchte Triebleben, sind ein nicht ausschlagbares Erbe der Evolution, sondern auch die helle, tröstliche Seite des Ganzen: die Beherrschung und Sublimierung dieser Triebe. Wir haben aus Freilandbeobachtungen erfahren, daß aggressive SchimpansInnen die Kinder anderer Schimpansenfamilien ermorden, wenn niemand hinsieht. Das bringt ihnen ohne Zweifel einen temporären Vorteil: Sie überleben und geben ihr Erbgut weiter – die Ermordeten nicht. Dennoch aber hat dieser Stil die Evolution keineswegs geprägt, sondern die in der Regel helfenden, milden, bergenden Frauen der Menschenaffen setzen die Traditionen des Weiblichen bei den hochentwickelten und sozial organisierten Lebewesen ungebrochen fort.

Kürzlich fiel in einem deutschen Zoo ein Kind aus der Besucherschar in den Betongraben des Gorillageheges und verletzte sich schwer. Das anwesende Gorillaweibchen nahm das bewußtlose Kind vor der rücksichtslos spielwilligen Gorillajugend in Schutz und brachte es rasch in Sicherheit. Sie legte es vor die Tür, hinter der sie den Wärter vermutete. Ohne Zweifel erinnert das stark – und keineswegs zufällig – an die spiegelbildliche Szene mitfühlender Umarmungen, die mitleidvollen, liebevollen Mienen, mit denen asiatische Polizistinnen auf dem Flughafen von Hongkong sich der ängstlich an ihnen hochkletternden Orangbabys annahmen, die aus Transportkisten befreit wurden. In dem Augenblick waren diese fremden Frauen uns gefühlsmäßig näher als jeder kaltherzige Nachbar der eigenen Kultursphäre. Ohne Zweifel ist hier eine instinktive Solidarität, eine Verwandtschaft der Gefühle gegeben, die alle Staats-, Sprach-, Glaubens- und Kulturgrenzen – und selbst Artgrenzen! – spontan und ohne Anflug eines Zweifels überschreitet. Das ist er, der gute Vorrat der uns mitgegebenen Instinkte.

Unsere Entwicklungsgeschichte liefert uns nicht nur unser biologisches Erbe in Form von dunklen Trieben, ungezügelter Begierde und unverstandenen Instinkten und Prägungen, sondern sie liefert uns, über die Jahrtausende ausgefeilt, die Lösungen gleich mit. Wir sollten bewußt nach den Bedingungen suchen, die dieses weisere, weil langfristig sinnvolle Verhalten beleben, stützen und weiterentwickeln.

Das ist der Inhalt vieler verlachter, weil unverstandener Traditionen. Umweltfetischisten könnten zwar behaupten, jene Polizistinnen aus Hongkong seien ins Rollenspiel des Mitleids eingeübt worden, womöglich gar von einer männlichen Umwelt dazu angehalten, die sie gern so hätte. Nichts spricht dafür, aber der Gedanke ist denkbar. Ganz sicher aber hat sich kein Tierpsychologe jemals darum bemüht, den Gorillas im Zoo menschliche Normvorstellungen zu den Geschlechtsrollen anzutrainieren. Nein, hier sehen wir die limbischen Zentren (etwa die präoptische Region?) am Werke, die uns unverfälscht das Beste anbietet, was die Evolution für uns bereithält: die in fertigen Handlungsentwürfen (Instinkten) festgehaltene Erfahrung, daß ein dem anderen zugewandtes Verhalten auf lange Sicht dem primitiv-egoistischen überlegen ist.

Der soziale Instinkt, Barmherzigkeit, Mitfühlen, Fürsorge und Weitblick lohnen sich, das erweiterte Ichgefühl setzt sich durch, der Altruismus hat einen berechtigten Platz im Spektrum der Gesinnungen. Wir können ihn uns – das beweist die zerebrale Organisation der Säugetiere – nicht nur leisten, sondern er bringt uns Nutzen. Und insbesondere dank unserer Differenzierung in Mann und Frau, die einzeln so unvollständig sind, brauchen wir ihn ohne Zweifel auch. Es hat – soviel ist sicher – den bergenden, umfangenden Gegenpol der Aggression, die Liebe, schon lange gegeben. Ist es so einfach: Östrogen (Milde) versus Testosteron (Strenge)? Oxytocin (Zuneigung) versus Adrenalin / Vasopressin (Zorn)? Weinen statt Wutanfall, Nachgeben statt Angreifen, Helfen statt Verletzen, Trösten statt Bedrohen? Ganz sicher nicht. Es ist viel komplizierter, zumal Mann und Frau jeweils zu beiden Reaktionsweisen fähig sind. Aber daß auf lange Sicht das Weibliche eher für die Barmherzigkeit steht, für das Bergen, Helfen und für die offene Hand, das Männliche hingegen eher für Härte, für die Jagd, den Kampf und die geballte Faust, das unterliegt nirgends in der Welt einem Zweifel.

Männlichkeit im Pantheon

Da der Mensch sich die Götter stets nach seinem eigenen Bilde schafft, gibt jede Kultur in ihren Mythen, Kulten und Ikonen, ihren Idolen und mythologischen Gestalten das wieder, was ihre Teilnehmer – manchmal explizit, manchmal auch implizit – für gut und wünschenswert halten. Es ist daher aufschlußreich, die Welten der Götter und Halbgötter einmal unter dem Gesichtspunkt zu betrachten, welche Vorstellungen von den Geschlechtereigenschaften sie widerspiegeln. Dies hat die schwedische Analytikerin Rigmor Robert unternommen. Sie liefert eine umfassende geschlechterbezogene Analyse der klassischen Götterbilder und mythologischen Gestalten, beschreibt etwa die rechte, harte, abweisend erhobene, männliche Hand Buddhas im Kontrast zu seiner entspannten, offenen, einladenden, weiblichen linken. Sie zeigt, daß Mars, Jupiter/Zeus, Thor, Herkules, Odysseus stark testosterongeprägte männliche Züge tragen, die aber bei den obersten Gottheiten oft gebrochen sind: Sie oszillieren gleichsam zwischen verschiedenen Zuständen – dem harten, rächenden *und* dem barmherzigen, liebenden Gott.

Auch der vorchristliche, alttestamentarische Gott Jahwe vereinigt in sich die Geschlechtergegensätze, die einander unter Menschen ausschließen. Gesetz, Kampf und Sieg zeigen sein unerbittliches männliches Profil, stark und gebieterisch: »Die Rechte des Herrn behält den Sieg«, steht in den Psalmen (Psalm 118,15). »Auge um Auge, Zahn um Zahn«, lautet sein Gerechtigkeitsprinzip (2. Mose 21,24; 3. Mose 24,20). Ein düsterer Rachegott, eine unnnachgiebige Herrscherfigur, die dann jedoch durch weibliche Züge zu schillern beginnt: »Ich will Euch trösten, wie einen seine Mutter tröstet«, steht bei Jesaja (Jesaja 66,13). Männliches und Weibliches mischen sich auch im Auftritt des Mittlers Jesus so auffallend, daß im Versöhnungsangebot des Christentums auch die Versöhnung der beiden Geschlechter als deutlicher Unterstrom mitläuft.

Auch die so oft behauptete Grausamkeit des Vaters wird in der Mythologie eingefangen: Chronos, der seine Söhne verschlingt, Laios, der den Tod seines Sohnes Ödipus befahl, Abraham, der bereit ist, seinen Sohn Isaak zu opfern, und am Ende Jesus selbst mit seinen vorwurfsvollen Worten: »Vater, warum hast Du mich verlassen?«

Wie widersprüchlich den männlichen Autoren der Bibel die weibliche Existenz erscheint, wie viele ungelöste Rätsel sie Männern bietet, sehen wir an den extrem gespaltenen Rollen für das Weibliche in den beiden Testamenten: Eva, die Verführerin, am einen Ende der Skala, und Maria,

Mutter des Gottessohnes, am anderen. Und sie bricht die Frucht vom Baum der Erkenntnis. So überspannt sie das gesamte Spektrum von der damals wohlbekannten Tempelhure der Baalskulte bis hin zu dem für alle Zukunft festgehaltenen Madonnenbild.

Luzifer: Lichtbringer oder gefallener Engel?

Aber das alles enthält eine innere Antinomie. Satan ist der Lichtbringer, der Luzifer. (lat. *lux*, Licht, *ferre*, tragen). Er ist damit auch der Prometheus, der dem Menschen die ihm von Gott vorenthaltene Frucht der Erkenntnis verschafft und dadurch verlockt, verbotene Einsichten zu gewinnen. Damit ist Luzifer, verbannt und verworfen, der gefallene Engel – im Grunde eine Baba Yaga der Bibel. Wollte der strenge alte Jahwe etwa seine Krönung der Schöpfung, den Menschen, so paradiesisch ahnungslos haben wie das liebe Vieh? Oder ist das nur wieder eine Projektion menschlicher Gedanken in mythologische Bilder? Neugier und Wissensdurst, Triebfedern der menschlichen Fortschritte, zu bestrafen, nachdem er sie dem Menschen mitgegeben hat, machte für Jehova wenig Sinn. Als Machtkonzept einer Priesterschaft aber, die für ihr Monopol auf Wissen Jehova selbst zum Zeugen aufrief, wirkt es höchst plausibel: Unschuld und Ahnungslosigkeit als paradiesische Zwillinge – ein bevormundendes, repressives Herrschaftsprinzip, das einen langen Siegeszug durch die Geschichte angetreten hat.

Aus diesem Programm jedenfalls bricht – mit Luzifers Hilfe – der Mensch der Schöpfungsgeschichte seinem Jehova rasch aus. Die Unschuld schwindet dabei noch schneller als die Unwissenheit. Schon der erste Menschensohn, Kain, erschlägt seinen Bruder. Das Konkurrenz- und Aggressionsprogramm ist also aufgerollt. Eroberungslust, Führungskraft und Schutzbereitschaft kommen hinzu. Der Teufel ist jetzt männlich, ganz außer Zweifel. Es bleiben klare Linien. Die Frau aber konstituiert ein Zwischenreich: Verführerin, die dem radikalen Versucher die Beute zuführt – ihren eigenen Mann. Retterin, die in aller Unschuld den Gottessohn zur Welt bringt – ohne recht zu verstehen, was das bedeutet. Barmherzige Mutter, die das Vorbild für die Madonnengestalten abgibt, die durch die Jahrtausende immer mehr zum Ideal der Reinheit und Unschuld, Güte und Bescheidenheit wird. Nur Satan bleibt weiterhin eine klare Figur in diesem großen Weltspiel der Geschlechterbegegnung: kompromißlos böse, Männlichkeit ohne Mäßigung und Verantwortung.

Androgyne Mischwesen

Allein der spätere Christengott liefert eine Mischung, die in der übereifrig reagierenden Frauenliteratur gar nicht erkannt wird: weibliche Wärme und Güte (der prosoziale Einspruch in die harte Gerechtigkeit) und emotional begründete Inkonsequenz, die Gnade (das Gleichnis vom verlorenen Sohn), verquickt mit männlicher Befehlsgewalt und Kraft.

Sind die Götter auf dem Olymp und im Pantheon unserer großen Religionen etwa der personifizierte Traum von der geglückten Harmonie der gegensätzlichen Geschlechter? Einen eigenen Abschnitt widmet Rigmor Robert den androgynen Gestalten, weicheren Männern also mit einem mehr oder weniger erkennbaren femininen Einschlag, die auch keine testosteronbedingten Eigenschaften zeigen. Eher mild als kämpferisch, nie unbeherrscht, oft musisch begabt, nähern sie sich nur selten oder sehr unentschlossen den Frauen – kein »Raub der Sabinerinnen« wäre hier denkbar: Orpheus, Dionysos, Apoll, Buddha, Jesus und – in der nordischen Sage – Baldur.

In diesen Umkreis wären auch manche der Götter zu rücken, die – ewigen Jünglingen gleich – viel zu früh sterben, um ein richtiger Mann zu werden: Attis, Adonis, Hyazinthos, Narcissus. Gehören sie zu den vom Vater im Stich gelassenen jungen Männern, die – nun von ihrer Mutter initiiert – lebenslang als Muttersöhnchen verwirrt herumlaufen? Nette Jungen, die keine Verantwortung übernehmen, die den Pflichten des Erwachsenseins ausweichen und (als »kleiner Mann«) bei der Mutter bleiben wollen? Hier kommt es im späteren Leben oft zu infantilen oder platonischen Beziehungen zu kraftvollen Frauen. Der so in der Entwicklung stehengebliebene Junge wird nie zu einem Erwachsenen, der sich stellt, sondern er bleibt der *puer aeternus* der Jungianer, der kleine Prinz, der Peter Pan, der *Flying Boy* (Badinter 1992, S. 185) – alles Männer, die nicht Männer werden werden wollen. Ob sie wohl stimuliert werden von Frauen, die nicht mehr Frauen werden wollen? Manchmal wird aus dem unentschiedenen Mischwesen, das allen Impulsen in sich nachgeben kann, dann der bohèmehafte Junge mit dem langen Haar und dem Unisex-Look. Er glaubt, er könne die Unverbindlichkeiten der Jugend ins Erwachsenenleben hinüberretten. Wenn überhaupt, machen solche Jünglinge erst mit großer Verspätung einem reifen Mann Platz.

Dieses Bild findet seine Entsprechung in den früh verstorbenen Jugendidolen unserer Zeit: James Dean, Jimi Hendrix, Elvis Presley, John Lennon, Jim Morrison, Sid Vicious, Kurt Cobain; schmachten doch viele

In fast allen Kulturen der Welt ist der Drachenkämpfer – in tausend Varianten – ein Bild der maskulinen Selbstbestätigung, des imponierenden Auftritts der Retter und Helden, von denen die Jugend träumt.

junge Frauen gerade nach dem jungen, unfertigen Mann, dem verschlossenen, noch unreifen Helden, gern von höherem Stand, mit Macht, Reichtum und Virilität, jedoch »gefühlsmäßig noch nicht entbunden« (Robert / Uvnäs-Moberg, S. 57). Diesen möchten sie selbst – welch limbisches Erlebnis! – liebevoll in die Welt der Emotionen hineinführen, für die sich die Frauen oft zuständig fühlen. Die geliebte Frau als »Weichmacher« der Helden – ein stetig wiederkehrendes, fast verklärtes Bild.

Rigmor Robert analysiert auch die stereotypen Gestalten der Sagen, etwa den Drachentöter (auch St. Georg trägt typischerweise alle jene Züge, die für einen hohen Testosteronspiegel sprechen), und stellt den Helden, die den Drachen besiegen, jene Männer gegenüber, die den Kampf gegen das Untier verlieren oder besonnen vermeiden. Obwohl auch die kalkulierte Flucht im Leben ihren Platz hat (ein chinesisches Sprichwort sagt: »Der Mann, der flieht, kann wieder kämpfen«), kommt sie bezeichnenderweise in Mythen und Heldensagen praktisch nicht vor. Die jünglingshaften Helden sind zum Teil Gestalten eines kreativen Zwischenreichs. König Ödipus etwa, der den Kampf mit der Sphinx erfolgreich umgeht, verlagert seine Anstrengungen auf ein höheres, geistiges Niveau. Am Ende aber steht er doch als der Besiegte da, weil er genau das tut, was männliche Initiationsriten verhindern sollen: Er heiratet seine Mutter. Wir gehen hier auf die Freudsche Problematik und ihre Deutungen nicht näher ein, aber die Ärztin und Analytikerin Robert betont vor ihrem eigenen Erfahrungshintergrund, daß das Geschehen der Sage eine immer wiederkehrende Situation beschreibt: Gerade die Töchter von Muttersöhnchen, von ihrer Mama psychisch nicht hinreichend abgenabelten Söhnen, verheddern sich nicht selten in einem mächtigen Vaterkomplex, ganz ähnlich der Antigone der Sage, die ihren Vater und ihre toten Brüder so sehr liebte, daß kein Mann sie mehr erreichte.

Wotan: noch ein changierender Gott

Die volle Komplexität, die eine assoziationenreiche Phantasie hier entwickeln kann, zeigt Roberts geniale Analyse des zwiespältigen obersten Gottes der nordischen Mythen, Wotan oder Odin. Sie unterscheidet den fokussierenden Blick, das verengte Auge etwa eines Jägers oder Schützen, eines Clint Eastwood oder Lee van Cleef, als typisch männlich von dem ruhigen, offenen, entspannten, nicht-fixierenden Blick der Madonnenbilder, der Madonnengesichter von Statuen und Gemälden, aber auch der normalen, entspannten weiblichen Physiognomie. Was dem zugrunde liegt, ist schon besprochen. Madonnen *sind*, sie ruhen in ihrer Bestimmung, Männer brechen auf, sie *tun* und *streben*.

Robert weist darauf hin, daß auch die traditionellen Bilder der Weisen, alter Männer mit Rauschebart, von Hellsehern und Wahrsagerinnen, Eremiten, in der Regel einen in die Ferne gerichteten, unfokussierten Blick zeigen. Auch sie wollen nichts erreichen: Das macht das Fixieren und Fokussieren unnötig. Kaum zufällig wird daher auch oft der großäugige Kauz oder Uhu mit seinem merkwürdig ungerichteten Blick als Symbol der Weisheit gewählt. Mit Vorliebe wird der Weise, der Ratgeber, der Seher, aber auch der Erzähler (Theiresias und Homer) als Blinder dargestellt, was ihm einen entspannten Gesichtsausdruck mit ungerichtetem Blick gibt.

Unter dem Titel »Wotan, der einäugige Gott« (Robert et al. 1994, S. 47f.) sieht Robert in ihm eine Personifikation von beiden Arten des Sehens und Handelns, dem männlichen wie dem weiblichen. Der oberste Gott der altnordischen Mythologie wurde »von seinen Freunden geliebt, von seinen Feinden gefürchtet«. Er konnte seine Krieger in gefühlsarme Berserker verwandeln, »bärenstark, denen weder Feuer noch Eisen etwas anzuhaben vermag«. Wotan ist eine komplexe Gottheit, er kann weise und schön sein, der sympathische Kamerad im Kreise seiner Freunde. Er ist auch der väterliche Führer. Aber manchmal tritt er auf wie eine teuflische Gestalt, ein Intrigant und Zauberer. Er kann sogar ein Todesgott sein, der Blutopfer fordert und auf öden Galgenhügeln umherstreift.

Der Sage nach hat Wotan sein linkes Auge in Mimers Brunnen am Fuße der Weltesche Yggdrasil geopfert. Dadurch ist ihm Zugang zu der Quelle, zum Brunnen aller Weisheit gegeben. Er kann alles sehen und alle Zusammenhänge erkennen. In der Poesie wird ja ein stiller Brunnen oft einem Auge verglichen, das den Himmel spiegelt oder das Antlitz dessen, der auf die Wasseroberfläche hinunterblickt.

Wenn Wotan sich für Kampf und Bosheit rüstet, bedeckt ein merkwürdiger Schlapphut seine leere Augenhöhle. In dieser Verfassung ist er grausam, rachsüchtig, gefühllos und umgibt sich mit seinen rasenden Berserkern. In seiner Einäugigkeit ist Wotan eine effektive Kriegsmaschine ohne Mitgefühl. Wenn Wotan hingegen beide Augen benutzt – das männlich fokussierende zusammen mit dem weit offenen –, dann ist er der Gott der Weisheit.

Die Sage von Wotans verlorenem Auge kann in der Sprache der

Mythologie den Trend der germanischen Stämme widerspiegeln, die männlich-fokussierende Sichtweise und damit die aggressive Seite einer Persönlichkeit aufzuwerten.

Diese suggestive Deutung mag nicht zwingend sein, aber da alle Mythen in den Köpfen von Menschen entstanden, wurden sie unvermeidlich geprägt von dem, was in ebendiesen Köpfen vor sich ging. Die Menschen haben das Bedürfnis, ihre eigene Geschichte mit ihren Erfolgen und ihrem Scheitern festzuhalten. So werden Prozesse zu Figuren verdichtet und die Widersprüche einem Sinn zugeführt, der Tragik und Ängste abmildert. Phantasien und Wünsche werden so personifiziert, Befürchtungen entschärft, Geduld und Trost gewonnen. Das alles hat sicher in rudimentärer Form schon die frühesten Hominiden bewegt. Die intelligenten Analysen solcher denkbaren Zusammenhänge, die Roberts Buch enthält, stimulieren jede empfängliche Phantasie, über die eigene Vorzeit und Geschichte nachzudenken.

Klischees und Schablonen

In ihrem inzwischen fast klassischen Buch über den Mann: »XY – die Identität des Mannes« beginnt Elisabeth Badinter in Anlehnung an den französischen Transsexualitätsexperten Robert Stoller mit der Feststellung von der »ursprünglichen Weiblichkeit des Knaben«. Die Differenzierung zum Mann ist demnach ein »unaufhörlicher Kampf«, dessen zentrales Ziel es ist, »derb, auffällig und kämpferisch zu sein, Männerfreundschaften zu suchen, obszöne Reden zu führen, Homosexuelle zu verabscheuen, Frauen schlecht zu behandeln und weibliche Tätigkeiten herabzuwürdigen« – kurz: »Die erste Pflicht eines Mannes ist: keine Frau zu sein«.

Das findet sich dann bestätigt in der Behauptung Norman Mailers, Mann zu sein bedeute, »sein Leben lang einen endlosen Kampf auszufechten« (Mailer 1972). Mailer galt – wie etwa auch Ernest Hemingway und Jack London – als ein wahrer Experte auf dem Gebiet der harten Männer und der kämpferischen Männlichkeit. Es ist die Vorstellung vom Mann, der »immer unter Strom steht«. Gar nicht im Widerspruch dazu stehen weibliche Autoren mit den oft als feministisch geltenden Aussagen, Männer seien »homophob und misogyn« und im Grunde verstümmelte »Wesen ohne Mutterleib« (Chesler 1985; Mitscherlich / Dierich 1980). Im Lichte heutiger Erkenntnis kann man sagen: Sie alle haben recht. Mailer und Chesler widersprechen einander gar nicht.

So ist auch die klassische Form eines Klischees über den harten Mann, den Cowboy, den *He-man*, den typischen Vertreter der amerikanischen Landnahme und der technischen Effektivität der USA (David / Brannon 1976) in vier populäre Slogans als Imperativ der Männlichkeit gefaßt, noch heute unmittelbar verständlich und – obwohl einseitig – auch durchaus zutreffend:

1. *no sissy stuff* – nichts Weibisches. Allein das schon fordert vom Mann, einen wichtigen Teil seiner Persönlichkeit – nämlich ästhetisch-emotionale Bedürfnisse und Empfindlichkeiten – zu verschließen.

2. *the big wheel* – eine wichtige Persönlichkeit. Dies ist in salopper Kurzform der Inhalt der Kernthese Alfred Adlers von dem Selbstbestätigungstrieb als wichtigstem Motor des menschlichen, vor allem des männlichen Strebens, selbst dem Sexualtrieb zuweilen noch übergeordnet. Dies trifft zu für das Selbstverständnis römischer Patrizier wie für das VIP-Gefühl moderner Jet-setter. Es handelt sich dabei um eine dem Mann von der Evolution zugeteilte Angeberrolle, aus der er nicht ohne weiteres aussteigen kann. Sie ist auch mit dem Begriff des männlichen Stolzes eng verbunden.

3. *the sturdy oak* – die feste Eiche. Diese Anforderung an den vertraueneinflößenden, stabilen, gelassenen Mann dürfte erst vor dem Hintergrund eines leichter erregbaren, ängstlicheren, schwächeren Geschlechts (oder jüngerer, schwächerer Artgenossen) ihren Sinn erhalten und ist vermutlich der bessere Teil der Quellen männlichen Stolzes.

4. *giveem hell* – zeig es ihnen! Hiermit wird der Mann in den Kampf und Wettkampf geworfen – besser zu sein, stärker, größer, schneller, schlauer, zuverlässiger – und am liebsten immer siegreich. Andernfalls muß er die Zähne zusammenbeißen und die Klagen herunterschlucken. Sie stehen ihm nicht. Unendlich ist dabei das Spektrum der Eigenschaftsfelder, auf denen zu Konkurrenz und Vergleich aufgerufen werden kann. Außerdem heißt dieser Aufruf zur Aggressivität zugleich: Sei unabhängig! Scher dich um nichts, sei aufsässig – im schlimmsten Fall halt als *lonely wolf*.

Mit dem so häufig benutzten Ausdruck *he has balls!*, (er hat Testikel), als Lob für Mut, Kraft, Wille und Standfestigkeit zeigen die Amerikaner, daß sie sehr wohl die enge Verknüpfung dieser Eigenschaften mit dem Testosteronniveau des Mannes ahnen.

Väter und Söhne

Natürlich sind diese Begriffe trotz ihrer Alltagsnähe als Beispiel für facettenreiche Spielarten eben der Eigenschaften hart, wichtig, stark und kämpferisch zu verstehen. In den Balladen »Schwäbische Kunde« von Ludwig Uhland und »Nis Randers« von Otto Ernst finden wir Verherrlichungen der männlichen Kampf- und Opferbereitschaft. Einige weitere literarische Zeugnisse mögen hier die als ebenso männlich geltenden Facetten der Emotionsunterdrückung, der Willensstärke, der intellektuellen Selbständigkeit und charakterlichen Zuverlässigkeit belegen, die zugleich zeigen, daß die Züge des Maskulinen über reine brachiale Stärke und Aggressionen weit hinausgehen. Sie finden sich wieder, sublimiert zu Anforderungen, die nichts anderes bedeuten als Zivilcourage und geistig-moralische Souveränität. Aber erst einmal zu einer männlichen Schwäche: seinen Problemen mit der Rückmeldung.

Der goldene Ball

Was auch an Liebe mir vom Vater ward,
Ich hab's ihm nicht vergolten, denn ich habe
Als Kind noch nicht erkannt den Wert der Gabe
Und ward als Mann dem Manne gleich und hart.

Nun wächst ein Sohn mir auf, so heiß geliebt
Wie keiner, dran ein Vaterherz gehangen,
Und ich vergelte, was ich einst empfangen,
An dem, der mirs nicht gab – noch wiedergibt.

Denn wenn er Mann ist und wie Männer denkt,
Wird er wie ich die eignen Wege gehen,
Sehnsüchtig werde ich, doch neidlos sehen,
Wenn er, was mir gebührt, dem Enkel schenkt.

Weithin im Saal der Zeiten sieht mein Blick
Dem Spiel des Lebens zu, gefaßt und heiter,
Den goldnen Ball wirft jeder lächelnd weiter,
Und keiner gab den goldnen Ball zurück!

Börries Freiherr von Münchhausen

Von der emotional offeneren und verbal gewandteren, wortflüssigen Tochter erfahren die Eltern meist sehr viel mehr ausdrückliche und ausgedrückte Dankbarkeit als vom Sohn, der oft verschlossener sein und Schwierigkeiten haben wird, seine Gefühle der Liebe, Hochachtung und Zuneigung in Worte zu fassen. Er fühlt sich dabei unbeholfen, albern und verwundbar. Seine Zeichen der Dankbarkeit werden daher indirekter sein, lange auf sich warten lassen und oft ganz ausbleiben – ein ewiges Thema der Reue vor dem Grab der Eltern, denen man »noch so viel sagen wollte«.

In einem bekannten psychologischen Experiment, in dem junge Männer ihrer Angebeteten und junge Mädchen ihrem Geliebten ihre Gefühle zeigen sollten, griffen die Mädchen, ohne sich lange zu zieren, zu blumigen Worten und körperlichen Zärtlichkeiten, während die Männer unsicher herumdrucksten. Einer ging in den Hof, um seiner Verlobten den Wagen zu waschen. Als hätte er das gewußt, gibt der phantasievolle Freiherr von Münchhausen hier den Ratschlag an den Vater: »Erhoffe Dir kein schnelles Echo, keinen offenen Einblick in die Seele Deines Sohnes. Sei froh, wenn er einmal weitergibt, was Du ihm an Seelenstoff schenktest. Und bis dahin wird viel Zeit vergehen.«

Vielleicht ist in der männlich verstümmelten Kommunikation die Wurzel zu suchen für die unzähligen Fälle von unheilbaren Zerwürfnissen zwischen Vater und Sohn. Zugleich sind sich diese oft so ähnlich, daß Außenstehende den Mangel an Harmonie gar nicht verstehen können. Ungeduld und Trotzphasen des Sohnes, Autoritätsprobleme, Unabhängigkeitsstreben, Aufruhr sowie unrealistische und enttäuschte Erwartungen vom Vater, wirken hier zusammen. Erst zu spät versteht der Vater, der seinem Sohn oft ganz altruistisch genau das wünscht, was ihm selbst nicht vergönnt war, daß dieser eben doch nicht sein Ebenbild ist, eine Wiederholung desselben Lebensspiels, sondern eine ganz neue Spielart des Erbgutpools, dem beide entstammen, zudem vermischt mit dem eines anderen Menschen. Diese Mißverständnisse und falschen Erwartungen gehen eine unheilvolle Verbindung ein und führen zu großen Überraschungen. Für die limbisch gehemmten, die seelenscheuen, wortkargen Väter und Söhne bilden sie ein tatsächlich unentwirrbares Knäuel von Gefühlen und Gedanken, die sich bis zum blinden Haß steigern können.

Der berühmte »Brief an den Vater« von Franz Kafka ist ein Beispiel für die grenzenlose Verzweiflung des Sohnes an seinem Vater: »Du bekamst für mich das Rätselhafte, das alle Tyrannen haben, deren Recht auf ihrer

Person, nicht auf dem Denken begründet ist ... Hierbei kommt verschärfend in Betracht, daß Du ... kaum einmal des Tages Dich mir zeigen konntest und deshalb einen um so tieferen Eindruck auf mich machtest, der sich kaum je zur Gewöhnung verflachte ... Unverständlich war mir immer Deine vollständige Empfindungslosigkeit dafür, was für Leid und Schande Du mit Deinen Worten und Urteilen mir zufügen konntest ... Schrecklich war mir z. B. dieses: ›Ich zerreiße Dich wie einen Fisch‹.«

Die Psychologin Phyllis Chesler, die sich mit den katastrophalen Beziehungen zwischen Söhnen und Vätern befaßt hat und unzähligen Klagen über deren »Sünden« – Tadel, Demütigungen, Verhöhnungen, Respekt- und Gefühllosigkeiten – lauschen mußte, summierte ihre Eindrücke: »Je länger ich zuhörte, desto mehr schienen mir viele Männer denselben Vater zu haben.« Vermutlich geschieht tatsächlich mit einiger Monotonie das folgende: Väter, die ihren Sohn vom Daumengroß über den Lausbuben zum altklugen Jüngling heranwachsen sehen, haben es schwer mit der Entwicklung von Respekt. Derweil entwickeln sich der Stolz des Heranwachsenden und die Empfindsamkeit des Pubertierenden. Die Diskrepanz wird immer größer. Ihre Gefühle auszudrücken, fällt beiden gleich schwer. Mit kategorischen Behauptungen und immer rabiateren Urteilen steigern sie ihren eifrigen Zorn, der es ihnen erleichtert, nicht ihre tiefliegende, ungeheure Sehnsucht nach Liebe und Zuwendung zu spüren. Der Sohn hat für des Vaters »Arroganz«, der Vater für des Sohnes »Besserwisserei« kein Verständnis. So schaukelt sich das beiderseitige Unverständnis auf zu grotesken Höhen. Dabei wird der Sohn einmal ganz ähnlich werden. Die zeitliche Phasenverschiebung des menschlichen Reifungsprozesses und die ungleich verteilten Lebenserfahrungen spielen beiden einen bösen Streich.

Das düstere Erbe der Gewalt

Die Ausdrucksformen männlicher Aggressivität sind vielfältig. Dazu gehören auch die plötzlichen, durchaus liebevollen, aber manchmal ungewollt heftigen Klemm- und Kneif-, Drück- und Boxbewegungen gegenüber der Geliebten, dem eigenen Kind, dem Kameraden oder dem Hund, das harmlose Schattenboxen und andere Äußerungen der spontanen Bewegungswut. Sie ist von der weniger intensiven und weniger plötzlich auftretenden Bewegungs»lust« aller jungen Menschen und Tiere natürlich nur graduell verschieden. Bei der Frau gibt es ähnliche Impulse, aber sie äußern sich eher in streichelnden statt boxenden, in umarmenden statt kneifenden Bewegungen – wieder einmal der prinzipielle Unterschied zwischen der geschlossenen und der offenen Hand. Männliche Wut und Kraft schließen die offene Hand: männliches Festhalten und Schützen, Abwehren und Zuschlagen versus weibliches Aufnehmen und Geben, schutzlose Erwartung.

Deutlicher schon wird diese innere maskuline Aggressivität, bei dem amoklaufenden, im Zeitjargon: ausflippenden Michael Douglas im Film *»Falling Down«*, von zahllosen männlichen Autofahrern in allen *traffic jams* der Welt, aber auch von Max Frisch in jener Zivilisationsbefreiungs-Bewegung, in der die zumeist männlichen Mitglieder als Zeichen ihrer desperaten Entschlossenheit eine kleine silberne Axt unter dem Revers tragen, da sie im Grunde alles kurz und klein hauen wollen. Sichtbar wird sie auch in zornigen, gewaltsamen Ausfällen, die als Druckventil für den Aggressionsstau dienen: in wütenden Fußtritten etwa oder in dem geladenen Holzhacken eines Sylvester Stallone als *»Rocky«* oder eines Charles Bronson in den »Glorreichen Sieben«, in Schlägereien und Verwüstungen im Zusammenhang mit Trinkgelagen, Volksfesten oder Sportereignissen. Auch mit dem Töten von Tieren bei der Jagd, mit Stierkampf oder Boxkampf ist die gruppeneigene Aggressivität der Männer noch keineswegs erschöpft. Es gibt blutigere, tödliche Facetten dieses Stammhirnerbes. Nicht nur in der kriminellen Gewalt durch Einzeltäter oder Banden, sondern auch in bluttriefenden Ritualen, in Menschenopfern, Massenaufläufen, Totschlag und Lynchen, Pogromen und Krieg zeigen sich ernstere, oft sogar tragisch-destruktive Züge der Aggression. Nicht selten haben sie unübersehbare Folgen bis hin zur Gefährdung der ganzen Art.

Opfer- und Täterrolle

Unter Rückgriff auf Erkenntnisse und Theorien aus Paläobiologie, Anthropologie, Ethnologie und Evolutionsbiologie untersucht Barbara Ehrenreich in ihrem Buch über »Blutrituale« und Kriege (Ehrenreich 1997, S. 327) die Wurzeln der seltsamen, fast ausschließlich männlichen Faszination durch die Gewalt. Vorchristliche Mythen, Menschenopfer, fleischfressende Gottheiten und hybride Mensch-Tiergestalten verarbeitet sie zu ihrer Kernthese: daß unsere ambivalente Haltung gegenüber Gewalt und Krieg, Gefahr, Blut und Tod in der Urerfahrung des Gejagtwerdens wurzelt, in der Urangst, zur Beute von Raubtieren zu werden. Damit hat sie genau denselben Punkt im Auge, den wir als

Beginn der männlichen Angstbeherrschung, des Mutes zum Kämpfen an den Zügeln disziplinierter Wut, ausführlich besprochen haben: eben den Übergang von der Beuterolle zum Jägerstatus.

Dieser Wechsel hat sich viel langsamer, viel schmerzhafter vollzogen, als man lange meinte. Der Mensch erschien keineswegs sogleich als der große, effektive Sammler und Jäger auf der Bühne des Lebens. Viele kleine und schmächtige, an den Rand bewohnbarer Habitate verdrängte Völkchen von Pygmäenstatur wie die Orang Kubu, die Andamanen, die Patagonier und zahlreiche indonesische und südamerikanische Dschungelstämme lassen erraten, wie kümmerlich es einmal begann, als noch nicht einmal die heute beherrschten Jagd- und Fischfangtechniken zur Verfügung standen. Die meisten von ihnen sind heute im Aussterben begriffen. Armselig und mager, träge bis apathisch, nicht selten drangsaliert von Infektionskrankheiten und Drogen kümmern sie in den trockenen (ariden), tropischen und arktischen Randzonen der bewohnten Welt dahin. So hat es vermutlich auch einmal angefangen.

Der Siegeszug des Homo sapiens führte also von Opfer- in Täterrollen, und der hirnstarke Jäger ist heute dabei, in nie gekannter Geschwindigkeit und lückenloser Perfektion die Todfeinde seiner Vorfahren, die starken Raubkatzen, die Bären und selbst die harmlosen Elefanten auszurotten. Spurenbeseitigung, auch hier. Die Wälder, aus denen seine Vorfahren kommen, holzt er ab, ihre Lemuren und Affen macht er heimatlos. Es mag aussehen wie ein fortglühender Racheakt, der nicht zu stoppen war, ist aber wohl eher eine grausame, eine kindliche Erinnerungs- und Gedankenlosigkeit, die den selbstgewählten Ehrentitel *sapiens* überheblich erscheinen läßt. Erst in letzter Zeit kam es zu Bemühungen um die Erhaltung der Tierwelt, ja, der biologischen Vielfalt überhaupt *(biodiversity)*. Ob das für die großen Tiere mit viel Platzbedarf – gewisse Wal- und Bärenarten, Elefanten, Tiger, Wölfe, Nashorn, Panda, Gorilla und Orang Utan – noch rechtzeitig kommt, kann bezweifelt werden.

Gleichzeitig verhalten sich die vorgerücktesten Exemplare der Spezies Mensch wie Gejagte. Ihre Dialoge und ihr Imponiergehabe, ihre Rituale um Macht und Geltung kreisen um ein Prestigemerkmal, um das alle wetteifern: Opfer zu sein. Opfer des Terminplans, der Systemzwänge, der Verantwortung, der Reisen und Konferenzen, des Jetlags und des exekutiven Stresses. Sie protzen also mit ihrer neuen Beuterolle: Beute des eigenen Erfolgs. Nur sind diesmal die Predatoren selbstgemacht. Was ist geschehen? Wie hat sich die alte Rolle des Gehetzten wieder in das Leben des Menschen geschlichen? Läuft er zwangsläufig in selbstgestellte Fallen, der nur scheinbar kluge Jäger? Bindet er sich selbst, wo ihn keine Not mehr bindet? Jagt er sich selbst, wo ihn nichts mehr jagt? Er sollte vielleicht manchmal innehalten und vor allem schnell wachsenden Know-how über die Entwicklung vom Steinkeil zu nuklearen Langstreckenraketen das Know-why nicht aus den Augen verlieren.

Die ersten Hominiden: Jagdwild in mächtiger Raubtierfauna

Die ersten Hominiden waren klein und völlig ungefährlich für ihre Welt. Am Ende des Miozäns gab es bereits aufrechtgehende Affen – der zweibeinige Gang kam also vor der Gehirnentwicklung. Schädel und Zähne beweisen, daß sie nicht menschlich waren, sondern wirklich noch Tiere ohne Werkzeugherstellung und Kultur, aber vermutlich schon mit hochentwickelten Sozialordnungen. Sie hatten sich beim Rückzug der Wälder an das Buschland und die Steppe angepaßt und den aufrechten Gang der Zweibeiner entwickelt. Währenddessen lernten die bis dahin laubfressenden Herbivoren das Gras zu fressen – und die große Fauna der weidenden Huftiere Afrikas entstand (Antilopen, Zebras, Büffel, Gnus, Giraffen, Gazellen). Die Hominiden blieben mangels Nahrung klein: Sie aßen Früchte und allenfalls Kleingetier, vermutlich lernten sie allmählich die Reste der Beutetiere zu nutzen: Knochen knacken, um an das wertvolle Mark zu kommen. Sie waren also anfangs keine stolzen Jäger, sondern schmächtige Beutetiere und mindestens zum Teil Aasfresser. Ihr nächster Nahrungskonkurrent war zeitweise die kleine Hyäne. Vermutlich fanden um Tierkadaver herum immer wieder Futterkämpfe statt, die von den Hominiden erst gewonnen werden konnten, als sie Mut und die Technik des Werfens mit Steinen entwickelten.

Der *Australopithecus amanensis* etwa, dem die Anthropologen in Ostafrika nachspüren, war aufgerichtet nur etwa 1 bis 1,2 Meter groß, recht primitiv und schmächtig. Seine Rolle war die des Gejagten: Er war Beute aller mittelgroßen und größeren Raubtiere, die in jener Zeit, also noch vor dem Auftauchen von Leoparden und Löwen, in Ostafrika heimisch waren. Erst jüngst hat man die Bedeutung der Raubtiere für die Entwicklung der Hominiden erkannt und ihre Erforschung auch dort systematischer in Angriff genommen. Man ist sich einig: Daß es so wenig Skelettfunde von diesen frühen Hominiden gibt, liegt daran, daß ihre Knochen in der Regel von Raubtieren und Aasfressern zerkaut wurden. Fast jedes der seltenen Knochenbruchstücke aus den sporadischen Funden, die man gemacht hat, trägt die Spuren von Raubtierzähnen.

Was für Raubtiere waren das? Die Suche konzentriert sich auf das Turkanabassin, vor allem in der Region Lothagam. Schon trägt die neue Forschungsrichtung Frucht: Man hat einen noch namenlosen Riesenmarder von 80 bis 100 Kilo Körpergewicht gefunden, dem heutigen subarktischen Vielfraß vergleichbar. Die zweibeinigen Affen waren sicher seine Beute. Man hat drei Arten von Säbelzahntigern gefunden, die dort vor rund 900 000 Jahren ausstarben – den besser angepaßten neuen großen Raubkatzen weichend. Unter ihnen ist das nur mittelgroße Homotherium. Verwandte Säbelzahntigerarten starben in Europa erst vor rund 600 000 Jahren aus, in Amerika sogar erst vor etwa 12 000 Jahren. Ganz sicher waren die Hominiden ihre Beute. Daneben fand man Skelettreste des bis zu 1000 Kilo schweren sogenannten Riesenbärenhundes (der mit dem Riesenmarder verwandt sein dürfte), eines der größten Raubtiere unter den Säugern, die es jemals gab. Ihm müssen die Hominiden erschienen sein wie uns die Eichhörnchen. Daneben gab es noch Riesenhyänen, aggressive Raubschweine, Schlangen und Krokodile, die sicher die zierlichen und völlig waffenlosen, ungepanzerten, weichen Affen nicht verschmähten. Selbst Adlern konnten sie in den Baumwipfeln noch zum Opfer fallen – die Wachsamkeit mußte nach allen Richtungen aufrechterhalten werden.

Angst und Aggression – für immer verschwistert

Es war für die Hominiden also eine Welt, in der Wachsamkeit, Fliehen, Klettern, das Sich-Wehren, am besten mit Stöcken, Knochen und Steinen, daher auch Kraft und Körpergröße immer wichtiger wurden. Das muß einen selektiven Evolutionsschub für Schnelligkeit und Geschicklichkeit, also Muskeln und Kraft, Kopf und Hände zugleich gebracht haben: Die Hominiden wurden zügig größer und stärker, aggressiver und klüger.

Das war die notwendige Folge eines harten Auslesedrucks, dem sie viele Millionen Jahre lang ausgesetzt waren, ganz sicher etwa die letzten 10 Millionen Jahre vor dem Schritt zum Homo erectus und habilis. In den üblichen Darstellungen der Entwicklungsreihe zum Menschen wird diese lange Spanne, die im Grunde vor mehr als 50 Millionen Jahren begann, schon vor dem *Dryopithecus*, dem kleinen Baumkletterer, den sich noch die Raubvögel holten, oft übergangen oder sehr gerafft dargestellt. Diese logarithmische Verkürzung mag auch psychologisch begründet sein, denn die Existenz als Beutetier ist naturgemäß weniger glanzvoll als die des keulenschwingenden, steinkeilbewaffneten Frühmenschen. Bevor er aber aufrecht ging *(erectus)* und fähig wurde für den Werkzeuggebrauch, war ein langer Vorlauf nötig aus lauter kleinen Kerlchen, die gehetzt durch die Wipfel flohen und für die ein unaufhörliches Bedrohungsgefühl ein Dauerton des Daseins war. Die Länge dieser Zeitspanne verhält sich zu der gesamten Geschichte der großen Hominiden wie etwa 20 : 1, des Menschen wie 500 : 1. Kein Wunder also, daß diese Gejagtenrolle formgebend wurde für den Körper wie für das Gehirn.

Der anhaltende Druck der Lebensangst war es, der bei diesen Lebewesen schrittweise das Erproben ihrer eigenen Wehrmöglichkeiten anstieß. Ein immer wehrwilligerer Kopf gab an immer wehrhaftere, nur scheinbar unbewehrte Hände mutig Kampfimpulse weiter, ohne die ihnen der Übergang vom Beutetier zum Jäger niemals gelungen wäre. Dabei trug die Idee der planvollen Verteidigung sicher schon bald den Keim des planvollen Angriffs in sich. So entstand das neue »Raubtier« Mensch, das aus Gründen der Ernährungsoptimierung zugleich die Mischkost des früchtefressenden Affen beibehielt. Unter anderem aber zeigt sich in ihm auch bald, wie die Fähigkeit zur Verteidigung das Potential zum Angriff einschließt.

Es handelt sich also bei der Aggression um eine ganz entscheidende Energiequelle für den Rollenwechsel. Die Urangst der Beute wird schrittweise umgesetzt in aggressive Energie; sie macht den Gejagten zum Jäger. Und selbst das Raubtier muß weiterhin seine Artgenossen, Konkurrenten und oft auch die verzweifelte Gegenwehr seiner Opfer fürchten. Daher werden Angst und Aggression in Tieren und Menschen wohl niemals voneinander zu trennen sein.

Die Rolle des Kults

Das ist der Beginn jener nicht nur physiologischen (sympathikotonen), sondern auch psychologischen (mentalen) Kampfbereitschaft, welche die männliche Natur sicherheitshalber gleich als Kampflust und Kampfwut unauslöschbar abgespeichert hat. Und diese Geister, die wir gar nicht riefen, werden wir so leicht nicht wieder los.

Die kultische Überhöhung des Kampfes dürfte auch der Beherrschung eben jener Mächte dienen, die man kalkuliert auf die Szene ruft, wenn man die Gewalt – vorübergehend und geordnet – freigeben will. Der Kult, das Zeremoniell übt die Kontrolle jener Sinneszustände systematisch ein. Vermutlich wurde rasch deutlich, daß es entsprechend aggressiver Kräfte bedarf, um die aufgeregte Soldateska daran zu hindern, in blutrünstiger Wut blind weiterzumorden, im Blutrausch auch dort noch lustvoll weiter zu töten und zu zerstören (Stadtmauern zu schleifen, Städte niederzubrennen, Zivilbevölkerungen hinzumetzeln, Denkmäler zu stürzen), wo es dem eigentlichen Kriegsziel gar nicht mehr dient.

Das läßt uns zugleich den ureigentlichen Sinn des Kults erkennen: unsere spontanen, starken Reaktionen auf das Erschreckende und das Begeisternde in den Griff zu bekommen, indem man heiligt, was ängstigt, und an die Kette legt, was sich sonst unbeherrschbar und folgenschwer verselbständigt.

Ehrenreich betont, daß die Sakralisierung des Kämpfens, beim Menschen sogar des Gruppenkampfes, des Krieges, ein folgerichtiges Projekt der Verteidigung von Lebewesen ist, die erst kürzlich gelernt haben, daß sie sich wehren können, daß sie ihre Angst bezwingen müssen, um sich so teuer wie möglich zu verkaufen. Die hierfür benötigten Sinneszustände müssen stark, ihre Auslösung automatisiert und die zugehörigen Gefühle intensiv sein: Todesmut und Opferbereitschaft sind schon bei Tieren Extremvarianten des Verhaltens, denn sie müssen stets den elementarsten Trieb des Lebens, den Selbsterhaltungstrieb, niederkämpfen.

Die Bereitschaft, sich für andere – primär die eigene Familie oder Horde – in Lebensgefahr zu begeben, Verwegenheit und Großmut des einzelnen zum Nutzen von anderen, sieht Ehrenreich beim Menschen durch periodische Rituale mit starker emotionaler Stimulanz planvoll verstärkt. Wer das mitmachte, überlebte. Kühnheit und Stärke, nicht die Sanftmut von schwangeren Muttertieren, sondern die Gewalttätigkeit – von männlichen Alpha-Tieren, von Kriegern und Helden, wurden heiliggesprochen. Das sind vermutlich die Wurzeln mancher archaischen Rituale und quasireligiösen Beschwörungszeremonien. Ohne Zweifel gibt das dem Heldentum und der sanktionierten Aggression mit der Zeit auch eine genetische Belohnung, indem durch solche Akte der Sakralisierung der soziale Status erhöht wird – und damit wiederum die Vermehrungschancen steigen.

Später führte das zur Bildung von Stämmen und zur Erfindung von Nationen und ihrer angeblich uralten, den Stammestraditionen ähnlichen, imaginären Genealogien, die gern bis in mythische Vorzeit verlängert werden. Das bündelt die Aggressionen großer Gruppen und erhöht ihre Durchschlagskraft. Der Biologe Richard Dawkins spricht zur Erklärung für die kriegerische Disposition des Menschen, die immer neue

Höhepunkte der Destruktivität erreicht, vom Krieg als einer »Kultureinheit, die sich selbst reproduziert«, weil nur sich selbst von Nutzen. Krieg ereignet sich selten ungewollt; oft wird er geradezu lustvoll inszeniert.

Die Inszenierungen der Kampfbereitschaft müssen folgerichtig an das Reptilhirn des Menschen appellieren. Das allein bestimmt ihre Ausgestaltung: Blut ist das rote Alarmsignal (noch heute in allen Zusammenhängen: von der Warnlampe am Ofen oder im Armaturenbrett bis zur Verkehrsampel und dem Atomreaktor), das Bindeglied, die Brücke zum archaischen Aggressionszentrum unseres Stammhirns. Rhythmus und Stampfen, heisere Schreie, Feuer, Fackeln und Rauch, schrille Fanfaren und dumpfe Trommelwirbel sind weltweit die militärischen Begleitsignale, um die Aggressionsbereitschaft, aber auch den tiefernsten Entschluß zu Selbstaufopferung und Heldentat zu sichern.

Wie sehr sich dann das Kämpfen, einmal in Gang gesetzt, vom Nachdenken löst und in instinktive Handlungen der Selbstbehauptung und Selbsterhaltung übergeht, mag folgender Bericht zeigen, den der amerikanische Militärhistoriker, S.L.A. Marshall, in seinem Buch über »Soldaten im Feuer« (Marshall 1966, S. 230) wiedergibt. Er zeigt zugleich, daß die gestreßte Psyche der Soldaten in greifbarer Nähe des Todes auf einem Grat entlangbalanciert, von dem er mal hierhin – zur kopflosen Flucht, mal dorthin – zum wilden Angriff kippen kann. Mal wählt er die Resignation, mal den zähen Widerstand, mal das Nachgeben, mal das Durchhalten, und diese Oszillationen können sich mehrmals an einem einzigen Kampftag wiederholen. Marschall Moritz von Sachsen beschreibt das seltsame Mißgeschick eines französischen Regiments, das einen geschlagenen Feind verfolgte: Um ein Gehölz zu umgehen, mußte es sich teilen, und als die beiden Kolonnen um die jenseitigen Waldecken bogen, sahen sie einander, hielten sich gegenseitig für den Feind – und alle stoben in wilder Flucht davon. Diese Truppen waren offenkundig aufs äußerste gespannt und zu Tode erschreckt. Ihre Ambivalenz zwischen Angriffsstimmung und abgrundtiefer Furcht ist mit Ausdrücken wie »Mut der Verzweiflung« oder »desperater Angriff« gut eingefangen. Die alte Nachbarschaft von Angst und Aggression schimmert immer wieder durch.

Der motivierende und anfeuernde Kult um den Krieg wurde mit den Jahrhunderten immer weiter fortentwickelt. Bereits in der Antike hatte man ihn den »Vater aller Dinge« genannt. Der Satz »Wenn Du den Frieden willst, bereite den Krieg vor!« erklärt im Grunde die ständige

Bereitschaft zum Kämpfen als völlig unumgänglich für jeden, der den Frieden liebt und ihn bewahren möchte.

Bald sprach man von Kriegskunst, und es bildete sich schon früh ein Troß aus literarischen Schlachtenbummlern, die von ältesten Heldenepen wie der Edda, der Ilias und dem Nibelungenlied über Schlachtenlyrik und Kampfgesänge, den germanischen Barditus, mittelalterliche Kreuz- und Landsknechtlieder bis hin zu Schneckenburgers »Wacht am Rhein« und manchem literarischen »Stahlgewitter« das Unheil poetisch verklären. Zugleich veredeln sie das agonale Element in Richtung auf Neuanfang und Reinigung (Katharsis). Der Krieg wurde zunehmend mechanisiert, automatisiert und entpersonalisiert, und mit dem Verschwinden des direkten Kontaktes mit dem Blut, dem Schrei und dem Geruch des Todes, wurde die Gewalt sozusagen gesäubert. Leider nicht nur von Streß, Ekel und Abscheu, sondern auch von allen empathievermittelnden, wiedererkennbaren Signalen, die den Kampfwillen dämpfen. Das ist eine gefährliche Kombination: Während unser technisches Know-how immer effektivere Tötungsmaschinen liefert, bleiben die Stoppzeichen aus, die uns sonst das Ende des Kampfes melden und die Phase des »Dampfablassens« (der Adrenalin- und Wutdrosselung) einleiten. Die apparative Wucht der Gewalt wächst ins Immense, die Kontrolle schwindet – kein Wunder, daß alle natürlichen Zügel für die menschliche Destruktivität dabei reißen können.

Im 20. Jahrhundert wurde trotz aller Aufklärung und humanitären Erziehung, trotz aller Menschenrechtsdeklarationen, trotz Toleranzstrebens und programmatischer Friedfertigkeit ein trauriger Rekord aufstellt: Nie zuvor wurden in der gleichen Zeitspanne so viele Menschen gewaltsam und vorsätzlich von anderen Menschen getötet – in zwei Weltkriegen und unzähligen Bürgerkriegen. Der Historiker Peter Englund (S. 293) führt das unter anderem zurück auf immer längere Entscheidungswege und eine trägere Rückkopplung, auf Entscheidungsautomatismen und einen immer größeren Abstand zwischen Täter und Opfer. Die Perfektionierung der Tötungsmechanismen ist ein natürlicher Begleiter des industriellen Zeitalters. Sie machte den Menschen auch fleißiger beim Töten. Und effektiver: mehr Tote in weniger Zeit. Leichen baggern, das tat früher die große Flut, die Dürre, der Vulkanausbruch, die Pest – eben die Natur. Heute nimmt der Mensch ihr das ab.

Diese vitale und selbststimulierende Aggressionsquelle in unserem noch recht unintelligenten Stammhirn ist ein tief verankertes, gefährliches Erbe. Das gilt vor allem dann, wenn es nicht nur seine natürlichen

Bestimmungen vergißt, sondern auch noch aus seinen ursprünglichen Verankerungen ausbricht.

Galt der Mensch manchen Philosophen als von Natur aus gut (Rousseau), anderen als schlecht (Hobbes), sahen manche seine Aggression gezügelt durch angeborene Tötungshemmungen (Konrad Lorenz), andere durch einen eher erlernten, kulturellen Überbau aus Verhaltensnormen (Erik Zimen), so ändert das nichts an der Kraft und prinzipiellen Gefährlichkeit dieser fundamentalen Triebe.

Beliebt, aber ganz gewiß nicht hilfreich, ist die Vogel-Strauß-Haltung, lieber gar nichts Problematisches zu sehen. Das konsequente, offizielle Leugnen der Existenz und Wirksamkeit der Aggression und der dazugehörigen Zügel führt allein zum illusionären Gegenstück des Militarismus: dem radikalen Pazifismus. Er verhält sich zum wirklichen Leben wie die Zölibatforderungen zum realen Sexualtrieb. So droht der Pazifismus – wo nur eine politische Mode –, der bösen Gewalt den Weg zu ebnen, indem er die gute Gewalt in Fesseln legt.

Die böse Gewalt mit all ihren kriegerischen Auswirkungen geht tatsächlich fast ausschließlich auf das Konto maskulin-aggressiver Verhaltensweisen. Die Aggression der Frauen ist anders gepolt. Man denke hier nur an die russischen Mütter in Tschetschenien.

Spontane Unruhe

Viele Männer erleben ihre eigenen Aggressionsimpulse, ihre eigene innere Unruhe, den Trieb zur Gefahren- und Abenteuersuche als eine spontane, periodisch wiederkehrende innere Kraft wie Ebbe und Flut, wie sexuelle Lustimpulse (Libido). Das zu erklären, müssen wir etwas ausholen.

Das Leben hat früh in seiner Entwicklung das Prinzip der inneren Periodik aufbauen müssen, einen Stoffwechselprozeß also, der irgendwo in Zellen etwas anhäuft, das periodisch immer wieder zu einer Reaktion (Aussonderung, Erregung, Kontraktion oder Entleerung) führt, die in der Regel gebraucht wird. Die elektrischen Impulse im Vorhof des Herzens, die den Herzschlag hervorrufen (eine kräftige Muskelkontraktion, die sich im Laufe eines Lebens etwa 3 000 000 000 mal wiederholt) sind ein bekanntes Beispiel, die Atmung (15mal pro Minute), der Schlaf (einmal täglich) und das Aufwachen, der Eisprung bei der Frau (einmal pro Monat), die Entleerung von Darm und Blase, von Bauchspeicheldrüse, Schilddrüse und Gallenblase, der Lidschlag zur Anfeuchtung des Auges, viele Muskelbewegungen bei der Verdauung, viele metabole und hormonelle Zyklen gehören auch dazu.

Diesen periodischen Reaktionen ist gemeinsam, daß es einen einfachen, zuverlässigen Auslösereiz gibt, daß sich aber gleichzeitig eine innere Bereitschaft des Reaktionssystems aufbaut, die beim Ausbleiben des gewohnten Reizes nach einer Weile zur Spontanaktion führt: Das Lid schlägt, obwohl das Auge noch feucht ist, das Zwerchfell nimmt eine Lunge voll Luft, obwohl der Sauerstoffgehalt im Gehirn noch ausreicht, die Gallenblase entleert die Gallenflüssigkeit in den Darm, obwohl man gar nichts gegessen hat. Diese Spontanaktionen sind eine Notwendigkeit – beim Herzschlag, der dann behelfsweise von anderen Reizbildungszentren ausgeht, sogar lebensrettend. Dieses Prinzip hat das lebende Protoplasma von Anfang an begleitet, denn das Bakterium, das Pantoffeltierchen kann sich auf nichts in seiner unbelebten Umgebung wirklich voll verlassen. Leben heißt: notfalls aus eigenem Antrieb handeln, falls der erwartete Anreiz von außen ausbleibt. Daher ist dieser Spontanantrieb, der Unruhe einer Uhr nicht unähnlich, im inneren Triebleben angesiedelt und nimmt sich, ohne auf die Mitwirkung des ablenkbaren und täuschbaren Bewußtseins angewiesen zu sein, aller lebenswichtigen Funktionen an.

Diese spontanen Aktionen setzen sich in die Sphäre höherer psychischer Prozesse fort. So entstehen Lust und Langeweile, Fernweh, Heimweh, Neugierde, Wander- und Abenteuerlust, die Suche nach neuen Büchern, Liedern und Tapeten, nach Restaurants, Filmen und Ferienzielen, nach originellen Gedanken und anderen geistigen Stimuli – lauter Sonderfälle der typisch menschlichen, aber schon bei explorativen Säugetieren vorkommenden »Unbestimmtheitssuche« (Dörner 1981, 1989). Sie erweitert spontan den Erfahrungsbereich, erforscht die Welt und ihre Nahrungsressourcen, vergrößert Lebensbereich und Bewegungsradius. Alles Lebende bleibt damit sozusagen ständig in Aktion.

So überkommt den Mann, oft plötzlich und scheinbar unvermittelt, etwa eine unwiderstehliche Unternehmungs- oder Bewegungslust, ein unwiderstehliches Fernweh, eine Sehnsucht nach starken Erlebnissen. Dieser Impuls, der über lange Zeiträume – nicht so streng periodisch wie bei der Frau – anschwellenden sexuellen Appetenz des Mannes nah verwandt, äußert sich auf unterschiedlichen Sektoren sehr unterschiedlich. Einerseits erklärt er die nicht zu stillende männliche Nachfrage nach Pornographie und Prostitution, andererseits hat er als Wander- und Explorationslust jahrtausendelang Menschen in jeden entlegenen Winkel der Welt getrieben, in Eiswüsten und auf Berggipfel, durch die Wüste und über das Meer. Anfangs waren das stets Männer: Hanno und Pyteas, Erik der Rote und Marco Polo, Kolumbus und Maghellan, Nansen und Amundsen, Behring und Hedin. Dieselbe Unruhe treibt noch heute die Heyerdahls und Severins, Chichesters und Messners durch Wind und Schnee. Aber sie treibt auch Hunderttausende, ja, Millionen von überwiegend männlichen Jugendlichen in die Hände der Drogendealer. Es ist alles beim alten geblieben, man sieht immer noch dieselben uralten Triebe am Werk.

Man möchte Erich Kästner Recht geben, der in der ihm eigenen humorvollen Form den wahren Kern in unernste Verse verpackt hat, daß die Kerls, die einst auf den Bäumen gehockt haben, auch in der zwanzigsten Etage eines Hochhauses bei genauem Hinsehen unter aller Modernität noch durchschimmern. Das ist er wieder, der Mammutjäger in der Metro! Das alles meint dasselbe: daß seine Vorgeschichte den Menschen so leicht nicht losläßt.

Ziellose Aggression

Der Mann, auch der nach außen hin friedliche, erlebt ein weiteres innerliches Phänomen, das er im besten Fall mit Schattenboxen abreagiert eine periodisch auftretende starke Lust, einfach einmal zuzuschlagen, eine inhaltsleere Aggressionslust also, grund- und ziellos. »Nur so« schlägt er, tritt er zu. Wenn er klug ist, wählt er etwas Weiches, um sich den Fuß nicht zu verstauchen. Ein betrunkener Soldat schlägt mit der Faust gegen die Wand und hat die Hand danach vier Wochen im Gips. Nicht nur Frauen können das nicht nachvollziehen, sondern auch die Männer selbst durchschauen es oft nicht. Verständnislos stehen sie ihrer inneren Unruhe und anderen Emotionen und Affekten gegenüber, die sich nicht auf äußere Anlässe zurückführen lassen. Wehe, wenn auch solche Anlässe noch hinzukommen – da schießt die Reaktion, lange zurückgehalten, leicht übers Ziel hinaus.

So kann es auch passieren, daß der Mann plötzlich in einer Situation aggressiv reagiert, in der er sonst gelassen bleibt – es kommt eben auf den Punkt in seiner inneren periodischen Aufladung an, an dem er sich gerade befindet. Und das ist von außen nicht zu erkennen. Die hierfür erforderliche siedende oder flammende Wut kann beim Mann in rascher Folge und aus nichtigen Anlässen immer wieder auflodern. Das reptilhirngesteuerte System, das Programm »Zorn und Angriff«, bei der harmonischen Frau oft jahrelang gar nicht angesprochen, übt im Mann sozusagen ständig still vor sich hin. Ähnliches gilt seiner sexuellen Bereitschaft, dem auch über längere Zeiträume weiter anwachsenden sexuellen Lustimpuls, da er ja nicht nur im Rahmen eines kürzeren Hormonzyklus die Paarungsbereitschaft aufbaut.

Das Ganze ähnelt im Prinzip durchaus dem spontanen Piepen und Blinken moderner elektronischer Apparate – etwa dem bereit- oder *stand-by*-Signal eines Mobiltelefons. Nach demselben Muster gibt dem Steuerzentrum eines anderen großen Organismus, dem Cockpit eines Jumbo-Jets, ein spontanes periodisches Kontrollblinken Bescheid über den inneren Zustand des Systems, zum Beispiel: »Das Fahrgestell ist in Ordnung, kann jederzeit ausgefahren werden.« Was wir in den männlichen Erregungsmustern beobachten, ist die psychologische Entsprechung zu der Spontanaktivität im Stammhirnbereich, die man im Hirnimaging ablesen kann. Daß auch die *stand-by*-Systeme unserer elektronischen Helfer demselben Prinzip gehorchen, das wir als Erbe mitbringen, sollte die Evolutionsbiologen interessieren.

Die Schlußszenen etwa in James-Bond-Filmen, wo der obligatorische Superschurke, auf dem fahrenden Expreßzug mit dem bereits besiegten darniederliegenden Vertreter des Guten kämpfend, unversehens von der granitenen Tunnelkante geköpft wird oder in einer eichenen Astgabel hängenbleibt, wo er in Häckselmaschinen, Betonmischer oder Stahlwalzwerke eingezogen wird, wo ihn die Schneefräse im hohen Bogen als rötlich verfärbten Schneemix auf die Piste bläst oder er langsam aus dem Metallblock eines in der Schrottpresse komprimierten Chevrolet tropft – das alles sind unverzerrte Traumbilder realer Männerwut.

Die noch seltener auftretenden inneren Erlebnisse der völlig blinden, besinnungslosen, rasenden Wut, eines dem Wahnsinn nahen Jähzorns, jedem Mann mehr oder weniger vertraut (auch wenn er vom Kindesalter an seine Selbstdisziplin trainiert, um das nach außen nicht durchscheinen zu lassen), sind nichts anderes als Vorstufen des Amoklaufs, der blind über eine unbeteiligte Umgebung hereinbricht. Auch dieser wird fast ausschließlich bei Männern beobachtet, immer wieder, überall auf der Welt, in jeder Kultur, zu allen Zeiten. Bei sehr primitiven Männern, in Gangsterkreisen und bei enthemmten Drogensüchtigen kommt dieses Phänomen oft an die Oberfläche. Die zivilisatorische Tünche über dem rohen Triebverhalten ist manchmal sehr dünn.

Interessant ist die Beobachtung, daß der depravierte, gewalttätige Mann, etwa der alkoholisierte Schläger, der Sadist oder unbeherrschte

Menschenschinder, schnell das Bild eines stereotypen Monsters bietet, immer simpler in seinen Reaktionen, monoton und vorhersagbar. Bei ihm werden archaische Reaktionsweisen aufgedeckt, die nicht mehr individuell, sondern nur noch artspezifisch ausfallen. Er ist in diesem Zustand nur noch ein Rumpf, der Torso eines voll entwickelten Mannes: eintöniges Instrument seines uralten, lebenserhaltenden, aber primitiven Stammhirns.

Es gibt natürlich auch primitive, unbeherrschte Frauen, aber es sind grundsätzlich Männer, bei denen sich die Kaskade von Streßhormonen und Aggression in einem Teufelskreis bis zur Selbstvernichtung hochschaukeln kann. Der Frau kommen in aller Regel rettende Resignationsimpulse dazwischen, die man, falls mit Reflexion verbunden, auch als das Ergebnis einer größeren Verantwortungslast deuten kann: Ihr Tod nämlich würde in der Regel auch das Ende ihrer Nachkommenschaft besiegeln. Wenn aber ihr Adrenalinschub der Traurigkeit und dem verzweifelten Weinen weicht, ist sie gerettet. Selten rettet das auch einmal den Mann.

Völlig absorbiert

Ein anderes typisches Phänomen ist die männliche Neigung zur extremen Konzentration und Fokussierung auf eine Tätigkeit, die sozusagen den Rest der Welt abschaltet. Das kann eine wissenschaftliche Arbeit sein, ein Kunstwerk, ein Schachspiel oder eine physische Arbeit. Von einer großen Flutkatastrophe im Bereich des Gelben Flusses in der nordchinesischen Tiefebene im Jahre 2298 v. Chr., also in frühester geschichtlicher Zeit berichtet man (Lindquist 1989, S. 51 f.), daß Yu, später als »Der große Yu« erster Kaiser der uralten Xia-Dynastie, so besessen mit dem Aufschütten von Schutzdämmen beschäftigt war, daß er, selbst wenn er an seinem eigenen Haus vorbeiging und drinnen das Kind weinen hörte, nicht hineinging, um die Arbeit nicht zu verzögern. Es müssen schon Männer her, um so etwas als große Charakterstärke zu feiern; Frauen würden hier wohl ein emotionales Versagen sehen und ihn eher ob seiner Gefühlskälte verachten.

Beim Kampf ist die Konzentration natürlich direkt lebensentscheidend. Daher mag kein Mann kämpfen, während ihm die Familie am Arm hängt oder ihm Kinder und Hundewelpen um die Beine wuseln. Im Kampf und auf der Jagd ist der Mann am liebsten nur unter Männern, denn da nimmt ihm niemand seine Konzentration übel. Im Gegenteil, dort wird sie als direkt ergebnisbezogen hoch geschätzt. Die totale Konzentration und Hingabe an die augenblickliche Aufgabe ist ein typisch männlicher Zug, verherrlicht in tausend Biographien und Filmen. Daher ärgert es schon jeden Jungen, wenn Mädchen beim Spielen nicht mit Haut und Haar bei der Sache sind. Gehen sie doch sogar hinaus in die Küche und holen Saft, wenn beim Mensch-ärgere-Dich-nicht-Spiel der Stein direkt vor dem Ziel steht! Kein Wunder, daß sie es nicht so ernst nehmen, wenn sie da rausgeworfen werden – und daß es ihnen im späteren Leben immer wieder so ergeht.

Ähnliches beobachten die Lehrer selbst bei ihren besten Schülerinnen in der Schule. Die Knaben überholen sie in ihren Leistungen genau dann, wenn im Rahmen der Pubertät bei den Mädchen ablenkende Interessen wach werden, während die männlichen Schüler gerade von der wissenschaftlichen Neugier und der logischen Stringenz der Forschung gepackt werden. Wie der junge Mann beim Lesen oder Arbeiten konzentriert, ja, absorbiert ist, etwa beim Basteln riesiger Anlagen, beim Experimentieren im Keller oder der Sternguckerei auf dem Dachboden, so bleibt er grundsätzlich mit unermüdlicher Ausdauer bei seinem Thema. Mit oft erschreckender Einäugigkeit verfolgt er ein einziges Ziel, erklettert einen Burgturm bis auf die bizarrsten Zinnen, arbeitet sich empor in die äußersten Höhen der Vollendung. Und steht dann stolz dort oben, während die Frauen über das ewige Kind im Manne allenfalls lächeln. Die Psychologie nennt das »Tunnelblick« oder »Fernrohrgesichtsfeld«. Es ist ohne Zweifel von gewissem Nutzen, wenn man sich lange auf etwas sehr Schwieriges konzentrieren muß.

Beginnt der Mann erst einmal mit einem Vorhaben, spielt es schon sehr schnell keine Rolle mehr, ob es ernst ist oder nicht, ob es wichtig ist oder nicht, ob es überhaupt fertig werden muß: Hat er etwas angefangen, führt er es meist um seiner selbst willen zu Ende. Wollte er nur eine Viertelstunde Schach spielen, schaut er nach fünf Stunden hoch und fragt entsetzt: »Was? Ist es schon so spät?!« Kommt er um Mitternacht nach Hause, fällt ihm ein, daß er ja heute abend mit der Familie ins Kino gehen wollte. Diese Unablenkbarkeit, Hingabe und Selbstversunkenheit mag bei der Jagd wertvoll, im Kampf lebensrettend, im Geschäftsleben einträglich und in der Forschung bahnbrechend sein – im Alltag aber, der schnelle und flexible Reaktionen braucht, stört sie erheblich.

Genies, Gurus und Amokläufer

Das alles gilt nämlich auch im übertragenen Sinne, etwa für den geistigen, abstrakten Bereich, wo alle Triebkräfte der Aggression zu intellektuellem, perfektionistischem oder missionarischem Eifer werden. Die großen Enzyklopädien entstanden so, wie auch die Evangelien, die indische Vedda und Arno Schmidts »Zettels Traum«. Weder das periodische System der Elemente oder Darwins Evolutionstheorie noch das Bohrsche Atommodell oder Einsteins Relativitätstheorie wären ohne diesen großen, unabgelenkten, selbstnährenden, zähen Eifer geboren worden. Niemand hat das besser eingefangen als Thomas Mann im ersten Absatz seiner Novelle »Beim Propheten«:

> »Seltsame Orte gibt es, seltsame Gehirne, seltsame Regionen des Geistes, hoch und ärmlich. An den Peripherien der Großstädte, dort, wo die Laternen spärlicher werden und die Gendarmen zu zweien gehen, muß man in den Häusern emporsteigen, bis es nicht weiter geht, bis in schräge Dachkammern, wo junge, bleiche Genies, Verbrecher des Traumes, mit verschränkten Armen vor sich hinbrüten, bis in billig und bedeutungsvoll geschmückte Ateliers, wo einsame, empörte und von innen verzehrte Künstler, hungrig und stolz, im Zigarettenqualm mit letzten und wüsten Idealen ringen. Hier ist das Ende, das Eis, die Reinheit und das Nichts. Hier gilt kein Vertrag, kein Zugeständnis, keine Nachsicht, kein Maß und kein Wert. Hier ist die Luft so dünn und keusch, daß die Miasmen des Lebens nicht mehr gedeihen. Hier herrscht der Trotz, die äußerste Konsequenz, das verzweifelt thronende Ich, die Freiheit, der Wahnsinn und der Tod ...« (T. Mann 1963, S. 286).

Wort für Wort findet man hier aufgereiht, was den Mann auszeichnet: den einsamen Forscher, den fanatischen Weltverbesserer, den verzehrten Künstler, den Amokläufer, den Guru, den Erlöser, den Propheten, den schizothymen Spinner, den Inhaber des Dauerkußweltrekordes, den politischen Radikalinski. Das alles sind vor allem männliche Verhaltensvarianten, die nur in seltenen Ausnahmefällen von Frauen nachempfunden werden.

Bei Thomas Manns abschließender Aufzählung der letzten Ideale handelt es sich in der Tat um ein Destillat aus männlichem Extremverhalten, geistigem Extremismus – im Guten wie im Bösen. Das Wesentliche dabei ist – und das erklärt sogar das morbide Nebeneinander von Gegensatzpaaren wie Keuschheit und Verbrechen –, daß dies alles, trotz großer Verschiedenheit, aus denselben Kraftquellen gespeist wird. Nansen, Amundsen und Scott, ihre Erfolge und Entdeckungen sind die helle Seite finsterer Entschlossenheit. Oft sterben sie an ihr – wie Scott und Amundsen. Helden und Fanatiker, das sind meist Männer, Verehrer und Anhänger sind oft Frauen.

Die typischen »Prophetentypen« im Sinne Thomas Manns, das sind die Bhagwans, die Dutschkes, die Savonarolas, Rasputins, Trotzkis und Illichs aller Zeiten, aber auch die Sacharows, Galileis, Spinozas und v. Ossietzkys. Das Faustische und Prometheische des Menschen hat männliche Wurzeln – es entspringt der Wut einer unruhigen Konsequenz. Im besten Falle wird daraus der Freiherr vom Stein oder Abraham Lincoln, im schlimmsten Falle Jack the Ripper oder Charles Manson. So wie die letzten 30 Fälle tödlichen Amoklaufs weltweit, in Schottland und Australien, den USA und Schweden, alle von Männern inszeniert wurden – die sich am Ende oft selber töten – so sind auch die Verführer und Schamanen, Gurus und Propheten der Menschen fast immer Männer gewesen. Die ihnen so gern Glauben schenken – und auch das hat gute Gründe – waren aber überwiegend Frauen. Genie und Wahnsinn, so verschieden sie auch im Gegensatz zu landläufiger Auffassung sein mögen, nutzen hier offenbar dieselben Kraftquellen: die männliche Wut.

Schaffenswut

»Wut« ist hier ein Begriff, der etwas abstrakter gesehen werden muß. Damit man nicht meint, wir behaupteten, alle Männer liefen ständig – mit eingeschaltetem Reptilhirn – gewaltbereit, wutschnaubend und sexfixiert herum, sei noch einmal verdeutlicht, daß das Aggressionsprogramm nur die voreingestellte *default*-Lage einer Psyche bestimmt. Seit die meisten Männer nicht mehr kämpfen und jagen müssen, ist aber ihre Stammhirnausrüstung nicht etwa verschwunden oder völlig umgebaut, sondern sie wird anders genutzt. Die hirnphysiologischen Vorgänge folgen dabei denselben vorgegebenen Regeln wie eh und je.

Wir haben oben bereits die Wirkungen des Testosterons beschrieben (s. S. 82–91): Es ist nicht nur ein Sexual-, Lust- und Aggressionshormon, sondern ganz generell ein Explorations- und Expansionshormon für das aktive männliche Verhalten. So werden in einer Welt, wo der Wald durch Wände, das Wetter durch die Klimaanlage, die Jagdbeute durch Aktien und Telefaxe, die Raubtiere durch Konkurrenten und der Kriegstanz durch die Generalversammlung ersetzt sind, die alten Impulse natürlich umgesteuert in differenziertere Tätigkeiten als Heulen und Hauen. Es entsteht die männliche Industrie- und Geschäftswelt mit ihren Routinen, Ritualen und Reibungen. Die prometheischen Impulse bringen der Menschheit hier nicht mehr das Feuer, sondern Computersoftware, die statt den Herd den Kopf anfeuert.

Was dahinter steckt an Elan und Triebkraft, ist dieselbe zielstrebige Unruhe wie bei den Jägern und Kriegern der Vorzeit. Man findet sie wieder bei den Entdeckern der beginnenden Neuzeit, den Wissenschaftlern der Renaissance, den Philosophen der Aufklärung und den Unternehmern der Gründerzeit. Nicht von ungefähr spricht man von »Schaffenswut«, »Arbeitswut«, künstlerischer »Malwut«, »Schreibwut« und »Gestaltungswut« und meint damit fast immer eine ungewöhnlich starke Schaffenskraft, Gestaltungskraft und vor allem einen unbeugsamen Gestaltungswillen.

Das alles ist vorwiegend männlich. Weiblich hingegen sind Gestaltungsvielfalt und -feinheit, -empfänglichkeit und -auswahl. Wo der Mann fragt: »Was?«, fragt sie: »Wie?«, und wo der Mann fragt: »Woraus?«, fragt sie »Wozu?« Das bemerkt der Mann, wenn er sich Zeit dazu nimmt, durchaus, er schätzt es auch, aber er kann es nicht nachahmen. Er kann es nur an einigen Stellen – wieder ganz konzentriert – vertiefen.

Bedarf an Spannung und Logik

Wie schon bei den Kinderspielen beschrieben, zieht es den Mann (wie den Hunderüden) magisch zur Gefahr. Spiele, bei denen nichts passiert oder, noch schlimmer, nichts passieren kann, öden ihn an. Einander kleine Ringe, Scheiben oder Bälle zuwerfen, in Kästchen hüpfen, wo man Mißglücktes wiederholen darf, wo man einander anschließend umarmt, froh, daß alle gewonnen haben (!), alles das finden Männer in der Regel genuin sinnleer und unendlich langweilig. Sein Ball- und Fangspiel wird sofort zum Kampfspiel, sein Hüpfen sofort ein Wetthüpfen oder Hindernisspringen. Bei ihm wird ausgeschlagen und eingeschlagen, aufgeschlagen und rausgeschlagen. Wozu soll er sich sonst einsetzen?

Jungenspiele (Fußball, Fangen, Wettlauf) werden Jünglingsspiele (Ringen, Boxen, Mannschaftssport) werden Männerspiele (Lanzenturnier zu Pferde, Wagenrennen, auf rollenden Baumstämmen im Fluß tanzen, oder auf dem Balken über die Bärengrube balancieren). Es werden immer Spiele bleiben, bei denen die Frauen nicht einsehen, warum man dafür sein Leben riskiert. Männer gehen zum Autorennen, zur Flugschau, zum Abfahrtslauf gerade wegen, nicht trotz der damit verbundenen Gefahren. An weiblichen Spielen teilzunehmen, ohne alle Risiken und Gefahren, ist für sie eine schwere Strafe. Es ist wie ein endloser Spielbeginn ohne Pointe, Höhepunkt und Ende, ein Feuerwerk, das niemand zündet, eine Vorschau ohne Film.

Der Mann sieht sich lieber spannende Filme an, als daß er »keine besonderen Vorkomnisse« ertrüge. Er wird, wenn ihn seine intellektuellen oder künstlerischen Interessen oder praktische Probleme nicht ausfüllen, bis fast ans Lebensende im Spielimmerland bleiben und selbstgesetzten Zielen nachjagen: Gewinnen, Treffen, Vernichten, Überwinden, Schlagen, Raus! Schach! Matt! Tooor!! Denn das ist – bei dauerhaft höherer Binnenspannung – sein inneres Manöverfeld. Darauf ist er angelegt. Die Frau ist gut beraten, gute Miene zum blöden Spiel zu machen.

Von Kindesbeinen an trainiert der Mann, seinen Reptilhirnschüben die Gegenmacht, die Zügel der Disziplin anzulegen. Er hat auch gelernt, sich einer inneren Macht zu beugen, die sogar über seine stärksten Impulse eine gewisse Herrschaft ausüben kann: der Logik. Sie hilft ihm. Die Eltern, die Lehrer, die Universität, das Leben lehren ihn das. Und er lernt, sich auch gedanklich zu disziplinieren und beim Thema zu bleiben, nicht hin und her zu hüpfen, ehe ein Gedanke abgeschlossen ist. Er übt auch, ihn unabgelenkt zu Ende zu denken. Er will auch genau hinhören, was der andere sagt, und sich nur dazu äußern.

Begegnet ihm nun die Frau, die lauscht, *wie* er etwas sagt, und dann auf das antwortet, was er zwar nicht gesagt hat, was sie aber – zu Recht oder zu Unrecht – hinter seinen Worten vermutet, kann er verzweifeln. Es bringt ihn aus dem Konzept. Es zerschlägt jede Logik, die er zum Leitstern seines Denkens und Handelns gemacht hat – ein Verhalten, das sonst von der Realität wie von seiner beruflichen Umwelt durchaus prämiiert wird. Die Frau bricht ihm da plötzlich aus. Sie wird in ihren Gedankengängen unvorhersagbar. Da hilft ihm sein IQ nicht. Daß ihm hier vielleicht empathische Fähigkeiten fehlen, die dem mangelnden Verständnis beispringen könnten (EQ!), das merkt er selbst ebensowenig, wie ein Fisch seine Flügel vermißt.

Mag diese Art des nicht synchronen Laufs der Gedanken im Alltagsbereich oder in der Freizeit noch unbedeutend, oft sogar originell und

In lebensgefährlichen Extremleistungen wie dem Eisklettern, Himmelssurfen, Grottentauchen und einsamen Durchwandern der Arktis üben Männer in aller Welt die Überwindung der Angst und testen ihre äußersten Grenzen aus. Frauen lockt das nur in Ausnahmefällen.

bereichernd sein, so hat dasselbe Phänomen der weiblichen Bocksprünge im Denken (assoziative Logik möchte sie, Denkfehler möchte er sagen) dort mitunter unangenehme Folgen, wo es wirklich ernst wird. Kommt es darauf an, daß die Gedanken mit der Realität möglichst exakt übereinstimmen, wird die Logik immer wichtiger. Die Frau schert hier manchmal aus der überindividuellen Verbindlichkeit logischer Schlußfolgerungen aus, die unter Männern – selbst Feinden und Konkurrenten! – oft wieder Frieden herstellt und Teamwork möglich macht. Die Frau auf dem Kriegspfad läßt sich ihren Krieg so leicht nicht ausreden. Den Mann macht das hilflos. Ihn irritiert es, wenn die Frau spontan und erregt querschießt, während er den Sinn ihres Einspruchs nicht erkennen kann.

Wüßte er, daß bei der Frau die emotionalen Steuerzentren achtmal umfassender aktiviert sind als bei ihm selbst und daß sie das auch länger bleiben, könnte er sie vielleicht verstehen. Sähe es in seinem limbischen System ebenso aus, würde er womöglich genauso reagieren. Aber das weiß er nicht. Also wird er wütend.

Die männliche Menopause und Midlife-crisis

Aber der Mann ist nicht unveränderlich. Gibt man ihm etwa Östrogene gegen sein Prostatawachstum, so wird er psychisch milder und entwickelt kleine Brüste (Gynäkomastie). Trinkt er zuviel oder wird seine Leber aus anderen Gründen zerstört, so werden die weiblichen Hormone in ihm nicht mehr inaktiviert, und seine Augenbrauen verkürzen sich von der Seite her. Er reagiert auch weniger jähzornig. Selbst häufig gegen Magengeschwüre verschriebene Mittel pflegen beim Mann über einen gebremsten Abbau weiblicher Hormone in der Leber zu einer diskreten Gynäkomastie und entsprechenden psychischen Veränderungen zu führen, was sicher selten bemerkt wird. So kann die großzügige Medikamentierung von Magenbeschwerden durchaus im Nebeneffekt zu weniger Streß und Aggressivität im Straßenverkehr und so zu weniger Unfällen führen. Auch bedrohte Frauen müßten sehr daran interessiert sein, daß sich ihr Mann behandeln läßt.

Wenn der Mann in die männliche Menopause (eigentlich: Andropause) kommt, finden ähnliche hormonelle Umstellungen bei ihm von allein statt. Die Testosteronproduktion sinkt bereits ab dem 40. Lebensjahr, der Abbau der weiblichen Hormone in ihm verlangsamt sich. Ganz diskret geschieht eine angedeutete Verweiblichung, in der Fettverteilung wie in der Psyche.

Das ist die tendenziell unvermeidliche Veränderung, die viele ältere Männer milde macht. Jetzt teilt ihnen ihre innere Hormonuhr mit, daß sie nicht mehr unaufhörlich kämpfen und siegen müssen. Mit weicheren Muskeln und runderen Hüften stellt sich manchmal auch etwas anderes ein: Stimmungsschwankungen. Es kommt auch nicht selten zu Depressionen, Störungen des Biotonus, von denen in jüngeren Jahren die Frauen eindeutig mehr betroffen sind als die Männer. In milderer Form äußern sich diese Umstellungen beim Mann als die berüchtigte Midlife-crisis. Äußere Gründe für einen solchen Stimmungseinsbruch lassen sich immer finden – Krisenstoff hat sich in der Regel bis dahin genug angehäuft.

Es sind die Schatten, die sich plötzlich auch auf eine Seele legen können. Daß diese Art von Stimmungskrankheiten, die man im Zwischenhirn (Diencephalon) lokalisiert, auch mit den von demselben Zwischenhirn gesteuerten Hormonspiegeln zu tun hat, weiß man in der Neuro-Endokrinologie seit langem.

Andere ältere Männer wieder werden, weil ihrem Belohnungszentrum das stimulierende Dopamin zu fehlen beginnt, zunehmend mürrisch und abweisend. Sie haben zu nichts mehr Lust, denn es macht ihnen nichts mehr Freude. Dies könnten unterschwellige Formen des wohlbekannten Altersparkinson sein. Auf diesem Gebiet gibt es zahlreiche noch gar nicht entschleierte, hochinteressante Zusammenhänge der Zwischenhirnsteuerung von Hypophyse, Epiphyse (Zirbeldrüse) und Hormonhaushalt mit zahlreichen körperlichen und psychischen Symptomen: Prostatawachstum (testosteronabhängig), Augenbrauenform (östrogenabhängig), Glatzenbildung (testosteron- und somatotropinabhängig), Hautbräunung (melanotoninabhängig), Depression (melatoninabhängig), veränderter Schuh- und Hutgröße, wachsenden Ohrläppchen (somatotropinabhängig), starrem Gesichtsausdruck und steifem Gang, nachlassender Unternehmungslust und Lebensfreude (dopaminabhängig) und vielem mehr. Das alles zeigt uns unabweislich, daß wir biologische Wesen sind und bleiben, bis zum Ende unseres Lebens den Gesetzen unterworfen, nach denen wir angetreten sind. Ohne dieses Wissen um unsere psychosomatische und somatopsychische Steuerung wird man leicht überrascht und wird auch viele diskrete Veränderungen an alternden Menschen gar nicht bemerken.

Verständnis aber ist eine Facette der Empathie wie der Sympathie, selbst gegenüber schwierigen Männern. Daher ist der Informierte stets besser gewappnet als der Ahnungslose. Sich von eigenen Trieben, Emotionen und affektiven Impulsen unabhängig zu machen – ein altes Ziel der geistigen Freiheit –, bleibt trotz allem Wissen ein schwieriges Unterfangen. Es setzt nicht nur voraus, daß man die Triebe und ihre Ausläufer und Sublimierungen im eigenen Seelenleben kennt und wiedererkennt, sondern man muß auch wissen, wozu sie dienen. Denn wer wird sich von Explorations- und Empathie-Impulsen befreien wollen, die er als hilfreich oder gar entscheidend für sein Glück erkennt? Das alles zu durchschauen ist nicht leicht, aber jedes Verständnis beginnt mit dem Verstandenen, der Kenntnis von Fakten. Und es sind vor allem biologische, psychophysisch wirksame Tatsachen, die dem Phänomen der Männlichkeit, die dem maskulinen Prinzip, dem virilen Verhalten zugrunde liegen.

Spielen und sportlicher Ehrgeiz

Der Mann kann zum Philosophen, Künstler oder Forscher werden, was jeweils andere Seiten in ihm entwickelt: Nachdenklichkeit, Sensibilität, Kreativität, Neugier, Exaktheit und mathematisch-logisches Denken. Dabei sind die alten Muster, in tausend Varianten neuen Anforderungen angepaßt, zwar nicht mehr so leicht zu erkennen, aber wir finden sie wieder: Fokussieren, Erkunden, Vorstoßen ins Unbekannte, Zupacken, Neukombinieren, bei allem eine Eingleisigkeit und Konzentration bis hin zur Weltvergessenheit. Sie alle sind noch da und mit etwas Mühe freizulegen. Abschließend wollen wir daher diesen das ganze Leben überspannenden Bogen kontinuierlicher Strategien, seiner starken Neigung zum explorativen, expansiven, aggressiven, riskanten, innovativen, die Unbestimmtheit aktiv aufsuchenden Verhalten noch einmal im Zusammenhang sichtbar machen.

Schon das kleine Kind kennt verschiedene Spiele: Der Junge wählt den Wettkampf vor dem einverständlichen Zusammen-Spiel der Mädchen. Der Vater spielt mit seinen Kindern vor allem heftige Bewegungsspiele: Hochwerfen, Auffangen, Ringen, Laufen, Springen oder Werfen, – wozu die Mutter in der Regel Warnungen beisteuert wie: »Vorsicht, Kinder, nicht so wild!« Beim Vater lernen die Kinder eher die Körperbeherrschung, die Wettkampfkultur, die Exploration, das Spähen, Entdecken und rasche Reagieren, was oft Unruhe bei der eher besorgten Mutter auslöst.

Wenn sich dann die Jungen – nunmehr aus eigenem Antrieb oder unter der Anleitung von älteren Geschlechtsgenossen – nackt in Brennesseln wälzen und von Brücken oder Klippen springen, sehen wir die modernen Mannbarkeitsriten, die nicht mehr so streng formalisiert ablaufen, aber noch demselben Zweck dienen wie bei den Naturvölkern. Dann kommen die penetranten, selbstbestätigenden Verhaltensweisen und angeberischen Gespräche der Männer, die das Berufsleben so rauh, die Forschung so intensiv und das Geschäftsleben so hart machen – um von Seefahrt und Pilotenarbeit, Off-shore-Technik, Feuerwehr und dem militärischen Milieu ganz zu schweigen. Hier hinein paßt das Verhalten der Erfolgreichen, der Spitzenmänner und Sieger verschiedenster Bereiche.

Daß der bedingungslose Ehrgeiz auch in ganz anderen Lebensbereichen tatsächlich eine sublimierte Form der Aggression ist, läßt sich gut an den vehementen Kollisionen zwischen Männern mit großer Gestaltungswut (Architekten, Politikern, Chefärzten, Literaten, Dirigenten) erkennen, die fast jede Tätigkeit des Lebens statt zur Kooperation zum Wettkampf nutzen. Auf höchstem wissenschaftlichen Niveau läßt sich dies etwa an den heftigen Wissenschaftsstreitigkeiten um die Forscher Robert Gallo (AIDS-Virus) und Stanley Prusiner (Prionen) studieren. Hier ist die abstrakteste Aggression am Werk, die skrupelfreie, existenzen- und individuenzerstörende Selbstinszenierung, wie sie in dieser machtvollen und ausdauernden Rücksichtslosigkeit fast nur bei Männern beobachtet wird: ein Kampf bis zur gegenseitigen Vernichtung.

Aber das Selbstverständnis der Männer wie auch ihre konkrete Rolle und ihr Image in den Auffassungen der Mitwelt haben sich im Laufe der Jahrhunderte durchaus verändert. Mit den äußeren Umständen – wie Kriegszeiten oder Perioden der Innovation und kultureller Blüte – durchliefen die Vorstellungen vom typischen oder auch nur vom wünschenswerten Mann starke Modifikationen. Im 18. Jahrhundert etwa war es weder selten noch anrüchig, daß ein Mann weinte. In Sturm- und Drangzeiten, in Perioden ausgeprägter Nationalromantik trugen auch die Männer oft das Herz auf der Zunge, aber dennoch: Die Unterschiede zu den Frauen jener Zeit waren prinzipiell dieselben, wie wir sie heute sehen, und die Rolle der Männer in der Gesellschaft wurde von diesen Schwankungen im Image der Männlickeit kaum betroffen. Es gibt, zu gewissen Zeiten besonders hervortretend oder zelebriert, eine große Anzahl von Gemeinsamkeiten des maskulinen Prinzips, die – man denke nur an die Sagen der Antike – über Jahrtausende hinweg die gleichen geblieben sind.

In einer amerikanischen TV-Dokumentation über die japanischen Kamikazepiloten des letzten Weltkrieges wurden andere Züge der Männlichkeit sichtbar – die lebensverachtenden, extrem risikofreudigen, selbstaufopfernden, aber auch grausamen. Die japanischen Piloten zeigten jugendliche, blasse, gesammelte Gesichter, wie aus Stein gehauen, mit verborgenen Tränen und scheuem, wehmütigem Blick zurück auf die Flugplatzanlagen, die Leben bedeuten. So gingen diese jungen Menschen für etwas, an das sie glaubten – Vaterland und Kaiser – in den sicheren Tod. Einer der Piloten wurde immer wieder zurückgestellt, denn er hatte eine junge Frau mit drei Kindern. Darunter litt er so unsäglich, daß diese Frau sein Leiden schließlich nicht mehr ertrug: Zusammen mit allen Kindern nahm sie sich das Leben, um ihn frei zu machen für sein großes Ziel. Da durfte er fliegen. Dieses resignative und opferbereite Verhalten der Japanerin, wo bei einer Europäerin wohl eher die ganz große Wut, ihr Reptilhirn der Selbstbewahrung und der Sorge um den Nachwuchs angesprungen wäre und sich wohl eher gegen den Mann und seine Vorgesetzten gerichtet hätte, zeigt, wie extreme Belastungen zu absurdem Verhalten führen können.

Ein älterer amerikanischer Marineoffizier berichtete, ruhig, aber nachdenklich und beklommen, von seiner Zeit im pazifischen Krieg. Auch davon, wie sie an Bord eines amerikanischen Kriegsschiffes aus dem verkohlten Unterschenkel eines Kamikazepiloten kleine Scheiben für ringförmige Anhänger schnitten. So grenzenlos verroht waren im grausamen Kriegsgeschehen sonst unauffällige, durchschnittliche Menschen zu Barbaren geworden. Ist die unaufhörliche Lebensgefahr, das allgegenwärtige Massensterben nur so zu ertragen? Das mag offen bleiben. Gut, daß die Mutter des japanischen Piloten vom Schicksal ihres Sohnes keine Details erfuhr.

Aber diese Worte enthüllen etwas anderes. Hier erkannte der amerikanische Soldat, daß etwas mit ihm geschehen war, was er jetzt nicht mehr begriff. Im Krieg waren barbarische Facetten der Aggressivität, der kalten, ohnmächtigen Wut gegen diese aufdringlich tödlichen, nicht abzuwehrenden Kamikazepiloten freigesetzt worden, die ihm selbst offenbar wesensfremd waren, ihn aber dennoch nicht verschonten. Man war zu den archaischen Trophäen und fetischistischen Bräuchen von Kopfjägerstämmen regrediert, um dem gehaßten Feind über den Tod hinaus zuzusetzen. Er erlebte, daß in ihm hier Kräfte am Werke waren, denen er ausgeliefert war. Etwas geschah mit ihm – wie von unsichtbarer Hand. Es waren Impulse aus der Dämmerung seiner Stammesgeschichte, aus den Tiefen eines Gehirns, dem das Gejagt- und Getötetwerden noch vertraut war, das für solche Extremsituationen noch mit instinktiven, zum Äußersten greifenden Reaktionen ausgerüstet war. Verschwanden die Gefahren, allmählich auch diese sonst verstummten, schlummernden oder still lauernden, kauernden Kräfte. Aus der Vorzeit greifen sie in das menschliche Verhalten ein, wenn das Schicksal uns wieder einmal nackt in die ganz große Gefahr stellt. Das ist nicht nur männlich, sondern menschlich.

Die Weiblichkeit

Der Urentwurf des Menschen: fortpflanzungsfähig

Wir haben die Rolle und das Selbstverständnis des maskulinen Prinzips aus der Sicht des Mannes selbst geschildert und versucht, dabei der entwicklungsgeschichtlichen Auffächerung primitiver Impulse mit einfachen Zielen bis in differenzierte Verästelungen geistiger und seelischer Prozesse zu folgen. Das führt zu Fragen wie: »Was tut der Mensch mit seinen bei der Mammutjagd entwickelten Fähigkeiten und den sie steuernden, zum Teil noch viel älteren Trieben in der heutigen Welt – auf Rolltreppen, im Großstadtverkehr, im Rechenzentrum, im Labor und an der Börse?« Ein Bogen also von der Steinzeit in das moderne Geschäftsleben und die Wissenschaft, im Grunde sogar aus der Morgendämmerung der Säugetieridee bis zu modernen Erziehungskonzepten.

Das ist keine unsinnige Fragestellung. Konrad Lorenz, Desmond Morris, Richard Dawkins, William Allman und Steven Pinker, um nur einige Autoren unterschiedlicher Provenienz zu nennen, haben sich ihr auf verschiedene Weise genähert. Alle sind sie fündig geworden: Lorenz hat gezeigt, daß viele scheinbar hochentwickelte Instinktreaktionen – wie etwa die frühkindliche Prägung auf die Mutter – in rudimentärer Form bei fast allen Tieren vorkommen. Morris hat beobachtet, daß viele unserer kompliziertesten sozialen Verhaltensweisen – wie etwa das Grüßen oder andere Zeichen der Höflichkeit und Signale sozialer Hierarchien – bereits bei anderen Primaten zu finden sind. Dawkins hat gezeigt, wie das alles in verzwicktester Weise dem entwicklungsgeschichtlichen Ziel – der Weitergabe des eigenen Erbgutes – zuarbeitet. Allman hat deutlich gemacht, wie man uralte Impulse und Verhaltensmuster – quasi eine Universalgrammatik aus emotionalen Verhaltensmustern und Reflexen – auch in komplexen Lebenssituationen unserer Zeit immer noch am Werke sehen kann. Und Pinker hat erklärt, wie unser Gehirn noch heute mit alten Programmen neue Situationen bewältigt – etwa mit der Reaktion des Ekels, die auch heute noch eine tödliche

Infektion verhindern kann. Sie gab den Menschen bessere Überlebenschancen in Seuchenzeiten und kann noch heute Cholera, Hepatitis A, Typhus, Ruhr, Bilharziose, ja sogar die erst kürzlich entdeckte Helicobacter-Infektion verhindern, die Magengeschwüre und Magenkrebs verursacht.

Will man nun die Weiblichkeit, das feminine Prinzip ebenso von innen schildern, stößt man sofort auf einen gewichtigen Unterschied zwischen den Geschlechtern: Die Frauen selbst haben gar kein ungestörtes Ideal mehr vom Weiblichen. Sie sind zerrissen zwischen inneren Impulsen und äußeren Einflüssen, die ihre Weiblichkeit entweder ausnutzen oder sie in Frage stellen – bis hin zum Appell, sich quasimännlich zu verhalten, um die Welt vergessen zu machen, daß es rein weibliche Beiträge gibt. Das stürzt Frauen in Konflikte. Sie sehen sich oft zu einem Rollenspiel gezwungen, bei dem sich zwischen Wunsch und Wirklichkeit eine wachsende Kluft auftut.

Zwar tritt das Mädchen harmonischer und leichter, kontinuierlicher und unauffälliger in ihr Dasein als heranwachsende und schließlich als erwachsene Frau ein als der junge Mann. Schmerzhafte Initiationsriten beim erstmaligen Zutritt zur eigenen Gruppe bleiben ihr erspart. Statt dessen aber wird sie von ihrer heftig schwingenden inneren Stoffwechselregulation – mit Pubertät, Menarche und weiterer Reifezeit – auf eine hormonelle Rüttelstrecke geschickt, für die es beim Mann keine wirkliche Entsprechung gibt.

Die Frau ist in hohem Maße ihren Hormonen ausgeliefert, die ja nicht, auf Sexualfunktionen und Fortpflanzungsorgane beschränkt, frei in Körper und Seele umherschweben, sondern als Seitenzweige gewachsen sind an einem großen Baum von Steroidhormonen mit wichtigen Stoffwechselfunktionen: Zuckerumsatz, Elektrolyte, Nierenfunktion, Blutdruck, Immunfunktion, Entzündungshemmung, Skelettwachstum und vieles mehr (s. S. 56). Sie greifen in nahezu alles ein, was im Organismus abläuft. Daher ist die Frau erheblichen periodischen Schwankungen unterworfen, auch einer Art spontaner Periodik, strenger als beim Mann. Hier aber ist die Funktion dieser Zyklen völlig offenkundig: Auch die Frau ist – wie schon der Mann – ständig aktionsbereit, aber zu einem ganz anderen Zweck: den zahlreichen Funktionen und Schritten der Fortpflanzung.

Das sind in groben Zügen: sexuelle Attraktion, Partnerschaft, Ovulation, Kopulation, Konzeption, Schwangerschaft, Geburt, Stillen, Kinderaufzucht und Versorgerbindung. Das alles fordert eine facettenreichere

Steuerung, die viel mehr Variablen umfaßt als das vergleichsweise simple hormonelle System des Mannes. Die Frau fühlt sich daher mehr exponiert, mehr ausgeliefert an eine Natur, die sie härter herannimmt. Ihre eigenen Ziele und das, was mit ihr geschieht (Blutungen, Ödeme, Gewichtszunahme, Blutdrucksteigerung, Übelkeit, Ohnmacht), klaffen auseinander. Sie empfindet sich oft als im Untakt mit sich selbst, spürt ihren Körper mehr als jeder Mann, beobachtet ihn mißtrauisch und hat manchmal das Gefühl, daß er etwas anderes will als sie selbst. Wird sie etwa ungewollt schwanger, erlebt sie ihren Körper plötzlich als Feind, der ihr etwas aufzwingt. Mit ihr geschieht etwas, sie handelt nicht selbst – das ist ein Grunderlebnis der Frau.

Hinter die ihr von der Evolution verordneten Ziele der Weiblichkeit setzt die moderne Welt – und die moderne Frau – große Fragezeichen. Die Frau liegt im Streit mit ihren Stärken, die sich unter den veränderten Bedingungen der neuzeitlichen Welt mehr und mehr zu Handicaps entwickeln, wenn sie sich auf die Normen des Männlichen einläßt.

Gemessen an diesem Grundkonflikt der Frau mit ihrer eigenen Ausstattung, lebt der Mann in selbstbewußter Kontinuität sein Männerleben weiter. Nur sehr selten sieht man einen Mann an seiner Rolle zweifeln oder verzweifeln. In der Regel verschwendet er keinen Gedanken daran. Wie selbstverständlich setzt er die Ideale für Erfolg und Geltung, und sie entschließt sich zu elementaren Opfern, um Zugang zu seinen Bühnen, Einlaß in seine Gedankenwelt und Wertschätzung nach seinen Kriterien zu finden. Die Bilanz der heutigen Zivilisation zeigt Männer, die weiterhin auf ihre Kosten kommen, und viele Frauen, die zerrissen nach einem Weg suchen, der nicht der ihrige ist.

Was sie beschneidet in ihren Möglichkeiten, männlich zu handeln und nach den Bedingungen der Männerwelt Erfolg zu haben, ist die starke biologische Einspannung in ein extremes Leistungsgefüge. Ihr Körper muß leisten, woran der Mann nicht einmal denken kann: die Reproduktion, – und ihre hormonelle Ausrüstung ist dafür in Millionen Jahren vorbereitet worden. Ehe man sich den folgenden Abschnitten zuwendet, kann es nützlich sein, sich der Hauptfunktionen der weiblichen Hormone zu erinnern, wie wir sie auf Seite 69–82 umrissen haben. Einen ausgezeichneten Überblick gibt das Buch von L. Crapo: »Hormone«, das auch schon die Entdeckung der Neurotransmitter, die sogenannte Neuropeptidrevolution, mit einschließt.

Die Achse Berührung-Ernährung

Wie der Kampf-Flucht-Mann durch seine Funktionen von Kraft, Bewegung und Aggression geprägt ist, so ist die Frau entstanden unter den Anforderungen, die das Prinzip der Nachwuchssicherung an sie stellt. Das sind Funktionen des Wachstums, der Ernährung und der Fürsorge. Im Gegensatz zum harten Körper des Mannes und seinen explorativen, expansiven Tätigkeiten, geht es hier primär um den weichen, möglichst elastischen Körper der Frau, die Fragilität des werdenden Lebens und seinen Schutz.

Ist es beim Mann der spähende Jäger mit dem konzentrierten, fokussierenden Blick aus zusammengekniffenen Augen, der gespannte Bogenschütze in höchster Aufmerksamkeit mit in die Ferne gerichtetem Blick, so ist es bei der Frau die Madonna, festgehalten in den Marienbildern mit Jesuskind im Arm, die als Ikone ihres Geschlechts gelten kann. Sie hat einen entspannten, milden Blick, der nicht ein Jagdziel in der Ferne, sondern die Ziele ihrer Zuneigung in unmittelbarer Nähe bewacht.

Während die Künste in aller Welt seit alters in Bildern wie Statuen von idealtypischen Darstellungen von Mann und Frau stets die männlichen Muskeln betonen, den Menschen im Sympathikotonus, so ist die Darstellung der Frau fast immer die eines ruhenden Pols, einer still sitzenden, zentripetalen Gestalt, einer Mutter mit Kind, nicht selten beim Stillen. Die Energie (Blutzucker und Lipide), die beim zentrifugalen Mann zu den Muskeln strömt und in Erregung und Bewegung umgesetzt wird, wird hier zu Hautwärme, Brustmilch, limbischem, gefühlsmäßigem Engagement, also mütterlicher Nähe. Während die Haut des Jagenden und Kämpfenden immer kälter und gefühlloser wird, was ihn abschirmt und effektiver macht, so wird die Haut der Frau und Mutter wärmer und empfindlicher, was sie sensibler macht gegenüber ihrer Umgebung. Hier heißt das vor allem: den Bedürfnissen des Kindes.

Schauen wir genau hin, so sind fast alle spezifischen Züge der Frau auf den Nachwuchs und sein Wohlergehen ausgerichtet. In der Tat kann man errechnen, daß bis in die Mitte des 20. Jahrhunderts – und in den Entwicklungsländern noch heute – große Teile ihres Lebens unter den besonderen Erfordernissen der Fortpflanzung vergingen: lange Perioden gesteigerten Nahrungsbedarfs, Umsetzung der Nahrung in Wachstum, veränderte Gewebebeschaffenheit und Milchproduktion. Eine Schwangerschaft bedeutet etwa 50 000 bis 100 000 zusätzliche Kilokalorien für den Stoffwechsel, die nachfolgende Stillzeit rund 500 bis 1000 Kilokalorien pro Tag (182 500 bis 365 000 im Jahr)! Man nimmt an, daß mit den zu vermutenden, sehr langen Stillzeiten von 3 bis 4 Jahren bei ausbleibendem Menstruationszyklus – und Schutz vor neuer Schwangerschaft – die gesamte Schwangerschafts- und Mutterphase pro Kind bei den spärlich ernährten Menschen der Steinzeit rund 4 bis 5 Jahre gedauert haben dürfte. Die Lagerung und Verarbeitung von Energie wird dadurch bei der Frau zu einem Hauptvorgang des Lebens. Die physiologisch-psychologischen Zusammenhänge, die von diesen Umstand konstituiert werden, haben Robert und Uvnäs-Moberg ausgezeichnet beschrieben.

Daß die Haut der Frau warm wird bei der Berührung durch das Baby, ist wohltuend für sie und das Kind. Daß diese Berührung zugleich einen Prolaktinschub in der Mutter auslöst, erhöht die Hautsensibilität noch weiter, aber auch die Hingabe des mütterlichen Bewußtseins an das Kind und die Bereitschaft der Milchabgabe aus der Brustdrüse. Zugleich aber setzt das damit verbundene Behagen bei der Mutter Oxytocin frei, das sie immer fester an das Kind bindet. Jeden Tag fünfmal eine Zuneigungsübung – das ist es, was die Physiologie des Stillens Mutter und Kind vermittelt. Dem Säugling vermittelt sie – neben der Nahrung – die lebensrettenden Antikörper gegen alle häufigen Infektionskrankheiten. Hier liegt nicht nur die Basis für einen ruhigen, in die Nähe und in alle Richtungen schweifenden, unfokussiert offenen Blick, sondern auch für den Geruchssinn und das feine Gehör, das schon kleine Nuancen im Schreien des Kleinkindes wahrnehmen soll.

Die Saugberührung des Kindes an der Brustwarze, schon allein die Berührung seiner weichen Haut – Wärme, Glätte, leichter Druck –, die jede Mutter gern immer wieder an ihrer Wange oder in ihrer offenen Hand spürt, setzt eine Kaskade von inneren Reaktionen in Gang. Man kann sie zusammenfassen als beruhigend, entspannend, auf den Parasympathikotonus hinlaufend, die Nahrungsachse ankurbelnd – ein psychophysisches Reaktionsmuster, das dem eines intensiven Sonnenbades vergleichbar ist.

Wieder tritt hier ein prinzipieller Unterschied zum Mann zutage: Seine Sensibilität ist eilig, weil immer überlebenswichtig. Sie vermittelt ihm Gefahren ankündigende (nocirezeptive: große Hitze, Eiseskälte oder Schmerz), starke Impulse über die schnelleitenden C-Fasern von sensiblen Nerven, die auch zu raschen Reaktionen führen sollen: Zuschlagen, Zerreißen, Wegrennen. Die schwächeren Reize etwa leichter Berührungen, der Wärme der Kinderhaut wird durch viel langsamere Nerven (dicke, myelinverkleidete A- und B-Fasern) weitergeleitet, und statt wie beim Schmerzimpuls die sympathikotonen Kampf-Flucht-Impulse des Reptilhirns anzustoßen, werden diese angenehmen Eindrücke direkt ins limbische System umgeschaltet. Dort rufen sie nicht nur Behagen hervor, das die Situation möglichst lange aufrechtzuerhalten und bald zu wiederholen wünscht, sondern schalten eine ruhige Sinnesstimmung und im Stoffwechsel die parasympathikotone Ernährungsphase ein. Die unglaublich feine und dennoch zuverlässige mikromolekulare Differenzierung dieser komplizierten Systeme sollte im Grunde jeden Betrachter mit Hochachtung vor dem sie erschaffenden Prinzip erfüllen.

Der biologische Lebensplan der Frau

Die Evolution arbeitet allein an dem Ausgangsmaterial, das sie einmal bekommen hat. Sie geht vor »wie ein Bastler, der ein Werkstück über Millionen und Abermillionen Jahre bearbeitet und es unaufhörlich nachbessert, indem er hier etwas wegschneidet, dort ein Teil verlängert und jede Gelegenheit ergreift, sein Werk neuen Verwendungszwecken anzupassen ... Die Evolution schafft keine Neuheiten aus dem Nichts. Sie arbeitet an dem, was bereits existiert; entweder wandelt sie ein System ab, um ihm eine neue Funktion zu verleihen, oder sie kombiniert mehrere Systeme miteinander, um daraus ein leistungsstärkeres zu machen.« Diese Worte von François Jacob[6] beziehen sich auf die Kontinuität der Stoffe, die zwar immer komplexere Systeme bis hin zu unsäglich fein regulierten, miteinander verknüpften Systemkomplexen ermöglicht, aber dennoch ihr ursprüngliches Werkstück beibehält. Wer den sogenannten »Zyklus« der Frau für ein simpel an- und abwogendes Geschehen hält, für die weich schwingende Kurve etwa eines Östrogens, der betrachte das folgende Diagramm, welches das Zusammenspiel der Drüsenlenkstoffe aus der Hypophyse, LH und FSH (Gonadotropine Luteinisierungs- und Follikelstimulierungs-Hormon), sowie des Östadiol- und des Progesteronspiegels – gebildet von Eierstöcken und Gelbkörper – beschreibt. Weggelassen sind hier weitere Östrogene und Gestagene, alle von der Frau gebildeten Androgene, das Prolaktin, das Oxytocin sowie alle Nebennierenrindensteroide. Das wirkliche Bild ist also noch vielfach komplizierter.

Zu dieser Feinregulation des weiblichen Verhaltens, das sich in der langen Säugetierreihe schrittweise zur Vollkommenheit entwickelt hat,

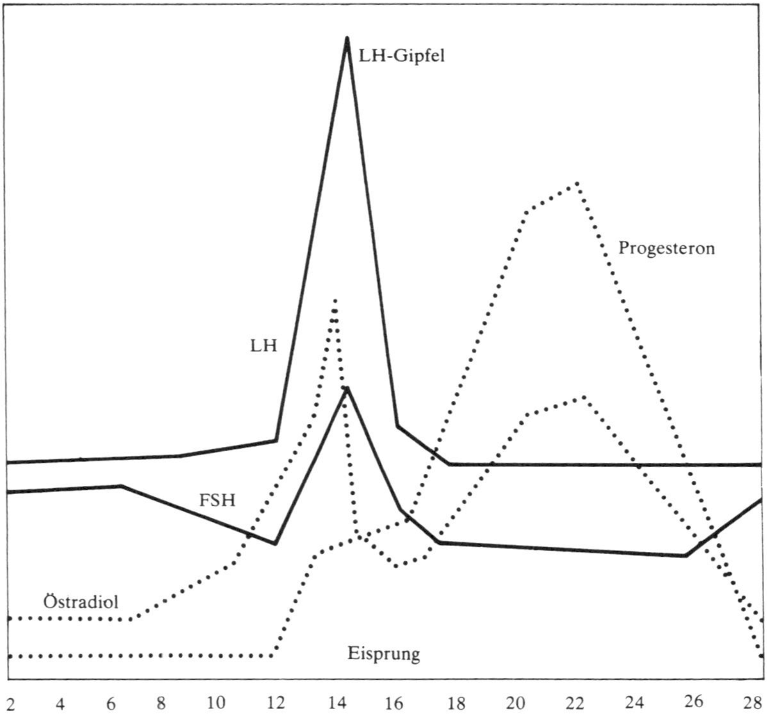

Der zeitliche Verlauf der Hormonspiegel bei der Frau ist kompliziert und spricht für eine feine Abstimmung der endokrinen Regulation auf wichtige Reproduktionsaufgaben.

bedarf es einer übergeordneten Steuerung, die ihrerseits ihre Impulse aus dem Gehirn bezieht. Dies ist der Weg, auf dem etwa Glücksgefühle, Liebe und Streß in die körperlich-hormonellen Abläufe eingreifen und – ähnlich dem Erröten beim Schamgefühl – sogar zur Ohnmacht, zu Gefäßreaktionen, Herzklopfen, Magenkrämpfen, Durchfall, Erbrechen und Schweißausbrüchen führen können. Die ganze psychosomatische Steuerung der Weiblichkeit ist um ein Vielfaches komplizierter und auch sensibler angelegt, da die Schwangerschaftsschutzinteressen sich von den Anforderungen an den Überlebenskämpfer deutlich unterscheiden.

Der weniger sensible und weniger labile Mann, der robuste Freiluftmensch, Seefahrer, Soldat, Bauer oder Jäger, hat also keinen Grund, sich abfällig über die hysterischen und immer sofort umkippenden Frauen zu äußern: Die Ohnmacht verringert den Höhenunterschied von Herz zu

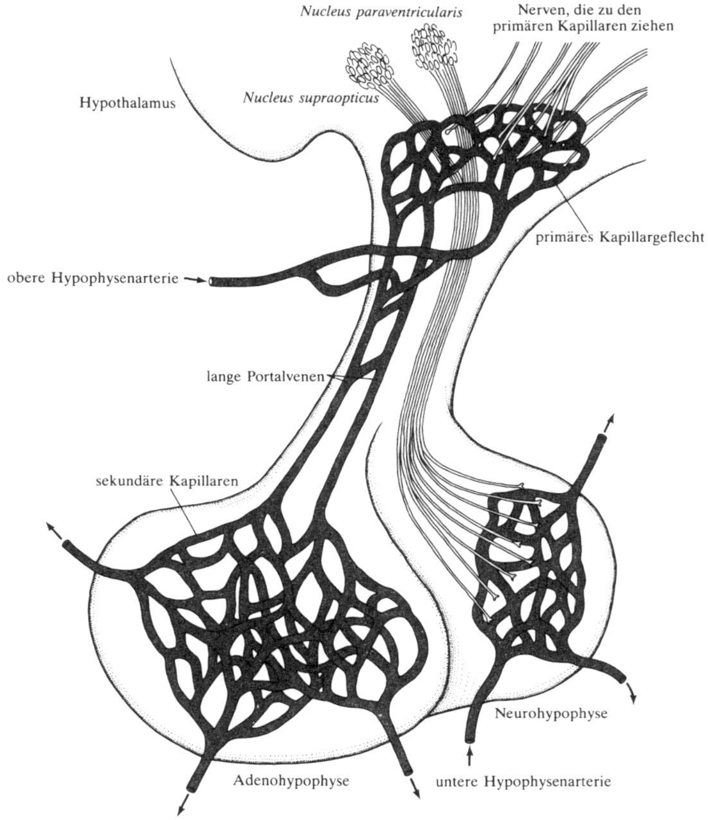

Die allen anderen Hormondrüsen übergeordnete Hirnanhangdrüse, die Hypophyse, ist durch ein ausgeklügeltes Blutgefäßsystem mit dem Hypothalamus im Zwischenhirn verknüpft. Hier ist der Kontakt zwischen Gefühlen, Gedanken und den Organen, also der Psyche und dem Stofflich-Körperlichen, am engsten.

Hirn, verbessert also den Durchblutungszustand wichtiger Körperregionen auf Kosten der rein physischen Leistungskraft und brachialen Stärke. Das rettet eventuell Schwangerschaft und Kind. Auch dieser Zugang vom Kopf zum Körper, bei der Frau breiter ausgebildet als beim Mann, ist in Form eines raffinierten Portalkreislaufs – ähnlich den Feinheiten der Kreislaufsorganisation zwischen Darmsystem und Leber – zwischen der Hypophyse und dem Hypothalamus des Zwischenhirns angelegt. Auch hier ist selbst eine vereinfachte Skizze noch von erstaunlicher Komplexität.

Dies also sind die Strukturen, welche die Frau steuern und ihr die besonderen Funktionen der Fortpflanzung (Partnersuche, Paarung, Partnerbindung, Schwangerschaft, Geburt, Stillen, Kinderaufzucht) erleichtern. Wenn auch die Anatomie des Mannes ähnlich ist, die Aufgaben von Organen und Botenstoffen sind zum Teil andere, die Physiologie ist grundverschieden. Genau betrachtet, gibt es im ganzen Körper fast nichts, in dem sich Mann und Frau nicht unterscheiden – die Dicke der Haut, ihre Fältelung, die Dicke der Fingernägel, die Länge der Wimpern, die Kraft des Kaumuskels, die Ausrüstung der Netzhaut mit Lichtrezeptoren eingeschlossen.

Die Haut der Frau ist deutlich sensibler als die des Mannes, vor allem für Temperatur, Berührung und Schmerz, also die wichtigsten Alarmgeber und Zuneigungsvermittler, etwa im Kontakt mit dem Sexualpartner oder dem Kind. Dennoch kann sie langanhaltende Schmerzen besser ertragen als der Mann. Ihre Augen sehen besser in der Peripherie, weniger scharf im Zentrum, besser im Dunklen, schlechter in greller Sonne. Sie sind generell empfindlicher für rotes Licht an der Grenze zur Wärmestrahlung. Das gesamte Gesichtsfeld ist größer, vor allem die Menge der Eindrücke, die sie gleichzeitig verarbeiten kann. Ihre Ohren hören besser, das absolute Gehör ist bei der Frau sechsmal häufiger als beim Mann. Sie hört Feinheiten der Stimmodulation besser als der Mann und fängt so besser Gemütsstimmungen bei anderen Menschen auf. Ihr Geschmacks- und Geruchssinn ist feiner, aber er schwankt mit dem Zyklus. Sie zieht Süßes vor, mag weniger das Salzige und Bittere. Die Frau ist insgesamt leichter ablenkbar, da sie mehr aus der weiteren Umgebung wahrnimmt, das nicht unmittelbar mit ihrer augenblicklichen Tätigkeit zu tun hat.

Ihre Fähigkeit zur Abstandsbeurteilung und räumlichen Orientierung ist weniger gut ausgeprägt als die des Mannes, hingegen ist die Feinmotorik ihrer Hände besser: feinteilige Arbeiten in der Computerindustrie begünstigen Frauen. Sie hat weniger Muskelkraft, auch weniger Myoglobin, damit weniger Sauerstoff und Ausdauer, eine geringere Festigkeit ihrer Binde- und Stützgewebe, die dafür elastischer sind. Sie kann schlechter explosive Energien freisetzen als der Mann (der ausgezeichnet katabolisiert, also Zucker in Muskelkraft oder Wärmeenergie umsetzt), kann aber besser Nahrung ausnutzen und lagern (anabolisieren). Bei alledem ist der Zweck ganz offenkundig.

Sie reagiert mit langsameren Streßreaktionen und eher mit Traurigkeit als mit Zorn. Das bedeutet ein ganz anderes hormonelles Belastungs-,

Reaktions-, Verschleiß- und Verarbeitungsmuster als beim Mann. Besonders in der Situation des Stillens kann die Frau ungewöhnlich entspannt sein, die Muskeln völlig ausgeschaltet, auch die sensorischen Alarmfunktionen. Der Blick ist nicht fokussiert, sondern nach innen gerichtet, sie läßt Gedanken und Gefühle schweifen. Frauen werden in diesem Urzustand der Mütterlichkeit extrem weiblich, in ihrem Stoffwechsel wie in ihrer Psyche. Bei psychologischen Tests treten alle bekannten Auffälligkeiten in ihrem Leistungsprofil, vor allem die testosteronsensiblen Schwächen – also ihre »Nichtmännlichkeit«, besonders stark hervor. Hingegen werden alle genannten Züge der weiblichen Sensibilität besonders ausgeprägt.

Die zyklische Psyche

Die Östrogenabhängigkeit der sprachlichen Begabung ist wohlbekannt, wie auch die Testosteronabhängigkeit der psychischen Stärken des Mannes. Überraschend ist jedoch, daß diese Einflüsse nicht nur über langsame Brems- und Stimulanzeffekte während der Gehirnausreifung und Hirnrindenentwicklung wirksam werden, sondern sich sogar als Leistungsschwankungen während der zyklischen Veränderungen messen lassen. Hierzu gibt es zahlreiche Experimente, die von Robert und Uvnäs-Moberg referiert werden. Wir folgen im Folgenden ihrer Darstellung, denn es gibt allen Grund, sich die evolutionäre Bedeutung der zyklischen Psyche einmal im Detail vor Augen zu führen.

Erst mit etwa 12 bis 14 Jahren treten Mädchen in ihre geschlechtsreife Lebensphase ein. Die Signalsysteme des Hypothalamus sind ausgereift und stoßen die Kaskaden der Wirkungen über die Hypophyse – und später auch die Zirbeldrüse, die Epiphyse, deren physiologische Funktionen mit Licht, Stimmungen, Pigmentbildung, biologischen Rhythmen und vielleicht auch gewissen Alterungsvorgängen befaßt sind. Die Menstruation beginnt, die Brüste entwickeln sich, die Formen werden runder, Hüften, Gesäß und Taille bilden sich aus.

Im ersten Teil des Zyklus dominiert der steigende Östrogenspiegel, der sich ab dem Eisprung mit der nunmehr einsetztenden Progesteronbildung und -wirkung kombiniert. Während das Östrogen die Frau äußerlich auf die Konzeption vorbereitet, übernimmt das Progesteron die innere Schwangerschaftsvorbereitung: Drüsen, Gebärmutter, Stoffwechsel, Schleimhäute. Beide zusammen spannen auch die mentalen Muskeln der Heranwachsenden: Sie wird auch psychisch immer mehr zur Frau, daran interessiert, Jungen zu treffen und kennenzulernen. In der Schule kommt es jetzt zu einer Phase des Leistungsabfalls, denn die Phantasie schweift zu anderen Dingen. Aphrodite beginnt in der Psyche zu erwachen, sie möchte die Männer zu sich locken. Die körperliche wie die mentale Reife dafür wird von dem sich bald verfächernden Östrogen- und Gestagenspektrum orchestriert.

Dieser faszinierende Prozeß ist von Robert und Uvnäs-Moberg ungewöhnlich einfühlsam und detailliert beschrieben. Mit Abschweifungen in Mythologie, Psychologie, Märchen, Sagen und Träume spüren sie der erwachenden Psyche der Frau nach, ihren Ängsten und Sehnsüchten, den Licht- und Schattenseiten ihrer zunehmenden Sensibilität und limbischen Dominanz. Was dem Mann das unverstandene Diktat seiner Rabaukenhormone, der Androgene, ist dem Mädchen das allmähliche Eintreten in die »Gefangenschaft« seiner hormonellen Steuerung – bei einer ihr noch weitgehend undurchsichtigen Zweckbestimmung.

In der ersten Hälfte des Zyklus machen die Östrogene des reifenden Eierstocks die junge Frau hübscher: Die Augen strahlen, die Wangen blühen, die Haut ist frisch und hochsensibel. Es geht ihr gut – sie fühlt sich wohl und attraktiv, und allein dieses Selbstbewußtsein steigert ihr sensuelles Potential. Nicht nur die Reizbarkeit der Haut, auch die des Gehirns ist stark erhöht: Sie reagiert auf leichteste Berührung, auf leise Laute. Optimistische Stimmungen herrschen vor, und das Leben fühlt sich leicht und schön an. Die Frau hat einen guten, lebhaften Kontakt zu ihrer Umwelt und redet gern.

Beim Eisprung kommt es zu einer mehrtägigen Androgenproduktion, die den Testosteronspiegel auf das Doppelte erhöht. Das führt zu einer gewissen Zunahme der Vitalität, der Extroversion, des Wohlbefindens und – einige Untersuchungen der letzten Zeit sprechen dafür – auch der Libido, der sexuellen Lust. Dies wäre ein raffiniertes Timing der Natur, das für viele Säugetiere seit langem bekannt ist. Wenn die menschliche Ovulation auch verdeckter verläuft, so dürften die uralten Muster der Zeitabläufe nicht ganz gelöscht sein.

In der zweiten Hälfte des Zyklus steigen dann sowohl der Östrogen- wie der Progesteronspiegel. Das Progesteron hat schon rein chemisch einen dämpfenden Effekt auf die Gehirnaktivität. Viele Frauen merken dies an einem zunehmenden Ruhebedarf und einer regelrechten Phase der Introversion in der Woche vor der Menstruation. Sie wenden sich auch von ihrem Partner ab und eigenen Gedanken zu. Bloß nicht zu einem Fest gehen und nett sein müssen! Die Stimmung kann sich weiter verschlechtern, der positive Grundton des Lebens verschwinden. Die Frau kann reizbar, ja, explosiv werden, was Männer als »launisch« verständnislos abtun. Manche Frauen steuern diese Wutenergie um in Backaktivität, füllen den Tiefkühlschrank mit Plätzchen und Essen für Wochen, oder sie ziehen sich zurück, verarbeiten Ereignisse der letzten Zeit und kommen mit sich selbst ins reine. Dabei essen sie gern und legen oft etwas Gewicht zu – auch Wasser im Gewebe. Kurz vor der Menstruation kann sich die psychische Labilität bis zur Depression, Gereiztheit und Aggressivität steigern, dem sogenannten prämenstruellen Syndrom (PMS). Unter anderem kommt es zu abrupten Veränderungen im Serumspiegel der genannten Hormone.

Die bessere Entwicklung des hinteren Kommissurensystems, des Hirnbalkens, macht es der Frau leichter, hier das Konkrete mit dem Diffusen zu verknüpfen. Und ihre limbische Orientierung verbindet oft das Sachliche mit dem Gefühlsmäßigen. Mit anderen Worten: Sie denkt jetzt nicht unbedingt so konzentriert und nüchtern, so logisch und nachvollziehbar, wie der Mann es sich wünscht. Ihre inneren Aufmerksamkeitsnetzwerke werden nicht so sehr vom Cortex wie von dem hormonellen Aufruhr geknüpft. Das kann sie für ihre Umgebung schwierig machen.

Der biologische Sinn des Zyklus

Das alles ist, im Lichte der Biologie betrachtet, ziemlich trivial. Das reifende Ei soll ja befruchtet werden, also produziert das Hormonorchester nicht nur Schleimhaut, sondern erst einmal auch Charme und Sensualität, die den Mann anzieht. Durch einen kurzen Testosteronzuschuß wird die Frau interessant für den Freier und empfänglich für seine Aufmerksamkeiten. Dann, wenn sie aus der Perspektive der Vorzeit – ohne Konzeptionsschutz – als befruchtet angesehen werden kann, zieht sie sich zurück und bereitet sich körperlich wie psychisch auf die Schwangerschaft vor: Ruhe, keine neuen Freier, keine Störungen mehr. Weder Anlocken noch Verlocktwerden ist sinnvoll – die anfangs sehr empfindliche Einnistung des Eis (Nidation) gedeiht am besten in der Stille. Hier kann es sogar nützlich sein, wenn die Frau neue Störenfriede gereizt und explosiv abweist. Man läßt sie in Ruhe.

Interessanterweise ist die Aggressivität der Frau auch hier ganz anders gepolt als die des Mannes. Sie ist nicht wettkampforientiert, nicht zielgerichtet, sondern erscheint ihrer Umgebung unbegreiflich und unlogisch. Der Zorn der Frau hat eine Wirkung mit kleinem Radius – er bedroht nicht das Nachbarland, die Konkurrenzfirma, sondern die Mitbewohner ihres intimen Lebensraums. Da die weibliche Interessensituation hierbei zugleich auf eine rücksichtslose Kalorienzufuhr ausgerichtet ist, um den gesteigerten Nahrungsbedarf von Schwangerschaft und Mutterschaft zu decken, kann es zu einer gierigen und hemmungslosen Aggressivität kommen. Die Frau ist unter diesen »anderen!« Umständen schwer zu befrieden. Ihre Aggression kann einen zehrenden, verschleißenden, zerstörerischen Zug bekommen, der den Mann ratlos und hilflos macht. Vielleicht flieht er vor ihr.

Wir sehen hier vermutlich einer Ur-Eva zu, die – schon wegen ihrer langen Stillzeiten (3 bis 4 Jahre!) mit viel weniger Eisprüngen als eine moderne Frau (vielleicht nur 200 statt 400 bis 500 Zyklen), aber auch wegen ihrer kürzeren Fruchtbarkeitsspanne und Lebenserwartung sowie einer viel höheren Säuglingssterblichkeit – gezwungen war, ihre Fortpflanzungschancen wirklich optimal zu nutzen. Das Echo dieser Notwendigkeiten klingt in den Schwingungen der zyklischen weiblichen Psyche nach, auch hier also – wie bei der Analyse der Männlichkeitsidee – ein Bogen von der Steinzeit bis in das moderne Leben, im Grunde auch dies alles Konzepte aus der Morgendämmerung der Säugetiere und ihrer Reproduktionsstrategie. Diese Anlagen, mühevoll herausgebildet, nehmen keine Rücksicht darauf, daß sich inzwischen die Bedingungen sehr geändert haben. Wie sollten sie auch? Es handelt sich um Veränderungen in den letzten Sekunden der Weltzeituhr, in weniger als 0,1 Prozent der Entwicklungszeit der Primaten.

Schwangerschaft und Stillen

In der Schwangerschaft werden die höchsten Ansprüche an Physis wie Psyche der Frau gestellt. Kein Wunder, daß sie dabei noch weiblicher wird – ihr Körper weicher, runder, wässriger, elastischer, ihre Psyche weicher, nachgebender, vorsichtiger, langsamer, ihr Blick noch weniger fixiert, ihr Appetit auf das Essen größer, auf die weite Welt mit ihren Sensationen und Gefahren kleiner. Die Vermutung, weibliche Hormone steuerten dies, wird allein durch die Beobachtung sehr wahrscheinlich, daß gerade deren Spiegel – der Östrogene wie der Gestagene – auf etwa das Hundertfache ansteigen. Dafür tritt bald die Plazenta ein, da die Eierstöcke diese unfaßbare Hormonproduktion gar nicht ohne weiteres leisten können.

Bei der Geburt tritt das Oxytocin auf den Plan, nach der Geburt fallen die Gestagene und Östrogene abrupt ab, statt dessen übernimmt das Prolaktin die Stimulierung der Brustdrüsen und der Milchproduktion. Der hohe Bedarf der Frau an Kalorien, Mineralen (Kalk), Vitaminen und essentiellen Lipiden (Fetten und Cholesterin) bleibt bestehen. Jetzt werden die Nervenendigungen in der Brustwarze durch das Prolaktin auf empfindlich gestellt, denn ab jetzt stimuliert die Berührung der Brustwarze den Hypothalamus, und die Hypophyse wird angewiesen, mehr Prolaktin (das sinnvollerweise auch die Kalkresorption aus dem Darm erleichtert) zu bilden. Auch die Oxytocinproduktion wird gesteigert, und zwar im Gehirn (Hypothalamus), wo es direkt zu den psychischen Wonneschauern und Zuneigungswogen führt. So wird jedes einzelne Stillen mit seinem Effekt auf die Mutter-Kind-Bindung zu einer Prägungssituation in Miniatur.

Das Stand-by-Signal der Frau

Wir haben für den Mann in seinen periodischen, spontanen und kurzen Aggressionsimpulsen, dem plötzlichen Schattenboxen, Zuschlagen oder Herumtänzeln, jenem oft übermütigen und unmotivierten Schlag in die Luft oder auf den Rücken des Freundes ein *stand-by*-Signal seines Reptilhirns gesehen, das so zu erkennen gibt, daß es eingeschaltet ist. Gibt es ein ähnliches Signal bei der Frau? Es müßte analog mitteilen, daß das limbische System in seinem oberen, vorderen Teil aktiviert ist, der über das Aufmerksamkeitszentrum – statt zum Reptilhirn – zum Neocortex gekoppelt ist. Das würde statt Aggressionen selbststimulierende Impulse der Empathie auslösen. Wie sähe das von innen aus?

Durch Befragen vieler Frauen entstand der Eindruck, den man schon aus der Literatur gewinnen konnte und der durchaus das Korrelat zum Reptilhirn-*stand-by* des Mannes sein kann: jener plötzliche Impuls des Umarmen-Wollens, sei es des großäugigen Orang-Utang-Babies, des Rehkitzes, des kranken Kindes oder des verwundeten Aggressionsopfers. Jenes manchmal verborgen keimende Gefühl, das sich in einem gemurmelten »Na komm, an meine Brust!« oder in wortlosen Gesten des Trostes oder der Barmherzigkeit hinter der Front des Geschehens äußern kann. Es mag ausgelöst sein von einem typischen »Trigger«-Reiz, mag Reaktion auf eine lange limbische Durststrecke sein. Das nicht beanspruchte Programm des limbischen Systems führt zu periodischen Spontanimpulsen, die dem Vermögen der Frau entsprechen, Schutz- und Fürsorgeempfindungen zu mobilisieren, die das Leben bergen helfen.

Die Mutterrolle

Die Mutterrolle mit den in sie investierten speziellen Talenten und Gefühlen ist, obwohl heute viel geschmäht, verhöhnt, ja, von manchen sogar verachtet, trotz allem das wohl wesentlichste, die Weiblichkeit am meisten formende, wenn schon nicht prägende Element aller besonderen Anlagen zur Frau. Eine Frau, die sie nicht erlebt, ist im Grunde wie ein Gepard, den man niemals richtig laufen läßt.

Alles, was Pinkola-Estés über dieses Phänomen schreibt, jenes Wühlen in der Erde, die innige Verbundenheit mit allem Wachsenden und Werdenden, mit Vegetativem, mit Wurzeln und chthonischen Kräften, jene intime Verbindung der Frau mit dem Prinzip der Reproduktionsfähigkeit bezeichnet dasselbe: Die Fähigkeit des Leben-Gebens ist das große Ziel, das Millionen Jahre lang die Frau geformt hat. Opfer hat noch jedes gebärende Lebewesen für die von ihm – mehr oder weniger mühsam – produzierten Nachkommen bringen müssen, aber wenige nur haben Anlaß gesehen, mit ihrem Schicksal zu hadern. Der Mensch allein, eine übervölkerte Erde vor Augen, in seiner technischen Zivilisation von einer evolutionär völlig neuartigen, intellektuellen Rolle in einer modernen, pluralistischen Gesellschaft in Atem gehalten, am Wohlergehen des einzelnen programmatisch interessiert, sieht sich von dem Primat der Vermehrung tatsächlich befreit. Für den Mann bedeutet das wenig, für die Frau stellt das mit unausweichlicher Folgerichtigkeit ihre ureigenste Natur in Frage.

Die Mutter, das ist auch die stählerne Macht, die um keinen Preis ihr Junges im Stich läßt. Selbst die unbewehrte, schwache Häsin schreckt nicht vor dem riesigen Hund zurück, wenn es darum geht, ihren Nachwuchs zu verteidigen: Sie kratzt ihm die Augenbraue blutig, boxt ihm mit dünnen Ärmchen auf die Nase. Und selbst die Taubenmutter, Sinnbild des Friedens, sieht entschieden martialisch aus, wenn sie glaubt, sie müsse ihr Junges beschützen.

Diese im Extremfall mehr-als-männliche Gabe zur Selbstaufopferung hat ihr die Evolution in das Erbgut gelegt. Sie hat dieses Potential aus einer unendlichen Reihe von Müttern von jener geheimnisvollen »Ur-Mutter« geerbt, welche die Genomforscher in der weiblichen Mitochondrien-DNA zu identifizieren suchen. In der maternalen Linie wird über die Eizellen eine DNA-Fraktion vererbt, die in Spermien mangels Masse nicht vorkommt. Diese an Zellorganellen wie die Mitochondrien gebundene DNA betrachtet man als in direkt absteigender Linie von der hypothetischen Ur-Mutter ererbt, da kein männlicher Überträger denkbar ist. Auch wenn sie dieses Potential nun nicht einsetzt und es nicht weitergibt: Leben zu geben – wie die Gestalt der Mutter – ist immer sehr viel aufwendiger, schwieriger und wertvoller, als – wie die männliche Kriegergestalt – Leben zu nehmen.

Und es gibt immer noch den indirekten Weg, das Erbe seiner Art zu schützen: die Verwandtenauslese. So gesehen ist es ein typisch weiblicher Impuls, sich etwa medizinischen oder pädagogischen Berufsfeldern zuzuwenden. Auch dort kann die Frau ihre spezifischen Gaben in natürlicher Weise einsetzen und kultivieren.

Die Bindung des Versorgers

Die Verhaltensforschung hat gezeigt (Erik Zimen), daß die rollenspezifischen Aufgaben der Frau im Sozialgefüge der wachsenden Primatenfamilien – Klein- und Großfamilien, Herden, Rotten und Gruppen – damit noch lange nicht zu Ende sind. Es muß nun im Interesse einer guten Aufzucht der Jungen und ihrer Überlebenschancen der männliche Versorger nicht nur einmal eingefangen, sondern als mindestens zeitweise mono- oder oligogamer Vater oder Gruppenchef auch gebunden werden. Sex gegen Sicherheit, Liebe gegen Treue, Geborgenheit gegen Versorgung, Kraulen gegen Schutz – nun beginnt das große Tauschgeschäft der immer komplexeren Sozialstruktur. Lägen darin keine evolutionär wirksamen Vorteile, so hätten nicht alle Primatenarten solche Systeme in tausend an die Sonderverhältnisse gerade ihrer Biosphäre angepaßten Varianten von Sozialgefügen entwickelt. Und dann hätte die Bedeutung der Intelligenz sicher noch eine Weile geschlummert, das Wachstum des Gehirns wäre nicht so überraschend schnell abgelaufen.

Durch die immer längere Lernphase der Heranwachsenden wird die Rolle des Versorgers zudem immer wichtiger. Es geht nicht nur um die Versorgung – das kann eine tüchtige Affenmutter notfalls auch allein –, sondern auch um die Erziehung, die Bändigung der Jungen, um die Gruppenstrategie bei der Verteidigung, um die Lagerplatzentscheidungen, um das Sondieren der Gefahr, um die innere Ordnung, deren Zerfall sich bei Primaten – in Eifersuchtsdramen, wilden Rang- und Futterkämpfen oder durch nachlassende Wachsamkeit – rasch zu akuter Gefährdung der ganzen Gruppe entwickeln kann. Die friedenstiftende Funktion eines alten Silberrückens in einer Gorillagroßfamilie dürfte dafür das beste Beispiel liefern.

Die Autorität des Alters

Nach der Menopause verändert sich die Frau wieder einmal: Sie wird männlicher. Robert und Uvnäs-Moberg zeigen mit dem Bild der Mutter des Malers Ernst Josephsson eine solche Frau: gesammelt, etwas verhärmt, ernst, etwas viril, mit langsam verklingenden weiblichen Zügen in Gesicht und Körperformen. In Mexiko sagt die Frau, die in das Klimakterium geht: »Ich bin gesund geworden.« In Afrika gibt es bei manchen Stämmen die Redensart, die Frau sei zum Mann geworden, wenn sie ihre Fertilität verliert. In Schweizer Alpentälern gibt es Frauen, die ihre dunklen Haare auf der Oberlippe mit Stolz tragen und Aufgaben im Dorfrat übernehmen, als seien sie jetzt durch ihr Alter und ihre Lebenserfahrung geadelt.

Die Haut wird faltiger, was kein Make-up mehr verbirgt, die Formen werden kantiger. Nicht mehr die sexuellen Paarbildungsinstinkte der Männer stimulierend, wird die ältere Frau ganz unkompliziert und unbefangen als Kamerad akzeptiert. Das Nachlassen der Östrogen- und Progesteronproduktion verändert sie auch mental in Richtung auf weniger Bindungsneigung, mehr Stehvermögen und abnehmende Anpassungsbereitschaft. Eine 50jährige Frau gewinnt so oft eine neue Selbständigkeit, die ganz neue Beziehungsmuster zuläßt. Dies dürfte einer der Gründe dafür sein, daß Frauen in diesem Alter oft unvermittelt aus der Ehe aufbrechen – nicht etwa, um einen neuen Mann zu finden, sondern um endlich ihr eigenes Leben zu führen. Das große Anpassungsprogramm, in dem die Bedürfnisse der Kinder und der übrigen Familie dominierten, ist abgelaufen.

Lange war es das, was der Frau Grenzen zog und ihre Selbstverwirklichung begrenzte, indem es sie mit der Verwirklichung der Reproduktionsidee verschmolz. Dafür steht in der psychisch gesunden Frau ihr eigenes limbisches System, das genau dafür geeignet ist. Und das bleibt es – auch dann, wenn es nicht weiter darauf vorbereitet wird und niemals voll in Aktion tritt. Wie immer man sie betrachtet, womit sie sich auch immer beschäftigen mag – zu diesem Schluß kommen Robert und Uvnäs-Moberg: (S. 32). In der Frau steckt stets auch eine still wartende Mutter, so wie im Mann stets eine ruhende Jäger- und Kriegergestalt verborgen ist.

Autonomie und Abhängigkeit

Was beim Mann von Anfang an zur selbstbewußten Setzung, Wahrung und Verletzung von Grenzen führt, seine innere Autonomie, hat also bei der jungen Frau seine Entsprechung in der Verantwortung für mehr als nur ihr eigenes Leben. Dies gibt ihr Lebenssinn und setzt ihr ganz eigene Grenzen. Es sind nicht Grenzen der Übereinkunft, sondern Grenzen der Natur und des biologisch Möglichen. Beachtet sie diese nicht, stirbt der Nachwuchs oder sie selbst mit ihm.

Hingegen ist sie befähigt zu einer eigenständigen, spontanen Interaktivität und Empathie, einer nicht nur selbstbezogenen Aktionsbereitschaft, welche die Grenzen zwischen Individuen aufhebt. Als Verschmolzenheit mit ihrer Umgebung pflegt die Frau das selbst zu beschreiben. Offenbar tut sich unsere Sprache schwer mit den Nuancen tiefer Empathie. In dieser Situation – in der Schwangerschaft oder beim Stillen – gerät die Frau in einen Zustand abgesenkter Wachheit. Fast traumhaft, vegetativ und reich an inneren Bildern vermag sie sich zu entspannen, introvertiert, ruhig, zufrieden, ohne jede gefährliche extrovertierte Neugier, ohne Risikofreude, Kicksuche, Streben oder missionarischen Eifer. Sie wendet sich nach innen statt nach außen.

Das muß dem Mann wesensfremd und zutiefst unverständlich bleiben. Wo er seinen aktiven, dominant-expansiven Impulsen und – auf der Metaebene – auch intellektuellen Interessen folgt, herrscht hier eine stille, von starken Glücksgefühlen begleitete Zufriedenheit und Anpassungsbereitschaft: Anpassung an die augenblicklichen Bedürfnisse – des Kindes, der Familie, der Gruppe, ja der ganzen Gemeinschaft. Diese Grundstimmung, so ganz ohne Unternehmungs- und Abenteuerlust, ist den tatsächlichen Erfordernissen eines Mutter-Kind-Paares optimal angepaßt. Mancher jagdlustige und erlebnishungrige Steinzeitmann wird angesichts dieser mütterlichen Gelassenheit schon kopfschüttelnd die Höhle verlassen haben. Viele Väter werden angesichts der Zufriedenheit der Mutter und ihrer offenkundig glückspendenden Zweisamkeit mit dem Kind regelrecht eifersüchtig. Davor könnte sie eine mehr duozentrische Einstellung leicht bewahren.

Die in sich selbst ruhende Disposition der Frau dürfte zugleich der Urspung sein für die harmoniesuchende Folgsamkeit, die vermittelnde, friedfertige Grundeinstellung, die man bei ihr schon in Jugendjahren sehen kann. Die Hellhörigkeit und Sensibilität, Offenheit und Empfänglichkeit für die Nöte anderer, das alles macht die Frau zugleich streßgefährdet, schutzlos gegenüber allzu intensiver Inanspruchnahme ihrer Sinne. Die weibliche Physiologie fängt dies auf mit einer selbst bei Astronautinnen zu beobachtenden internen Regulations-Zähigkeit bei hohen Schwankungsbreiten im Stoffwechsel. Wegen eines kürzeren Abstandes zwischen Herz und Hirn etwa sind manche Frauen mit kurzem Oberkörper sogar gegenüber den Schwerkraftbelastungen bei der Akzeleration in modernsten Jagdflugzeugen deutlich belastbarer als Männer: Sie bedienen noch die Schalthebel, wenn die Männer längst ohnmächtig geworden sind. Was Schwangerschaft und Geburt möglich macht, reicht offenbar auch für den Flug zum Mond.

Hingegen wird wenig darüber geredet, daß viele der zelebrierten Düsenjägerpilotinnen inzwischen umgekommen sind, bei Übungsflügen oder Landungen auf Flugzeugträgern verunglückten oder aus anderen Gründen das Fliegen aufgeben mußten. Am Ende zeigte sich doch, daß männliche Muskeln ein Flugzeug bei Überschallgeschwindigkeit leichter unter Kontrolle halten.

Wachsende Kluft und die Gefahr des Zerreißens

Die Frau setzt jedoch – man denke nur an ihr plötzliches Aufhören mit dem Schachspielen und das unvermittelte Abrücken von schulischen Themen, von wissenschaftlichen und technischen Interessen – ihre Gaben auch grundsätzlich anders ein als der Mann. Das muß durch ihre Aufmerksamkeitssteuerung bedingt sein. Während die junge Frau immer mehr unter den Einfluß ihrer Hormone gerät, sich biologisch anvisierten Zielen zuwendet, ist der offenere Weltentwurf Mann für fast alles zu haben: Sport, Kunst, Krieg, Bauen, Zerstören, Wiederaufbau, Tauchen, Jagen, Boxen, Ringen, Wissenschaft, Schatzsuche, Revolution, Autorennen, Buchdruck, Astronomie, Tierzucht, Pflanzungen, Technik, Wettsegeln, Klettern, Mathematik, französische Küche, Bungee-Jumping, mittelalterliche Hymnen, höhere Mächte oder Suff und Sex – für alle Rollen zwischen dem Drachentöter und seiner domestizierten Variante: dem *enfant terrible*, irgendwo zwischen Erlöser und Verführer. So wird er in seiner Spiel-, Arbeits- und Schaffenswut, in seinen stets aus vollem Herzen, unabgelenkt und schwungvoll betriebenen Tätigkeiten (bis hin zum Hobby einer Briefmarkensammlung) stets durch den Erfolg und die gegenseitige Anerkennung voll belohnt, während sich für eine Frau mit ähnlichen Interessen und Ambitionen eine Kluft auftut zwischen dem, was sie will, und dem, was sie soll.

Dies ist ein Problem, das sie nicht mehr losläßt, es sei denn, sie entsagt ihrer biologischen Rolle vollständig. Die Frau ist physiologisch enger angelegt als der Mann, sie ist höher spezialisiert, eindeutig leistungsfähiger auf ihrem ureigensten Gebiet. Verläßt sie das, kämpft sie mit stumpferen Waffen, auf fremdem, schwankendem Boden. Das gilt im physischen wie im psychischen Bereich; aber psychisch ist sie nicht ebenso festgelegt – auch sie hat, wie der Mann, viele weiße Areale im Kopf, nicht fest verplante, die sie kreativ auf vielen anderen Lebenssektoren, für viele andere Lebensrollen verwenden kann. Wo das aus praktischen Gründen schwierig ist, entsteht ein Defizit an Zufriedenheit, das allmählich zu unstillbarer Unruhe anwachsen kann. Ihre Rolle als werdende, stillende, schützende Mutter ist manchmal schwer durchzuhalten. Autonomie und Abhängigkeiten werden immer in einem Spannungsverhältnis zueinander bleiben, denn es gibt keine totale Autonomie.

Mit einem Bein auf jeder Schiene wie auf Rollschuhen vorwärts sausend, kann die Frau mit Ambitionen entsetzt spüren, wie die beiden Schienen immer weiter auseinanderlaufen. Diese allmählich wachsende Entfernung wirkt anfangs noch harmlos, droht sie aber auf die Dauer zu zerreißen. Unter diesen Umständen ist ihre Selbstverwirklichung ein Hybrid aus Unabhängigkeit und schlechtem Gewissen, aus Karriere, Egopflege und Vernachlässigung der Kinder, der Familie – jung und alt. Wer unterhält den Kontakt zu den alten Eltern? Wer sorgt für Blumen und Geburtstagsbriefe, wer besorgt bei Bedarf ärztliche Hilfe, Pflege, eine beleuchtete Lupe zum Lesen? Natürlich, der Mann könnte das genausogut tun. Theoretisch. Aber er kann es nicht genauso gut tun, denn dafür ist er limbisch schwächer ausgerüstet. Also tut er's nicht. Es unterbleibt. Will sie das nicht, tut die Frau es lieber selbst.

Es fängt mit der Wahrnehmung an: sozial sensibler, weitwinkliger in der Aufnahme von Reizen, nimmt sie viel wahr, was sie fortan nicht mehr guten Gewissens übersehen kann. Es ist sozusagen ihr Pech, bessere Antennen zu haben, die ihr automatisch auch mehr Pflichten einbringen. Das begründet ihre größere biologische Zuständigkeit, von der sie nichts und niemand befreien kann. In ihr wird ein sowohl intensiveres als auch ausgedehnteres limbisches Begleitkonzert der Gefühle angeregt, das zudem einen längeren Nachhall hat. Das ist der Antrieb für ihren prosozialen Einspruch, mit dem die Frau die Männer nervt, die den Anlaß dafür oft gar nicht wahrnehmen.

Es ist aber auch der Grund dafür, daß die Frau selten zu einer konsequent angewandten Rettungsbootethik fähig ist, die notfalls auch Schiffbrüchige abweist und opfert, um wenigstens einige, die im Boot Sicherheit gefunden haben, zu retten. Hier kann es passieren, daß die Gutherzigkeit der Frau, die den entscheidenden Krisenpunkt »Voll – beim nächsten Zusteigenden sinkt das ganze Boot!« nicht erkennen will, mit der hier lebensrettenden Konsequenz des Mannes heftig und frontal kollidiert. Ihre unbeirrbare, unerbittliche und leider auch dort bedingungslose Zuwendung, wo wichtige Bedingungen zu beachten wären, kommt weniger aus dem Kopf als vom Herzen – also aus dem limbischen System. Das rechnet nicht mehr, das urteilt nur qualitativ, nicht quantitativ. Daher geht seine Rechnung oft nicht auf. Zuweilen aber geht sie gerade dort auf, wo der Mann sich gar nicht erst die Mühe gemacht hat, näher hinzusehen.

Ihr schlechtes Gewissen, wenn den Kindern etwas widerfährt, nährt sich aus demselben Gefühl der Zuständigkeit. Im Grunde sollte ihr Mann – etwa als aushäusiger oder vielbeschäftigter Vater – ein ebenso schlechtes Gewissen haben. Hat er aber nicht. Die Schuld an ausbleibenden Pflichthandlungen weist sie sich selber zu, und ihre praktischen Probleme bleiben ungelöst. Sie ist daher ethisch verwundbarer. So sieht sich manche in der anderen Welt erfolgreiche Frau, ob Architektin oder Wissenschaftlerin, ob Ministerpräsidentin oder Unternehmerin, eines Tages mit ihren fast freiwilligen Schuldgefühlen, die ihr aus der Situation zufliegen, vielleicht auch zufallen, allein vor den Ruinen ihrer Familie. Ihre im Grunde begabten Kinder findet sie, orientierungslos, verhaltensgestört und verunsichert, in der Psychotherapie oder in der Abhängigkeit von Drogen oder ständigem Sex, vom Mammon oder unaufhörlichem Adrenalinkick. So pflegen sie ihr Ego, wobei sich weich in ihrem Kopf die Wunschvorstellungen und Gedanken treffen. Und so gehen sie auch unter, denn in der Welt, in der sich hart die Fakten treffen, wird das alles unvermittelt zu einer Frage von Leben und Tod – nicht selten Freitod. Die Mutter fragt sich dann unausweichlich, welchen Anteil sie an der unheilvollen Entwicklung wohl haben mag. Spontan schreibt sie sich die größere Schuld zu, denn sie ahnte oder merkte, was ihr Mann gar nicht wahrnahm. Und niemand kann sie jemals von diesen Gedanken ganz befreien.

Nun ist natürlich eine Frau keineswegs immer schwanger oder immer junge Mutter, und so treten diese Züge auch nicht immer in voller Ausprägung zutage. Es handelt sich vielmehr um eine Disposition für Wahrnehmungs- und Verhaltensweisen, die auf andere Lebewesen ausgerichtet sind. Sie ergeben sich aus den beschriebenen Vorgängen in ihrem limbischen System, deren entwicklungsgeschichtlicher Sinn die Rolle dieser vorbereiteten Lebensreflexe für das Überleben des Nachwuchses liefert. Die Frau trägt sozusagen den psychophysischen Kern zum mütterlichen Verhalten in sich, auch dann, wenn sie niemals Mutter wird.

Neue Konzepte – alte Impulse

Was wir hier beschrieben haben, ist nicht etwa der Sollzustand Frau, sondern der Sinn des Konzeptes der Weiblichkeit, unter dessen evolutionärem Druck ihre psychophysischen Besonderheiten entstanden sind. Es liegt auf der Hand, daß in einer übervölkerten Welt beileibe nicht jede Frau Kinder zur Welt bringen muß, aber ohne Zweifel hat sie ja eine natürliche Disposition dafür, mit einer großen Anzahl spezieller Adaptationen in ihrer physischen und mentalen Grundausrüstung.

Das alles muß natürlich keineswegs genutzt werden. Viele andere Lebensentwürfe, zahlreiche andere Konzepte der Frau sind in einer modernen Welt auch lebbar – von der Verkäuferin oder Friseuse, Sekretärin oder Angestellten aller Ebenen bis hin zur vielbeschäftigten Designerin (häufig), Unternehmerin, Chefchirurgin (extrem selten), Institutsleiterin, Politikerin, ja, zur nobelpreiswürdigen Lebensleistung von Lise Meitner oder Marie Curie. Viele Lebensrollen, in denen Frauen erfolgreich sind, zeigen ihre Stärken, wenn auch transponiert auf andere Ebenen: die Hellhörigkeit, die kommunikative Sensibilität, das starke soziale Interesse. Die weibliche Fähigkeit zum Improvisieren, ihre assoziative Intelligenz. Ganz wie der Mann kann sie auf der Metaebene ihre Stärken ausagieren, ohne daß ihre Umwelt bemerkt: Es handelt sich um dieselben Talente, die sie in einer anderen Nachfragesituation ihrem Mann und ihren Kindern zugewandt hätte.

Brisant wird es für sie erst, wenn sie den Eindruck gewinnt, sie müsse, um erfolgreich in familienfernen Sphären zu agieren, ihre Gaben oder Bedürfnisse verleugnen oder gar bekämpfen. Genau dies aber ist die Situation unzähliger Frauen auf der Suche nach Anerkennung in der materialistischen Atmosphäre der Männerwelt oder in der großen Anonymität, die ihre Talente brachliegen läßt. Hier gibt es viele gequälte Gestalten, die – etwa als Soldatin, Chirurgin, Jetpilotin, Schlamm-Catcherin, Stierkämpferin, Tiefseetaucherin oder Off-shore-Technikerin – zu spät bemerken, daß eiserner Wille allein zwar weit bringt, aber nicht dauerhaft trägt.

Die Frau, die von ihren mitgebrachten Stärken so weit abzuweichen gewillt ist, sollte trotz allem die Nebentöne, die vorhersehbaren Reibungen, die periodische Unruhe zu deuten wissen, die in ihr angelegte, vorbereitete, aber nicht ausgeführte stammesgeschichtliche Programme in ihrem Inneren hervorrufen. Was da nämlich erklingt, was sich da an der neuen, unvorhergesehenen Wirklichkeit reibt, sind Urimpulse von Lebenskonzepten, die es von selbst nach unablässiger Fortsetzung, nach der Perpetuierung ihres evolutionären Erfolges drängt. Dabei drängen die alten Programme nicht nur danach, sondern haben das Lebensglück, die spontane Befriedigung und Erfüllung im Schlepptau. Der hohe Preis der »Auswanderung« aus der eigenen Domäne ist buchstäblich das Lebensglück in seiner ursprünglichen Form, denn unvermeidliche feedback-Verluste, ausbleibende Anerkennung und Belohnung bewirken, daß man niemals voll auf seine Kosten kommt im »fremden Land«.

Die allgemeine Wertschätzung der Fähigkeit, Nachkommen zu hinterlassen, war stets gekoppelt mit deren lebenspraktischem Wert. Der ist heute bei uns kaum noch darstellbar und läßt sich in einer übervölkerten Welt auch nicht generalisieren: Umweltzerstörer, Ressourcenverbraucher und Energieverzehrer in die Welt setzen, die den Kohlendioxidausstoß erhöhen und für die man schlecht vorgesorgt hat: Die Verklärung des Nachwuchses ist in globaler Perspektive wirklich nicht mehr vernünftig. Damit verliert die Frau eine primäre Wertquelle. Aber in der privaten Perspektive ist der Nachwuchs immer noch das, was der Ausstattung, die wir mit uns tragen, ihren Sinn gibt. Und das einzige, das uns intensiv und instinktiv mit der Zukunft verbindet.

Die Tragfähigkeit von Lebensentwürfen

Das rührt an den Kern von Lebenskonzepten und ihrer Tragfähigkeit vor dem Hintergrund unserer gegebenen mentalen und physischen Ausrüstung, mit der wir unser Leben nun einmal zu bestreiten haben. Niemand setzt sich auf Dauer ungestraft über seine tatsächlichen Grenzen hinweg. Nach Richard Dawkins ist jeder heute lebende Mensch das Produkt einer unglaublich langen Kette von zum Teil unwahrscheinlichen Ereignissen, einem Zusammentreffen glücklicher Umstände in endloser Folge:

Da alle Organismen ihre Gene ausschließlich von den eigenen Vorfahren erbten und nichts von deren gleichzeitig lebenden Zeitgenossen, die der Aufgabe, Vorfahr zu werden – aus welchen Gründen auch immer – nicht nachkamen, tragen alle heute lebenden Organismen höchst erfolgreiche Gene. Diese enthalten mit größter Wahrscheinlichkeit alles das, was zum Überleben wie zur Fortpflanzung erforderlich ist. Das führt zu Lebewesen, deren Aktivitäten so ausfallen, als arbeiteten sie alle aktiv darauf hin, auch selbst wieder Vorfahren zu werden. Aus diesem Grunde allein sind Fische so tüchtig im Schwimmen, Vögel im Fliegen, Affen im Klettern und Viren darin, sich in der Welt zu verbreiten. Darum lieben wir das Leben, die Sexualität und unsere Kinder. Das ist das Ergebnis der Tatsache, daß wir alle ohne Ausnahme unser Erbgut über eine niemals unterbrochene Kette von erfolgreichen Vorfahren ererbt haben. So hat sich die Welt gefüllt mit Organismen, die mit allem ausgestattet sind, was nötig ist, um Vorfahr zu werden.

Dawkins weist explizit darauf hin, daß die Majorität aller Lebewesen stirbt, ehe sie sich fortgepflanzt haben, und daß von der Minorität, die sich fortpflanzt, nur ein verschwindend geringer Anteil sich weiterhin so ununterbrochen erfolgreich fortpflanzt, daß man sagen kann, sie lebten bis ins tausendste Glied. Das heißt nichts anderes, als daß es zwar immer, in einem sich ständig verbreiternden, manchmal auch sich plötzlich wieder verschmälernden Strom unendlich viele Nachkommen gibt, aber immer nur einen schmalen Faden von Vorfahren, der sich rückwärts – durch das erfolgte Leben – als dünner Strang der Kontinuität ausmachen läßt.

Anfangs mag er sich genealogisch noch fächerförmig verbreitern, aber bald schrumpft er infolge des obligatorischen Ahnenschwunds wieder zusammen. Jede Generation ist wie ein Filter, ein veränderliches Sieb, durch das beileibe nicht alle vorliegenden Eigenschaftskombinationen hindurchschlüpfen: Ihr Lebenslauf erst entscheidet darüber, ob sie weitergegeben werden oder nicht. Es ist also ein großer Unterschied zwischen dem Gewordenen und dem Weitergebenden.

Jeder heute existierende Mensch kann sich des Umstandes rühmen, daß er aus der Zahl möglicher Lebewesen eines der verschwindend wenigen darstellt, das – nicht nur über tausend Generationen, sondern durch alle Wandelgänge der Vorzeit bis hin zu den blaugrünen Algen! – auf eine niemals unterbrochene Kette erfolgreicher Vorfahren zurückblicken kann. Keiner von ihnen ist jemals vor der Geschlechtsreife von einer Klippe gestürzt, verbrannt, im Schlamm versunken oder gefressen worden, keiner ist durch Unvorsichtigkeit, Übermut oder eine Infektionskrankheit umgekommen oder von einem Gegner getötet worden. Keiner hat die Fortpflanzung vergessen, verpaßt oder verpatzt, ist steril geworden oder hat unter unheilbarer Impotenz gelitten, keiner ist – wie viele Tausende oder Millionen seiner Zeitgenossen – von den Unbilden dieser Welt, von Kriegen oder Naturkatastrophen ausgeschaltet worden, ehe er Nachkommen in die Welt gesetzt hatte.

Das Gedächtnis der Natur und Kultur

Dies alles ist zwar selbstverständlich, aber trotz aller Trivialität hat es überraschende Konsequenzen. Manches daran erstaunt, anderes hat einen hohen Erklärungswert. Vor allem wird klar, warum fast alle lebenden Wesen einen starken Drang verspüren, Nachkommen in die Welt zu setzen; denn diesem Impuls entstammen sie schließlich – alle, ohne Ausnahme. Ihr Erbgut ist erfolgreich durch Milliarden solcher Filter gewandert und ist daher vermutlich von guter Qualität. Dawkins formuliert das folgendermaßen: »Der Mensch ehrt seine Vorfahren und betet sie an. Er tut recht daran, denn es sind eher seine natürlichen Vorfahren als übernatürliche Gottheiten, die den Schlüssel zum Verständnis des Lebens halten.« (Dawkins 1995, S. 11)

Die Abfolge der Generationen gibt wie den Stab beim Staffellauf nur einen einzigen, bewahrten Anteil weiter: die Gene. Sie bilden das Jahrmillionen alte Gedächtnis der Natur, enthalten Myriaden von Erinnerungen an gelebtes und erlebtes Leben. Wer all dem plötzlich den Rücken kehrt, wer aus dieser langen Kette seiner Vorfahren – warum auch immer, wohin auch immer – ausbricht, sollte wissen, was das heißt. Wenn er nun fortgeht, folgt ihm dennoch etwas, ein Erbe, das er nicht ausschlagen kann: ein 4000 Kilometer langer Text aus Nukleotiden, der 1000 Bände mit je 1000 Seiten füllen würde. Es ist das Lexikon der 4 000 000 000 Jahre langen Entwicklung zum bewußten, reflektierenden Leben, zu Ohr und Auge, Phantasie und Traum, Hand und Kopf. Wir haben dieses Lexikon geerbt. Wenn jemand es nun beiseite legt, ist sicher – und nun vielleicht auch verständlich geworden –, daß nicht alle seiner ererbten Anlagen lautlos mitspielen werden. Das sind die Nebentöne, die er hören wird. Es kann nicht schaden, sie zu verstehen.

Ganz ähnliches gilt für unser soziales Erbe. Auch hier enthält die Tradition erst in ihrem vollen Zusammenhang das Gedächtnis der Geschichte und damit der Kultur. Schon viele Kulturen gingen sang- und klanglos unter, nachdem ihre Oberschicht einen nachwuchsfeindlichen Lebensstil entwickelt hatte. Oft stellte sich das veränderte Reproduktionsverhalten schleichend ein, manchmal folgte es der Lebensrolle. Die Kirche etwa belegte ihre am meisten vergeistigte Elite, die Gott am nächsten stand, ihre Priester und Mönche, Bischöfe, Kardinäle und Päpste mit einem regelrechten Vermehrungsverbot. In anderen Fällen ergab es sich von selbst, wenn etwa die Purpurfärbung der Tuniken vor den großen Festen in Sidon wichtiger wurde als Versorgung und Sicherung der Familien. Selbst in der Antike gab es Perioden des Matriarchats, aber es sind sicher nicht zufällig Sparta und Athen, Rom und Karthago, Troja und Tyros, die unsere Phantasie bewegen. Die griechische Phalanx, die Prätorianergarde, Cäsars Legionen und Hannibals Elefanten sind in tausend Berichten auf uns überkommen. Da flogen die Speere und brannten die Städte, aber immer gab es einen Neuanfang. Konzepte aber, die gar nicht tragen, pflegen sich selbst auszulöschen, ganz still und ganz von allein.

Auch heute haben wir Erfolgskonzepte entwickelt, die nachwuchsfeindlich sind. Unsere Effizienz wird zur Falle. Besonders getroffen, sozusagen ins Mark getroffen: die Frau. Wenn ihr Einsatz für die Familie nicht mehr verstanden wird, wenn sie für ihre ureigenste Arbeit keine Anerkennung mehr findet, wird diese Rolle ihr immer weniger attraktiv erscheinen, und sie wird sich nach anderen Quellen der Selbstbestätigung und Zuversicht umsehen. In der Natur verschwinden ungeeignete Gene ganz still und undramatisch. Auf den Galapagosinseln wurden die Fliegen mit normalen Flügeln ganz einfach vom Wind fortgeblasen – die mit verkümmerten Flügeln hingegen überlebten in den Felsspalten.

Gründe für einen Mißerfolg im Wettkampf der Lebewesen um einen Auftritt auf der Bühne des Lebens können natürlich auch ganz woanders sitzen: im Kopf. Dort sind es vermehrungsuntaugliche Lebensentwürfe, die ähnliche Folgen zeitigen können wie ein defekter Chromosomensatz. Deren Verschwinden aber vollzieht sich in aller Regel viel dramatischer, denn dort kämpfen Einsichten mit Ansichten, Ratio mit Emotionen und die Großhirnrinde mit dem Stammhirn. Und oft ist es der Sieger, der am Ende verliert. Die von vielen beschworene »suizidale Gesellschaft«, welcher der Sinn für die eigenen Überlebensbedingungen abhanden gekommen ist, kann auf diese Weise entstehen, wenn unversehens Archipele von Versuch und Irrtum zusammenfließen. Häufig stehen dann ursprünglichere, aus der Sicht unserer anti-biologischen Avantgarde primitivere, nicht von Zweifeln geschwächte und von Konflikten geschüttelte Vermehrungskonzepte bereit, den aufgegebenen Lebensraum ganz friedlich zu übernehmen. Solche Vorgänge haben in unserer Geschichte mit ihrem oft zyklischen Auf und Nieder der Kulturen sicher schon immer eine verdeckte Rolle gespielt.

Frauenaggression – anders gepolt

Nimmt man für die Beschreibung des Spektrums des Menschlichen das Männliche und das Weibliche zugleich, so hat man – staunend vor der Breite dieses Spektrums – zugleich auch den Sinn der Geschlechterdifferenzierung vor Augen. Die im Männlichkeitskapitel beschriebenen kriegerischen und gewalttätig-kriminellen Auswirkungen der menschlichen Aggressivität sind tatsächlich fast ausschließlich maskulin geprägt und generiert. Aber auch die Frau kann aggressiv werden, wo sie es im Grunde spontan nicht ist. Frauen sind jedoch nicht hinreichend teamfähig und rudelbildend, um aus eigenem Antrieb und eigener Kraft eine regelrechte Streitmacht oder Armee aufzubauen – sie sind eher Einzelkämpfer. Sie streiten sich nicht prinzipiell, sondern eher von Fall zu Fall. Ihre Aggressivität, nicht ständig einsatzbereit, ist zudem ganz anders gerichtet. Frauen agieren eher einzeln und spontan als in der Gruppe und nach Plan. Außerdem klingt ihre Wut schneller ab. Sie finden sich eher in eine Niederlage und weichen starken Widerständen lieber aus, statt sie mit Rammböcken und Belagerungstürmen, Sturmleitern, Angriffsrampen, Mauerbohrern und Feuerschiffen zu brechen.

Es gibt – neben den schon beschriebenen Aggressionsphasen im Zusammenhang mit zyklischen Hormon- und Stimmungsschwankungen – eine spezifische, bösartige Variante der Aggression bei der Frau, und auch die bezieht ihre Energie meist aus dem nahen, privaten Umfeld. Sie ist vor allem gegen andere Frauen gerichtet, sie wird in zahllosen Märchen personifiziert durch die bösen, plumpen, neidischen Schwestern des Aschenputtel oder die böse, eitle, kaltherzige Stiefmutter zum Beispiel in Schneewittchen; es sind die abgewiesenen, in ihrem Selbstgefühl oder Ehrgeiz Verletzten. Auch im Alltag handelt es sich um die oft kalkulierten Äußerungen von Eifersucht, Rachsucht und Geltungsbedürfnis, schwelend, glimmend haßerfüllte Auswirkungen kleinlichen Gemüts, die von der großen, heiligen Wut des Amokläufers noch weit entfernt sind.

Gewiß läßt sich auch das Reptilhirn der Frau richtig anwerfen und Mut bis hin zur Selbstaufopferung freisetzen, aber die Auslösereize sind andere als beim Mann. Frauen werden maximal stimuliert, indem man ihre Kinder bedroht. Nichts kann das besser illustrieren, als eine fast schon klassische Szene, die, hätten moderne Völker noch Zeit für die mythische Verdichtung ihrer Geschichte, in den Mythos der Moderne eingehen müßte: unbewaffnete Frauen, die sich kampferprobtem Militär in den Weg stellten. Es ging um das Leben ihrer Kinder. – Diese Frauen waren die russischen Mütter in Tschetschenien.

Das Unverhältnismäßige dieser Konfrontation war völlig irrelevant für diese Mütter. Das Bewußtsein der eigenen Gefährdung trat zurück hinter dem Wissen: Hier zählte nur der äußerste Einsatz, weil es um das Äußerste ging: den Schutz für die Nachkommen. Selbst harte Männer werden in der Regel vor dieser Entschlossenheit unsicher – so als ahnten sie, daß es im Grunde um sie selber geht. Auch hier ist das Ausmaß der Verrohung zu erkennen, die nötig ist, damit Männer in pervertierter Kampfwut zu den Schlächtern ihrer eigenen Beschützer werden.

In der tschetschenischen Szene wurde wieder einmal deutlich, daß sich auch Frauen bis zu dem Punkt reizen lassen, wo ihr eigenes Sicherheitsbedürfnis vor der inneren Wut erlischt. Immer wieder läßt sich das beobachten, wo ein Sadist oder ein alkoholisierter Ehemann sie hinreichend lange gequält hat. Aber selbst dann sind es – Gerichtsverhandlungen in aller Welt bestätigen das immer wieder – oft Übergriffe gegenüber den Kindern, die am Ende die Explosion auslösen. Auch Frauen können so zu starker Aggressivität angestachelt werden, aber sie machen in der Regel keinen Krieg daraus. Dazu sind ihre Anstrengungen zu spontan und vermutlich auch zu punktuell, weil sie so nah am Individuum bleiben. In der Regel sind es private Katastrophen, in denen Frauen zum Äußersten greifen. Man denke hier an die Mütter der Verschollenen in Argentinien: Das Schicksal ihrer Kinder rührt aber trotz allem mehr das limbische System auf, mit Weinen und verzweifelter Emotionsgestik, als das Reptilhirn mit eindeutig aggressiven Ausfällen. So leicht werden »Weiber gar nicht zu Hyänen«. Wenn sie aber durch gleiches Leid verbunden sind, improvisieren sie immerhin – wie in Tschetschenien – den Versuch zum Abbruch eines Krieges.

In eigener und fremder Arbeitswelt

Man kann die Unterschiede der Chancen im Leben auch daran aufrollen, welche Belohnungen bereitstehen für die typisch männlichen und klassisch-weiblichen Lebensleistungen. Da stellt sich heraus, daß für ein genuin männliches Leben, in dem der Mann alle seine Wettkampfbedürfnisse befriedigt, seine Dominanzwünsche füttert und füttern läßt, seine Potenz und Neugierde auslebt, seine Jagdinstinkte beschäftigt, seine Wut an produktiven, seine Phantasie an kreativen und seine Abstraktionsgabe an intellektuellen Aufgaben ausläßt, viel mehr Belohnungen bereitstehen als für ein Mutter-, Gattinnen- und Familienleben.

Wer dies verneint, der meint damit: Aber sie tut objektiv doch das Wertvollere, leistet doch den ethisch wichtigeren Beitrag, zukunftsträchtiger, wirksam für viele Generationen, wenn sie eine gesunde, gut aufs Leben vorbereitete Nachkommenschaft aufzieht. Sie ist damit weniger trivial beschäftigt als er, der seine Energie für den Aufbau großer, lauter und harter, schneller und gefährlicher Dinge verbraucht, ohne die man letztlich auch auskäme, oder der gar alles kriegerisch zerstört, um es dann energisch wieder aufzubauen. Das ist ein Aspekt der männlichen Tätigkeit, mit dem die Frau allemal mithält. Andere Aktivitäten aus dem maskulinen Bereich sind noch unsinniger (Rennsport) oder wichtiger (Forschung, Wirtschaft), und je avancierter die Tätigkeit, je weiter weg von dem Urbedarf an reiner Körperkraft, desto besser reüssiert auch die Frau. Immer aber muß sie sich den Wert ihres Tuns und Seins selbst bestätigen – die Umwelt sagt ihr achselzuckend, der Wert liege doch in den Dingen selbst.

Jedes Lebewesen braucht jedoch eine Rückmeldung für seinen Wert und den seines Tuns. Die Frau bekommt in der Wohlstandsgesellschaft zu wenig davon, ihre Tugenden sind sozusagen Privatsache; auch ihre Muttertriebe, ihre Fürsorgebereitschaft und ihre soziale Empfindlichkeit. Lauter private Eigenschaften, für die ihr niemand öffentlich einen Kranz flicht. Es gibt keine Karriere, die solche Leistungen belohnte. Zu einem wesentlichen Teil liegt das daran, daß das Feld ihrer Tätigkeiten nicht veröffentlicht wird, wie sonst fast alles in unserer Gesellschaft.

Auch deshalb, wahrscheinlich sogar primär deshalb, drängt sie hinaus, will sie dorthin, wo der Beifall ist, koste es, was es wolle. Koste es auch die eigene Identität, die eigene Seelenruhe – und das eigene Glück. Erfolg gegen Glück, das ist die moderne Gleichung. Hans im Glück, Hanna im Erfolg – die Rollen sind auf einmal fast vertauscht.

Und sie inszeniert ihre lange unterdrückte Wut in der Frauenbewegung, der sie das Motto gibt: Raus aus den klassischen Fauenfeldern! Weil dort das Publikum fehlt, das draußen den Männern Beifall klatscht. Und weil sie da draußen auch nicht gern allein ist. Denn sie friert. Aber das läßt sich relativieren, wenn man in Frauengruppen zusammenrückt wie die Pinguine in der Arktis.

Sie macht also, um die Fehler ihres Daseins loszuwerden, einen neuen, spektakulären Fehler: Sie gibt sich hin für Aktivitäten in Feldern, auf denen sie der Erfolg allzuviel kostet, ja, auf denen sie zum Teil gar nicht erfolgreich sein kann. Da sie das spürt, ist sie von Anfang an vorwurfsvoll, damit er ein schlechtes Gewissen bekommt. Das bekommt er aber nicht, zuckt die Schultern, schaut weg, läßt sie gewähren. Seine Begriffsstutzigkeit, die sie für Indolenz hält, gegenüber ihrem Mienenspiel, ihren Signalen und Stimmungsäußerungen hilft ihm dabei, nichts zu bemerken. Das aber ist im Grunde das schlimmste, was ihr passieren kann, denn nun ist sie nicht mehr die Königin für ihn – und immer noch nicht seine Konkurrentin.

Und wieder rücken jetzt die Frauen in fremder Umgebung zusammen, bilden Netzwerke, die Trost und Wärme spenden, die Erfahrungen austauschen, Orientierungshilfen in einer bis vor kurzem noch unvertrauten Welt. Das hilft vielen von ihnen, aber es hat einen hohen Preis.

Wie kam es dazu? Das wird deutlich, wenn man überlegt, warum es bei Steinzeitjägern keine Frauenbewegungen gab. War es, obwohl oder weil dort die Wichtigkeit ihrer Rolle viel offenkundiger war?

Daß der Bär nicht die Beute der Frau sein konnte, daß ihre empfindliche Haut im eisigen Winter unter einem harten Lederwams fror und Schürfwunden bekommen hätte, daß sie mit ihren Muskeln nicht den schweren Speer in Büffel oder Mammut stechen konnte oder schwere Steinbrocken auf den Höhlenbären werfen, das alles war sonnenklar. Darüber gab es sicher keine Debatten. Daß die Jagdlogistik, der räumliche Orientierungssinn, das rudelhafte Ausschwärmen der Jäger mit deren spezieller Lust an körperlicher Belastung oder Gefahr zu tun hatte, lag auch klar zutage. Die offene Horde, in der jeder mit jedem konkurrierte, die »Öffentlichkeit« jener Zeit unterschied sich klar von dem Reich, in dem die Frau herrschte.

Und heute: Auch ein Konzern ist wie ein großer Bär, man sieht es nur nicht mehr. Alle Kampfaspekte der Jagd nach Erfolg sind abgefedert durch Abstraktion und Sublimierung. Sie, die Frau, kann nicht ohne weiteres sehen, daß das immer noch heißt: in Wind und Wetter durch stacheliges Gebüsch und Nesseln schleichen, wenig reden, wo gehandelt werden muß, Schmerz verleugnen, wenn angegriffen werden muß, und den Sieg am Feuer mit dem ganzen Rudel, den Rivalen, feiern. Die Beute heimbringen, damit im anderen Reich ebenfalls Wärme entsteht. Dort, im Schutz unter der Decke der Höhle, in dieses stiller flackernde Feuer, regnet es nicht.

Ja, auch im Konzern gibt es viele Wohnungen. Da gibt es auch Frauenarbeit, deshalb sind dort auch viele Frauen. Eben weil diese Arbeiten im Unterholz der Konzerne den Arbeiten in ihrem Reich so ähnlich sind: Beeren suchen, Zweige sammeln, die Beute verarbeiten, Mahlzeiten zubereiten, Jagdwunden verbinden – und alle anderen Wunden, die das Rabaukenhormon Testosteron beim Klettern oder Rangeln angerichtet hat. Das alles ist ihr vertrauter als die Arbeit an der Spitze des Konzerns. Dort nämlich steht ein Leitwolf auf dem Hügel wie ein Feldherr und fixiert über die Köpfe seines Rudels hinweg ein Ziel in der Ferne. Steht hier eine Frau, so schaut sie statt über die Köpfe in die Gesichter, um Rückmeldung zu holen – und beginnt zu zweifeln, ob das Ziel erreichbar, vielleicht sogar, ob es überhaupt vertretbar sei.

An der Spitze schädigt ihre Schrecksekunde oft die großen strategischen Linien, das schnelle Zupacken bei wichtigen Geschäften, ihr prosozialer Einspruch hält die ganze Gruppe auf, die vorwärtsstürmen möchte. Hier geht es nicht um Beschwichtigen und Vermitteln, hier geht es um Stimulieren und Anheizen: Das Adrenalin muß her, die Streßhormone, die betäubenden Endorphine. Wo die zögernde Frau ist, sinken Drehzahl und Temperatur, nehmen Sorgfalt und Empathie zu – das Sich-Kümmern aber lähmt die Kämpfer. Am Ende ruht der Konzern-Bär am Feuer und entspannt sich, statt im Wasserfall dem Lachs nachzustellen, von dem er lebt.

Für die speziellen Talente und Eigenschaften der Frau gibt es also – wie könnte es anders sein – geeignete und ungeeignete Aufgaben. Um die Weisheit zu entwickeln, das eine vom anderen zu unterscheiden, müßte der Feminismus sein Konzept ändern. Andernfalls werden seine Energien vor unrealistischen Zielen am Widerstand des Faktischen verpuffen.

Die Frau in der Mythologie

Als Gestalten der Mythologie, ja selbst als Göttinnen finden wir die Frauen teils als milde und sensuelle Wesen, aber sie zeigen oft auch tückische, dunkle und bösartige Seiten, die periodisch wiederkehren. Fast kann man auch einen zyklischen Wechsel in der folgenden Geschichte ahnen: Hades, der Herrscher über die Unterwelt, raubt Kore, die Tochter der Göttin der irdischen Fruchtbarkeit, deren Trauer die Erde trostlos und freudlos werden läßt. Zeus bestimmt am Ende, daß Kore zwei Drittel ihrer Lebenszeit auf der Erde und ein Drittel in der Unterwelt verbringen müsse. Der regelmäßige Wechsel der Kore zwischen dem blühenden Sommer und dem dunklen Winter in der düsteren Unterwelt kann dem verglichen werden, was stimmungslabile Frauen jeden Monat durchleben.

Die Wechselhaftigkeit im Erscheinungsbild mythologischer Frauengestalten hat auch im alten Ägypten merkwürdig zyklisch anmutende Züge. Die Göttin der Liebe, Hathor oder Bath, liebte in ihrer normalen Katzengestalt den Tanz, Musik und frohe Feste. Dann herrschten Frieden und Wohlstand in der Menschenwelt. Aber manchmal nahm sie Löwengestalt an und herrschte als die entsetzliche, Schrecken verbreitende Sechmet im heißen Wüstensand. Dort war sie so blutdurstig und zerstörerisch, daß sie alles Leben bedrohte. Dann herrschte Krieg, Unruhe und Not unter den Menschen. Allein der weise Thot, in der Gestalt eines Pavians, konnte die zornige Göttin in ihre Katzengestalt und zu den Menschen zurückrufen, was ihre wilden Kräfte zähmte. Hierbei aber gab es eine sehr störbare Umstellungsphase, in der alles entgleisen konnte. Sie schämte sich nämlich, daß jemand ihr anderes Gesicht gesehen hatte, und konnte, sobald so etwas angedeutet wurde, sofort wieder in ihre gefährliche Löwenidentität zurückschnellen. Thot zeigte den Menschen, wie sie mit schöner Musik die Göttin bezaubern konnten, indem sie sich so verhielten, als sei nichts Ungewöhnliches geschehen. So konnte sie erfolgreich durch die labile Umstellungsphase geleitet werden.

Pallas Athena oder Minerva ist die Frauengestalt, die am besten die männlich geprägte Frau repräsentiert. »Wie ein männlicher Gedanke aus der Stirn ihres Vaters geboren«, wurde sie zur Göttin des Krieges, der Stadt, der Intelligenz und der Gelehrsamkeit. Sie lehrt die Frauen das Spinnen und Weben, die Männer das Zügeln der Pferde, den Wagen- und Schiffbau. Sie lehrt Mann wie Frau, sich durch Arbeit und Selbstdisziplin weiterzuentwickeln. Als sie aus dem schmerzenden Kopf ihres Vaters Zeus geboren wird, ist das ungewöhnlich dramatisch: Der Schmied Hephaistos – selbst die Hebamme ist männlich! – muß Zeus' Schädel mit der Axt spalten, um sie zu entbinden. In der Folge darf kein Mann sie lieben, und Athena selbst hat keinen Kontakt mit der Gebärmutter – weder der ihrer Mutter noch ihrer eigenen. Sie ist eine lebende Allegorie dafür, daß man Intellekt als unvereinbar mit der weiblichen Biologie betrachtete. Heute sieht man derartige Frauengestalten oft in der Wissenschaft oder in der Geschäftswelt wieder, und man betrachtet sie gern als kühle Partnerinnen der Männer, nicht als ihre heiß Geliebte oder ihre warme Mutter. Nach wie vor empfindet man eine gewisse Unvereinbarkeit der Eigenschaften, obwohl man sie durchaus auch einmal vereint finden kann. Der Normalfall ist das jedenfalls nicht und wird es vermutlich auch nie werden.

Gestalten wie Jeanne d'Arc, jene Bauerntochter des 15. Jahrhunderts, die angeblich mit dem Erzengel Michael Kontakt hatte, der sie »Gottes Tochter« nannte, stellen ein ähnlich testosterongeprägtes Frauenbild dar, das uns auch in so mancher Regentin begegnet. Es ist ein Mischbild, an das wir uns zunehmend gewöhnen, ohne daß es deshalb spürbar häufiger sein würde.

Auch der Aspekt der reißenden, verschluckenden, der raubtierhaften Aggressivität der Frau taucht in den Mythen oft auf. Er ist klar zu unterscheiden von der rein kriegerischen, mit Muskelkraft zu besiegenden Aggression des Mannes. Nicht nur Pinkola-Estés' Wolfsfrau fällt einem hierzu ein, sondern auch die Weiber aus Schillers »Glocke«, die »zu Hyänen werden«, Ägyptens Sechmet als Löwin oder die tödlich grausame indische Göttin Kali auf ihrem Tiger. Und wir wissen, daß auch in der Frau wilde Aggressionen schlummern, vielleicht gerade deshalb, weil ihre physischen Begrenzungen von dieser Wildheit kompensiert werden müssen, weil das Grundmuster des Ausweichens – Angst und Flucht – und die Effekte von Oxytocin und Prolaktin (Unterordnung!) erst einmal zu überwinden sind.

Dagegen steht die Venus oder Aphrodite, im Spiegel sich selbst bewundernd und sehr an den Männern interessiert, ein in tausend Varianten – bis hin zu den Modellen moderner Modeagenturen – verbreitetes Bild der Frau: die attraktive Form der Weiblichkeit. Auch die christlichen Frauengestalten Maria – etwa in Gestalt der *mater dolorosa* –, und Anna (die Mutter Marias) sind eher vertraute Gestalten, indem sie zumindest das Mütterliche repräsentieren, das nicht in Pallas Athene oder Aphrodite zu erkennen ist. Eher schon ist die Venus von Willendorf, eine der ersten Plastiken der Menschheitsgeschichte, ein schonungslos realistisches Abbild einer fruchtbaren Mutter (s. S. 70).

Aber auch jenseits des christlichen Mythos von der großen, guten Mutter, der milden und sanften, großmütigen Madonna, die Empathie, Sympathie und Mitleid repräsentieren, gibt es in anderen Kulturkreisen umfassende Urbilder des Mütterlichen: Für die Hindus ist die Schöpfung der farbige Schleier der Göttin Maya, für die Ägypter war das ganze Universum der Körper der Muttergöttin Nut, der Himmel seine Unterseite. Mutter Erde, Gaia, ist ein anderes Bild, in dem die Ureigenschaft alles Weiblichen enthalten ist: Leben zu geben.

Auf der Suche nach der anderen Hälfte

Tröstend mag ein philosophischer Mythos über die Kraft der Liebe sein, den wir Platon verdanken. In seiner Schrift »Symposion« läßt er Aristophanes erklären, warum Eros der menschenfreundlichste aller Götter ist, ein Helfer und Arzt, der alles Böse zu heilen vermag (zit. nach Robert, S. 178 f.). In diesem scherzhaften Schöpfungsmythos waren die ursprünglichen Menschen kugelförmig, und es gab drei Geschlechter: Er war der Sonne verwandt, sie der Erde, und das dritte Geschlecht, der Androgyn, mit dem Mond, der zwischen Erde und Sonne lag. Diese runden, intakten Menschen waren so vermessen, die Götter herauszufordern.

Die Götter wollten ihnen einen Dämpfer aufsetzen, ohne sie zu vernichten. Da ihnen schon ein früherer Schöpfungsversuch fehlgeschlagen war – sie hatten die Riesen einstampfen müssen –, kam Zeus auf die rettende Idee, die Menschen in der Mitte zu teilen. Als man die natürlichen Gestalten in zwei Hälften geteilt hatte, sehnten sich diese Hälften nach einander und umarmten sich. Man hatte halbe Menschen geschaffen.

Jeder sucht seitdem nach seiner anderen Hälfte. Die Frauen, die ohne Mann auskommen, entstammen den irdischen Kugelwesen, die Männer, die Männer lieben, den Sonnenkugeln; aber alle Männer, die nach Frauen suchen, also alle Ehebrecher, und alle Frauen, die es – unzüchtig – nach Männern verlangt, stammen von den Androgynen, dem Mondkugelgeschlecht ab. Um nicht noch einmal geteilt zu werden und zu noch unförmigeren, unvollständigeren Figuren zu werden, so erläutert Aristophanes, müssen wir uns gut stellen mit Eros, dem Gott der Liebe. »Und so muß sich ein jeder anstrengen, seinen eigenen, richtigen Partner zu finden, was heutzutage nur wenigen vergönnt ist.«

Die Kommunikation – Logik der Dissonanzen

Vom agonalen Verhalten zu Kommunikation und Kooperation

Die ersten Lebewesen lebten nebeneinander her, ohne Möglichkeiten zur Kommunikation und ohne Bedarf danach. Die nächsten Stadien des Lebens – etwa bei den Weichtieren und den niederen Wirbeltieren – waren geprägt von feindselig-mißtrauischer Wahrnehmung eines anderen Lebewesens, das vor allem als Lebensraum-, Nahrungs- oder Paarungskonkurrent gesehen wurde, als Bedrohung, Freßfeind oder Bestandteil des eigenen Menüs. Ausnahme: der Paarungspartner. Diese Art des Miteinander nennt man das »agonale« Stadium des Lebens, dominiert von Abneigung und Mißtrauen, Flucht und Kampf. Wir sehen hier einmal von den staatenbildenden Insekten ab, weil sich dort schon relativ früh eine intensive Kommunikation entwickelt.

Lange dominieren reine Warn- und Drohgesten der Art: »Hier bin ich! Sieh dich vor! Such dir ein Leben woanders!« und das Freierverhalten bei Paarungszeremonien. Dann erst kommt es zu einem echten Kommunikationsbedarf. Dieser hängt intim zusammen mit dem Nutzen der Kooperation, die erst ab einer gewissen Intelligenz zustande kommt: Gruppenschutz, gemeinsame Jagd. Erst bei höherentwickeltem Verhalten wie gegenseitiger Hilfe und gemeinsamer Lebensführung werden Zuneigungsgesten, Bittverhalten, Unterwerfung und Vergebung die immer komplexeren Mittel der Zusammenarbeit.

Hier wird nun eine differenzierte Kommunikation unerläßlich: Laute, Grimassen, Gestik – die Sprache inklusive der Mimik und der Körpersprache. Sie wird bereits in den frühesten Kontakten von Eltern und Nachkommen eingeübt und nimmt bei den Primaten bald eine zentrale Stellung ein. Von jeher konnte es fatal sein, wenn Mißverständnisse entstanden, wenn die tatsächliche Bedeutung eines Zeichens verkannt wurde: Unnötige Kämpfe, verspätete Flucht, verpaßte Gelegenheiten konnten die Folge sein. Nicht selten ging es um Leben und Tod.

Bedeutung ist, was einem Zeichen im Kopf von Sender wie Empfänger wie auch in der Welt der Tatsachen regelmäßig zugeordnet wird. Die Bedeutungen nahmen also an Schärfe, Umfang und Differenziertheit mit dem wachsenden Inhalt der Köpfe zu. War die Bedeutung eines Warnrufs anfangs – etwa bei der Gemse – nur als: »Gefahr aus dem Tal!« zu verstehen, die zur Flucht nach oben anhielt, konnten Menschen einander später zurufen: »Eisberg 38° Nordnordwest voraus, Maschinen halbe Kraft!« Nach wie vor muß durch Vormachen und Nachahmen gelernt werden, was die Bedeutung der Signale ist und wie man mit ihnen umgeht.

Dabei war es schon immer so: Das Knurren eines leichterregten Wolfs bedeutet etwas anderes als das Knurren eines ruhigen, gelassenen, sich selten erregenden Individuums, so daß es neben der Gestalt eines Zeichens stets auch darauf ankam, wer es von sich gab. Darum soll es auch hier gehen: Werden die Zeichen der menschlichen Kommunikation, der Sprache, von Mann und Frau verschieden eingesetzt, bedeutet dasselbe Wort bei ihnen vielleicht gar Verschiedenes?

Männergespräche: Wettkampf im Gespräch

Wer Männergesprächen zuhört, am Stammtisch oder im Seminar, und ihren Inhalt und Gesprächsgang einmal schematisch darstellt, merkt bald: Männergespräche sind immer – mehr oder weniger offensichtlich – Angebergespräche. Der eine erzählt von einem hohen Haus, der andere war auf dem Empire State Building. Der dritte sagt: »Noch höher aber ist der Sears Tower!« Der eine erzählt von einem starken Mann, der andere von einem stärkeren. Er kannte ihn gut, sehr gut sogar. Wer sich gar an jemanden erinnerte, der 20 Liter Starkbier trinken konnte, ohne zu schwanken, steht im Mittelpunkt der Aufmerksamkeit, bis jemand einen 24-Liter-Trinker anführt, der sogar noch Handstand auf der Hochbrücke – auf dem Geländer! – machte. Geht es nicht mehr stärker und höher, muß rasch umgeschaltet werden: Wer kennt den grausamsten Sturz, das schlimmste Besäufnis, die bizarrsten Folgen? Wer die schnellste Fahrt von A nach B? – Ein wahrlich unsterbliches Männerthema, das auch das Leben vieler Männer nie mehr losläßt.

Wer erinnert sich an die abgestürzte Brücke, an das Erdbeben in San Francisco 1906, an das von Agadir – das schlimmste allerdings, das war in China: 800 000 Tote. – Das gibt dem Erzähler einen Punkt! Hier aber kommt man nun nicht mehr weiter. Das Thema, stets sachbezogen, wechselt zum schnellen Auto. Man kann auch seine Infopotenz zeigen, indem man Industrie-Interna mitteilt: der Gigant X wird demnächst mit dem Koloß Y fusionieren. Oder indem man den neuen Einspritzmotor besser noch die High-Tech-Ausrüstung eines Kampf-Jets genau beschreibt.

Der Mann protzt, mal auffällig, mal geschickt, mit seinen Leistungen oder seinen Kenntnissen, mit seinen Nachbarn und Bekannten, mit seiner letzten Reise oder seiner unersetzlichen Sammlung, mit seinem Spezialwissen, seinem reifen Urteil, seinem Kritikvermögen und seiner VIP-Rolle: »Nein, wieder dieser *jet lag*! Und der unaufhörliche Streß ...«, wo er doch jetzt den Chef vertritt.

Dieses Phänomen streckt sich über die ganze soziale Skala der Männergespräche und des Männerschweigens. Das gegerbte Seglergesicht mit seiner feinen Hautfalten, die lässig im Mundwinkel getragene Pfeife, der kesse Seidenschal, die goldene Schlipsnadel mit dem Golfclubabzeichen – sie können dasselbe sagen, und es bedarf keiner Worte. Der immer im Zentrum stehende Angeberinhalt ist natürlich in einer Männerkneipe leichter auszumachen als in der Cafeteria des germanistischen Instituts oder im Kernforschungszentrum, aber das liegt vor allem daran, daß betrunkene und einfältige Männer unverstellter aufreten als nüchterne Wissenschaftler. Wer glaubt, das Angeben sei ein Hobby der Primitivlinge, höre sich das im letzten Sommer auf einer skandinavischen Insel mitgeschriebene Gespräch zwischen einem Professor für Mathematik (M) und einem Chefchirurgen (C) an, das in ganz entspannter Atmosphäre stattfand.

M: »Wie bewegen Sie beim Schwimmen die Arme?«

C: »So« (zeigt es).

M: »Ganz falsch. Ich habe mir das Buch von [irgendeinem Weltrekordschwimmer] über Schwimmstile gekauft und nachgelesen. Der macht das so (macht es vor), und seit ich das tue, schwimme ich doppelt so schnell und völlig mühelos.«

C: (schweigt beeindruckt).

M: »Wie halten Sie die Hände beim Schwimmen?«

C: »So« (macht es vor – mit geschlossenen Fingern.)

M: »Ganz falsch! Wenn man die Finger öffnet, was niemand macht außer den Profis, nimmt der Strömungswiderstand zu!«

Jetzt ist M in seinem intellektuellen Element, erklärt das strömungstechnisch-mathematisch und springt danach ins Wasser. Mit großem Tempo und unter starkem Leistungsdruck legt er vor dem offenbar schwer beeindruckten Arzt und seinen drei Kindern eine lange, schnelle Schwimmtour hin, nach der er, blaulippig und vor Auskühlung klappernd, wiederkehrt. Es hat eine gute Stunde gekostet, aber es hat sich gelohnt. Immerhin: 2:0! – Das war so ein typisch erfolgreiches Männergespräch, in dieser Form abgelaufen zwischen zwei (im übrigen sehr klugen und kenntnisreichen) Vollakademikern. Ein Kuriosum dabei: Der andere Mann spielte mit, obwohl seine Verliererrolle mit der ersten Frage festgelegt war. Männer unterstützen unwillkürlich Männer, die angeben wollen.

Dabei ist das hier eine recht massive Demonstration von Überlegenheit. Der Schwimmspezialist hat in wenigen Minuten geschafft zu sagen: »Ich weiß mehr über das Schwimmen. Das ist auch keineswegs Zufall: Ich lese Bücher von Siegern, Weltrekordlern – nur die geben mir, was sich suche. Ich habe große Ambitionen. Ich bin eben sorgfältig und halte mich informiert. Ich verstehe auch die Dinge besser, etwa die Sache mit dem Winkel, der Friktion, mit der Atmung und der Konvektion. Notfalls kann ich das auch ausrechnen – das können nicht viele. Ich schwimme auch besser als du, kein Wunder. Ich bin fast ein Profi, du ein Dilettant. Und überhaupt, man erkennt es schon: Wer sich bei mir schlaumacht, ist gut beraten.« Und die in alledem verborgene, evolutionär wichtige Nachricht richtet sich an eventuell zuhörende Frauen: »Hört her, was ich kann und weiß – und wie toll ich diese Gaben verwalte! Paart euch mit mir – das werden tüchtige, kluge Kinder, die auch viel lernen und ganz schnell schwimmen werden, also ausgezeichnete Chancen haben zum Überleben ...«

Daher folgen Akademikergespräche meistens dem Muster »Ich weiß was, was du nicht weißt!« oder: »Alles ist völlig anders, als es aussieht!« Daher ist der Mann grundsätzlich an allem interessiert, was nicht stimmt, nicht funktioniert oder nicht erwünscht ist – an Mißständen und Unglücken, um seine Kritik breitflächig und mit Verve anzubringen. Männergespräche lassen daher, wenn sie nicht gerade den einen Supermann – ob im Formel-I-Rennen oder im Orgelbau – durch einen noch größeren zu überbieten suchen, meist keinen guten Faden an ihrem Gesprächsgegenstand: der Fußballmannschaft, der Regierung, der Forschungsförderung, der DFG, der Treuhand, der Polizei, den Gerichten, den Amerikanern, ihrem Arzt oder dem Rettungsdienst. Oder aber man erfährt vom Sprecher, daß gerade sein Anwalt der allerbeste, sein Krankenhaus das modernste, sein Dackel der schönste sei. Sprechen junge Ärzte miteinander, so durchschauen sie den dummen Gesundheitsminister, Soldaten das bornierte Hauptquartier, Lehrer die ignorante Schulleitung, Alkoholiker die heuchelnde Gesellschaft und Junkies die ganze Welt. Sie durchschauen ihr Objekt außerdem so mühelos wie ein Glas Wasser. Hört man längere Zeit Männern zu, wird es offenbar, daß die ganze in den von ihnen beanstandeten Ministerien, Gremien und Forschungszentren fehlende Kompetenz ausgerechnet in dieser Gesprächsrunde versammelt ist. Dabei ist das Gesagte oft so einfältig, daß ein heimlicher kompetenter Lauscher sich vor Lachen schütteln würde – ein Vergnügen, das mehr und mehr tüchtige Frauen, die in Männerrudeln mitarbeiten, still genießen.

Die Sprache von Männern ist auch oft erkennbar aggressiv. Der Berkeley-Psychologe Seth Roberts zeigte uns kürzlich einen Brief, der ihm als E-mail zugegangen war. Er hatte seinen Studenten eine elektronische Nachricht zukommen lassen, vom Universitätsinstitut automatisch an alle versandt, die als Teilnehmer an einem seiner EDV-Kurse notiert waren. Dieser Student hatte aus Versehen noch in dieser Liste gestanden, obwohl er den Kurs abgebrochen hatte, und verwahrte sich nun dagegen in seinem Brief: »*In case you havn't noted: I've quitted your fucking course. That's because it is so boaring.* Falls Sie es nicht gemerkt haben sollten: Ich habe ihren Scheißkurs gekippt. Weil er so stinklangweilig ist.«

Dies diagnostizierte Roberts direkt als einen typisch männlichen Brief, obwohl der Absender anfangs nur aus zwei Buchstaben bestand, die er erst später einem Studenten zuordnen konnte. Und in der Tat: Dieser Briefschreiber wollte verletzen, keineswegs nur sagen, daß er den Kurs abgebrochen hatte. Und für den Fall, daß sein Lehrer noch nicht genügend verletzt sein sollte von den ersten Sätzen, kommt noch ein Tritt hinterher. Hier war ein Reptilhirn am Werk. Das ist ein Verhalten, das er hundertmal bei männlichen, aber nie bei weiblichen Studenten erlebt hatte, denen ein so unfreundlicher, provokativer Stil in einem Brief an den eigenen Hochschullehrer sehr unpassend erschienen wäre – mit Recht: Es war ein Spiel unter Männern. Schmähreden von Mann zu Mann sind ein Kampfmuster, das zwischen den Geschlechtern nicht taugt.

Vom Kral zu Stammtisch, Vollversammlung und Lebenserinnerungen

Geeignet für solche Beobachtungen sind Stammtisch und Studentenkneipe, Offiziersmesse und Vollversammlungen, ob sich nun alternative Jungideologen oder konservative Altherrenriegen versammeln. Wem das noch nicht reicht, der gehe einmal auf einen nordafrikanischen Marktplatz und lausche dort den tunesischen, algerischen oder marokkanischen Männern, die zu Tausenden auf den Mauern und Kantsteinen sitzen, während ihre unsichtbar bleibenden Frauen zu Hause alle Arbeit tun, und mit leichter Hand in endlosem Redeschwall kein einziges Problem der Welt – von Allah bis zur UNO, von ihrer eigenen Armut bis zu fremden Geldern – ungelöst lassen. Die Männersprache ist – seit sie sich seinerzeit beim Palaver im Kral entwickelte – die Sprache von Feststellungen, Problemlösungen und bitterer Kritik geblieben. Man muß bei komplizierteren Unterhaltungen nur einmal hinreichend abstrahieren, um das klar zu sehen.

Wir sind an anderer Stelle ausführlich darauf eingegangen, was dieses männliche Angeben bedeutet und welche biologischen Motive es nähren. Dazu gehört nicht nur die Tatsache, daß die Männer von den Frauen für genau dieses Verhalten, den schnellen Wagen, die praktische Tüchtigkeit und den zu vermutenden Lebenserfolg geschätzt und als Paarungspartner gewählt werden, so daß die Angeberei, wie übertrieben auch immer, ihren Zweck am Ende oft tatsächlich erfüllt. Wer einmal in Porto Bañus bei Marbella an der Strandpromenade gesessen hat und die Menagerie der dortigen Schickeria studieren konnte, wird festgestellt haben, daß noch die lächerlichste Operettengestalt überstylter Herzensbrecher einen interessierten Partner findet: magere Junkies in martialischem Leder und geschminkte Männer im Rastafari- oder Pop-Look. Das Verhalten der Frauen allein gibt dem Mann als PR-Agenten seiner eigenen Vortrefflichkeit im Grunde immer Recht. Selbst die schweißstinkenden, fetten Motorradrocker finden ihre Bräute. Das hat eine lange biologische Geschichte.

Aber auch der Mann selbst ist für männliche Angeberei empfänglich und spielt grundsätzlich mit, da er auch selbst Mitspieler braucht. Wie schon der Hirsch- oder Elchbulle vor dem Imponiergehabe des Nebenbuhlers auswich, auch wenn dieser nur bluffte, wie die Elefantinnen am Ende tatsächlich die großen, aggressiven Bullen für ihre Selbstdarstellung mit Paarungsbereitschaft belohnten, so ist es auch unter Menschen üblich, einer dauerhaften Eigenpropaganda nachzugeben: Wer sich lange genug nach vorn drängt, kommt meistens auch ganz vorne an. Daher wird der Mann, der seine Leistung vor sich herträgt und ständig über sie spricht, auch eher für einen Institutsleiterposten gewählt als der stille, bescheidene Denker. Jeder, der sich von großsprecherischen Menschen beeindrucken läßt – es ist ja keineswegs immer Bluff! –, trägt hierzu bei.

Wer nämlich sagt, er ließe sich niemals von Angeberei beeinflussen,

Männer helfen Männern beim Angeben: Dieser Gorillavater tut so, als erschrecke ihn der kleine Sohn mit seiner Prahlgebärde. Dieses Als-ob-Spiel deutet bereits jenen doppelten Boden an, den die Primaten betreten und der sie allmählich auf die Empore der Selbstreflexion führen wird.

meint sie nur in einer Gestalt, die er bemerkt. Es ist wie mit der Behauptung, man möge keine Schmeichelei – auch das ist ein großer Unsinn, den schon Lichtenberg durchschaute: Jeder ist völlig verzückt von Schmeichelei, wenn sie ihm selbst gilt und hinreichend geschickt vorgebracht wird. In ihrer sachlichsten Form etwa, als Lob und Anerkennung, ist sie allen Menschen willkommen. Als öffentlich vorgebrachtes Lob wird sie eitlen Menschen schnell zum Lebenselixier, so daß sie sich außerhalb ihrer täglichen Dusche öffentlicher Zustimmung schon fast unwohl fühlen. Die Übergänge von der übertriebenen Schmeichelei zum berechtigten Lob sind fließend. Man hat unter Umständen einen Anspruch auf ein gewisses Maß an Anerkennung – wer will genau die Grenzen ziehen, wo die Übertreibung beginnt? Nur wenn die Schmeichelei so plump ist, daß man sie als solche durchschaut, fühlt man sich beleidigt von der Unterstellung, man würde sie selbst in ihrer aufdringlichsten Form nicht bemerken. Aber: Man spürt die Absicht, und ist verstimmt.

Wie bei der Schmeichelei, so auch bei der Angeberei. Als Prunk und Protz ist sie leicht zu erkennen und hat seit den großen Sonnenkönigen, Kalifen und Großmoguln ihre Wirkung niemals verfehlt: Die einen sind beeindruckt, die anderen empört. So kam es zu Demutsbezeugungen wie Revolutionen. Die geschickter, diskreter vorgebrachte Angeberei aber wird akzeptiert, ja, sie hat wichtige Funktionen. Sie geht kontinuierlich über in berechtigtes Selbstbewußtsein und in einen Stolz, vor dem sich der normale Mensch beeindruckt verbeugt. Das trägt dazu bei, daß ein Mensch, der wie ein General aussieht und sich wie ein solcher aufführt, oft auch tatsächlich General wird.

Man gesteht es einem tüchtigen Mann durchaus zu, von sich zu sagen, er sei tüchtig. Es ist nicht unbedingt erforderlich, daß alles stimmt, was er sagt; aber wenn es stimmt, so hilft das durchaus, die Achtung vor ihm aufrechtzuerhalten. Was ist dann die wahre, offenbar hilfreiche Funktion der Angeberei? Die Tüchtigkeitsvermutung, die dem Akteur bis zum Beweis des Gegenteils seinen Weg – in der Natur: zum biologischen Erfolg, in der Kultur: zu hohen Ehren – entscheidend ebnen kann.

Es ist ein typisch männliches Lebensziel, ein männliches Leben mit seinen Einsichten und Schlußfolgerungen, mit Wertungen und Maximen abschließend als Lebenswerk darzustellen. Man kann das als unerträgliche Wichtigtuerei erleben, wenn einem seine Ansichten fremd sind oder man in allem anderer Meinung ist. Man darf aber nicht übersehen, daß die Lebenserinnerungen eines Seneca, eines Marcus Aurelius und eines Pytheas aus durchaus ähnlichen Motiven heraus geschrieben sein werden. Es geht hier gar nicht um Richtig oder Falsch, um bedeutende Menschen und unbedeutende, sondern um die gemeinsamen Züge in den berühmten Autobiographien etwa eines Nixon, Genscher oder Kissinger. Das männlich-allzu-männliche Prinzip der Selbstdarstellung liegt ihnen allen zugrunde, schon allein in der Überzeugung, die Welt wolle an ihren Erinnerungen teilhaben. Eine hohe Auffassung von sich selbst ist eine Grundvoraussetzung, die bei allen Autoren von Autobiographien sicher erfüllt ist.

Man mag hier einwenden, daß die Position des Siegers, die VIP-Existenz, der Ruhm des Herausragens auch für den Mann die Ausnahme darstellt, und nicht den Prototyp. Dabei aber wird zweierlei vergessen: Erstens gibt es bescheidenere Ziele sowie unzählige, einander zum Teil überlappende Felder, auf denen man reüssieren kann: Neben der großen Politik und den nationalen Sportarenen bieten tausend kleine Radsportclubs und Briefmarkenvereine, freikirchliche Versammlungen, Orden, Logen, Gesellschaften und Zweckvereine bis hin zu Katzen- und Hundeausstellungen dem Erfolgsstreben Auslauf. Zweitens ist es gar nicht nötig, daß alle am Ende in Spitzenpositionen gelangen: Als Ansporn für das Streben der Millionen Namenlosen reicht das Idol aus, ob es nun von der Kinoleinwand oder aus dem Fernseher ins Alltagsleben strahlt. Es gibt die Richtung an, in der das männliche Streben angelegt wird.

Patrioten-und Patriarchen-Komplex

Es gibt auch die Richtung an, in der sich die Phantasien der Knaben und Männer und ihrer Spiele – im Kinderzimmer wie in den vielen Erwachsenen-Arenen – bewegen. Alles, vom ersten Steinchen und Ast des Kindes über den modernen Pentium-Computer des Heranwachsenden bis zu den elektronischen Kriegssimulatoren des Militärs wird in den Dienst des spielerischen Vollzugs der eigenen Superiorität gestellt. Nicht – wie bei den Mädchen – Kooperations- und Geschicklichkeitsspiele werden gewählt, sondern die härtesten und skrupellosesten Konfrontationsspiele, die denkbar sind. Alles wird dazu benutzt: Schachfiguren, Halma-, Mühle- und Damesteine, kleine Zinnsoldaten, Ritter und Cowboys aus Blei und Plastik, neuerdings Computerspiele, die auf hundert Arten den Gegner vernichten. Früher waren die Helden Zorro und Phantom, heute sind es Robocop und MANTIS.[7] Sie sind die modernen Cowboys und Ritter des elektronischen Zeitalters.

Wenn man glaubt, das seien nur Kinderspiele, betrachte man einmal die Reklamebilder, mit denen in internationalen Wehrzeitschriften Werbung für das modernste militärische Material gemacht wird: Sie alle bestehen aus Anspielungen auf das Erinnerungsgut des ewigen Kindes im Manne, der sich noch sehr gut – und voller Freude über die erfolgreiche Egopflege – an seine Ritterspiele und Sandkastenschlachten erinnert.

Was man im ersten Moment für das neueste Computerspiel von Nintendo hält, erweist sich als ernstgemeinte Reklame von General Dynamics, einer High-Tech-Firma, welche verspricht, Waffen mit ungeheurer Feuerkraft für die amerikanischen Streitkräfte des 21. Jahrhunderts zu schmieden. Wo sich die Ikonen für Erwachsene und für Kinder nicht nennenswert unterscheiden, teilen sie sicher ein inneres Bild von der Welt und ihrer eigenen Rolle in ihr.

In gewissen Karrieren können die individuellen Züge eines Menschen den Insignien erfolgreicher Anpassung weichen. Das Gefühl der eigenen Wichtigkeit beginnt auf Kosten der Persönlichkeit zu »wuchern«.

Daß ein überzogenes Selbstbewußtsein leicht in Wichtigtuerei, dann in Großmannssucht und am Ende – im militärischen wie im zivilen Bereich – in eine regelrechte VIP-Trance übergehen kann, ist ein leider nur allzu bekanntes Beispiel für das intellektuelle Versagen des Mannes. Vor der Verführung zu den Erlebnissen der eigenen Wichtigkeit wird er oft erstaunlich kritiklos. Das ist unter Männern mit Lebenserfahrung gut bekannt. Wenn etwa altetablierte Politiker einen Neuling, einen politischen Laien für ungeliebte Aufgaben anheuern wollen und dieser zaudert, wird unter der Hand geflüstert: »Gib ihm einige Wochen VIP-Behandlung!« – und schon schmilzt aller Widerstand wie Butter an der Sonne. Alfred Adler wußte, wie hoch der Selbstbestätigungsdrang der Menschen anzusetzen ist: ganz dicht unter dem Geltungsdrang und der Angeberei.

Es ist zu erwägen, ob es nicht auch tiefergreifende Erklärungen dafür gibt, daß Männer sich so oft in Szene setzen, ihre Funktionen so gern ritualisieren. Beamte, Offiziere, Politiker und Manager tun es öfter als die Unternehmer selbst, als Wissenschaftler und Künstler. Ist es ein Versuch, die Verantwortung darzustellen, der sie sich stellen? Alles, sagt der Auftritt, hat seine Form. Die Sinne der Anwesenden werden geschärft, ihre Aufmerksamkeit zentriert. Die Sorgfalt im Stil signalisiert nicht nur Sorgfalt und Qualität in der Arbeit, sondern auch: Wir haben Respekt vor der Wichtigkeit unserer Arbeit. Was wir entscheiden, beeinflußt viele Leben – wir nehmen das nicht auf die leichte Schulter. Es ist ein Signalspiel, an dem vielleicht nicht alle teilhaben. Distanz von der Leistung kann nur entstehen, wenn man auf Abstand geht. Auch Autorität erwächst eher aus der Distanz als aus der Verbrüderung. Vielleicht sind das alles averbale Ikonen für Dinge, mit denen unsere Sprache sich schwertut: Das Zeremoniell als eine zum Ornament stilisierte Körpersprache? Die Japaner mit ihrem besonderen Sinn für das Formelle, für ritualisierte Sitten und Gebräuche müßten darauf eine Antwort wissen. Frauen haben weniger Sinn dafür, was ihnen auch folgerichtig gewisse Schwierigkeiten bereitet in einer männlichen Welt mit ihrem Faible für Insignien, Haltung, Pathos und Zeremonien.

Es ist daher vielleicht nicht überraschend, daß man bei den ganz anders gepolten Verkündern seelischer und geistiger Werte, bei Gelehrten und Kirchenfürsten ähnliche Züge findet, und man kann diese Art männlicher Stärke und Strenge selbst bei den Sendboten der großen Liebe Gottes beobachten. Dazu braucht man gar nicht an Kardinäle, Päpste und Imame zu denken, sondern es reicht mancher schlichte Prediger.

Schaffensdrang, Lebenswerk und innerer Antrieb

In den komplexen Systemen der modernen Zivilisation bieten sich zahllose Varianten an, die simple Angeberei mit Projekten, Strategien, Entwürfen und Ritualen zu tarnen. Das Männerrudel in Vorstandsetagen und Geschäftsleitungen wirkt unter diesem Blickwinkel wie ein Team zur wechselseitigen Aufwertung, wie eine Seilschaft zur gehobenen Egopflege. Das beginnt bei der Wahl eines exklusiven Ambientes für das gemeinsame Mittagessen und hört bei den Edelmarke von Krawatte und Auto noch lange nicht auf. Politik und Wirtschaft, Lehre und Forschung, sie alle haben ihre eigenen Spielregeln zur Sicherung von Erfolg – nicht nur in der Sache, sondern auch für die Imponierbedürfnisse der Mitspieler.

Dem Politiker sichert die erfolgreiche Selbstdarstellung seine Stellung, er darf sich sogar professionelle Berater dafür – vom Wähler wie vom Gegner – bezahlen lassen, so erwünscht ist die Eigenwerbung: Ich bin der Beste! Wählt mich! Dem Boß eines großen Konzerns ist vielleicht auch noch erlaubt, was einem Chefchirurgen gerade noch durchginge und dem Rektor einer Schule bereits einen Aufstand seiner Lehrer einbringen würde. Von einem hochkarätigen Wissenschaftler erwartet man, daß er noch bescheidener auftrittt, denn er sollte darauf bauen, daß seine Leistungen für ihn sprechen. Dieses komplizierte soziale Spiel fordert von allen Beteiligten ein angemessenes und regelgerechtes Verhalten, und Selbstdarstellung ist nur noch in den jeweils gegebenen Grenzen gestattet. Was dem Politiker noch eine Selbstverständlichkeit, dem Wirtschaftsführer noch zugestanden, wird dem Chirurgen bereits als unangenehme Angeberei angelastet – und dem Forscher selbst dann verübelt, wenn es stimmt. Einstein etwa, bei dem man es wohl ausnahmsweise akzeptiert hätte, hat niemals erkennbar angegeben.

Dafür gibt es dann etwa den Trick einer übertriebenen Bescheidenheit, die andere zum Widerspruch animiert. Den kann man dann schmunzelnd hinnehmen. In klügeren Köpfen wird das zu einem immer komplizierteren Vorgang, aber im Prinzip kann man die männliche Grundhaltung und ihren Anspruch auf Ruhm und Anerkennung in einem lebenslangen Erfolgsspiel immer identifizieren. Er ist sozusagen beim lebenslangen VIP-Monopoly, ständig unter Strom, niemals ganz zufrieden. Der Urmotor seines Ehrgeizes, Urtrieb des von Alfred Adler beschworenen zentralen Bedürfnisses jedes Individuums nach Selbstbestätigung und einer eigenen Wichtigkeit, ist dieser unstillbare Hunger nach VIP-Erfolgen. Bei vielen Männern, die einmal auf diese Schiene der vorprogrammierten Bedeutungszunahme geraten sind, rastet er nie.

Die männliche Angeberei ist also nichts, was nur zu belächeln wäre. Sie ist nicht nur Anlaß zu Wirtshausschlägereien, sondern auch der Motor der größten Werke und Erfolge der Menschheitsgeschichte. Wenn der alte Michelangelo, Tizian oder Tieopolo, wenn 70- und 80jährige Greise hoch an der Decke in unbequemer Rückenlage an ihren unsterblichen Malereien arbeiteten, so muß man ihnen zubilligen, daß sie dafür eine Motivation brauchten. Es ist nicht nur Gestaltungsdrang, sondern – das erfährt man in Gesprächen mit älteren Künstlern und Wissenschaftlern immer wieder – auch ihr Stolz, ihr unstillbarer Wunsch, der ganzen Welt in ihrer Kunst die unmißverständliche Nachricht zu hinterlassen: Das alles konnte ich! Und viele Geisteswissenschaftler und große Enzyklopädisten arbeiten an ihren schriftlichen Werken mit dem gleichen unbedingten Eifer bis ins hohe Alter, Tag und Nacht, um uns zuzurufen: Das alles wußte ich! Die großen Naturwissenschaftler haben gegrübelt und geforscht, oft unter Aufgabe ihres Familienlebens und auf Kosten ihrer Gesundheit, um der Nachwelt zu beweisen: Das Rätsel löste ich!

Dieser männliche Schaffensdrang, diese Hingabe an eine – oft selbstgestellte – Aufgabe ist durch die bizarre Geschichte jenes Mannes, der beschlossen hat, ein ganzes Schiff durch den südamerikanischen Dschungel zu schleppen und sich durch keinerlei Widrigkeiten davon abbringen läßt, exemplarisch beschrieben. Das ist ein Männerleben, nur meistens mit einem – wenigstens vordergründig haltbaren – Sinn. Daß es sich bei genauerer Betrachtung und aus etwas historischem Abstand oft um ähnliche Sinnlosigkeiten handelt, für welche die Männer schuften und sterben, ist eine sich ständig wiederholende Tragik: sinnlose Großprojekte, die niemand braucht, Pyramiden, die abrutschen und Tausende erschlagen, Protzbauten, die beim nächsten Erdbeben zusammenbrechen, Luxusliner, die bei der Jungfernfahrt untergehen, Zeppeline, die verbrennen, Weltraumraketen, die explodieren – das alles sind typische Männerwerke. Ist das die Domäne des unbeugsam willensstarken Mannes: der zäh durchgesetzte und unter großen Opfern realisierte Riesenflop? Ist der Mann der ewige Spezialist für die steingewordene, tödliche Angeberei eines urteilsschwachen Reptilhirns?

Betrachtet man die Weltgeschichte, so kann es durchaus so aussehen. Aber das ist nur die eine, die ärgerliche Seite dieses nicht stillbaren Strebens nach dem großen Lebenswerk, allegorisch festgehalten in der Geschichte des Turmbaus zu Babel. Sicher, auch die chinesische Mauer, der Panamakanal sind ähnliche Produkte männlicher Phantasie, die unzählige Leben der virilen Sturheit opferten, viel schlimmer aber waren die vielen untergegangenen Großreiche, von den schnell verwehten Eroberungen Alexanders des Großen und Tamerlans bis hin zum »Tausendjährigen Reich«. Dafür starben nicht nur Tausende, sondern viele Millionen. Die ewige Jagd nach dem erlösenden Lebens-Heureka ist für alle großen – und leider auch kleinen – Männer der Weltgeschichte, ob Künstler, Staatsmann oder Philosoph, ein ganz zentraler Wunsch, der unbegrenzte Antriebsenergien bereithält.

Dennoch ist es natürlich mehr als nur der Wunsch nach einer angeberischen Selbstdarstellung, vergleichbar den verherrlichenden Triumphsäulen und Obelisken verschwundener Herrscher, deren Namen – wie etwa Ramses II. – von einer gelungenen PR-Kampagne der ägyptischen Steinmetze auf die Nachwelt überkam. Es ist vielmehr der uralte Trieb des männlichen Individuums, sich – um jeden Preis und am liebsten mit großen und ernsthaften, lebenswichtigen und anerkannten Leistungen – innerhalb ihrer Art einen herausragenden Platz, am liebsten für immer, zu sichern.

Vom Austesten der eigenen Grenzen zum Wunsch nach Unsterblichkeit

Unsere Formulierung, der Mann sei im Grunde ein konstitutioneller Angeber, ist also provokativ gewählt und zielt ab auf eine immer wieder auftauchende Facette seiner Natur: das Geltungsbedürfnis. Die Angeberei und die ihr zugrundeliegende Geltungssucht ist dabei nichts anderes als die Übertreibung einer Eigenschaft, die das Leben seit jeher begleitet, die dem erwachenden Ich-Bewußtsein von Anfang an mitgegeben wurde: dem Drang nach Selbstbestätigung, nach dem Austesten der eigenen Leistungsgrenzen. Was halte ich aus? Was schaffe ich eigentlich im Extremfall, ehe mir die Glieder abfallen, das Herz stehenbleibt? – Diese uralten Fragen der Selbsterforschung sind es, welche die ewigen Kinder auf der Suche nach dem eigenen Ego niemals mehr loslassen.

Adler hatte vermutlich recht, als er diese menschliche Eigenschaft noch höher als den Sexualtrieb setzte. Zumindest sind hier zwei gleichstarke Motivstrukturen am Werke, die im Notfall für einander eintreten können. Es gibt ohne Zweifel ein Kontinuum, das vom einfachen Selbstbewußtsein über die Selbstbestätigung und den Stolz bis hin zu Geltungsdrang und Geltungssucht reicht. In seinem Gefolge kommt es zu allen menschlichen Leistungen: dem normalen Lebenseinsatz, den Anstrengungen zur Selbsterhaltung und dem Einsatz für seine Familie und Art, zu Ambitionen und Selbstdarstellung, zu Schaffens-, Gestaltungs- und Mitteilungsdrang, zu Gesängen und Geschichten, zu Enzyklopädien und Atommodellen. Wo hier das eine durch Übertreibung in das andere, das Unangenehme, übergeht, wo das andere durch Sublimierung der Willensenergien zurückgenommen wird und in das eine, das Hilfreiche, Ehrenvolle, übergeht, wird für immer Gegenstand unserer Wertungen bleiben.

In diesem Trieb der Selbstbestätigung, der von Grund auf als legitim angesehen werden muß, steckt manches wohlbekannte Phänomen: auch das Singen im dunklen Keller, das Sich-selbst-Mut-Machen, jener Trick der Selbstüberwindung, sich vor dem Klippensprung beschwörend zuzurufen: »Du schaffst das! Du schaffst das! Ganz gewiß schaffst du das!« Dies kann zu einer selbsterfüllenden Prophezeiung werden, zu einer Methode, sich selbst anzufeuern. Manche nutzen sie lebenslang. Sie kann zur Plage werden, den Menschen tothetzen. Aber oft ist es nur ein Moment Unaufmerksamkeit, der diese Urkraft der Psyche in der menschlichen Kommunikation zur Angeberei werden läßt. Da ist es gut, sich ihrer Wurzeln zu entsinnen.

Hinter all diesen Bemühungen um einen Platz im Kopf der anderen Menschen, und zwar auf ewig, steckt natürlich die schmerzhafte und verunsichernde Erkenntnis unserer Sterblichkeit und der Vergänglichkeit aller Menschenwerke. Sie feuert die Anstrengungen des Menschen an, doch irgendwie Unsterblichkeit zu erlangen, in einer fast überheblichem Weiterentwicklung des vergleichsweise harmlosen, weil viel bescheideneren Strebens des Hirsches, sich in seiner begrenzten Region einen führenden Platz zu erkämpfen. Wenn dieser Trieb zu vielleicht vermessenen Unsterblichkeitswünschen bei talentierten Menschen anstelle eines rücksichtslosen Lebens auf Kosten anderer zu einem inhaltsreichen Leben zur Freude und zum Nutzen anderer führt, so ist wohl nichts gegen diese Art der Selbstdarstellung einzuwenden. Eigene Wünsche und fremde Bedürfnisse zusammenfallen zu lassen, ist vermutlich ein guter Weg zur Zufriedenheit.

Der Trieb zur unbedingten Selbstverwirklichung ist dem Mann offensichtlich ins Erbgut gelegt. Es sieht aus, als fände er sich nicht in gleicher Stärke und Rücksichtslosigkeit in den Anlagen der Frau, denn dort würde er mit näherliegenden, wichtigen Lebenszielen folgenschwer kollidieren. Was beim Mann gerade noch artverträglich ist, selbst sein individueller Tod – bei der Frau wäre es ein dummer Versuch, den Inhalt zu verbessern, indem man das ihn bergende Gefäß zerschlägt. Der biologischen Entbehrlichkeit des Mannes entspricht – als komplementäres Gegenstück – die Unentbehrlichkeit der Frau. Das ist zugleich ihre evolutionäre Verantwortung – und leider in unserer Epoche nicht mehr ihr Stolz. Beides wird noch lange die schmerzhafte Folge unserer biologischen Herkunft bleiben.

Frauengespräche: Seelenstoff

Gespräche zwischen Frauen sind ganz anders. Schreibt man ein Kaffeegespräch nieder, läßt sich beim Lesen meisten schon auf der ersten halben Seite sagen, ob Männer oder Frauen an diesem Kaffeetisch saßen. Kommt etwa ein Satz vor wie: » . . . und das bei meinem Rücken!«, so waren es Frauen. Ein Mann, der Rückenschmerzen hat, gibt das allenfalls auf Befragung hin zu – er würde niemals damit so demonstrativ nach Mitleid fischen, denn er weiß: Männer sagen zwar vielleicht: »Du Armer!«, aber sie denken: Was für ein Schlappschwanz. Kann der nicht mal einen Billardtisch heben? Und vor allem: Mit dem ist im Ernstfall nicht viel anzufangen. Hier droht die echte Diskriminierung: kein richtiger Mann!

Ist die Gruppe allerdings gemischt, so könnte eine solche Aussage sich an weibliche Zuhörer richten, so daß die Unterscheidungen schwieriger werden. Da muß man weiterlesen. Bald aber wird sich ein Satz einstellen, der deutlich erkennen läßt, ob hier eher ein harmoniesuchendes limbisches System oder eher ein konfrontationsbereites Reptilhirn am Werke ist, ob jemand Seelenstoff hereinholt oder sich gegen ihn abschirmt. Auch kann man sehen, ob es um die Sache selbst geht oder um die sie begleitenden Gefühle und die von den Ereignissen betroffenen Personen. Männersprache – das sind Aussagen und Feststellungen. Frauensprache – das sind eher Fragen, Nachfragen. Männern geht es oft um das Prinzip, um die Idee, Frauen um die Beziehungen einer Angelegenheit zu ihnen selbst. Als einmal in einer Männerrunde von Juristen der folgende Satz über einige tüchtige Staatsanwältinnen fiel: »Frauen beziehen oft etwas ganz ohne Anlaß auf sich selbst«, schaute die einzige Frau in der Runde plötzlich empört auf und sagte mit Nachdruck: »*Ich* aber nicht!« Und stimmte nach einer Überraschungspause in das allgemeine Gelächter mit ein.

Frauengespräche folgen generell eher dem Muster: »Findst du nicht auch ....?«, »Ist es nicht ganz unglaublich (wunderbar, überraschend), daß ...«. Diese Fragen suchen Verbundenheit und pflegen sie auch zu erhalten. Es soll eher Einigkeit hergestellt werden als Konfrontation. Es geht nicht um Fußball und Politik, sondern um Menschen und ihre Erlebnisse. Auch die genußvolle Médisance verbindet. Wenn man widerspricht, dann etwa in der Form: »Ja, aber nicht nur das. Außerdem hat sie ...« Und vor allem: Das Gespräch wird von Gefühlen handeln, von Verhaltensweisen, Stimmungen, Meinungen und Gerüchten, einem guten Kauf oder einem Schicksal. Was sie lange beschäftigt, ist etwa ein Unglück, bei dem sie sich – in völliger Harmonie – einig darüber äußern, wie entsetzlich alles war, wie sehr nun die Mutter leidet, oder ein Fest, das ungewöhnlich geglückt verlief. Spannend ist nicht eine Baisse an der Börse, sondern was die Familie X wohl mit dem Lottogewinn machen werde. Die Themen sind auf jeden Fall limbisch relevant oder handeln von vordergründig relevanten Ereignissen des Alltags. Wenn die Britischen Inseln eines Morgens verschwunden wären, es ist keineswegs sicher, daß das in einem weiblichen Kaffeegespräch überhaupt zur Sprache käme, während die Männer vermutlich tagelang über nichts anderes mehr sprächen.

Nicht Dominanz zählt, sondern Verbundenheit

Frau befriedigen ihr Bedürfnis nach Geltung und Anerkennung anders. Was sie beim männlichen Angeber allenfalls bewundern, das tolerieren sie bei ihresgleichen nicht. Angeberei schafft Abstand und macht lächerlich, Präpotenz isoliert. Da Frauen eher Nähe suchen und Zuneigung als

Distanz, kommt für sie – wieder einmal! – nur ein gemischtes Konzept in Frage: Man soll sie mögen. Was die Frau mitteilt, soll nicht trennen, sondern binden. Der Männersatz, manchem Machtmenschen in den Mund gelegt und von Wichtigtuern auch tatsächlich hin und wieder zu hören: »Sie brauchen mich nicht zu lieben, aber fürchten sollen sie mich!« würde ihr schwer über die Lippen kommen. Weder Frauen noch Männer mögen solche Sätze aus Frauenmund. Auch befreite Frauen sollten hier nicht mit Toleranz rechnen, wenn sie Charme und Freundlichkeit gleichzeitig opfern.

Bei einer Frau gilt als hoher Rang schon ihre Querverankerung unter anderen Frauen: viele Freundinnen haben, sie behalten, bei ihnen etwas gelten und bewundert werden. Florence Nightingale, Lady Diana mit ihren demonstrativen sozialen und caritativen Einsätzen, Mutter Teresa – sie alle gehören, wenn auch exponiert, in dasselbe Spektrum des Weiblichen. Diese eher vernetzten Rangbegriffe kommen ohne das aus, was jeden Männerrang kennzeichnet: die klare Hierarchie.

Männer suchen die Spitze um jeden Preis: In irgend etwas muß man ganz oben sein, in einer Welt, die in ihren Wertungen auf dem Kopf steht, eben notfalls ganz unten. Am liebsten wird man bewundert, wenn nicht das, dann geachtet; wenn nicht das, dann gefürchtet; wenn nicht das, dann eben gehaßt. Unter Männern zählen Ränge. Spitzenpositionen werden überall vergeben, auch in der Unterwelt und im Gefängnis. Bei der Frau hingegen wird selbst in diesem Milieu eher eine andere Seite des Menschen sichtbar: Der Mensch ist ein soziales Wesen, ganz besonders die Frau. Selbst im Frauengefängnis, in der düsteren Zelle geht es ihr vor allem um Nähe und Wertschätzung – ohne Zweifel eine weitaus friedfertigere Maxime.

Oft trägt die Frau ihr Bedürfnis nach Anerkennung demonstrativ vor sich her und sagt, was ihr fehlt. Der Mann, der gelernt hat, so etwas in sich zu verschließen, weiß in der Regel keine gute Antwort auf diese Anforderungen. Wie berechtigt auch immer, ihre Forderungen bleiben oft unbeantwortet. Sie können sogar kontraproduktiv sein, denn ihm fallen Streicheleinheiten auf Abruf grundsätzlich sehr schwer. Er kann auch nicht genau ausdrücken, warum. »Es will mir nicht über die Lippen«, oder »Es nimmt mir die Spontaneität.« Gemeint ist in jedem Fall: »Ich will, aber es geht nicht.«

Die Frau hat mehr Register als der Mann, um ihr Selbstbewußtsein zu pflegen. Da sie nicht Dominanz, sondern Verbundenheit sucht, kann sie auch durch demonstrative Hilflosigkeit – das absolute Gegenteil männlicher Strategien! – Aufmerksamkeit und Nähe herbeirufen. Dies ist die Opfer-Power, die wir schon mehrmals erwähnten. Es ist die auf humane Verhältnisse angehobene Strategie, die im Mann angelegten Schutzprogramme für sich einzuspannen, und sie muß daher schauerlich mißlingen, wo dem Mann diese Instinktausrüstung fehlt.

Damit kommen wir zu den chronischen Reibungsflächen zwischen männlicher und weiblicher Kommunikation. Sie liegen dort, wo sie verschiedenen Gesetzen folgen, nicht im gleichen Zeittakt ablaufen, falsche Erwartungen erwecken und oft auch geschlechterspezifisch unterschiedliche Bedeutungen tragen.

Im Labyrinth des Mißverstehens

Wenn nun die so unterschiedlichen Kommunikationsformen von Männern und Frauen aufeinandertreffen, kommt es zu Mißverständnissen entlang vorgezeichneter Bruchlinien. Das ist nicht der Fall, wo im aufmerksamen, höflichen Gespräch zwischen wenigen Personen (festliches Essen, Kaffeetisch, Symposium, Konferenz) bewußt zugehört und auf den anderen bemüht eingegangen wird. Überall dort aber, wo Gewöhnung und Nachlässigkeit, Streß und Verdrossenheit die Geduld verkürzen, den guten Willen verzehren und die Reizschwellen sinken, kommt es zu ganz typischen Problemen. Es sind einige Grundmuster, deren Strukturen sich in tausend Varianten wiederholen.

Das erste ist die Vermengung verschiedener Kommunikationsebenen. Man kann sagen: »Wie schön, daß Du kommst!«, während das gequälte Lächeln nicht die Augen erreicht und der zurückweichende Körper mit zwei schnellen Windungen sagt: Um Gottes willen, nicht schon wieder! Etwas überspitzt: Der Mann hört, was gesagt wird, die Frau, wie es gesagt wird. Sie erwartet, daß der Mann auch merkt, wenn sie etwas nicht ganz genau so meint, wie es lautet. Er aber hört nur das Gesagte und ignoriert das Mienenspiel. Es gibt einige scherzhafte Wendungen, die darauf anspielen:

Ein Mann ist jemand, der, wenn eine Frau sagt: »Laß man, ich mach das!«, sie das machen läßt.

Eine Frau ist jemand, der, wenn sie sagt: »Laß man, ich mach das!« und der Mann sie läßt, wütend wird.

Ein Mann ist jemand, der, wenn eine Frau sagt: »Laß man, ich mach das!« und er sie läßt, und sie dann wütend wird, fragt: »Warum bist du eigentlich so wütend?«

Eine Frau ist jemand, der, wenn sie sagt: »Laß man, ich mach das!« und der Mann sie läßt, und sie wütend wird, und der Mann dann fragt: »Warum bist du eigentlich so wütend?«, antwortet: »Wenn du das nicht begreifst, so hat es keinen Sinn, dir das zu erklären!«

Dies ist eine klassische Folge von Worten und Reaktionen, die jeweils an dem vorbeigehen, was der andere eigentlich will. Diesen Unterschied zwischen der Botschaft im Obertext und der Begleitbotschaft in der Körpersprache hat der Spötter Oscar Wilde zu dem Aphorismus veranlaßt, Frauen seien wie Bilder. Wolle man wissen, was sie wirklich wünschen, müsse man sie ansehen, dürfe ihnen aber nicht zuhören. Viele Bücher geben Streitgespräche wieder, die unaufhaltsam aus Bagatell-Anlässen und fast komischen Mißverständnissen dieser Art in ernste Zerwürfnisse einmünden. Dies rechtzeitig abwenden zu lernen, setzt voraus, daß man den Mechanismus erkennt, um ihn schon im Vorfeld mit Humor oder Sorgfalt außer Kraft zu setzen.

Das Klagelied der Frau

Ist die negative Seite der männlichen Verdrossenheit und unzufriedenen Unruhe die aggressive Kritik, das Streiten, Bestreiten und Verurteilen, so nimmt diese Verdrossenheit bei der Frau eher den Charakter des Klagens und Schimpfens an. Schon in ruhiger Stimmung können in alltäglichen Äußerungen, die den ganzen Tag aus ihr herausströmen, die eigenen Befindlichkeiten einen zentralen Platz einnehmen. Kopfschmerzen und Müdigkeit allein, gegebenfalls auch ihre Arbeitsbürde, können viel Gesprächsstoff liefern. Während die introvertierte, nicht selten auch die intellektuelle Frau naturgemäß vieles in sich zurückhält, kann bei einer temperamentvoll-extrovertierten Frau der limbische Weg ins Bewußtsein, der unaufhörlich bewertet und emotional reagiert, mit ihrer großen Wortflüssigkeit eine wahrlich unheilvolle Verbindung eingehen.

Im Extremfall kann hier tatsächlich jenes unaufhörliche Klagelied anheben, vor dem der eine Mann in die Kneipe, der andere in die Arbeit – und im Endeffekt zu seiner verständnisvolleren, weil weniger frustrierten Freundin flieht. »Die Olle nörgelt!« ist die klassische Kurzformel für diese Fluchtbewegung. Es handelt sich dabei um halbautomatisierte Vorgänge, die man nicht gutheißen muß, nur weil man sie versteht.

In den normalen Alltagsgesprächen der Frau, in ihrem Focus auf menschliche Stimmungen, Alltagsprobleme und Befindlichkeiten, wie sie sich zwingend aus ihrem Leben und den Bedürfnissen ihrer Familie ergeben, kündigt sich schon an, in welcher Richtung diese entgleisen können. Wenn die Frau überfordert ist, wird sie nicht – wie der Mann – gefährlich, sondern eher desperat und unangenehm: Sie wird fordernd, wo der Mann flucht. Sie wird aufdringlich und penetrant, wo der Mann sich abwendet und sich wie ein Gürteltier verschließt, sich immer mehr einigelt. Sie schreit ihn an: »Sprich mit mir!« Er schmettert die Tür zu.

Sie braucht in einer solchen Krisensituation immer mehr Zuwendung, die ihr oft nur von einer verständnisvollen Freundin zuteil werden kann. Daraus entstehen überall die Notgemeinschaften der Frauen, ob nun offizielle Netzwerke, Therapiegruppen oder Freundschaftskreise. Manchmal helfen sie, oft blasen alle diese Bemühungen bereits in einen kalten Ofen. Eine Frau, die das wirklich braucht, ist vermutlich schon sehr schlimm dran.

Dabei fühlt die Frau sich ganz schuldlos an allem, denn es ist im Grunde doch gut, zu sagen, was man braucht. Das ist es auch, aber es hilft wenig, wenn der Mann nicht hinhört. Seine »Zuhördrüse« *(listening gland)* sei verkümmert, sagt der Barry-inspirierte Amerikaner scherzhaft, und – wie so oft – kommt hier ein rauher Scherz der Wahrheit nahe (s. Abb. S. 521). In Wirklichkeit hat er gar keine solche Drüse. Er hat die große Konzentration zu seiner Verfügung, mit der er wählt, was von dieser großen Welt er wahrnehmen möchte. Und wenn das, was hereinkommt, zu schmerzhaft ist, läßt er seine Schutzjalousien herunter.

Inkongruenzen und Phasenverschiebungen

Unterschiedliche Ausrichtungen der Aufmerksamkeit lassen dieselbe Wirklichkeit sehr verschieden erscheinen. Das Gleichnis der drei Blinden, die einen Elefanten an Rüssel, Bauch und Bein anfassen und so zu vier sehr unterschiedlichen Vorstellungen eines Elefanten kommen, ist wohlbekannt.

Wer die Welt auf die Fühler nimmt statt auf die Hörner, erlebt auch ganz andere Reaktionen von ihr. Wer freundlich lächelnd in seine Umgebung schaut, bekommt bald ein Echo seiner guten Stimmung – auch er wird plötzlich angelächelt. Nicht nur das Gähnen steckt an. In den letzten Jahren hat die Wissenschaft eine alte Vermutung bestätigen können: Es geht vom Mienenspiel ein Pfad in das limbische System, der von den Erregungen in beiden Richtungen beschritten wird. Grimmig dreinzuschauen zeigt nicht etwa nur die Stimmung an, sondern beeinflußt sie auch; freundlich dreinzuschauen bereitet auch freundliches

Befinden vor. Mimik und limbisches System hängen untrennbar miteinander zusammen. Aus diesem Grunde kann man auch sehen, ob ein Lächeln von innen kommt: Dann nämlich, limbisch gesteuert, erreicht es die Augen, denn es involviert alle drei Äste des Fazialisnervs. Ist es nur ein Hirnrindenbefehl, Lächle! Das erwartet man jetzt von dir!, so zieht man nur an den Muskeln des Mundes, nur der dritte Ast desselben Nervs ist engagiert, und das Lächeln wirkt steif und gekünstelt.

Es ist eindeutig, daß Frauen und Männer die Welt unterschiedlich wahrnehmen. Die Voreinstellung auf limbische Reaktionen (bei der Frau) oder Stammhirnreflexe (beim Mann) läßt sich nur mit viel Übung ändern. Daher besteht von Anfang an eine Art kommunikativer Inkongruenz, die sich im Gespräch zwischen Kindern langsam abschleift. Bei extrem engagierenden (spannenden, erschreckenden, bedrohlichen, stimulierenden) Reizen aber kommt sie wieder zum Vorschein.

Der Mann schwingt schneller, die Frau langsamer; diesen unterschiedlichen Zeittakt im Nachhall bei den Geschlechtern haben wir auch ausführlich besprochen. Das führt selbstverständlich zu einer zeitlichen Phasenverschiebung auch der Reaktion. Der Mensch mit einem längeren inneren Echo, mit höherer Retentionalität, wird es als gefühlskalt oder oberflächlich empfinden, wenn er etwas emotional Aufregendes aufgreift und feststellen muß, daß der andere schon längst auf ein anderes Thema und andere Emotionen umgeschaltet hat.

Ein altes Sprichwort versichert: Wie man in den Wald ruft, so schallt es heraus. Nicht immer. Zwischen Mann und Frau kommt es leicht zu deformierten Echos. Sie können Erwartungen enttäuschen oder an unvorhergesehener Stelle treffen und verletzen. In den Köpfen von Mann und Frau zeigen gewisse Erlebnisse ein allometrisches (nicht maßstabsgerechtes, verzerrtes) Wachstum. Sie führen zu einer Intensität des Eindrucks und der Reaktion, die der andere als verrückt, hysterisch oder als überwertige Idee empfinden kann. Der Mann etwa, der ganze Stockwerke seines Hauses mit Spielzeugeisenbahnen füllt, muß sich den Verdacht, er sei gestört, schon gefallen lassen, aber die erste Frau von Albert Einstein, mitsamt ihren Kindern von dem in mathematisch-physikalischen Grübeleien versunkenen Genie eines Gatten jahrelang fast vergessen, hat sicher über die weltbewegende Relativitätstheorie nicht viel anders gedacht. Bei Lichte betrachtet hat mancher Mann, ob er nun sein Boot zum zehnten Male lackt, sein Motorrad putzt oder 10 000 Briefmarken sortiert, ein Hobby von einer solchen Ausschließlichkeit, daß man schon an seinem Verstand zweifeln könnte. Frauen bleiben da verständlicher. Aber im Männerkopf kann ein so simples Ding wie das Rücklicht eines alten Veteranenautos oder ein kümmerliches Fischchen, das er nach stundenlangem Angeln wieder in den See werfen muß, eine eigentümliche Fluoreszenz entwickeln, die ihn fasziniert und gefangenhält.

Deformationen und Verständnisdefizite

Die Sprache besteht aus Schallwellen, ausgeworfen zur Erkundung des anderen Individuums wie die Orientierungswellen von der Fledermaus. Unser Bild von dem, wovon sie abprallen, kann nicht stimmen, wenn sich andere, fremde Signale mit den eigenen mischen. Sprache wird nicht immer zurückgeworfen wie erwartet, sondern ihre Signale vermitteln oft ein verwirrend deformiertes Bild. Was es verformt, ist nicht allein der Unterschied zwischen Erwartung und Wirklichkeit, sondern auch die Art der Signale. Sie können unvermutet unterschiedlich sein: Hüpfen sie in den Köpfen schneller oder langsamer, so hat das einen erheblichen Einfluß auf ihre Bedeutung.

Diese Art von Mißverständnissen ist prinzipieller Art und gipfelt in dem verzweifelten Ausruf: »Du verstehst mich nicht! Du willst mich nicht verstehen!« – »Wenn du das nicht verstehst, hat es keinen Sinn, es dir zu erklären!«. Die Themen, die Probleme, um die es dabei geht, können von der Frau stark emotionalisiert und subjektiviert werden, vom Mann eher verabsolutiert und systematisiert. Beides kann zu großen Diskrepanzen führen. Es ist, als schaute man in die unterschiedlichen Zerrspiegel eines Spiegelkabinetts.

Dabei gibt es viele Standardsituationen, die immer wiederkehren. Hält etwa eine Frau ihren Mann für gefühlskalt, oberflächlich und plattrational, während er über ihre Inkonsistenz und Gefühlsduselei klagt, so handelt es sich vermutlich um vorprogrammierte Konflikte. Jeder, der nichts weiß und nichts wiedererkennt, ist ihnen hilflos ausgeliefert. Die mentalen Unterschiede zwischen den Geschlechtern machen beide immer wieder hilflos oder wütend. Fragt der Mann mit der linken Hemisphäre, kann es sein, daß die Frau mit der rechten antwortet: Wie man in sie hineinruft, schallt's halt nicht heraus. Wer das nicht zu deuten lernt, findet aus der Verwirrung vielleicht niemals heraus.

Die unterschiedliche assoziative und emotionale Polung der männlichen und der weiblichen Sprache kann zwar ständig zu kleinen Bedeutungsverschiebungen und Mißverständnissen führen, muß aber nicht zwangsläufig Probleme verursachen. Wenn man eine fehlerfreundliche Kommunikation entwickelt, wird diese eine gewisse Unschärfe mit Humor verarbeiten und die häufigsten Mißverständnisse auffangen.

Was Roger und Elaine aneinander nicht verstehen

Der amerikanische Humorist Dave Barry hat in einem zwar scherzhaften, aber keineswegs ganz unernst gemeinten »*Complete Guide to Guys*« in einem fingierten Gespräch diese alltäglichen Inkongruenzen beschrieben: »Ganz im Gegensatz zur Überzeugung vieler Frauen ist es einfach, eine intime, langdauernde und gegenseitig erfüllende Beziehung zu einem männlichen Wesen aufzubauen. Vorausgesetzt natürlich, dieses Wesen ist ein Labrador Retriever. Mit menschlichen Männern ist das sehr viel schwerer. Das liegt daran, daß sie gar nicht fassen können, was eine Frau mit dem Begriff »Beziehung« eigentlich meint.«

Nach wiederholten, gemeinsamen Unternehmungen beginnt sich zwischen Roger und Elaine eine »feste« Beziehung zu bilden, indem beide sich regelmäßig und mit einer gewissen Ausschließlichkeit treffen. Eines Abends, auf dem Heimweg im Auto, kommt es zu folgendem Gespräch, das sich *mutatis mutandis* täglich sicher in tausend Varianten abspielen dürfte, immer wieder, weltweit:

»Sie sagt: ›Ist dir klar, daß wir nun schon exakt sechs Monate zusammen sind?‹

Schweigen füllt das Auto. Für Elaine ein sehr lautes Schweigen. Mein Himmel, denkt sie, ob ihn das wohl unangenehm berührt hat, was ich da sage? Vielleicht fühlt er sich beengt von unserer Beziehung, meint, ich wolle ihn drängen, er solle eine Art Verpflichtung spüren.

Und Roger denkt: Sechs Monate!

Und Elaine denkt weiter: Aber ich bin mir auch nicht ganz sicher, ob ich diese Beziehung eigentlich will. Gehen wir auf ein Leben miteinander zu? Auf Ehe und Kinder? Bin ich eigentlich reif für eine solche Bindung? Kenne ich ihn denn eigentlich wirklich?

Roger: Dann müßte..., mal sehen, im Februar sind wir das erste Mal... das war direkt, nachdem ich das Auto zum Service gegeben hatte... – Himmel, ja, das Öl, ich hätte ja schon längst den überfälligen Ölwechsel machen sollen!

Elaine: Er ist angespannt. Ich sehe das an seinem Gesichtsausdruck. Vielleicht liege ich ja ganz falsch: Erwartet er womöglich mehr von unserer Beziehung – mehr Intimität, mehr Hingabe? Spürt er vielleicht meine Vorbehalte? Ja, das wird es sein: Er hat Angst vor einer Zurückweisung.

Roger: Ich werde auch gleich die Gangschaltung kontrollieren lassen. Was immer diese Idioten auch sagen – sie schaltet noch immer nicht richtig. Und diesmal sollen sie es nicht auf die Kälte schieben: Es sind jetzt mehr als 30 Grad Wärme draußen, und diese Kiste schaltet immer noch wie ein alter Lastwagen. Diesen inkompetenten Kretins habe ich 600 Dollar in den Rachen geworfen!

Elaine: Er wirkt ärgerlich. Ich kann's ihm nicht verübeln. Ich wäre es wohl auch. Ich fühle mich so schuldig, ihm das alles zuzumuten, aber es ist nun einmal so: Ich kann nichts dafür, daß ich es so fühle – ich bin mir einfach noch nicht sicher.

Roger: Vermutlich werden sie sagen, die Garantie sei abgelaufen. Ja, genau, damit werden sie sich herausreden!

Elaine: Wahrscheinlich gebe ich mich viel zu entrückten Vorstellungen hin, den edlen Ritter erwartend, der mich auf seinem weißen Prachtroß abholt, während ich neben einem so guten Kerl sitze, dem meine egoistischen Schulmädchenphantasien jetzt solche Schmerzen bereiten.

Roger: Damit sollen sie mir mal kommen! Garantie! Die haue ich ihnen um die Ohren!

›Roger‹, sagt Elaine laut.

›Was?‹ erwidert Roger.

›Ich bin so ein Narr‹, sagt Elaine und seufzt. ›Ich weiß doch, daß es keinen Ritter gibt und kein weißes Pferd.‹

›Kein weißes Pferd?‹ sagt Roger.

›Du hältst mich für närrisch, nicht?‹ sagt Elaine.

›Nein‹, sagt Roger, froh, die richtige Antwort zu wissen.

›Es ist eben nur... ich brauche halt Zeit‹, sagt Elaine.

Es vergehen etwa 15 Sekunden, bis Roger auf eine unverfängliche Antwort kommt. ›Ja‹, sagt er.

Elaine tief gerührt, ergreift seine Hand. ›Oh, Roger, ist dir das ernst? Fühlst du das so?‹

›Wie?‹ fragt Roger.

›Das mit der Zeit.‹

›Ach, das‹, sagt Roger. ›Ja.‹

Elaine schaut ihm tief in die Augen, was ihn sehr nervös macht, denn er denkt darüber nach, was wohl als Nächstes kommen mag, über weiße Pferde. Dann sagt sie mit Nachdruck: ›Danke, Roger.‹

›Oh, bitte‹, antwortet er.

Dann fährt er sie nach Hause. Sie liegt noch lange mit wunder Seele tränenüberströmt im Bett, während Roger nach Hause fährt und sich mit einer Tüte Chips vor den Fernseher setzt, wo er rasch völlig in der Reprise ein Tennismatches zwischen zwei tschechischen Spielern versinkt, von denen er noch nie etwas gehört hat. Irgendwo im Hinterkopf piept eine dünne Stimme etwas davon, daß im Auto irgendwie ein wichtiges Thema berührt wurde, aber er erkennt, wie wenig sinnvoll es ist, sich darüber den Kopf zu zerbrechen.

Am nächsten Tag wird Elaine ihre beste Freundin anrufen und ihr in einem sechsstündigen Telephongespräch minutiös von allem berichten, was sie gesagt hat und was Roger geantwortet hat. Sie wird sich noch wochenlang bei diesen Überlegungen aufhalten, ohne zu einer endgültigen Lösung zu kommen. Aber es wird ihr auch nicht langweilig werden, sondern es beschäftigt sie intensiv.

Unterdessen wird Roger beim Tennisspiel mit einem gemeinsamen Freund plötzlich vor einem Aufschlag innehalten und fragen: ›Norm, sag mal, hat Elaine je ein weißes Pferd gehabt?‹

Wir sprechen hier nicht über verschiedene Wellenlängen. Wir sprechen über verschiedene Planeten in verschiedenen Sonnensystemen. Elaine kann mit Roger über so etwas überhaupt nicht sinnvoll reden, denn die Summe seiner Gedanken zum Thema Beziehungen ist: ›Häh?‹

Ein Mann in einer Beziehung ist wie eine Ameise auf einem Lastwagenrad: Sie ahnt vage, daß da etwas Großes ist, hat aber nicht einmal eine nebulöse Vorstellung davon, was es sein mag. Und wenn der Lastwagen dann losfährt, das Rad zu rollen beginnt, wird sich die Ameise festklammern und von der Ahnung befallen werden, daß da etwas Wichtiges in Gang kommt. Aber erst, wenn sie das Rad zerquetscht, wird in ihrem zierlichen Gehirn der Gedanke auftauchen: ›Häh?‹«

Dies ist eine gekonnte, humoristische Schilderung, aber trotz aller Übertreibungen berührt sie das Wesentliche in den merkwürdigen und – bei Lichte betrachtet – oft irrsinnig komischen Mißverständnissen, zu denen die seelischen Phasenverschiebungen zwischen Mann und Frau so häufig Anlaß geben. Daher sei hier abschließend auch die entsprechende amerikanische Ulk-Karte über die angenommene Topographie der Geschlechtsdifferenzen im Gehirn wiedergegeben (s. S. 521), denn sie enthält in skurriler Vergröberung, was Volksmund und »Bauernverstand« zu diesem Thema zusammengetragen haben. Es sind die klassischen Klischees der Männer- und Frauentalente, aber in manchen Punkten kommen sie der Realität näher als manche verblasene akademische

Hypothese, die – mit ideologischen Vorurteilen gewürzt – in der Modenküche des Zeitgeistes zusammengebraut worden ist.

Die Unterschiede im inneren Nachhall bei Mann und Frau, in der Aufmerksamkeitsrichtung, in der emotionalen Relevanz der Eindrücke führt zu vorgezeichneten Problemen. Ein solches etwa signalisiert der Satz: »Du, Erwin, ich habe noch einmal nachgedacht über unseren Streit von gestern abend. Der war doch eigentlich unnötig, wie auch vieles, was wir zueinander sagten – vor allem Du ...« Die emotionale Erregung, die Kränkung, beim Mann längst verklungen, glimmt hier nach und kann jederzeit den Streit wieder aufflammen lassen.

Unvermeidliche Dissonanzen – ewig wiederkehrende Konfliktstrukturen

Es gibt natürlich viel ernstere Dissonanzen und Konflikte als die alltäglichen Mißverständnisse, Konflikte nämlich, die aus tief verankerten Bewertungsunterschieden der Geschlechter erwachsen. Die unterschiedlichen Dispositionen von Mann und Frau können zu radikal unterschiedlichen Lebenskonzepten führen. Aus der Dissonanz zwischen ihnen werden leicht Kollisionen, die in ewig wiederkehrenden Konfliktstrukturen durchlitten werden. Man darf annehmen, daß in dieser Hinsicht die Partnerschaftsprobleme im Alten Rom denen der Neuzeit verblüffend glichen. Der Ehrgeiz und der Geltungstrieb des Mannes werden immer eine entscheidende Rolle gespielt haben.

Es ist offenkundig, daß die übertriebene Selbstdarstellung des Mannes, die wir hier Angeberei genannt haben und die so leicht in Aggression umschlägt, als Strategie für eine Frau wenig attraktiv ist. Es kann in ihrem Lebenschutzprogramm nur widersinnig wirken, sich unnötig zu exponieren. Wer angibt, zieht Neid und Eifersucht auf sich, die Abneigung der Unterlegenen, vielleicht gar ihren Haß. Das läuft jeder Suche nach Harmonie, Zustimmung, Nähe und Gemeinsamkeit strikt zuwider. Es ruft die Gefahr nahezu herbei. Leider gilt dasselbe schon normaler Zivilcourage, der Standhaftigkeit und mancher anderen virilen Tugend.

Daher ist die Frau auch gar nicht glücklich über den Motorpisten- und Drachenflugmut ihres Mannes. Sie freut sich meistens nur vor der Ehe über sein Draufgängertum. Auch seine Zivilcourage sieht sie mit Bedenken, wenn diese ihn sehr exponiert. Sie hat oft eine ambivalente Einstellung zu seiner Bekennerei, die ihn in ständige Streitereien oder praktische Lebensprobleme stürzen – und seine Familie mit. Daher sind Menschen wie Leo Tolstoi, Albert Schweitzer und Karl Marx auch oft allein.

Das Männerhirn

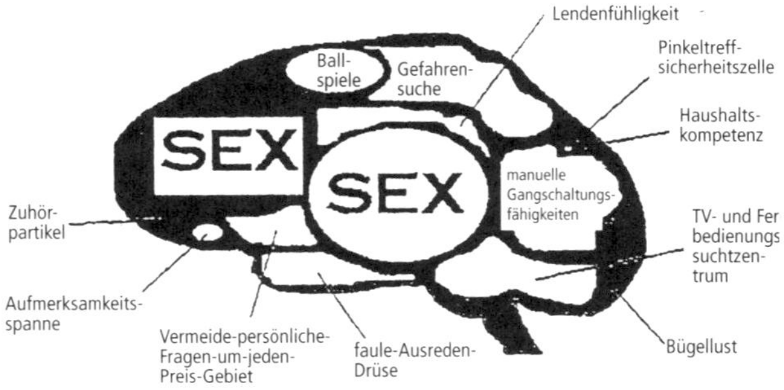

Fußnote: Die ›Kinderweinen-mitten-in-der-Nacht-hör‹-Drüse ist nicht eingezeichnet, da winzig klein und unterentwickelt; nur unter dem Mikroskop sichtbar.

Das Frauenhirn

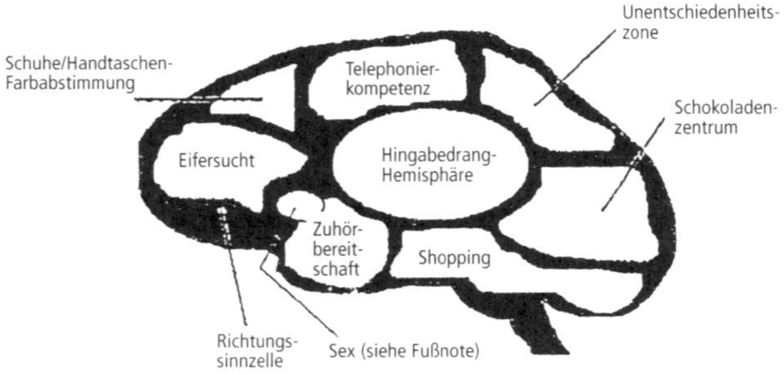

Fußnote: Man beachte, wie eng die kleine Sexblase neben dem Zuhörzentrum liegt.

Die scherzhafte Gehirnkarte gibt Klischees wieder, wie sie sich der kleine Max denkt. Da selbst der kleine Max die Welt erlebt, können seine Annahmen sich in der richtigen Richtung bewegen.

Die Ehe ist nicht nur eine Zugewinngemeinschaft, sondern auch eine Verlustgemeinschaft in Fragen wie Lebensruhe und Sicherheit. Das aber empfindet die Frau als ihr Ressort, denn dort liegen auch ihre vitalsten Interessen. Ruhm ist schön, Geborgenheit ist wichtiger. Die Frau wird dem Mann, der ständig andere herausfordert und damit Probleme auf sich zieht, oft mit den Worten den Spaß verderben: »Denkst du denn gar nicht an mich und die Kinder?!« Und so fällt sie oft dem Kämpfenden in den Arm, mit besten Absichten, wohl auch oft mit gutem Grund, aber manchmal mit schlimmen Folgen. Denn kein Mann in der Welt kann wirklich erfolgreich kämpfen, wenn ihm ein Mensch, den er liebt, an Arm oder Bein hängt.

Dieser uralte »Tu's nicht! Laß sein!«-Konflikt zwischen Mann und Frau folgt zwangsläufig aus ihrer jeweiligen Natur. Er ist zugleich ein unvermeidlicher, verhaßter Bestandteil der Dramatik vieler exponierter Leben. Es ist anzunehmen, daß die Ehefrauen der RAF-Opfer in Deutschland, der Mafiajäger in Italien und der mutigen Dissidenten und Menschenrechtskämpfer in aller Welt genau wissen, wovon hier die Rede ist.

Späte Veränderungen im Geschlechtsdimorphismus

Der Konfliktstoff zwischen Mann und Frau wächst natürlich lawinenartig an in jenen Situationen, die sich mit anderen Problemen – etwa Sucht und Gewalttätigkeit – mischen. Es gibt sie in tausend Variationen. Wo etwa ein alkoholisierter, frustrierter Wichtigtuer eine chronisch gedemütigte Frau dazu benutzt, sein angeschlagenes Ego aufzupolstern, oder – nicht immer ist der Mann allein schuld! – eine nachlässige, bequeme und oberflächliche Frau ihren erfolgreichen Mann zur eigenen Ego-Pflege nutzt, da tauchen neue Qualitäten des Leidens, neue Konfliktstrukturen auf. Man sieht auf dem Bahnhof oder Flughafen manchen Mann seiner Familie stolz, gereizt oder gelangweilt voranmarschieren, im Schlepptau eine unansehnliche, ungepflegte Frau mit verhärmtem Gesicht und mehreren Kindern. Man sieht ihr an: Hier gibt es gar keine Partnerschaft, vermutlich gab es sie nie. Hier hat nur er das Kommando. Sie ist so unattraktiv geworden, so leer und resigniert, daß sie ihm sicher ist – keinen Blick mehr wirft er auf sie. Kein anderer Mann ist mehr an ihr zu interessieren. Hier findet vermutlich überhaupt keine Kommunikation mehr statt. Er verbringt die Abende in Kneipen oder Männerclubs, sie mit einer Freundin oder Verwandten. Selbst Mißverständnissen ist hier der Boden entzogen.

Die Entwicklung zweier Menschen in einer Paarbeziehung kann im Verlauf des Reifens und Alterns sehr überraschende Wendungen nehmen. Wunderschöne, muntere Frauen können plötzlich zu kranken, trägen, übergewichtigen Matronen werden, während ihr Mann immer virilere, schärfere Züge bekommt: markantes Kinn, buschige Augenbrauen. Der Geschlechtsdimorphismus nimmt zu. Es kann auch umgekehrt sein: er kann hormonell verwischt werden. Während die Frau nach der Menopause männlicher wird und eindrucksvolle Gesichtszüge entwickelt, legt sich der Mann mit zunehmendem Verlust seiner maskulinen Prägung einen schwellenden Bauch zu, seine Gesichtszüge verstreichen, und er kann sich auch psychisch verändern: passiv, träge und sogar ängstlich werden. Wie man mit diesen Veränderungen, die große, meistens schleichend wachsende Probleme schaffen können, zurechtkommt, welche Umstellungen hier nötig werden, ist von großer Relevanz für die praktische psychologische Lebenshilfe.

Wir wollen hier nicht etwa die unendlichen Permutationen dieser und ähnlicher Probleme behandeln oder gar Lösungen vorschlagen. Es mag genügen festzustellen, daß die Konflikte, die aus den verschiedenen Bereichen der Kommunikation zwischen den Geschlechtern erwachsen, auch in extrem unterschiedlichen Fällen oft ähnliche Wurzeln haben. Denn sie fußen auf dem, was Mann und Frau auszeichnet – trotz aller Dissonanzen – aufeinander angewiesen macht.

Geballte Faust und offene Hand: Asymmetriaden

Verschiedene Deutungen – voreingenommene Phantasie

Wenn zwei dasselbe tun, ist es noch lange nicht dasselbe. Unsere stillen Erwartungen und Vorurteile bleiben wirksam und füllen alle Leerstellen aus. Diese Leerstellen sind alles das, was unsichtbar bleibt: Gründe und Motive, Ziele und Zwecke, Hintergedanken und Pläne. Unsere Befangenheit in Klischees produziert dabei peinliche Fehlurteile, die beide, Männer wie Frauen, als Agenten tendenziöser Geringschätzung für das weibliche und gedankenloser Überschätzung des männlichen Verhaltens entlarven. Es ist, als nähme man an, der Mann befasse sich grundsätzlich mit Wichtigkeiten, die Frau hingegen grundsätzlich mit Nichtigkeiten. Seine Wichtigkeiten: die Harley-Davidson, das Skatspiel – versus ihre Nichtigkeiten: Lippenstift und Geschwätz. Wir wollen das einmal tabellarisch zusammenstellen.

Situation	Annahme	
	auf ihn bezogen	**auf sie bezogen**
leerer Schreibtisch	arbeitet schnell und effektiv	hat wenig zu tun
voller Schreibtisch	hat viel zu tun, ist vielseitig	wird nicht fertig
übervoller Schreibtisch	hat ungeheuer viel zu tun, Streß!	ist schlampig
Familienbilder auf dem Schreibtisch	treuer Familienvater, denkt an die Seinen	setzt die Familie vor die Arbeit
leerer Stuhl	hat ein Meeting	ist beim Schminken
ist abwesend	ist zur Konferenz	ist beim Friseur
auf Geschäftsreise	erledigt Wichtiges	macht sich wichtig
auf Auslandsreise	sammelt internationale Erfahrungen	Ob ihr Mann das weiß?
spricht mit Kollegen	konferiert	schwatzt
spricht mit Fremden	knüpft Kontakte	intrigiert

spricht mit dem Chef	gibt Ratschläge	holt Rat ein
entscheidet für den Chef	springt mutig ein	überschreitet Befugnisse
geht mit dem Chef essen	genießt Vertrauen	schmeichelt sich ein
reist mit dem Chef	baut Karriere auf	geht durchs Bett ...
wird vom Chef gescholten	wird sich zusammenreißen	wird heulen
ist krankgeschrieben	ja, dieser Streß!	jaja, diese Kinder ...
spricht über Rugby	ein ganzer Kerl!	nichts Besseres zu tun?
spricht über sich	hat Selbstbewußtsein	ist geltungsbedürftig
telefoniert kurz	erledigt etwas schnell	mit der Boutique?
telefoniert lange	wohl eine schwierige Sache	mit ihrer Freundin?
Korridorgespräche	pflegt Kontakt, ist menschlich	tratscht
redet viel	ist ideenreich	ist vorlaut
ist still	ist in Gedanken vertieft, bescheiden	hat nichts zu sagen
kritisiert	ein scharfer Denker!	weiß alles besser
besteht auf einem Standpunkt	ist standfest, kompetent	ist stur, eigensinnig
gibt nach	ist flexibel	fällt um
verlangt höheren Lohn	kennt seinen Wert	ist aufs Geld aus
verlangt nichts	ist bescheiden, loyal	ist ängstlich, unsicher
geht zu einer anderen Firma	macht Karriere, gesuchte Topkraft!	hat kein klares Konzept

Man lächelt oder schüttelt den Kopf oder nickt versonnen bei diesen Assoziationen. Man fühlt sich zugleich selbst ertappt bei ähnlichen Vorurteilen, die zuschnappen wie die Klischees in dieser Liste. Oder sind sie etwa gar keine richtigen Fehlurteile, sind sie – was das Fatalste wäre – nur halbfalsch und, wie es manchem durch den Kopf zuckt, tendenziell berechtigt?

Vorschnelle Urteile bauen fast ausschließlich auf wenig reflektierte Spontanassoziationen, die durch die Köpfe eilen. Sie folgen den Mustern der Wahrscheinlichkeit, und da ist natürlich beim Mann die Pause für die Kosmetik eher die Ausnahme und die Frau, die mit bahnbrechenden Ideen auftrumpft, eher der Sonderfall. Wenn dann die langsame Urteilsmacht, die Intelligenz, die eilige Emotion einholt, um zu kontrollieren, zu mäßigen, zu korrigieren, dann zeigt sich oft: Die Grundrichtung stimmte schon, als wir *ihm* das Imponiergehabe, *ihr* die Kompromißbereitschaft zugeschrieben haben.

Heikler wird es, wenn wir probeweise die Annahmen über die Geschlechter austauschen: Ein unsympathisches Bild der Frau kommt zustande, wenn wir sie offensiv, rechthaberisch, vorlaut und geltungsbedürftig handeln lassen, und mit Geringschätzigkeit würden wir den Mann betrachten, wenn wir finden, er sei stark mit seinem Äußeren beschäftigt, lasse sich leicht einschüchtern, sei ängstlich gegenüber der Autorität und lasse sich von Gefühlen statt von sachlichen Gründen leiten.

Die Klischees, die unser Bemühen um Gerechtigkeit bei der beruflichen Leistung von Männern und Frauen noch immer bedrohen, haben nur nebenbei mit der klassischen Unterschätzung der Frau (durch beide Geschlechter!) zu tun. Dramatischer ist das von ihnen bloßgestellte Defizit an Einsicht: daß die weibliche Macht, soziales Klima angenehm zu temperieren, bei Bedarf Nothilfe an den Seelen zu leisten, Atmosphärisches blitzschnell wahrzunehmen und Stimmungen zu wittern, als Qualifikation in der Berufswelt mißachtet wird. Und ein Defizit an Fairneß: daß der weibliche Erfolgswille, da er sich nicht in Angeberei und Selbstdarstellung äußert, so leicht übersehen wird. So wird ein in Wahrheit vorbildliches Verhalten weder honoriert noch bestätigt.

Die männliche Welt setzt immer noch die Standards, wie man vorankommt, und viele, zu viele Frauen machen den Fehler, diese Liste von Unarten und vorlauter Inkompetenz zu übernehmen, um es den Männern recht zu machen. Sie wollen gefallen, statt ihr eigenes Wesen durchzusetzen. Da bis in das Erwachsenenalter hinein Frauen Männer erziehen, verschenken sie mit dieser voreilenden Anpassungsbereitschaft eine große Chance, für eine Verbesserung der Sitten zu sorgen. Mahnte Schiller: »Willst du wissen, was sich ziemt, frag bei edlen Frauen an«, so zielt Hebbel auf eine kompliziertere soziale Interaktion ab, wenn er die Frau, die auf dem Sockel männlicher Hochachtung steht, mit einem feinen Lächeln – dem Sinne nach – zum selbstverliebten Mann sagen läßt: »Paß auf, dann fall ich herunter, und du tust dir weh!«

Der Mann als *high-risk gambler*, die Frau als *safe investor*

Die uralte Dichotomie der zweigeschlechtlichen Entwicklung ließ schon den ersten Keimzellen nur die Wahl zwischen der beweglicheren Lebensweise als männliche Pollen oder Spermien, im Überschuß produziert, in ihrer Majorität entbehrlich, und dem wartenden, verharrenden, vom Wachstum behinderten Dasein als Fruchtständer oder Ei. So unglaublich das klingt: Diese Unterscheidung schlägt – nach Hunderten von Millionen Jahren – bis heute durch. In der langen evolutionären Reihe von

Lebewesen, die sich die Vorteile dieses Konzepts zunutze machten, hat sich dieses Prinzip der Arbeitsteilung erhalten: Die männlichen Exemplare von Eisbär, Tiger, Elefant, Hirsch und Elch – sie alle führen noch das weitläufige Streunerleben der Pollen und Spermien. Und der in stabileren Familienstrukturen eingefangene Mann? Ihm bleibt dieses entwicklungsgeschichtliche Erbe noch als Sehnsucht und Mobilität, als Wanderlust, von fernen Horizonten stimulierte Unruhe und Fernweh. Er ist im Grunde immer noch der *high-risk gambler*, der umtriebige und risikofreudige, der dabei auch einmal untergeht.

Die Frau mit ihrer Verantwortung für die Weitergabe des Lebens ist der *safe investor*, und ihre Vorsicht umfaßt mehr als sie selbst. Weniger entscheidungsfreudig zu sein, weniger konzentriert und ambitioniert ist nicht ihre freie Entscheidung, sondern ihre Wesensart. Daß sie den Wettbewerb meidet, ausblendet oder verdrängt, ist nicht nur ihre durch Anpassung erlernte Kultur, sondern entspringt – wie alle sekundären Eigenschaften – ihrer Natur. Was sie erlernen kann, ist vielmehr, allen ihren Anlagen zuwiderzuhandeln, denn der Mensch – auch die Frau! – ist ein extrem lernfähiges Herrentier.

Dies ist der Hintergrund dafür, daß die Frau nicht plötzlich in einer Männerwelt nach Männerregeln mitspielen kann. Ihre Strategien greifen dort nicht. Die dislozierten Erfolgsmuster aus der Privatsphäre versagen im öffentlichen Feld. Wer von der Frau erwartet, in Männerberufen zu Erfolgen zu kommen, muß entweder auf die Ausnahme-Frauen setzen oder bereit sein, ihre Arbeitsbedingungen so zu gestalten, daß sie dem Leistungsprofil der Frau – ihren speziellen Bedürfnissen wie ihren speziellen Talenten – Rechnung tragen.

Die Bereitschaft der Frau, sich zu engagieren, sich durch persönliche Schicksale, durch Schmerzäußerungen, durch die Mimik der Trauer beeinflussen, ablenken, ja, einfangen zu lassen, ist ohne Zweifel ein zeitlos sympathischer Zug. Daß er einen Preis haben muß, der Weichheit heißt, daß Menschen- und Tierliebe bei ihr besser gedeihen, dafür aber Strenge und Konsequenz schlechter, liegt auf der Hand. Nicht zufällig sind Frauen in Tierschutzvereinen und Menschenrechtsbewegungen, unter Umweltschützern und Feldbiologen überrepräsentiert. Auch Männer kämpfen für die Tiere, sie versuchen, Schutzgesetze durchzuboxen, Naturparks einzurichten, Grausamkeiten zu verhindern, aber die konkrete Arbeit am überfahrenen Koala, am elternlosen Orang-Utan-Baby, am kranken Delphin oder Hund wird – wie überhaupt die Feldarbeit an Tier und Mensch – meist von Frauen getan.

Das ist der Unterschied zwischen Feldherr und Marketenderin, zwischen dem selbstherrlichen Stab und dem lebensnotwendigen Troß: Der Feldherr schaut über die Köpfe hinweg zum Horizont. Er sieht das große Ziel, den Zweck, das Endergebnis. Die Frau in seiner Position hingegen würde in die Gesichter schauen und vielleicht merken: Die freuen sich ja gar nicht über den Krieg, die wollen ja noch gar nicht sterben! Der da sieht aus, als sei ihm übel, und der da, mit dem krummen Rücken, der kann ja kaum noch stehen! Ihr Sorge um den Weg zum Sieg wird dazu führen, daß der Weg zum Ziel kaum mehr beschritten wird.

Leadership und Rollendistanz

Die männliche Vernachlässigung von Details, wenn es um ein wichtiges Ziel geht, wird von Frauen als Härte und Rücksichtslosigkeit erlebt – und in weiten Teilen ist sie das auch. Der Abstand, den Führungsverantwortung verlangt, ist auch ein Abstand von sich selbst – so jedenfalls empfinden es die Männer. Es ist auch eine Rücksichtslosigkeit gegen sich selbst. Diese ist auch Schmerzverleugnung, und alles das trifft immer andere mit, vor allem die eigene Familie. Es ist auch Selbstverleugnung und Abwehr von Anteilnahme – während die Frau von Empathie überflutet wird und innehält. So käme, meint der Mann, jeder Siegeszug ins Stocken. Das vorwärtsstürmende Unternehmen würde zur Sozialstation, wo immer mehr Kämpfer Leiden an sich entdeckten – »Problembewußtsein entwickeln«, heißt das heute –, die sie unter der strengen Führung eines Mannes gar nicht wahrnähmen.

Wiederum gibt es hier kein einfaches »Richtig« oder »Falsch«, sondern die Kombination aus beiden Bildern von Weg oder Ziel wäre die schwierige Aufgabe – und hätte vermutlich das beste Ergebnis. Sie gelingt fast nie. In der modernen Welt wird sie auch gar nicht angestrebt. Da gelten die Erfolgsmuster des Mannes, die, in seinem System objektiviert, Unterwerfung verlangen. Gehorsam versuchen Frauen, weil der Lohn das Mitspielendürfen ist, sich da einzufügen – und werden unter Preisgabe ihrer Stärken zum Mittelmaß.

Dabei sollten sie ihre Stärken genau da ansetzen, wo der blinde Fleck im Auge des Mannes ist, wo die Männer weder Spaß noch Erfolg haben: nicht im simplen Widerspruch zu seinen Ideen von der Welt, sondern – wieder komplementär – genau dort, wo seine Ideen Defizite schaffen. Wo er Leader ist, nimmt er seine Teilansicht der Welt für das Ganze. Nur die Frau sieht, wieviel da fehlt. Wenn sie anfängt, ihm sein Defizit zu erklären, hat sie schon verloren. Er will es nicht hören, sein Geltungsdrang steht dem im Wege. Aber er will die Defizite und ihre Folgen auch nicht. Daher ist die Ergänzung ihr überlegener Beitrag. Bald wird er spüren, daß er diese Beiträge braucht – auch wenn er kaum je durchschauen wird, warum.

Damit nutzt die Frau einen Vorsprung, mit dem die Evolution sie ausgerüstet hat. Er ist nicht geschenkt – er hat seinen Preis. Sie profitiert auch selbst von ihrem prosozialen Einsatz – durch Rückmeldung. Hat sie sich irrigerweise entschieden, ihre weiblichen Talente in einem Akt der Anpassung an die Männerwelt erst einmal abzulegen, weil diese ja angeblich ohne sie auskäme, dann wird sie schwächer als der Mann – und zur Verliererin. Wieder einmal kommen wir zu dem Schluß, daß Frauen dann am besten fahren und zum Ganzen Unvergleichliches beitragen, wenn sie ihre Leistung als Original, nicht als Kopie abliefern.

Im Wechselbad der Überzeugungen

Vom Zeitgeist begünstigt

Das Drama Otto Weininger

Im Jahre 1903 schrieb der österreichische Psychologe und Philosoph Otto Weininger ein Buch über die Geschlechterunterschiede (»Geschlecht und Charakter«), das für mehr als eine Generation ein Verkaufserfolg wurde, ein Bestseller. Das Buch wurde in alle Weltsprachen übersetzt und erlebte bis in die dreißiger Jahre eine Neuauflage nach der anderen. Es brachte dem Autor den Namen eines kometenhaft aufgestiegenen Philosophen ein, des »Boten einer neuen Zeit«, Begründers einer neuen »Geschlechterphilosophie«, Vater einer »geistigen Revolution«, Autor einer »zukunftsweisenden metaphysischen Tiefgründigkeit«.

Als Weiningers zweites Hauptwerk galt ein Buch mit dem kennzeichnenden Titel »Über die letzten Dinge«, das bis 1932 bereits in der 9. Auflage erschien und sich mit der Psychologie des Verbrechens, mit den Künsten, mit Erotik, Haß und Liebe befaßte. Weininger sagte seiner Zeit, unmißverständlich und auf allen Gebieten, wo es langging. Plötzlich aber nahm er sich, bei seinem unerwarteten Welterfolg erst 23 Jahre alt, ohne Vorwarnung das Leben.

Die Zeit um die Jahrhundertwende war eine Periode des nationalromantischen, des psychologisierenden und ideologisierenden Sturmes und Dranges, die viele großsprecherische Konzepte und vollmundige Versprechen gebar. Sie fügten sich mit dem Rückenwind einer beispiellosen Selbstsicherheit und hemmungslosen Subjektivität zu allerlei prahlerisch weltbeglückenden -Ismen zusammen. Es war keine Zeit wissenschaftlicher Genauigkeit und Umsicht und auch nicht übergroßer Bescheidenheit oder gar Selbstkritik. Sicher nicht ganz zufällig folgten auf sie Figuren wie Hitler und Göbbels, Mussolini und Lenin, Trotzki und Stalin und die zwei größten und furchtbarsten Kriege der Menschheitsgeschichte. Nur so ist überhaupt zu begreifen, was wir im folgenden zitieren werden. Es war eine Epoche typisch männlichen Größenwahns.

»Die historische Nachforschung«, stellt Weininger fest, »muß dem Volksmund recht geben, der ihr Resultat längst vorweggenommen hat: Je länger das Haar, desto kürzer der Verstand. Dieses Wort trifft zu ...« (S. 81) »Und«, fügt er erläuternd hinzu, »was die emanzipierten Frauen anlangt: Nur der Mann in ihnen ist es, der sich emanzipieren will.«

So können dann auch seine Schlußfolgerungen nicht überraschen: Weg mit der Gleichheit, Gesetze gegen die »ganze Frauenbewegung, die in so vielem widernatürliches und künstliches, im Grunde verlogenes Streben schafft.« Und vor allem: »Der größte, der einzige Feind der Emanzipation der Frau ist die Frau.« (S. 84, 89).

Die Frau hat nach Weininger ein natürliches »Bedürfnis, angegriffen zu werden«. (S. 105) Er stellt ferner – in einer direkten Umkehrung der Tatsachen – fest, daß der Sexualtrieb für den Mann »ein pausierendes Jucken, für die Frau aber ein unaufhörlicher Kitzel ist.« Überhaupt gehe der Frau das Vermögen ab, sich ihrer Sexualität bewußt zu werden; der Mann sei im Grunde differenzierter. (S. 110 f.).

Da er auch Gedanke und Gefühl zu unterscheiden wisse, mache ihn das alles, im Gegensatz zur Frau, auch urteilsfähig. Der Mann lebe daher bewußt, die Frau unbewußt. Die Frau erwarte vom Mann die »Klärung ihrer dunklen Vorstellungen«, weshalb sie unbedingt einen klügeren Mann heiraten möchte. Er erst mache ihr das Unbewußte bewußt – also »empfängt die Frau ihr Bewußtsein vom Manne«. (S. 120–124).

Genius ohne Genia

Mit Hilfe von Nietzsche, Kant und Goethe leitet Weininger dann auf rund zehn Seiten ab, daß die Frau kein Genie haben könne, denn selbst für einen Mann sei Genialität anstrengend. Sie sei geradezu der Idealfall, das Extrem des Männlichen. Deshalb sei sie bei der Frau eine *contradictio in adjectu*, es heiße ja schließlich Gen*ius*! Auch Begabung und Gedächtnis, Logik und Ethik seien männliche Domänen und direkt an die Männlichkeit gekoppelt. Der Mann nämlich habe ein »kontinuierliches« Gedächtnis, das einem Willensakt, sich zu erinnern, entspränge, während der Frau nur ein passives »Wiedererkennen« zu eigen sei.

Das erkläre letztlich auch die Verlogenheit des Weibes, denn der Lüge stünde bei ihr letztlich weniger Erinnertes im Wege als bei einem männlichen Lügner. Weibliches Gedächtnis, »selbst wenn es – das kommt in einzelnen Fällen vor – einmal auffallend gut« sein sollte, läßt »stets alle Kontinuität vermissen«. Daher habe die Frau auch »kein

Bedürfnis, sich selbst zu verstehen«, was wiederum zu dem geringen Interesse führe, das sie den erhellenden Worten des Mannes über sie entgegenbringe. Dies alles gipfelt nach etwa 40 Seiten pseudologischen Räsonierens in dem Satz: »Die Frau interessiert sich nicht für sich – darum gibt es auch keine weibliche Psychologin und keine Psychologie des Weibes von einem Weibe ...« (S. 181). Weininger würde in der Bibliothek eines Frauenforschungsinstitutes von 1997 vermutlich nicht schlecht staunen.

Daß er die Annahme einer intellektuellen und moralischen Gleichwertigkeit der Frau mit dem Mann für nicht mehr als einen schlechten Witz hält, beweist sein krönender Satz: »Der tiefststehende Mann steht noch *unendlich* hoch über dem höchststehenden Weibe«, später in einer Inversion noch einmal wiederholt: »Das höchststehende Weib steht noch immer unendlich tief unter dem tiefststehenden Mann«. (S. 334, 399).

Es ist hier daran zu erinnern, daß dazumal von dem angesehenen Neurologen P. J. Moebius das berüchtigte Buch »Über den physiologischen Schwachsinn des Weibes« publiziert worden war, von dem Weininger meinte, es enthielte »hausbackene Ansichten, die nur als tapfere Reaktion gegen die Massenströmung erfreulich« seien. Er stimmt Moebius nicht ganz zu, vor allem nicht der These, daß eine Frau, die etwas Hervorragendes leiste, eine »Entartungserscheinung« sei. Im Gegenteil, sie bewege sich damit auf die Männlichkeit zu, und das sei gut so. Das Weib, befindet Weininger, sei »weder tiefsinnig noch hochsinnig, weder scharfsinnig noch geradsinnig«; es sei, soweit bekannt, »überhaupt nicht sinnig«, sondern eben un-sinnig ...

Die Flut der Feminismusliteratur

Es gibt im Bereich der Feminismusliteratur Klassiker wie Simone de Beauvoirs Aufruf zur »Befreiung von traditionellen Frauenrollen« und eine Sekundär- und Tertiärliteratur von Nachfolgern und Nachahmern. Nicht allzu viele Autoren befassen sich allein mit dem Mann, so etwa Robert Bly in seinem Buch »Eisenhans«, ferner die Autoren Harry Brod, Robert W. Connell, Peter G. Filene, Michael S. Kimmel, Robert A. Lewis, Michael Messner, Joseph H. Pleck und vor allem Elisabeth Badinter in ihrem ausgezeichneten Werk »XY – Die Identität des Mannes«, das wohl gründlichste zu diesem Thema, von wissenschaftlicher Genauigkeit, großer Belesenheit und mit einem erschöpfenden Literaturverzeichnis einschlägiger Publikationen. Wie sie haben sich unzählige Fachautoren um detaillierte wissenschaftliche Arbeit bemüht, die unser Wissen tatsächlich vermehrt.

Hierher gehören auch zahlreiche linguistische Arbeiten über die Sprache von Männern und Frauen, die viel interessantes Material zutage gefördert, aber selten ideologiefreie, schlüssige Erklärungen dazu geliefert haben. Aus der umfassenden Literatur hierzu sei Deborah Tannen hervorgehoben mit ihren Büchern über geschlechterspezifische Sprachstile, Streitkulturen und Mißverständnisse. Aber auch sie beläßt es bei der Beschreibung und bietet keine Erklärungen an, die etwa die »Empfindsamkeit« oder »sanfte Friedfertigkeit« der Frau auf ihre neurobiologische Ausstattung zurückführen würden. Es wirkt bei ihr, als hätten sich die Männer aus irgendwelchen verborgenen Gründen entschlossen, männlich zu reden, und Frauen, weiblich zu sprechen, weil alle sind, wie sie sind.

Ferner sind – zumindest wegen ihrer allgemeinen Beachtung – zu erwähnen Jean Shinboda Bolen, Marge Piercy, Alice Walker, Phyllis Chesler, Eleanor E. Maccoby, Richard Green, Robert Stoller und John Gray, letzterer mit mehreren ziemlich sexfixierten, populistischen Büchern um seinen bekannten Kernsatz über die Wesensverschiedenheit der Geschlechter: »Männer sind vom Mars, Frauen von der Venus.«

Etliche Verlage haben heute allein mehr als 100 Titel zu Feminismus- und Frauenrechtsfragen in ihrem Programm, und täglich kommen neue hinau. An einem einzigen der wie Pilze aus dem Boden geschossenen Frauenforschungsinstitute, das wir zum Zwecke der Literaturdurchsicht aufsuchten, waren über 50 000 einschlägige Titel zum Thema der Frauenemanzipation verfügbar. Dies alles ist jedoch nur ein Teil dessen, was etwa die Frauenforscher und Frauenbeauftragten unserer Hochschulen unter dem Begriff der Feminismusliteratur zusammenfassen. Dazu rechnen sie auch unzählige nicht-wissenschaftliche Meinungsäußerungen, die in nie versiegendem Strom aus Zeitungen und Zeitschriften hinzufließen. Schon aus Rücksicht auf unsere Leser verzichten wir darauf, diese Flut ausführlicher zu kommentieren und so um weitere Sekundär- und Tertiärliteratur zu mehren.

Vordenker der Frauenrechtsbewegungen

Wohl niemand hat die politisch-rechtliche Freiheit gegenüber Zwängen von außen klüger und präziser behandelt als John Stuart Mill, britischer Philosoph, Nationalökonom und führender Rationalist (1809–1873). Er war mit einer ungewöhnlich klugen und hochgebildeten Frau verheiratet, dachte das Thema »Freiheit« konsequent zu Ende und wurde damit zwangsläufig einer der ersten großen Fürsprecher der Frauenemanzipation. Schon im Jahre 1867 schlug Mill dem Parlament die Einführung des vollen aktiven Wahlrechts für die Frauen vor. Diesem Thema widmete der bereits weltberühmte Freigeist und Polyhistor das seinerzeit sehr fortschrittliche Buch »*Subjection of Women*«.[1] Dieses Buch wurde erst elf Jahre später ins Deutsche übertragen, und zwar von Sigmund Freud.

Fredrike Bremer (1801–1865), die erste große Vorkämpferin der Frauenrechte in Schweden, wurde ab 1856 mit ihrem Roman »Hertha« international bekannt. Letztlich war das der Beginn einer Entwicklung, die den schwedischen Frauen ab 1862 das kommunale Wahlrecht einräumte. Die erste gewichtige Fürsprache für die politische Gleichstellung fanden die Frauen durch zwei hochgeachtete Universalgelehrte und Kosmopoliten: C. A. Agardh (1785–1859), Professor für Mathematik und Nationalökonomie, zudem Botaniker, Bischof und Parlamentsabgeordneter, und den Sprachwissenschaftler, Parlamentarier und Schriftsteller C. J. L. Almquist (1793–1866). Beide stammten aus weitverzweigten Gelehrtenfamilien und hatten sich als liberal gesinnte Vordenker schon in den dreißiger Jahren für die Frauenrechte eingesetzt.

In England bewirkten die Initiativen Mills und vor allem seine vielgelesenen Bücher über Freiheit und die Rechtlosigkeit und Unterwerfung der Frauen immerhin neben dem kommunalen Wahlrecht die unmittelbare Öffnung der britischen Universitäten für die Frauen. Sonst jedoch geschah noch nicht viel, denn Mill war seiner Zeit gedanklich zu weit voraus. In den Köpfen der Klügeren und Gebildeten keimten seine Ideen schließlich und wurden von freiheitlich gesinnten Bürgern und einer aufgeklärten Oberschicht übernommen.

Die politischen Voraussetzungen wurden dann auch in immer mehr Ländern geschaffen. Es gab diese Ansätze anfangs sogar in der Sowjetunion, wo jegliche Entwicklung zu mehr Freiheiten und Rechten jedoch bald im Morast von chronischer Not- und Mangelwirtschaft, von Unterdrückung, Gewalt und allgemeiner Rechtlosigkeit steckenblieb. Die Verankerung dieser liberalen Haltung in Gesetzen verdanken wir also aufgeklärten, nachdenklichen Männern, die den Frauen zuhörten und den Mut hatten, umzudenken. Dabei mußten sie sich selbst exponieren.

Was Mill über die Freiheit sagt, arbeitet nicht nur der wissenschaftlichen (anti-klerikalen) und politischen (anti-feudalen) Freiheit des aufgeklärten Bürgers der Neuzeit mit ihren Konzepten der Menschenrechte, der Rechtsstaatlichkeit, der freien Meinungsäußerung und der demokratischen Willensbildung zu, sondern konsequenterweise auch der gesellschaftspolitisch-rechtlichen Gleichstellung der Frau. Ihre Forderungen sind keine Sonderrechte für Schwache, sondern ein selbstverständlicher Teil der Menschenrechte, die auch jedem Starken zustehen Einen gewichtigeren Mitkämpfer als Mill haben die Frauenrechtsbewegungen niemals gehabt.

Anspruch der Vernunft: der Abbau von Verbotsschildern

Die Ansprüche der Frauen nämlich auf eine politisch-rechtliche Gleichstellung, auf Schutz und Respekt entspringen der Vernunft, der Bildung von Herz und Verstand und den hieraus erwachsenen Freiheitsforderungen. Worum es eigentlich geht, ist ja das untrennbar mit dem Menschsein verbundene Recht, seinen Gaben und Bedürfnissen entsprechend zu leben und sein Glück nach seiner eigenen Façon anzustreben, solange das nicht die entsprechenden Rechte anderer unangemessen schmälert.

Irgendwo auf der langen und schwierigen Strecke der Evolution der Primaten mit ihrem raschen Szenenwechsel ist diese *conditio humana* den Frauen abgejagt worden, nach dem Gesetz von Stärke und Aggression, von Jagd und Beute. Dieses Gesetz sollte sich im Grunde niemals nachteilig auf den wechselseitigen Schutz der Würde des anderen oder die Achtung vor seinem Anderssein auswirken, aber die Evolution hat nicht alles bis ins Detail vorausprogrammiert. Sie liefert nur die Grundmelodie der Entwicklung, die von zahlreichen Variationen umspielt wird. Erst langsam kämpft sich die moderne Zivilisation gedanklich zu den Ausgangsbedingungen zurück, unter denen Mann und Frau völlig offensichtlich aufeinander angewiesen waren: Sie muß ihre eigenen Spuren finden, um das ganze, niemals endende Spiel zu verstehen.

Esther Vilars »dressierter Mann«

Das 1971 erschienene, seinerzeit aufsehenerregende Buch »Der dressierte Mann« von Esther Vilar war die erste gut vernehmbare Gegenstimme in einer Periode des fast totalitären Ansichtsmonopols führender Feministinnen und wurde damit zum Prüfstein für die von der ganzen Bewegung so oft beschworene Toleranz. Diese Prüfung auf seine demokratische Reife hat der Feminismus damals nicht bestanden. Das gegen den Trend und mitten in die enthusiastische Aufbruchsstimmung der Frauenbewegung geschriebene Buch löste heftige und unsachliche – auch eindeutig gesetzwidrige – Reaktionen aus. Die Autorin war zeitweise gezwungen, sich zu verstecken und fluchtartig den Wohnort zu wechseln. Man aktivierte die Straße gegen sie, ließ ein militant einäugiges »gesundes Frauenempfinden« auf sie los.

In ihrem Vorwort zur einer neuen Sammelausgabe ihrer drei einschlägigen Bücher äußert sie sich zweifelnd auf die Frage, ob sie das Buch auch geschrieben hätte, wenn sie die Folgen hätte voraussehen können. Es handelte sich dabei um grundgesetzwidrige Einschüchterungsmaßnahmen, die Menschen abseits der allgemeinen Ansichten durch die Androhung von Nachteilen daran hindern sollen, ihre Meinung öffentlich zu äußern.

Es ist verblüffend, daß dieselben Menschen, die der Meinung sogar eine totale Freiheit von den Fakten einräumen wollen, ihr nicht einmal die elementare Freiheit von Gesinnungskontrolle und gesetzwidriger Meinungsunterdrückung einzuräumen bereit sind, wenn sie selbst dieser Meinung anhängen. Hier mangelt es ganz erheblich am Demokratieverständnis.

Pinkola Estés: Die Wolfsfrau

Seit den frühen neunziger Jahren macht ein anderes Buch über die Frau weltweit Furore, übersetzt in viele Sprachen, ständig neu verlegt, in Deutschland 1997 bereits in der 10. Auflage: »Die Wolfsfrau. Die Kraft der weiblichen Urinstinkte«, geschrieben von der ungarisch-mexikanischen, jungianisch orientierten Psychoanalytikerin Clarissa Pinkola Estés. Das Buch, von Millionen Frauen gelesen, wird enthusiastisch gelobt, gefeiert als die »Bibel der Frauenseele«, als regelrechtes Kultbuch. Urteile wie: »Das derzeit stärkste Buch über Frauen« (Abendzeitung), »Eine Hommage an die weibliche Intuition« (Brigitte), »Ein fundiertes Fachbuch von hohem Niveau und ein Buch voller Geschichten und Gesänge« (Süddeutsche Zeitung), »Sie lauscht nicht auf die Stimme Gottes, sondern auf die leise Stimme in ihrem Inneren« (Washington Post), »eine Goldgrube«, »eine Offenbarung«, »nicht irgendein beliebiges Buch, sondern ein Geschenk von tiefer Einsicht, Weisheit und Liebe, ein Orakel von *la que sabé*« (die, die das Wissen hat; urteilt Alice Walker), »voll von wunderbaren, passionierten, poetischen, psychologisch potenten Worten und Bildern, welche die Frauen inspirieren, instruieren und ihnen ermöglichen werden, ihrer Natur treu zu sein« (Jean Shinboda Bolen). Der Superlative ist kein Ende. Spätestens seit Weiningers verworrener Geschlechterphilosophie jedoch wissen wir, daß Verkaufserfolg und zeitgenössischer Ruhm eines Buches noch nichts über seinen Wert aussagen.

»Clarissa Pinkola Estés glaubt, daß eine Frau nur stark, gesund, kreativ, heil und glücklich sein kann, wenn sie zu den Wurzeln ihrer instinktiven Natur zurückfindet, zur Wolfsfrau, der wilden, ungezähmten Urfrau in ihr.

Nur wenn eine Frau die ihr angezogene Rolle des Lieb-, Nett- und Angepaßtseins, des Gehorchens, Fügsamseins, des Sichunterordnens und Stillseins aufgibt, kann sie aufwachen und wieder sehend werden.« (aus dem Verlagstext).

Die Aufforderung, sich den urtümlichsten aller Kräfte in uns widerstandlos hinzugeben, wird in dem Buch in hundert Varianten immer wieder formuliert und stellt einen Kernpunkt seiner Botschaft dar.

Das alles ist in keiner Weise neu. Von allen Zurück-zur-Natur-Bewegungen, von Rousseau über die Wandervogelbewegung, Turnvater Jahn *(mens sana in corpore sano)* und Hitlers Jungmannen bis hin zu den Primalschrei-Adepten, ist seit jeher der Appell ausgegangen, vor allem erst einmal der Ratio Adieu zu sagen und sich – fast animistisch – auf verschüttete Urkräfte, auf angeblich so richtige, sichere Instinkte, auf zeitloses (ewiges!) Wissen in uns zu verlassen. Das alles könne man sozusagen a priori, aus dem Bauch heraus erfahren: ohne nachzuschauen, ohne zu lernen, ohne nachzudenken – eben direkt so, ganz entspannt, aus sich selbst heraus. Die Zivilisation, die man bis dahin erfahren hat – das wußten alle Reanimierer –, muß dazu erst einmal abgeschüttelt werden. Sie steht mit ihren Normen, Memen und Erfahrungen der unkritischen Rückkehr zur Ursprünglichkeit, zur urtümlichen Eingeborenenseele in der Tat sehr im Wege.

Diese Hommage an eine a-priori-Gewißheit, die keiner logischen oder pragmatischen Überprüfung mehr unterzogen wird, ist der Kern jeder irrationalen Bewegung. Er hat seine Gefährlichkeit tausendmal bewiesen. Die Appelle der »Wolfsfrau« lauten: Mach dich frei von den Normen der Zivilisation! Vertraue auf deine Urinstinkte! Hör auf niemanden als auf deine inneren Impulse! Laß dich nicht von der Zivilisation, ihrer »tendenziösen Meinungsmache« manipulieren! Wissen und Weisheit brauchst du nicht mühsam zu erwerben – sie sind dir angeboren! Was du in dir findest, ist immer richtig!

Hören wir aber die »Bibel der Frauenseele« einmal im Originalton.

Gesänge über Knochen und Lenden

Pinkola Estés beginnt ihr Buch mit der Feststellung: »Nicht nur die wilden Tiere, auch die wilden Frauen dieser Erde sind vom Aussterben bedroht. Im Lauf mehrerer Jahrtausende wurden die weiblichen Urinstinkte systematisch plattgewalzt, abgeholzt, ausgeplündert, unterdrückt, oft auch zubetoniert. Die selbsternannten Verwalter der Erde hielten alles Ursprüngliche, alles Instinktive und Intuitive für eine Bedrohung ihrer Position und folglich auch nicht für erhaltenswert. Auf diese Weise wurde das urwüchsige Instinktive, das allen Frauen innewohnt, in eine der dunkelsten Ecken ihrer untergründigen Seelenlandschaften verbannt.«

»Mit Hilfe dieser Psycho-Archäologie wird die Instinktnatur einer Frau von allen möglichen kulturellen Überlagerungsschichten befreit und aus der Unterwelt emporgehievt. Und dabei stößt man auf etwas Wunderbares, etwas nicht zur Gänze Erfaßliches, aber in allen Frauen Vorhandenes. Ich nenne es die Wolfsfrau. Hinter diesem Sammelbegriff verbirgt sich eine Fülle von natürlichen Anlagen. Das symbolische Urbild der Wolfsfrau enthält ein gigantisches Knäuel von langvermißten Fähigkeiten, Eigenschaften und Perspektiven ...«

Sofern mit der Wolfsfrau die auch in der Frau vorhandenen Stammhirnimpulse und Triebkräfte gemeint sind, zielt der Begriff auf etwas Wichtiges. Man darf nur niemals aus den Augen verlieren, wie stur, tatsächlich primitiv diese Urimpulse im Grunde sind. Sie reagieren blind auf gewisse Reize, mal sinnvoll, mal unsinnig. In einer komplexen Welt sollten sie schon den Beistand des Nachdenkens erfahren, der sich ohnehin meist verspätet meldet: die Emotion ist schneller. Das gerade unterscheidet den zivilisierten Menschen vom Wilden, dessen unverbildeter Urzustand hier besungen wird. Was Pinkola Estés unter dem vergötterungswürdigen Zustand versteht, schildert sie in zwei Szenen, die sie selbst unter dem Titel Die »Kraft der Flanken« als »einschneidende Erlebnisse« bezeichnet:

»Das erste Erlebnis fand während eines einwöchigen Treffens mit anderen Frauen statt. Alle Teilnehmerinnen saßen nachts am Lagerfeuer bei den heißen Quellen, in denen wir vorher nackt gebadet hatten, und ein paar Frauen trommelten und sangen. Eine nackte Frau von etwa 35 Jahren stand auf und bewegte sich im Rhythmus der Musik. Ihr Bauch war von Schwangerschaftsstriemen durchzogen, ihre Brüste schlaff und leer vom Kindersäugen. Weil ich noch sehr unerfahren war, tat sie mir im ersten Moment leid, aber dann tanzte sie, daß ihre Haare, Brüste, Gliedmaßen in verschiedene Richtungen flogen, und ich sah, daß sie schön war, herzzerreißend anmutig und verletzbar, aber gleichzeitig stark und vital. Der Ausdruck ›Feuer in den Lenden‹ hätte mir vorher höchstens ein verlegenes Lächeln entlockt, aber in dem Augenblick sah ich dieses Feuer.«

Ohne Zweifel eine gute und richtige Beobachtung, die für manche Balletteuse zutreffen wird. Die einschränkungslose Verallgemeinerung dieser Feststellung aber bleibt problematisch.

»Das zweite augenöffnende Erlebnis hatte ich mit einer weitaus älteren Frau. Ihr Körper entsprach in keiner Weise dem damaligen Schönheitsideal; ihre Hüften waren zu birnenförmig, ihr Busen im Vergleich winzig, und ihre Schenkel waren von feinen bläulichen Adern durchzogen. Eine lange Operationsnarbe zog sich seitwärts vom Brustkorb bis zu den Rückenwirbeln, und ihre Taille war etwa vier Hände breit. Daher war es mir ein Rätsel, warum die Männer um diese Frau herumschwirrten wie Bienen um die Honigwabe. Sie wollten ständig mit ihr schmusen, diese kleinen Brüste halten, die Narbe küssen, an diesen breiten Hüften und Schenkeln knabbern.« (S. 251 f.)

Das sind in der Tat nicht ganz alltägliche Eindrücke. Merkwürdigerweise schildert sie in diesen beiden ungewöhnlichen Episoden zwei Frauen ohne Kopf. Ist das ihre Obsession? Ist sie tatsächlich so körperfixiert? Es sieht fast so aus. Die gefeierte Kopflosigkeit ist aber wohl ein recht primitiver Entwurf von Weiblichkeit. Ein Blick in das Gesicht der umschwärmten Frau, das vielleicht sehr klug oder sympathisch, interessant oder warmherzig gewesen sein mag, hätte ihr Rätsel möglicherweise gelöst. Pinkola Estés aber scheint den Körper regelrecht zu vergöttern – sie sagt es selbst:

»Für die Instinktnatur geht es um das Seinsgefühl im Körper, um seine Verbundenheit mit dem Herzen, der Seele, der Urkraft. Ist der Körper seines Lebens froh, das ist die Frage. Kann er auf seine ureigene, unverwechselbare Art laufen, tanzen, sich hin und her wiegen? Alles andere ist unwichtig.« In einem Völkerkundemuseum, das vermutlich Tausende von Kulturprodukten, Äußerungen des unruhigen, suchenden und probierenden menschlichen Geistes enthält, bestaunt sie vor allem: »die sehnige Wade eines Jägers, die langen Brüste einer Mutter, die spitzen Hügelchen auf der Brust einer Jungfrau, die knielangen Hoden eines alten Mannes, Nasenlöcher größer als die Augen eines Afrikaners.« (S. 256).

»Ist es nicht ebenso einleuchtend, daß der Körper sinnliche Informationen für die Seele sammelt und ihr dann den Federhalter reicht, damit sie unseren Lebensweg unter Berücksichtigung dieser Informationen vorzeichnen kann? Wie, wenn man den Körper als ein Gottwesen begreift, als einen Lehrer, Mentor, einen Seelenführer? ... Sind wir stark genug, um der gesamten tendenziösen Meinungsmache zu widerstehen und stattdessen auf den Körper zu hören?« (S. 250). Das sind semireligiöse Überzeugungen, die jene Frauen teilen mögen, die nachts nackt ums Lagerfeuer tanzen und Männer an ihren Hüften und Schenkeln knabbern lassen, aber damit kann sie kaum eine allgemeine Gesetzlichkeit für das Wesen der Frau liefern. Nicht, daß es so körperfixierte Frauen nicht gäbe, sie werden ausgezeichnet tanzen, surfen, sich anmutig bewegen oder akrobatisch turnen, aber es ist eine grobe Vereinfachung, dies als das weibliche Wesen schlechthin definieren zu wollen.

Dieser extreme Körperkult ist jedoch eine grundsätzlich intellektfeindliche Botschaft. Es ist genau das, worauf die Frauen vom Mann schon immer gern reduziert wurden. Aus dieser Situation wollte der Feminismus die Frau herausholen, sie aus einem austauschbaren Augensnack für den Mann zu einer unverwechselbaren Persönlichkeit machen. Ziehen sie jetzt unter Führung von Pinkola Estés triumphierend dorthin zurück und betrachten sich vor allem als Körper, mit dem ein Körperkult getrieben werden soll? Schon damit allein ist das Buch ein Rückschritt – für die Sache der Frauen.

Aus Kopf und Bauch

Der aufgeklärte, moderne Mensch ist nicht mehr allein auf Erzählungen am Lagerfeuer oder im Iglu angewiesen. Er kann sich auch aus Enzyklopädien, großen Universitätsbibliotheken und über globale elektronische Netzwerke über das unterrichten, was – neben den alten Geschichten – den Geist des Menschen von heute füllt: die Ergebnisse seiner organisierten Neugierde, das umfangreiche Wissen in ihm, über ihn und über die Welt um ihn herum. Sich also vornehmlich durch die *voz mitológica* (die Stimme der Mythologie) von indianischen Medizinmännern und sibirischen Schamanen, von den Märchen der Eskimos, von der indischen Hindugöttin *Durga*, der Seherin *Hekate* oder der Urmutter *Nyx*, der Herrscherin über das Dunkle und Schlammige, belehren zu lassen über unserer Urnatur, ist kein ganz zwingendes Konzept. Woher die eigentümliche Vorliebe für das Dunkle, Schwammige und Schlammige? Warum wenden wir uns nicht lieber an die Tagesgöttin, die Herrscherin über das Helle und Klare? Ist es einfach so, daß dem Prinzip des Kopflosen das Licht zum Nachdenken vielleicht gar nicht fehlt? Daß es Bauch und Eingeweiden beim Nachfühlen wenig nützt?

»Der Archetyp der wilden Frau mit all seinen weitverzweigten Hintergründigkeiten fungiert als Leitbild für alle Künstler, Denker, Sucher und Finder, denn überall dort, wo etwas erfunden und neugeschaffen wird, ist der Naturinstinkt zu Hause. Ihre Eingebungen kommen aus dem Bauch, wie alles Spontane, Künstlerische und Schöpferische, denn die Alte, und das wissen wir, residiert nicht im Kopf, sondern in unseren Eingeweiden«. (S. 28). »Wenn die Wolfsfrau singt, dann aus dem tiefsten Unterbauch heraus, aus den *ovarios*, den Eierstöcken, die das Licht des ewigen Lebens enthalten ...« (S. 45). Klarer kann man die anti-intellektuelle Bauch-versus-Kopf-Ideologie nicht formulieren.

Vasalisa und die Baba Yaga

Nichts in diesem Buch ist ganz falsch, und nichts ist ganz richtig – das gehört zu seinem diffusen, unscharfen Charakter. Es wäre sonst wohl nicht zur vielgelesenen Bibel der Frauenseele avanciert, denn etwas Sinn muß man sich schon irgendwo herausholen können für diesen Ehrentitel.

Als Beispiel dafür, was hier an Juwelen der Märchentradition im Wolfsbrei verrührt worden ist, wollen wir das Märchen von Vasalisa und der alten, bösen Hexe Baba Yaga wählen. (S. 94–137). Es ist eine alte osteuropäische Geschichte, ursprünglich wohl noch aus altgriechischer Zeit, die mit den geflügelten Worten beginnt: »Es war einmal und war doch nicht ...« Diese für Märchenerzähler übliche, abstandnehmende Vorsicht dient dazu, sich des irrealen Charakters einer von der Großmutter mit ernster Stimme erzählten Geschichte trotz allem – simultan – bewußt zu bleiben. Pinkola Estés aber deutet sie als ein »Signal an die Seele«, daß sich die Geschichte in einem »Zwischenreich zwischen den Welten« abspiele. Wo nun immer dieses Zwischenreich gelegen sei.

Das kleine, kluge und empfindsame Mädchen Vasalisa (in anderen slawischen Sprachen Wassilissa, interessanterweise ein Name, der voll in den fenno-ugrischen Kulturbereich integriert ist; in Finnland heißt er heute Vaasa Liisa) erhält von ihrer sterbenden Mutter ein seltsames Püppchen, das sie hüten und bei Lebensproblemen befragen solle. Sie trägt es fortan bei sich, berührt es hin und wieder und fühlt sich dann gleich »ein wenig besser«. Sie befragt es an Scheidewegen, und das Püppchen gibt ihr dann stets die richtige Antwort. Es ist zu vermuten, daß – analog zu vielen anderen Legenden – dieses sich in seiner Funktion einem Fetisch nähernde, uralte Motiv als ein Kürzel für die Liebe und Fürsorge der Mutter und als ihr soziales Erbe aus Lebensweisheit – Familien-Meme, also gerade aus dem Kopf und in den Kopf! – verstanden werden kann, das sie der einzigen, geliebten Tocher mit auf den Weg geben möchte. Welche sterbende Mutter möchte das wohl nicht?

Bald heiratet der Vater wieder: Stiefmutter und zwei Stiefschwestern tauchen auf, mit falschem Lächeln und abgrundtiefer Bosheit. Und während Vasalisa immer schöner wird, »so lieblich und gut wie ein Wesen aus einer anderen Welt«, quälen die drei Frauen – das alte Aschenputtel/Cinderella-Motiv – das kleine Mädchen mit Dienstmagdaufgaben und tausend Gehässigkeiten. Am Ende ertragen sie die freundliche Klaglosigkeit, die Vasalisa wie ein aufreizendes Fanal aus Geduld und Güte vor ihnen herträgt, nicht mehr und schicken sie zum Feuerholen zur alten, bösen Hexe Baba Yaga (*baba* ist das slawische Kosewort für Großmutter), die sie »mit Haut und Haaren fressen wird – dann sind wir sie endlich los!« Statt dessen aber holt sich das kluge und tapfere Mädchen – mit Hilfe der kleinen Puppe als dem Segen ihrer Mutter – das Wissen der alten Baba Yaga und das Feuer, das dann die drei bösen Frauen verbrennt.

Hierin sieht Pinkola Estés die Lösung der folgenden neun Aufgaben der Einweihung in die weibliche Intuition : »die allzu gute Mutter sterben lassen, den Schatten entlarven, im Dunkeln navigieren, der Wilden Alten (in der sie die wilde urzeitliche Göttin sieht) entgegentreten, dem Über-Rationalen dienen, dieses von jenem trennen, nach den Mysterien fragen, auf allen vieren stehen und den Schatten in neues Licht tauchen«. Das sind starke Bilder und Gedanken, die sich alle um einen wahren Kern herum entwickeln. Pinkola Estés überfrachtet sie leider alle immer wieder mit ihren eigenen abstrusen, zumeist stark simplifizierenden Konzepten. Die Autorin scheint in ihrem Überschwang völlig zu vergessen, daß dies vom Menschen geschaffene Bilder sind, also Ausdruck seiner Gedanken und nicht etwa ihr Grund. Dennoch werden hier ein starker Symbolgehalt und zahlreiche wichtige Erfahrungen sichtbar, wie sie gerade dem Mutter-Kind-Verhältnis, dem Konkurrenzverhalten zwischen Frauen, dem Reife- und Emanzipationsprozeß heranwachsender Mädchen und anderen typisch weiblichen Lebensperspektiven zugehören.

Manch kluger Satz wird hier zitiert, etwa Baba Yagas Feststellung, »daß zuviel Wissen den Menschen vorzeitig altern läßt«. Hingegen ist die Aussage, daß die psychische Kühle die Kreativität töte und daher die heute so hoch geschätzte Leistung, *cool* zu sein, nichts anderes sei als ein Ausdruck »defensiven Zorns«, wiederum sehr subjektiv. Sie ist sicher für manche Menschen zutreffend, für andere wieder unzutreffend, die Kühlen zum Beispiel, bei denen es keine Glut zu ersticken gibt. Gewisse Menschen wieder zeigen grundsätzlich ihre Emotionen nicht vor anderen.

Aber was für faszinierende Bilder enthält die Geschichte der Vasalisa! Das Feuer, das sie von der Hexe Baba Yaga holt, trägt sie in einer ganz besonderen Schale heim – in einem hohlen Schädel. Man stelle sich das kleine Mädchen vor, im dunklen Wald, mit einem Totenschädel in der Hand, aus dessen Öffnungen – Augen, Mund und Nasenlöchern – ein geheimnisvolles Licht dringt. Das Licht der Erkenntnis? Die Glut im Schädel nach Hause tragen, um dort alles klarer zu sehen und das Zerstörerische, Böse zu verbrennen?

Plötzlich beginnt das Geistfeuer im Schädel sich zu regen und aus Augen und Mund Feuer und Funken zu speien. Das kleine Mädchen hält es erschrocken von sich weg, das flammenspeiende Gefäß der schmerzhaften, erbarmungslosen, brennendheißen Erkenntnis. »Im Licht des Feuerschädels tritt alles schonungslos zutage.« Soll sie so weiter voranschreiten, beherzt, »mitten in den Bereich der törichten, gehässigen, verlogenen, verurteilenden Stimmen«? Kein Wunder, daß Vasalisa das glühende, durchbohrende Bewußtseinsfeuer auf einmal wegwerfen möchte, es wieder loswerden, sich lieber schlafen legen ...

Es ist hier sicher eine berechtigte Assoziation, an das Verlangen zu denken, das auch Frauen mit einem mühsam erworbenen, desillusionierenden und limbisch anstrengenden Durchblick hin und wieder befallen mag: alles das, was die Welt, auch die Schattenseiten der eigenen Psyche, alles Negative und Ungereimte in sich selbst und um sich herum schonungslos erhellt, intensiver, schmerzhafter, ja, unerträglich macht, zum Selbstschutz einfach wegzuwerfen. Um – ohne all die verfluchte Erkenntnis – »endlich ruhig weiterzuschlafen«.

Hier scheint es sich wirklich um ein spezifisch weibliches Erlebnis zu handeln, das von vielen Frauen bestätigt wird: den Impuls, die Erkenntnis, den Ballast von Verstehen, Kompetenz und Verpflichtung zum Wissen einfach von sich zu werfen, um den Belastungen, die das zugleich bedeutet, zu entgehen. Als spontaner Impuls ist das den meisten Männern völlig fremd und unverständlich, denn sie selbst verspüren niemals den Wunsch, ihre Qualifikationen, so belastend und verpflichtend sie auch sein mögen, wieder loszuwerden. Sie sind demgegenüber viel fatalistischer.

Es mag ein essentieller Teil des weiblichen Wesens sein, hin und wieder diesen Impuls zu verspüren. Dieses Licht aber ist es, was Männern *und* Frauen hilft, sich von unbedarfter Naivität, vom wahren Dunkel des Unwissens, seiner Unfreiheit und dem Schlamm des Aberglaubens zu befreien. Jeder Mensch sollte es hüten und nach besten Kräften mehren.

Ein ganz wichtiger und wohl der zentrale Punkt der Weiblichkeit wird berührt mit dem Gefühl des Lebensspendens: sich als Teil eines Lebenszyklus zu empfinden, stolz und selbstbewußt, wissend, daß man die Anlage in sich trägt, sich zu reproduzieren: » . . . den Schlüssel zum Leben zu besitzen, seinem zyklischen Werdegang zu gehorchen, mit dem Leben zu tanzen, mit dem Tode zu tanzen und in neues Leben hineinzuspringen. Dies verkörpert die Mutter des Lebens und des Todes in ihrer ältesten und grundsätzlichsten Form.« Was auch immer stirbt, verdorrt oder zerstört wird, in der Frau ist der Keim zu neuem Leben, zum Neuanfang, die nicht abreißende Verbindung zur Zukunft. Ist sie deshalb so empfänglich auch für die Vergangenheit?

Hier, bei den ewig aufeinanderfolgenden Zyklen des Werdens und Vergehens, scheint das Pathos von Pinkola Estés angebracht, ist die Bedeutung von Körper und Physis kaum zu übertreiben. Hier liegt ohne Zweifel das große Kernstück der Weiblichkeit – ihre Potenz zur Reproduktion, die Fähigkeit, sich sozusagen in zwei Menschen zu teilen, einer neuen Person Leben zu geben.

Hier ist man geneigt, auch ihre ausgreifendsten Analogien und Assoziationen noch nachzuvollziehen. Hier trägt der Inhalt selbst ihre blumigste Poesie. Hier weiß sie auch, daß sie aus eigener Anschauung ihr ureigenstes Thema als östrogengeprägte, vitale Frau von innen kennt – intim, direkt, nicht über Inuit-Märchen oder altbabylonische Gottheiten: die Frau als Teil eines jahrmillionenalten Prozesses, eins mit der sie umgebenden Welt, einem zyklischen Lebensprozeß von Pflanzen und Tieren, der sie umgibt, als Meer, als Erde, als Geschichte.

Wenn Pinkola Estés sagt, daß man die Haut verliere, ausflösse, sich an die Umgebung verliere, daß man an Erschöpfung immer wieder von neuem stürbe, leer würde, innen ganz tot sei, daß man mit der Umwelt eins würde, zusammenfließe, daß die Milch der Empathie einschieße, daß man einen Messing-BH brauche, zum Seelenschutz vor allen denen, die nach dem Trost und den Hüften und Brüsten der Frauen verlangen, daß man unter Wasser zu atmen lernen müsse, sich vor den goldenen Kutschen hüten solle, die so verlockend mühelos durchs Leben rollen, aber zugleich goldene Fallen darstellen und den Tod unserer Anstrengungsbereitschaft bedeuten, so sind das trotz des befremdlichen Sprachgebrauchs wichtige Metaphern für weibliches Lebensgefühl. Es finden sich sehr anmutige Bilder und alles, auch das weniger Geglückte, wird von vielen Frauen als spezifische eigene Erfahrung unmittelbar und bewegt wiedererkannt. Ganz sicher ist auch das eine Ursache für den Erfolg des Buches.

Pinkola Estés' Buch, gelobt als »Bibel der weiblichen Seele«, ist eine unkritische und wirre Hymne auf die wilde, urige Emotionalität der Weiblichkeit. Sie hat damit wohl genau das getroffen, was Millionen von weiblichen Lesern hören möchten. Diese werden die Käuferinnen sein, die den großen Erfolg des Buches ausmachen. Es spricht ihnen aus dem Herzen, es speist Gefühle und Wünsche, Einsichten und Befürchtungen zugleich. Es ist ein feministisches Buch »aus dem Bauch«, auch wenn manche seiner Konklusionen, abgesehen von sprachlichen Überzeichnungen, die man als Poesie entschuldigen mag, im Grunde vertretbar sind. Sie sind in dem großen Wust aus Worten nur schwer zu finden. Am Ende des Buches bleibt das fatale Grundgefühl, daß es aus den LeserInnen eine entrückte Gemeinde von eingeschworenen Gläubigen macht.

Die Feministin, bei der die Männer weinten: Betty Friedan

Weder Weiningers noch Pinkola Estés' Buch wären hier zu besprechen gewesen, wäre ihnen nicht zu ihrer Zeit ein so immenses Interesse entgegengebracht worden. Sie beeinflußten die Gedanken von Millionen, dürften jedoch keine wirklichen Majoritäten hinter sich gebracht haben. Sicherlich aber übten sie einen gewissen gleichschaltenden Überzeugungsdruck aus, denn auf ideologisch verminten Themenfeldern bewegen sich viele Menschen sehr vorsichtig. Oft vermeiden sie es, sich gegen den Zeitgeist zu äußern, um nicht in das Visier eifriger Gesinnungswächter zu geraten. So entsteht der unzutreffende Eindruck einer öffentlichen Einigkeit. Niemand möchte mit Extrempositionen in Verbindung gebracht werden. Die Chance, eine kompliziertere Sicht der Dinge einmal wirklich genau darzulegen, wird selten gegeben.

So ziehen es auch intelligente und souveräne Frauen oft vor, die Emanzipation einfach vorzuleben, statt über sie zu reden: Ricarda Huch,

Hannah Arendt und Susan Sonntag, Hildegard Hamm-Brücher, Annemarie Renger und Elisabeth Noelle-Neumann, Golda Meir, Indira Gandhi und Margaret Thatcher. Sie alle haben sich öffentlich kaum zu diesen wichtigen Themen geäußert. Auch bei Frauen aus Literatur und Kunst, bei Selma Lagerlöf und Astrid Lindgren, Kiri Te Kanawe oder Michaela Petri wird man vergeblich nach grundsätzlichen Stellungnahmen zu diesen Fragen suchen. Selbst die großen Frauengestalten aus der westlichen Wirtschaftskultur sind hier erstaunlich wortkarg, obwohl sie alle ganz sicher eine überdurchschnittlich qualifizierte Ansicht dazu haben. Mit dieser Vorsicht machen kluge Menschen aber leider oft Platz für weniger kluge, weniger differenzierte, radikale Ansichten, für Positionen der *terrible simplificateurs*.

Aber zuweilen erreichen auch differenziertere Auftritte weltweite Geltung. Eine ungewöhnlich kluge und starke Frau hat es bewiesen: Betty Friedan. Sie hat sehr entschieden Stellung bezogen, und sie hat sich an die Spitze der amerikanischen Frauenbewegung gesetzt, ohne sich damit dem sinnvollen Dialog, der Nachdenklichkeit, dem Lernen und dem Sinneswandel zu versagen. Sie hat weltweite Wirkungen entfaltet, aber niemals hat sie dabei das Gewicht biologischer und psychologischer Bedingungen für das Wohl der Frauen aus dem Auge verloren. Auch der Aufgabe, das tatsächliche Leben zu meistern, hat sie sich lebenslang gestellt. Das macht sie so glaubhaft.

Mit ihrem Klassiker über die »Selbstbefreiung der Frau« hat sie die Frauenrechtsbewegung in den USA, *Women's Lib*, gestartet, die sich dann über die halbe Welt verbreitete. Sie hat ihre Gedanken bei jenen Intellektuellen salonfähig gemacht, die John Stuart Mill nicht kannten oder verdrängt hatten. Als Buchautorin und Rednerin, als Organisatorin und Kritikerin hat sie mehr als zehn Jahre lang im Zentrum der Frauenbewegung gestanden, weltweit agiert, agitiert, aktiviert und argumentiert, dennoch ist sie nicht in jene radikalen Positionen und zu jenen wirklichkeitsfremden Weltveränderungsmodellen abgedriftet, welche die radikale Frauenbewegung letztlich haben scheitern lassen. Das haben ihr die militanten Frauen so sehr verübelt, daß sie diese ihre Gründungsmutter und Leitfigur rasch aus ihrem Gedächtnis und ihrer Geschichte gestrichen haben. Ein Grund mehr, sich ihrer zu erinnern.

Ihr kluges und aufsehenerregendes Buch »Der Weiblichkeitswahn« hat das Leben und das Bewußtsein von Millionen Frauen verändert. In dem restrospektiven, weisen Buch: »Das hat mein Leben verändert« zieht sie Bilanz. Interviews, Reden und Reportagen, Thesen und Tagebuchaufzeichnungen legen Rechenschaft ab über die intellektuelle Redlichkeit und ethische Konsequenz, mit der Friedan der Entwicklung folgte, die sie selbst angestoßen und jahrzehntelang begleitet hatte. Über Höhe- und Wendepunkte in ihrer Überzeugung können wir verfolgen, wie sie zu einer der namhaftesten Gestalten der neueren Sozialgeschichte und vor allem der tatsächlichen politisch-rechtlichen Befreiung der Frau geworden ist.

In ihrem Rückblick macht Friedan keinen Hehl daraus, daß die Frauenbewegung anfangs in großer ideologischer Nähe stand zu sozialistisch-marxistischen Ideen. Neben ihrem Stolz, eine so wichtige Bewegung angestoßen zu haben, trug sie zugleich die Last der Verantwortung zu sehen, was daraus wurde. Und so prüfte sie unablässig die großen Worte an der persönlichen Erfahrung und an der Lebenswirklichkeit und fühlte sich am Ende von neuem dazu gedrängt, sich in einem Buch an die Frauen zu wenden, »damit wir uns in unserer feministischen Reaktion auf den alten Wahn nicht von einem neuen blenden und fesseln lassen«. Kein Wunder, daß sie damit auf Kollisionskurs zu jenen geriet, die schon geblendet und gefesselt waren oder von der Zustimmung der Geblendeten und Gefesselten lebten.

Sie hatte erkannt, wie Haß und Bitterkeit, von den Frauen früher gegen sich selbst gerichtet, nun in der politischen Debatte durchgebrochen waren, wie sie zu Gegenreaktionen führten, zu persönlichen und politischen Verwicklungen, die am Ende in frustrierter Empörung, Desillusionierung und Bitterkeit bei den Frauen selbst gipfelten. »Hat die Rhetorik der Geschlechterpolitik«, fragt sie, »uns blind gemacht für die tatsächlichen Aktionen und Verbündeten, die wir brauchen, wenn den Frauen in ihrem Leben wirklich neue Wege offenstehen sollen?«

Das alte Schema »Die Frau ist, der Mann macht« wollte sie abwandeln, und so suchte sie nach neuen Lebensmodellen für Frauen. Diese Entwürfe, die zugleich eine grundlegende Veränderung der Gesellschaft forderten, waren schön, aber unrealistisch, daher ihre Nähe zu radikalen Systemveränderungsansätzen, zu den Gedanken von Marxisten und Leninisten, unter anderem auch zu Simone de Beauvoir. Ihre Verzweiflung, die sie mit der totalen Gesellschaftsumwälzung liebäugeln ließ, war echt, denn sie sah die alten Frauenhoffnungen und -träume »wieder einmal in einem Meer von Worten untergehen«.

Sie sah radikale Randgruppen entstehen, intrigieren, in internen Richtungs- und Machtkämpfen ihre Energien verschleißend, die »an ihrer eigenen, Entfremdung bewirkenden Doktrin und Taktik zugrunde gingen.« Sie selbst zog sich mehr und mehr aus der Organisationsarbeit zurück, da sie längst erkannt hatte, daß es nicht genug war, nein zur Geschlechterdiskriminierung zu sagen. »Wenn diese Bewegung nicht über politische Strategie oder persönliche Aktionen zu einem neuen Ja für Frauen führt und für die Männer und Kinder, mit denen sie ihr reales Leben teilen, könnte sie sogar in ihr Gegenteil umschlagen.« Und der tiefe Ernst dieser Bedenken, mit dem Betty Friedan zugleich die Drift der Frauenbewegung sah und an ihrem eigenen Versöhnungsgedanken hing, war der Anlaß zu ihren Warnungen. »Frauen können jetzt Gouverneur, Bürgermeister, Polizist, Feuerwehrmann, Priester der Episkopalkirche, konservativer Rabbi, Terrorist, Dirigent und Börsenmakler an der Wallstreet werden ...«, aber sie sorgte sich darum, ob die Frauen diese hart erkämpften Rechte nun optimal nutzten und dabei glücklich wurden. Was ihr selbst vorschwebte – »die Überbrückung, Überwindung der Polarisierung von Männlich und Weiblich, von Abstrakt und Konkret, von unvergänglichen Werten und schmutziger, schweißtreibender Alltagsarbeit« – würde noch viele Anstrengungen, auch die Arbeit der Frau an sich selbst, fordern. Vor diesen großen Aufgaben sah Friedan das interne Gezänk radikaler und militanter Gruppen und Grüppchen als entschieden kontraproduktiv an. Sie selbst war eine konsequente Verfechterin des Nutzens der Kooperation.

Desillusioniert von Simone de Beauvoir

Anfang der fünfziger Jahre hatte Betty Friedan »Das andere Geschlecht« von Simone de Beauvoir gelesen, das sie sehr deprimiert, aber auch stark motiviert hatte. Sie war jahrelang im Banne des existentialistischen Pathos geblieben, so etwa auch des Wunsches, »die Wahrheit der Realität unserer eigenen Existenz zu entdecken«. Dann hatten die endlosen praktischen Probleme des sehr realen Lebens sie allmählich auf den Boden der Tatsachen zurückgeholt. Sie war damit reif geworden für eine kritische Begegnung mit dem stets im Hintergrund gebliebenen Guru der Bewegung, einer Gura, die eigentlich nur Worte, aber keine Taten beigesteuert hatte. Und zwar viele wirre, unklare Worte, die zum Teil an akademischen Pseudotiefsinn grenzen und die geschwollene Diktion der APO-Kämpfer gegen die Systemimmanenz widerspiegeln. So etwa versicherte sie, um ihre amerikanische Gesprächspartnerin zu beruhigen, »der radikale Feminismus sei als ideologische Basiskonzeption dem marxistisch-leninistisch-stalinistischen Kommunismus überlegen«. –

Vielleicht, so hatte Friedan noch gedacht, kann Simone de Beauvoir uns jene Autorität geben, die wir brauchen. Doch es kam ganz anders.

»Nach einer wohlwollenden Begrüßung legte sie dann, fast wegwerfend, jene Autorität an den Tag, um deretwillen ich glaubte gekommen zu sein. Aber diese Autorität, mit der sie über die Frauen sprach, wirkte kalt und steril, wie eine Abstraktion, die keinen Bezug mehr zum realen Leben der Frauen hatte. Ich kam mir fast wie ein Trottel vor, mit meinen weltlichen Problemen aus dem Lebensalltag der Frauen und der Strategie der Frauenbewegung. Diese Fragen schienen sie überhaupt nicht zu interessieren. Irgendwie schien sie sich nicht mit gewöhnlichen Frauen zu identifizieren, die aus sich etwas Neues machen wollen. Deren Alltagsprobleme berührten sie offenbar überhaupt nicht. Und trotzdem erging sie sich in den schicken radikalen Phrasen gegen das ›Elite-Denken‹ und zum abstrakten Lobpreis der anonymen Frau aus der ›arbeitenden Klasse‹.

Ihrer Ansicht nach ist es für die Frauen völlig irrelevant, die sexuelle Diskriminierung zu beseitigen, um zu besseren Arbeitsplätzen, beruflichen Aufstiegsmöglichkeiten und leitenden Positionen zu kommen. Man muß einfach das ganze System vernichten. Aber wovon sollen die Frauen dann leben, fragte ich sie – woher sollen sie die beruflichen Fertigkeiten und die Erfahrung nehmen, um bei der Systemveränderung überhaupt gehört zu werden? Sie brauchen ja nicht die *guten* Jobs zu haben, um zu leben, sagte Simone de Beauvoir über die anderen Frauen. Sie selbst freilich hat ihr Leben lang ungewöhnlich gute Jobs gehabt und es in einem angesehenen Beruf zur Berühmtheit gebracht. Andere Frauen sollen nicht dem Ruhm nachjagen oder Zeitungsartikel unter ihrem Namen publizieren wollen, sagte sie, während sie selbst natürlich auch in Zukunft unter ihrem eigenen, berühmten Namen schreiben und die Honorare und Einflußmöglichkeiten nutzen wird, die ihr dieser Name eingetragen hat. Die Bequemlichkeiten einer Familie, die hübsche Ausgestaltung der eigenen Wohnung, Mode, Ehe, Mutterschaft – das alles ist frauenfeindlich, erklärte sie. Es geht nicht einmal darum, die Frau selbst entscheiden zu lassen – alles, was die Frau ermutigt, Mutter zu sein oder ihr die Wahl läßt, ist falsch. Die Familie ist abzuschaffen, sagte sie mit autoritärem Ton. Wie soll dann das Menschengeschlecht überdauern? Es gibt ohnehin schon zu viele Menschen, sagte Simone de Beauvoir.« (Friedan 1977, S. 224 f.).

Soll ich das ernst nehmen? fragte sich Friedan. Ihr kamen zunehmend Zweifel an der natürlichen Autorität und Überzeugungskraft der kettenrauchenden, mechanisch und unkonzentriert antwortenden, berühmten Französin. Sie kam ihr kalt und egozentrisch vor, nicht wirklich interessiert am Glück und Wohlergehen der Frauen, sondern eher an der Verwirklichung radikaler politischer Ideen:

> »Und dann fielen mir die autoritären Untertöne der angeblich maoistischen Parteilinie auf, die ich schon von den Jungsemestern der selbsternannten radikalen Feministinnen in Amerika kannte. Wie ich höre, liebäugelt Sartre mit dem Maoismus in der französischen Politik, und Simone de Beauvoir tut es ihm nach wie einst beim Existentialismus ... Vielleicht ist die existentielle Autorität, die ich bei Simone de Beauvoir suchte, etwas, was sie in der Realität ihrer eigenen Erfahrung, geschweige denn der Realität anderer Frauen, gar nicht mehr sucht.
>
> Wie auch immer: ich wünsche ihr alles Gute. Sie hat mir einen Weg gewiesen, den ich weitergehen werde, auch wenn es ein beschwerlicher Weg ist. Wir alle müssen jetzt einfach auf diesem Weg weitergehen und Vertrauen zu uns, unseren Erfahrungen und Fragen haben. Es gibt weder Götter noch Göttinnen, noch Autoritäten von außen – wie radikal sie sich auch gerieren. Wir brauchen keine andere Autorität, können keiner trauen, als unserer persönlichen Wahrheit. Die einzige Probe auf unsere Bewegung ist die, ob sie den realen Frauen – uns selbst – das reale Leben eröffnet.« (Friedan 1977, S. 225 f.).

Friedan berichtete ihr dann von den Zeugenaussagen bei den Watergate-Hearings, aus denen hervorging, daß es in den Reihen der Frauenbewegung *Agents provocateurs* gab, die Zwietracht und Extremismus schürten und die Sexualpolitik in ein Instrument der Spaltung umfunktionierten. Ihre Parolen wie: »Nieder mit den Männern, dem Kinderkriegen und der Mutterschaft!« forderten zu einem Klassenkampf gegen die Männer auf, und es gab innerhalb der Frauenbewegung auch die Ansicht, Kinderkriegen, Mutterschaft und Sex seien die wahren Feinde der Frau. Friedan gibt zu erkennen, daß sie die Behauptung heikel findet, Gleichberechtigungsbestrebungen der Frau zwängen sie generell dazu, auf die Liebe zu einem Mann oder auf Kinder zu verzichten. Das einzige, was Simone de Beauvoir (die selbst kinderlos ist, »weil sie schreiben wollte«) dazu beizusteuern weiß: »Ich verstehe.«

Dann trifft Betty Friedan einen empfindlichen Punkt: »Sie sind jetzt, wie ich weiß, der Meinung, daß eine Veränderung des ökonomischen Systems, wie zum Beispiel im Kommunismus, nicht automatisch schon die Befreiung der Frau mit sich bringt ...« Simone de Beauvoir – man schreibt das Jahr 1975 – gibt das zu. Dann aber befürwortet sie, die Klassentrennung zwischen Sekretärin und Chef, zwischen Krankenschwester und Arzt aufzuheben, natürlich ohne den geringsten Hinweis darauf, wie das gehen sollte. Sie formuliert statt dessen ihre tiefe Skepsis gegenüber der »Elite einer Gesellschaft, die wir ablehnen. Viele von uns glauben, daß eine Veränderung der Gesellschaft nicht von oben, sondern nur von der Basis her erfolgen kann.« (Friedan 1977, S. 229).

Simone de Beauvoir spricht dann durchaus zustimmend von jenen Frauen – und spricht hier offenkundig über ihren eigenen Umkreis –, deren Ziel es nicht sei, dem Mann gleich zu sein oder »in dieser Gesellschaft Rang und Namen zu erreichen, sondern diese Gesellschaft zu bekämpfen und zu vernichten.« Sie funktionieren in einem kollektiven System, in dem niemand mit seinem Namen unterzeichnet – sozusagen feministische Kommunarden. Simone de Beauvoir findet es gut, daß sie namenlos bleiben wollen, denn sie verabscheue das »Star-System«, will sich aber selbst »weiterhin dessen bedienen, was sie erreicht hat«. Friedan wendet ein: »Wenn wir, die wir einen Namen haben, den anderen raten, namenlos zu bleiben, verschwindet das Star-System doch nicht!« Nein, gibt de Beauvoir zu, aber die Konkurrenz.

Friedan faßt ihre eigene Position – zu weit mehr als nur der angeblichen Star-Abneigung der Simone de Beauvoir – in folgende Worte: »Der Vorwurf des Elitären ... hat, wie mir scheint, dazu gedient, demokratische Strukturen und eine leistungsfähige Führung abzubauen und wirksames Handeln zu manipulieren oder zu verhindern. Damit wird aber Macht nicht beseitigt, sondern nur manipulierbar gemacht, weil keine klare, verantwortliche Führungsstruktur mehr vorhanden ist.«

Betty Friedan wird entideologisiert

Auf die Frage Friedans, ob nicht eine Frau selbst wählen können sollte, ob sie sich einem Beruf oder ihren Kindern widmen will, antwortet Simone de Beauvoir:

> »Nein. Wir sind der Ansicht, daß keine Frau diese Möglichkeit haben sollte. Die Frau sollte nicht das Recht haben, zu Hause zu bleiben, um

ihre Kinder aufzuziehen. Die Gesellschaft muß völlig anders werden. Keine Frau sollte diese Möglichkeit haben, und zwar gerade deshalb nicht, weil zu viele von ihr Gebrauch machen würden, wenn es sie gäbe. Das dient dazu, die Frauen in eine bestimmte Richtung zu zwingen.«

Man bemerke den frechen dialektischen Verwirrtrick: Sie selbst wählen zu lassen, ist also Zwang! Schwarz ist Weiß, Frieden ist Krieg – Orwell läßt grüßen. Denn:

»Wir sehen das als Teil einer globalen Reform der Gesellschaft, bei der die alte Spaltung zwischen Mann und Frau, Häuslichkeit und Außenwelt keinen Platz mehr hat. Nach unserer Auffassung soll jeder einzelne, Mann wie Frau, außer Haus arbeiten und die Möglichkeit haben, durch Kommunen, Kollektive oder sonstige Organisationsformen der Familie das Problem der Kindererziehung zu lösen. Also nicht das System der Kinderkrippen beibehalten, sondern das ganze System so ändern, daß die Alternativen andere werden. Etwas Vergleichbares wird ja gerade in China erprobt.«

Hier läßt de Beauvoir die Katze aus dem Sack: Ein kollektivistischer Staat ist ihr Ziel, der Zwang ausübt, indem er einen Mangel an Alternativen bietet. Daß diese Gesellschaftsform in der Tat sehr geeignet ist, jeden nur denkbaren Mangel zu produzieren, ist wohlbekannt. Daß sie dazu bereit ist, jede natürliche Gegebenheit zu mißachten, sagt sie auch ganz unmißverständlich, und zugleich hat sie die Patentlösung für Widerspenstigkeit parat: »Nach meinem Dafürhalten wird die Frau so lange unterdrückt sein, solange mit der Familie und dem Märchen von der Familie und dem Märchen von der Mutterschaft und den Mutterinstinkten nicht Schluß gemacht ist.« Wie man damit Schluß macht, läßt sie drohend offen.

Spätestens an dieser Stelle sollte klargeworden sein, daß in dieser intimen Nähe (und Personalunion!) von Simone de Beauvoirs Feminismus und dem radikalen Marxismus der westeuropäischen Intellektuellen die Erklärung dafür liegen dürfte, daß die Frauenbewegung zeitweise völlig kritiklos den klassenkämpferischen Wortschatz der Kommunisten übernahm, dazu ihre Militanz, den chronischen Benachteiligungsverdacht in seiner bittersten Form, den blinden Klassenhaß, die Unversöhnlichkeit und auch die Agitprop-Methoden in Stil, Ausdruck und praktischer Organisationsarbeit. Sie machten die Geschlechterprobleme zum Geschlechterkampf und diesen zum Klassenkampf. Das alles waren Töne und Methoden, die in einer klugen und hellhörigen Frau wie Betty Friedan, die allein am Wohlergehen der Frauen interessiert war und sich nicht für so unfehlbar hielt, daß sie dazu auf allzu radikale, militante Mittel zurückgriff, alle Warnlampen aufleuchten ließen. Ihre intellektuelle Wachsamkeit signalisierte ihr vermutlich rechtzeitig die neuen ideologischen Holzwege.

Höchstwahrscheinlich werden wir in diesem Rapport der Beauvoir-Begegnung ihres Buchs tatsächlich Zeugen eines echten Schlüsselerlebnisses, sonst hätte Friedan dieses Gespräch wohl kaum in ihren Lebensrückblick mit aufgenommen. Es ist vermutlich genau der Punkt, an dem ein Gläubiger seinem Idol zu nahe gekommen ist und es plötzlich durchschaut. Wie Schuppen fiel es Betty Friedan von den Augen: Diese Frau war in ihrer Grundeinstellung totalitär. Sie war zudem befangen durch höchst persönlichen Motive: eine ausgeprägte Verbitterung durch ein im Grunde unerfülltes Leben. Ihre intolerante, radikale politische Position und ihre ideologische Starre fanden bei Friedan kein Echo. Enttäuscht von der menschlichen wie intellektuellen Dürftigkeit der großen Simone de Beauvoir wurde Friedan in eben dieser Begegnung entideologisiert. Damit ging sie dem radikalen Feminismus unwiderruflich verloren.

Friedan hält gegen die kollektivistische Kinderverstaatlichungsidee – und damit dürfte der ideologische Bruch zwischen diesen beiden Frauen vollzogen sein – ein demokratisches Konzept:

> »Meine Überlegungen gehen eigentlich mehr in die Richtung einer pluralistischen Situation mit echten Alternativen. Mir scheint, daß das Gefühl für Werte der Individualfamilie und der Mutterschaft in den Menschen so stark ist, daß ich keinen gangbaren oder auch nur sinnvollen politischen Weg sehe, dieses Gefühl zu übergehen.«

Das liegt wohl daran, daß sie nur an Freiwilligkeit denkt, nicht so sehr an das weniger zaghafte Schlußmachen mit dem, was stört. Simone de Beauvoir hat ja auch recht mit der Annahme, Alternativen würden genutzt, solange sie da seien. Also ist es für sie ganz folgerichtig, die Alternativen abzuschaffen: Dann kommt niemand mehr in Versuchung, vom richtigen Wege abzuweichen. So bringt man alle dazu, ganz freiwillig die richtigen Möglichkeiten zu wählen, um eine Gesellschaft völlig zu verändern.

Simone de Beauvoir schließt mit den Worten: »Die Befreiung des Kindes ist eine hochinteressante Idee. Heutzutage wird das Kind zum

Objekt seiner Eltern ...« In einem indoktrinierenden deutschen Schulbuch war bereits der Text zu lesen: »Wenn Deine Eltern um die Ecke glotzen, mußt' ihnen in die Fresse rotzen!« (Schöck 1987). So bereitet man die Kleinen gut darauf vor, das Recht der Eltern, sie abends von der Straße zu holen und ins Bett zu stecken, kritisch zu hinterfragen. Vielleicht darf man den Kindern die Möglichkeit des Verstaatlichtwerdens gar nicht vorenthalten? Dazu müßte man natürlich mit den ärgerlichen Alternativen endlich Schluß machen. Das alles sollte man vor dem Hintergrund des von Simone de Beauvoir selbst formulierten Zieles betrachten: »Wir wollen diese Gesellschaft vernichten.« Dann ist es ganz logisch.

Der mißlungene Flirt mit dem Marxismus

Auf lange Sicht kamen Feminismus und Marxismus dann doch nicht gar so gut überein. Die Frauenbewegung erschien den Kommunisten aus vielen Gründen suspekt:

1. Es war eine unabhängig vom Marxismus entstandene Massenbewegung, die schlecht zu steuern war.
2. Sie redete unablässig über Rechte und Chancen, die zu vermehren wahrlich nicht zu den vordringlichen Zielen des Kommunismus gehört.
3. Sie wollte auch eine ökonomische Besserstellung der Frau erreichen, die den chronischen Mangelwirtschaften des Sozialismus gar nicht möglich war.
4. Da sie alle Klassenschranken übersprang, ließ sie sich auch nicht in das System der Klassenanalyse marxistischer Geschichtsinterpretation pressen.
5. Weil sie zuviel Gewicht auf den einzelnen und seine Selbstverwirklichung legte, stand sie als dem Individualismus zugeneigte Bewegung allen kollektivistischen Gedanken zumindest sehr skeptisch gegenüber.
6. Wenn sie mit ihren Forderungen und Befreiungsideen auch die Frauen in den kommunistischen Staaten anstecken sollte, würde dabei mehr erschüttert als das Leben dieser Frauen.
7. Befreiungsideen als solche sind dem totalitären Anspruch des Staates an seine Bürger und seinem Würgegriff um ihre Gesinnung schon *per se* im Wege. Um so schlimmer, wenn sie in einer großen, emotionalisierten Bewegung die Frau aus ihrer Passivität aufscheuchen und ihre

Frustration in Wut verwandeln: Das – weiß man – ist ein revolutionäres Potential. Und diese Geister will auch in kommunistischen Ländern niemand rufen.

So blieben am Ende die einzigen Gemeinsamkeiten die Abneigung gegen das bestehende System und der Wunsch, so viele Frauen wie möglich für so lange wie möglich an so viele Arbeitsplätze wie möglich zu maximaler Produktion in den Arbeitsprozeß zu schleusen. Und das trug nicht weit. »Keines der bisher existierenden kommunistischen Modelle«, summierte Betty Friedan das Resultat des Flirts der bewegten Frauen des Westens mit den orthodoxen Altherrenriegen des Ostens, »kann uns ein Vorbild sein für das neue Ja, denn alle kommunistischen Staaten sind weiter von wirklicher Gleichberechtigung der Frauen und radikaler Veränderung der Geschlechtsrollen entfernt als wir.«

Anläßlich einer akuten Krise der amerikanischen Frauenbewegung, die an inneren Reibereien zwischen radikalen Extremisten, militanten Männerhassern, Systemumstürzlern, Marxisten, dekonstruktivistischen Spinnern und echten Frauenrechtlern unterzugehen drohte, schrieb Friedan 1976 ihren »offenen Brief an die Frauenbewegung«.

> »Wir dürfen nicht länger die Augen vor den Warnzeichen verschließen. Wir müssen Fragen stellen und zuhören. Die Frauenbewegung wird heute von inneren wie von äußeren Gefahren bedroht. Diejenigen, die ihr den Tod wünschen, werden sich in der Tat unsere Schwäche zunutze machen. Falls es mit der Frauenbewegung zu Ende gehen sollte, falls sie so geschwächt wird, daß sie nicht mehr die lebendige, starke, bewegende Kraft sein kann, die uns alle befähigt hat, unser Leben zu verändern – was soll dann aus einer jeden von uns werden, aus unserer Frauensolidarität, unseren neuen Hoffnungen? Müßten wir dann wieder zu unserem Leben von früher zurückkehren?« (Friedan 1977, S. 291).

Ein Abdriften in Extrempositionen, hektische Betriebsamkeit, haßerfüllte Tiraden, Brüche der Statuten, turbulente bis chaotische Wahlen, zu denen Schiedsstellen angerufen werden mußten, ein kurzlebiges Mehrheitskomittee, das den Schwur ablegte, die Bewegung »aus der Mitte in die Revolution zu führen,« eine selbsternannte revolutionäre Führung, die zu einem »Generalstreik gegen das System« aufrief, der zu einem katastrophalen Fehlschlag wurde, das alles führte dazu, daß das politische Establishment der Frauenbewegung jede ernsthafte Diskussion, gesetzgeberische und auch ökonomische Unterstützung zu verweigern begann. Die Presse sprach schadenfroh vom endgültigen Scheitern der Frauenbewegung. Man sammelte die letzten in diesem Chaos unabhängigen Frauen und versuchte, die Frauenbewegung als Organ für die breite Mitte der amerikanischen Frauen zu retten. Betty Friedan half hierbei, so gut sie konnte, fand aber, zutiefst verunsichert, nie wieder zu ihrer ungeteilten Begeisterung zurück.

Friedan schreibt an ihre Kampfgefährtinnen:

> »Ich habe die Geschichte der Frauenbewegung in den USA und in England nachgelesen. Die Kämpferinnen, die vom 17. bis zum frühen 20. Jahrhundert als erste ›vor Gott und den Menschen‹ die Sache der Frauen verfochten haben, verfügten damals schon über einen mindestens ebenso hohen und klaren Bewußtseinsstand wie wir heute. Immer wieder jedoch, wenn die Siege nicht durchschlagend gewesen waren, schwang in diesen Jahrhunderten das Pendel wieder zurück und löschte das neue Bewußtsein aus, als ob es nie existiert hätte. Die Heldinnen der Frauen-Geschichte wurden aus der ›richtigen‹ (= Männer-) Geschichte getilgt oder nachträglich zu furchtbaren Ungetümen oder Hexen verzerrt. Fünfzig Jahre später kamen dann Frauen wie ich und begannen aus Frustration und Leiden heraus, die Frauenbewegung neu zu erfinden. Voller Staunen entdeckten wir jene Heldinnen wieder, deren Spuren man so geschickt verwischt hatte, daß die Ziele, auf die sie zugeschritten waren, ihren Enkelinnen nicht einmal im Traum mehr einfielen.« (Friedan 1977, S. 301).

Den Gedanken eines nicht mehr zu bremsenden weiblichen Bewußtseinsaufschwungs hatte Friedan als Rückfall in den Mystizismus erkannt. Sie wußte, daß Träume und schöne Worte allein nichts bewegen würden. Andererseits war sie sich auch im klaren darüber, daß große Ideen stets auch von einer Banalisierung bedroht waren.

So zitierte sie das *Wall Street Journal* vom 2. Februar 1976:

> »Arbeitet Ihre Frau? Nein? Dann wird es Zeit, daß Sie ihr einen Job besorgen. Das Zeitalter der Doppelverdienerfamilien ist angebrochen. Einmal abgesehen von den möglichen Auswirkungen auf Kindererziehung und Haushalt – der finanzielle Effekt auf das Familieneinkommen ist phantastisch! ...Es geht jetzt nicht mehr darum, ob die Smiths mit den Jones Schritt halten. Die große Frage ist, ob Herr Smith mit Herrn *und* Frau Jones mithält.«

Es ist daran zu erinnern, daß die in den Folgejahren erschreckend rasch steigenden Zahlen für Kriminalität und Drogensucht bei den Jugendlichen der USA sehr dafür sprechen, daß die Erwähnung der Auswirkungen auf die Kindererziehung sicher nicht ganz ahnungslos geschah.

Friedan hatte auch ein sehr distanziertes Verhältnis zu dem verbreiteten Sexismus befreiter Frauen, deren Befreiung sich offenbar allein auf Hemmungen beschränkte:

> »Als die Frauen in den folgenden Jahren allmählich anfingen, über ihre wahren Gefühle zu reden, kam eine Mischung aus Ekel und Besessenheit zutage. Charakteristisch hierfür ist der berühmte Essay ›Der Mythos des vaginalen Orgasmus‹ Es gab Konferenzen und Kurse über Sexualität, wo Frauen sich untereinander die Technik der Masturbation mit Vibratoren beibrachten, um nicht mehr von Männern, vom menschlichen Penis, abhängig zu sein. In ›Angst vorm Fliegen‹ ließ Erica Jong ihre Heldin von masochistischen Vergewaltigungs- und Demütigungsphantasien und Sex-Fixierung zum ›Superfick‹ voranschreiten, in dem sie den Mann als entmenschlichtes Sexualobjekt gebrauchte, eine Art umgekehrtes Playboyhäschen. War das der Traum befreiter Frauen?« (Friedan 1977, S. 317).

Aber Friedan warnt nicht nur vor der Verflachung der Ziele und vor unbeabsichtigten Nebeneffekten, sondern auch vor der Radikalisierung des Guten: den selbstgefällig-bösartigen Varianten der Frauenbewegung und der Einäugigkeit etwa der Lesben und anderer Vertreter partikulärer Interessen. Zu den extremen Spielarten eines fast psychopathischen Eifers für und gegen die Frauenrechtsbewegung sagt sie:

> »Habt Ihr schon einmal von Angesicht zu Angesicht mit einer der Anhängerinnen von ›Total Womanhood‹ (Totale Fraulichkeit), der ›Pussycat League‹ (Kätzchenliga) oder der ›League of Housewives‹ (Hausfrauen-Liga) gesprochen? Sie sind wirklich bösartig, die ängstlichen Schwesterchen; die fanatischste Feministin erscheint daneben liebevoll und heiter.« (Friedan 1977, S. 310).

Ihre eigenen Erfahrungen in tausend Diskussionen scheinen sich hier zu kondensieren zu einem unbedingten Bekenntnis zur gesunden Vernunft, zum antidogmatischen Realismus, zur nüchternen Realitätskontrolle. Zu viel blinden Eifer hat sie erlebt, zu viele große, hohle Worte gehört, um noch zu glauben, daß man allein mit Gesinnung Berge versetzen könne. Falls sie es nicht schon immer war – ihr Leben in der Frauenbewegung mit ihren wilden Fahrten auf ideologischen Berg-und-Tal-Bahnen hat sie pragmatisch werden lassen.

Ihre wichtigste Warnung aber ist die vor dem Ressentiment. Mit diesem weithin unverstandenen Begriff berührt sie den Kern der ewig aktuellen Probleme: Wo geht der Eifer für eine gute Sache über in eine unkorrigierbare Fehlhaltung? Wo gebiert die Voreingenommenheit Haßgefühle, welche die Wahrnehmung beeinträchtigen? Wo geht durch zuviel *ira et studium* Freiheit verloren? Mit anderen Worten: Wo wird Ideologie wirklich malign (bösartig)?

> »Der europäische Soziologe Max Scheler beschreibt eine spezielle Form des Hasses, die er ›Ressentiment‹ nennt. Es handelt sich dabei um eine Erscheinung, die bei Völkern oder Gruppen auftritt, deren Mitglieder fortgesetzt und so stark in ihrer Menschenwürde frustriert werden, daß sie das unbefriedigte Bedürfnis oder eine spezifische Versagung überhaupt nicht mehr wahrnehmen. Die Menschen befinden sich in einem Dauerzustand von hoffnungslosem, freischwebendem Zorn oder Ärger, der durch die Herrschenden, mit denen sie sich identifizieren, bis zur Raserei und Lynchjustiz gegen nach Freiheit strebenden einzelnen Gruppen manipuliert werden kann.« (Friedan 1977, S. 311).

Max Scheler betont auch, daß neben Haß und Ressentiment eine merkwürdige Unterwürfigkeit gegenüber den bestehenden Machtverhältnissen zu beobachten sei, die den ressentimentgeladenen Menschen trotz seiner glühenden Affektintensität steuerbar macht. Er führt viel von der Macht der Nationalsozialisten über das Volk auf eben dieses Phänomen zurück.

Hiermit berührt Betty Friedan den vielleicht wichtigsten Aspekt des Hasses, seine destruktiven und blendenden, freiheitsvernichtenden Kräfte. Wen er gepackt hält, den peitscht er vor sich her – nicht selten bis in den Untergang. Und so erhebt sie am Ende ihres Briefes einen Warnruf, der in den Ohren aller Frauen noch lange nachklingen sollte. Es ist der Hinweis darauf, daß sich die lebensbejahenden Kräfte des Weiblichen, vermengt mit Frustration und Haß, ganz leicht gegen die Frau selbst richten können.

An dieser Stelle wird der Brief an die Frauenbewegung packend und bestürzend aufrichtig, ein Tauchgang in die menschliche Psyche. Man spürt, daß Betty Friedan sich tatsächlich allein dem Wohl und dem Glücksanspruch der Frauen, ihrer Persönlichkeitsentfaltung und ihren fairen Lebenschancen verpflichtet fühlt und sich von diesem Ziel durch keine Verlockung und keine Bedrohung ablenken läßt. Daß die Frauenbewegung ausgerechnet sie, ihre mit Abstand größte, wichtigste und souveränste Vorkämpferin, aus ihren Reihen ausgestoßen, sie aus dem eigenen Gedächtnis fast getilgt hat, ist nicht nur ein beispielloses Armutszeugnis. Es ist ein unheilvoller, wohl nie mehr gutzumachender Fehler, der zum Scheitern vieler ihrer besten Intentionen beigetragen haben dürfte.

Wer Friedans Brief an die Frauenbewegung zu Ende liest, wird nach allen Warnungen auch die klugen Vorschläge finden, mit denen Friedan die Probleme der Geschlechterdifferenzen beherrschen zu können glaubt. Da wir sie für sehr wertvoll und praktikabel, für ungewöhnlich hellsichtig und weitsichtig halten, werden wir im Schlußkapitel noch einmal auf sie zurückkommen.

Betty Friedan hat sich in einem zweiten Brief, dem an die »*wirklichen* Männer« (s. S. 637–639) an ihren vermeintlich schlimmsten Feind gewandt, an die Machos der USA: die Jäger und Fischer, die Leser des Magazins *True*. Das waren einsilbige, kernige, aufrechte Kerle, stiernakkig und breitschultrig. Ihre Haltung war die der Cowboys und Nationalgardisten, Hochseesegler und Globetrotter, Motorradrocker und anderer Kicksucher. Der Brief ist ehrlich und packt den Stier bei den Hörnern. Er ist aber zugleich so überzeugend und lebensnah, daß niemand ihn mißverstand. Statt ihn übelzunehmen, begannen die »wirklichen« Männer – allen Absichten zum Trotz – nachdenklich zu werden und die Frauenrechtsbewegung mit Sympathie zu betrachten.

Friedans persönlicher Auftritt hatte offenbar noch zusätzliche Dimensionen. Augenzeugen berichteten wiederholt, daß gerade jene männlichen Zuhörer, die ihrem Vortrag anfangs mit einem spöttischen Lächeln lauschten, am Ende den Saal schweigend, nachdenklich und nicht selten mit Tränen in den Augen verließen. Sie hatte sie tatsächlich dazu gebracht, zu verstehen, worum es ging: um den Anspruch der Frau auf Fairneß, Zuneigung und Lebensglück zu den Bedingungen ihrer eigenen Wesensart und ihren Voraussetzungen. Immer wieder wurden ihre Zuhörer zur eigenen Überraschung zu Konvertiten.

Friedan sprach nicht pathetisch, aber einfühlsam und so ehrlich, daß sich die Zuhörer, auch die rauhbeinigsten und dickfelligsten, dem Ernst ihrer Gedanken öffneten. Ihre Ausführungen waren nicht bitter, sondern verbunden mit Versöhnungsgesten und praktikablen Angeboten alltäglicher Kooperation. Sie muß auch eine humorvolle Distanz zu sich selbst und einen gehörigen persönlichen Charme gehabt haben, denn für viele, die sie zum erstenmal hörten, war sie eine Offenbarung: »Ach – ist es das, was die Frauen erleben; ist es das, was die Frauenbewegung will!« Ihr Einfluß auf die Überzeugungen ihrer Mitkämpfer wie ihrer Kontrahenten war sicher ungewöhnlich groß und nachhaltig, aber ihre große Kooperationsbereitschaft und Nachdenklichkeit brauchten wohl zumindest eine gewisse Wesensverwandtschaft, die sie bei den militanten Feministinnen nicht fand.

Der Schlußakkord ihres Buches ist sehr nachdenklich gestimmt, aber nicht etwa resigniert, denn sie engagiert sich weiterhin im Kampf um institutionelle Unterstützung der Frauenbewegung – und für das Leben ihrer Tochter, der das alles bereits eine Selbstverständlichkeit ist. Sie resümiert:

> »Heute weiß ich, daß ich für die Frauen gekämpft habe, weil ich mich als Frau nicht wohl fühlte und dabei doch gern Frau gewesen wäre. Meine Mutter, so wußte ich, lehnte ihr Frausein ab, aus gutem Grund. Ich wollte nicht so werden wie sie, schlug mich deshalb auf die Seite des Weiblichkeitswahns und verleugnete eine ganze Weile genau die Fähigkeiten und Möglichkeiten, die sie mir hatte eröffnen wollen. Ich verstand, daß sie zu Recht nicht gern Frau war – wegen der Fähigkeiten und Energien, die sie genau wie ich besaß, aber nirgendwo gebrauchen konnte.«
>
> »Eines Tages, so glaube ich doch, werden wir zurückblicken und feststellen, daß diese Jahre unseres leidenschaftlichen, die Welt öffnenden, historischen Kampfes das stärkste Erlebnis waren, das einem Menschen je zuteil werden kann. Die Männer, die nie solche Probleme hatten, und jene Frauen, die zu damenhaft waren, um sich uns anzuschließen, werden uns darum beneiden.«
>
> »Morgen früh werde ich aufwachen, dieses Buch endlich beendet haben und froh sein, daß ich eine Frau bin. Ich werde die gute Nachricht einem Mann mitteilen, den ich jetzt manchmal schon ganz hilflos lieben kann, stark und ohne Vorbehalte; in der Liebe zu ihm überwinde ich die Widersprüche in mir.« (Friedan 1977, S. 318f.).

Mit diesem fesselnden und sehr nachdenklich stimmenden Buch, das auch Gespräche mit Papst Paul VI und Indira Gandhi enthält, krönte sie ein eindrucksvolles Leben, das Zeitgeschichte machte. Sie wurde Ehrendoktor der philosophischen Fakultät des Smith College, lebte in New York und reiste als begehrte Vortragsrednerin durch die Welt. Aber heute, am Ende des feministischen Jahrhunderts, hört man nichts mehr von ihr. Die Frauenbewegung nennt kaum mehr ihren Namen. Ihr letztes Buch, »The second stage« (1981), ist wenig bekannt geworden. Es ist kaum zu erfahren, ob Betty Friedan noch lebt. Und das Betrüblichste: Ihre beispiellos klugen und inhaltsreichen Texte sind der heutigen jungen Generation völlig unbekannt.

Der Wolfsforscher, der die Wolfsfrau widerlegt: Erik Zimen

Mit einem Autor, den wir hier ausführlicher zitieren, wollen wir den Verhaltensforscher und Biologen Erik Zimen zu Wort kommen lassen. Er war als junger Zoologe langjähriger Mitarbeiter erst des Haustierspezialisten Wolfgang Herre, Kiel, dann des Nobelpreisträgers Konrad Lorenz, an einer Dependence des von ihm geleiteten Max-Planck-Instituts für Verhaltensphysiologie im neugegründeten Nationalpark Bayerischer Wald mit seinem Wolf-Forschungsgehege, schließlich Hochschullehrer in Berlin und im Saarland. Er befaßt sich seit über dreißig Jahren mit der Forschung an Wölfen – auch in den Abruzzen und in Afrika – und schrieb 1978 sein erstes Standardwerk über den Wolf. Später verfaßte er ein entsprechendes Buch über den Hund. Er ist vor allem bekannt geworden durch seine SDR-Filmdokumentationen »Wildwege« und zahlreiche Bücher, in denen er der Kulturgeschichte domestizierter Tiere nachgeht und den Beziehungen zwischen Mensch und Tier. Jetzt arbeitet er an einem Buch über die Naturgeschichte der Liebe.

Es geht ihm bei seiner Arbeit nicht nur um den Fortbestand der wilden Wölfe und der gefährdeten Fauna schlechthin, sondern um das Verhältnis von Natur zu Kultur, um die erwachende Kommunikation unter den Rudeltieren und ihre Rangordnungsprinzipien. Es geht ihm um die vergleichende Verhaltensforschung als Quelle neuer Einsichten in unser eigenes Wesen, um die biologischen Wurzeln von Sexualität, Liebe und Treue. Er hat damit das Erbe von Konrad Lorenz auch in seinen naturphilosophischen Ansätzen, vor allem im Hinblick auf die langfristigen Ziele der Ethologie angetreten: die evolutionären und neurobiologischen Bedingungen des Menschseins – des Bewußtsein, der Willensfreiheit, der Moralität, der Wißbegier, der Selbstreflexion und des Strebens nach Lebensglück – besser zu verstehen.

Daher dreht er jetzt einen Film über »Die Treue« (Bertelsmann, München) und befaßt sich mit dem Entwurf einer sechsteiligen Dokumentarfilmserie über die »Natur der Liebe«, dessen faszinierendes Manuskript uns vorliegt.

Es ist fast eine Ironie des Schicksals, daß die schwärmerischen Vorstellungen von der »Wolfsfrau« ausgerechnet von der Wolfsforschung ad absurdum geführt werden. In der Analyse der Beziehung zwischen männlichen und weiblichen Tieren zeigt sich, daß bei allen höheren Säugern die folgende Regel gilt: Das männliche Milieu ist das der Jagd, des Revierschutzes und der Futterbeschaffung. Die alltäglichen Verrichtungen aber, das Alltagsleben, das Familienleben mit seinem Schutzbedarf und seinen Ruhe-, Lern – und Übungsphasen gestalten sich nach den Bedingungen der Mütter. Alles was hier abläuft, geschieht nach den Anforderungen, die der Nachwuchs stellt. Offenbar hat sich hier ganz besonders stark die erbarmungslose Logik durchgesetzt, daß alles, was sich nicht in die nächste Generation fortsetzen, nicht in immer neuen Geschlechterfolgen wiederholen läßt, aus der Natur verschwindet. Wir wissen also nichts von den Tausenden von untauglichen Methoden, welche die Natur auch erprobt haben mag – aber eben stets nur einmal.

Die Gesetzmäßigkeiten von Bindung und Reproduktion gelten für alle Lebewesen. Sie bilden die biologischen Grundlagen der Liebe. Geschlechterdifferenzen in Gestalt und Funktion sind Ausdruck unterschiedlicher Eignungen und Stärken, Geschlechterdifferenzen im Verhalten spiegeln daneben unterschiedliche Interessen wider in Hinblick auf den maximalen Reproduktionserfolg, also den »biogenetischen Imperativ« im Sinne Darwins. »Die Biologie ist sexistisch«, sagt Zimen, woraus sich kein Primat eines bestimmten Geschlechtes ableiten läßt. Vielmehr tut ein jeder, was er am besten kann.

Gerade beim höheren Säugetier bedeutet das wegen der ungleich viel höheren Arbeitsleistung des Weibchens für den Nachwuchs, daß sich die sozialen Strukturen und ihre Gesetze im wesentlichen nach weiblichen Interessen richten. Und beim Menschen? Die unbestreitbare männliche Dominanz in Staat und Gesellschaft ist ein vordergründiges Patriarchat und in vielem nur eitler Schein. Gerade deshalb ist sie so unheilträchtig: Der hohe Anspruch ist in den Realitäten nicht verankert, seine Befugnisse sind von den Bedingungen abgelöst, seine Willensäußerungen wissen nicht, was genau geopfert werden soll. Mit anderen Worten: Mühevoll hat die Mutter ihre Kinder gebadet, ihnen die Ohren und Nasenlöcher saubergemacht, sie gewiegt, ihnen vorgesungen, und dann, unter der Männerherrschaft, werden sie zu Soldaten, die Tschetschenien heim ins Reich holen sollen, und plötzlich macht ein rasendes Metallstück das Werk von zwanzig Jahren Ernährung, Fürsorge und Erziehung in einer einzigen Sekunde blutig zunichte.

Hiermit berührt Zimen die Wurzel eines Übels, das dem Menschen von der sonst so großartigen Idee der Geschlechterdifferenzierung – zwar nicht in die Wiege, aber – in sein Erbgut gelegt worden ist, und mit dem er für immer wird leben müssen: die Diskrepanz zwischen der Machtbefugnis des Mannes und seiner mangelnden sozialen und biologischen Kompetenz. Sie ist die Quelle vieler unheimlicher Überraschungen in der Menschheitsgeschichte wie in jeder einzelnen Ehe.

Hier – in der Tat – fehlt die Stimme der Frau. Aber man sollte einmal die Frühstücksgewohnheiten einer Familie, den Ferienablauf, die Sitten und Gebräuche des Festes wie des Alltags, das Badezimmer, die Schule, die Stadt mit ihren Einkaufszentren und ihren Parks daraufhin untersuchen, welche Wünsche und Bedürfnisse sie gestaltet haben, und man wird finden, daß auch beim höchstentwickelten aller Säugetiere die alte Regel noch gilt: Das meiste richtet sich – zumindest im Idealzustand, den die menschliche Gesellschaft nur noch mit enttäuschender Halbherzigkeit anstrebt – nach den Bedürfnissen des Wohlergehens und der Sicherheit von Frauen, Müttern und Kindern sowie nach den Erfordernissen für das erfolgreiche Aufziehen des Nachwuchses. Daß die moderne Gesellschaft an diesem Ziel allmählich irre wird, daß sie es vergißt, von vordergründigen Zielen wie Bequemlichkeit und Kurzweil verdrängen läßt, ist eine der großen Tragödien unserer aufgeklärten Zeit.

Das Dilemma der Geschlechterrollen

Es gibt kein Tier, das so zärtlich ist, das so viel Zeit und Energie für Partnersuche und Paarung aufwendet wie der Mensch. Der Grund dafür ist in dem uralten Dilemma der Primatenfrau zu finden, die sich an dem Tage, wenn die Männer beginnen auf die Jagd zu gehen, zwischen Nahrungserwerb und Kindern entscheiden muß. Statt selbst das begehrte Fleisch für sich und das Kind zu erjagen, bindet sie durch Vergabe ihrer Gunst einen Mann an sich, der für alle – und sei es unter ständiger Lebensgefahr – das Fleisch besorgt.

Das Dilemma des Mannes ist ein ganz anderes: Es ist das der gesicherten Vaterschaft. Im Unterschied zur Frau, die meist weiß, von wem das Kind stammt, kann er infolge ihrer verdeckten Ovulation (des von außen nicht sichtbaren Eisprunges, der sie empfänglich macht) nicht sagen, wann sie befruchtet werden kann. So wird aus einem kurzen Flirt die lange Partnerschaft und daraus die eventuell lebenslange Versorgungseinrichtung einer Paarbeziehung oder Ehe. Da der Mann im

Grunde sonst nicht wissen kann, wessen Kinder er durch seine Arbeit und Jagderträge unter Einsatz seines Lebens und seiner Lebenszeit mitversorgt, monopolisiert er den Zugang zu seinem Weibchen durch sexuelle Betriebsamkeit, häufige Anwesenheit, Hilfe und Zärtlichkeiten. Tut er das nicht mehr, geht es schief.

Jedes Geschlecht hat also sein ureigenes, spezifisches Dilemma. Dies führt zu unterschiedlichen Interessen, die der Kooperation im Wege stehen können. Daraus erwachsen fast alle Schwierigkeiten zwischen Mann und Frau. Im Laufe der Menschheitsgeschichte hat uns das viel Unheil gebracht.

Zimen schließt daraus:

> »Nicht nur gemeinsame Interessen also bedingen Zusammenarbeit«, »sondern offensichtlich auch gegensätzliche, wenn das weibliche Geschlecht sein Interesse in der Hauptsache durchsetzt und dafür in der Nebensache zahlt. Der Lohn des Mannes für seine Unterordnung unter das Reproduktionsdiktat der Frau ist sein sexueller Lustgewinn. An diesem partizipiert allerdings auch die Frau. Zahlen muß sie mit dem Scheinprimat des Mannes, damit also, daß sie seine Aggressivität erträgt und seine Dominanzallüren, wenn es darum geht, seine Vaterschaft zu sichern.«

Zimen beschreibt weiter, wie die ständige Kopulationsbereitschaft der Menschen, der intime, heimliche Charakter ihrer Sexualität, ihre frontalen Kopulationsformen, ihr Nacktsein und ihre Zärtlichkeiten zu neuen Ausdrucksformen und Funktionen der Sexualität führen. Im Gleichschritt mit ihnen wächst im Geist des Menschen die Liebe. Nach Freud möchte man die Sexualität dem Es, die Liebe eher dem Ich zuordnen. Diese neue, humane Sexualität dient nicht allein der Fortpflanzung, sondern zuerst einmal – lustbetont – der Paarbindung mit allen ihren Vorteilen. Unter diesen können so banale Dinge sein wie das Hüten des Feuers, ein allen anderen Säugetieren höchst entbehrliches Ziel.

Der Motor der männlich-weiblichen Partnerschaft, »der erste Bindungstrick der Natur«, wäre demnach die Sexualität. Die Liebe, den zweiten, hält Zimen eher für ein Kulturprodukt, ein Ergebnis unseres Nachdenkens, unserer Sprache, unserer Traditionen, unserer Erziehung, unserer Meme und unseres Abstraktionsvermögens. Dadurch erst entsteht ein anhaltendes Ichgefühl, ein langer intentionaler Bogen, ein Lebensprogramm.

»Daß die Paarbindung im Dienste der erfolgreichen Reproduktion von Frau und Mann steht, ist den normativen Institutionen keiner Kultur entgangen. So stehen Ehe und Familie, in welcher Form auch immer, stets unter dem besonderen Schutz von Herrschaft, Staat und Kirche. Daß jedoch der Sexualität in diesem Zusammenhang eine doppelte Funktion zukommt, wird immer wieder übersehen. Man denke zum Beispiel an die Morallehre der katholischen Kirche. Die Mißachtung der menschlichen Sexualität – des genialen Bindungstricks der Natur – gehört bis in unsere heutige Zeit zu ihren großen Mißverständnissen über das Wesen des Menschen.«

Co-Evolution von Natur und Kultur

Zimen bezeichnet den Spracherwerb als den »großen Sprung nach vorn«, der als wahre Geburtsstunde des Menschlichen die Intelligenz eines wachsenden Gehirns in den Hochsitz hievte. Jetzt begann die soziale Vererbung kultureller Anpassungen, Schlag auf Schlag und immer schneller. In ihrem Kern ist auch das eine Sonderform der biologischen Anpassung, und auch sie bleibt dem biogenetischen Imperativ unterworfen. Letzteres ist für manchen modernen Ideologen mit einem Faible für Utopien nicht wichtig. Aber es wird sich – darauf ist Verlaß – schon bald bemerkbar machen.

Mit dem zunehmenden Erfahrungsschatz, den eine Art der nächsten Generation zu übermitteln hat, wächst die Bedeutung der Alten, die allmählich – bei steigender Lebenserwartung – zu einem konstanten Bestandteil der Familien werden: der Großelterngeneration. Die Erinnerung an wichtige Praktiken, die Kenntnis eßbarer Früchte, das Verständnis für Klima und Geographie (und in der modernen Zivilisation noch hundertmal mehr) machen sie wertvoll. Vater und Mutter zu ehren, macht auch für Erwachsene Sinn. Für den sprechenden Menschen wurden die Alten zum Träger auch aller kulturellen Erfahrungen der Familie und der Gesellschaft. Sie wurden die Schatzmeister der Arterfahrung.

Da die Frau mit der Menopause am Übergang von der zweiten zur dritten Lebensphase die Reproduktionsfähigkeit verliert, wurde dies ganz natürlich zu einem wichtigen Lebensfeld für sie: die Bedingungen des Überlebens neuer Generationen verbessern, durch Kenntnisse über Nahrung und Haushalt, Hygiene und Geburt, Wunden und Krankheit. Die Frau wurde zum Arzt der Familie. Da der Mann als erschöpfter Jäger nicht selten blessiert, naß oder halb erfroren nach Hause kam und sehr darauf angewiesen war, daß jemand das Feuer am Brennen hielt, ihm Nahrung gab, seinen Schlaf bewachte und die Kleidung trocknete, war die natürliche Bedeutung der Frauenrolle in den Frühzeiten der Kultur offenkundig und vermutlich kaum in Frage gestellt. Ob man deshalb von matrilinearen Verhältnissen sprechen kann, wie manche Ethnologen meinen, sei dahingestellt. Ganz sicher aber kamen Männer ohne Frauen schlecht zurecht, und die patriarchale Herrschaft des Mannes über die Frau ist ein verhältnismäßig junges Phänomen. Sich auf die Gründe der natürlichen Arbeitsteilung zwischen den Geschlechtern zu besinnen, bedeutet alles andere, als diese Herrschaft zu stützen.

Im Zusammenhang mit den Mutter-Kind- und den Vater-Mutter-Bindungen, die das Überleben des Nachwuchses sichern, kommt der Liebe nun die Rolle eines kulturellen Überbaus zu. Auch die Tötungshemmung, von Konrad Lorenz noch als angeboren betrachtet und als erst durch die Degeneration des Menschen, seine »Verhausschweinung«, freigesetzt, hält Zimen für erworben und erlernt. Er hat starke empirische Argumente dafür. Die Tötungshemmung ist für ihn ein Paradebeispiel für die Kraft und die Verinnerlichung kulturell tradierter Verhaltensweisen, die nicht minder zuverlässig zu funktionieren brauchen als genetisch festgelegte. Die Greueltaten moderner Kriege (Deutschland, Rußland, Vietnam, Kambodscha, Jugoslawien) zeigen, daß in extremen Situationen jede Form moralischer Handlungskontrolle außer Kraft gesetzt werden kann.

Wenn heute der Single in ist oder der Mann die Ehefrau durch die Lebensabschnittspartnerin ersetzt, ist das für Zimen »der gehobene Konsum« moderner Selbstverwirklichung. Er meint das ironisch, denn zugleich zeigt er an ethnologischen Vergleichen, daß die Sehnsucht nach der einzigen, großen, wahren, lebenslangen und selbstlosen Liebe, wie alle Hochkulturen sie zumindest als Idealvorstellung kennen und hochhalten, eine kraftvolle Realität im Kopfe vieler differenzierter Menschen ist. In primitiven Rotten- und Sippengesellschaften mit hoher Promiskuität fehlt oft sogar das Wort für Liebe und jeder Begriff für tiefere und dauerhafte Bindungen. Tiefe gefühlsmäßige Bindungen haben – nicht zuletzt über ihr bis zum Äußersten reichendes Erschließen innerer menschlicher Kraftquellen – einen entscheidenden Einfluß auf Motivation und Normenbildung menschlicher Gemeinschaften und damit auf ihre Überlebensfähigkeit in Belastungssituationen.

Gerade in diesen komplizierteren Verflechtungen von Emotionen und Gedanken zu lebenslang wirksamen Konzepten sieht Zimen beim Menschen Natur und Kultur in Co-Evolution. Ein besseres Beispiel als die Liebe oder die Tötungshemmung läßt sich für das Zusammenwirken beider Dimensionen wohl kaum finden. Sexualmoral und Treueanspruch als kulturelle Indoktrination ohnegleichen, zwar männlich bestimmt, aber letztlich im Dienst der Frauen, die damit dem Streuner wie dem patrilinearen Despoten vorbeugen und zugleich ihre Reproduktion sicherstellen, das ist ein schlüssiges Bild. Für viele mag es auch ärgerlich sein: Der Mann – wie ein Fisch, der sich sein Fangnetz selbst knüpft – in die Fänge des Weiblichen geraten? Wohin wird das führen?

Zunehmende nüchterne Lebenskonzepte? Noch höhere Scheidungsquoten? Mehr Singles und Swinger, Kommunarden und Bisexuelle? Kurze Zweckgemeinschaften zur gemeinsamen Kinderaufzucht? Bei gleichzeitiger inniger Sehnsucht nach der großen, wahren Liebe, die über den Tod hinausreicht, die nimmer aufhört? So jedenfalls schallen uns die inkompatiblen Wünsche aus tausend Liedern und Schlagern entgegen.

Nein, Zimen ist zu sehr Pragmatiker, als daß er sich ernsthaft solchen Visionen hingäbe. Immerhin ist die Liebe – der zweite Bindungstrick der Natur und nach seiner Auffassung der erste der Kultur – die Grundlage wichtiger Zweierbeziehungen, die zu mehr als nur zur Kinderzeugung taugen. Und da in allen Kulturen außerdem starke systemerhaltende Kräfte wirken, bleibt er Realist: »Genau wie die biologische Anpassung stets der ökologischen Wirklichkeit hinterherläuft, sind auch die kulturellen Normen, die unsere Gefühle mitbestimmen, der realen gesellschaftlichen Entwicklung gegenüber um Zeitlängen im Verzug. Welch schönes Defizit!«

Es sind klare und originelle Gedanken, die – auf hohem Abstraktionsniveau – die ganze Vielfalt unseres biologisch-ethologischen Wissens, unserer neurophysiologischen Erkenntnisse über die Botenstoffe, Emotionen und Gedanken berücksichtigen, welche die Geschlechter verbinden und trennen. Es wird sicher lange dauern, bis diese Einsichten in informierten Köpfen den Platz einnehmen werden, der ihnen zukommt. Wenn sie das tun, werden nur noch die wirklich faktenbezogenen Diskussionsbeiträge von Elisabeth Badinter, Irenäus Eibl-Eibesfeldt, Rigmor Robert, Kerstin Uvnäs-Moberg und Betty Friedan lesenswert erscheinen. Die Mehrzahl der mit dem Zeittrend blühenden und verblühenden Überzeugungen, von denen wir hier einige Beispiele vorgestellt haben, wird nurmehr von historischem Interesse sein.

Vom Bann des Widerspruchs zum Bündnis

Duozentrik – das neue Bündnis der Geschlechter

Unterwegs zu den Quellen der Verwunderung

Wer über Mikroben oder Sterne, lebende Zellen oder Magmakammern nachsinnt, weiß, daß man mit unbewaffnetem Auge nicht weit kommt. Die Wissenschaft bemüht sich darum, das Auge mit kunstvoll konstruierten Geräten – darunter Tele- wie Mikroskope – auszurüsten, um seine Sehschärfe in allen Richtungen zu steigern. In diesem Sinne dient die gesamte Grundlagenforschung der Wissenschaften, so der Mathematik, Logik, Sprachforschung und Philosophie, vor allem dazu, den Geist mit umfangreichen Memen und mächtigen gedanklichen Instrumenten auszurüsten, um die Welt besser begreifen und beschreiben zu können. So versteht sich auch dieses Buch als ein Grenzgänger zwischen Geistes- und Naturwissenschaft, mit dem Ziel, den Blick beider füreinander zu schärfen. Das vermehrt die Chancen der Kooperation. Im besten Falle werden dabei gedankliche Instrumentarien vermittelt und entwickelt, die das Sprechen und Nachdenken über bislang Unvertrautes erleichtern.

Wer uns also bis hierher gefolgt ist, sollte in diesem Sinne im Kopf nicht mehr ganz unbewaffnet sein. Ausgerüstet mit neuen Begriffen wie »Meme« und »Mimesis«, »Retentionalität« und »Allometrie«, mit Gedanken von der »physiologischen Frühgeburt« und der »Verwandtenauslese«, dürften sich ihm die Bilder von der Vielfalt des Lebens und die Szenen aus den verschiedenen Stadien seiner tastenden Entfaltung leichter erschließen als dem Unvorbereiteten. Viele komplexe Überlegungen der Evolutionsforschung haben wir vorgestellt, in der Hoffnung, daß der Leser hier und da von den Aha-Erlebnissen des Verstehens komplizierter Phänomene und Zusammenhänge wie von einer mitreißenden Idee gepackt würde. Vielleicht läßt ihn dieses erregende Verständnis und das damit wachsende Interesse für die innere Schlüssigkeit der Welt nicht mehr los. Daher wollen wir der Faszination durch die Naturwissenschaften – gerade hier, in einem Grenzgebiet zu den Geisteswissenschaften – weitere Nahrung geben.

Jetzt sei ein Tieftauchgang gewagt zu den Quellen unserer Verwunderung. Verwirrt und bezaubert steht der menschliche Geist vor diesem unendlich facettenreichen und wunderlich verwobenen Prozeß seiner eigenen Entstehung, der sich ihm nur langsam und mit viel Aufwand erhellt. Begreift man ihre Quellen, so lassen sich die einzelnen Vorgänge und Zusammenhänge in ihrer weiteren Verflechtung mit anderen Prozessen verfolgen und verstehen: Die Gedanken wachsen mit dem, was sie bearbeiten. Das wird erleichtert, wenn man neugierig dem Weg jener Entdecker folgt, die in ihrem Wissensdurst neue Pfade in das Unbekannte fanden und – mit der Kraft ihrer Gedanken – immer wieder neue Schneisen in das Dickicht des Unverstandenen schlugen.

Dabei kommt man sozusagen zu einer Neufassung der Schöpfungsgeschichte, die immer noch nur schemenhaft zu erkennen ist. Es ist – soviel ist sicher – eine sehr lange und schöne, eine wundersame und verwickelte Geschichte. Man kann sie heute genauer erzählen als vor 2000 Jahren.

Innovationen: Entwicklungsschübe der Evolution

Wir hatten schon einleitend darauf hingewiesen, daß jedesmal dann, wenn prinzipiell neue Strategien in der Natur wirksam wurden, die Lebensentwicklung einen kräftigen Sprung nach vorn machte. Die veränderten Konzepte führen durch die Bildung und Ausreifung neuartiger Formen und Stoffwechselprozesse immer wieder zu einer Vielfalt neuer Lebewesen. Die Erde entstand vor etwa 4,5 Milliarden Jahren, das Leben auf ihr dürfte etwa 500 Millionen Jahre später erwacht sein. Deutliche Einschnitte dieser Art lassen sich an folgenden Punkten der Evolution ausmachen:

- mit der Nutzung von Sauerstoff und Sonnenlicht als unerschöpflichen Energiequellen; zugleich wird die Eroberung der Ozeane eingeleitet – eines gewaltigen Leerraums aus salzigem Wasser (vor etwa 3800 bis 4000 Millionen Jahren);
- mit der Bildung von Einzellern mit Zellkern (vor etwa 2000 Millionen Jahren);
- mit dem Auftauchen der sexuellen Vermehrung, des großen Kartenmischers der Evolution, dem großen Schub der Variantenbildung (vor etwa 1000 bis 1500 Millionen Jahren; erste fossile Beweise für die Zweigeschlechtlichkeit: vor 900 Millionen Jahren);
- mit dem Auftreten der ersten mehrzelligen Lebewesen als dem Prinzip der Arbeitsteilung (vor etwa 700 bis 800 Millionen Jahren; erste fossile

Beweise für die Zweigeschlechtlichkeit mehrzelliger Arten: vor 650 Millionen Jahren);

- mit der Vermehrung der internen Steuergene, der sogenannten HOX-Gene, als einer zunehmend komplexen Hierarchisierung (Kaskadenbildung) der eigenen gestaltbildenden und reifungssteuernden (morphogenetischen) Organisation. Diese führte zu der gewaltigen, sogenannten kambrischen Arten-Explosion (vor ziemlich genau 543 Millionen Jahren);
- mit dem Auftauchen der ersten Wirbeltiere (vor etwa 490 Millionen Jahren);
- mit der Eroberung des Landes – wieder Fälle von Leerraumeroberung – erst durch Pflanzen (vor etwa 440 Millionen Jahren), dann durch Amphibien (vor etwa 365 Millionen Jahren). Dies bereitete zugleich auch die dann (vor 240 Millionen Jahren) erfolgte rasante Entwicklung der großen Saurier vor;
- mit der Erfindung/Entdeckung der Milch und des Stillens als einer Innovation der Nachwuchsversorgung bei den Säugetieren (Mammalia) vor etwa 220, eventuell schon bei ihren Vorläufern, den säugetierartigen Reptilien vor etwa 250 Millionen Jahren. Die sich rasch auffächernde Vielfalt begann sich vor etwa 100 Millionen Jahren anzukündigen, explodierte aber erst richtig nach dem Ende der Reptilienherrschaft, vor etwa 65 Millionen Jahren, auf der Bühne des irdischen Lebens;
- mit der dritten Eroberung des Luftraums – nach Libellen und anderen Insekten, dann den Flugsauriern – durch die Vögel (vor etwa 150 Millionen Jahren);
- mit der gegenseitigen Stimulierung von Hirn, Hand und Sinnesorganen bei den frühen Vorläufern kletternder Baumbewohner, der Primaten. Damit kam es zur Entwicklung leistungsstarker Greiforgane (Klettern, Springen!), Gehirne und Sensorien (vor etwa 50 Millionen Jahren);
- mit dem Freiwerden der Hände und dem Beginn des Werkzeuggebrauchs durch die frühen Hominiden, waldrand- und steppenbewohnenden Primaten Afrikas (vor etwa 4, nach neueren Forschungen vielleicht schon vor 5 Millionen Jahren).
- Erst die Gattung Mensch hat dann begonnen, größere kooperative Gruppen zu bilden, die nicht mehr nur aus Verwandten bestanden. Das kann das Ergebnis einer immer stärkeren sozialen Vererbung gewesen sein, der Weitergabe von Wissen und Arterfahrung (Tech-

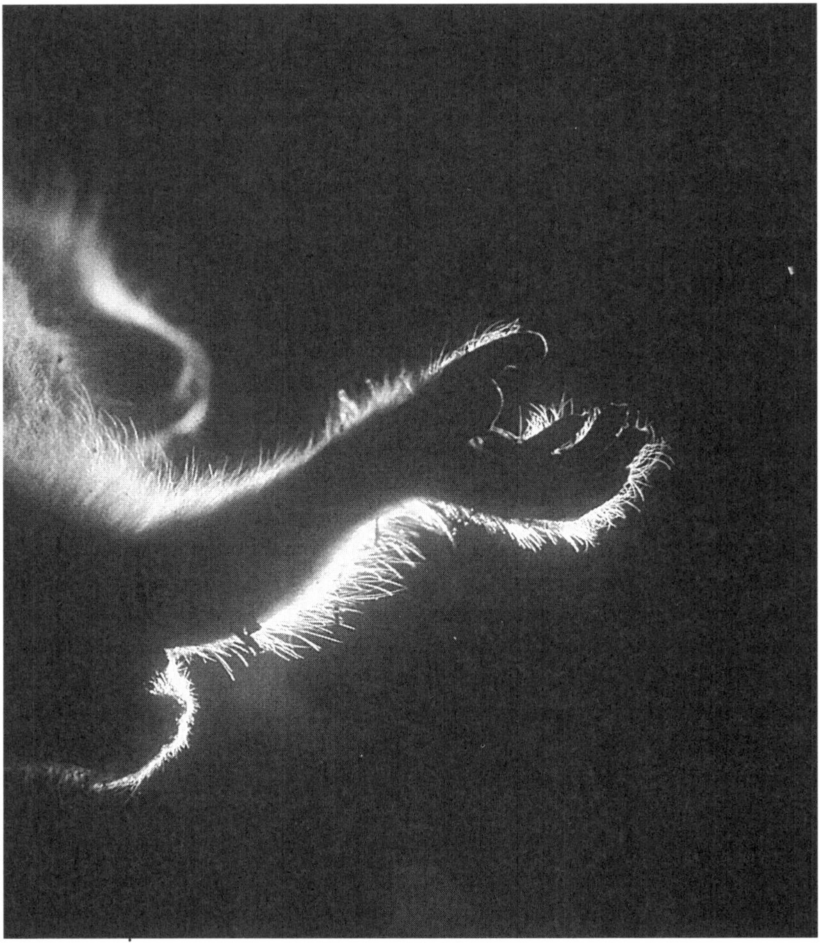

Der Entwurf der unspezialisierten Hand, die nichts und alles zugleich kann, in der die Anlagen zum Harfenspiel, zur Goldschmiedekunst wie zum Totschlag und der Herstellung von Weltraumsonden liegen, gibt der Gehirnentwicklung das ideale Anwendungs-, Erprobungs- und Ausdrucksinstrument.

niken der Jagd und des Werkzeuggebrauchs) durch Vormachen und Nachahmen (Lernen und Tradition). Damit waren starke Anreize zur Entwicklung einer leistungsfähigen Sprache gegeben.

– Dies ist ein ganz entscheidender Einschnitt in der Chronik der Fortschritte des Menschen auf seinem langen Weg zu Kultur und Zivilisation, zu Ethik und Liebe als intellektuellem Überbau von reinen

Die frühen Säugetiere lebten mehr als 100 Millionen Jahre im Schatten der Reptilien. Hier hockt *Megazostrodon* (Vordergrund) im Unterholz, während *Tyrannosaurus rex* auf den flinken, straußenähnlichen *Struthiomimus* (Mitte) Jagd macht. *Tyrannosaurus rex* war der größte Fleischfresser, den es auf der Erde je gab.

Überlebenstechniken und simplem Eigennutz und Sex. Die Sprachentwicklung dürfte zusammenfallen mit dem Erscheinen des wandernden und jagenden Cro-Magnon (vor etwa 40 000 Jahren), vermutlich auch mit der Ausbildung eines umfangreichen, detaillierten und formulierbaren Bewußtseins.

- Ähnlich ist dann die plötzliche Blüte der Herstellung (nicht nur des Gebrauchs) von Werkzeugen zu verstehen, die etwa zeitgleich mit immer effektiveren Jagdmethoden und den eiszeitlichen Höhlenmalereien Europas stattgefunden haben dürfte (etwa 25 000 bis 12 000 Jahre vor unserer Zeitrechnung).
- Dann kommt es zu sprunghafter Zunahme der menschlichen Kooperation, von Planung und Kommunikation. Nun nimmt der Mensch seine Fleischvorräte und Felle lebend mit sich und wird zum Viehzüchter. Bald wird er seßhaft und beginnt anzubauen, was er später erntet. Die neolithische Revolution ist vollzogen (vor etwa 10 000 Jahren). Die ersten Städte entstehen: Catal Hüyük, Lepenski Vir, Vinca, Jericho (8000 bis 5000 v. Chr.) Technik und Kultur beginnen ihren Siegeszug.

Natürlich sind dies bei weitem nicht alle prinzipiellen Zäsuren, die man im Evolutionsverlauf setzen kann: Auch die Nutzung von Schwefelverbindungen als Energiequelle, die Erfindung/Entdeckung des Außenskeletts als Schutz der Weichtiere, die Entwicklung von Tracheen und Flügeln bei den Insekten, das Auftauchen des Innenskeletts bei den ersten Vorläufern der Wirbeltiere (Chordata), die Ausbildung gegliederter Extremitäten aus den Fischflossen, der Lunge aus der Schwimmblase, der hohlknochigen Vögel aus den Flugechsen – das alles sind solche Einschnitte, die nur zum Teil durch fossile Funde genau markiert und datierbar sind. Außergewöhnlich häufig aber fallen derartige »neue Erfindungen« der Natur zusammen mit einer markanten Zunahme der Artenvielfalt und des von Flora und Fauna eroberten Lebensraumes.

Sexualität: Bindung und Altruismus

Die Vorteile des Gen-Austausches bestätigten – wie bei einem posthum verliehenen Nobelpreis der Evolution – mit einer erklärlichen Verspätung den großen Nutzen einer schon in Ehren ergrauten Idee. Was Bakterien (und später auch Pilze) hier vor langer Zeit tastend versucht hatten, erwies sich als ein Mehrfachsprengkopf mit einer verzögerten Auslösung unzähliger Innovationen. Er verband nicht nur zwei Individuen, sondern durch die langsam sich »herausmendelnden«, spielartenreichen Eigenschaften der ganzen Spezies immer größere Gruppen miteinander: Sie wurden zu evolutionären Einheiten, bei denen einzelne Individuen aus den Eigenschaften anderer Nutzen ziehen konnten. Es war der Beginn von gegenseitigen Abhängigkeiten, von Kooperation –

Die Taubenmutter – sonst Friedenssymbol – zeigt zusammen mit ihrem Kind die Züge einer extremen Entschlossenheit, ihren Nachwuchs zu verteidigen. Oft tut sie das mit unbedingtem Einsatz bis zum eigenen Untergang, indem sie auch übermächtigen Gegnern nicht ausweicht. Man sieht es ihr an.

kurz: von Bindungen. Es begann sich sozusagen zu lohnen, sich nach dem anderen umzusehen.

Damit war das Prinzip des unbedingten Egoismus der Gene eindeutig gebrochen. Im Grunde war hier erstmalig etwas entstanden, das wir als Altruismus bezeichnen können. Er ist durchaus als der Egoismus eines erweiterten Ego-Begriffes, also als Gruppenegoismus verstehbar. Von den ersten Kopulationen primitiver Einzeller führt so tatsächlich ein konsequenter Weg der unaufhaltsamen Höherentwicklung der Vermehrungs- und Verhaltensstrategien bis hin zum modernen Menschen. Begleitet von einer stets wirksamen Verwandtenauslese bildete sich so auch seine facettenreiche Ethik heraus. Wenn ein solcher Mensch heute sagen kann: »Wir haben Krieg und Flucht, Not und Hunger überlebt, weil es in unserer Familie, in unserer Gruppe, in unserem Volk immer auch Menschen gab, die sich für andere aufopferten«, dann bezeugt er gerade dieses Wirkungsprinzip. Sein Überleben ist im Grunde eine späte Konsequenz des vor langer Zeit angelegten Konzepts der neuen Bindungen zwischen einzelnen Individuen.

Als ebenso wichtig wird sich das Prinzip der Vielfalt und Verschiedenheit erweisen, das die Gruppenleistung über alle Erwartungen hinaus zu steigern vermag. Hier treten gegenseitiges Helfen und Ergänzen erstmals als Mitbewerber um Lebensraum auf den Plan. Nicht umsonst entstehen bald auch die großen, sexuell sehr differenzierten Staatswesen der Insekten. Bei ihnen ist nur die Aufgabenverteilung eine andere: Königin, Soldaten, Arbeiter, Drohnen ... Es wird sich erweisen, daß Kooperation stets dort am ergiebigsten ist, wo sich die Einsätze nicht nur addieren, sondern (synergistisch) multiplizieren. Und diese Art der Synergie ist dort am größten, wo ein Individuum es gewagt hat aufzugeben, was der andere statt dessen kultiviert hat. Sinnvoll ist das vor allem dort, wo Eigenschaften einander paarweise ausschließen: heiß und kalt, groß und klein, schnell und behäbig, kühn und vorsichtig, mobil und ortsfest. Das ist der Kern der echten Komplementarität.

Die Stufen der Geschlechterdifferenzierung

Nun ist es an der Zeit, einmal übersichtlich zu ordnen, was die entscheidenden Stufen der Geschlechterdifferenzierung sind, die wir ja in ihrem kontinuierlichen Verlauf ausführlich beschrieben haben. Auf keiner Stufe nämlich ist sie weiter gediehen, als ihr jeweiliges Substrat, die vorliegende Lebensstufe es zuläßt. Fünf ganz grundsätzliche Entwicklungsstufen sind hier zu unterscheiden.

1. So ist der Motor (die Belohnung) des ersten Differenzierungsschrittes nur der genannte Genaustausch. Es gibt keinen Grund, etwa schon hier eine männliche und eine weibliche Bakterienkonstitution einzuführen. Wir wollen im Analogieverfahren einmal sagen, das Bakterium, das durch den Rüssel die Chromosomen des anderen Bakteriums erhält, fungiere hier als Baktrice. Aber im Grunde gibt es noch keinen Anlaß, hier von zwei verschiedenen Geschlechtern zu sprechen, da sie ja vielleicht noch gar nicht verschieden sind. Können sie einander mit

gleicher Leichtigkeit den Chromosomenrüssel reichen, wäre dies im Prinzip das ideale homoerotische Verhältnis zwischen zwei echten Bakterienzwittern.

2. Aber es wird komplizierter. Wenn sich dann später erweist, daß der eine Part groß, fett und ortsfest sein soll, der andere aber klein, mobil und so wertlos, daß er in größeren Mengen hergestellt wird, kommen wir zum Beginn des Geschlechtsdimorphismus, hier anfangs wirklich nur auf die Gestalt bezogen: Dies ist das Prinzip von Spermien und Ei, von Pollen und Blüte. Wir haben ausgeführt, wie sich das bis in die feinsten Verzweigungen der morphologischen wie funktionellen Geschlechterdifferenzierung fortsetzt. Hierzu sind Motor und Belohnung – zusätzlich zum Nutzeffekt der vorigen Stufe – die besseren Chancen der Partnerschaftsbildung.

3. Nun werden die Lebewesen immer vielzelliger und komplizierter. Ihr Leben wird länger. Es erschöpft sich nicht in der Fortpflanzung, sondern nun kommen ausgedehnte Jugend- und Reifephasen hinzu. Was soll man jetzt mit den verschiedenen Gestalten anfangen? Natürlich das Naheliegende: Eben das, was jeder am besten kann. An den arktischen Watvögeln, Pinguinen und Eisbären, aber auch am Seepferdchen wurde deutlich, daß dies bis zum völligen Funktionsaustausch gehen kann. Hat jemand das Federkleid zum Verstecken, übernimmt er auch den Versteck- und Brutauftrag. Hat er mehr Speck, muß er halt monatelang – wie der Kaiserpinguin – in der Kälte stehen. Hier wird der Geschlechterdimorphismus multifunktional. Bei den Säugern wird aus dem Unterschied zwischen Milchbilder und Beschützer das Konzept Männchen und Weibchen. Solange ihr Verhalten nicht allzu unterschiedlich ist und ohne größere Entscheidungsprozesse auskommt, gibt es auch keinen Grund, im Kopf größere Unterschiede einzuführen, so daß sich diese am Anfang auf die verschieden starke Unruhe- und Aggressionskomponente zu beschränken scheinen. Hierfür sind Motor und Belohnung – zusätzlich zu den Nutzeffekten der vorigen Stufen – die größeren Überlebenschancen für den Nachwuchs.

4. Dann aber, wenn sich das Verhalten weiter differenziert, schon bei den höheren Primaten, folgt die Geschlechterdifferenzierung einfach auf dem einmal eingeschlagenen Weg weiter mit. Beim Gorilla sehen wir bereits die gesamte Grundstruktur des virilen wie des femininen Verhaltensmusters. Geistige Feinheiten, Sprach- und Rechenfunktionen sind noch nicht unterschiedlich angelegt, aber das geht natürlich darauf zurück, daß der Gorilla einen noch recht grob strukturierten Geist hat

und weder spricht noch rechnet. Mit großer Wahrscheinlichkeit aber ließe sich bei einem Hirnimaging die limbische Orientierung der Gorillafrau an Schutz- und Pflegefunktionen, die des Gorillamannes an seinen Reptilhirnfunktionen bereits nachweisen. Das zeigen sie deutlich in ihrem Verhalten. Hierfür sind Motor und Belohnung – zusätzlich zu den Nutzeffekten der vorigen Stufen – die Chancen zum Aufbau überlebenstauglicher Familienverbände mit flexiblen Sozialstrukturen und einer guten Kinderstube für ihren Nachwuchs mit einer immer längeren Jugendphase.

5. Wenn dann die übergeordneten geistig-seelischen Steuerfunktionen, wenn Sprache und Reflexion zum Zuge kommen, dann erst tauchen die großen Unterschiede in der Prägung unserer Aufmerksamkeitsnetzwerke, in der Orientierung unserer Assoziationswege und in der Spontanaktivität der Impulsgeber auf: die Leitmotive Biegen und Brechen, Vorsicht und Kühnheit, Reptilhirnwut und limbische Empathie. Hier entstehen sie, die offene Hand und die geballte Faust. Hierfür sind Motor und Belohnung – zusätzlich zu den Nutzeffekten der vorigen Stufen – die immensen Anpassungs- und Kooperationsmöglichkeiten bei optimalen Bedingungen für einen sehr lange hilflosen und lernfähigen Nachwuchs.

Betrachten wir die Entwicklung der Geschlechterdifferenzierung wie hier im evolutionären Zusammenhang, so entdecken wir, daß sie den engstirnigen Egoismus des einzelnen Gens durch eine immer komplexere individuelle und interindividuelle Verhaltensethik ersetzt. Mann wie Frau werden aus der normalen Ruhelage ihres Spontanverhaltens ausgelenkt, erhalten Sonderaufgaben und die psychophysische Ausrüstung dafür. Dies alles können sie sich aber nur leisten, weil diese Differenzierung komplementär geschieht und sie jederzeit füreinander eintreten können. Die Bisexualität mit ihren allerjüngsten Ausformungen im Kopf der Menschen ist also ein grundlegendes Erfolgsprinzip der Natur, dessen Weiterentwicklung noch in der Zukunft liegen mag. Da die Vorteile früherer Entwicklungsstufen (noch heute ist die genetische Neukombination der Stufe 1 von immensem Wert!) jeweils bewahrt bleiben, wird es auch keinen evolutionären Druck geben, der den Trend wendet.

Die Bisexualität mit ihrer bei gründlicher Betrachtung überraschend tiefgreifenden Auseinanderentwicklung von Mann und Frau ist ein großes, ein großartiges Konzept der Natur. Sie macht aus Mann und Frau und Kind im Grunde ein einziges, zusammenhängendes Überlebensteam, das optimal für die eigene Perpetuierung in dieser Welt gerüstet ist, ohne dabei zu verhindern, daß auch so abweichende Lebensformen wie der einsame Weltenwanderer, die Primaballerina, der Universalgelehrte, der Eremit oder Mutter Teresa daraus hervorgehen.

Der Pragmatismus ethischer Wertungen

Es ist verblüffend, wie man hier im Bereich naturwissenschaftlicher Detailforschung angelegt findet, was uns viel später im geisteswissenschaftlichen Bereich als ein Motiv scheinbar sui generis wiederbegegnet. Es scheint – unter so eindrucksvollen Epitheta wie »Ethik« und »Moral« – ein Produkt, eine Erfindung des Geistes zu sein, ist aber tatsächlich nur seine Entdeckung. Es ist die Kurzformel für verhaltenssteuernde Normen, die einen durchaus pragmatischen Hintergrund und eine Jahrmillionen lange eigene Entwicklungsgeschichte haben. Es sind Epiphänomene auf den sich langsam herausbildenden Bewußtseinsprozessen, unter denen die emotional gesteuerte Handlungsauswahl immer größere Bedeutung in den zentralen Hirnregionen gewinnt, die für Bewertungen und Handlungsentscheidungen zuständig sind.

Was dabei fasziniert, ist die Tatsache, daß der Mensch in seinen gedanklichen Höhenflügen geistige Überbauten entwickelt – für die im Grunde blinden Ziele der Natur. Er hält sich dabei eng an die Vorlagen, denn auch sein Denken funktioniert natürlich nach ihren Bedingungen. Hierbei meint er stolz, er habe sich aus ihrem Würgegriff befreit, aber sein äußerstes Streben dient ihr weiterhin und führt ihn immer wieder zu ihren Regeln und Zielen zurück. Kein Wunder, denn die menschliche Entwicklung ist letztlich auch Natur. Selbst die Kultur des Menschen und seine Technik sind letztlich weitere Entfaltungen ihrer Gesetzmäßigkeiten.

Diese Entfaltung verlief schon immer in Sprüngen, und wer direkt an einer solchen Bruchzone steht, hat es schwer, sie zu erkennen. Er ist wie ein Wanderer in den Alpen, der die Stauchungszone, welche die von Süden her mit Europa kollidierende afrikanische Kontinentalplatte emporschiebt, auch nicht erkennt, obwohl er in ihren Falten umherklettert. Der besagte Würgegriff der Natur ist gar keiner: Er löst sich auf, sobald man verstanden hat, warum man ohne diese Verwurzelung in den Abläufen und Regeln der eigenen Entstehungsgeschichte gar nicht existierten würde.

Auf dem letzten Abschnitt des Weges zum Menschen, im Holozän, sind viele neue Funktionen aufgetaucht: die zunehmend anspruchsvolle

Fürsorge für hilflose Neugeborene, Schutz und Beistand durch die Gruppe, Zusammenarbeit bei der Jagd und die Unterrichtung des Nachwuchses, um die allmählich verblassenden Automatismen einer immer dürftigeren Instinktausrüstung zu ersetzen. Hier ergeben sich nun schlagende Parallelitäten zwischen diesen zunehmend komplizierten Aufgaben, die aus der Vorzeit emportauchen wie die immer höher entwickelten Säugetiere selbst, und den in ihnen mitwachsenden Hirnregionen: die bewertenden Instanzen (im limbischen System) und die von ihnen etablierten Handlungsvorgaben. Letztere sind die Vorläufer unserer Normen, sozusagen die *default*-Einstellung für die das Leben dominierenden Standardsituationen: Während sich die höheren Säugetiere zu kletternden Affen entwickeln, dann zu Menschenaffen, schließlich zu Hominiden und modernen Menschen, verdichten sich – unter der Anleitung durch eine grausam konsequente, unnachsichtig tödliche Naturgesetzlichkeit – die ersten bewertenden Emotionen zu moralischen Normen und Wertvorstellungen. Diese werden die Hominiden für immer begleiten.

Warum? Offenbar ist es unmöglich, sich bei allen einzelnen Handlungsentscheidungen stets ihres evolutionären Sinns, ihres biologischen Hintergrundes bewußt zu bleiben, obwohl dieser weiterhin in uns wirksam bleibt. Er hat sich in jahrmillionenalten Steuersubstanzen wie den Alarm-, Aggressions- und Geschlechtshormonen, in der inneren Verknüpfung der psychischen Steuerzentren mit so unterschiedlichen Programmen wie dem Lieben und dem Töten niedergeschlagen. Wir wissen zwar heute, was die Hormone und die von ihnen beeinflußten Nervenzellen tun und wie sie es tun, wir ahnen sogar, warum und wozu sie es tun – aber das alles wirkt auch dann, wenn wir es weder wissen noch ahnen. Das sind die biochemisch-molekularen Fesseln, die uns mit unserer eigenen Vergangenheit, der langen Geschichte der Menschwerdung verbinden.

Gut und Böse überleben

Seit jenem Zeitpunkt der Erbgutmischung haben sich die verschiedenen Varianten der Kooperation und der altruistischen Handlungskonzepte weiterentwickelt. Sie sind die Ergebnisse von Bewertungsmaßstäben, die auf höhere Einheiten als das einzelne Individuum ausgerichtet sind. Diese entwickelten sich in steter Konkurrenz mit anderen Verhaltensweisen und mußten also auch mit dem Kindermord, der konsequenten Brutalität und Rücksichtslosigkeit, dem einschränkungslosen Egoismus als möglichen Erfolgsprinzipien konkurrieren. Leider haben auch letztere ihre überlebenstauglichen Aspekte, die zumindest in gewissen Situationen und für bestimmte Gruppen innerhalb einer Art günstig sein können.

Das ist vermutlich der Grund, warum sich das pure Gute im Sinne eines generell friedfertigen und sozialen Verhaltens entwicklungsgeschichtlich nicht einfach in reiner Form durchgesetzt hat, warum die Natur nicht ganz einfach alles Böse hinausgeworfen hat aus dem Leben. Nein, auch das hat mitgehalten im Wettbewerb um die Sonnenplätze der Evolution. Deshalb haben wir noch heute neben dem besorgten und verantwortungsvollen Vater (nicht nur beim Menschen, sondern auch bei vielen Tierarten!), der sich um seinen Nachwuchs kümmert und ihn schützt, auch den Streuner, der seinen Nachwuchs weit streut, ihn sich selbst überläßt – und sich davonmacht. Wenn nur ein Zehntel seiner Nachkommen überlebt, hat es sich vielleicht gelohnt, denn der verantwortungsvolle, umsichtige Vater zeugt vielleicht nur ein einziges Kind. Nach derselben Logik ist auch das Phänomen Kuckucksei entstanden, bei dem die Fürsorge-Instinkte anderer systematisch für den eigenen Nachwuchs eingesetzt werden: Erfolgreich wird da sozusagen die evolutionär angelegte Zuneigung der Ziehmutter gestohlen.

Sieht man genau hin, findet man dies alles nicht nur in Vogelnestern, sondern auch in der menschlichen Gesellschaft. Vieles davon ist längst ins System gesetzt – nicht selten führt das zum Triumph des Bösen. Gerade daran ist zu erkennen: Es ist letztlich der eintretende Erfolg, der in der Natur normenbildend ist und sich auch uns moralisierend aufdrängt. Selbst in unserem eigenen Kopf also, im limbischen System, liegen die verschiedenen Handlungskonzepte miteinander im Kampf, um – nach pragmatischen Kriterien ihrer Tauglichkeit – in unsere Handlungsethik integriert zu werden. Wer diese Kriterien dauerhaft mißachtet, wird zwar ein in der Theorie hochethisches Verhalten mit wunderbaren Wertungen entwickeln, aber mit ihnen untergehen. Nicht alles, was wir gut finden, ist auch durchzusetzen. Was überlebt, ist eher der Kompromiß.

Daher ist das menschliche Wesen voller Ambivalenzen. Wieder sind wir an einem Punkt angelangt, wo menschlicher Wille die Natur transzendiert. Hier wird es sehr kompliziert – und auch gefährlich. Selbst Verhaltensweisen nämlich, die uns auf längere Sicht sehr schaden, bemühen sich hier um Einlaß in unsere emotionale Zulassungsstelle, sozusagen die limbische Zeugniskonferenz. Sie sehen oft bezaubernd schön aus wie das Rad des Pfaus, sie klingen betörend wie Sirenengesänge, und sie haben gute Chancen auf Erfolg, wenn der Schaden so entlegen ist, daß wir ihn nicht bemerken.

Die Neigung des Menschen, erst einmal nur vor die eigenen Füße zu schauen, hat oft fatale Folgen. Über die heute ablaufenden gutgemeinten Idiotien herrschen weitgehend Sprechverbote. Nur die kaum mehr ernährbaren Menschenmassen der Entwicklungsländer, die wie Indien, Pakistan, Bangladesch, Nigeria, Mexiko oder Ägypten wohl für alle Zukunft in der Überbevölkerungsfalle *(overpopulation trap)* gefangen sind, haben zum leisen und vorsichtigen Nachdenken darüber geführt, ob man nicht vielleicht die segensreichen Antibiotika nur gekoppelt an gleiche Mengen Präventivmittel in die Entwicklungsländer hätte liefern sollen. Es ist möglich, daß man damit die Katastrophe hätte aufhalten können, welche diese Länder heute zu erdrosseln droht: rasch sinkende Sterbequoten bei unverändert hohen Geburtenziffern. Aber genau das sah anfangs so gut aus. – So dürfte sich das Unheil jenes typisch humanen und humanitären Paradoxes erklären, daß wir häufig mit besten Absichten und bestem Gewissen Furchtbares anrichten. Das ist die im Endeffekt durchaus antihumane, die schädliche, manchmal sogar tödliche Radikalisierung des Guten.

Mehrzeller: Prinzip der Arbeitsteilung und des Altruismus

Vor etwa 700 bis 1000 Millionen Jahren war es soweit: Mehrere Zellen taten sich zusammen zu einem Zellverband, zum ersten mehrzelligen Lebewesen. Dies war anfangs vermutlich reversibel, denn noch heute gibt es lebende Beispiele für diesen Lebensentwurf: die Kugelalgen, das ist eine in etwa zehn Arten vorkommende Süßwassergrünalge, die in Hohlkugelform Kolonien von bis zu 20 000 Einzelzellen bilden können. Diese Zellen, die über Plasmastränge miteinander verbunden sind, behalten so viel Selbständigkeit, daß sie bei Bedarf die Kolonieform auflösen und wieder in das individualistische Stadium übergehen können: Sie sind auch allein lebensfähig.

Sie verwirklichen das, was den Übergang zu den mehrzelligen Organismen und damit zu unvergleichlich viel effektiveren Lebensformen einleitet: die Kooperation auf zellulärem Niveau. Schaut man genau hin, sieht man, daß damit die Arbeitsteilung eingeleitet ist, welche die Mehrzeller, die Insektenstaaten und die menschliche Zivilisation so effektiv gemacht hat.

Arbeitsteilung ist zugleich auch der Beginn des Altruismus: Die meisten Zellen opfern sich für die Fortexistenz der Keimbahn, wie die Arbeitsbienen oder die Soldatenameisen in ihrem Staat für die Königin – oder die Menschen in ihren Familien, Gruppen und Armeen für das Überleben ihrer Verwandten und am Ende sogar ihrer Ideen. Es handelt sich hierbei keineswegs um zufällige Parallelitäten, sondern darum, daß dasselbe Erfolgsprinzip in fraktaler Struktur immer wieder auftaucht, in jeder Dimension erneut. War es dem Einzeller noch von entscheidender Wichtigkeit, selbst zu überleben, ist jetzt die einzelne Zelle völlig zufrieden damit, daß eine andere Zelle aus ihrem mehrzelligen Verband überlebt, am liebsten jene Keimzelle, die mit dem gemeinsamen Erbgut, den Chromosomen, am vollständigsten ausgerüstet ist (Spermium oder Eizelle). Alle anderen Zellen arbeiten diesem einzigen, höchsten Ziel zu: Sie registrieren Licht und Temparatur, kontrahieren sich und leisten dabei Muskelarbeit, suchen und verdauen Nahrung, bilden Blut oder Schweiß, Geweih oder Krallen. Im Grunde ist das ein ungeheurer Altruismus: selbst lebenslang zu arbeiten und dann unterzugehen, damit ein anderes Element des gesamten Systems weiterleben kann.

Zwischen den verschiedenen Zellen mit ihrer Vielfalt an Funktionen, stets verbunden mit Schwächen und Stärken, entsteht eine intensive Kooperation. Die brauchen sie auch, denn allein sind sie gar nicht mehr lebensfähig. Mit diesem Verlust an unabhängiger Lebensfähigkeit erkaufen sie sich das Anheben ihrer Existenz auf immer neue Höhen der Komplexität und Effizienz. Sie tauschen damit eine geringe, individuelle Überlebensfähigkeit gegen immer größere Überlebenschancen des Ganzen: Plötzlich können sie Kalk und Stickstoff verarbeiten, Magnesium, Kupfer und Kalium, bald essen sie Blätter, Früchte und Gras, Insekten und Gnus, immer weiter schwärmen sie aus, auf die Erde, in die Erde, in Sand und Schnee, in Baumwurzeln und Baumkronen. Eines Tages ist es dann soweit: Sie passen sich an jede Umwelt, jedes Klima an, ja, sie machen sich das Klima selbst, ihr Mikroklima, durch Klimaanlagen und Heizungen, durch Wände und Kleider. Sie produzieren das, was sie zum Leben brauchen, am Ende alles selbst.

Das ist der Milliarden Jahre lange Weg einer faszinierenden Entwicklung, die mit dem Entwurf eines vielzelligen Lebensverbands eingeleitet ist. Man könnte es »Vereinigung zum gegenseitigen Nutzen« nennen. Innerhalb des Zellverbands herrscht eine Art umsichtige Hilfsbereitschaft: Um etwas besonders gut zu können, muß jede Zelle etwas anderes aufgeben. Damit entstehen immer mehr Differenzen zwischen den einzelnen Zellinien – das nennt man folgerichtig Differenzierung. So gibt es bald unter den Zellen die Spezialisten, die immer besser immer weniger können (etwa die Haarzellen im Innenohr, die Luftschwingungen als Töne registrieren, und die Zellen der Iris, die nur noch die Blende des Auges, die Pupillengröße, verstellen können), und die Generalisten, die immer mehr können, aber das immer schlechter: die unspezialisierten embryonalen Bindegewebszellen, die nur wachsen und sich in zwanzig verschiedene Zellen verwandeln können. Das Extrem der Generalisten ist die Eizelle, die nur noch passiv herumliegen und auf ihre eventuelle Befruchtung warten kann.

Der Preis für die Spezialisierung: Abhängigkeit

Während die Spezialisten wegen ihrer Spezialisierung nicht mehr repariert werden können und unweigerlich zugrunde gehen, können die Generalisten, die das ganze Potential zu einem kompletten neuen Lebewesen in sich vereinen, fast ewig weiterleben. Diese funktionelle Aufspaltung in konträre Konzepte führt zu einer immer größeren Spannweite der Variationen des Lebens. Dabei kumulieren die Defizite der einzelnen spezialisierten Zellen zu einer immer größeren Unselbständigkeit: Der Preis für die neue Effizienz ist Abhängigkeit.

Vor diesem Grundgesetz aller fortschreitenden Höherentwicklung ist die Differenzierung der Geschlechter nur ein wichtiger Spezialfall. Auch in der Bisexualität entstehen zwei unterschiedliche Formen, die sich in ihrer zunehmenden Divergenz immer besser ergänzen, zugleich aber voneinander auch immer abhängiger werden. Kooperation nämlich ist grundsätzlich dort am effektivsten, wo komplementäre Eigenschaftspaare miteinander kombiniert werden. Das ist die Stärke und zugleich die Schwäche jeder Komplementarität. Ihr größter Wert wird zugleich zu ihrer Achillesferse.

Das Leben hat in seinen endlosen Versuchsreihen diesen Weg gefunden, weil das im Lauf der Zeit unvermeidlich war, und hat ihn als überlegenes Problemlösungskonzept festgehalten. Diesen Weg zu beschreiten, bewirkt etwas, das den Bisexualitätsentwurf allen anderen Konzepten rasch davonlaufen läßt: die optimale Anpassung flexibler Systeme an variierende Umstände.

Es geht bei der Reproduktion im Evolutionsprozeß allein um die Gene: Sie sollen weiterleben. Der Körper, der sie trägt, ernährt und weitergibt, wächst an ihnen, um sie herum, ein ständig wiederkehrender Auswuchs an der potentiell unsterblichen Keimbahn, die jeder neuen Generation wie der Stab beim Staffellauf weitergegeben wird. Das einmal in Nukleotiden niedergeschriebene Erfolgsprogramm, an dem nur minimale Veränderungen zugelassen sind, bleibt erhalten. Allerdings pflanzt es sich nicht in einer schmalen Linie fort, sondern in einem breiten Fächer von nahe verwandten Varianten. Die erfolgreichste dieser Varianten zieht wie einen Kometenschweif eine Vielfalt von nächstbesten Problemlösungen hinter und neben sich her.

Der einzelne Genträger, das Individuum der Art, sollte nicht allzu alt werden, denn das würde die Chance verringern, durch einen raschen Wandel der Auslese die Anpassung an wechselnde äußere Umstände zu erreichen. Daß hier dem Menschen mehr Lebenszeit gegeben ist als den meisten Tieren, kann damit zusammenhängen, daß seine Lebenserfahrung schwerer wiegt und ihn zu noch größeren Anpassungen befähigt als ein allzuschneller Generationswechsel: an Wüste und Dschungel, an Arktis und sauerstoffarmes Hochgebirge. Alles das ändert jedoch nichts am Grundprinzip, das ein Zeitgenosse Darwins, der kauzige Schriftsteller Samuel Butler, in die durchaus treffenden Worte faßte: »Eine Henne ist nur die Art und Weise, wie ein Ei ein anderes Ei hervorbringt.«

So ist es: Ein Mensch – inklusive seiner technischen Zivilisation und geistigen Kultur – ist der Weg des menschlichen Erbgutes, für seine eigene Erhaltung bestmögliche Voraussetzungen zu schaffen. Dazu gehört auch sein Wissensdurst, selbst die Grundlagenforschung, denn vielleicht muß er einmal die Erde fliehen, muß von seiner erkaltenden zu einer jungen Sonne reisen, sich vor einer Supernova zurückziehen, einer kosmischen Kollision ausweichen oder eines Tages sogar seine eigenen Sonnen zünden, künstliche Licht- und Energiequellen in der Eiseskälte des Alls. Das alles mag sehr entlegen klingen, ist aber kaum weniger wahrscheinlich, als dem ersten Menschen, der in einem wackeligen Einbaum versuchsweise auf den See hinausschwankte, ein modernes Atom-U-Boot, ein Farbfernseher oder eine Jupitersonde hätte erscheinen müssen. Dennoch sind seitdem nur etwa 0,01 Millionen Jahre vergangen, ein 500stel unserer Geschichte oder, in unserer eingangs gewählten Tageszeitskala der Entwicklungsgeschichte: Der Mensch kam vor etwa einer Minute, baute vor etwa 0,2 Sekunden den ersten Einbaum und fliegt jetzt zum Mond. Die Rolle, welche die heutige Grundlagenforschung in Zukunft einmal spielen mag, kann uns niemand vorhersagen.

Die Art und Weise, soviel wird deutlich geworden sein, in der ein

Lebewesen das nächste, seinen Erbträger erzeugt, mag unterschiedlich sein. Die sexuelle Vermehrung hat sich dabei bislang als der absolute Star der Vermehrungskonzepte erwiesen, vor allem für die Entwicklungsdynamik komplexer Lebewesen. Im Prinzip geht es immer darum, in einem unendlichen Staffellauf den Stab nie fallen zu lassen. Wer nur einmal aussetzt, ist unwiderruflich für immer ausgeschieden.

Der Kern aller Vermehrung – ihr Motor und Ziel zugleich – ist immer derselbe: Die Neu-Erschaffung der eigenen Art, die Rekapitulation der eigenen Stammesgeschichte (Phylogenese) in der Embryonalentwicklung. Dabei wird – das ist die Erfindung der sexuellen Vermehrung – die Hälfte des eigenen Genoms aufgegeben zugunsten der Vielfalt neuen Lebens. Ob das gelingt, ist nicht nur das einzige Erfolgskriterium, sondern automatisch auch gleich die Belohnung selbst: der eigene Nachwuchs. Solange man den hat, ist man dabei. Für alle anderen ist das närrische Abenteuer des Eiweißes in unserem Winkel des Universums schnell wieder zu Ende.

Wahnhafte Verdrängung der Naturgesetzlichkeit

Hier ist es auch am Platz, einen Gedanken an den Homo Gernegroß zu verschwenden, der seit langem ein ganz anderes Spiel spielt. Er glaubt, er habe sich ein für allemal von den Bedingungen seiner Existenz freigespielt. Ohne Zweifel kann er sich eine schöne neue Welt aufbauen, die auch durchaus ein Eigenleben führt: Jubiläumskonzerte und Premieren, Konferenzen und Reisen, Forschen und Organisieren. Und so viele schöne Dinge haben: Schmuck und Feste, Hutmoden und Kultfilme – und zu allem eine umfangreiche Literatur, über den Wein wie die Mode und über alles das, was über sie bisher geäußert worden ist – ein sehr aufwendiges und zeitfüllendes Spiel, das manchen ganz und gar verschluckt. Aber das andere Spiel, jenes, das die Natur derweil weiterspielt, in dem jeder auch dann ein Mitspieler ist, wenn er nichts davon weiß, läuft unaufhaltsam weiter ab. Es führt zum Altern, zur Krankheit, zum Tod. Dagegen kann sich ganz gewiß niemand schützen, indem er es nicht beachtet oder nicht begreift. Das ist ein starkes Argument für den verfemten Biologismus. Er erspart uns zumindest Überraschungen.

Der moderne Mensch droht nicht nur das Gefühl für seine eigene biologische Herkunft zu verlieren, er bekommt Angst vor ihr. Er träumt vielleicht davon, ganz einfach abzuheben, als Geistwesen, das sich durch Knopfdruck und mittels gestempelter Urkunden zu vermehren vermag.

Die Abneigung gegen seine eigene Verwurzelung in der Natur kann merkwürdige Formen annehmen. Es ist heute üblicher, nach Immobilien, Einkommen und Aktienbesitz des Schwiegervaters zu fragen als nach der Gesundheit der Braut. Lieber gibt man seinen Kindern die Anlage zur Erblindung, zum Nierenversagen und zur Aderverkalkung (Folgen etwa der Zuckerkrankheit) mit auf den Weg, als daß man die natürlichsten Fragen der Welt stellt: Fragen nach der Gesundheit. Im Namen einer vermeintlich höheren Werteorientierung werden solche Fragen unzulässig, denn sie gelten als Berechnung und Kalkül, die spirituelle Werte der Persönlichkeit und ihrer grenzenlosen Freiheit gefährden (in moderner Lesart: Datenschutz und informationelle Selbstbestimmung).

In einer Art Arroganz der Unwissenheit, im Gefühl einer eingebildeten, unmöglichen – und außerdem unethischen – Freiheit, in wahnhafter Verdrängung simpler Tatsachen und Naturgesetze, verletzt der Mensch unaufhörlich die gesunde Vernunft: ob er nun kettenraucht, sich tottrinkt, der ewigen Ekstase nachjagt, dem Drogenrausch oder der Utopie – oder nur Lebensbedingungen schafft, die seine biologischen Bedürfnisse grob mißachten. Er ignoriert dabei, folgenschwer, die eigene Verwurzelung in den Gesetzmäßigkeiten des Lebens.

Wie seine Fehlbeurteilungen im gedanklichen Umgang mit so komplexen Vorgängen wie den unendlich verflochtenen Lebensprozessen im Detail zustandekommen, ist in D. Dörners Buch über die Logik des Mißlingens (Dörner 1989) ausführlich beschrieben. Der Umgang des Menschen mit der Komplexität ist, gelinde gesagt, habituell unbeholfen. Wie der um Einsichten und Erkenntnisse ringende Mensch dabei immer wieder ohnmächtig an den Gitterstäben seines Sprachkäfigs rüttelt und auf scheinbar sinnvolle Formulierungen und wohllautende Phrasen ohne Inhalt hereinfällt, wie er sich vormacht, Lösungen zu haben, wo er nur Worte hat, ist Gegenstand der kritisch prüfenden Vernunft. Auch sie ist gegen Irrtümer nicht gefeit, hat aber geholfen, viele chronische Mißverständnisse und verwirrende Formulierungsfehler aufzudecken. Ihre philosophische Variante ist Gegenstand der semantisch orientierten, kritischen Sprachphilosophie, von ihren Vorläufern Wilhelm Ostwald, Ernst Mach, Gottlob Frege und Bertrand Russell über den Wiener Kreis – mit M. Schlick, R. Carnap, O. Neurath, R. v. Mises, K. R. Popper, C. G. Hempel, V. Kraft und L. Wittgenstein – bis hin zur modernen Logik und empirischen Sprachforschung.

Der Mensch liegt heute, bewaffnet mit Radioteleskopen, Elektronenmikroskopen, Lasern und Partikelakzeleratoren als forschender Beobachter vor der Natur und baggert Erkenntnis. Als objektiver Beobachter glaubt er sich frei. Er macht auch sich selbst zum Gegenstand seiner Überlegungen: Woher kommen wir? Wer sind wir? Wohin gehen wir? Sein Sieg über das Unwissen ist zugleich sein Dilemma: Er ist Subjekt und Objekt zugleich. Von der Metaebene aus wird er auch vieles entdecken, was er vielleicht gar nicht wissen möchte.

Mit dem Eindringen in die Bedingungen der eigenen gedanklichen Tätigkeit, der eigenen Reflexe und Instinkte, Ziele und Wertungen verliert er seine Unbefangenheit, vielleicht gar seine Unschuld. Mit seinen Riesensprüngen aus der Sklaverei der Unwissenheit heraus – die Bewegung des Feminismus ist ein solcher – könnte er unwissentlich und unwillentlich wieder dieselben Zusammenhänge bedienen, denen er zu entfliehen trachtet. Er merkt, daß ihn irgend etwas antreiben muß, vielleicht das, was er da findet. Er versteht, daß er einen fundamentalen Antrieb des Daseins nicht durch Reflexion beseitigen kann, ohne etwas anderes an seine Stelle zu stellen. Aber was? Ist es mit dem Menschen wie mit dem Tausendfüßler, der so lange mühelos umhergeht, bis ihn jemand fragt, wie er eigentlich seine vielen Beine setzt? Da fragt er sich. Und erstarrt.

Der beobachtende Mensch wird vielleicht entdecken, daß das Leben für das Leben da ist, für das Weiterleben und Lebenweitergeben. Daß er der uralten Folge von Ursachen, die sich wie eine endlose, allmählich schwächer werdende Lichterkette am Geländer der Zeit im Dunkel der irdischen Entwicklungsgeschichte verliert, nicht durch Nachdenken entrinnen kann, sondern daß er die Gesetze nur besser verstehen kann, nach denen er angetreten ist.

Oder ist er das Monstrum, das sich selbst ad absurdum führt – gerade wegen seiner Effizienz? Der Homo faber und ludens, der durch ungezügelte Vermehrung, durch das Verfehlen der Gleichgewichte, die er als Kahlfresser seines Lebensraums nicht versteht, sein Raumschiff Erde erforscht, versteht – und dennoch zerstört? Der die Blindheit der Täter mit der Ohnmacht der Seher verbindet?

Oder ist all seine Skepsis nur eine Kaprice des Grenzgängers, der nach einem Blick in die eigene Natur und einem atemlosen Innehalten doch wieder ins große Spiel zurückfällt?

Diese Fragen sollten uns zu einer möglichst unvoreingenommenen Betrachtung der Bedingungen unseres Verhaltens veranlassen, wie sie uns heute erkennbar werden.

Ererbtes Verhalten: nachträglich mit Sinn gewappnet

Was ein Lebewesen tut, die Summe aller seiner Reaktionen auf Umweltreize, nennen wir sein Verhalten. Dieses unterscheidet sich von automatisch ablaufenden Stoffwechselprozessen, von Reifung, Häutung oder Metamorphose sowie von allen pflanzlichen Wachstumsprozessen und Bewegungsabläufen.

Die Beschreibung und Deutung von tierischem Verhalten ist nicht einfach, wird man doch ständig dazu verleitet, sich das Beobachtete vorzustellen als von einem menschlichen Bewußtsein mit Absichten, Emotionen und Gedanken begleitet und erklärt.

Das ist naheliegend und gibt allem einen vermeintlichen Sinn. Es trägt dazu bei, Wissensdefizite und Phantasiemangel durch Empathie zu kompensieren und die Vorgänge der Natur engagierter zu betrachten. So etwa mag ein Kind auch beim kleinsten Tier daran denken, wie es seine Jungen schützt, weil es das will (in Wirklichkeit muß); wie das kleine Murmeltierherzchen pocht, wie der kleine Biber voll Angst den schweren Schritt des Jägers auf dem Bau über sich spürt. Wer so als Kind lernt, sich in Tiere hineinzuversetzen und das Großartige ihrer Ausstattung und Lebensweise versteht, wird später vielleicht mehr Achtung vor dem Leben haben. Er ist auch mental darauf vorbereitet, eines Tages beim Hund, den man unter die Dusche zerren will, beim Pferd im Schiffsladeraum, das beim Sturm auf See in Panik gerät, tatsächlich ein hämmerndes Herz und entsetzte, angstgeweitete Pupillen zu finden. Das sind zuverlässige Zeichen einer adrenalin-vermittelten Säugetier-Erregung *(arousal)*, die uns wirklich verständlich sein sollte. Offen für die mögliche Verwandtschaft vom Empfindungen sollte sich der Mensch dem Tier mit einem starken Gefühl für innere Erlebnisqualitäten nähern. Er wird dadurch bescheidener.

Wir neigen dazu, menschliches Verhalten für einzigartig, für durch und durch reflektiert und bewußt beschlossen zu halten. Das Studium des teilweise sehr differenzierten Verhaltens primitiver Tiere zeigt uns jedoch, wie einfache Bedingungen zu komplexen Ergebnissen führen können. Dann ist es weniger überraschend, daß auch sehr alte, ererbte Verhaltensmuster in unseren eigenen Reaktionen durchschimmern, daß nach wie vor uralte Automatismen in uns wirksam sein mögen, für die wir nachträglich einen Überbau an Erklärungen gefunden – oder erfunden – haben. Sie haben zum Teil entwicklungsgeschichtliche Wurzeln, die zu einer Komplexität herangewachsen sind, die ohne Wissen um vergangene Sinn-Elemente kaum mehr verständlich ist. Auch unser eigenes Verhalten ist durchsetzt von Einflüssen und Komponenten, für die wir uns niemals entschieden haben, sondern die uns von der langen Kette unserer Vorfahren vererbt worden sind.

Da sich im menschlichen Verhalten neu erlernte Reaktionen, übernommene, nachgeahmte Verhaltensweisen mit ererbten Reaktionsmustern mischen, neigen wir grundsätzlich dazu, die Komplexität dieses nicht mehr entwirrbaren Geflechts von Handlungsmotiven zu überschätzen. Die Arbeiten des Bamberger Psychologen Dietrich Dörner zeigen in aller Deutlichkeit, daß auch sehr einfache Elemente stark zur Komplexität und Einmaligkeit psychischer Prozesse im Menschen beitragen. Dietrich Dörner arbeitet seit Jahrzehnten an einer Systematik menschlicher Problemlösungsstrategien und ihrer vorgezeichneten Desaster (Dörner). Vor allem aber sein kybernetischer Entwurf vom »Bauplan einer Seele«, der den Begriff der *artificial intelligence* um den der *artificial soul* bereichern wird, bringt uns dem Verständnis hochkomplizierter, zusammengesetzter Vorgänge und Phänomene näher. Es handelt sich um die Analyse von psychischen Vorgängen, die wir als emotional gesteuerte Entscheidungsprozesse, Handlungsauswahl, Aufmerksamkeits-Ausrichtung, Zielentwurf, konsequentes Verfolgen von Zielvorstellungen oder Absichtswechsel bezeichnen würden. Die Untersuchungen beweisen, daß Grundvoraussetzungen etwa der Art: Ich friere. Ich habe Hunger. Ich fühle mich nicht sicher. Ich bin müde. Ich langweile mich, den Gedankenprozeß oft in eine völlig andere Richtung lenken.

Dem entspricht die Feststellung, daß selbst kleinste Relikte ererbter Verhaltensmuster eine große Rolle für diese Vorgänge spielen. Sie setzen ein Ostinato an Wünschen, Bedürfnissen und Trieben, die uns oft gar nicht erst bewußt werden. Damit hat auch die beschriebene Unterschiedlichkeit der limbischen Orientierung bei Mann und Frau, eigentlich nur ein winziges Detail unter tausend Eigenschaften, die ihre limbischen Systeme gemeinsam haben, unüberschaubare Auswirkungen. Sie allein kann ausreichen, um eine unfaßbare Vielfalt von Unterschieden in den Erlebnisqualitäten und den Verhaltensmustern von Mann und Frau hervorzurufen. Ohne das zu wissen, können wir sie nicht verstehen.

Das menschliche Verhalten trägt unzählige Spuren einer langen Reihe von stammesgeschichtlichen Vorentwürfen, die sich ganz allmählich zu der uns vertrauten Komplexität entwickelt haben. Sie bilden ein Kontinuum von Reaktionen und Verhaltensweisen, die wir bei Lebewesen einer nahen und fernen Vergangenheit wiederfinden und nur im Zeitzusammenhang begreifen können: Jedes Zwischenstadium mußte für sich allein sinnvoll und funktionell sein; es konnte niemals ausreichen, ihm einen zukünftigen Nutzen zuzuweisen. So wird oft ein Konzept, das seine Nützlichkeit verliert (etwa der Entwurf eines dritten Auges in der Scheitelregion – was gut wäre zur Warnung vor Raubvögeln und anderen Gefahren von oben, aber wohl nie ganz verwirklicht wurde), nur mit Funktionsveränderungen in eine neue Situation übernommen, wo es allmählich ganz andere Aufgaben bekommen kann. So kann eine Anlage versenkt werden, verkümmern und nach Umschulung – im Falle des Scheitelauges zur Zirbeldrüse (Epiphyse) – einen neuen Sinn bekommen. Die Funktion der im Grunde unnötigen Scheitelaugenanlage wurde auf diese Weise gleitend verändert. Die Zirbeldrüse hat interessanterweise nach wie vor mit der Reaktion auf den Lichteinfall zu tun: Sie pariert über die Bildung von Melatonin den Melanotropin-Zügel der Hypophyse, beides eine Antwort auf die Sonnenlichteinstrahlung.

So hat jeder heutige Zustand unseres Organismus, das Gehirn eingeschlossen, seine eigene Entwicklungsgeschichte. Sie besteht aus zahlreichen vorangegangenen Zuständen, die ähnliche, aber mit zunehmendem zeitlichen Abstand manchmal auch veränderliche Aufgaben hatten. Die Entwicklung der Organe und ihrer Funktionen läuft dabei streng parallel mit einer entsprechenden Evolution der Moleküle von Botenstoffen, Hormonen, Feromonen, Neuropeptiden, Leukotrienen, Interleukinen und anderen, immer komplizierteren Interaktionen zwischen Signalstoff und Rezeptoren.

Die Geschichte auch unserer Psyche lebt – zumindest in Relikten, teilweise aber auch in den großen Zügen ihrer Organisation – im modernen Menschen weiter. Das gilt auch für die jeweils verantwortlichen Signalsubstanzen und betrifft natürlich nicht so sehr neu erlernte Tätigkeiten, die etwa für Situationen der Zivilisation typisch sind (Auto- oder Flugverkehr, Maschinen- oder Computerbedienung), sondern vor allem für jene uralten Tätigkeiten, die schon seit eh und je mit den Lebensprozessen verbunden sind: Partnerwerbung, Sexualität, Fortpflanzung, Angst und Aggression, Schwitzen und Durst sowie andere Funktionen, die nicht auf die spezifisch menschlichen Lebensumstände beschränkt sind. Daher gehören zu diesem entwicklungsgeschichtlichen Erbe vor allem die Geschlechtshormone, die wir daher sehr ausführlich behandelt haben: Es liegt auf der Hand, daß auch unsere Vorfahren, selbst so weit entfernte wie der 35 Millionen Jahre alte Smilodectus, sich bereits ganz regelmäßig und effektiv vermehren mußten. Die hierfür notwendigen Hormone verwalten also wichtige Stoffwechselvorgänge und psychische Grundausstattungen, die schon den stammesgeschichtlich ältesten Verhaltenskonzepten zugrunde gelegen haben dürften.

Das menschliche Verhalten ist also in diesem Sinne keineswegs frei (nach innen!), es hängt an denselben Zügeln, die schon vergangene Lebensformen am Leben hielten. Ihr jahrmillionenlanger Erfolg, ihre evolutionäre Bewährung, sollte uns auch davor warnen, sie vorschnell zu kappen: Wir wissen nicht, was wir damit tun.

Das gilt trotz der Schwächen, die sie bedingen, und trotz der Fehler, zu denen sie uns regelmäßig verleiten (oder gar zwingen), indem sie inadäquat werden, wo sich Umstände ändern. Besonders wenn die Veränderungen in Umwelt oder Innenwelt rasch ablaufen, kommt es zu Fehlern und Mißerfolgen, die so natürlich sind wie das Ausrutschen einer Ente beim ersten Landen auf dem für Wasser gehaltenen Eis, wie der Sprung eines Hundes auf den für eine Wiese gehaltenen Teich mit Entengrütze, oder das fatale Verbleiben des Hasen im Scheinwerferkegel des Autos: Sie hatten noch keine Zeit, hier das adäquate Verhalten einzuüben.

Der Mensch ist in dieser Hinsicht ganz besonders gefährdet, denn sein Gehirn hat so viele weiße Felder, freie Assoziationsareale, die hilfreich, ja unentbehrlich sind zum Lernen, zur Anpassung an neue Anforderungen, aber anfangs eben leer: Der Mangel an Instinktabsicherung gebietet Vorsicht. Zwar ist es keinesfalls gesagt, daß uns alle unsere ererbten Reflexe immer richtig leiten. Damit aber sind wir nicht automatisch von ihnen frei, sondern wir sollten uns dort, wo es angebracht scheint, von alten, triebverankerten Zügeln möglichst umsichtig befreien. Nichts dürfte schwieriger sein, nichts dürfte mehr Zeit und Vorsicht erfordern. Denn wir sprechen hierbei davon, eine biologische und psychologische Grundausrüstung abzulegen, die uns bisher am Leben erhielt.

Daß dies so ist, ist keine Schande, sondern eine Notwendigkeit: Irgendeine Quelle für unsere Reaktionen muß es geben, entweder das neu Erlernte oder das ererbte Alterprobte. Wir können unsere Handlungsentscheidungen schwerlich einem Zufallsgenerator anvertrauen. In der Regel sind wir, wenn wir die Welt wahrzunehmen beginnen, unserem Erbteil in der Verhaltenssteuerung noch völlig ausgeliefert. Meist wird es so sein, daß wir mit den ererbten Handlungskonzepten als Vorgaben *(default-*Einstellungen) unser Leben beginnen müssen und diese dann kraft unseres Lernvermögens durch neu erlernte Programme, individuelle Lebenserfahrung, modifizieren, verdrängen und teilweise ersetzen können. Wir überarbeiten also anhand individueller Lebenserfahrung die

Bilanz der Arterfahrungen. Dies aber setzt verschiedenes voraus: daß wir überhaupt bemerken, was vor sich geht – also das Bewußtsein in gewissem Grade mit eingeschaltet ist; daß wir zu Modifikationen dieser Vorgänge überhaupt in der Lage sind – sie also besser als etwa Herzklopfen, Erröten und andere vegetative Funktionen beherrschen; und daß es überhaupt biologisch möglich ist, sie zu beeinflussen – wie wir etwa nicht beschließen können, zu fliegen oder daß jetzt die Männer schwanger werden sollen.

Es gibt Grenzen für die Beeinflußbarkeit. Aber selbst das Unabänderliche verliert etwas von seiner Macht über uns, wenn wir es erkennen. Selbst was nicht zur Disposition steht, sollte uns also interessieren: Was wir verstanden haben, wird uns nicht mehr so ganz unerwartet und widerstandslos umwerfen wie das Unerwartete. Ein Blinder steht unsicherer als jemand, der sieht, woher ein Stoß kommt. Aber auch ein Sehender kann sich nicht plötzlich auf ein drittes Bein stützen.

Auch das typisch menschliche Versagen vor gewissen Aufgaben, das menschlich-allzu-menschlich genannte Fehlverhalten ist so erklärlich. Wenn sein arttypisches Verhalten den Menschen immer wieder nach seiner eigenen »Logik des Mißlingens« in Sackgassen laviert, wenn er ohne Augenmaß Wälder rodet und so in Steppen und Wüsten verwandelt, wenn er kurzsichtig Tierarten ausrottet, die ihn ernähren könnten, wenn er seinen Planeten kahlfrißt, übervölkert und vergiftet – es ist mit Konrad Lorenz und Rupert Riedel so zu verstehen: Es fehlt dem Menschen jede Übung in der evolutionären Überlebensplanung. Das wurde für ihn erledigt – durch Milliarden Jahre von Versuch und Irrtum. Der Mensch selbst hat das nie können müssen. Kein Lebewesen vor ihm hat das jemals gekonnt: Es ist das erste Mal, daß dieser Gedanke auf der Erde überhaupt aufkommt.

In einer komplizierten Gesellschaft, die zivilisiert ist, deren Handlungen kultiviert werden, deren Wahrnehmung verfeinert wird, wirkt sich das weiterhin ganz folgerichtig aus: Es kumulieren schleichende, langsame Probleme (»Lenti-Probleme«), die sich nicht aus sichtbaren, leicht erkennbaren Abläufen ergeben, sondern aus den verborgenen Vorgängen unter der Oberfläche des Alltagsgeschehens: den *deep currents* der Weltgeschichte. Barbara Tuchman beschreibt dieses Phänomen aus historischer Perspektive, Helmuth Schöck aus soziologischer, James Reason aus arbeitspsychologischer (Reason 1994) und Konrad Lorenz aus ethologischer Sicht. Aber auch John B. Priestley, Aldous Huxley, George Orwell, Hermann Gruhl, Joseph Campbell, N. F. Dixon, Dietrich

Dörner, Nigel Blundell, Frederic Vester und viele andere Autoren haben sich auf ihre Weise mit diesem Phänomen und seinen weitreichenden Folgen befaßt: Das alles ist Ausdruck ein und derselben gedanklichen Kurzatmigkeit im menschlichen Problemlösungsverhalten: Der Mensch hat keinen Anreiz, mehr zu leisten als das, was bisher überlebensnotwendig war. Das ist ein Nachteil der äußersten Ökonomie, zu der die Evolution stets gezwungen war.

Der britische Psychologe N. F. Dixon hat in seiner Analyse verhängnisvoller Fehler *(»Our Own Worst Enemy«)* die Quellen des immer wieder auftretenden menschlichen Fehlverhaltens in festgefahrenen Routinen, falschen Weltmodellen und arttypischem Gruppenverhalten ausgemacht, die – aus unserer stammesgeschichtlichen Vergangenheit kommend und uns völlig unbewußt – tief in der menschlichen Psyche weiterwirken: »Da sich unsere Fähigkeiten für Wahrnehmung, Erinnerung und Denken zur Erfüllung körperlicher und sozialer Bedürfnisse entwickelt haben, bleiben sie für immer in der Gewalt jener Emotionen, die von diesen Bedürfnissen wachgerufen werden.«

Ganz analog haben sich beim Menschen auch in seinen hormonell gesteuerten Reaktionen Art- und Stammeserfahrungen niedergeschlagen, die aus einer vorrationalen Epoche stammen: von frühen Klettersäugern an über Nacht- und Halbaffen über die immer größeren Pithecinen (den frühen Menschenaffen wie Dryopithecus, Ardipithecus und Australopithecus) bis zu den immer mehr zerebralisierten Pongiden und schließlich den Hominiden. Sie alle suchten ganz sicher schon nach Partnern, umwarben diese, zeugten Kinder, schützten diese und zogen sie groß. Sie waren in all diesen Tätigkeiten ohne Zweifel äußerst erfolgreich, denn während unter ihnen die Kontinentalplatten kollidierten, sich um sie herum Klima und Vegetation – zuweilen katastrophal – veränderten und Tausende von anderen Arten ausstarben, bildeten sie bald eine in mehr als 200 Arten über die ganze Welt ausschwärmende neue Familie von Lebewesen. Unser heutiger, neokortikaler psychischer Überbau rankt sich also wie Efeu um die uralten Stämme der Arterfahrung mit den speziellen Überlebensbedürfnissen der Primaten.

Wenn dies wie eine Schilderung der Entstehung typisch menschlicher, nicht so sehr männlicher oder weiblicher Züge wirken mag, so hat das eine sehr einfache Erklärung: Der Mensch – das ist Mann und Frau, so wie eine Muschel aus zwei Hälften besteht, die bei Bedarf ihren empfindlichen Inhalt mit großer Präzision und Kraft vor einer feindlichen Umwelt schützen. Jede Hälfte wäre ohne ihr Gegenstück sinnlos.

Die Hormone, die das alles sicherstellen, die Paarbildung, Zuneigung, Nachwuchssicherung und Arbeitsteilung steuern und dies über die komplementäre Spezialisierung der beiden Geschlechter tun, sind eine wertvolle, ja, eine unverzichtbare Mitgift unserer Stammesgeschichte. Auch wenn diese uns manchmal in unserem Freiheitsgefühl beengen und in unseren prometheischen Impulsen von expansiver Ungeduld und phantasiebeschwingter Kreativität gängeln mag.

Auf den Pfaden der Gedanken zurück in den Wald

Wir erörtern dies alles, um einen Kreis zu schließen.

Wald – das ist eine Metapher für die Urwelt. Er besteht aus allem, was der Urmensch einmal sah, was schon seine vielen Vorläufer seit Jahrmillionen umgab, also Dschungel und Sümpfe, aber auch Steppen und Stürme, Berge und Schnee. Wald – das ist wie die Unschuld der Schöpfung am siebten Tag: Es regnet und die Sonne scheint, es funkelt und glitzert und perlt, es weht und raschelt, und in der Luft erhebt sich ein Singen. Farben entstehen und Düfte, Blüten locken und Früchte, von denen einige tödlich sind. – Das Sterben hielt immer auch zugleich Einzug mit dem Leben.

In diesem Sinne kommen wir aus dem Wald. Der Wald mit seinem Dunkel und seinen Lichtungen, mit seinen Höhen und seinen Höhlen, mit seinen Verlockungen und Gefahren hat uns einmal geschaffen, ausgerüstet und geprägt. Er hat uns die Sinne gegeben, um ihn und das Leben in ihm zu erfassen. Er gab uns Nahrung, Glück und auch den Tod. Er hat uns die Ohren und Augen geöffnet, ein Fenster in die Natur aufgestoßen, nur gerade so breit, daß wir das Wichtigste sehen und hören. – Nur ein Tausendstel des tatsächlichen Spektrums hat er uns angeboten; aber er hat auch den Samen der Neugierde in unseren Kopf gepflanzt, deshalb haben wir in unserem Wissensdurst dann später diese Fenster um so viel weiter aufgerissen.

Wir müssen den Wald verstehen. Dann erst können wir seine Bedeutung für uns begreifen und dieses Begreifen zurückgeben in Form von Gedanken über den Wald und seinen angemessenen Schutz. Ein Schutz, der alle anderen Lebewesen, unsere Entstehungsbedingungen mit einschließt. Denn wir brauchen ihn noch. Wir brauchen ihn – um uns und in unserer Seele. Vielleicht werden wir ihn für alle Zukunft brauchen.

Wir Menschen nämlich werden nicht beeindruckt geboren, sondern beeindruckbar. Was uns im Vergleich zum Tier an Instinkten abhanden kam, können wir, ja, müssen wir neu erlernen. Dank unserer langen Entwicklungsgeschichte und starken Hirnentwicklung ist unsere Seele wie ein großer Garten voll fruchtbarer Erde: Wir müssen ihn nur noch selbst bestellen und bepflanzen. Dann kann in ihm heranwachsen, wozu wir die Voraussetzungen in uns tragen – auch der große Tonkünstler, der Artist, der Poet oder der Denker. Wir kennen diese von dem großen Kartenmischer der Evolution in jedem Individuum ausgewürfelten Chancen nicht genau – wir müssen sie ertasten.

Wir sind heute nicht mehr im Wald, wir entstammen ihm nur. Wir brauchen sie nicht mehr, die Angst der Beute, die Pflanzenkenntnis des Sammlers, die Vorsicht des Spähers und Jägers, die blutige Aggressivität des Raubtiers vor der Beute. Aber alle diese Stadien klingen in uns nach, sind in unserer psychophysischen Ausrüstung festgehalten. Sie sind alle noch angelegt in den Tiefen unserer Stammhirnausrüstung, denn die Natur wirft nichts weg. Es war stets gefährlich, nicht festzuhalten, was die Stammeserinnerung gelernt hatte, sich nicht einzuprägen die Eindrücke von dieser Welt und die verschiedenen Methoden, aufkommende Probleme irgendwie zu lösen. Zu lange sind die Primaten erschreckt durch die Wipfel gehetzt worden, haben als schmächtiges, zweibeiniges Jagdwild vorsichtig die offene Steppe betreten, haben sich ängstlich an Büffelkadaver herangeschlichen, haben dann das Sich-Wehren und das Jagen gelernt, die Zusammenarbeit, den Mut, das Zupacken – viel zu lange, um nicht von alledem noch Spuren in sich zu tragen. Denn gerade die große Handlungsauswahl, die sich die höheren Primaten erhalten haben, hat den Menschen zu dem Alleskönner gemacht, der er aus der Sicht der Natur geworden ist.

Dabei sind die alten Entscheidungen, die jahrmillionenlang getroffen werden mußten, alle längst automatisiert. Sie sind in Reflexen, instinktiven Handlungen, in schnellen Nervenimpulsen an Hormondrüsen, in Botenstoffen wie dem Adrenalin und dem Oxytocin schon lange eingefroren. Im hochentwickelten Säugetier aber sind sie der Fähigkeit zum Prioritieren, beim Primaten sogar der weitergehenden Handlungsauswahl unterstellt. Beim Menschen greifen umfangreiche limbisch-kortikale Prozesse in dieses uralte, hierarchische Gefüge der Automatismen ein: Unseren Gedanken sind Wege, oft kleine Pfade nur, in diesen mächtigen Bau eingeräumt worden, und mehr können wir selbst uns bahnen – aber es handelt sich in keiner Weise um eine Machtübernahme.

Die Evolution der höheren Primaten einschließlich des Menschen ist gekennzeichnet durch die Entwicklung des beidäugigen räumlichen Sehens, zum Greifen geeigneter Hände und eines vergrößerten Gehirns. Über dem frühen Primaten *Notharctus* (graues Fell, schwarzes Gesicht) finden sich *Aegyptopithecus, Dryopithecus* und *Australopithecus*, dessen in Nahaufnahme gezeigte Augen bereits menschenähnlich wirken.

Nicht Beherrscher, sondern Lernende

Im Gegenteil: Wir kommen hier nicht als die Herrscher, sondern als die Lernenden. Wir haben es schwer, die tausend vergessenen Gründe, die verdrängten Nebenwirkungen, die Bestandteil des evolutionären Wissens sind, alle ständig neu zu finden, festzuhalten und einzuweben in unsere Gedanken. Deshalb wird so oft falsch, was wir versuchen, was uns spontan als verlockend erscheint: das Schweben in die Anstrengungslosigkeit, das Hüpfen von Gipfel zu Gipfel der Erlebnisse unter Auslassung aller Täler, das ganz große Super- und Dauerglück, die grenzenlose Ekstase, der ewige Ruhm, der unaufhörliche Erfolg – und so vieles mehr, was unsere Sehnsucht antreibt.

Um dies in einem konkreten Beispiel einmal auf allerkleinste Flamme herabzuschrauben – jeder kennt das: Wir machen uns alles immer leichter: Maschinen statt Handkraft, Aufzüge statt Treppen, Autos statt Beine, und dann – der Bequemlichkeit keine Grenze – die Ultraschall-Fernbedienung für das Garagentor, damit einem auch noch die Bewegungen des Ein- und Aussteigens erspart bleiben. Dann aber wird – mangels Bewegung – im Keller das teure Trainingsrad aufgestellt, und mit dem Blick auf die triste Betonwand wird schwitzend und stumpfsinnig stundenlang gestrampelt, damit die Muskeln nicht verkümmern, der Stoffwechseln nicht einschläft und die im Alltag maximal entlasteten und daher auch maximal entkalkten Knöchlein nicht bei jedem Ausrutscher brechen. – Das hätte man einfacher – und sehr viel billiger! – haben können: Der sympathikotonen Bewegungslust lauschen, die jeder junge Mensch in geeigneter Umgebung und Gesellschaft in sich verspüren kann, ihr von Anfang an Zeit und Planungsenergie einräumen, sie einbauen ins Leben statt sie einzuschläfern, um sie dann – mit 30 Jahren Verspätung und nach eingetretenem Schaden – statt am sonnigen Strand im Neonlicht des Kellers mühsam zu ersetzen. Das ist nicht einmal ein Wiederbeleben, sondern allenfalls ein armseliges Surrogat, das zur reinen Plage werden kann. Wer statt dessen immer wieder aus dem Auto springt, um Tore und Gatter zu öffnen, hört dabei gleich noch die Vögel, sieht die Blumen, das Herbstlaub, fühlt den frischen Wind, und vielleicht beobachtet er sogar, wie der Igel in die Büsche eilt.

Wir sind auf immer – das sieht heute jeder leicht ein – der Gnade unserer Physis, also des Körpers und seiner Funktionen, ausgeliefert. Wie sollte es so ganz anders stehen um die Voraussetzungen für unsere psychischen Funktionen, unser Seelenleben, unsere Rekreations- und

Kraftquellen, unsere geistig-seelische Unversehrtheit und Spannkraft? Auch sie sind eingebettet in ihre natürlichen Bedingungen, auch wenn diese weniger direkt und konkret als das Physische zu erkennen sind.

Genau darum geht es: Zu erkennen, wo es gut ist, Wege zu bahnen von unseren bewußten Reflexionen in das Gefüge des spontanen Verhaltens. Das ist der Prozeß der Zivilisation. Der Keiler, der eine attraktive Wildschweindame sieht (Sau würde hier zu despektierlich klingen), läuft erregt auf sie zu und tut, was er zu tun geneigt ist. Der Gorilla läßt bereits eine Menge sozialer – auch gruppenspezifischer – Information auf sich wirken: Wie ist die Hierarchie? Verletze ich Rechte? Was hat das für Folgen? Was geschah früher in ähnlich gelagerten Fällen? Was hat sich seitdem geändert? Welche Signale gibt mir heute der Alte? – Und es ist fast schon menschlich zu sehen, wie manchmal der alte Silberrücken, dem eigentlich das Kopulationsrecht zusteht, einem jüngeren Gruppenmitglied dieses Recht großmütig abtritt – vielleicht, weil er selbst schon zu alt ist, um seinen Begattungspflichten nachzukommen: Der Alte stellt sich unruhig, bisweilen (zustimmend?) grunzend, aber völlig ohne Aggressionen neben die beiden Kopulierenden, so als wollte er sagen: Das hier sanktioniere ich; das ist zwar mein Revier, aber er darf das heute. Ich weiß aber nach wie vor, was in meinem Machtrevier vor sich geht! Betrachtet mich ja nicht als den gehörnten oder senilen Einfaltspinsel, der nichts merkt!

Man erkennt leicht, daß sich hier bereits Verhaltensweisen entwickelt haben, die komplizierten interaktiven Regeln folgen und übergeordneten Gruppeninteressen verpflichtet sind. Es ist der Beginn der Kultiviertheit, denn diese Verhaltensweisen sind hier nicht etwa fertige Instinkte, sondern werden schon individuell erlernt, sozial vermittelt und weiterentwickelt durch Vormachen, Beobachten, Nachahmen und Üben. Die eigene Familie formt das Verhalten mit, es gibt schon strengere und mildere Regime, friedlichere und konfliktreichere Gruppen. Der Prozeß der Sozialisierung ist schon lang und reich an Varianten. Dabei kommt es immer wieder auch zu Fehlern, zu Unbeherrschtheit und Ungebührlichkeiten – sowie zur Bestrafung, welche die Ordnung wiederherstellt. Es ist kaum denkbar, daß alles dies ohne innere Begleitempfindungen abläuft, die teilweise wohl steuernd in diese Verhaltensprogramme mit eingreifen dürften: Lust, Neugierde, Dreistigkeit, Erregung, Angst, Scham, Demut, Zorn und Befriedung. Alle Beobachter von Gorillafamilien haben dafür aus vollem Herzen hundertfach Zeugnis abgelegt.

Der Mensch (falls er kein ganz Wilder geblieben ist) hat gelernt, nicht nur sein Verhalten zu zügeln, sondern sogar, bei Bedarf, seine Gefühle zu verbergen: Er ahnt, daß allzu offen gezeigte sexuelle Begierde dem Objekt des Interesses, der Menschendame, vielleicht Angst einflößen würde. Er nimmt sich nicht, was ihm nicht zusteht, er zeigt nicht einmal, daß er es sich am liebsten nähme. Damit fängt es an, es ist ein langer Prozeß der Zivilisierung des Verhaltens, des Ausdrucks, der Kommunikation. So beginnt die Disziplinierung der Triebwelt, der gesittete Überbau, die Kultivierung der eigenen Gefühlswelt, der Wahrnehmung und der – auch künstlerischen – Ausdrucksformen. Und der heutige zivilisierte Mensch rühmt sich weiterer Verfeinerungen, weiterer Befreiungen von niederen Trieben und Impulsen zugunsten einer immer vergeistigteren, immer individuelleren, selbstverantwortlichen und freigewählten Motivstruktur.

Im Grunde ist das der Weg, der unabwendbar zu Kants kategorischem Imperativ führt: Richte dein Inneres mit seinen Absichten und Normen so ein, daß es gut mit dem der anderen Menschen harmoniert und zum allgemeinen Gebot gemacht werden kann – ein wahrlich anspruchsvolles Ziel. Ohne Zweifel muß der spontane Wilde dazu viel an sich arbeiten.

Was nun soll man an sich bearbeiten, abschwächen oder kultivieren? Was ist eigentlich vorhanden, um damit zu arbeiten, welche Kraftquellen und Impulse? Welche Reaktionen und Bewertungen sind vorgegeben? Welche sind stark und welche schwach? Welche sind alt und welche neu erlernt? Welchen Sinn haben sie? Welche Zwecke und Ziele? Gibt es diese noch? Ohne diese Kenntnisse ist das Abweichen von vorgebenen, arteigenen Verhaltensweisen ein gefährliches Vabanquespiel.

Kennen wir die Wirkungen alter Programme in uns, erkennen wir die Effekte von Hormonen auf unsere Stimmungen und spontanen Wünsche wieder, werden wir nicht nur gelassener. Wir verlieren auch die Naivität gegenüber unseren eigenen inneren Konflikten, die Hilflosigkeit gegenüber starken, aber voraussehbar kurzfristigen Handlungsimpulsen. Damit räumen wir dem Nachdenken und dem eigenen Willen immer mehr Mitspielraum ein und werden wahrhaftig freier.

Wer sich selbst – und andere – besser versteht, hat keineswegs schon alle Probleme gelöst, aber er hat eine entschieden bessere Ausgangslage. Vor allem kann er vieles vermeiden, was – vorhersehbar – das Ziel verfehlt oder gar zu widersinnigen Konsequenzen führt. Das allein ist es wert, sich einen Begriff über das eigene Innenleben zu machen. Wer es begreift, kann es auch leichter in den Griff bekommen.

Orang-Mutter mit Kind: In diesem Milieu wurde die Interaktion zwischen Wahrnehmung und Bewegung, Begreifen und Handeln, Schutzbedarf und Schutzbereitschaft überlebensbestimmend.

Dieses zärtliche Bild von Mutter und Kind soll betonen, wie ähnlich wir in vieler Hinsicht den großen Menschenaffen sind. Affenkinder müssen eine Menge lernen, um für das Leben in der Wildnis gerüstet zu sein. Sie brauchen dafür rund fünf Jahre.

Staunen und Respekt, Raubbau und Verarmung

Wenn wir die vielen wundersamen Prozesse der Natur, ihre Wirkungsgefüge, ihre Langzeitentwicklungen kennenlernen, kann unser Respekt vor der Vielfalt und Komplexität dieser Vorgänge und Phänomene nur wachsen. Kein Reduktionismus, keine Verflachung oder materialistische Entseelung liegt in einem tieferen Durchdringen der Natur und ihrer Gesetzmäßigkeiten. Für immer – sagten sich viele kluge Forscher und auch manch älterer Dichter – schreibe ich mich ein in die Schule der Natur, denn nirgends sonst sei der Stoff, den man dabei erlernen könne, so grenzenlos faszinierend und unauslotbar umfangreich.

Zumindest aber führt es zum Staunen, das Staunen zur Vorsicht, die Vorsicht zum Respekt vor allem Lebenden. Die irreführende, weil vordergründige Unterscheidung in Umwelt und Innenwelt löst sich auf, wenn wir ihre intensive Vernetzung miteinander erkennen: Man kann die Umwelt nicht erfolgreich schützen, wenn man seine Innenwelt nicht gesund hält, und man kann seine Innenwelt nicht schützen, ohne die äußeren Bedingungen zu bewahren und gesund zu erhalten: unsere Umwelt. Daher haben die Umweltbewegungen der letzten Jahrzehnte eigentlich auf die menschliche Innenwelt gezielt, indem sie den Wal, den Eisbären, die Vögel und den Wald zu behüten suchen. Nur schade, daß es keine entsprechende Innenweltbewegung gibt, der es mit vergleichbarem Eifer gelänge, auch in uns die nötigen Bedingungen herzustellen. Dann gäbe es eine allgemein akzeptierte Pflicht, zu erkennen, wie wichtig es ist, unsere Umwelt zu schützen. Dann wäre das öffentliche Bewußtsein dafür reif.

Wenn wir Menschen durch Raubbau und Verschmutzung unsere Umwelt zerstören, gefährden wir uns selbst. Wenn wir durch rabiate, gedankenlose Nutzung der Welt Biotope vernichten und die Artenvielfalt ruinieren, verarmen wir. Das wird heute in allen wissenschaftlich informierten Kreisen diskutiert. Wenn wir durch die Ausrottung etwa der großen Raubkatzen, der Bären, der Menschenaffen unsere eigenen Spuren verwischen, ist der Schaden weniger direkt zu erkennen. Wir können nach dem Verschwinden von weiteren 10 bis 20 Tierarten ohne Zweifel weiterleben, aber es gibt einen Schaden vor allem in unserer Seele: Wir werden zunehmend heimatlos. Die Kluft zwischen der ungeistigen und der geistigen Natur wird größer. Die Urwelt, von der wir wissen, daß es sie gab und daß es ohne sie uns nicht gäbe, wird zu einem einzigen, riesigen *missing link*, das uns nur noch in einigen versteinerten Bruch-

Dieser tropische Wald mit seinem Reichtum an kletternden Primatenvölkern kommt jener Welt nahe, in welcher der spezifische Pool unserer Eigenschaften und Fähigkeiten sich entwickelte.

stücken, Abdrücken und Rekonstruktionen zugänglich ist. Freilandbeobachtungen, Filme und Tonbänder, Blicke in unsere eigene Vorzeit werden unmöglich. Unsere psychophysischen Wurzeln, die genauen Bedingungen der Entstehung eben unserer menschlichen Innenwelt, werden uns fremd. Sie würden auf immer zu leblosen Fossilien der Selbstreflexion.

Gedanken und Geschenke – zurückgegeben an den Wald

Daher ist die Bewahrung der gefährdeten Lemuren, der Halbaffen und Affen, der Pongiden – und vielleicht auch gewisser Naturvölker in ihrer natürlichen Umgebung – tatsächlich alle Anstrengungen wert. Dazu gehört als unabdingbare Voraussetzung für ihre wichtigsten äußeren Lebensbedingungen der Schutz des Urwalds: auf Madagaskar, in Zentralafrika, in Indonesien, in Südamerika. Dasselbe gilt der großen Raubtierfauna und damit den Wäldern in aller Welt. So führt uns in einem weiten Kreis das gründliche Nachdenken über uns selbst zu unseren

Wurzeln im Wald, das Nachdenken über den Wald zu Erkenntnissen über uns, und am Ende führen diese Erkenntnisse die Gedanken zurück zum Wald. Er gab uns Augen und Arme. Er gab uns Kraft und Wachsamkeit. Er gab uns Mut und Vorsicht, Früchte und Fleisch. Dann gab er uns Brennholz, Geräte, Karren, Räder, Türen, Möbel und ein Dach überm Kopf. Er gab uns Palisaden, Schiffe und Masten, Zeitungen und Bücher, Schatten und Erholung. Er allein barg die Erdkrume vor Sonne und Wind, fing Milliarden Tonnen Regenwasser auf, das nun nicht mehr erodierte, sondern zu Leben wurde. Allmählich auch zu uns.

Wo der Wald schwand, fielen bald die Mauern, stürzten die größten Reiche in sich zusammen. Karger Fels kam zu Tage, Staub wirbelte, Tiere verschwanden, Steppen und Wüsten entstanden. Energie wurde knapp, die Wege wurde länger, alles mußte aus der Ferne geholt werden, selbst Brennholz, Bauholz, Weizen und Wasser. Armeen in Nachbarländern mußten das sicherstellen. Unvermeidlich kam es zu Konkurrenz und Kriegen, Heereszügen und Versorgungsproblemen. Mangel an allem, Armut kam auf, Unruhe, Verteilungskonflikte, Revolutionen. Von Sumer, Babylon und Altägypten über das Hethiterreich, Griechenland, Palästina, Rom, Karthago, China und Indien bis hin zum Balkan, zur Iberischen Halbinsel und unzähligen Entwicklungsländern unserer Zeit wiederholt sich diese eherne Logik: kein Wald mehr, kein Wohlstand mehr, keine Sicherheit, keine Kultur – und keine Humanität mehr. Überall entstanden und entstehen aus Blüten der Kultur und Paradiesen der Natur dieselben trockenen, kargen, übervölkerten Krisenstaaten, mit Bettlern und Despoten, Elend und Verzweiflung, in denen Humanität und Kultur jeder Nährboden entzogen wird. So wird das Menschliche tatsächlich heimatlos.

Wenn diese Erkenntnisse im allgemeinen Bewußtsein so durchschlagen, daß aus ihnen der unbedingte Wille zur Erhaltung des Waldes und seiner Bewohner wird, dann wird sich auch zeigen: Eine Menschheit, die auf dem Mond landen und den Jupiter aus der Nähe fotografieren kann, kann auch Pflanzen und Tieren, darunter unseren nächsten Verwandten, den notwendigen Lebensraum sichern. Der Wald mit seiner unendlich reichen Fauna hat uns das Leben geschenkt und uns geformt. Sollten wir das wirklich verinnerlichen, könnte es einmal zu der erforderlichen großen gemeinsamen Anstrengung kommen, sein Weiterleben zu sichern. Keime dazu sind in WWF und unzähligen anderen internationalen wie nationalen, öffentlichen wie privaten *(National Geographic!)* Organisationen des Naturschutzes schon lange vorhanden.

Echte Komplementarität: Stärke und Schwäche zugleich

Mann und Frau als Kontrastentwürfe

Die echte Komplementarität ist eine Kontrast-Harmonie. Sie hat Eigenschaften, die wir jetzt einmal an einem konkreten, jedem geläufigen Beispiel präzisieren wollen: den menschlichen Händen. Bei der Komplementarität wird ergänzt, was fehlt, und außerdem kompensiert, was nicht zu ergänzen ist. Sie hat dadurch neben ihren Stärken auch Schwächen. Sie ist störanfällig und sehr empfindlich: Sie verträgt im Grunde keine Kompromisse, weil dann leicht etwas Wichtiges fehlt. Komplementarität macht also in gewisser Weise abhängig von der Ergänzung.

Der Mensch hat sich daran gewöhnt, so gebaut zu sein: Jede Schwäche seiner rechten Hand kann die linke kompensieren. Paßt die eine besonders schlecht, paßt die andere besonders gut. Das ist das Prinzip der Komplementarität. Man kann – etwas überspitzt – sagen: Der Mensch kann sich die Rechte nur leisten, weil er auch die Linke hat. Hätte er nur eine einzige Hand, die zudem in der Mitte seines Körpers säße, so wäre sie garantiert symmetrisch geformt, so daß er sowohl die rechtsdrehenden als auch die linksdrehenden Bewegungen mit gleicher Kraft und Geschicklichkeit ausführen könnte. Diese Uni-Hand, wie wir sie einmal nennen wollen, wäre für Bewegungen im Uhrzeigersinn schlechter geeignet als unsere Rechte, aber besser als unsere Linke. Das macht deutlich, was das Aufgeben der Spezialisierung gekostet hat: Es ist zugleich der Verlust einer Leistungsspitze, die nur dadurch ermöglicht wurde, daß die andere Hand spiegelbildliche Stärken besaß.

Genauso haben wir die Komplementarität der Geschlechter zu verstehen: Einmal in einem einzigen Punkt (der Reproduktionsfähigkeit) verschieden, hat die Entwicklung jedem Entwurf die Eigenschaften zugesteckt, die am besten zu seiner Ausgangslage paßten. Die Natur könnte sich den Mann nicht leisten, wenn es die Frau nicht gäbe, und die Frau nicht ohne den Mann. Gäbe es statt dessen nur »das« Mensch, also ein Neutrum, so wäre dieses sicher weniger viril als ein Mann und weniger feminin als eine Frau. Seine Haut wäre vermutlich mäßig empfindlich, seine Kraft wäre wie die eines Eunuchen. Ihm stünden die Optimierungsprozesse der beiden Geschlechter, die der Bildung einer komplementären Eigenschaftspaarung entspringen, nicht zur Verfügung.

Die chinesische Bilderschrift[1]

Die chinesische Schrift entstand einst als Bilderschrift, festgehalten auf tausend Jahre alten Orakelknochen und Bronzeplättchen. Aus den Zeichen geht daher noch heute – nach mehrfachen graphischen Vereinfachungen – hervor, welche Vorstellungen bei der ursprünglichen Fixierung der Zeichen und ihrer Bedeutung im Vordergrund standen. Daß man Berge so  (be)zeichnete, den Menschen so , den Fluß mit , das Auge mit , das alles leuchtet unmittelbar ein. Wenn das Zeichen 木 einen Baum bedeutet, dann ist 森 natürlich ein Wald, aber eine so simple Logik ist nicht lange durchzuhalten. Man hat es jedoch versucht. Ein Rest davon ist selbst in den heutigen chinesischen Schriftzeichen, die eigentlich Silbenzeichen sind, noch erkennbar. Es sind also im Grunde echte Piktogramme, vergleichbar den Zeichen, die wir bei den Olympischen Spielen zu sehen gewöhnt sind: Fechter, Radfahrer, Ruderer, Ringer, so gut das alles sich eben durch kleine Variationen unterscheidbar machen läßt.

Dies war ein Mann:  – abstrahiert aus der Silhouette eines Mannes mit Querstab im Haarknoten, und das eine Frau  – abstrahiert aus dem Bild einer Schwangeren.

Zwei Frauen 奻 das bedeutet Streit – dafür gab es in einem Mehrfrauenhaushalt sicher viele Anlässe. Drei Frauen aber 姦 – jetzt wird es verwirrend – bedeutet nicht etwa Riesenzoff, sondern Falschheit, Untreue, Ehebruch, Unzucht, und da das Zeichen auch in den Begriff Vergewaltigung eingeht, sind damit vielleicht die Frauen gemeint, mit denen der Mann in Kontakt tritt. Die Deutung dieses Zeichens ist unter Sprachforschern umstritten.

Interessanterweise haben die Chinesen für Hand 手 rechte Hand 𠂇 und linke Hand 又 drei verschiedene Zeichen und Worte. Das ist ungewöhnlich. Diese Beobachtung aber drängt sich natürlich auf, wenn man etwas abzeichnet und dabei merkt, daß das Gezeichnete das Objekt ja gar nicht korrekt wiedergibt. Die rechte Hand sieht eben, genau betrachtet, nicht aus wie die linke. Und nun kommt eine Überraschung: Rechte und linke Hand zusammen 友 bedeuten Freund, freundlich. Hier ist offenbar begriffen worden, daß die Kombination der beiden Hände eine neue Qualität erzeugt. Daher könnte man dieses Zeichen durchaus wählen als Kern der neu-chinesischen Übersetzung des Ausdrucks »Duozentrik«, der prototypischen Allianz zweier Individuen in einer Kontrastharmonie. Eine Frau mit Kind etwa bildet das Zeichen für »gut«. Dafür übrigens gibt es sehr unterschiedliche denkbare Erklärungen: Ist die Frau gut, tauglich, die ein Kind geboren hat? Hat derjenige es gut, der Frau und Kind hat? Oder hat eine Frau es gut mit ihrem Kind, das Kind mit seiner Mutter? Jedenfalls bedeutet ein Mann oder ein Mensch mit einem Kind schützen, bewahren.

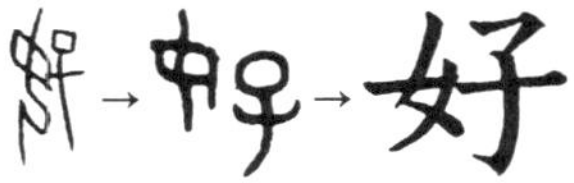

Fundamental sind diese Grundbestandteile im weiteren Aufbau der chinesischen Sprache, sie kommen in vielen Variationen vor. Hand über dem Auge heißt: sehen, schauen, betrachten, eine rechte Hand am Ohr bedeutet: greifen, fangen, ursprünglich aber auch: sich eine Frau nehmen, heiraten. Später wurde hier ein Frauen-Zeichen eingefügt. Das sagt im Grunde alles über die historische Stellung der Frau in China.

手 + 目 = 看   又 + 耳 = 取

Der Mann mit der Axt hingegen, der – mit einem symbolischen Gegenstand in der Hand – auch das Grundmuster für Vater bildet, geht zugleich ein in die Zeichen für eine Vielzahl von aggressiv gefärbten, typischen Macho-Tätigkeiten: schlagen, hauen, niederschlagen, attackieren, pakken, zerstören, zerschmettern, ruinieren, vertreiben, stoppen, kastrieren, eindringen, regieren und leiten. Und – wie könnte es anders sein – ein kaiserliches Edikt. Man war sich schon im klaren darüber, was Mann und Frau unterschied, auch wenn man den Begriff des Reptilhirns noch nicht kannte.

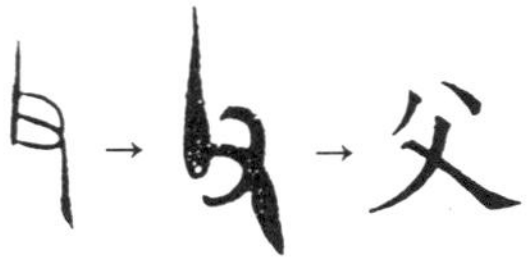

Die Art der chinesischen Schrift, Sinn einzufangen und gewisse Zeichenkombinationen auch an abstrakten Sinn zu binden, sei durch einen Kommentar zu den folgenden Zeichen erläutert. Sonne und Mond, Berg und Fluß werden ganz einfach abgebildet, dann graphisch vereinfacht.

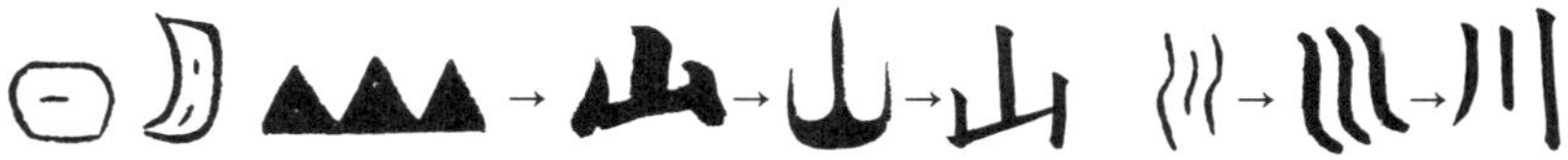

Der Mensch – ursprünglich ein Strichmännchen – wird mit Attributen versehen: Zum Mann wird er durch den Querstab im Haarknoten, als Herrscher, Fürst bekommt er einen größeren, markierten Kopf, als Kaiser wird er zum Sohn des Himmels. Als Kämpfer bekommt er eine Axt in die Hand, für den Vater wird die Axt zu einer Art Zepter abstrahiert. Dieses Zeichen bildet viele Kombinationen zerstörerischen, aggressiven Inhalts.

Zwei Axtträger gegeneinander gestellt bedeuten »Kampf, kämpfen«, und die am Horizont hängende Sonne wird allmählich zum Sonnenaufgang und zur Morgendämmerung. Ein Mensch auf einem Strich bedeutet »stehen«, zwei kleinere Menschen rechts und links von einer zentralen Gestalt bedeutet »stützen«, beides in seiner heutigen, vereinfachten Form nicht leicht zu erkennen.

Die Frau, kombiniert mit einer Hand, ist eine Sklavin oder Dienerin. Das Herz, stark abstrahiert aus einer anatomisch fast korrekten Zeichnung der Herzkammern, wird zu einem Symbol für Herzblut und seelische Erregung. So wird die Kombination Herz unter Frau + Hand zu einem Symbol für Zorn, Wut, rasend sein, und wieder ist anzunehmen, daß es hierfür in einem asiatischen Mehrfrauenhaushalt im Mittelalter ausreichenden Anlaß gegeben haben dürfte.

Man kann im Grunde mit etwas Sorgfalt die ganze – international in großen Zügen ähnliche – Thematik der Frauenrechtsbewegung direkt aus der genauen Betrachtung der chinesischen Schriftsprache ableiten. Wenn einmal – eine sicher noch sehr entlegene Vorstellung – eine schriftsprachenkundige chinesische Feministin zur Gleichberechtigungsministerin Chinas ernannt wird, steht die chinesische Sprache mit ihren rund 40 000 Piktogrammen vermutlich vor ihrer größten und radikalsten Reform.

Kontraste und Synergien

Wir arbeiteten ursprünglich an einer Tabelle über die Kontrastprogramme Mann und Frau, wie sie manches andere Buch über dieses Thema auch enthält. Der Fokus ist jeweils verschieden, aber wenn die Fakten berücksichtigt werden, müssen ähnliche Phänomene zur Sprache kommen. Man kann sie nur sehr verschieden ordnen und hierarchisieren. Als diese Liste 20 Seiten lang war, wurde immer deutlicher, daß sie – wollte man wirklich genau sein – immer weiter wachsen würde und so gut wie alle Rubriken umfassen würde, die man überhaupt wählte. Es gibt kaum ein Merkmal, in dem sich nicht wenigstens tendenziell die Frau vom Mann unterschiede. Noch einmal wäre alles das zu wiederholen, was wir in den bisherigen Kapiteln dieses Buches behandelt haben. Deshalb wollen wir hier die wichtigsten Eigenschaftsblöcke noch einmal Revue passieren lassen. Sie umfassen jeweils viele Spezialfälle und einzelne Merkmale mit, die hier ungenannt bleiben. Aber wir erwähnen einige spezielle Eigenschaften, wie etwa den Umgang mit Geheimnissen, die bisher weniger beachtet worden sind.

Die lange Liste der formulierbaren Unterschiede nämlich zeigt bei näherer Analyse, daß es sich um dieselben zehn bis zwölf Komplementaritätsmuster handelt, die alle anderen als Varianten enthalten. Menschen, die von ihren Konflikten und ihren jeweiligen Beiträgen zu der aktuell ablaufenden Auseinandersetzung beansprucht werden, sind in der Regel außerstande, diese Grundmuster zu erkennen. Erst mit Abstand kann das gelingen. Wenn man es einmal gelernt hat, sie schon im Vorfeld zu erkennen, hilft das vielleicht, die Partnerschaft im Sinne der Duozentrik besser zu verstehen. Dann wird man versuchen, sie bewußt komplementär statt konfrontativ zu gestalten.

Was wir jetzt aufzählen, könnte oft als Ursache und Folge miteinander verbunden werden, denn das eine zieht mit Notwendigkeit das andere nach sich: Neugierde und Risikosuche etwa führen naturgemäß zu Gefahrensituationen, die dann Mut erfordern, daher könnte man das maskuline Triplett »Risikofreude-Gefahr-Courage« auch *en bloque* nennen und dem weiblichen Triplett »Vorsicht-Ausweichen-Sicherheitsbedürfnis« gegenüberstellen. Alle diese Merkmale aber haben auch ihre eigenen Konsequenzen, die unabhängig vom größeren Zusammenhang eintreten können: So ist zwar etwa für die Gefahr eine harte, unempfindliche Haut nützlich, ferner Schmerztoleranz und Selbstbeherrschung, nicht aber für den Mut – den kann auch ein sehr sensibler Mann haben und sehr gut brauchen. Die Auslöser für den aggressiven Mut bei der Frau sind andere: Wenn ihre bergende und schützende Machtsphäre, wenn etwa ihr Kind attackiert wird, reagiert sie mit dem Löwenmut der Mutter.

Er	Sie
Aufmerksamkeitsrichtung	
• fokussiert	• nimmt umfassender wahr, in allen Richtungen
• konzentriert sich	• ist ablenkbar im Sinne der *multitask*-Reaktionen
• ist unablenkbar	• wechselt die Aufmerksamkeitsrichtung
• sieht das Ziel	• sieht den Weg
• ist ergebnisorientiert	• ist erlebnisorientiert
• schaut auf den Horizont	• schaut auf den Menschen
• blendet viel aus, verdrängt	• ist schnell engagiert, stets bereit für Unvorhergesehenes
• empfänglich für Science fiction	• interessiert an der alltäglichen Realität
psychischer Nachhall, Retentionalität	
• vergißt und vergibt schnell	• ist nachtragend
• schüttelt ab, befreit sich	• leidet länger
• kann nachlässig sein	• ist gewissenhaft
• kann sich rasch vom Streß befreien	• ist anhaltend gestreßt
• hat ein dickes Fell	• ist empfindlicher
• merkt sich manches gar nicht	• speichert persönliche Erlebnisse sorgfältig ab

Er	Sie
	Empathie
• schaut über die Köpfe	• schaut in die Gesichter
• vergöttert das System	• nimmt das Detail wahr
• vernachlässigt die Individuen	• nimmt viel Anteil
• fixiert den Sacherfolg	• sieht die Probleme, identifiziert sich mit anderen
• sieht den großen Bogen, den Zusammenhang	• verliert leicht das Ganze aus dem Blick
• systematisiert, verabsolutiert	• hält sich mit untypischen Details und Ausnahmen auf
• ist Enzyklopäde und Perfektionist	• ist ablenkbar, kann Ziele wechseln
• ist konsequent und hart	• erhebt prosozialen Einspruch, ist inkonsequent
• beherrscht Probleme durch Vereinfachung	• läßt sich von Problemen beherrschen
• benutzt Menschen für seine Ziele	• versucht die Ziele den Menschen anzupassen
• hat Sachinteresse, Strategien, Konzepte	• hat Menscheninteresse, Interaktionen, Kommunikation
• emotionale Unterkühlung, energiesparend	• emotionale Überhitzung, Energieverschleiß
• braucht Ideen, Gedankenstoff	• braucht Gefühle, Seelenstoff
	Aggression
• reptilhirngesteuert	• limbisch gesteuert
• reagiert blitzartig und bestimmt	• wägt ab, zaudert, schwankt
• wird wütend, prescht vor	• wird traurig, weicht aus
• verbirgt seine Schwächen, tut hart	• zeigt Schwäche als Appell um Schonung
• ist dynamisch, unruhig, gespannt, immer unter Strom	• ist ortsständig, gelassen in sich ruhend
• hat eher Fernweh	• hat eher Heimweh

Er	Sie
• ist aggressiv, dominant, expansiv	• ist friedfertig und vorsichtig
• sucht Risiko und Unbestimmtheit	• sucht Sicherheit und Geborgenheit
• sucht Wettkampf und Gefahrenkick	• sucht Harmonie und Nähe
• sucht Spannung und Kampf	• sucht Glück und Gefühle
• zerstört notfalls Leben	• gibt Leben weiter, behütet es
• ist als einsamer Wolf oft selbstdestruktiv	• ist gut verankert in Empathie und Rücksichtnahmen
• begehrt auf: Täterschaft	• gibt sich hin: Opferhaltung
• schaut sich stundenlang Sport und Gewalt an	• spricht lieber in der Küche mit der Nachbarin
Selbstbewußtsein	
• liebt Rituale, Ränge, Regelwerke	• plädiert für Vielfalt, Abweichungen, Ausnahmen
• mißachtet das Gegenüber	• nimmt den anderen ernst
• ist aufsässig und skeptisch	• ist folgsam, leichtgläubig und bemüht
• imponiert, protzt, exponiert sich	• zieht sich zurück, geht aus dem Wege, hält sich bedeckt
• strebt nach Sieg und Geltung	• will bergen, helfen, schützen, nützlich sein
• will sich darstellen	• will geliebt werden
• verrät Geheimnisse, um sich wichtig zu tun	• behält Geheimnisse für sich, um zuverlässig zu sein
• hat großes Status-Interesse	• überspringt leicht Statusgrenzen
• sagt von sich selbst, daß er wichtig sei	• wartet bescheiden auf das Entdecktwerden
• spricht sich Mut zu, spornt sich an	• macht sich Sorgen, hegt Bedenken, befürchtet
• fällt auf durch Regelbruch und Eigensinn	• fällt auf durch Harmonieleistungen
• Prinzip: unbedingte Selbstbehauptung	• Prinzip: bloß nicht anecken!

Er	Sie
Intentionalität, Tenazität	
• übt Selbstbeschränkung für ein hohes Ziel	• bezieht alles auf sich, bringt sich ein
• zensiert sich selbst, schluckt runter	• bewertet, filtert, gibt nach, drückt aus
• beherrscht und verbirgt Schmerzen	• wirbt um Verständnis und Mitgefühl
• bleibt beim Thema, jahrzehntelang	• stellt sich rasch auf Veränderungen und auf andere ein
• folgt Funktionsinteressen, Zweckorientierung	• folgt Seins-Interessen, Sinn-Orientierung
• ist streßanfällig durch Selbstverleugnung	• kennt die Streßabfuhr durch Ausleben von Leidensdruck
• ist gefangen in Routinen	• ist beweglich durch Improvisation
• baut Nester, plant Leben	• richtet Nester und Leben ein
Kooperation	
• ist ein Individuum in einer Hierarchie	• ist ein Individuum in vielen Zusammenhängen
• im Rudel Teammitglied, koalitionsfähig	• im Rudel Individualist, wechselnde Allianzen
• will lustvoll konkurrieren, führen	• will kommunizieren, sichert das Klima
• sucht Dominanz: Alpha-Funktionen	• sucht Akzeptanz: Omega-Funktionen
• behauptet, exponiert sich, kritisiert	• zeigt, daß sie kooperieren kann, ermutigt
• will auffallen, zweifeln,	• will können, helfen, tüchtig sein
• sucht Abgrenzung	• sucht Verbundenheit
• wählt taktische Kontakte *side by side*	• wählt taktische Kontakte *face to face*
• bildet Seilschaften	• baut Netzwerke und konspirative Zirkel auf
• führt offene Positionskämpfe	• schafft Vertrauensachsen ohne offene Konkurrenz

Er	Sie
Arbeitsplatz	
• sucht strategisches Herrschaftswissen	• sucht Detailwissen, das unentbehrlich macht
• sucht Geltung durch Kühnheit	• sucht Zustimmung durch Gehorsam
• grenzt öffentliche Existenz vom Privatleben ab	• vermischt die Sphären
• schützt sich vor Gefühlen, die sein Täterprofil bedrohen, hält Visier geschlossen	• unerwünschtes Verständnis, emotionale Appelle, offen für soziale und emotionale Aspekte
• empfindet die Frau als unberechenbar, weil sie seine Spielregeln verletzt und auf Nebensächliches reagiert	• erzwingt Nähe, gibt sich demonstrativ schutzlos, um Zuwendung auf sich zu ziehen, greift zu privaten Strategien, da Außenseiter im Männerspiel
• identifiziert sich mit seiner Aufgabe als Boß	• hat viele parallele Funktionen: Mutter, Tochter, Partner
• spielt nicht, sondern ist, was sein Status sagt; alle Energie geht dort hinein: im Rudel agieren, konkurrieren, Macht aufbauen, Einfluß behalten, sein Selbstbild leben, den Rang verteidigen oder erhöhen	• lebt ein Rollensplitting aus kleinen Geheimnissen, Gewissensunruhe und kleinen Fluchten: Kinder anrufen, Großmutter trösten, Boutique anrufen, Lippen schminken – sie gibt ihrer Rolle nicht alle Energie.
• das ideale Team: die kampfkräftige Mannschaft	• das ideale Team: der vertraute, kooperierende Kreis
• Leadership: Feldherrnhügel, Blick in die Ferne	• Kräfteaustausch: Kontaktpflege, Blick in die Gesichter
• Leitorgan: das spähende Auge	• Leitorgan: das lauschende Ohr
• Faust und Entschlußkraft	• offene Hand und Hilfe

Verhältnis zum eigenen Körper

Er	Sie
• soll fit sein, sich allen Nutzansprüchen fügen	• mischt sich in alles ein, ist nicht auszublenden
• soll nicht revoltieren, Signale werden überhört	• man muß hinhören, nachdenken, Folge leisten
• soll die geistige Leistung nicht stören	• führt ein Eigenleben, diktiert Leistungspausen
• der Geist ist Herr im Körper, der Körper soll die Klappe halten	• der Körper ist Schicksal, hat Geheimnisse und meldet Gefahren, die man ernstnehmen muß
• wehrt sich der Körper: Kränkung, Niederlage – verachten, verheimlichen!	• Alarm verbindet Körper und Psyche, weckt Mitleid – Botschaften an andere schicken?
• bei Streß reagiert er neuro-humoral	• bei Streß reagiert er hormonell-organisch
• Mitleid macht schwach	• der Körper ist eine Waffe

Sprache

Er	Sie
• antwortet, stellt fest, teilt mit	• fragt, schlägt vor
• polemisiert, konfrontiert direkt	• vermittelt, redet um den Brei, verpackt
• spricht unaufhörlich	• hört zu, reserviert sich
• ist eher sachlich, faktenbezogen	• ist eher emotional, personenbezogen
• seine Sprache kommt aus dem Arbeitsleben	• ihre Sprache kommt aus dem Familienleben
• hat großräumige Themen	• zieht private Themen vor
• wiederholt die Worte des Chefs	• folgt den Worten des Chefs
• kritisiert Kollegen	• ermuntert Kollegen
• verachtet: wer zuviel fragt und ständig um Erlaubnis bittet	• verachtet: wer sich besser dünkt, Privilegien will und allzu offenkundig geltungsbedürftig ist

Er	Sie
Problemlösungsstrategien	
• besser vereinfachen als komplizieren, strukturieren statt entfalten	• dem Komplexen gerecht werden, es von allen Seiten und Aspekten betrachten
• favorisiert die Ratio	• bearbeitet alles auch mit Emotionen
• reduziert aufs Wesentliche	• fragt nach, läßt nichts weg
• Ziel: Problem beherrschen, um die Lösung kämpfen, Problem besiegen	• Ziel: Problemerfahrung machen, umsichtig sein, keinen Schaden anrichten, niemanden kränken. (So wird man Teil des Problems.)

Was wir hier zeigen, deutet auf komplexe Vorgänge und unterschiedlich gepolte Eigenschaften hin, die in heiße Diskussionen locken. Was etwa wäre das Frauenleben ohne seine Vielseitigkeit, seinen Seelenstoff, seine Geheimnisse, seine kleinen Fluchten? Was wäre das Männerleben ohne all jene Triumph- und Siegergeschichten, die in Wahrheit zum Teil aus aufgeputzten Niederlagen bestehen? Wie groß ist der Nutzen der männlichen Entschlußkraft, wie groß sind die Gefahren? Wo und wann ist da ein Wert, wo und wann ein Risiko? Wir haben Licht und Schatten, die wandernd Stärken zu Schwächen und Schwächen zu Stärken machen, an vielen Beispielen gezeigt.

Alles läßt sich positiv oder negativ ausdrücken: Wenn man sagt, sie sei ablenkbar, heißt das auch flexibel und: Sie nimmt viel wahr, auch an den Rändern des Spektrums und in anderen Richtungen. Das kann lebensrettend sein. So wird die Schwäche zur Stärke und umgekehrt: Wenn man sagt, er könne besser fokussieren, sich gut konzentrieren, so bedeutet das zugleich: Er verdrängt störende Details. Er merkt nichts – das kann tödlich sein.

Die Rettung? Komplementäre Ergänzungen. Diese Doppelnatur der Eigenschaften, die manchmal nur allmählich oder in extremen Situationen ihr Gesicht ändern, gibt vielem eine latente Wichtigkeit. Die Kompensation von funktionellen Schwächen ist jedoch immer: ihre Kombination mit dem Gegenteil.

Denn für alle diese Merkmalskombinationen gilt, daß sie nicht *per se* gut oder schlecht, günstig oder ungünstig sind. Sie können einmal den Schlüssel zum Erfolg enthalten, einmal den Keim zum Desaster. Alle genannten Eigenschaftspaare aber spiegeln nichts anderes wider als die Facetten einer durchgreifenden Kontrastharmonie aus unzähligen komplementären Merkmalen. Ihre Prototypen sind:

Facetten der Kontrastharmonie – geschlossene Faust und offene Hand

Mann	**Frau**
Aggression	Empathie
Konflikt suchen, kollidieren	Konflikt vermeiden, ausweichen
Dominanz	Verbundenheit
Expansion, Exploration	Sicherheit, Vorsicht
Wut	Traurigkeit
Autonomie, Verantwortung	Nähe, Konsens
Konkurrenz	Kooperation
abklingende Erregung	langer Nachhall
Identitätssuche	Rollenwechsel
Durchhalten	Anpassen
Auffallen, Aufruhr	Folgsamkeit, Harmonie
Affekt	Gefühl
abstrakte Bedeutung	emotionale Tönung
Gedankenstoff	Seelenstoff
Regelwerke	Abweichungen
Härte, Konsequenz	prosozialer Einspruch
Durchsetzung	Wohlbefinden
Hierarchien	Netzwerke
mobil, unruhig	geduldig, ruhig
aktiv	passiv
suchend	wartend
ordnend	sichtend
sieht das Ziel	sieht den Weg
robust	sensibel
hart	sanft
fokussiert, standfest	offen, flexibel
beharrlich	störanfällig
ergebnisorientiert	erlebnisorientiert
linkshirnig lateralisiert	beidhirnig
isolierend, abgrenzend	mischend, verschmelzend

Mann	Frau
konstatierend	fragend
selbstbewußt	fremdbewußt, rücksichtsvoll
egozentrisch	einbeziehend
destruktiv	bergend
geschlossene Faust	offene Hand

Unschwer erkennt jeder Leser in diesem Merkmals- und Eigenschaftskatalog die Stärken der beiden Geschlechter wieder, die auch zu Schwächen werden können, sowie die Schwächen, die sich unter Umständen auch zu Stärken wandeln können. Sie sind einander paarweise zugeordnet nach dem Muster einer konsequenten Komplementarität, wie entgegengesetzte Richtungen auf einem nach beiden Seiten hin offenen Zahlenstrahl: Opferbereitschaft und Tätermut, Konfliktlibido und Harmoniestreben entsprechen einander wie die offene, umfangende, bergende und die entschlossen zur Faust geballte Hand. Empfangend die eine, aber zugleich auch verletzbar und ausgeliefert; wehrhaft, tatkräftig und drohend die andere, aber zugleich plump und ungeschickt.

Komplementarität verkannt: Rousseaus supplementäre Geschlechtsrollen

Jean Jacques Rousseau hat ein anderes Konzept des Weiblichen vertreten. Um Kontaminationen unseres Komplementaritätsbegriffes mit seinem Begriff »Supplementarität« der Geschlechter vorzubeugen, sei diese kurz umrissen. In seinen berühmten Erziehungsromanen »Émile« und »Julie oder die neue Héloise« aber auch in seiner Abhandlung über den Ursprung und die Grundlagen der Ungleichheit unter den Menschen hat Rousseau seine Ansichten über die Frauen formuliert (s. Bovenschen 1979). Er betrachtet die Unterordnung der Frau als ein naturgewolltes Gebot. Die »Ansicht der Natur« mache den Mann zum Vollstreckungsgehilfen eines natürlichen Ordnungsprinzips. Das supplementäre Weibliche sei neben den Entscheidungen der Natur dem Urteil des Mannes unterworfen, das der Existenz der Frauen – wie auch der Kinder – den Rahmen abstecke:

> »So muß sich die ganze Erziehung der Frauen im Hinblick auf die Männer vollziehen. Ihnen gefallen, ihnen nützlich sein, sich von ihnen lieben und achten lassen, sie großziehen, solange sie jung sind, als

Männer für sie sorgen, sie beraten, sie trösten, ihnen ein angenehmes und süßes Dasein zu bereiten: Das sind die Pflichten der Frauen zu allen Zeiten, das ist es, was man sie von Kindheit an lehren muß.« – »... Die Frau ist dazu geschaffen, dem Mann nachzugeben und selbst seine Ungerechtigkeit zu ertragen. Knaben kann man nie dazu bringen; ihr innerstes Gefühl erhebt und empört sich gegen die Ungerechtigkeit; die Natur schuf sie nicht, Ungerechtigkeit zu dulden.« (Émile, S. 733, 795).

Die natürliche Disposition der Frau komme also den Dominanzbedürfnissen des Mannes entgegen. Als ein Nebeneffekt der brachialen Überlegenheit des Mannes sowie des Kontrastpaares Aggression-Harmoniestreben mag etwas daran sein, als Absicht und Ansicht der Natur jedoch, die Rousseaus Einblick offenbar direkt zugänglich sind, ist das eine Glorifizierung männlicher Präpotenz. Pathetischer hat kaum jemand, Weiniger ausgenommen, die weibliche Unterordnung mit den daraus resultierenden gesellschaftlichen Ungerechtigkeiten der Frau zum Gebot gemacht. »Deutlicher und unverhüllter«, sagt auch Silvia Bovenschen, »sind die supplementäre Bestimmung des Weiblichen und die Appendixfunktion der Frauen wohl niemals formuliert worden.« Folgerichtig meint Rousseau auch, der Mann käme besser ohne die Frau zurecht als die Frau ohne ihn – eine kurzsichtige Deutung einer nur vordergründigen biologischen Wirklichkeit.

Diese Art der Supplementarität meint eine Situation, in welcher die / der andere nicht wirklich gebraucht wird, sondern nur additiv hinzustößt, im Grunde entbehrlich wie der zweite Spazierstock. Es ist sehr wahrscheinlich, daß Rousseau gegen den Zeitgeist des 18. Jahrhunderts nicht die wirklichen Wurzeln der Verschiedenheit von Mann und Frau erkannte: den biologischen Sinn, die evolutionäre Rolle wahrlich komplementärer Eigenschaften und Fähigkeiten und das damit verbundene freiwillige Opfer an eigener Sicherheit und Unabhängigkeit für eine Steigerung von Lebensleistungen, die nur duozentrisch einen Sinn machen.

Diese Auffassung ist natürlich blind gegenüber der Chance, dennoch beide Partner sich optimal entwickeln zu lassen. »Als eine Frau lesen lernte, trat die Frauenfrage in die Welt«, schrieb Marie Ebner-Eschenbach in ihren »Aphorismen«. Rousseau hingegen meint, sie brauche gar nicht zu lesen, »das Buch der Frauen sei die Welt«. Zudem droht er ihnen den Verlust ihrer geschlechtsspezifischen Reize an, sollten sie naturwidrig nach einem ungebührlichen und überdies unerreichbaren Maß an Wissen streben:

> »Aber mir wäre ein einfaches und derb erzogenes Mädchen hundertmal lieber als ein Blaustrumpf und Schöngeist, der in meinem Hause einen literarischen Gerichtshof etabliert und sich zu dessen Präsidentin macht. Eine schöngeistige Frau ist die Geißel ihres Mannes, ihrer Kinder, ihrer Freunde, ihrer Diener, aller Welt [...]. Außerhalb des Hauses wirkt sie überall lächerlich und setzt sich einer sehr gerechten Kritik aus, denn diese kann nicht ausbleiben, wenn man seinen Stand verläßt und einen annehmen möchte, für den man nicht geschaffen ist. All diese hochbegabten Frauen machen nur den Dummen Eindruck. Man weiß immer, wer der Künstler oder der Freund ist, der die Feder oder den Pinsel hält, wenn sie arbeiten; man weiß, wer der diskrete Gelehrte ist, der ihnen insgeheim ihre Orakel diktiert. Diese ganze Scharlatanerie ist einer ehrbaren Frau unwürdig. [...] Ihre Würde ist es, nicht gekannt zu sein; ihre Ehre ist die Achtung ihres Mannes; ihre Freuden liegen im Glück ihrer Familie. [...] Gäbe es nur vernünftige Männer auf Erden, so müßte jedes gelehrte Mädchen sein Leben lang Mädchen bleiben.« (Émile, S. 818 f.).

Rousseau also hielt es mit der stillen Einfalt und edlen Größe, während der weltoffene Schiller in einen Brief an Goethe staunte: »Ich muß mich doch wirklich darüber wundern, wie unsere Weiber jetzt auf bloß dilettantischem Wege, eine gewisse Schreibgeschicklichkeit sich zu verschaffen wissen, die der Kunst nahe kommt.« Bovenschen hingegen greift zu einem Bilde Grandvilles, um den Satz zu illustrieren: »Ich hoffe, daß einst die Feder einer Elster eben so viel Werth habe, als die eines Löwen oder Fuchses.« Wie wir wissen, ist dieser Wunsch inzwischen fast in Erfüllung gegangen.

Kooperation: Gebot der Komplementarität und ihrer Schwächen

Statt EntZweiung: das unentzweite Urteam

Bei diesem Defilee der Entsprechungen erkennt man mühelos auch den Zündstoff, der sich zwischen den so verschieden gepolten männlichen und weiblichen Eigenschaften anlagern kann: Schwächen des einen können darauf warten, daß die Situation Stärken des anderen zu Schwächen macht. An möglichen Konflikten ist kein Mangel, wird niemals Mangel sein: Ein Funke mag genügen, um ein beziehungsvernichtendes Feuer von Wut und Haß zu entzünden, falls kein Verständnis für die so ganz abweichende Position des anderen affektlöschend zu Hilfe kommt.

Harmloser schlummern aber vor allem jene unzähligen, ermüdenden Alltagskonflikte zwischen diesen Reihen der Geschlechtertalente, wenn man sie zu Fronten werden läßt. Gerade wenn jeder von beiden sein Bestes gibt, häufen sich die Widersprüche, und der Abstand der Positionen wächst. Es entsteht eine einzige Phalanx, die – sofern kooperativ – kaum mehr eine Lücke läßt, die aber als Doppelreihe in der Konfrontation auf ihrer ganzen Länge zu Reibungen und Kollisionen führen kann: zu einem Allfrontenkrieg, wie er manche Partnerschaft verzehrt.

Der Traum vom Sprung ans andere Ufer, das sollten auch die Feministinnen inzwischen bemerkt haben, bleibt unerfüllbar. Humor und Wissen, Verständnis und Distanz sind der Wind in den Segeln der ungleichen Partner, wenn sie sich auf der Mitte zwischen den beiden Ufern treffen, wenn sie zwischen den potentiellen Fronten statt dessen einen Tanz miteinander beginnen. Der Kahn der Verständigung kann zwar bedenklich schwanken und wird sicher mal nach rechts, mal nach links schlingern, aber das kann zugleich die Spannung aufrechterhalten: Wer bist du – und wer bin ich? Was ist es, was wir wirklich wollen? Und wo sind unsere Grenzen? Diese Fragen nämlich sind es, die beide Geschlechter einander lebenslang beantworten – mal neugierig, bange oder werbend, mal flehend, bittend oder zaghaft, mal brüllend vor Zorn, mal beglückt:

Was mir fehlt, genau das hast du! Dies ist die freudige Entdeckung, die im besten Falle gemacht werden kann.

Zwei so unterschiedliche Menschen können bekanntlich ein gutes Team bilden. Dieser Gedanke leitet über zu dem etwas abweichenden Begriff der Mannschaft, des Teams im Sport. Hier ist mit großer Begeisterung von Teamgeist und Teamstärken, von Team-Organisation und Teamwork die Rede. Jeder weiß: Das ist gut, denn in einem Team darf jeder anders sein und kann mit seinen individuellen Talenten zum Gewinnen beitragen. Was kein Manager schafft: Der Sport schafft es, daß wir an das Team als Erfolgsformel glauben. Hier wird objektiv gemessen, hier wird Tacheles geredet: Auf den Gesamteffekt kommt es an.

Die Unterschiedlichkeit der Mitglieder einer Fußballmannschaft zeigt es: der schnelle Stürmer, der zähe Verteidiger, der umsichtige Libero – und der Torwart. In ihrer Verschiedenheit liegt ihre Stärke. Der kleine, leichte Steuermann im Regattaboot mit den starken Ruderern, sie alle stellen Mannschaften dar, die mit Teamgeist und individueller Verschiedenheit zum Ziel kommen. Ein gutes Team! – Eine Zauberformel.

Was ist sein Kennzeichen? Gleitende Führungsrollen: Ein jeder prescht nach vorn, wenn seine Stärken gefragt sind. Alle gemeinsam decken und schützen ihren Stärksten, der doch auch ihr Rivale ist. Teamleiter können wechseln, der Erfolg des Ganzen wird über den des einzelnen gestellt. Nicht der Neid, sondern der Stolz und der Siegeswille verbindet die Teammitglieder. Daher kann es nicht wunder nehmen, daß das Team als Erfolgsgespann eine uralte Geschichte hat: genauso alt wie die Zweigeschlechtlichkeit. Das Duo Männlich-Weiblich ist seit Urzeiten auf dem evolutionären Erfolgstrip.

Mit den Unterschieden wuchs der Nutzen des Zusammenschlusses im Team. Gemeinsam unschlagbar, konnte es getrennt zum Untergang verurteilt sein. Schon lange vor uns hat die Sprache das alles eingefangen. Das Wort »Team« kommt aus dem Altenglischen und bedeutete ursprünglich »Mann und Frau, Gespann, Familie«. Nicht einfach eine unverbindliche Allianz, sondern im Falle der Geschlechter eine Überlebensgemeinschaft, die in der Erfolgsgeschichte der menschlichen Kulturen ihre Kraft bewiesen hat. Das Team ist stärker als die Summe der einzelnen, da es ihre Talente mischt. Sanftes und Heftiges, Mut und Vorsicht, Angriff und Verteidigung, Neugier und Geborgenheit, sonst niemals gleichzeitig zugänglich, sind seine Optionen. Die Teammitglieder können einander jederzeit entlasten und notfalls ersetzen. Das macht vielseitig, stark und anpaßbar.

Muß man noch mehr sagen, um den Geschlechtern nahezulegen, statt Kampfduos lieber ein Team zu bilden? Die Kooperation wirkt sich bei kaum einer anderen Konstellation günstiger aus.

Die ausgestreckte Hand

Nicht nur Esther Vilar hat sich in Folgebänden zu ihrem ersten Buch über den dressierten, bei näherem Hinsehen sogar gebeutelten Mann für eine Versöhnung der Geschlechter ausgesprochen. Aber erstaunlich wenige Autoren haben sich explizit für eine planvolle Zusammenarbeit von Mann und Frau zur Überbrückung ihrer – letztlich ja voll begreiflichen – Konflikte ausgesprochen. Eine von ihnen wollen wir hier zu Worte kommen lassen, nämlich Elisabeth Badinter, sie hat in ihrem Buch über den Mann (»XY – Die Identität des Mannes«) sechs Seminare zusammengestellt, die sie als Hochschullehrerin an der École Polytechnique gehalten hat. In dem Kapitel über den »versöhnten Mann«, vor allem aber im Schlußabschnitt über den »Mann im Umbruch« nähert sie sich der Frage nach der Konfliktlösung, für sie eine Veränderung des Mannes, trotz allem mit einer zurückhaltend kooperationsbereiten Grundhaltung.

Vor allem setzt sie auf Veränderungen in der Art der Männer, sich selbst zu sehen. Dabei erkennt sie ihre schwierige Lage durchaus an: »Die jungen Männer von heute können sich weder in der karikierten Männlichkeit vergangener Zeiten wiederfinden noch in der Ablehnung jeder Männlichkeit. Sie sind bereits die Erben einer ersten Generation von Mutanten. Als Söhne von männlicheren Frauen und weiblicheren Männern fällt es ihnen manchmal schwer, sich mit ihren Vätern zu identifizieren.« Sie erkennt an, daß der Mann der Mühsal einer Differenzierung ausgesetzt ist, die der Frau, die aus einer Frau geboren wird und Frau bleibt, erspart wurde. »Um sich davon zu überzeugen, braucht man sich nur die Umkehrung dessen vorzustellen: Wenn die Frauen aus einem männlichen Bauch geboren würden, wie sähe dann das Schicksal der Frauen aus?

Als sich die Männer dieses naturgegebenen Nachteils bewußt wurden, erdachten sie sich einen kulturellen Ausweg von ungeheurer Tragweite: das patriarchalische System. Heute sind sie gezwungen, dem Patriarchat Lebewohl zu sagen, und müssen daher den Vater und die dazugehörige

Männlichkeit neu erfinden. Die Frauen beobachten diesen Mutanten voller Zärtlichkeit und halten den Atem an ...« (Badinter 1992, S. 224 f.). Soviel kann man ihr schon heute sagen: Atme ruhig weiter. Er wird dem alten Vater zum Verwechseln ähnlich sein.

Friedans Brief an die bewegten Frauen

Hier ist es nun an der Zeit, auf Betty Friedan zurückzukommen. Ohne einem der oben Genannten zu widersprechen, hat sie eigene, zum Teil weitergehende Vorschläge zu einer Geschlechterkooperation gemacht. Sie hat nicht die Psyche des Mannes (wie Badinter, Robert und Zimen), dafür aber die der Frau tief ausgelotet, und beschreibt die Gefahr für sie in eindringlichen Worten:

> »Wenn sich die lebensbejahenden zupackenden Energien einer Frau nach innen wenden, verkehrt sich die sexuelle Quelle der Liebe in Haß, der von den Männern in ein Potential der Gewalt verwandelt wird, das schließlich dem Töten dient. Ich wünschte mir ein weiteres Leben lang Zeit, um die Wurzeln dieses Prozesses in Psychologie, Anthropologie und Geschichte aufzuspüren, in dem dem Leben entzogene Energien sich in ihr Gegenteil verkehren und zu Kräften der Zerstörung werden.[2]
>
> Im Durchbrechen dieses Teufelskreises liegt die wirkliche, revolutionäre Bedeutung der Frauenbewegung. Wir befreien die Frauen von jenem Ressentiment, das am Ende ihre ganze Liebeskraft untergraben hat.« (Friedan 1977, S. 312).

Betty Friedan schließt ihr Buch über ihren Kampf in der Frauenbewegung mit einem Appell, der dem Epilog ihres ersten Buches entnommen ist und nicht von ungefähr die guten und die bösen Kräfte miteinander verbindet. Gerade hier nämlich wirkt – unausweichlich wie selten – die alte, wohlbekannte Kraft, die zwar das Gute will, jedoch das Böse schafft.

> »Ich glaube, daß die Energie, die in diesen überholten männlichen und weiblichen Rollen eingeschlossen ist, das soziale Gegenstück zu der physikalischen Energie ist, die im Bereich von $E = mc^2$ eingeschlossen ist – die Kraft, die die Katastrophe von Hiroshima entfesselte. Mir scheint, die aufgestauten sexuellen Energien haben mehr, als irgend jemand erkennt, dazu beigetragen, die entsetzliche Gewalttätigkeit anzuheizen, die in den letzten Jahren in Amerika und der Welt zum

Ausbruch kam. Wenn ich recht habe, wird die Geschlechtsrollen-Revolution diese im Dienste des Todes stehenden Energien befreien und es Männern und Frauen wirklich ermöglichen, ›Liebe, nicht Krieg zu machen‹.

Wie können wir den neuen Weg finden, wie den Teufelskreis durchbrechen? Nicht, indem wir der Welt der Männer und der Macht den Rücken kehren, Revolution spielen und Amazonengemeinschaften gründen. Nicht, indem wir uns einreden, die Frauen wären in Wahrheit das erste Geschlecht.« (Friedan 1977, S. 312).

Sie hat ein anderes, klar formuliertes Ziel: In einem engagierten Miteinander sollen nach den Vorstellungen ihres neuen Ja zum Leben der befreiten Frauen diese an der Seite ihrer solidarischen Männer in die Welt hinaustreten, befreit von der Vormundschaft einer sich allein nach männlichen Vorstellungen richtenden politisch-ökonomischen Gesellschaftsstruktur, welche die Frauen in ihren Entwicklungsmöglichkeiten unangemessen beschränkt. Dieses Ziel will sie erreichen durch gesellschaftspolitisches Argumentieren, durch legalen demokratischen Druck, durch konzertierte Aktionen einer zweckgerichteten Organisation[3] und durch persönliche Appelle. Es ist ihr klar, daß dazu – wie für das Gelingen der Frauenrechtsbewegungen von allem Anfang an – die Zustimmung der etablierten Männerwelt nötig ist, und sie baut daher auf deren guten Willen und Solidarität. Schon allein deshalb ist in ihren Augen die große Konfrontation, die ideologische Kontroverse, die kämpferische oder revolutionäre Kollision kontraproduktiv, ja fatal. Das führte zu ihrem Bruch mit dem radikalen Feminismus und zu einer latenten Allianz mit einsichtsvollen Männern, wovon das Folgende eine Vorstellung geben mag.

Die Frauenrechtlerin und die Macho-Männer – eine weise Allianz

Während die radikalfeministischen Sprecherinnen der Women's Lib sich dem ständigen, berufsmäßigen Haß auf die männlichen Unterdrücker hingaben, nicht ahnend, daß die armen Menschenmännchen in den meisten Fällen nur ihren biologischen Vorgaben folgen, weil es gar nicht anders geht, streckte sie der maskulinen Front die offene Hand entgegen. Feindselige Pfiffe, höhnisches Gelächter und grobe Witze waren daraufhin tatsächlich verstummt, und viele Männergruppen, die bis dahin noch reine Männergesellschaften gewesen waren, überraschten sie durch eine entschlossene Unterstützung. Nach Meinungsumfragen befürwortete die Mehrheit der amerikanischen Männer (damals sogar mehr Männer als Frauen!) die Gleichstellung der Geschlechter, den Gleichstellungszusatz zur Verfassung und ganz allgemein die Ziele der Frauenbewegung.

Allmählich diffundierte diese Haltung in die Kreise der Arbeiter und Manager, der Ärzte und Durchschnittsamerikaner, der Country- und Rotary-Clubs und anderer Kernzonen des Machismo. In langen Diskussionen kamen Einzelschicksale zur Sprache, die auch das gefahrvolle Ausweichen der Männer in Alkohol und riskante Abenteuer als oft tödliche Verbeugung vor dem Diktat des maskulinen Härtetests belegten. An einem solchen Abend empfand Friedan zum erstenmal, »welche Wunden Männer wie Frauen im Kampf der Geschlechter davontrugen, den keine Seite jemals gewinnen kann«. Vielleicht waren es solche Einsichten, die sie grundsätzlich im menschlichen Umgang so behutsam machten, daß ihr das von Radikalen als Zeichen von Zaghaftigkeit ausgelegt wurde.

Friedan schilderte den Männern die Beleidigungen, Herabsetzungen und Benachteiligungen, mit denen viele Frauen aufwuchsen, ihren Schmerz und ihre Wehrlosigkeit gegenüber männlichen Übergriffen, die Not der Kinder, die von verbitterten, resignierten und seelisch verkrüppelten Müttern um die Liebe betrogen wurden, die sie so sehr brauchten, um sich selbst harmonisch zu entwickeln. Knaben werden so zu Männern, die gar nicht selbstlos lieben können, und was sie an Enttäuschung zurückbehalten, drängt diese Männer in die Einsamkeit und facht ihre sinnlose, selbstzerstörerische Aggressivität an. Und sie hatte auch die Herrschsucht vieler amerikanischer Mütter begriffen, die als Gegenreaktion auf ihre wirtschaftliche Abhängigkeit, auf die Vergeudung all ihrer Fähigkeiten, auf die Verbitterung durch die Monotonie ihres Daseins, als Spielart des weiblichen Machismo viele irische, jüdische, italienische, lateinamerikanische und protestantische Familien tyrannisierte. Unter ihr verbargen sich neben der erkennbaren Frustration auch Verletzlichkeit und Schwäche, die wiederum Verstörung bei den Söhnen hervorrief, die sich dann mit noch mehr Machismo wehrten. Diesen ganzen Teufelskreis hat Friedan den »wirklichen« Männern geduldig erläutert.

Und dann haben diese plötzlich begonnen, ihre eigenen Erfahrungen beizusteuern: wie sie sich als Jungen unter den Strafen ihrer Eltern duckten und aus Rache alle liebevollen Gefühle für sie unterdrückten – statt dessen demonstrierten die kleinen, verletzten Jungen ihren Kumpels immer mehr Härte. Ein neuer Teufelskreis. Niemand verstand ihn besser als die »wirklichen« Männer.

In diesem gemeinsamen Verständnis für das, was die Menschen plagt, für all die Fallen, in die sie immer wieder hineintapsen, für alle ungewollten Entwicklungen, die wie eine eingeseifte Rutschbahn ständig neue Opfer fanden, sah Friedan die große Chance: In ihren Augen war es gerade die Frauenbewegung, die als Empathieschulung und Zusammenhangsklärung den Ausweg aus dem ewigen Kampf der Geschlechter anbot. Das war auch ihr Angebot an die »wirklichen« Männer: gemeinsam diese Aufgaben anzupacken.

Viele von ihnen verstanden, zeitweise herrschte Optimismus. So etwa mutet an, was sie über die Absage an den Machismo des ehemaligen Sportreporters Pete Hamill schreibt, die im Dezember 1975 in der New Yorker Wochenzeitung *Village Voice* erschien:

»Er ist ein toller Bursche,
Er ist hart, wird niemals zahm,
Er ist der Schnellste, der Gemeinste, der Beste!
Er schießt einfach,
Alles andere läßt ihn kalt.
Er ist der Retter des Westens!

Robert Coover: The Kid

Der tolle Bursche – das war Machismo, meine ich. Nun ist er beinah ganz verschwunden, und verdammt noch mal, ich glaub, ich werd ihn doch vermissen.

Sein Stil war voll übertriebener Männlichkeit und Gockelstolz, rücksichtsloser Eitelkeit und den Ausdrücken ewiger kleiner Jungen ... Immer trug der tolle Bursche die Maske der Ritterlichkeit, er erschien stahlhart, erfinderisch, tapfer und immer als Einzelgänger, und seinem Bild eiferte Generation auf Generation junger Amerikaner nach, meine eingeschlossen. Staatsmänner wie Schweißer, Preisboxer wie Präsidenten, Infanteristen wie Harvard-Gelehrte – nur wenige waren immun.

Nun endlich ist es vorbei, ist die ritterliche Maske gefallen. Am Ende sahen wir Richard Nixons verzerrte Züge; wir sahen die Toten allzu vieler Kriege in den Augen des tollen Burschen; wir sahen in bitterer Enttäuschung aufgelöste Ehen, Leichen in den Straßen von einem Dutzend Städten, die Machismo-Kraftmeier in den Gefängnissen. Alles geschah unter dem Schutz der Maske. Der tolle Bursche konnte das Licht des Tages nicht vertragen. Durch beharrliche Attakken von seiten der weiblichen Bevölkerung belästigt, der entscheidenden Unterstützung eines Teils der Männer beraubt und, schlimmer noch, zur Witzfigur heruntergekommen, reitet er nun von dannen in einen vielleicht niemals endenden Sonnenuntergang ...

Der neueste James-Bond-Film war kein Kassenerfolg.« (Friedan 1977, S. 244 f.).

Leider macht eine Schwalbe noch keinen Sommer, Pete Hamill noch keinen Gesinnungswandel der Amerikaner, und der neueste James Bond wurde doch noch ein gewaltiger Kassenerfolg. Und wird es immer bleiben. Denn hier waren Pete Hamill und Betty Friedan offenbar glücklich unwissend über die neurohormonellen Hintergründe der männlichen Aggressionslust. Hätten sie zugleich als Stützmaßnahme den 130 Millionen amerikanischen Männern noch den Testosteronhahn zugedreht und statt dessen größere Mengen von Prolaktin und Oxytocin in das Bier geschüttet, dann – vielleicht – wäre die Absage an den Machismo auf größeres Echo gestoßen. Jener hochgeschätzte Stil aggressiver Männlichkeit, der die größten Kassenschlager aller Zeiten – First Blood, Rambo, Rocky, Terminator, Running Man, Die Hard und Armageddon – hervorgebracht hat.

Nein, es ist wenig sinnvoll, auf diese Absage zu warten. Von den Testosteron-Machos kann sie niemals kommen. Es ist wichtiger, zu lernen, wie man sinnvoll mit den Impulsen des Machismo umgehen kann und wohin man sie klugerweise kanalisieren sollte.

Der Brief an die »wirklichen« Männer

Eines Tages wurde Friedan dann aufgefordert, einen Brief an die wirklichen Männer des amerikanischen Freiluftlebens, *the great outdoors*, jene betont maskulinen Leser der Jagdzeitschrift *True* zu schreiben, die normalerweise schweigen, schießen, ausweiden und am Lagerfeuer sitzen – und bei feministischen Gedankengängen im besten Falle fragen: »Häh?«

In diesem Brief erläutert Friedan wieder einmal ihre gut begründeten Gesichtspunkte und hat – wie immer – den Erfolg einer verblüffend hohen Zustimmungsrate. In etwa tausend gleichzeitig ausgesandten Fragebögen beantworteten die Leser ihre Fragen. Zum Beispiel, was sie von der Frauenbewegung hielten: Nur 9 Prozent hielten sie »für einen Witz«, weitere 4 Prozent empfanden Unbehagen, 2 Prozent hielten sie für eine Bedrohung, und 6 Prozent dachten dabei an chronische »Männerhasserinnen«. Das waren 21 Prozent mit negativer Einstellung. Nicht weniger als 45 Prozent jedoch identifizierten sich mit der Aussage: »Ich stimme über weite Strecken damit überein, jedoch nicht mit den Extremistinnen.« Weitere 20 Prozent meinten, die Frauenbewegung »bringe Verbesserungen für Männer wie Frauen«, und 10 Prozent fanden, daß sie »für Frauen notwendig und wichtig ist, wenn sie auch den Männern das Leben schwermacht«. Immerhin waren es also rund 75 Prozent, die sich positiv äußerten, und durchgehend war ein starker Sinn für Fairneß zu vermerken.

> »Zuvor möchte ich Ihnen jedoch noch sagen, daß ich selbst ein Risiko auf mich nehme, indem ich Ihnen diesen Brief schreibe. Für manche meiner Schwestern sind Sie nämlich der Feind, in welchem Fall es Zeitverschwendung oder gefährlich oder Verrat ist, ich solchermaßen ins Feindesland vorzuwagen. Und manche von Ihnen sind tatsächlich unsere Feinde, zumindest halten Sie sich selbst dafür. Ich glaube jedoch, daß Sie keinen Grund haben zur Feindseligkeit gegenüber der Frauenbewegung. Denn gäbe es einen Klassenkampf der Frauen gegen die Männer, könnten ihn die Frauen niemals gewinnen, nicht nur deswegen, weil die Männer zu stark wären – was der Wirklichkeit entspricht –, sondern weil den meisten Frauen an einem solchen Kampf gar nicht gelegen ist. Die meisten Frauen wollen nicht ohne Männer leben, die meisten möchten Männer lieben können.« (Friedan 1977, S. 249).

Sie erläuterte ihnen, daß die amerikanische Frauenbewegung ursprünglich nicht von Hippies, Radikalen oder enttäuschten alten Jungfern gegründet wurde, sondern von Hausfrauen im Alter von 30 bis 50 Jahren, mit Kindern, mit Beruf oder in der Ausbildung. Sie stellte klar, daß die angeblichen berüchtigten Büstenhalterverbrennungen niemals stattgefunden haben und daß die Oben-ohne-Mode in den sechziger Jahren von einem männlichen Modeschöpfer erfunden wurde (Friedan 1977, S. 250). Und sie erläuterte ihr Leiden an der weiblichen Machtlosigkeit und ihre Wünsche nach Veränderung. Sie machte verständlich, warum die »Nur-für-Männer«-Schilder in vielen Bereichen der Gesellschaft die Frauen beengen, ihre Rechte beschneiden, in einer modernen Gesellschaft nicht mehr begründbar sind. Sie betonte, daß nur für die

Radikalen die Befreiung der Frau zugleich den Untergang von Ehe und Familie bedeute, und beruhigte die Leser hinsichtlich der angeblich bedrohten Männlichkeit mit den Worten:

> »Wäre es nicht angenehmer für Sie, wenn Ihr Mannsein nicht mehr an jener großmäuligen Muskelprotzerei gemessen würde, die sowieso nicht jedem liegt und die alle so reizbar macht, oder am Erfolg im Kampf um Statussymbole, in dem Sie von vornherein im Nachteil sind? Der Zwang, ständig Stärke und finanziellen Erfolg unter Beweis stellen zu müssen, gibt vielen Männer das chronische Gefühl, unzulänglich zu sein. Ich bin sicher, es ist für wirkliche Männer genauso wohltuend, endlich die eiserne Maske fallen zu lassen, die Sie so unnötig verletzbar und zu Feinden aller anderen Männer macht, wie für uns Frauen, die gekünstelte, ewig dümmlich lächelnde und empfindliche Maske abzuwerfen, unter der soviel Verachtung, für uns selbst wie für andere Frauen, steckte, soviel ohnmächtige Wut auf die Männer. Unter dem falschen Miteinander dieser Masken ist jeder von uns allein.« (Friedan 1977, S. 255).

»Ich glaube«, sagt sie weiter, »daß die Ehen wieder stabiler werden und daß wir darin an Liebe, Wohlbefinden, Vertrautheit, Ruhe und Stütze finden, was wir auch heute noch brauchen und beieinander suchen, jedoch so selten finden.« Und sie schließt mit den eindringlichen Fragen:

> »Können Sie schließlich Ihre Frau mit neuen Augen ansehen, wie Sie sie noch nie angesehen haben? Nicht als die Alte, die morgens den Kaffee macht, oder als die Mutter ihrer Kinder oder als Sexualobjekt, sondern als den Menschen, der sie für sich selbst ist? Haben Sie als wirklicher Mann davor Angst? Nun, dann möchte ich Ihnen sagen, daß Ihre Frau davor sogar noch mehr Angst hat als Sie. Solange wir nur Ehefrauen und Mütter zu sein hatten, brauchten wir uns niemals als einzelne den prüfenden Blicken der Welt zu stellen. Es ist viel leichter, Ihnen die ganze Verantwortlichkeit zuzuschieben, als uns in dieser sich rasch verändernden Welt ganz allein auf die Probe stellen zu lassen, wer wir sind. Sie können uns die Bewährung nun nicht mehr abnehmen, wir müssen für uns selbst einstehen, [...] dann erst werden wir die wirkliche Befreiung der Geschlechter erreichen und die Einsamkeit überwinden, und Frauen und Männer werden sich lieben können, ohne gegeneinander zu kämpfen.« (Friedan 1977, S. 257).

Gegen die Polarisierung

Aus diesen Zitaten wird verständlich geworden sein, warum die konziliante Haltung, die Klugkeit und die Sensibilität von Betty Friedan Männer wie Frauen wirklich dazu bringen konnte, das Wesentliche zu sehen und sich nicht in Grabenkämpfe um Nebensächliches und Unverstandenes zu verstricken. Sie vermittelte die Einsicht, daß jede Polarisierung den alten Grabenkrieg der Geschlechter nur wiederbelebte. Es ist anzunehmen, daß die Forderungen einer Frauenrechtsbewegung auf diesem Niveau politisch längst realisiert worden wären. Es ist eben leichter, auf einem Schiff etwas Schritt für Schritt zu ändern – wie es in der Gesetzgebung dieses Jahrhundert schließlich ja auch geschehen ist –, als gleich das ganze Schiff zu versenken oder zu einem U-Boot umzubauen. Solche radikalen Pläne sind naturgemäß bei der Schiffsbesatzung wenig populär.

In dem Science-fiction-Buch »Die linke Hand der Dunkelheit« *(»The left hand of darkness«)* von Ursula LeGuin gibt es keine Trennung der Geschlechterrollen. Es gibt menschliche Wesen, die in dem Zeitraum, in dem im Abstand von ein paar Wochen alle von sexueller Leidenschaft erfüllt sind, beliebig Mann oder Frau füreinander werden können und Vater oder Mutter eines Kindes. Da sind wirklich alle Probleme des Feminismus behoben. Aber das ist die Welt Phantasie. Bis die Wirklichkeit geworden ist, tun wir gut daran, auf Betty Friedan zu hören.

Während Betty Friedan aus den Sozialwissenschaften kam und sich den Menschen im Alltag beobachtend und verstehend näherte, sind die Ärztin und Psychotherapeutin Rigmor Robert und die Endokrinologin und Hochschullehrerin Kerstin Uvnäs-Moberg den manchmal etwas mühsameren Weg der exakten Wissenschaften gegangen. Es wird uns nun kaum mehr überraschen, daß sie letztlich in den Geschlechterfragen zu genau denselben Ergebnissen kamen wie schon Badinter, Friedan und andere gute Beobachter zuvor. Die kulturhistorischen Aspekte einer belesenen Therapeutin bereichern diese Erkenntnisse um eine weitere Dimension, denn hier kommt noch das zielgerichtete Befragen und Erforschen hinzu. Ob man nun die Hormonkonzentrationen bei Mutter und Kind mißt oder ausgeklügelte Tierversuche macht, ob man Lebensgeschichten auslotet oder kranken Menschen in Extremsituationen hilft: Die Einsichten, zu denen man am Ende gelangt, sind dieselben. Viele Wege führen nach Rom, gesetzt den Fall, man benutzt taugliche Orientierungsmittel.

Alles das nämlich stimmt auch völlig mit dem überein, was der Verhaltensforscher Erich Zimen aus seinen Tier- und Menschenbeobachtungen schloß: Die Unterschiede zwischen Mann und Frau sind vielfältig und tiefgreifend, und jede Strategie zur Lösung zwischenmenschlicher Konflikte, die das nicht berücksichtigt, ist zum Scheitern verurteilt. Und alles das, was wir in diesem Buch an neueren Ergebnissen der Hormonforschung, der Biologie, der Psychologie und der Neurophysiologie in Tierexperimenten und modernen Methoden der Hirnbeobachtung zusammengetragen haben, gibt dem komplexen Bild unserer geschlechtlichen Natur nun eine stabile Basis: Es bestätigt nicht nur, daß es so ist, sondern erklärt auch zugleich, warum. Damit wird das Bild rund, logisch kohärent und in seiner evolutionären Entwicklung und Bedeutung begreiflich.

Robert und Uvnäs-Moberg fanden als forschende Medizinerinnen zu einem Fazit, das sie sofort dem Kreuzfeuer der schwedischen Feministen aussetzte: »Unter jener Schicht unserer Persönlichkeit, die wir durch Erziehung und Ausbildung formen, liegen uralte Verhaltensmuster, die sich nicht beeinflussen lassen.« Diese Behauptung allein ist ein Sakrileg in den Augen jedes Umweltphantasten, der die Bedeutung der Erbinformation geringschätzt und meint, alles ließe sich nach Belieben umformen. Wenn wir aber verstanden haben, was in uns konstitutionell angelegt ist, brauchen wir uns darüber nicht mehr zu ärgern. Andernfalls kämpfen wir gegen unsere eigene Natur wie gegen die berühmten Windmühlenflügel – es ist, als wollten wir etwa verhindern, daß sich unsere Pupillen im grellen Sonnenlicht zusammenziehen. Das zu verstehen allein macht freier, da man seine Aufmerksamkeit anderem zuwenden kann.

Gerade unsere instinktiven Reaktionen, die mit lebenswichtigen Funktionen verknüpft sind, und unsere tieferen Gefühle sind an die entwicklungsgeschichtlich alten Hirnteile gekoppelt. Dort herrscht in der Struktur wie in der Enzymausstattung ein konservater Geist: Es wird wenig verändert. Die innovatorischen Experimente des Gehirns finden in den neueren Hirnteilen statt. Daher ist es sehr wahrscheinlich, daß gerade die psychophysischen Voraussetzungen für Mann und Frau ziemlich unverändert von unseren entlegensten Vorvätern und -müttern auf uns überkommen sind.

Aber wir Menschen sind auch in unseren Anlagen gemischt aus Mann und Frau. Was geschieht, fragen Robert und Uvnäs-Moberg, mit den weiblich-sensiblen Zügen eines Mannes in harter Militärausbildung oder in der Karriere? Was geschieht mit der Intellektualität einer Frau, wenn sie jahrelang stillt und ihre Kinder versorgt? Und was geschieht mit ihren weichen Zügen, wenn sie zur hart arbeitenden Karrierefrau wird? Diese schwierigen Fragen, die wir nicht ausblenden dürfen, drängen sich ihnen auf und zwingen sie zu großer Sorgfalt in ihren Untersuchungen. Und dabei kommen sie zu Erkenntnissen wie, daß die »Märchen« von Mutterschaft und Mutterliebe – Simone de Beauvoirs fester Überzeugung zum Trotz – wahr sind.[4]

Sie weisen auch darauf hin, daß das archäologische Material in nordischen Gräbern dafür spricht, daß die Frauen mit zunehmendem Alter immer angesehener wurden – der steigende Wert von Wissen und Lebenserfahrung? –, während die Grabbeigaben der Männer mit höherem Alter abnahmen; ihr Wert für die Gemeinschaft beruhte vielleicht vor allem auf physischer Kraft und Schnelligkeit. Das ist im Grunde für die bevorstehende berufliche Neuorientierung der Frau ein gutes Omen.

So schließen die beiden kennntnisreichen Frauen der medizinischen Wissenschaft ihr Buch mit dem Appell an die Frau, lieber eine vollkommene Frau sein zu wollen als ein unvollkommener Mann. Und sie sehen in der Kooperation und dem guten Willen den einzigen gangbaren Weg aus dem Zwist der Geschlechter. Ihr Fazit ist von überzeugender Stringenz: In jeder lebensfähigen Hochkultur sind die Männer stolz auf ihre Frauen und die Frauen stolz auf ihre Männer. Daher kann die Befreiung der Frau niemals geschehen auf Kosten des Selbstgefühls ihrer Männer und Lebenspartner, ihrer Väter, Brüder und Söhne. Und nicht die Entfaltung des männlichen Selbstgefühls auf Kosten des Glücks ihrer Frauen und Schwestern, Mütter und Töchter.

Als Kinder der Natur den Naturgesetzen unterworfen

In der täglichen Realität der Geschlechterkonflikte geht es darum, daß Männer wie Frauen das behalten wollen, was sie glücklich werden läßt: ihren Stolz und ihre Würde, ihre Freiheit und ihre eigene Lebenszeit. Wir haben in diesem Buch Mann und Frau beschrieben und zu deuten versucht. Hierzu muß man auf die Grundlagen des menschlichen Erkenntnisgewinns zurückgreifen. Das führt von ganz allein zu den biologischen und logischen Wurzeln des Menschlichen. Es hat sich weder im Individuum noch in unserer Stammesgeschichte plötzlich eingestellt, sondern es ist das Ergebnis eines komplexen und facettenreichen Entwicklungsprozesses.

Die Naturwissenschaften stehen – soviel ist nach vielen Generationen eines intellektuellen Kampfes um Wissen und Erkenntnis, um gedankliche Freiheit und gedankliche Klarheit offenkundig geworden – einem tiefen Humanismus wahrlich nicht im Wege, sondern bilden seine wichtigste, in jedem einzelnen Kopf stets erneuerbare Grundlage. Ihre Wertungen werden mit zunehmendem Wissen immer weniger menschenzentriert und immer offener für den Rest der Welt, für ihre Zusammenhänge und Bedingungen. Damit ist selbst das umwälzendste Wissen nicht mehr Gegenstand eines theologischen Privatissimums der Hohenpriester mit den Göttern. Denn zwischen Gott und den Menschen hat sich für den Aufgeklärten der Rest der Natur geschoben, deren Kinder wir sind.

Die Zweigeschlechtlichkeit ist der große Sieger in 4000 Millionen Jahren der Evolution. Die hormonellen Zügel, an denen das Gehirn und der ganze Organismus geführt werden, haben sich ganz allmählich entwickelt. Die Biochemie der einzelnen Zellen komplexiert sich zu Leben, zu Liebe, zu Geist und Seele, zu Mann und Frau. Das Bewußtsein und seine Arbeitsweise, seine Organisation und Molekularbiologie haben wir beschrieben, denn hierin liegt der Kern der mentalen Geschlechterdifferenzierung: eine unterschiedlich orientierte Aufmerksamkeitssteuerung und eine divergierende Ausrichtung der Bewertungszentrale des Gehirns. Die Frau steht dabei für gefühlsmäßige Reaktionen entwicklungsgeschichtlich jüngerer Strukturen ihres limbischen Systems, der Mann für explorativ-aggressive Handlungsimpulse aus älteren Stammhirnregionen: dem Reptilhirn.

An den Zügeln komplementärer Programme

Diese unterschiedliche Hirnorganisation mit ihren hormonellen und neuronalen Zügeln wirkt sich aus auf das Verhalten des einzelnen, des Paares und der Gruppe. Frau und Mann reagieren auch nach außen hin unterschiedlich und stellen einander ausschließende Alternativen dar: Biegen oder Brechen, Wüten oder Weinen, Kämpfen oder Kümmern, Tapfer- oder Traurigsein. Daher agiert die Frau in der Regel schützend und bergend – sie gibt das Leben weiter; der Mann hingegen eher expansiv und aggressiv – und kann es dabei gefährden. Aus der mangelnden Kongruenz dieser Konzepte ergeben sich – das ist die Schattenseite der Verschiedenheit – unausweichliche Konflikte, die uns sicher auch weiterhin begleiten werden.

Mann und Frau haben ihre Stärken wie Schwächen direkt voneinander: unterschiedliche Stärken, weil sie beiden nützen, unterschiedliche Schwächen, weil sie einander ergänzend auffangen. Ohne den jeweils anderen Part wären die Stärken wertlos, die Schwächen fatal. Das ist Komplementarität in reinster Form. Die Natur kann sich Mann und Frau als eine höchste Ausgestaltung der physischen wie psychischen Differenzierung nur deshalb leisten, weil sie einander komplettieren. Das ist die Lichtseite mangelnder Kongruenz: Als Team sind sie vielseitiger und stärker als einzeln; in ihrer Verschiedenheit mehr als bei völliger Gleichartigkeit. Sie sind für die Kooperation entworfen – das gilt selbst ihren höchsten und komplexesten Funktionen. Es ist wie mit rechter und linker Hand: Sie haben Schwächen und Stärken, die einander ergänzen und auffangen – sie sind im Grunde aneinander entstanden.

Statt EntZweiung: ergänzende Kooperation

Daher ist die uns eingeredete EntZweiung ein kardinaler Fehler, der sich gegen die Grundsätze der menschlichen Natur richtet. Die Antwort auf jede Form von entzweiender Polarisierung heißt: Kooperation und Duozentrik.

Das neue Bündnis der Geschlechter: Wie rechte und linke Hand, so gehören auch die beiden Geschlechter zusammen – als das Urteam, als Elementareinheit einer Überlebensgemeinschaft. Diese wurde zu einem Erfolgskonzept der Evolution. Nur so kann sich die Spezies Mensch den Mann als zweckorientiertes Sondermodell eines nicht mehr vermehrungsfähigen Urentwurfs überhaupt leisten. Dieses Erfolgskonzept hat sich vor allem in den hundert Millionen Jahren der Säuger-Evolution durchgesetzt und ganz allmählich zu hoher Perfektion entwickelt.

Damit werden alle Geschlechterkonflikte zwanglos erklärbar – und zugleich gegenstandslos: Nicht Konfrontation – die ideologisch angefeuerte EntZweiung –, die zu verschleißenden, am Ende für die Teambildung des Menschen tödlichen Konflikten führt, sondern Kooperation ist das Zauberwort zur Lösung aller aus der Unterschiedlichkeit der Geschlechterdispositionen erwachsenden Probleme. Sie zu verstehen bringt Toleranz. Fehlende Kongruenz birgt die Chance einer gegenseitigen Ergänzung, einer Kontrastharmonie, die sich erfolgreich kultivieren läßt.

Das erweiterte Ich: stolz auf die Verschiedenheit

Aus Egozentrik wird dabei Duozentrik, ein erweitertes Ich-Gefühl, das zunehmend kooperationsfähig macht. Wenn der komplementäre Charakter der psychophysischen Ausstattung von Mann und Frau erst einmal begriffen ist, verschwinden Spannungen und Mißverständisse: Mann und Frau dürfen verschieden sein. Es schallt aus ihnen eben nicht so heraus, wie man hineinruft, sondern so, wie das jeweilige Echo angelegt ist. Davon überrascht zu werden ist vermeidbar. In der einsichtsvollen Verschmelzung der unterschiedlichen Geschlechterkonzepte erst entfalten sich die mächtigen Synergien einer echten Komplementarität.

Unablässig liefern die Menschen hierfür schlagende Beispiele. Sie alle haben gleichartige Hände. Einmal werden sie zur Faust geballt oder packen hart zu, einmal öffnen sie sich, schützend, streichelnd, und fassen weich an, was sie bergen. Mann und Frau können mit ihren Händen beides tun, haben aber deutlich unterschiedliche Neigungen und Fähigkeiten. Nur als Team stehen ihnen alle Optionen und jede denkbare Kombination von Möglichkeiten offen. Dazu aber muß der Mann ein ganzer Mann sein dürfen und die Frau eine vollwertige Frau. Das Selbstverständnis jedes Menschen kann nur auf etwas bauen, das der Fall ist. Mann und Frau entwickeln sich niemals gegeneinander, sondern ergänzen einander wie die geballte Faust und die offene Hand. Sie dürfen einander nicht ihre Schwächen vorhalten, sondern müssen ihre besonderen Talente fördern und nutzen. Mit einem Handschlag besiegeln sie ihr Bündnis: Ihr Stolz gilt einer Kooperation, die sich nährt aus ihrer Verschiedenheit.

Zwei Forscher stellten einmal eine Liste von 300 Adjektiven zusammen und übersetzten diese in 25 Sprachen, die alle Erdteile repräsentierten. In allen Kulturen der Welt wurden bei Befragungen Eigenschaften wie abenteuerlich, dominant, kraftvoll, energisch, unabhängig, stark, grob regelmäßig mit dem Mann verknüpft, hingegen empfindlich, zart, träumerisch, folgsam, sinnlich stets mit der Frau (Williams/Best 1982). Das sind zum Teil Zuordnungen, die kaum Ausnahmen zeigen. Entsprechend werden ab Beginn der Arbeitsteilung – und die beginnt im Primatenstadium! – die Aufgaben zugeteilt und die Geschlechterrollen entwickelt. Da ist es doch in der Tat eine völlig unsinnige Annahme, die ganze Welt sei jahrtausendelang einem kapitalen Irrtum aufgesessen, aber einige intellektuelle Frauen in westlichen Großstädten hätten um 1960 herum diesen Irrtum endlich bemerkt.

Es gibt natürlich eine stabilere Basis für diese weltweit ähnlichen Auffassungen von Mann und Frau. Wir haben uns selbst um eine solche Eigenschaftsaufstellung bemüht. Wer beim Betrachten dieser Listen die Grundmuster der Verschiedenheit verstanden hat, erkennt sie als Spielarten desselben Musters, als individuelle Ausprägungen einiger weniger Grundvarianten. Die aufgeklärte Distanz auch zu den eigenen Reaktionen erst macht den ersehnten »Sprung ins andere Lager« zumindest in der Phantasie möglich: »Moment mal, wenn ich das so fühle, wie empfindet er das, wie sieht sie dies?« Die beiden Systeme öffnen sich füreinander, mögliche Fronten werden zu Erlebnishorizonten.

Gelassener durch Wissen, freier durch Lernen

Damit wird unverkennbar: Nur unentzweit können wir die Stärke komplementärer Eigenschaften mit ihren Synergien voll nutzen. Das heißt: sich gegen jede Konfrontation wenden; um keinen Preis den üblichen – und naheliegenden – Fehler machen, Inkongruenz mit Inkompatibilität zu verwechseln. Mann und Frau sind nicht inkompatibel, im Gegenteil: Ihre Leistungsprofile passen wie die verzwickten Linien eines großen Puzzles ineinander. Wohlverstanden ist überall dort, wo der eine sich entspannen, sich auch einmal anschmiegen, auf jemanden verlassen möchte, der andere stark genug, ihn zu halten.

Nicht mehr Gefangene ihrer eigenen Natur stehen einander gegenüber, die an ihren evolutionären Fesseln zerren, sondern zwei verschiedene Entwürfe, die einander ideal ergänzen: Seine Welt wird von ihrer und die ihrige wird von seiner mit zusätzlicher Energie, mit Ideen und originellen Neukombinationen versorgt. Der eigene Zornausbruch, der Anfall von Selbstmitleid, das Cinderella-Syndrom, sein Geltungsdrang, der freche Dominanztrip oder die prosozial-utopische Radikaltour – das alles wird relativiert durch das lächelnde Wissen: Ja, so sind wir. So sind wir angelegt. So schnell kommen wir da nicht raus.

Aber wir können es lernen. Der Mensch ist ein Primat mit vielen freien Hirnarealen. Wir müssen nur wissen: Hinter den typischen Verhaltensweisen der Geschlechter sind uralte, entwicklungsgeschichtlich gewachsene Programme wirksam. Jeder einzelne von uns zappelt mehr oder weniger offensichtlich wie eine Marionette an den Fäden evolutionärer Siegerprogramme, die uns nicht nur auf Rosen betten, sondern auch auf Stacheln. Wenn uns auch im Moment nicht danach zumute sein sollte: Es sind erfolgreiche Programme, denen wir dankbar sein müssen, denn sie gaben uns das Leben und halten uns am Leben, machen uns glücksfähig, geben uns die Chance zu einem freien, reichen Dasein. Und mit Phantasie, Humor und gutem Willen – plötzlich gelingt sie, die Kunst, Gefühle zu teilen.

Empathie und Vernunft mischen sich in spezifisch menschlicher Weise zum Nutzen aller. Ihr Prüfstein ist das Leben selbst. Das duozentrische Urteam von Mann und Frau hat sich in Jahrmillionen bewährt. Ihr auf Synergien angelegtes Konzept der gegenseitigen Ergänzung gibt ihnen Eigenarten und Fähigkeiten, die zu einem kulturellen Höhenflug führen, dessen Ende wir nicht sehen. Reibungen sind unvermeidlich und Konflikte allein durch ihr enges, spannungsreiches Bündnis vorgezeichnet. Aber sie alle sind lösbar – verlockende Herausforderungen an die Gestaltungskraft des Menschen. Er muß nur die Verschiedenheit der Geschlechter als Kraftquelle ihrer besonderen Talente begreifen. Ärger und Traurigkeit verfliegen: Legt er am Ende seine zornige Faust in ihre offene Hand, so sind beide stärker und klüger geworden.

Anmerkungen

1. Conundrum – das Rätsel der Geschlechtsumwandlung

[1] Eine Titelauswahl läßt den weiten Themenkreis erkennen: *Sultan in Oman; South African Winter; The Hashemite Kings; The World of Venice; Cities; Oxford; Pax Britannica; The Great Port; Heaven's Command; Destinations; Last Letters from Hav; The Matter of Wales; Scotland; Spain; Stones of Empire.*

[2] J. Morris: Conundrum, engl. 1987; dt. Ausgabe: Conundrum. Mein Weg vom Mann zur Frau. Ullstein-Tb, Berlin 1993.

[3] *Man into woman. An Authentic Record of a Change of Sex*, zit. nach J. Morris, S. 45.

[4] »*More concerned with caress than with copulation*«, J. Morris, S. 31.

[5] »*... it was there more than anywhere that I molded my conundrum into an intent*«. J. Morris, S. 18.

[6] C. S. Lewis: *Perelandra.* New York 1965, zit. nach J. Morris, S. 25. Übersetzt von den Autoren.

[7] »*... Living testimony to the power of mind over matter*«, J. Morris, S. 59.

2. Die Macht der Fakten

[1] Als Primaten faßt man zusammen: den Menschen und seine Vorgänger, die »Hominiden«, ferner die Menschenaffen (Orang Utan, Gorilla, Schimpanse / Bonobo), Gibbon / Siamang und andere Affen, Halbaffen / Lemuren und Spitzhörnchen).

[2] Da Karthago auf Phönizisch »Neustadt« bedeutet, heißt Cartagena oder Karthago Nova eigentlich die Neue Neustadt.

[3] Der Begriff »Spieltheorie« wurde um 1928 von John v. Neumann geprägt. Im Jahre 1944 erschien darüber das Standardwerk von J. v. Neumann und O. Morgenstern: *The Theory of games and economical behavior.* Für wesentliche Einsichten mit weitreichenden Konsequenzen wurden 1994 »für ihre grundlegende Analyse des Gleichgewichts in nicht-kooperativer Spieltheorie« als ein dominierendes Werkzeug für die Forschung im Bereich der Ökonomie und der

»strategischen Interaktionen« drei Wirtschafts-Nobelpreise vergeben (an R. Selten, J. F. Nash und J. C. Harsanyi).

[4] Schon Konfuzius bezeichnete als erzieherisch wertvoll und moralisch höchststehend das Prinzip »Li«, das Prinzip der Gegenseitigkeit – durch den Volksmund eingefangen in dem alten Spruch: »Was du nicht willst, daß man dir tu, das füg auch keinem anderen zu!«

[5] R. Axelrodt: *The evolution of cooperation* – New York 1984, S. 241. Das Thema nützlicher Kooperationshaltungen behandeln auch: R.L. Trivers: *The evolution of reciprocal altruism* – Quarterly Rev of Biol 1971, 46: 35–57; A. Rapoport: *The origins of violence* – New York 1989; P.C. Stern, R. Axelrod et al.: *Perspectives on deterrence* – 1989; J. C. Martinez-Coll, J. Hirshleifer: *The limits of reciprocity* – Rationality and Society 1991, 3: 35–64; R. Boyd: *The evolution of reciprocity when conditions vary.* In: A.H. Hartcourt, F.B.M. de Waal (Hrsg.): *Coalition and alliances in humans and other animals* – Oxford Univ Pr, Oxford 1992; K. Sigmund: *Games of life* – Oxford Univ Pr, Oxford 1993; P. Kitcher: *The evolution of human altruism* – J Philosophy 1993, 90: 497–516; K. Binmore: *Game theory and the social contract.* Vol I: Playing fair – MIT Pr, Cambridge/Mass. 1994; M. A. Novak, R. M. May, K. Sigmund: *The arithmetics of mutual help* – Scientific American 1995, 272: 50–55; M. Ridley: *The origins of virtue* – New York 1996, S. 295; T. C. Schelling: *Strategy of conflict; Micro motives and macro behavior*; J.H. Holland: *Emergence: From chaos to order*; R. Axelrod: *The complexity of cooperation* – Princeton Univ Pr, Princeton 1997, S. 248.

[6] Dies entspricht im Prinzip dem Kern der Gaia-Hypothese unserer Erde (James Lovelock und Lynn Margulis), die darauf hinausläuft, daß es das Ganze ist, das im Laufe der Evolution unentwegt auf seine Tauglichkeit hin geprüft wird und auch nur in seiner internen logischen Vernetzung als ein komplexes System mutueller Abhängigkeiten zu begreifen ist.

[7] Im Pflanzenreich ist die Situation etwas anders, da vor allem die meisten Bäume heute einhäusig-zweigeschlechtlich sind, also auf demselben Baumindividuum sowohl männliche als auch weibliche Fortpflanzungsorgane tragen. Dies war nicht immer so: Die fast ausgestorbenen, auch in anderen Eigenschaften archaischen Ginkgobäume etwa, die einst in über 60 Arten die ganze Welt bedeckten, sind noch in männliche und weibliche Individuen unterteilt. Ganz sicher spielen bei dem konsequenten Übergang zur späteren Zweigeschlechtlichkeit der Bedecktsamer – im Gegensatz zur mobilen Tierwelt – die Abstände zwischen den Individuen und ihre verwurzelungsbedingte Unbeweglichkeit eine entscheidende Rolle.

[8] Der Mathematiker sagt dazu: Die vielen Variablen haben nur wenige »Freiheitsgrade«, sie sind daher gekoppelt, können nicht völlig unabhängig voneinander variieren.

[9] Unter »Meme« versteht man zusammengehörige Systeme von Erinnerungen, wie sie etwa eine Sprache, die Mathematik, ein Gesetzeskodex oder ein Kalendarium ausmachen. Der Ausdruck wurde von Richard Dawkins geprägt.

[10] Diese beiden Chromosomen heißen Gonosomen, nach ihrem Aussehen im Elektronenmikroskop bezeichnet als X und Y. Das sehr viel kleinere Y-Chromosom kann man als ein X auffassen, dem Arme und Beine abgebrochen sind, ein Bein sogar völlig. Die anderen 44 Chromosomen nennt man Autosomen.

[11] Das ist freilich eine Wahrheit mit Modifikationen: Gewisse Umstände wie Schleimsekretion und Orgasmusbewegungen können die Chancen der etwas leichteren Y-Spermien auch seitens der Frau etwas beeinflussen.

[12] So etwa mußte man feststellen, daß der Testosteron-Metabolit Dihydrotestosteron (DHT) oft viel stärkere androgene Wirkungen hat als Testosteron selbst. Die Analyse weiblicher und männlicher Hormone umfaßt heute mehr als 40 Substanzen.

[13] Die durch die Geschlechtshormone gesteuerte Regulation der Aromatase-Aktivität entscheidet darüber, wieviel E2 für die Nervenzell-Differenzierung zur Verfügung steht. Die Geschlechtsunterschiede bauen sich als Folge der E2-Einwirkungen auf, und zwar in sogenannten »sensitiven Perioden« vor der Geburt, in denen gewisse empfindliche Zellreifungsschritte ablaufen. Die Produktion der Zellreifungs-Steuersubstanz E2 geschieht im Hypothalamus, einer entwicklungsgeschichtlich sehr alten Zwischenhirnregion. Daher ist dieses Prinzip in Vögeln, Nagetieren, Affen und Mensch gleichermaßen nachweisbar. In Mäuse injiziert, zeigt limbische Aromatase Effekte auf deren Aggressionsverhalten, und die Aromatasewirkungen erweisen sich in Zellkulturen als völlig gleich für männliche wie weibliche Zellen, abhängig nur von der Hirnregion, in die sie eingebracht werden. Testosteron vermehrt in einer bestimmten wachstumsaktiven Phase die Zahl der Zellen im Hypothalamus, die Aromatase bilden, und man spricht daher heute von einem »geschlechtsspezifischen Netzwerk« E2-produzierender Neurone, die in einem frühen Entwicklungsstadium von Steroidhormonen beeinflußt werden. (Die Autoren fassen das zusammen in dem Kernsatz: *»Differentiation of sexually dimorphic brain mechanisms may involve maturation of a gender-specific network of estrogen-forming [hypothalamic] neurons which are steroid-sensitive in early development.«*) Hier liegen die molekularen Schlüsselreize und -strukturen für die Diversifikation der Geschlechter.

[14] Durch das aus den juxtaglomerulären Zellen stammende, die Blutbildung steigernde Hormon Erythropoetin, das neuerdings auch zu Dopingzwecken eingesetzt wird.

[15] Am 22. November 1997 wurde die Dissertation an der Gynäkologischen Klinik Umeå vorgestellt, Sandström I.: *$GABA_A$-receptor sensitivity. Studies during the menstrual cycle in patients with premenstruell syndrome and controls* - Umeå Univ Med Dissert, New Series 528, 1997, mit umfangreichem Literaturverzeichnis.

[16] K. Uvnäs-Moberg: *Neuroendocrinology of the mother-child interaction* – Trends Endocrinol Metab 1996, 7: 126–131.

[17] E. Nissen: *Effects of some ward routines on behavioural and physiological adaption to breast-feeding* – Akad. Avhandling (Dissertation), Karolinska Institut, Stockholm, 12. Dezember 1996, S. 130.

[18] Sogenannte Phytoöstrogene, auch aus bestimmten Kräutern zu gewinnen, werden als anticancerogene Schutzsubstanzen im Naturheilmittelkatalog geführt, aber es gibt bislang wenig solides Material dazu. Ihnen werden günstige Wirkungen auf die Gefäßverkalkung, das Herz, Brust- und Prostatacancer zugeschrieben, und manche Frauen nehmen sie postmenopausal statt der normalen Substitutionstherapie. Dabei ist ihre pharmakologische Wirkung – östrogen und östrogenantagonistisch – im Detail noch gar nicht geklärt. – Integrative Medicine 1998, 1: 27–34.

[19] Qat, oft auch Kat geschrieben, ist eine im Orient, vor allem im Jemen und in Somalia, weit verbreitete, neuerdings auch in Europa vorkommende pflanzliche Droge, deren Wirkstoffe Kathin und Kathinon entfernt verwandt sind mit den Metamphetaminen.

[20] Wer sich für die Folgen auch unabsichtlicher Eingriffe in entwicklungsgeschichtliche Aspekte der menschlichen politischen und kulturellen Geschichte interessiert, sei auf das 900seitige Buch des angesehenen britischen Genetikers Charles Darlington: Die Entwicklung des Menschen und der Gesellschaft, Düsseldorf 1971, verwiesen, das Hunderte von überzeugenden Beispielen dafür enthält. Man kann sie im Grunde mit der im Text folgenden Feststellung zusammenfassen. Die Erbgesetze, die der Abt Gregor Mendel entdeckt hat, sind ein Teil der fundamentalen Naturgesetzlichkeit. Die Gesetze der Natur wirken auch dann, wenn man sie nicht kennt oder nicht zur Kenntnis nimmt.

[21] In den sechziger Jahren erschienen bereits Bücher – etwa von den Neurochirurgen V. H. Mark und F. R. Ervin – über *Violence and the brain*, die zu dem Konzept vom »Crocodile-man« führten. Es ging dabei auch um juristische Gesichtspunkte, etwa die Zurechnungsfähigkeit von Gewaltverbrechern, so daß diese Diskussion mit viel Eifer geführt wurde. Der Anthropologe A. Montague etwa bezeichnete die genannten Subeinheiten des Gehirns als hypothetische »Kunsterzeugnisse von Neuroanatomen«, denn das Gehirn sei nun einmal eine funktionelle Einheit. Er hat damit sicher recht, verkennt aber dabei, daß es gerade Embryologen, Evolutionsforscher, Psychologen und Verhaltensforscher sind, welche diese Begriffe gebrauchen, da sie sinnvolle Aussagen zulassen, die in Übereinstimmung mit gesicherten Prinzipien der Entwicklungsgeschichte stehen.

[22] Man hat Hinweise darauf schon früher dadurch erhalten, daß etwa die tuberkulöse basale Meningitis, welche manchmal die frontobasalen Abschnitte des Gehirns selektiv schädigte, zu dem Phänomen des moralischen Krüppels führte: zu einem gefühlsmäßig eiskalten Menschen mit beibehaltenem Intellekt, der sich zwar aus Einsicht noch an Gesetze halten kann, aber das ohne jede innere Empfindung oder moralisch-emotionale Richtschnur macht. Auch die Schädigung der Mandelkerne kann zu solchen Gefühlsausfällen – zu schweren Empathiestörungen – führen.

[23] Laut SPIEGEL 16 / 1995: 191 Worte des hannoveranischen Psychologen Uwe Hartmann.

[24] H. Rheinz: Warum ist die Liebe kein Mysterium mehr, Herr Dörner? (Interview) – FAZ-Magazin, 6. 11. 1998, S. 50f.

[25] B. Friedan: Das hat mein Leben verändert. Beiträge und Reflexionen zur Frauenbewegung. Reinbek 1977, S. 312. Mit anderen Worten: Sie wollte eigentlich das Buch schreiben, an dem wir einige Jahre gearbeitet haben: ein Buch über die evolutionären Wurzeln unserer stärksten Triebe und der Entstehung der Geschlechterunterschiede.

[26] Diese Ergebnisse befinden sich in der Publikation von L. Farde, J. P. Gustavsson, E. Jönsson: *D2-dopamin receptor density predicts human personality traits* – Nature, in Druck.

[27] V. B. Dröscher: Das Geheimnis vom Verschwinden der alt gewordenen Elefanten – Welt am Sonntag, 1. 2. 1998.

[28] Hippocampus-Formation mit *Indusium griseum, Gyrus parahippocampalis, Gyrus cinguli, Corpus amaygdaloideum, Corpus mamillare und Nucleus habenulae.*

[29] J. LeDoux: *Emotional memory systems in the brain* – Behavioral Brain Res 1993, 38; *Emotion, memory, and the brain* – Scientific American, Juni 1994.

[30] L. Cahill, B. Prins, M. Weber, J. McGaugh: *Beta-adrenergic activation and memory for emotional events* – Nature 1994 Oct. 30, 371: 702–704.

[31] H. Markowitsch, R. Wandtner: Gehirn vor Schreck gelähmt. FAZ 29. 4. 1998.

[32] G. Kempermann, H. G. Kuhn, F. H. Gage: *More hippocampal neurons in adult mice living in an enriched environment* – Nature 1997, 386, April 3: 493 f.

[33] Messenger-RNA für hippocampale Rezeptoren für Glukokortikoide, zuckerumsatzsteuernde Nebennierensteroide.

[34] D. Liu, J. Diorio, B. Tannenbaum, C. Caldji, D. Francis, A. Freedman, S. Sharma, D. Pearson, P. M. Plotsky, M. J. Meany : *Maternal care, hippocampal glucocorticoid receptors, and hypothalamic-pituitary-adrenal responses to stress* – Science 1997, 277, 12. Sept.: 1659–1662.

[35] Peptide sind kurze Eiweißmoleküle: Oligo (wenige: 4 bis 10) und Poly-Peptide (viele: 11 bis 100) von begrenzter Länge, die aus 4 bis 100 Aminosäuren bestehen. Bei über 100 Aminosäuren spricht man von Proteinen, also Eiweiß.

[36] Gut zusammengefaßt ist dies in einem Artikel des ausgezeichneten Naturfotografen und Hobby-Wissenschaftlers Uwe George im Magazin GEO (1984). Diesen zum Teil recht plausibel klingenden Artikel zu widerlegen, würde eine noch umfangreichere Arbeit fordern. Es zeigt sich auch hier, daß die grandiosen Grundideen Darwins wieder einmal nur unvollkommen begriffen worden sind und bei weitem nicht die ganze Komplexität des logischen und biophysikalischen Umfeldes der Naturforschung in die Überlegungen miteinbezogen wurde.

[37] BSTc, SCN (superchiasmatischer Kern) und INAH-2 und –3.

[38] S. M. Breedlove: *Sex on the brain* – Nature 1997, 389, 23. Oct.: 801

[39] S. M. Breedlove: *Another important organ* – Nature 1995, 378, 2. Nov.: 15 f.; R. M. Sapolsky: *The importance of a well-groomed child* – Science 1997, 277, 12. Sept.: 1620.

[40] Diese Ablösungsproblematik und andere Rollenunterschiede sind a.a.O. ausführlicher besprochen: G. Höhler: Spielregeln für Sieger. Düsseldorf 1991, S. 310–354.

[41] Die Xenophobie, Fremdenfeindlichkeit – eigentlich genauer: Fremdenangst! – ist eine Reaktion, mit der fast alle Lebewesen spontan auf erkennbar Fremdartiges, Unvertrautes reagieren, etwa auf ein Tier anderer Farbe oder Anatomie, über dessen Verhalten mangels eigener Erfahrung noch Unsicherheit herrscht.

[42] Zu den hier diskutierten Ergebnissen vgl. die – mit über 440 Seiten und vielen Autoren – umfangreiche Studie des Ministeriums für die Gleichstellung von Mann und Frau in Nordrhein-Westfalen (Februar 1996), hier Kap. 3, S. 32 ff.

[43] Jedem das Seine. Die Rechtsphilosophie exemplifiziert diese drei verschiedenen Gerechtigkeitsprinzipien mit einem Beispiel: Ein Vater hinterläßt seinen beiden Söhnen ein Millionenvermögen. Der eine Sohn ist geistig schwer zurückgeblieben und verkrüppelt, der andere ist hochbegabt und kerngesund. Das Prinzip der objektiven Gerechtigkeit würde beiden genau die Hälfte des Vermögens zusprechen, das der ausgleichenden oder kompensatorischen dem kranken Sohn alles; der andere vermag gut für sich selbst zu sorgen. Das Prinzip des *suum cuique* hingegen würde dem Kranken die Pflege und Unterbringung sichern, dem anderen das Vermögen zur Mehrung geben und ihn zur weiteren optimalen Versorgung des Bruders verpflichten.

[44] Ein Begriff aus der Biochemie: Hier gibt es das Phänomen, daß sich eine vollkommene chemische Balance der Moleküle – etwa an semipermeablen Membranen – nicht einstellen kann: Die größeren, positiv geladenen Teilchen passen nicht durch die Poren, die kleineren, frei beweglichen, sind überwiegend entgegengesetzt geladen. So entsteht eine komplizierte Balance aus zwei Ungleichgewichten, die einander kompensieren: Links etwa sind mehr Teilchen, daher besteht ein osmotisches Ungleichgewicht, rechts aber sind mehr elektrische Ladungen, daher besteht auch ein elektrisches Ungleichgewicht, und zwar in der entgegengesetzten Richtung. Beide drängen nach Ausgleich, was jedoch aus praktischen Gründen (Porengröße, Ladungsverteilung) nicht möglich ist: Verringert man das eine Gefälle, steigt das entgegengesetzte an.

[45] Nach ausführlichem Studium einschlägiger Lebensgeschichten sind Szenekenner der festen Überzeugung, die Bereitschaft mancher Frauen zur Prostitution ließe sich grundsätzlich darauf zurückführen, daß sie im Mädchenalter verführt oder mißbraucht worden seien und dabei die im Grunde ja abwegige Lektion gelernt hätten, daß sich aus dem sexuellen Körpereinsatz praktische Lebensvorteile ziehen lassen. Diese Erkenntnis wird mit der Intensität einer imperativen Neurose in sie eingebrannt.

[46] Nicht zufällig wird im Alter von 6 bis 7 Jahren die störende Vorhautverengung (Phimose) operiert; es wäre inhuman, den kleinen Jungen mit diesem Handicap zum Wettkampf auf dem Schulhof antreten zu lassen. Es handelt sich dabei tatsächlich um ein eminent männliches Leistungskriterium – eine Frau bei ähnlicher Verrichtung scheint bislang nicht denkmalswürdig.

[47] V. Schubert (Hrsg): Frau und Mann. Geschlechterdifferenzierung in Natur und Menschenwelt – Interdisziplinäres Forum, Eos, St. Ottilien 1994, S. 248, ursprünglich zusammengestellt aus Ringvorlesungen an der Universität München.

[48] J. J. van der Werff ten Bosch, P. van der Schoot: *Sex differences in the central nervous system*. Endeavour 1987, New Series 11: 156–159.

[49] So etwa haben Anthropologen angesichts des erheblichen Größenzuwachses des Penis vom Menschenaffen zum Menschen – der riesige Gorilla etwa hat einen selbst im erigierten Zustand nur etwa 2 bis 3 cm langen Penis! – erwogen, daß gerade dieser selektive Zuwachs, der sich schon beim Bonobo abzeichnet und kaum mit der Vermehrungstauglichkeit verknüpft ist, darauf hinweisen könne, daß Frauen dies eben vorzögen, was natürlich in der Sexualberatung ein schamhaft verschwiegenes Detail darstellte. In Wirklichkeit reicht die Feststellung, daß hier eine Korrelation mit der gesamten Testosteronproduktion und einer unaufhörlichen Sexbereitschaft vorliegen mag, zur Erklärung eventuell schon aus. Den Gorilla andererseits könnte ein größerer Penis in seinem Waldleben leicht verletzlicher machen.

[50] M. F. Small: *Female Choices*. Cornell Univ. Press, 1993, S. 245. Weitere zu diesem Themenkreis empfehlenswerte, neuere Bücher sind: McGrew et al.: *Great Ape Societies*, 1996, Wrangham et al.: *Chimpanzee Cultures*, 1994; G. H. Bourne: Das Volk der Affen. München 1971; F. Pustorino, A. Daturi: Affen (Die Welt der Tiere). Freiburg 1978; D. L. Cheney, R. M. Seyfarth: *How monkeys see the world*. Chicago Univ Pr. Chicago 1990. Vor allem aber die beiden wohl detailliertesten und am besten illustrierten Bücher zu diesem Thema von Jörg Hess: Familie 5. Berggorillas in den Virunga-Wäldern. Basel 1992, 2. Aufl., Menschenaffen – Mutter und Kind. Basel 1996.

[51] Das liegt an der mitochondrialen DNA, einer immer mütterlichen Erbmasse, die, in den Mitochondrien lokalisiert (kleinen Organellen im Zytoplasma, als Energielieferanten der Zelle), nur in den weiblichen Eizellen, nicht aber in den männlichen Spermien enthalten ist. Daher enthält jeder Mensch eine gewisse Menge Mitochondrien-DNA, die direkt von seiner hypothetischen Urmutter herstammen muß. Man hat solche DNA-Sequenzen auch gefunden und anhand dieser besonders genaue Altersbestimmungen für das genetische Material durchführen können.

[52] Das Tupaja ist ein Spitzhörnchen, das heute als ihr urspünglichster Vertreter zu den Primaten, den Herrentieren gerechnet wird.

[53] Die Keratine, Kalkschalen und Lignine von Säuren und Laugen, die Kohlenhydrate von Amylasen und Ptyalinen, die Eiweiße von Trypsinen und Pepsinen, die Fette und Öle von Lipasen, schon im Mund, dann im Magen, dann weiter von Gallensäuren und Sekreten der Bauchspeicheldrüse, sortiert, resorbiert in den verschiedenen Darmabschnitten, gefiltert und weiter abgebaut in der Leber; alle langen Fett-, Zucker- und Eiweißketten werden bis in die letzten elementaren Bestandteile, die Molekülbausteine zerlegt.

[54] Auf der irrigen Annahme, daß dem nicht so sei, beruhen die meisten sog.

»Spielsysteme«, mit denen sich seit Jahrhunderten Menschen, die der Spielleidenschaft verfallen und ihrem starken Wunsch zu gewinnen intellektuell nicht gewachsen sind, in den Untergang spielen: Sie glauben, daß nach 12mal Rot, die Wahrscheinlichkeit, daß nun endlich einmal Schwarz kommt, allmählich zunehme, daß nach zehn Tagen ohne eine 14 nun endlich eine solche auftauchen müsse, um den statistischen Gesetzen der Gleichverteilung Genüge zu tun. Ihr Fehler ist, daß sie übersehen, daß die Einzelwahrscheinlichkeiten völlig unbeeinflußbar bleiben, unabhängig von allem Geschehenen, und sich etwa die große Unwahrscheinlichkeit von 4 Sechsern beim viermaligen Würfeln (1:1296) ganz simpel als Produkt der Einzelwahrscheinlichkeiten von 1:6 aufbaut.

[55] Vgl. Anm. 9 zum Begriff »Meme«.

[56] Bei Nagetieren (Kaninchen, Hasen, Bibern) oder wehrlosen Huftieren (weiblichen Gazellen, Rehen) ist es ein eher von Angst dominierter Erregungszustand.

[57] Diese relativen Differenzen sind bei aggressiven wie bei sanften Rassen gleichermaßen zu beobachten. Der schwedische Hundepsychologe Hans Pahlm (Karlstad) etwa, der sich viel mit Problemhunden befaßt, berichtete von einem männlichen Irischen Wolfshund, der so aggressionsarm war, daß er fast wie eine Hündin wirkte. Dann erst lernte er zwei Hündinnen derselben Rasse kennen; sie erwiesen sich als »so grenzenlos sanft und milde – das war kaum zu fassen!«. (Wir danken H. Pahlm und A. Hallgren für persönliche Mitteilungen zu diesem Thema.)

[58] In der Völkerwanderungszeit gingen die nördlichen Völker gen Süden: Nachdem wiederholt Kelten, Goten, Vandalen, Langobarden, Cimbern und Teutonen in den Mittelmeerraum einwanderten, war eine deutliche Zunahme des Längenwachstums in mediterranen Bevölkerungen zu verzeichnen.

[59] Ein sich über Jahrzehnte hinziehendes, weltweites Forschungsprojekt HUGO ein zur Decodierung des menschlichen Erbgutes, also der DNA-Molekülfolge der *human genome organization*.

[60] Das finnische Wort *sisu* bezeichnet die Härte und Zähigkeit, mit der manche Menschen bei ungewöhnlichen Belastungen unter extremem Aufgebot an Willensstärke fast übermenschliche Leistungen vollbringen.

[61] Die Tetra- und Pentasomie-Varianten 48,XXXY und 49,XXXXY sowie höhere Vervielfachungen des X-Chromosoms sind extrem selten und zeigen dieselben Veränderungen in verstärkter Form. Es gibt auch komplizierte Mosaike wie XXXY / XXXXY / XXXXXY oder XXXY / XXXXY / XXXXYY. Bemerkenswert ist, daß selbst in der Gegenwart von vier oder mehr X-Chromosomen das SRY-Gen des Y-Chromosoms noch ausreicht, um die Entwicklung äußerlich normaler männlicher Genitalien zu bewirken.

[62] C. A. Quigley, F. S. French: *Androgen insensitivity syndromes* – Curr Ther Endocrinol Metab 1954, 5: 342–351; J. A. Batch, M. N. Patterson, I. A. Hughes: *Androgen insensitivity syndrome* – Reprod Med Rev 1992, 1: 131–150; J. Money, A. A. Ehrhardt: *Man & women, boy & girl. The differentiation and dimorphism of gender identity from conception to maturity* – Baltimore, Johns

Hopkins 1972; J.L. Ruters, R.E. Scully: *The androgen insensitivity syndrome (testicular femininization): A clinopathological study of 43 cases* – Int J Gynecol Pathol 1991, 10: 126–144; J. Imperato-McGinley: *5-alpha-reductase deficiency* – Curr Ther Endocrinol Metab 1954, 5: 342–352 ; M.M. Lee, P.K. Donahue: *Ambiguous genitalia* – Curr Ther Endocrinol Metab 1994, 5: 242–249; R.L. Rosenfield, A.W. Lucky, T.D. Allen: *The diagnosis and mangement of intersex* – Curr Probl Ped 1980, 28: 515–579.

[63] Mehrere Einzelpublikationen der letzten Jahre: Fryns 1995, Dirksen 1995, Freyne 1992, von Gontard 1992 scheinen dies zu bestätigen.

[64] Diese Zahl gilt für Kaukasier und Japaner; bei Schwarz-Afrikanern scheint dieses Syndrom seltener zu sein. Höhergradige Anomalien wie etwa 48,XYYY oder 49,XYYY sind noch seltener und auch auffälliger. Eine neuere amerikanische Arbeit weckt Zweifel an den Frequenzangaben: Unter etwa 100 000 Patienten, die zur Chromosomenanalyse geschickt worden waren, fanden sich nur 75 Fälle mit überzähligen Y-Chromosomen (Fryns 1995).

[65] J. Imperato-McGinley, R.E. Peterson, T. Gautier et al.: *Androgens and the evolution of male gender-identity among male pseudohermaphrodites with 5a-reductase deficiency* – N Engl J Med 1979, 300: 1233–1277; J.D. Crawford: *Its a boy?* – N Engl J Med 1974, 291: 976f. Es hatte bereits zwei ähnliche Einzelfälle in Dallas gegeben (1974 von Wilson beschrieben), die denselben, schon in den sechziger Jahren hier und da beobachteten Zustand der Androgenresistenz repräsentierten. Es handelt sich um eine rezessive, autosomal vererbte Krankheit.

[66] Diese Substanzen – neben Gestagenen und Östrogenen z.B. LHRH-Analoga wie Leuprorelin, Goserelin, Buserelin und Triptorelin oder nicht-steroide Antiandrogene wie Flutamid, Nilutamid, Casodex und Finasterid – blockieren die Wirkungen männlicher Hormone.

[67] Abgeleitet von »bar des Särks«, eines damals üblichen Lederrocks. Die Berserker liefen also offenbar mit bloßem Oberkörper Amok, nicht selten unter dem Einfluß von Drogen. Es gibt Hinweise darauf, daß man sich etwa vor der Schlacht mit Alkohol oder Pilzgiften intoxikierte, um sich in die Schrecken einjagende heilige Wut steigern zu können.

[68] In den Jahren 1965 bis 1995 waren es 175 Patienten, also etwa 6 im Jahr; J. Eldh, A. Berg, M. Gustafsson: *Long term follow up after sex reassignment surgery* – Scand J Plast Reconstr Hand Surg 1997, 31: 39–45. Zum Vergleich: In den Niederlanden sind es rund 120 pro Jahr, aber darunter viele Ausländer. In Schweden können nur schwedische Staatsangehörige umoperiert werden.

[69] B. Lundström, I. Pauly, J. Wålinder: *Outcome of sex reassignment surgery* – Acta Psychiatr Scand 1984, 70: 289–294.

[70] L. Frejdig, RFTS, Box 9083, S-10271 Stockholm, Angaben vom Mai 1998. Neben dem schon eingangs erwähnten Buch »Conundrum« von Jan Morris ist an einschlägiger, allgemeinverständlicher Literatur auch auf das Buch »Mitt liv« von Caroline Cossey, Forum, Stockholm 1982, zu verweisen. Von denen, welche

die Geschlechtsumwandlung wünschen, wird sie dann in etwa gleicher Frequenz bei Männern und Frauen durchgeführt, so daß also viel mehr Männer als Frauen abgelehnt werden. Insgesamt ist die Inzidenz der tatsächlich vollzogenen Transsexualität in Schweden heute 0,14 pro 100 000 Einwohner im Alter über 15 Jahre, also etwa 10 Personen pro Jahr. Viele westliche Länder nennen ähnliche Zahlen, die USA, die Niederlande und England etwas höhere.

[71] TT-AFP, 28. 5. 1998.

[72] Akromegalie ist ein bei Hypophysenüberfunktion zu beobachtendes, durch Wachstumshormone gesteigertes Wachstum der Enden (Acren) des Körpers im Gesicht und an den Extremitäten (Zunge, Unterkiefer, Füße, Hände, Kopf, Nase) – wie bei dem bekannten Schauspieler Richard Kiel, »Jaws« in den frühen James-Bond-Filmen.

[73] »Doping«, benannt nach dem alkoholischen Getränk *dopa,* mit dem sich die Kaffern Südafrikas (Zulu: *doop)* in religiöse Ekstase versetzten, ist in einfacherer Form bekannt seit etwa 300 v.Chr., als die Griechen mit milden Pflanzengiften ihre sportlichen Leistungen zu steigern suchten.

[74] »Blond, stark und tot« – SPIEGEL 17 / 1996: 140–153: mehrmals täglich Einnahme und Injektionen von u.a. Testosteron-Depot, Parabolan, Halotestin, Matandion, STH, Masteron und Stromba.

[75] U. Buse: Der Extremist – SPIEGEL 14 / 1998: 122–126.

[76] Neben den vermännlichenden Hormonen und Wachstumsstimulatoren sind dies vor allem Piracetam, Nicergolin und Nivalin (Berendonk 1992; Substanzlisten S. 93–95).

[77] L.B. Keil: Zeuginnen fühlen sich wie Angeklagte – Welt am Sonntag, 14.6. 1998.

[78] W. Reuter: Die Schnellmacher – Focus 1998 (14): 230–232.

[79] sr / sid: Doping-Anklagen auch gegen westliche Mitwisser – Welt am Sonntag, 14.6. 1998.

[80] J. E. Wright, V. S. Cowart: *Altered states: The use and abuse of anabolic steroids.* 1995. L. Angowski, R. Shaw: *Steroids: dangerous games.* M. C. Kennedy, C. Lawrence: *Anabolic steroid abuse and cardiac death* – Med J Aus 1993, 158 (5): 346–348; P.N. Sperryn: *Death of athlets* – Brit Med J (Clin Res Ed) 1985, 290 (Apr 13): 1147; B. Weiner: *Drug abuse in sports*: An annotated bibliography – Compubibs 1985.

[81] Frans de Waal und Filippo Aureli von der Emory-Universität in Atlanta, Ann NY Acad Sciences 1998, 807: 317.

[82] F. de Waal et al.: Advances in Ethology 1998, 32, S. 157.

[83] H. Hofer et al.: Advances in Biology 1998, 32, S. 38.

[84] Man unterscheidet drei Gorillaarten: den westlichen und östlichen Flachlandgorilla sowie den Berggorilla, drei Schimpansenarten, den Bonobo (früher »Zwergschimpanse«) und zwei Orangarten: die Varianten von Sumatra und Borneo. Jüngst änderte man die Taxomanie auf eine sehr verwirrende Weise: Die afrikanischen Menschenaffen werden danach jetzt zu den Hominiden, den Menschen (!) gerechnet, statt zu den Pongiden.

3. Geist und Seele – der Vorhang hebt sich

[1] In diesen Meßverfahren, die oft durch eine computergesteuerte Bildsynthese mit fertigen Bildern (Imaging) ergänzt werden, kann die lokale Stoffwechselaktivität von Nervenzellen gemessen werden, etwa ihre Durchblutungs- und Stoffwechselintensität bzw. ihr Glucose- oder Sauerstoffverbrauch (PET, SPECT, rCBF).

[2] Die »Glia« ist sozusagen das Stütz- und Narbengewebe des Gehirns und enthält keine Nervenzellen.

[3] A. Nystrand : *Män förlorar hjärnvävnad snabbare än kvinnor* – Läkartidningen 1996, 93 (21): 2071–2073.

[4] 10^{31} bit; die Informationseinheit bit steht für *binary digit*, eine Ja / Nein-Entscheidung; 5 bit entsprechen also der Wahl zwischen $2^5 = 32$ Optionen).

[5] J. P. Larsen, T. Höien, I. Lundberg, H. Ödegaard: *MRI evaluation of the size and symmetry of the planum temporale in adolescents with developmental dyslexia* – Brain Lang 1990, 93 (2): 289–301.

[6] Neotonie ist die Aufspaltung der Entwicklung von einem früheren Zustand aus, der neue Entwicklungswege eröffnet durch Stehenbleiben in einem frühen Reifestadium (auch: Fötalisierung).

[7] R. A. Hess, D. Bunick, K. H. Lee, J. Bahr, J. A. Taylor, K. S. Korach, D. B. Lubahn: *A role for oestrogenes in the male reproductive system* – Nature 1997, 390 (Dec 4):509–512.

[8] M. Annett: *On hemispheric laterality* – Behaviour and Brain Science 1987: 263 f.; *Laterality and types of dyslexia* – Neurosci Biobehav Rev 1996, 20 (4): 631–636.

[9] S. P. Springer, G. Deutsch: Linkes / rechtes Gehirn. Funktionelle Asymmetrien – Spektrum der Wissenschaft, Heidelberg, 1. Aufl. 1987; 3. Aufl. 1996; Left Brain, Right Brain – Freeman, New York 1981, 1996.

[10] So wurde die Krankheit Ravels geschildert und gedeutet durch Alajouanini 1948, zit. nach Bloom 1985, S. 220. Nach gründlicheren Recherchen allerdings ergibt sich statt dessen eher das typische hirnatrophische Bild eines Morbus Pick, der schon lange vor dem Unfall eingesetzt hatte (W. Tappolet: Maurice Ravel. Olten 1950; D. Kerner: Krankheiten großer Musiker. Stuttgart 1973, Bd. I, S. 294). Diese vermutlich korrekte Interpretation ergibt ein sehr viel schlüssigeres Bild des langjährigen Krankheitsverlaufs von Ravel, ändert aber wenig an dem Muster eines unterschiedlichen Rechts-Links-Defekts.

[11] Lateralisation ist die Verlagerung auf eine Seite oder deren funktionelle Betonung.

[12] E. E. Maccoby, C. N. Jacklin: *The psychology of sex differences* – Stanford Univ Press, Stanford, CA, 1974.

[13] Die »Effektstärke« *(effect size)* wurde als –0.64 für die Frauen angegeben, bei Rotationsaufgaben –0.26 oder mehr, bei anderen räumlichen Aufgaben –0.13). In Wortflüssigkeitstests mit einer Effektstärke von –0.16 bis +0.33 schnitten die Frauen aber im Durchschnitt *(weighted mean)* um +0.11 besser ab.

[14] E. Tulving: *Elements of episodic memory* – Oxford Univ Press, Oxford 1983; E. Tulving: Human memory. In: P. Andersen, O. Hvalby, O. Paulsen, B. Hökfelt (Eds): *Memory concepts: Basic and clinical aspects* – Elsevier, Amsterdam 1993: 27–46; D. L. Schacter, E. Tulving: *What are the memory systems of 1994?* In: D. L. Schacter, E. Tulving (Eds): *Memory Systems 1994* – MIT Press, Cambridge, MA 1994: 1–38.

[15] K. Erngrund: *Memory function across the adult life span: A population-based study* – Akad. Avhandling, Psykol Inst Univ Umeå, 28. Nov. 1997. Diese umfassende Habilitationsarbeit enthält aktuelle, erschöpfende Literaturlisten zum Thema der Gedächtnisforschung.

[16] A. Herlitz, L. G. Nilsson, L. Bäckman: *Gender differences in episodic memory* – Memory & Cognition 1997, 25 (6): 801–811.

[17] R. P. Hart, G. J. O'Shanick: *Forgetting rates for verbal, pictural, and figural stimuli* –J Clin Experimental Neuropsychol 1993, 15: 245–265.

[18] E. Hampson: *Special cognition in humans: possible modulation by androgens and estrogen* – J Psychiatry Neurosci 1995, 20 (5): 397–404.

4. Im Spannungsfeld der Unterschiede

[1] Felix Hoppe-Seyler (1825–1895) lehrte in Berlin, Tübingen und Straßburg; Physiologe und Chemiker, Begründer der ersten Zeitschrift für physiologische Chemie und damit eigentlich der Biochemie.

[2] »Humoral« ist die Vermittlung durch Flüssigkeiten wie Blut, Sekrete, Lymphe bzw. die Abgabe von Stoffen an diese Flüssigkeiten zum Transport von den Drüsen an die Erfolgsorgane – im Unterschied etwa zu »neuronal« (vermittelt durch blitzschnelle Nervenimpulse) oder »hormonell-organisch« (vermittelt durch Hormone, die zu einem organischen Umbau führen, der sehr viel mehr Zeit in Anspruch nimmt).

[3] RNA und DNA, den langen, oft spiralig aufgerollten (Doppelhelix) Erbgutfäden aus Phosphormolekülen, Zucker und Purinbasen.

[4] Der Berglöwe oder Puma ist erheblich gefährlicher und schneller als ein Wolf. Es gibt von einem solchen Überfall auf einen Jogger sogar einen Videofilm.

[5] P. Nicklas: Frauen und Kinder kamen nicht immer zuerst – FAZ 4.2. 1998.

[6] F. Jacob: *Evolution and tinkering* – Science 1977, 196: 1164, zit. nach L. Crapo: Hormone. Die chemischen Boten des Körpers – Spektrum der Wissenschaft, Heidelberg 1987, S. 1–15.

[7] Robocop ist ein amerikanischer Polizist, der nach seinem Tode als Gehirn- und Körperrest mit mechanischen und elektronischen Teilen zu einem Mischwesen aus biologischem Material und Roboter zusammengebaut wurde: kindischer Inhalt, phantasievolle Details. MANTIS ist ein Akronym aus *Mechanically augmented neuro-transmitter interactive system,* der ein »Exoskelett« mit High-Tech-Kräften bewegt und chemische Pfeile auf seine Gegner abschießen kann, eine Art Techno-Bond. Beides sind TV-Helden amerikanischer Endlosserien.

5. Im Wechselbad der Überzeugungen

[1] *Subjection of Women*, 1869, dt. 1880, Neudruck Scientia 1968, Die Hörigkeit der Frau und andere Schriften zur Frauenemanzipation (Co-Autorin: H. Taylor-Mill – Europäische VA 1976, 277 pp, Die Hörigkeit der Frau – F. Helmer 1997, 208 pp. Kennzeichnend ist hier ein tendenziöser Übersetzungsfehler im Titel: Hörigkeit ist eine Verschiebung der Bedeutung des im Grunde doppeldeutigen Begriffes Unterwerfung *(Subjection)* in Richtung passiver, ja, voreilender Selbstunterwerfung.

6. Vom Bann des Widerspruchs zum Bündnis

[1] Wir folgen in der Zusammenstellung und Interpretation der chinesischen Schriftzeichen dem sorgfältigen und didaktischen Werk Cecilia Lindquist: Tecknens Rike. En berättelse om kineserna och deras skrivtecken, Bonniers 1989.
[2] Dies klingt, als hätte sie mit dem Gedanken gespielt, genau unser Buch über die EntZweiung zu schreiben.
[3] Betty Friedan, geb. Goldstein, war jahrelang Vorsitzende der von ihr selbst ins Leben gerufenen *National Organization of Women* (NOW) und initiierte 1973 einen weltweit beachteten internationalen Kongreß zur Frage der Frauenrechte.
[4] Zu diesen Fragen hat K. Uvnäs–Moberg am Karolinska Sjukhuset in Stockholm bahnbrechende Untersuchungen an Mutter und Kind und ihrem späteren Verhältnis zueinander durchgeführt.

Literaturverzeichnis

Allen, L. S., R. A. Gorski.: Sexual dimorphism of the anterior commissure and massa intermedia of the human brain -- J Comp Neurol 1991, 312: 97–104.

Allen, L. S., R. A. Gorski: Sexual orientation and the size of the anterior commisure in the human brain -- Proc Natl Acad Sci USA 1992, 89: 7199–7202.

Allen, L. S., M. Hines, J. E. Shryne, R. A. Gorski: Two sexually dimorphic cell groups in the human brain -- J Neurosci 1989, 9: 497–506.

Allen, L. S., M. F. Richey, Y. M. Chai, R .A. Gorski: Sex differences in the corpus callosum of the living human being -- J Neurosci 1991, 11: 933–942.

Allman, W. F. : Mammutjäger in der Metro. Wie das Erbe der Evolution unser Denken und Verhalten prägt. Heidelberg 1996.

Attenborough, D.: Life on Earth. London 1979, 1986.

Attenborough, D.: The Living Planet. London 1984.

Axelrod, R.: The evolution of cooperation. New York 1984.

Badinter, E.: XY – Die Identität des Mannes. München 1993.

Barry, D. : Dave Barry's complete guide to guides. New York 1995.

Beauvoir, S. de: Das andere Geschlecht. Reinbeck 1992.

Beeson, P. B., W. McDermott: Textbook of Medicine, 12. Aufl. Philadelphia 1971.

Benjamin, H.: The transsexual phenomenon. New York 1966.

Bloom, F. E., A. Lazerson, L. Hofstadter: Brain, Mind, and Behavior. New York 1985.

Blundell, N.: The World's Biggest Mistakes. London 1982.

Bly, R.: Eisenhans. Ein Buch über Männer. München 1991.

Bolen, J. S.: Göttinnen in jeder Frau. Psychologie einer neuen Weiblichkeit. Basel 1993.

Bolen, J. S.: Ring of power: The abandoned child, the authoritarian father, and the disempowered feminine. San Francisco 1992.

Bolen, J. S.: Tao der Psychologie. Sinnvolle Zufälle. Basel 1989.

Bourne, G. H.: Das Volk der Affen. München 1971.

Bovenschen, S.: Die imaginierte Weiblichkeit. Exemplarische Untersuchungen zu kulturgeschichtlichen und literarischen Präsentationsformen des Weiblichen. Frankfurt 1979.

Breedlove, S. M.: Another important organ -- Nature 1995, 378 (Nov 2): 15–16.

Breedlove, S. M.: Sex on the brain -- Science 1997, 389 (Oct 23): 801.

Brehmer, I., K. Birkner, B. Ebel, G. Klewitt (Hg.): Was Sandkastenrocker von Heulsusen lernen können. Broschüre des Ministeriums für Gleichstellung von Mann und Frau des Landes Nordrhein-Westfalen. Düsseldorf 1996.

Brown, B., L. Morgan: Mirakelplaneten. 1991.The Miracle Planet. Sidney 1989.

Burnett, J. H.: Mycogenetics. London 1975.

Buyse, M. (ed.): Birth Defects Encyclopedia. Cambridge, MA 1990.

Calle, M. (ed.): Über das Weibliche. Düsseldorf-Bonn 1996.

Campbell, J.: Die Masken Gottes , Bd 1–4. München 1996.

Carwardine, M.: Das neue Guinness-Buch der Tiere. Berlin 1996.

Chesler, P.: Frauen – das verrückte Geschlecht? Reinbek 1977.

Cornish, C. J.: De levande djuren på jorden, Vol 1. Stockholm 1925.

Cossey, C.: Mitt liv. Stockholm 1992.

Cowell, P. E., B. I. Turetsky, R. C. Gur, R. I. Grossman, D. L. Shtasel, R. E. Gur: Sex differences in aging of the human frontal and temporal lobes -- J Neurosci 1994, 14: 4748–4755.

Crapo, L.: Hormone: die chemischen Botenstoffe des Körpers, 2. Aufl. Heidelberg 1987.

Darlington, C. D.: Darwin's Place in History. Oxford 1959.

Darlington, C. D.: Die Entwicklung des Menschen und der Gesellschaft. Düsseldorf 1971.

Darlington, C. D.: The control of evolution in man -- Eug Rev 1958, 50: 169–178.

Darwin, C., A. R. Wallace: Theory of Evolution, Announcement at Linnean Society. London 1858.

Darwin, C.: The Descent of Man. London 1871; Die Abstammung des Menschen und die geschlechtliche Zuchtwahl. 1893.

Darwin, C.: The Origin of Species (On the origin of species by means of natural selection, or the preservation of favoured races in the struggle for life). London 1859; Die Entstehung der Arten durch natürliche Zuchtwahl. Stuttgart 1979.

Dawkins, R. u. a. In: H. Meier (Hg.): Die Herausforderung der Evolutionsbiologie, 3. Aufl. München 1992. S. 294.

Dawkins, R.: Climbing mount improbable. London 1996,.

Dawkins, R.: Das egoistische Gen. Heidelberg 1994.

Dawkins, R.: The blind watchmaker: why the evidence of evolution reveals a universe without design. Harlow, Essex 1986.

Dawkins, R.: Und es entsprang ein Fluß. München 1998.

Dettenhofer, M. (Hg.): Reine Männersache? Frauen in Männerdomänen der antiken Welt. München 1985.

Diamond, J.: Guns, germs, and steel: the fates of human societies. New York 1997.

Dirksen, T., E. Monikes: Hebephrene Symptomatik als Ausdruck der XYY-Chromosomenanomalie? Kasuistik über einen Patienten mit Verdacht auf sexuellen Mißbrauch zweier leiblicher, minderjähriger Kinder -- Fortschr Neurol Psychiatr 1995, 63 (6): 232–237.

Dixon, N. F.: Our own Worst Enemy. London 1987.

Dörner, D.: Die Logik des Mißlingens. Reinbek 1989.
Dörner, D.: Über die Schwierigkeiten menschlichen Umgangs mit Komplexität -- Psychol Rundschau 1981, 31 (3): 163–179
Dörner, D.: Ut desint vires ... -- Scheidewege. Stuttgart 1979, 9 (2): 167–188; und in: J. Dahl, H. Schickert (Hg.): Die Erde weint. München 1987.
Dörner, D.: Wie man viele Probleme zugleich löst – oder auch nicht -- Sprache & Kognition 1982, 1: 55–66.
Dörner, D.: Wie Menschen eine Welt verbessern wollten -- bild der wissenschaft 1975 (2): 48–53.
Eccles, J. C., J. E. Jacobs, R. D. Harold: Gender-role stereotypes, exspectancy effects, and parents' role in the socialization of gender differences in self perceptions and skill acquisition -- J of Social Issues 1990, 46: 182–201.
Eccles, J. C.: Das Gehirn des Menschen. München 1979.
Ehrenreich, B.: Blutrituale. Ursprung und Geschichte der Lust am Krieg. München 1997.
Eibl-Eibesfeldt, I.: Der Mensch – das riskierte Wesen. München 1991.
Eibl-Eibesfeldt, I.: Der vorprogrammierte Mensch. Wien 1973.
Eibl-Eibesfeldt, I.: Die Biologie menschlichen Verhaltens. München 1984, 1986.
Eibl-Eibesfeldt, I.: Krieg und Frieden aus der Sicht der Verhaltensforschung. München 1975, 1986.
Eibl-Eibesfeldt, I.: Liebe und Haß. Zur Naturgeschichte elementarer Verhaltensweisen. München 1970, 1987.
Eifert, C., A. Epple, M. Kessel, M. Michaelis, C. Nowak, K. Schicke, D. Weltecke: Was sind Frauen? Was sind Männer? Geschlechterkonstruktionen im historischen Wandel. Frankfurt 1996.
Englund, P.: Brev från nollpunkten. Stockholm 1996.
Fitoussi, M.: Zum Teufel mit der Superfrau – Die Suche nach Perfektion. München 1996.
Fitoussi, M.: Zur Hölle mit den Supermännern. München 1994.
Fredelius, G., P. Klein-Fritjiof, I. Ursing: Kvinnoidentitet. Stockholm 1994.
Freyne, A., A. O'Connor: XYY genotype and crime: 2 cases -- Med Sci Law 1992, 32 (3): 261–263.
Friedan, B.: Das hat mein Leben verändert. Beiträge und Reflexionen zur Frauenbewegung. Reinbek 1977.
Friedan, B.: Der Weiblichkeitswahn oder die Selbstbefreiung der Frau. Reinbek 1963.
Friedan, B.: The second stage. New York 1981.
Fryns, J. P., A. Kleczkowska, E. Kubien, H. Van den Berghe: XYY syndrome and other Y chromosome polysomies. Mental status and psychosocial functioning -- Genet Couns 1995, 6 (3): 197–206.
Fuhr, E.: Von Wölfen und Frauen. Die Welt vom 30. 12. 1997.
Gamlin, L., G. Vines, A. Renney (eds.): The structure of living organisms. London-Oxford 1989.

Godwin, S., G. Ellis: Gorillas. Erlangen 1994.
Goleman, D.: Emotionale Intelligenz. München 1996.
Gontard, A. von, U. Hillig: Ein Kind mit XYY-Syndrom im Erleben seiner Mutter -- Zschr Kinder Jugendpsychiatr 1992, 20 (1): 46–53.
Goodall, J.: My life among wild Chimpanzees -- Nat Geogr Mag 1963, 124: 146–158.
Gorski, R. A., R. E. Harlan, C. D. Jacobsen, J. E. Shryne, A. M. Southam: Evidence for the existence of a sexually dimorphic nucleus in the preoptic area of the rat -- J Comp Neurol 1980, 193: 529–539.
Green, R., K. Williams, M. Goodman: Ninety-nine »tomboys« and »non-tomboys«: behavioral contrasts and demographic similarities -- Arch Sex Behav 1982, 11 (3): 247–266.
Gur R. C., L. H. Mozley, P. D. Mozley , S. M. Resnick, J. S. Karp, Alavi A et al.: Sex differences in regional cerebral glucose metabolism during a resting state -- Science 1995, 267: 528–31
Gur R. E., R. C. Gur, W. Obrist, B. Skolnik, M. Reivich: Age and regional cerebral blood flow at rest and during cognitive activation -- Arch gen Psychiatry 1987, 44: 617–21
Gur, R. C., P. D. Mozley, S. M. Resnick, G. Gottlieb, M. Kohn, R. Zimmerman et al.: Gender differences in age effect on brain atrophy measured by magnetic resonance imaging -- Proc Natl Acad Sci USA 1991, 88: 2845–2849.
Gur, R. E., R. C. Gur, W. Obrist, J. Hungerbuhler, D. Younkin, A. Rosen et al.: Sex and handedness differences in cerebral blood flow during rest and cognitive activity -- Science 1982, 217: 659–660.
Gur, R. E., R. C. Gur: Gender differences in regional blood flow -- Schizophr Bull 1990, 16: 247–254.
Guravich, D., D. Matthews: Eisbären, Wanderer im ewigen Eis der Arktis. München 1993.
Gustavsson, R.: Bakom galler i Thailand. Stockholm 1993.
Haeberle, E. J.: Die Sexualität des Menschen. Berlin 1985.
Hassold, T.: A cytogenetic study of 1000 spontaneous abortions -- Ann Human Genetics 1980, 44: 151.
Hess, J.: Menschenaffen. Mutter und Kind. Basel 1996.
Hines, M.: Gonadal hormones and human cognitive development. I: Hormones, brain and behavior in vertebrates. In: Balthazart J (Hg.): Sexual differentiation, neuroanatomical aspects, neurotransmitters and neuropeptides. Basel 1990: S. 51–63.
Hoffmann, E.: Alfred Adler. Ein Leben für die Individualpsychologie. München-Basel 1997. The drive for self. Reading, Mass. 1994.
Hofstadter, D. R., D. C. Dennett.: Einsicht ins Ich. Fantasien und Reflexionen über Selbst und Seele, 4. Aufl. Stuttgart 1991.
Hofstadter, D. R.: Gödel, Escher, Bach: ein Endloses Geflochtenes Band, 14. Aufl. Stuttgart 1995.

Hofstadter, D. R.: Metamagicum. Fragen nach der Essenz von Geist und Struktur. Stuttgart 1988. Metamagical Themas: Questing for the Essence of Mind and Pattern. New York 1985.
Höhler, G.: Herzschlag der Sieger: Die EQ-Revolution. Düsseldorf 1997.
Höhler, G.: Niemandes Sohn. Zur Poetologie R. M. Rilkes. München 1979.
Höhler, G.: Spielregeln für Sieger. Düsseldorf 1991, 1996.
Hooper J., D. Teresi: Das Drei-Pfund-Universum: das Gehirn als Zentrum des Denkens und Fühlens. Düsseldorf 1988.
Hutchison, J. B., C. Beyer , R. E. Hutchison, A. Wozniak: Sexual dimorphism in the developmental regulation of brain aromatase -- J Steroid Biochem Mol Biol 1995, 53 (1–6), June: 307–313.
Hutchison, M.: Megabrain. Geist und Maschine. Basel 1989.
Huxley, J. S.: Evolution: The Modern Synthesis. London 1942.
Institut für Demoskopie Allensbach: Frauen in Deutschland. Die Schering-Frauenstudie '93. Köln 1993.
Institut für Demoskopie Allensbach: Muttersein und Teilzeitarbeiten -- Allensbacher Berichte 1996 (5).
Jacobs, J. E., J. S. Eccles: The influence of parent stereotypes on parent and child ability beliefs in three domains -- J Pers Soc Psychol 1992, 63: 932–944.
Jacobs, P. A.: A cytogenetic study of 11.680 newborn infants -- Ann Human Genetics 1974, 37: 359.
Kempermannn, G. , H. G. Kuhn, F. H. Gage: More hippocampal neurons in adult mice living in an enriched environment -- Nature 1997, 386 (Apr 3): 483–486.
Kendrick, B.: The fifth kingdom -- Mycologic Publications, Focus Texts, Newburyport, MA 1992: 154–179.
Kirby, R., J. Fitzpatrick, M. Kirby, A. Fitzpatrick: Shared Care for Prostatic Diseases, 2. Aufl. Oxford 1996.
Knecht, T.: Biologisch-psychiatrische Aspekte von Delinquenz und Aggression -- Schweiz Med Wschr 1993, 123 (22): 1169–1175.
Le Vay, S.: A difference in hypothalamic structure between heterosexual and homosexual men -- Science 1991, 253: 1034–1037.
Lindquist, C.: Tecknens rike. Stockholm 1989, 1995.
Lindsten, J.: Konstitutionella kromosomrubbningar. In: Lindsten J., Iselius L. (eds.): Klinisk Genetik, Stockholm 1987: 61–64.
Liu, D., J. Diorio, B. Tannenbaum et al.: Maternal care, hippocampal glucocorticoid receptors, and hypothalamic-pituitary-adrenal responses to stress -- Science 1997, 277 (Sep 12): 1659–1662.
Lorenz, K.: Das sogenannte Böse. Zur Naturgeschichte der Aggression. Wien 1963.
Lorenz, K.: Das Wirkungsgefüge der Natur und das Schicksal des Menschen. München 1978.
Lorenz, K.: Die acht Todsünden der zivilisierten Menschheit. München 1973.
Lorenz, K.: Die Rückseite des Spiegels. Versuch einer Naturgeschichte menschlichen Erkennens. München 1973.

Mann, T.: Sämtliche Erzählungen. Frankfurt 1963.
Markl, H.: Evolution, Genetik und menschliches Verhalten. Zur Frage wissenschaftlicher Verantwortung. München 1986.
Marschall, S. L. A.: Soldaten im Feuer. Frauenfeld 1966.
Mayr, E.: Evolution und Verhalten -- Verh d Dtsch Zool Ges 64. Stuttgart 1970: 322–336.
McGrew, W. C., L. F. Marchant., T. Nishida (eds.): Great Ape Societies. Cambridge Univ. Press 1996.
Mill, J. S., H. Taylor-Mill: Die Hörigkeit der Frau und andere Schriften zur Frauenemanzipation. 1976.
Mill, J. S.: On Liberty. 1859, London 1978; dt. Über die Freiheit. Leipzig 1869; Über Freiheit. Leipzig 1945.
Money, J., D. Mathews: Prenatal exposure to virilizing progestins: an adult follow-up study of twelve women -- Arch Sex Behav 1982, 11 (1): 73–83.
Montgomery, S.: Unternehmen Orang-Utan -- GEO 1992 (5): 118–140.
Morris, D.: Das Tier Mensch. München 1996; Köln 1984.
Morris, D.: Der nackte Affe. Knaur-Tb. 1970, 1992; The naked ape 1967.
Morris, J.: Conundrum. 1995; dt.: Conundrum. Mein Weg vom Mann zur Frau. Ullstein-Tb 1993.
Nelson, W. E., V. C. Vaughan, R. J. McKay (eds.): Textbook of Pediatrics, 9. Aufl. Philadelphia 1969.
Nottebohm, F., A. P. Arnold: Sexual dimorphism in vocal control areas of the songbird brain -- Science 1976, 194: 211–213.
Nystrand, A.: Män förlorar hjärnvävnad snabbare än kvinnor – Läkartidningen 1996, 93 (21): 2071–2073.
Piercy, M. (ed.): Early ripening. American women's poetry now. London 1987.
Piercy, M.: Circles on the water. New York 1982.
Piercy, M.: Women on the edge of time. New York 1976.
Pinker, S.: Der Sprachinstinkt. Wie der Geist die Sprache bildet. München 1998.
Pinker, S.: How the mind works. New York 1997.
Pinkola-Estés, C.: Die Wolfsfrau. Die Kraft der weiblichen Urinstinkte. München 1993, 1997.
Popper, K. R., J. C. Eccles: Das Ich und sein Gehirn. München 1977.
Portmann, A.: Vom Ursprung des Menschen: Ein Querschnitt durch die Forschungsergebnisse. Basel 1944, 1965.
Portmann, A.: Von der Idee des Humanen in der gegenwärtigen Biologie. St. Gallen 1951.
Portmann, A.: Zoologie und das neue Bild vom Menschen. Reinbek 1962.
Posner, M. I., M. E. Raichle: Bilder des Geistes. Hirnforscher auf den Spuren des Denkens. Heidelberg 1994.
Pratesi, F., Ferrari, M.: Lebende Monster: die Welt der Urzeit in der Gegenwart. Würzburg 1992.
Preston-Mafham, R.: Spiders. An illustrated guide. London 1991.

Ratcliffe, S. G., G. Read, H. Pan, C. Fear, R. Lindenbaum, J. Crossley: Prenatal testosterone levels in XXY and XYY males -- Horm Res 1994, 42 (3): 106–109.

Ratcliffe, S. G., N. Masera, H. Pan, M. McKie: Head circumference and IQ of children with sex chromosome abnomalities – Dev Med Child Neurol 1994, 36 (6): 533–544.

Rayner, A. D. M., C. M. Brasier, D. Moore (eds.): Biology of fungi. Cambridge 1987.

Read, P. P.: Überlebt. München 1995.

Reader, J., J. Gurche: Aufstieg des Lebens. Die ersten 3,5 Milliarden Jahre. Hamburg 1987.

Rico-Godoy, C.: Perfekte Frauen haben's schwer, 5. Aufl. München 1998.

Ridley, M.: The origins of virtue. New York-London 1996.

Riedl, R.: Die Biologie der Erkenntnis. Hamburg 1980.

Robert, R., K. Uvnäs-Moberg: Hon & han. Stockholm 1994.

Rosing, N.: Polarbären. Steinfurt 1994.

Sapolsky, R. M.: The importance of a well-groomed child -- Science 1997, 277 (Sep 12): 1620–1621.

Scamvougeras, A., S. E. Witelson, M. Bronskill, P. Stanchev, S. Black, Cheung G et al.: Sexual orientation and anatomy of the corpus callosum -- Soc Neurosci Abstracts 1994, 20: 1425.

Schaller, G.: The Year of the Gorilla. Chicago Univ. Press 1964.

Schipper, M.: »Eine gute Frau hat keinen Kopf«. Sprichwörter über Frauen. München 1996.

Schöck, H.: Die 12 Irrtümer unseres Jahrhunderts. München 1985.

Schöck, H.: Kinderverstörung. Asendorf 1987.

Small, M. F.: Female Choices. Cornell Univ. Press 1993.

Smith, J. M., R. Dawkins et al.: The theory of evolution. 1993

Södersten, P., P. Eneroth, P. H. Ekberg: Episodic fluctuations in concentrations of androgen in serum of male rats: possible relationship to sexual behaviour -- J Endocinol 1980, 87 (3): 563–571.

Södersten, P., P. Eneroth, T. Hansson: Oestradiol synergizes with 5 alpha-dihydrotestosterone or 3 alpha-, but not 3 beta-androstanediol in inducing sexual behaviour in castrated rats -- J Endocinol 1988, 119 (3): 461–465.

Södersten, P., P. Eneroth: Neonatal treatment with anti-oestrogen increases the diurnal rhythmicity in the sexual behaviour of adult male rats -- J Endocinol 1980, 85 (2): 331–339.

Spiegel: Liebe. Ein Gefühl wird erforscht -- Spiegel Special 1995 (5): 138.

Spiegel: Macker und Miezen -- Der Spiegel 1996 (19): 112–127.

Spiegel: Urknall der Hormone -- Der Spiegel 1996 (16): 176–191.

Sterry, P.: Affen. Stuttgart 1994.

Stirling, I. (ed.): Bears. Sydney-London 1993; Bären, Enzyklopädie der Tierwelt. Hamburg 1996.

Streans, S. C. (Hg.): The evolution of sex and ist consequences. Basel-Boston 1987.

Strömgren, E., A. Dupont, E. Jacobsen: Psykiatrie, 11. Aufl. Kopenhagen 1974.

Sundström, L., M. Chapuisat, L. Keller: Conditional manipulation of sex ratios by ant workers: a test of kin selection theory -- Science 1996, 274 (Nov 4): 993–995.

Swaab, D. F., M. A. Hofman: An enlarged suprachiasmatic nucleus in homosexual men -- Brain Res 1990, 537: 141–148.

Tannen, D.: Du kannst mich einfach nicht verstehen. Warum Männer und Frauen aneinander vorbeireden. Hamburg 1991.

Tannen, D.: That's not what I meant! New York 1986; Det var inte så jag menade! Stockholm 1995.

Thoma, P., W. Baumgärtel, T. Rohrmann: »Manns-Bilder«. Jungen in Kindertagesstätten. Wolfenbüttel 1996.

Thomas, L.: The medusa and the snail. New York 1979.

Thomas, L.: The youngest science. New York 1983.

Tuchman, B.: Der ferne Spiegel. Düsseldorf 1980.

Tuchman, B.: Die Torheit der Regierenden. Frankfurt 1984.

Uvnäs-Moberg, K.: Neuroendocrinology of the mother-child interaction -- Trends in Enocrinol Metab 1996, 7 (4): 126–131.

van den Aardweg, G. J. M.: Das Drama des gewöhnlichen Homosexuellen. Neuhausen bei Stuttgart 1985.

Vester, F.: Vernetztes Denken. München 1988.

Vilar, E.: Der dressierte Mann. Das polygame Geschlecht. Das Ende der Dressur. München 1987.

Vogt, H. H.: Tiere intim. Berlin 1973.

Walker, A.: Auf der Suche nach den Gärten unserer Mütter. Beim Schreiben der Farbe Lila. München 1989.

Walker, A.: Die Farbe Lila. Reinbek 1984.

Weininger, O.: Geschlecht und Charakter. Wien 1926; Berlin 1932.

Wickler, W., U. Seibt: Männlich weiblich, ein Naturgesetz und seine Folgen. München 1990.

Williams, J. E., D. L. Best: Measuring sex stereotypes. Beverly Hills 1992.

Windhoff-Héritier, A.: Sind Frauen so, wie Freud sie sah? Reinbek 1977.

Winkle, S.: Kulturgeschichte der Seuchen. Zürich-Düsseldorf 1997.

Winkle, S.: Roger Bacon, Märtyrer der Wissenschaft -- Arzt u. Krankenhaus 1996, 69: 83–87.

Wrangham, R. W., W. C. McGrew, F. B. M. de Waal, P. G. Heltne: Chimpanzee Cultures. Harvard Univ. Press 1994.

Zimen, F.: Der Hund. Abstammung, Verhalten, Mensch und Hund. München 1992.

Zimen, F.: Der Wolf. Verhalten, Ökologie und Mythos. München 1993.

Register

Kursive Seitenzahlen verweisen auf Abbildungen.